河北农业大学农林经济管理学科资助出版

中国"三农"发展规律与战略目标研究

——基于中国六千年历史演进逻辑与
国际比较视野的宏观考察

贾俊民 等著

中国财经出版传媒集团
中国财政经济出版社

图书在版编目（CIP）数据

中国"三农"发展规律与战略目标研究：基于中国六千年历史演进逻辑与国际比较视野的宏观考察/贾俊民等著. —北京：中国财政经济出版社，2018.1

ISBN 978 – 7 – 5095 – 7735 – 6

Ⅰ.①中… Ⅱ.①贾… Ⅲ.①三农问题 – 研究 – 中国 Ⅳ.①F32

中国版本图书馆 CIP 数据核字（2017）第 227774 号

责任编辑：郭爱春　刘五书　　　　　责任校对：刘　靖
封面设计：李方方

中国财政经济出版社 出版

URL：http://www.cfeph.cn

E – mail：cfeph @ cfeph.cn

（版权所有　翻印必究）

社址：北京市海淀区阜成路甲 28 号　邮政编码：100142
营销中心电话：010 – 88191537　北京财经书店电话：64033436　84041336
北京富生印刷厂印刷　各地新华书店经销
787×1092 毫米　16 开　40 印张　556 000 字
2018 年 6 月第 1 版　2018 年 6 月北京第 1 次印刷
定价：145.00 元
ISBN 978 – 7 – 5095 – 7735 – 6
（图书出现印装问题，本社负责调换）
本社质量投诉电话：010 – 88190744
打击盗版举报热线：010 – 88191661　　QQ：2242791300

前　言

　　鉴于解决三农①问题和三农发展须遵循客观规律的要求，也鉴于长期以来三农研究成果丰硕卓著，但缺乏将其上升到规律高度加以探讨的状况，笔者于2010年申报了国家社会科学基金项目《中国"三农""三步走"规律与战略目标研究》并获批准（课题号10BJL014））。该课题研究的主要内容，是揭示和阐明近代以来耕者有其田、耕者有其权、耕者有其富"三步走"规律与战略目标及其主要实现路径。

　　但进入研究后发现，三农问题本实质上是城乡关系问题。而城乡关系的面貌，从根本上取决于物质资料所有制形式（主要是农村土地所有制）及建筑其上的城乡结构体制与城乡政策。因此，三农问题研究，必须抓住城乡关系这一决定三农状况的根本线索，抓住决定城乡关系演变的物质资料所有制形式这一决定社会发展的内在逻辑。只有如此，才能纲举目张，拨开笼罩在中国三农问题上的重重迷雾，扼住问题的症结。

　　基于上述思考和研究，作者发现城乡协调发展规律是三农发展的基本规律；城乡对立是三农问题的根源。这一客观规律贯穿于从古至今乃至今后的整个历史过程。三农是否得到发展、

---

①　以往使用三农一词时一般都加引号，以特指农业、农村和农民。鉴于该概念已被广泛认同，成为有特定含义的专有名词，省略引号也不会引起歧义，故本书使用三农概念时除必要语境外不再加引号。

中国"三农"发展规律与战略目标研究

三农问题能否得到缓解乃至根除,取决于能否遵循和多大程度上遵循三农发展基本规律。而原课题设计的"三步走"规律,正是这一更深层次规律派生并在其支配下发挥作用的,是三农发展的基本规律的实现规律。要揭示、阐明和实现三步走规律和战略目标,必须首先揭示、阐明和实现三农发展的基本规律。

然而,要揭示和阐明城乡协调发展规律并非易事。因为自16世纪以来西方和中国不少先哲、学者对城乡协调发展思想已有许多深刻论述,而非作者的发明。党的十六大以来,这一思想更成为党中央和国内各界人民高度认同、长期践行的一种理论、原则和方针。但作为科学研究,要将其提升高到三农发展基本规律地位加以确立,不是论断式说明能够解决的,而是需要以严谨的态度,对中国城市产生后城乡关系历史条件及其演变的过程,加以整体性深入考察。为此,笔者把研究的主要对象,由申请课题时设定的近代和当代,伸展到从中国早期城市产生直到当今的整个历史过程。

揭示事物的发展规律,是科学研究中的最高任务,也是最复杂、难度最大的任务。同时,中国是世界上城市产生最早的国家之一。从中国早期城市诞生计起,距今已有六千多年的漫长历史,这是国人引以为自豪和自信的宝贵而丰厚的资源,但由此给本课题研究增加的难度,是可想而知的。因此,不得不两次申请并被批准延迟结项时间,使研究持续长达6年多之久。当书稿送审时,距本课题延期的最后时限,仅剩短暂的一个月时间,已来不及进入评审程序了。这使本书失去了经评审专家指导,进一步提升书稿质量的宝贵机会。在此,笔者对因研究内容扩展而未能按时完成课题,向国家、河北省社科基金办和本课题组其他成员表示真诚歉意。

未按时完成课题是一件很遗憾的事,但笔者不悔于对研究内容的扩展。这一扩展不但避免了原课题的局限性，使原课题内容获得了更为深厚的基础，而且使作者把目光探入中国三农问题的源头，以中国六千年完整、广阔的历史为背景和依据，扼住城乡关系这一根本线索，深入物质资料所有制形式及其演变的深层，寻找并抓住决定城乡关系和三农发展状况的城乡结构体制发展演变的内在逻辑，在历史与现实、理论与实践、中国与外国相结合的长度、深度、广度和角度深入思考中国三农问题。这使作者原来狭隘的视野，变得开阔起来；原先理解肤浅的问题，变得深刻起来；原先感到混乎不清、剪不断理还乱的问题，豁然变得清晰起来。因而使本课题研究达到了新高度，使作者对中国三农发展规律问题在宏观上有了初步完整性认识。

本书的主体结构，由导论、序篇、上篇、中篇、下篇和结论六部分组成。

导论部分：主要对三农和三农问题概念的内涵、当前三农的战略地位有关的问题作了探讨，并对当前学术界关于三农问题研究的主要框架以及作者对三农问题研究的思考等问题作了粗略梳理和阐述，认为把握规律，是破解三农难题的求根治本之策。

序篇部分：揭示和阐述了三农发展基本规律及其实现规律的基本内涵、主要依据，阐明了它在中国城市产生后，到第一次世界大战结束前的基本运动状态和对后来解决三农问题的深刻影响。指出：城乡协调发展规律是三农发展的基本规律，但它并非在任何时候、任何条件下，都以同样方式平衡起作用，而是在不同条件和不同情况下有不同实现形式；城乡对立是三农问题的根源，但它也不都是通常理解的对抗性对立，而是在不同社会条件下有对抗性与非对抗性这样两种不同性质之分。而决定上述不同情况和结果的关键，在于国家是否代表城乡居民的共同利益、在于是否认识并遵循城乡协调发展规律。

由于中国特有社会的内在演进逻辑，生成了三农发展基本规律的特殊实现形式。在古代中国，逐渐形成了以王权为中心的"家国同构"相对土地私有制及其以此为基础的大一统城乡结构体制。该土地制度具有适应和悖于城乡协调发展规律的双重功能，并往往在王朝中期发生周期性转换。这导致城乡关系发生相对协调和尖锐对立的周期性变换，进而造成三农在发展和危机的周期循环中曲折演进。其适应城乡协调发展规律的正面功能，把中国农业逐步推到了世界传统农业的巅峰，但其悖于城乡协调发展的规律，又造成中国农业周期性跌落低谷，并决定古代中国不能以传统方式解决三农问题。

到明代晚期特别是清代和近代，随着这一制度的正面功能式微乃至几乎丧失殆尽，不但阻断了明清时期以"中国式资本主义"方式解决三农问题的所有可能，而且注定近代以西方资本主义方式解决该问题的一切努力都陷于失败。由此，使中国三农问题从远古末期，一直延续到近代，并在半殖民地半封建社会条件下，形成了传统与近代多重叠加、纷繁复杂、极其沉重的三农问题。这使中国历史上唯一代表城乡共同利益，能够完成解决三农问题，并担负民族振兴、人民幸福崇高使命的中国共产党，不可能一步解决三农问题的所有方面，只能以不同条件下的根本性问题为重点，分步加以解决。由此，正像中国近代社会演进内在逻辑，生成中国革命分两步走规律一样，生成了耕者有其田、耕者有其权、耕者有其富这一解决三农问题的"三步走"规律和战略目标。

上篇部分：阐述了耕者有其田目标的内涵；说明了近代中国不同政治力量在土地问题上的主张与实践；重点论述了中国共产党实现耕者有其田这一"三步走"规律中第一个战略目标，

并与时俱进,不断创新耕者有其田实现形式的过程。指出,这是一条符合中国社会发展内在逻辑和三农发展规律,以社会主义方式,使中国农民既摆脱封建统治和私有小农分化带给世代农民的痛苦,又避免资本主义蒙受其身的灾难,跨越农业资本主义充分发展的卡夫丁峡谷,实现和保持有保障的耕者有其田目标的独特道路;对上述内容中的一系列问题,特别是目前耕者有其田形式再创新问题提出了看法。

中篇部分:阐述了耕者有其权目标的内涵;分析了古代、近代农民权利和新中国建立初期农民权利初步改善状况;说明了20世纪50年代中期后城乡二元结构体制对农民权利的多方面限制及其原因;重点考察了改革开放40年以来,党和政府遵循三农发展规律要求,实行城乡统筹方针,致力于城乡二元结构体制改革,使农民权利逐步回归并得到系统性改善,向实现耕者有其权这一"三步走"规律中第二个战略目标前进的过程、成就与目前存在的问题;对上述内容中的一系列问题,特别是全面实现耕者有其权战略目标的主要路径提出了看法。

下篇部分:阐述了耕者有其富目标的内涵;说明了古代、近代农民生活状况和新中国建立后农民生活得到初步改善与缓慢提高的过程及其原因;重点考察了改革开放后,农民告别贫困,实现初步小康,并在21世纪初特别是党的十八大以来,把实现耕者有其富作为现实目标,经过十几年砥砺奋斗,使农民正接近这一目标的过程、成就和差距;简略论述了党的十九大提出的乡村振兴战略,指出随着该战略的实施和统筹城乡协调发展机制体制完善,耕者有其田、有其权、有其富三个目标将实现共时性统一,耕者有其富这个"三步走"规律第三个战略目标将随之实现;对上述内容中的一系列问题,特别是实现耕者有富战略目标的主要路径提出了看法。

中国"三农"发展规律与战略目标研究

结论部分：概括了本书的基本结论。指出只要自觉遵循三农发展规律，完善统筹城乡协调发展机制体制，实现并保持耕者有其田、有其权、有其富三个目标的共时性统一，必能从根本上解决中国几千年不能解决的三农难题，并防止在今后发生这样的问题。同时，基于中国六千年农业文明传承和目前已具备的各方面条件以及党的十九大发展战略安排的综合分析，对到21世纪中期全面实现农业现代化，中国重登世界农业巅峰的辉煌前景作了展望。

总之，本书力求根据中国六千年社会发展的内在逻辑，通过历史和现实、理论和实践、中国和外国相结合的分析考察，揭示并阐述中国三农发展规律及其运行与实现过程和启示，以图对进一步深化三农问题研究，根治中国三农问题，提供一些粗浅参考。

毋庸讳言，尽管笔者以严谨的态度对待每一问题和材料，并把几乎全部时间与精力都投入研究当中，但面对这个"天下第一难题"规律研究的高难度课题，面对上下六千年的宏大叙事，面对古今中外的不同理论、观点的纷纭众说和浩繁资料，作者的知识储备、研究能力和时间毕竟是有限的。尤其是它所涉及的六千年漫长历史，给本课题研究带来的难度更超乎原来想象。长期以来，三农问题多被看做是中国改革开放以来的特有产物[1]或是新中国成立以来的独特现象，只有少数学者把三农研究的范围前伸到近代[2]。至于古代三农问题，学界虽有这样的提法，但在严格意义上的三农问题研究成果极为鲜见。因此，尽管古代典籍和论著中有相当丰富的分别反映农业、农村、农

---

[1] 江永红、李华锋《基于科学发展观的百年三农问题再思考》，《农业经济问题》2005年第10期。

[2] 如武力、郑有贵主编：《中国共产党"三农"思想政策史（1921—2013年）》，中国时代经济出版社2013年版。

民的内容,作者对古代历史也有所了解,但在三农研究框架视角下,中国古代史似乎变成了一片荒原。从这片荒原中,理出三农发展和三农问题的线索,并找出蕴藏其中的规律,是一件极其困难的任务。加之,本书因失去经评审专家指导以提升其质量的过程,而使之以"原生态"的面貌,呈现在读者面前。所以,书中在观点、论述和资料使用上,必定存在不够成熟、不够周到和疏误、不当之处,恳望各位专家、学者和读者批评指正。

贾俊民

2017 年 5 月 15 日于保定古城

2017 年 11 月 15 日修订

目 录

导论 把握规律，方能破解三农难题

第一章 三农与三农问题内涵阐释 …………………………（ 3 ）
  第一节 农业、农民和农村词语溯源与涵义演变 …………（ 3 ）
  第二节 三农概念和三农问题提法的内涵 …………………（ 14 ）
  第三节 三农概念与三农问题提法的提出与意义 …………（ 16 ）

第二章 新中国成立以来解决三农问题的成就与当前战略地位
………………………………………………………………（ 34 ）
  第一节 新中国成立以来解决三农问题的成就与当前面临的
      问题 ……………………………………………………（ 34 ）
  第二节 当前三农的战略地位 ………………………………（ 48 ）

第三章 目前三农问题解释框架的不足与重构 ……………（ 61 ）
  第一节 三农研究的不同解释框架与主张 …………………（ 61 ）
  第二节 目前解释框架的不足与重构 ………………………（ 70 ）

序篇 三农发展基本规律与三步走规律

第四章 城乡协调是三农发展的基本规律 …………………（ 77 ）
  第一节 城乡协调是三农发展基本规律 ……………………（ 77 ）

第二节　城乡协调发展规律的存在依据 …………………………（91）

第五章　城乡对立是三农问题的根源 …………………………（120）
　　第一节　两种不同性质的城乡对立 ……………………………（120）
　　第二节　对城乡对立总体评价的辨析 …………………………（130）
　　第三节　城乡对立是三农问题的根源 …………………………（144）

第六章　古代城乡关系和三农问题的演变与后果 ……………（151）
　　第一节　五帝时代城乡关系演变与中华文明选择 ……………（151）
　　第二节　古代城乡关系和三农兴衰周期循环与王朝更替 ……（181）
　　第三节　清代城乡对立与三农问题造成的深重灾难 …………（206）
　　第四节　辛亥革命前解决三农问题努力的失败与谜团破解 …（240）

第七章　三农三步走规律与战略目标 …………………………（259）
　　第一节　三农三步走规律与战略目标的内涵 …………………（259）
　　第二节　三农三步走规律与战略目标的依据 …………………（262）

上篇　实现耕者有其田：三农发展第一步

第八章　耕者有其田的内涵及其地位 …………………………（271）
　　第一节　耕者有其田概念的提出与内涵阐释 …………………（271）
　　第二节　耕者有其田目标的地位与意义 ………………………（275）

第九章　城乡对立格局下的近代土地问题与不同主张 ………（283）
　　第一节　城乡对立格局下的近代土地问题 ……………………（283）
　　第二节　近代解决土地问题的不同主张与实践 ………………（290）

第十章　当代土地改革与耕者有其田目标与时递进 …………（300）
　　第一节　小农经济基础上耕者有其田目标的实现 ……………（300）
　　第二节　传统集体经济基础上耕者有其田目标的实现 ………（310）

第三节　家庭承包制基础上耕者有其田目标的实现 …………（329）
　　第四节　21世纪农村土地制度再创新 ………………………（340）

第十一章　新型耕者有其田制度及其实现路径 …………………（359）
　　第一节　耕者营其田制度构想 …………………………………（359）
　　第二节　耕者营其田制度的实现路径 …………………………（373）

中篇　实现耕者有其权：三农发展第二步

第十二章　耕者有其权目标的内涵与地位 ………………………（385）
　　第一节　耕者有其权术语的提出 ………………………………（385）
　　第二节　耕者有其权目标的内涵与地位 ………………………（391）

第十三章　近当代农民权利状况与三农曲折发展 ………………（400）
　　第一节　近代农民的无权状况与三农问题尖锐化 ……………（400）
　　第二节　新中国成立初期农民权利改善与三农发展 …………（418）
　　第三节　二元体制下农民权利缺失与当代三农问题 …………（424）
　　第四节　改革开放后农民权利回归与三农曲折发展 …………（434）
　　第五节　农民权利系统提升与三农发展新飞跃 ………………（456）

第十四章　全面实现耕者有其权目标的基本路径 ………………（465）
　　第一节　当前农民权利基本状况的评估 ………………………（465）
　　第二节　全面实现耕者有其权战略目标的基本路径 …………（469）
　　第三节　全面实现耕者有其权战略目标的条件 ………………（478）

下篇　实现耕者有其富：三农发展第三步

第十五章　耕者有其富内涵及其意义 ……………………………（495）
　　第一节　耕者有其富内涵阐释 …………………………………（495）

第二节　耕者有其富目标凸显与实现的意义 …………… (499)

第十六章　近代城乡对立下的农民贫困状况与各党派增收主张 … (509)
   第一节　近代城乡对立下农民极端贫困状况 …………… (509)
   第二节　近代各党派农民的增收主张与实践 …………… (521)

第十七章　当代城乡关系演变与向耕者有其富目标迈进 ………… (531)
   第一节　新中国成立初期城乡协调发展与农民收入初步增加
         …………………………………………………………… (531)
   第二节　城乡二元体制下农民求富路上的波折 ………… (540)
   第三节　城乡二元体制松动与农民初步小康目标实现 … (547)
   第四节　城乡统筹发展方针与农民生活水平显著提高 … (555)
   第五节　城乡一体化发展与向全面小康目标逼近 ……… (570)

第十八章　实现耕者有其富目标的基本路径 ……………………… (580)
   第一节　实现耕者有其富目标的差距与压力 …………… (580)
   第二节　实现耕者有其富目标的基本路径 ……………… (589)

结论　遵循规律，让中国三农重登世界巅峰

主要参考文献 …………………………………………………… (612)

后记 ……………………………………………………………… (622)

导论
把握规律，方能破解三农难题

  三农概念与三农问题的提法有其特定涵义。三农问题并非新中国成立后才产生的，更不是改革开放后出现的新问题，而是从古代到近代和当代始终存在的"天下第一难题"。中国共产党自成立至今，为解决这一难题做出了艰辛而卓越的努力，取得了巨大成就，但目前尚未从根本上解决该问题，且面临严峻的挑战。学术界对三农问题的探讨形成了多种研究框架，取得了一系列丰硕且可贵的成果，但在许多问题上一直存在争论。要根本解决这一问题，必须探索新的研究框架，把问题提到规律高度，通过对三农问题形成与演变历史的全时段、整体性研究，在理论上揭示三农发展规律，在实践上遵循三农发展规律，才是破解三农难题的求根治本之策。

第一章

三农与三农问题内涵阐释

三农问题是中国历史和当今最重要的问题，是当前中国各项工作的重中之重。那么，三农和三农问题提法的含义是什么？三农问题到底涵盖哪些问题？这些问题看似简单，似乎无足轻重，实则极为复杂，十分重要。因为它不但是一个在20世纪末出现的新概念、新提法，而且涉及三农问题研究和实践对象及范围的把握，涉及三农问题研究方法和解决三农问题战略选择等一系列问题，因而成为本书首先回答的问题。

第一节

农业、农民和农村词语溯源与涵义演变

农业、农民和农村分别是称谓中国最古老的产业、最古老的劳动群体、最古老的居民固定聚居场所的词语。这三个词语经历了漫长的历史演变，且在不同时代有不同涵义。理清其演变过程，弄清其在不同时期的涵义，对认识和解决三农问题有积极意义。

中国"三农"发展规律与战略目标研究

一、农业词语溯源与涵义演变

在距今1万年前的远古中国,产生了农业和农民,因而中国是世界上农业和农民产生最早的国家之一。江西万年仙人洞和湖南道县玉蟾岩遗址中距今1.2万年前的栽培水稻植硅石①、广东牛栏洞遗址中距今11000~8000年栽培稻的植硅石②,都默默但确凿地证明着中国农业和随之而生的农民的万年历史。农村比农业、农民诞生晚些。面积约55000平方米的河南舞阳县贾湖聚落遗址(距今约9000~7800年),是迄今获得的中国原始村落的最早考古信息,表明在八九千年前,中国先民已摆脱"构木为巢"③的野居和漂泊生活,开始进入定居农业时代,产生了中国最早的农村。后随文字的发明,先后有了农业、农民和农村词语和称谓。

农业是远古先民从事最早、最主要的生产活动,因而在中国最早的文字,即3000多年前的甲骨文中,就有了反映这些活动的"农"(辳 nóng)字。该字为会意字,从林、从辰。远古时代森林遍野,若要农耕,必先伐木开荒,故从"林";远古以蜃蛤壳为农具进行耕耨,故从"辰"。因而,"农"(辳 nóng)字其表意为:人手持农具于田中或林中,本义指耕作。东汉时期的《说文》释义:"农,耕也"④。《汉书》解释:"辟土植谷,曰农",并从分工角度,把农与业联系起来,称:"士农工商,四民有业"⑤,从此有了农业含义。此外,甲骨文中的"藉"字,是人持耒,足踏短横木进行翻土的象形,也有农业表意。古代还用"稷"代称农业。如《史记·五帝本纪》中舜帝把主管农业称为"主稷"。春秋战国时把农业称为"耕",如法家的"耕战之事"。除上述外,农事是古代称谓农业生产活动常用的词汇。

近代以后特别是新中国建立后,随着科学的不断发展,对农业内涵的

---

① 刘诗中:《江西仙人洞和吊桶环发掘获重要进展》,《中国文物报》,1996年1月28日第1版;袁家荣:《玉蟾岩获水稻起源重要新物证》,《中国文物报》,1996年3月3日第1版。
② 国家文物局等:《20世纪中国文物考古发展与研究丛书》,文物出版社2002年版,第41页。
③ 《韩非子·五蠹篇》。
④ 许慎:《说文解字》,中华书局1963年版,第60页。
⑤ 《汉书》卷24上《食货志》,第4册第1117页。

第一章　三农与三农问题内涵阐释

界定越来越科学严密。《中国大百科全书》把农业定义为：以动物、植物和微生物为劳动对象，以土地为基本生产资料，通过人工培育和饲养，以取得人们需要的产品的物质生产部门①。农业本质上是人们利用生物的机能，通过劳动去强化或控制其生命过程，以获得社会所需要的产品的过程。其根本特点是经济再生产和自然再生产交织在一起②。当然，农业概念有狭义和广义之分。狭义的农业指植物栽培业，即种植业；广义农业包括种植业、林业、畜牧业、副业和渔业。

二、农民词语溯源与涵义演变

农民，是甲骨文中的"农"与后来金文中的"民"合二为一所生成的复合词。它最早出现在战国时代的《礼记·月令》"农民毋有所使"句。后《春秋谷梁传》成公元年称："古者有四民：有士民，有商民，有农民，有工民"。《吕氏春秋》也提到"古圣之重农民"。农民的同义词有"农人""农夫""庄稼人""耕者"等，有时还把农民说成"乡下人"。不过，这些词越到后来使用频率越低，逐渐被农民称谓所取代。

农民含义看似简单，实则是一个多维性的复杂概念。这不仅在于它是一个历史和空间范畴，不同时期、不同国家有不同含义，同时还在于它是一个价值范畴，不同学科和研究主体对农民的看法有不同着眼点和角度。因此，对农民内涵的解释，就不免五花八门了。

农民是一个职业概念。由于社会分工不同，决定了人们从事不同职业，就像工人务工、商人经商、军人卫国一样，农民承担着提供农业初级产品的责任，因而从事农业生产的人就被称为农民。《说文》云："农，耕也"。19世纪马克思也是在这个意义上定义农民："农业生产者即农民"③。《现代汉语词典》把农民定义为"在农村从事农业生产的劳动

---

① 胡乔木：《中国大百科全书》（精华本），中国大百科全书出版社2006年版，第2958页。
② 本刊：《名词解释》，《农业经济问题》1980年第8期。
③ 中央组织部、中央宣传部、中央编译局：《马列主义经典著作选编（党员干部读本）》，党建读物出版社2011年版，第88页。

者"①。

农民是一个地域概念。农民从事的农业产业,与土地有极其紧密联系,离开土地(首先是耕地,其次是草地、山场、水面)便无法进行农业生产,因而农民往往是在临近耕地的地方聚村而居。这些村庄散布在田野、草原和崇山密林之中,与集中居住在城镇或都市的人群,形成鲜明对照。因此,中国著名社会学家费孝通,用"乡土本色"概括中国农民群体的特点,认为"土"是他们的命根子②。法国社会学家孟德拉斯认为,"农民"(Paysans)按其字面上的本义是地方之人(hommes du pays),他们超越不了自己的土地的有限视野③。因此,农民被定义为居住在农村的居民,经常被称为"乡下人"。

农民是一种生活方式。农民在不同时期的生产方式和经济社会环境,决定其在不同时期有不同的生活方式。在传统农业时代,农民根据农作物的生长周期和天时节律变化安排劳动和日常生活的内容、时间与节拍,春耕、夏管、秋收、冬藏,日出而作,日落而息。农忙则忙,农闲则闲,周而复始。同时,农民赖以为生的土地有不可移动性,加上传统农民居住分散,交通闭塞以及制度性限制,使之安土重迁,流动极少;农村文化生活贫乏,余暇生活单调;生活内容具有高度同质性,农民间的交往多限于血缘、姻缘和地缘范围。这一切使农民的生活方式与城市居民生活方式存在着显著差异。因此,有学者认为"农民代表着一种生活方式。"④

农民是一个身份概念。身份一般指出身和社会地位。农民自诞生后就被打上了卑贱者的烙印。如前所述,农民一词由甲骨文和金文中的"农"与"民"两个词组合而成。繁体字的"農"上为"曲",曲古音为"奴"。在远古汉语里多同音意通,故"曲"也有"奴"意;"農"字下为"辰",古时指贝壳制作的工具;据《说文解字》云:"民,众萌也"。

---

① 中国社会科学院语言研究所:《现代汉语词典》,商务印书馆2016年第7版,第961页。
② 费孝通:《乡土中国 生育制度》,北京大学出版社1998年版,第6~7页。
③ [法] H. 孟德拉斯著,李培林译:《农民的终结》,中国社会科学出版社2005年版,第38页。
④ 高建民:《中国农民概念及其分层研究》,《河北大学学报》(哲学社会科学版)2008年第4期。

第一章　三农与三农问题内涵阐释

"萌"亦同"氓",都指卑贱的下人。在西方也是如此。如英语中的peas-ant(农民)在18世纪作名词用时,意为"一头牲畜和一个大老村";作动词用时是意为"附庸于奴役"①。

身份还指户籍身份。人们常常把具有农业(农村)户籍的人通称为农民。在此意义上划分农民并非始自新中国。户籍制度始于周朝,以后各朝代一直延续,直到民国时期仍有《户籍法》。这种户籍制度具有地域性、等级性和世袭性,并限制人口在地域、等级和职业上流动,是统治阶级管理社会和征收赋役,维护和巩固统治阶级利益的工具。其中一项最重要内容,就是按城乡划分户籍。如《周礼·秋官·司民》记载:"司民掌登万民之数,自生齿以上,皆书于版,辨其国中,与其都鄙,及其郊野",并严格限制农民流动,把农民世世代代束缚在土地上。新中国建立后,废止了旧户籍制度,逐步建立了新户籍制度。但由于历史和现实多种因素影响,仍保留了大量旧户籍制度的内核:划分农业户口和非农业户口②,人们仍根据这种户籍身份,把有农业户口的人称为农民。

农民还被看作一个阶级或阶层概念。由于农民以土地为主要生产资料和以农业为主要生产方式,使其成为一个特定的利益群体,有其独有的阶级或阶层属性。在阶级社会,农民几乎不具有任何权利,缺乏或只少量占有土地,受占有大量土地的统治阶级(包括奴隶主、地主阶级及其政治代表)的剥削、压迫。在社会主义社会,农民获得了生产资料,与工人阶级及其他各社会阶层一道,成为国家的主人和社会主义的劳动者和建设者。同时,由于其所从事农业的分散性和弱质性以及一些制度安排上的原因,使之组织程度较低,占有的经济资源和文化资源较少,在社会各阶层中长期处于一种弱势地位。

农民被看作是一种文化现象。人类学家认为,农民在职业和政治地位等方面具有自己的特点,并把这些特点理解为农民文化的一部分,据此把农民看作是一种具有独特文化的群体③。他们认为,农民与土地的天然联

---

① 秦辉、苏文:《田园诗与狂想曲》,中央编译出版社1996年版,第22页。
② 江立华:《我国户籍制度的历史考察》,《西北人口》2002年第1期。
③ 陆益龙:《权利:认识农民问题的一个视角》,社会学视野网,http://www.sociologyol.org/yanjiubankuai/tuijianyuedu/tuijianyueduliebiao/2007-09-07/3384.html,2008年7月22日。

系和所处的社会地理环境，产生了踏实务实、勤俭节约与正直诚实的品格、强烈而狭隘的功利观念、浓厚的团体本位思想、坚忍不拔的进取精神、安贫乐道的保守心理、眷恋故土情感和自我封闭意识、注重血缘与宗族观念等。农民强调人际和谐，轻视竞争；主张均平，但又奢望特权；重义轻利，又追求功利。这些良莠并蓄，甚至相互矛盾的文化因素，祖辈传承，积淀在农民的思想深处，形成传统农民独特的文化现象。近代以来特别是改革开放以来，这些传统文化虽正被新型文化消解和被代替，但远未消失。

有学者还以多维角度揭示农民概念。英国著名学者 R. 希尔顿提出判定农民的七条标准：（1）农民作为主要耕作者，占有——无论是否他们自己的——农业生产工具，自给自足并一般地生产比维持生计与自身再生产所需的更多；（2）农民非奴隶，不是他人的财产，但可以是也可以不是农奴或隶属民；（3）他们在多种多样的条件下占有土地，他们可以是所有者、租地者（交纳货币、实物或分成租，并附以或不附以劳役）或自主佃农；（4）他们主要使用家庭劳动，偶尔也有限地使用奴隶或雇佣劳动；（5）他们通常加入比家庭更大的单位，一般是村社；（6）农村中的辅助性工匠可以仍作为农民本身来看待；（7）农民在不同程度上受上层压迫阶级包括国家组织的剥削①。

上述界定，从不同角度揭示了农民概念的内涵，在一定程度上反映了历史上和现实中农民的真实存在状况。从总体看，在中国改革开放前，无论在上述哪个角度上，农民的界限都是比较清楚的，就是说农民概念的内涵与其外延基本上是重合的：从事农业生产，因而居住在农村，也就有了农业户籍，由此使之处于与这种职业、户籍和地域相应的阶级或阶层地位。其职业、地域、身份和地位四维一体，构成了农民的基本内涵和外延范围。

然而，自从改革开放以来，中国农民的自身面貌和内部结构，都发生了极其深刻变化和剧烈分化，中国的就业政策和户籍制度也逐步发生明显变化。这使本来比较清晰的农民概念，变得越来越模糊。不仅其外延大大

---

① 秦晖、苏文：《田园诗与狂想曲》，中央编译出版社1996年版，第12页。

第一章　三农与三农问题内涵阐释

扩展，超出了原有内涵，而且增加了一些新内涵，使原有农民定义无论从哪个角度，都难以涵盖当今复杂的农民状况。从事农业生产的人，并不一定都具有农业户籍，许多有城市户口的人，如大学生、企业家到农村经营农业；大量具有农业户籍的农民离开农业和农村，到城市从事非农产业；即使在乡从事农业生产的农民，也兼营其他产业；农村内部也分为农业劳动者阶层、农民工阶层、雇工阶层、农村知识分子阶层、个体劳动者和个体工商户阶层、私营企业主阶层、乡镇企业管理者阶层和农村管理者阶层八个阶层[①]，其中，不乏在社会上颇具竞争力的个人和企业集团。这种极其复杂的新情况，使如何界定当今农民，从20世纪90年代起，就成为学术研究中的一个难题。直到当今，"谁是农民"这个似乎陈旧的问题，依然是一个"很有趣"[②]并不能不弄清楚的一个问题。

如何解决这一难题？应摒弃以往加在农民定义中的不实、不公和贬义甚至侮辱性的涵义，根据时代和实际情况变化赋予农民以新时代的涵义，还农民以公道。

其一，放弃户籍身份涵义。这种涵义反映了从遥远的周代到20世纪农民的一个特征，但不适应定义21世纪的农民。改革开放以来，户籍制度一直为人们所诟病，但从社会管理层面看，是有存在必要的。当今中国户籍制度改革，不是废除户籍制度，而是改革附着在传统户籍制度中的城乡分割的二元结构体制，改革它限制农民自由流动的功能和城乡权益不平等待遇。这种改革已经迈出了决定性步伐。到2016年9月全国已有31个省市自治区取消农业户口与非农业户口性质区分，实行了城乡统一的户口登记制度，城乡居民统称为居民。所以，当代农民定义应把户籍身份特征剔除出去，消除对农民的制度性羁绊和不公。

其二，放弃居住在农村的区域性内涵，因为它不符合农民的实际情况。根据2006年国家统计局《关于统计上划分城乡的暂行规定》，城镇包括城区和镇区，乡村是指城镇以外的其他区域。其中，城区是指市辖区

[①] 陆学艺、张厚义：《农民的分化问题及其对策》，《农业经济问题》1990年第1期。
[②] 贺雪峰：《谁是农民：三农政策重点与中国现代农业发展道路选择》，《全国新书目》2016年第8期。

和不设区的市的区域；镇区是指在城区以外的镇和其他区域中。镇包括建制镇和镇。建制镇是国家按行政建制设立的镇，不含县城关镇。镇是指乡、（民族乡）人民政府所在地和经县级人民政府确认的、由集市发展而成的作为农村经济、文化和生活服务中心的非建制镇①，即集镇。在传统农民定义中"生活在农村"含义理解，包括城区、集镇和建制镇内的城市都没有农民，农民全都生活在此外的农村。然而，在事实上，在以往和现行建制镇中，除作为主体的非农居民以外，都有比重不小的农民。中国学术界认为，设镇（建制镇）的具体标准为：聚居常住人口在2500人以上，其中非农业人口不低于70%，就是说在建城镇中有30%的农民；在集镇农民所占比重则更大。这些农民在城乡划分上被划为农村，但实际居住在城镇。可见，把居住农村的区域性作为农民的涵义，容易把这部分农民排除在外而产生混乱。

其三，放弃从文化上定义农民。农民作为一种亚文化现象，在传统社会中的确存在。但随着农村现代化的发展，特别是城乡一体化进程的推进，在全国大部分地区，这种文化现象，已被城市文化冲击得七零八落，越来越丧失了独立存在的空间。但是，目前一些论著和不少"城里人"，对农村的变化闭目塞听，仍沿用过去对农民的定义和看法，把当代农民看作传统、保守的群体，成为人们认识农民和进城农民融入城市的一大障碍。当然，主张放弃从文化上定义农民，并非否定农村文化和农民不同于城市和市民的特点，而是认为当代农村文化越来越受城市文化的影响，将不像过去那样是一个相对独立的文化形态，因而从文化角度定义农民已失去意义。

基于上述原因，笔者认为主要从职业角度定义农民，才能摆脱传统农民定义对当代农民带来的阴影，真实反映当代农民的复杂状况，适应当前城乡一体化进程的要求。21世纪初，中国社会科学院社会学研究所在大量深入调查基础上，将当代农民定义为：承包集体所有的耕地，以农（林、牧、渔）业为唯一或主要的职业，并以农（林、牧、渔）业为唯一

---

① 国家统计局：《关于印发〈关于统计上划分城乡的暂行规定〉和〈国家统计局统计上划分城乡工作管理办法〉的通知》，国统字〔2006〕60号。

第一章 三农与三农问题内涵阐释

收入来源或主要收入来源的人员①。显然，这一定义主要包括当代中国农民的生产关系、职业特征和主要生活来源三方面内涵，但其核心是职业特征。其中，"以农业为唯一收入来源或主要收入来源"，只是衡量其职业是否以农为主，从而判断其是否为农民的主要依据。从一定程度上说，该定义对界定处在剧烈分化中的农民，具有可操作性意义。

然而，经过十多年的发展变化，其中反映农民生产关系的"承包集体所有的耕地"的含义，已随着"三权分置"政策的普遍实行而过时。"三权分置"不仅使土地所有权与经营权分离，还使土地承包权与经营权分离。集体土地的承包者并不一定是农业生产经营者，反之亦然。目前有大量的土地承包者转让了土地承包权经营非农产业。在严格意义上，他们已不再是农民；不少城里人到农村经营农业，也由非农民转变为了农民。这表明，承包集体土地与农业生产经营不一定是同一主体。因此，农民定义中不应再包含此方面的内容。据此，当代农民的定义应是：以农（林、牧、渔）业为唯一或主要的职业，为社会直接提供生活资料，并以农（林、牧、渔）业为唯一收入来源或主要收入来源的劳动者。这一定义，以职业分工为唯一视角，明确了农民的职业特征及其功能，提供了判断其职业性质的量化指标，不仅有利于把农民与其他群体在职业分工上划分开来，而且还有利于认识和评价农民的责任与地位，适应当代农民的复杂状况及其变化。

需要说明的是，在以往农民定义中，对其身份定义带有的贬义和歧视色彩最浓，这是应当抛弃的。然而，在中国农村土地集体所有制度下，农民是以本集体组织成员身份获得土地承包权的，而且这种承包权是受到保护的。没有对这一身份的确认，农民就无法获得或延续土地承包权。因此，在中国，至少在一个很长时期内，在一般意义上，农民作为农村集体组织成员的身份还是应当保留的。但这一身份实质上是对农民权利的确认和保护，而并不存在歧视农民的意义。

---

① 陆学艺：《当代中国社会十大阶层分析》，《学习与实践》2002年第3期。

三、农村称谓溯源与涵义演变

农村一词,在古代中国极少使用,用得最多的是"乡"和"村",以及两者的复合词"乡村"。"乡"概念是在商周时期出现的。在当时实行的"国野制"中,"国"是指国都地区;"野"是指即国都地区以外的区域,主要是农村地区。"国野制"在区划上为"六乡六遂",王城之外"百里内为六乡,外为六遂"①。"乡"中居住的属于国家公民,即古文献中的"国人",相当于普通自由民;"遂"中居住的是奴隶,即古文献中的"野人"。到春秋战国,在乡下设里,正式形成由宗法血缘加官方体系构成的"乡里制度"。其中,乡是乡里基层组织的一级单位。

到魏晋南北朝时期,出现了"村"和"村"的概念。在此之前,农村聚落被称为"庐""丘""聚"。"国人"的聚居区为"庐";"野人"的聚居地为"丘";以人为规划的安置聚居地为"聚"。这一时期,战乱频发、社会动荡不宁,大量百姓背井离乡,导致原来的"里"多有废弛,形成了由自然聚合而成的聚落。这些聚落以地域为基础,与原来主要由血缘关系构成"里"有很大的不同,因而被冠以"村"的名字,多指一种居住场所,即现在所说的自然村。随着"村"实体的形成,"村"的名称开始出现并被广泛应用。陶渊明《归园田居》有"暧暧远人村,依依墟里烟"。魏伯阳《周易参同契》曰:"得长生,居仙村。"南梁顾野王《玉篇》有"村,千昆切,聚坊也"之说。然而,此时的"村"还只是聚落名称的一种,与邑、堡、坞、栅、屯并用或通用②。到了唐代,对城邑之外各种聚落形态,作了全面规范和整顿,名称上统一称为"村"③,并成为开始代替原来的"里",成为乡村体制的一级组织。

南北朝时期,随着"村"及其名称的出现,特别是唐后乡村体制的形成,出现了"乡"与"村"的复合词:"乡村",其意义泛指农村。南朝宋代诗人谢灵运《石室山诗》:"乡村绝闻见,樵苏限风霄"。南宋诗人

---

① 《周礼·地官·乡老》汉郑玄注。
② 刘再聪:《村的起源及"村"概念的泛化——立足于唐以前的考察》,《史学月刊》2006年第12期。
③ 唐鸣:《中国古代乡村治理的基本模式及其历史变迁》,《江汉论坛》2011年第3期。

第一章 三农与三农问题内涵阐释

翁卷的一首诗名为《乡村四月》，诗中有云："乡村四月闲人少，采了蚕桑又插田"。唐朝诗人王维《同卢拾遗过韦给事东山别业二十韵》有："闻风首邦族，庭训延乡村"句。尔后，乡村一词流传渐广，成为称谓农村的主要用语。

"农村"一词，起源于俄文，有垦荒，从树林中开辟耕地等含义，被引申为农业生产者的居住地。到20世纪20年代后，"农村"一词传入中国，且越来越被广泛使用。新中国成立后，成为与城市相对的农村区域的正式用语。《现代汉语词典》把农村解释为：以从事农业生产为主的人聚居的地方[①]。《中国农业百科全书》（农业经济卷）把农村定义为："以从事农业生产为主的农业人口居住地。是同城市相对应的区域，具有特定的自然景观和社会经济条件，也叫乡村。"[②]

从古至今，无论在人们日常用语里，还是包括定义词汇涵义的词典在内的文献中，都把乡村和农村作为通用概念，而且两者内涵的确有重叠之处，如此使用并无不可。但在严格意义上，哪个更接近它的确切内涵？回答是后者。两者的基本内涵，都强调与城市相对应的从事农业生产为主的人聚居地，但在字面上，乡村概念既未反映作为农业劳动者聚居地的意义，也未表现与城市的主要区别。相反，从上述对"乡村"概念的演变过程已看到，"乡"是古代乡里制度和乡村制度的产物，始终都被赋予了城市治理农村的功能。它反映的主要不是城市和乡村的区别，而是城市与农村联系的纽带。与之相比，"农村"则明确了它不同于城市的主要产业和由此形成的经济社会、景观和规模特点。因此，农村和乡村两个概念在一般场合可以互用，但在反映事物内涵上农村比乡村更准确。

由上可见，农业、农民和农村三个称谓，是经历了漫长历史演变而成并广被使用的。在这个传统称谓中，三者是分别反映农业产业、农村区域和农民群体的分列式概念。

[①] 中国社会科学院语言研究所：《现代汉语词典》，商务印书馆2016年第7版，第960页。
[②] 中国农业百科全书总编辑委员会茶叶卷编辑委员会、中国农业百科全书编辑部：《中国农业百科全书》，农业出版社1990年版，第160页。

第二节
三农概念和三农问题提法的内涵

一、古代"三农"词语的内涵

20世纪90年代中期以来,中国把农业、农民和农村简称为三农,把三者中存在的问题总称为三农问题,并成为长期炙手可热的流行语。从字面上看,三农一词并非此时在中国第一次出现,古代中国个别典籍和学者、诗人,都曾多次使用过"三农"一词①。《周礼·天官·大宰》中"一曰三农,生九穀"的"三农",按汉代郑众注解是指居住在平地、山区、水泽三类地区的农民;唐朝诗人钱起《观村人牧山田》中"六府且未盈,三农争务作"一句中的三农,也是这个意思。汉朝张衡《东京赋》中"三农之隙,曜威中原"的三农,是指春、夏、秋三个农时。宋代诗人王炎《南柯子》中"人间辛苦是三农"的三农,是对春耕、夏管和秋收三个农时农民辛苦的感叹。清代张宗法所著《三农纪》中的三农,是指大田耕作、园圃栽种、家畜饲养等多种经营的农业生产。可见,古代三农一词在不同语境下有不同的涵义,并基本局限于农业内部的微观层面。由此,它在古代没能广泛流行,今人更知之甚少。

二、当代三农概念和三农问题提法的内涵

目前的三农概念和三农问题提法的涵义,与古代三农一词相比有天壤之别,它们有其特定和深刻、丰富的涵义。对此。近十几年来一些专家、学者提出了一些深刻见解,但却未做出全面的梳理和界定,而作出这样的

---

① 贾俊民、葛文光:《关于三农概念与三农问题提法的考察》,《中国农村观察》2013年第5期。该文为本课题阶段性成果。故引用该文的内容未注明出处。

第一章 三农与三农问题内涵阐释

梳理和界定对深入三农研究是十分必要的。

目前使用的三农概念和三农问题提法的涵义有广义和狭义之分。在广义上，三农是对农业、农村、农民的简称。在狭义或严格意义上，它决非农业、农村、农民及其问题的简单相加，而是有着极其丰富和深刻的内涵，它既是新概念、新提法，又是研究和处理农业、农村和农民及其相关问题之间关系的一种新视角、新框架。其具体涵义有四：

第一，它不同于以往把农业、农村、农民以及相关问题分别称谓，并在主观指向上一味地把三者个别看待、研究和解决，而是把三者融会为一个概念，作为一个整体问题加以研究和处理，从而揭示了三者之间的密切联系，使原先农业、农村和农民这三个分列式概念转变为一个整体性概念。

第二，它不是以农业、农村、农民中的某一个概念涵盖三个方面的总体内容。如中国新民主主义革命时期使用的农民问题概念、20世纪六七十年代使用的农村问题概念，实际上都暗含这三方面的问题。而目前使用的三农概念，不但明确了三者之间的紧密联系，也明确界定了三者之间质的区别和在一定条件下存在的矛盾，需单独看待和处理，从而使原先单向的农业、农村和农民及其相关问题转变为了"三个维度"[①]的三农和三农问题。

第三，它不是把问题囿于三农本身，而是把它与国家宏观政策和外部环境紧密联系起来[②]，放在城乡关系的大视野中，作为关系国民经济和社会发展的全局高度来看待和处理，从而使之由原先的局部问题上升为全局性的战略问题。

第四，由于它把三农及其相关问题看作既相互区别又相互联系的整体，并且置于城乡关系的大背景下加以考量，因而不能单纯从某一角度、运用某一学科加以研究和解决，而必须从多角度、运用多学科理论加以研究和处理，从而形成了看待、研究和处理三农问题的新视角、新框架。

---

① 温铁军：《三农问题的三个维度考量》，《第一财经日报》，2008年12月22日。
② 温铁军：《解读三农：著名农村问题专家温铁军访谈录》，《中国信息报》，2008年7月21日。

可见，上述意义的三农概念和三农问题提法，既不同于农业、农村、农民三个分列式概念，也不同于古代三农的微观词义，还不同于近当代使用过的以其中之一包含三个方面的包含式概念，而是既把三者相互联系又相互区别，既基于三者又超越三者的崭新概念、崭新提法和看待、研究、处理三农问题的新视角、新框架。在这个意义上说，不仅三农问题是在20世纪90年代中期第一次提出，三农概念也是此时第一次提出。因此，下文均在上述意义上使用三农概念和三农问题的提法。

第三节
三农概念与三农问题提法的提出与意义

三农概念和三农问题提法是怎样提出的，其意义如何？对这些问题加以系统梳理和深入探讨，不仅对深刻理解三农和三农问题的涵义有重要作用，而且涉及对新中国历史、中国改革开放和三农发展道路及其前景等一系列更深层次问题的认识和评价，因而具有重要的理论和实践价值。

一、三农概念与三农问题提法的提出

如上所述，在1万年前后在中国和其他一些文明古国就产生了农业、农民和农村，随后逐步有了农业、农民和农村的称谓。在三农发展过程中，这些国家乃至世界的三农，都面临和面临过各种问题。例如，农业结构单一、农村封闭、农民负担沉重、农民生活贫困等。值得注意的是，自从城市、私有制和国家诞生以后，这些问题就不仅单由农业、农村和农民本身决定，而是与一定时期的社会制度、国家与城市对农村的政策，以及城市工商业对农民交换的不平等程度等方面紧密联系，而且历史越到后来，这种联系就越紧密。统治阶级的苛捐杂税、横征暴敛和土地兼并是造成历史上农业衰退、民不聊生的主要原因；"谷贱伤农"则是中外价格因素导致农民增产不增收、农业发展与农民收入不同步的经典案例；工业品

第一章 三农与三农问题内涵阐释

与农产品的不平等交换,更是各国特别是近代以来各国普遍存在的经济现象。这一切,都造成和加重了历史上和当今各国普遍存在的三农问题。

在中国,自夏朝建立私有制国家以后,便产生了三农问题,并周期性地尖锐表现出来。各朝代末期的农民起义和周而复始的王朝更替,是中国古代三农问题尖锐化的突出标志。1840年以后,特别是20世纪20年代以后,帝国主义和中国大地主、大资产阶级凭借其军事、政治、经济实力和统治权力,以各种手段甚至战争,残酷掠夺中国农村资源,造成农业落后、农村凋敝、农民破产等严重的三农问题,也造成了"微弱的资本主义经济和严重的半封建经济同时存在,近代式的若干工商业都市和停滞着的广大农村同时存在"① 的中国经济社会二元对立结构。可以说,这时的三农问题不但超过古代任何时候,也远非当代三农问题所能企及。

在西方国家的历史上同样存在三农和严重的三农问题。13世纪至14世纪的西欧,农民为反抗封建统治阶级的强制农奴化和增加苛捐杂税,曾发动了连绵不断的起义或骚乱,德国不下60起,意大利不下49起,法国则不下208起②。欧美国家在早期现代化过程中以各种超经济强制,甚至暴力手段,迫使农民与土地分离,以获得土地和廉价劳动力,实现其原始资本积累。血腥的英国"圈地运动"、美国屠杀土著印第安人的"西进运动"、对农民"毫无顾忌地施用暴力"③ 的"普鲁士道路",都以"血与火"的文字,书写了欧美原始资本的积累史。至于通过市场手段,以人为压低农产品价格提高工业品价格的办法掠夺农民的财富的现象,更被看作西方市场经济"合理"的事情而普遍存在。因此,亚当·斯密在18世纪就已指出这种"剪刀差"在西方存在的事实:都市"能以较少的"劳动量"购买较多量的农村劳动生产物",这种规约"给了都市商人匠人有一种较大的利益,使较优于农村的地主农业家和农业劳动者"④。即使到

---

① 《毛泽东选集》第1卷,人民出版社1991年版,第188页。
② 袁野:《正统思想、民俗信仰与异端运动——13、14世纪西欧农民起义的社会意识根源分析》,http://www.21ccom.net/articles/lsjd/sxyj/2011/1122_49214.html。
③ 《列宁全集》第16卷,人民出版社1988年版,第389页。
④ [英]亚当·斯密,郭大力、王亚南译:《国富论》(上),上海三联书店2009年版,第99页。

中国"三农"发展规律与战略目标研究

在工业化前中期阶段,这些国家依然是从农业中搜刮发展工业的资金,并造成农业的衰退。美国在 20 世纪初到 40 年代的工业化中期阶段中,农业发展曾长期处于停滞状态。英国的农业在工业化中期阶段停滞徘徊了 80 年左右①。只是到了第二次世界大战以后,西方发达国家进入后现代化和城市化阶段,才大规模实行工业反哺农业的政策,农业收入和农村发展才逐步实现与其他行业和城市的大体平衡,三农问题得以暂时解决。

至于发展中国家的三农问题,只要看看被当作三农问题根源的"二元经济"命题的提出者威廉·阿瑟·刘易斯的相关论著和当今发展中国家三农的实际情形,其存在的客观性和严重性就一目了然了。温铁军根据自己对三四十个国家的考察认为,三农问题是历史必然和世界普遍现象。不论是印度、孟加拉国、泰国、菲律宾还是墨西哥、巴西等等,发展中的人口大国具有普遍性的问题。②

以上说明,农业、农村和农民及其相关问题,是世界从古至今普遍存在或存在过的概念与客观事实,并非如有人所说"是中国特有的,是改革开放以来的产物"③。这一看法不仅悖于事实,而且有意无意地夸大了中国改革开放以来的三农问题。但是,在 20 世纪 90 年代中期以前,无论中国,还是其他各国,都没有提出上述意义的三农概念和三农问题提法。

古代中国未出现上述意义的三农概念和三农问题的提法。上文谈到,古代中国的个别典籍、学者和诗人,曾多次使用三农一词。然而,他们基本上是在农业内部的微观层面上使用的,而且他们使用该词的目的,基本是描述现象或发出感叹,而不是解决问题。因此,这样的三农不能与当前使用的三农和三农问题同日而语。中国古代统治者具有"重农""尚农""以农为本"的传统思想,但是,他们都把维护自身统治作为唯一宗旨。这决定其所"重"、所"尚"、所依为"本"的是农业,而不是农村和农民。因为农业可以为其提供打江山、坐江山和挥霍享乐的物质资料。一些学者在一定程度上看到了占人口绝大多数的农民对其建立和维护统治的作

---

① 秦庆武:《论工业化中期阶段的中国农业发展》,《齐鲁学刊》1998 年第 4 期。
② 温铁军:《"三农"问题的本土化思路》,《都凤凰周刊》2005 年第 9 期。
③ 江永红、李华锋:《基于科学发展观的百年三农问题再思考》,《农业经济问题》2005 年第 10 期。

第一章　三农与三农问题内涵阐释

用，故有"民为邦本，本固邦宁"①之说。少数开明统治者甚至懂得"民可载舟，亦可覆舟"的道理，在一定时期采取轻徭薄赋，于民休养生息的政策。然而，在这个语境下，农民立即被转换成"民"。而"民"者，"众萌也"②，即无知百姓，是他们利用、统治和教化的对象，而非作为农业主体的农民，更非需解除痛苦的对象。就是说，古代统治者依其统治的需要，把农业、农村、农民视为不同对象，采取不同态度。这使他们不可能把三者重合看待，也就不可能提出三农的概念和三农问题。

近代中国也未出现三农的概念和三农问题的提法。在近代中国灾难深重，三农问题极其尖锐。为拯救中国和解决三农问题，中国共产党领导了土地革命和农村社会性质问题的大论战等伟大斗争。但由于发动和依靠农民，通过武装斗争夺取国家政权，是当时最迫切的任务，也是解决三农问题的前提。因此，中国共产党沿用了马克思、恩格斯和列宁的"农民问题"的提法。农村社会性质大论战，也是在"农村问题"的语境下展开的。尽管此时的"农民问题"或"农村问题"，实际上涵盖了当时三农问题的全部内容，但未有三农概念和三农问题的提法。

新中国成立后，不但历史上积累下来的三农问题在新的历史条件下延续了下来，而且随着二元经济社会体制的形成产生了新的三农问题。但在20世纪90年代中期以前，未有三农概念和三农问题的提法。土地改革的完成被认为是解决了农民的中心问题，原来被广泛使用的"农民问题"的提法逐渐淡出人们的视野，政府和学术界开始重视农村社会制度的改革和农村经济问题。在"大跃进"和"文化大革命"时期，还曾将农业问题简化为"粮食问题"，着力解决粮食和其他主要农产品的生产和有效供应的问题。因此，在新中国成立后的长期内那时农业和农村是关键词，农民问题较少受到关注。

西方国家也没有提出三农概念和三农问题提法。在经典自由主义者看来，传统农业与工业是不相容的，小农是落后的象征，因而由现代工业和市场对传统农民进行"末日审判"和"淘汰"，是理所当然的，不成为

---

① 孔丘：《论语·五子之歌》。
② 许慎：《说文解字》，中华书局1963年版，第265页。

中国"三农"发展规律与战略目标研究

"问题"的。发展经济学虽然关注发展中国家的发展问题,但始终没有把解决这些国家的农业、农村和农民问题作为自己的旨趣。在结构主义时期,该理论存在严重的重工轻农倾向。认为发展的重点是工业化,而农业只是从属于工业化的一个被动部门。农业和农民的首要任务,是养活城镇人口并为工业积累资金和廉价劳动力。在新古典主义时期,虽然转而主张农业与工业平衡增长,但并未从根本上克服前一阶段的缺陷,仍认为农业增长的目的是为工业部门提供尽可能多而便宜的劳动力与农业剩余资金,以免经济陷入"李嘉图陷阱"。至于农业的命运,则被看作"在商品化点到来之前,它是剩余劳动和经济剩余的提供者,它只不过是一个被'榨取'的对象;而在商品化点过后,农业则成为一个成熟经济的附属物。"① 这样的立场和理论,决定了发展经济学不可能提出三农的概念和三农问题的提法。20世纪60~70年代,西方出现了"农民学辉煌的十年",农业、农村和农民问题是其讨论的主题,但在概念、提法和研究视角上,始终"止步于'当代农民学'或'社会农学'"②,而未提出三农概念。

由上可见,农业、农村、农民是世界各国普遍存在的产业、地域和群体;三农问题也是世界各国历史和当今普遍存在或存在过的问题,但直到20世纪90年代中期以前,无论中国,还是其他各国,都没有出现目前意义上的三农的概念和三农问题的提法。

明确提出目前意义上的三农概念和三农问题,并把它们作为特定研究对象和党的农村政策顶层的正式用语,是20世纪90年代中期到21世纪之初的事。它是在中国改革开放实践中,逐步形成的重要理论成果。这个过程可分为以下四个阶段:

第一阶段:思想萌芽阶段(1985~1991年)。

20世纪70年代末到80年代前期,农民这个曾在民主革命时期充当主力军、在五六十年代三度探索"包产到户"而被传统管理体制长期禁锢的群体,重新焕发出惊人的伟力。他们不但创造了家庭联产承包责任制,拉开了中国改革的大幕,而且很快创造了农业生产的奇迹,在1982~1984

---

① 陈广汉:《增长与分配》,武汉大学出版社1995年版,第134页。
② 秦辉:《田园诗与狂想曲》,中央编译出版社1997年版,第10页。

第一章 三农与三农问题内涵阐释

年粮棉实现连年丰收。接着，他们创办的乡镇企业"异军突起"，到20世纪90年代初，创造了乡镇企业在中国工业总产值中三分天下有其一的伟业，出现了农村居民收入增速连续多年高于城市居民收入增速的奇观。

然而，出乎意料的是，农民收入和农业生产的波动和反复接踵而来。一是随着粮棉连年丰收，在20世纪80年代后期，农村出现了前所未有的卖粮难、卖棉难问题。接着，又出现了"打白条"现象，农民负担加重，干群矛盾冲突增加，农村社会不安定和城乡差距扩大等问题[1]。二是1988年国家价格改革失利导致消费价格上涨，抵消了1979年以来农副产品提价带来的收益。三是1989年国家为优化工业结构，对一些企业实行"关停并转"导致一些乡镇企业经济下滑，农民从这些企业中得到的收入减少。四是在上述宏观环境变化的影响下，农民收入出现大幅波动。从1978~1984年年均递增16.5%，下降到1985~1990年的7.8%、3.2%、5.2%、6.4%、1.6%和1.8%。与此相联系，1985~1986年、1989~1991年两度出现粮食产量大滑坡。农民收入和农业生产的这种反复，说明农业发展并不一定带来农民收入的增加，而农民收入减少必定带来农业生产的下降；也说明农民增收和农村发展，不仅仅取决于农业发展本身，还与国家的宏观政策和环境存在紧密联系。

在这种背景下，国家农村政策研究部门和一些学者开始从宏观角度提出农村和农业问题，并开始了深入调查。1985年，农村政策部门基于耕地是农业生产与农村人口生活保障的"双重功能"和"8亿人给2亿人搞饭吃"的状况，认识到城乡"二元结构"对农业发展的制约，开始讨论"开通城乡"的政策[2]。1988年，时任农业部司长的范小建微服私访20多个县，了解农民收入下降和农民负担过重的问题。而后他写调查报告呈送农业部，直陈这种情况已影响到党和农民的政治关系。这个报告受到时任农业部部长刘中一的高度重视，并以个人名义实事求是地把调查情况反映给了高层领导，引起党的十三届八中全会前关于三农问题的很多讨论[3]。

---

[1] 陆学艺：《中国"三农"问题的由来和发展》，《当代中国史研究》2004年第3期。
[2] 温铁军：《三农问题：非不能也，而不为也——温铁军博士答记者问》，《中国改革》2003年第6期。
[3] 温铁军：《三农问题是怎样提出的》，《学理论》2004年第9期。

中国"三农"发展规律与战略目标研究

尽管这个阶段对农民收入问题的调查研究是初步的、关于"开通城乡"的讨论结果也缺乏实行的条件①,但是,这些调查和讨论表明,政府政策研究部门和决策层对农业、农村和农民问题的认识已开始越出以往狭隘的视野,把农民问题、农业问题和农村问题加以区别,而且在重视农业和农村问题的同时,重新提出要重视农民问题,并将其放在国家体制的宏观背景下加以思考。这些都说明,此时三农问题的提法开始萌芽了。

第二阶段:把三农并列相提和提出三农概念内涵阶段(1991~1994年)。

如果说上一阶段政策研究部门和决策层,对三农问题与国家宏观政策之间的关系有了初步了解和思考,那么,他们在这一阶段则沿着新思路,进行了有组织的多方位调查和深入思考。农业、农村和农民问题在新的意义和层次上重新受到党和国家的重视,并把农业、农村、农民并列相提,提出了三农概念的基本内涵。

首先,明确提出了三农问题的重要地位。1991年11月召开的中共十三届八中全会对三农问题进行了讨论,通过了《关于进一步加强农业和农村工作的决定》,明确强调:"农业是经济发展、社会安定、国家自立的基础,农民和农村问题始终是中国革命和建设的根本问题。没有农村的稳定和全面进步,就不可能有整个社会的稳定和全面进步;没有农民的小康,就不可能有全国人民的小康;没有农业的现代化,就不可能有整个国民经济的现代化。"

其次,围绕三农问题展开深入调查,提出三农概念的基本内涵。一是农业部及其所属单位开展了大规模的蹲点调查。1993年4~7月,针对农村出现的新问题,农业部组织抽调了部机关和直属单位干部554人,深入全国26个省(区)的广大农村,进行了为期两个半月的蹲点调查②。其中,农业部农村改革试验区课题组在安徽蹲点调查的结果表明,农业、农村问题不仅是自身的问题,还涉及包括财政、金融、税收、计划和工商等

---

① 温铁军:《三农问题:非不能也,而不为也——温铁军博士答记者问》,《中国改革》2003年第6期。
② 刘鲜日:《农业部干部从农村蹲点返京》,《人民日报》,1993年7月19日第2版。

第一章 三农与三农问题内涵阐释

宏观政策和外部环境方面的问题,指出不应该再就农业谈农业①。同年5月,温铁军根据在安徽调查的成果,在《经济日报》上公开发表文章《汝果欲支农,功夫在农外》,指出要改变那些不适合或不适应农村生产力发展的生产关系或者上层建筑,而不是就农业谈农业②。调查组成员在提出问题的同时,还把农村合作金融、乡镇企业股权交易、土地流转等相关问题纳入同一个试验区进行了具体操作。二是1993~1994年农业部农村改革试验区通过在安徽等5个省份分别进行的农村税费改革试点,提出了农村税费改革要与粮食购销体制改革相结合。三是1993年农业部在河南进行了流通体制改革的试验,提出要进行商粮供贸物五大流通系统的全面改革。四是1992年国务院发展研究中心、农业部农村经济研究中心、中国社会科学院等8个单位的专家,围绕当时出现的农民进城务工问题,联合展开了农村劳动力流动问题的研究。该研究直接涉及如何突破城乡"二元结构"、如何推进城镇化等问题,并相继提出了一系列推进城镇化的具体政策。可见,在这个阶段,这些部门"无论是发现问题还是提出解决问题的政策,都早已不在单纯农业领域中了"③,而是把农业、农民、农村这三个方面的问题联系起来加以综合分析、研究④,并将其置于整个国家的宏观政策,特别是"二元经济社会结构"背景下。这正是三农概念最基本的内涵。

再次,中央接受三农的理论框架,把农业、农村、农民并列相提。在上述调查研究的基础上,1993年10月,中共中央总书记江泽民在中央农村工作会议上发表了题为《要始终高度重视农业、农村和农民问题》的讲话,不仅明确把"农业、农村和农民问题"作为一个特定提法在中央全会上正式使用,而且深刻指出:"农业、农村和农民问题,始终是一个关系我们党和国家全局的根本性问题。民主革命时期是这样,社会主义现

---

① 温铁军:《解读三农:著名农村问题专家温铁军访谈录》,《中国信息报》,2008年7月21日。
② 温铁军:《三农问题:非不能也,而不为也——温铁军博士答记者问》,《中国改革》2003年第6期。
③ 温铁军:《三农问题:非不能也,而不为也——温铁军博士答记者问》,《中国改革》2003年第6期。
④ 陆学艺:《中国"三农"问题的由来和发展》,《当代中国史研究》2004年第3期。

代化建设时期也是这样。"如果把江泽民在这次会议上的讲话以及会议通过的《关于当前农业和农村经济发展的若干政策措施》与他1992年11月在武汉主持召开农业和农村工作座谈会上的讲话作比较,会发现两者的明显区别:后者更强调农民问题,更强调增加农民收入和保护农民利益,更强调解决这些问题必须调整社会资金和国民收入的分配格局。这说明,中央已完全接受和使用了三农这个新的分析框架。

第三阶段:进行凝练概括,明确提出三农概念和三农问题阶段(1994~2002年)。

在从中央到地方对农业、农村、农民并列的提法达成共识的基础上,一些学者从20世纪90年代中期开始,把农业、农村、农民三者融为一体,提出了三农概念,并把这三方面的问题集中起来,提出了三农问题的提法。冯灼锋在《广东经济》1994年第4期发表的《关于正确处理"三农"问题的思考》、陈锡根在《社会科学》1995年第8期发表的《"三农"问题及其对策刍议》等文章中,使用了三农的概念和三农问题的提法。如果说这些文章对三农的内涵解释还不够深刻、明确,还没有引起中央和社会的高度重视,那么,1995年温铁军向政府提出以三农问题取代"农业问题"的建议并被采纳,他在1996年《战略与管理》第3期发表《制约"三农问题"的两个基本矛盾》之后,三农的概念和三农问题的提法则作为一个新的、特定的"流行语",开始在学术研究、政府文件和社会上越来越多地被广泛使用。他的建议和文章,深刻阐明了中国农村经济领域的问题,可归纳为在城乡"二元结构"和体制矛盾制约下包括农民、农村和农业三个维度的三农问题。

在20世纪和21世纪之交,农民的负担进一步加重、农民收入增幅再次减缓、干群关系紧张、城乡居民收入差距重现持续扩大之势,使得三农问题日趋严重。这引起了中央和学者,乃至整个社会的空前重视,三农也成为各种媒体和出版物中出现频率最高、被持续关注的词汇之一。1999年,温铁军在《读书》杂志发表《"三农问题":世纪末的反思》一文,翌年他又出版了专著《中国农村基本经济制度研究》。1999年,曹锦清出版了专著《黄河边上的中国》。2000年初,湖北李昌平给朱镕基总理写信,把三农问题高度概括为三句话:"农民真苦,农村真穷,农业真危

第一章 三农与三农问题内涵阐释

险";翌年,他又出版了《我向总理说实话》一书。这些有分量、有影响的论著,使这个陷入"幽暗隧道"的重大问题"一跃而出"① 引起了极大的反响,三农的概念和三农问题成为包括社会科学和自然科学各领域在内的学术界、政府部门以及研究机构的共同的和最热门的话题。在社会上"似乎所有的人都在谈'三农',除了农民以外。"②

第四阶段:中央正式公开使用三农概念和三农问题提法阶段(2003年)。

日益严重的三农问题和学术界对该问题的高度关注,进一步引起了中央的重视。2002年11月党的十六大召开以后,党中央史无前例地把解决三农问题放在了"重中之重"的高度。2003年12月,中共中央、国务院通过的《关于促进农民增加收入若干政策的意见》(下简称《意见》)第一次在中央正式文件中公开使用了三农的概念和三农问题的提法。《意见》指出:党的十六大后"各地区各部门按照中央的要求,加大了解决'三农'问题的力度",强调"对'三农'问题,不仅分管领导要直接抓,而且党政一把手要亲自抓,地、县两级领导要把主要精力放在农业和农村工作上。"

可见,形成三农的概念和三农问题的提法,是中国改革开放以后党和政府、政策研究部门和学术界面对新情况,在长期改革实践和深入调查研究的基础上,对三农之间以及三农与国家宏观政策和环境之间关系的认识不断深化的结果,是"改革开放中的重要理论成果"③,"是集体智慧的结晶"④。

二、提出三农概念与三农问题提法的原因

为什么其他国家在实现工业化过程中,都面临过和面临着三农问题,却都未曾提出三农概念和三农问题,更没有形成专门理论,而在20世纪末和21世纪初中国改革开放过程中,提出了三农概念和三农问题?除上

---

① 编辑荐言:《新快报》,2009年2月6日第2版。
② 蔡永飞:《"三农"问题的由来、现状及对策》,《城乡建设》2004年第11期。
③ 陆学艺:《中国三农问题的由来和发展前景》,《当代中国史研究》2004年第3期。
④ 温铁军:《三农问题是怎样提出的》,《学理论》2004年第9期。

述谈到的直接原因外,还存在多方面的更深层次原因。

(一) 毛泽东农民问题理论为其奠定了理论基础

在民主革命时期,毛泽东等第一代领导集体把马克思、恩格斯和列宁的农民问题思想运用于中国革命实践,从当时中国是一个农业国,农民占人口80%以上这个基本国情出发,提出了中国革命根本问题和实质是农民问题的光辉论断,提出了系统的农民问题理论。这个理论不但指导中国民主革命取得了胜利,也为我国社会主义现代化建设中认识和解决三农问题奠定了理论基础。因为我国社会主义现代化也是在农民占人口大多数的条件下进行的,按照毛泽东农民问题理论的逻辑,很容易得出农民问题同样是现代化的根本问题的结论,并形成广泛共识。正如《中共中央关于进一步加强农业和农村工作的决定》所说:"农民和农村问题始终是中国革命和建设的根本问题。没有农村的稳定和全面进步,就不可能有整个社会的稳定和全面进步;没有农民的小康,就不可能有全国人民的小康;没有农业的现代化,就不可能有整个国民经济的现代化。"

(二) 中国特殊现代化进程为其提供了客观要求和现实条件

现代化主要指工业化和城市化。工业化是社会经济结构由农业为主向工业为主转变的过程。城市化是人口空间结构由散漫的农村向城市集中转移的过程。由于历史和现实条件,中国在实现这两个过程中,出现了与西方极不相同的特征:

一是现代化的类型、性质和资本积累的渠道不同。西方国家的现代化是先发型和资本主义性质的现代化,极富侵略性。它们对殖民地半殖民地资源的大量掠夺,成为其现代化资本积累的重要渠道,这在一定程度上减轻了本国农民的负担。而中国是后发型现代化,而且是主张和平的社会主义国家的现代化,无从也不能发动对外掠夺。其现代化的成本,完全是由本国国民尤其是占人口大多数的农民承担。

二是工业化和城市化的发展速度和规模不同。西方国家工业化和城市化经历了几百年至少上百年的时间,是一个缓慢的演进过程,使现代化过

第一章 三农与三农问题内涵阐释

程中产生的三农问题具有缓释性。而中国现代化起步于19世纪60年代,比西方国家晚了一百年。其后,又受到西方列强长期侵略和新中国成立初期经济条件制约以及传统工业化模式的影响,现代化进程极其缓慢。到1949年,工农业总产值中,现代工业只占17%①,城镇化水平一直徘徊在10%左右②。新中国成立后,中国实行以重工业为中心的工业化战略,使工业有较快提高。到1978年,工业占比由1952年的17.6%提高到44.1%,农业占比则由51%下降到28.2%③。然而,又由于二元社会结构与体制,城市化发展严重滞后。1950~1980年的30年间,中国城市化水平年均上升约0.26个百分点,到1980年城镇化水平只是提高到20%④,在社会结构上我国基本上还是一个农业社会。同期,中国第一次现代化的总体水平提高了9%,处在30%位置上,依然徘徊于工业化前期阶段⑤。可见,中国迄今为止的150多年的工业化、城市化进程中,其中120年没有多大进展,从而把历史上特别是近代以来积累下来的三农问题和现代化任务,推延集中到了20世纪70年代末开始的改革开放新时期。

进入改革开放新时期后,中国工业化和城市化以世界罕见的巨大的规模和速度突飞猛进。1978~2001年,中国工业总产值增长了24倍,年均增长率高达15.2%。城镇化率从1981年的20%提高到2003年的40%。中国城镇化率翻一番的平均时间是22年,而英国是120年,法国是100年,德国是80年,美国是40年,日本是30年⑥。而这一速度是在中国工业化、城市化起点低但其规模比西方任何国家大得多的背景下实现的。

---

① 周恩来:《1954年政府工作报告》(1954年5月24日在中华人民共和国第一届全国人民代表大会第一次会议上),《人民日报》,1954年9月24日第1~2版。
② 伍江:《中国特色城市化发展模式的问题与思考》,《中国科学院院刊》(中文版) 2010年第3期。
③ 统计局:《新中国成立60周年发展成就巨大》,http://money.163.com/09/0907/10/5IJQLO4S00253CAA.html。
④ 伍江:《中国特色城市化发展模式的问题与思考》,《中国科学院院刊》(中文版) 2010年第3期。
⑤ 周天勇:《见我国现代化的差距与最重要的几项任务》,《经济参考报》,2008年4月1日。
⑥ 伍江:《中国特色城市化发展模式的问题与思考》,《中国科学院院刊》(中文版) 2010年第3期。

以上特点使中国现代化的巨大成本主要集中落在了农民身上。农民付出的这种牺牲，促进了中国现代化的快速发展，但不可避免地导致农民负担沉重，也使三农问题所蕴含的工农之间、城乡之间和农业、农村和农民之间的复杂关系，以其他国家所未有的程度集中并充分暴露而凸显在人们面前。这些为认识三农内部和外部的复杂关系，提出三农概念和三农问题提法，提供了客观要求和现实基础。

（三）执政为民的中国共产党领导和深怀农民情结的大批专家学者为其提供了主观条件

中国自古是农业和农民国度，农民占人口绝大多数。他们不仅养育和繁衍了自身，而且养育和繁衍了各种"非农民"。几乎所有的中国人身上，不管是乡下人，还是城里人，都流淌着农民的血脉；农业文明更如"普照的光"，深深渗透在城乡所有人的观念、行为，乃至血液之中，是中国传统文化的根基。由此，形成了中国人的深深的"农民情结"。近代以后，虽然越来越多的人走出封闭的村寨，置身于光怪陆离的现代都市生活，仍剪不断他们的悠悠"乡情"。中国正直的知识分子是"农民情结"最重、最执着的群体之一。他们面对现代化发展给农民带来的灾难和各种问题，把对农民的强烈感情升华为一种神圣使命，为改变农民命运殚心竭虑，奔走呼号；为解决农民问题不辞艰辛、调查研究、建言献策，甚至身体力行，探索新路。近代出现了晏阳初、梁漱溟、陶行知、费孝通、陈翰笙等探索农村出路的著名学者。新中国成立后，特别是改革开放后又出现了大批治理与三农问题研究的专家学者。他们继承了近代知识分子关注三农的传统，并与当代三农实际和现代化进程紧密结合，取得了大量反映三农实际状况的材料和高水平的研究成果。这些成果凝聚着当代知识分子对三农的真挚、深厚感情，又承载着他们对解决三农问题的真知灼见，不仅唤起了全国各界对三农问题的高度关注，而且得到中国共产党和政府的高度重视，成为中央制定三农政策的重要参考，许多建议和意见为中央采纳，转化为党和政府的方针、政策。在一定意义上说，三农概念和三农问题的提法，正是他们理论创新的成果被中共中央采纳的结果。

中国共产党是无产阶级的先锋队，同时也是中国最广大人民群众根本

第一章　三农与三农问题内涵阐释

利益的代表者,当然也是占中国人口多数的农民根本利益的代表者。民主革命时期,中国共产党领导民主革命实质上就是解决农民问题。社会主义制度建立后,党领导人民彻底废除了土地私有制,建立了社会主义集体所有制,初步解决了在人口大幅增长条件下的吃饭问题,不但消除了旧中国三农问题的对抗性质,而且使该矛盾得到了缓解。同时,党大力促进工业化,以现代生产方式改造传统农业经济,并吸引农村剩余劳动力向非农产业的转移,达到减少农民,富裕农民的目的。这些也是代表和实现农民根本利益。尽管在这个过程中农民不得不付出沉重代价,但中国共产党采取了诸多制度安排和措施,旨在降低此过程给农民带来的苦痛,并不断探索从根本上解决农业、农村、农民问题的途径。随着三农与工业化、城市化内在矛盾的加深,中国共产党认识到三者中任何一个都不能单兵独进,必须在统一解决时,便根据解决该问题的内在要求,汲取学术界的成果,将三农概念和三农问题提法吸收到中央文件,被纳入党的三农问题理论当中。

三、提出三农概念与三农问题提法的意义

的确,三农概念和三农问题提出的上述过程和原因,反映了当时中国三农问题的严重性。因此,有人曾把三农问题被看作一个"十分沉重的话题",甚至被视为"中国现代化之殇"[①] 是有道理或不为过的。然而,如果从另外一个角度看,三农问题的提出,又是一个充满希望的话题,是中国现代化之喜。它对解决中国三农问题,乃至于实现整个中国现代化具有深远意义。正如爱因斯坦的名言:"提出一个问题往往比解决一个问题更为重要,因为解决一个问题也许只是一个数学上或实验上的技巧问题。而提出新的问题、新的可能性,从新的角度看旧问题,却需要创造性的想象力,而且标志着科学的真正进步。"[②]

[①] 吕昭河:《二元中国解构与建构的几点认识——基于城市"中心"与乡村"外围"关系的解释》,《吉林大学社会科学学报》2007年第3期。
[②] [德] A. 爱因斯坦、[波] L. 英费尔德:《物理学的进化》,上海科学技术出版社1962年版,第66页。

中国"三农"发展规律与战略目标研究

(一) 重新唤起了党、国家和全社会的高度关注

自从进入国民革命时期以后,中国共产党始终重视三农问题。但是,随着工作重点的转移和对三农问题在不同阶段工作全局中地位认识的历史局限,对该问题的重视程度也发生了多次变化。

在民主革命时期,由于党的主要任务是完成新民主主义革命,占人口绝大多数的农民是革命主力军,革命的主要阵地在农村,也由于党对民主革命规律的深刻把握,使中国共产党无论在认识上,还是在实践上,都高度重视农民和农村问题,把农民问题看作中国革命的中心问题。正如1945年刘少奇在中共七大会议上所指出的:"中国现在的革命,实质上就是农民革命。目前中国工人阶级的任务,基本上就是解放中国的农民。"①

新中国成立后,党和国家始终强调农业是国民经济的基础。但由于党的工作重心由农村转移到城市,基本任务由革命转移到经济建设,特别是以实现国家工业化为中心的经济建设,加之受苏联模式影响和对城乡协调发展规律认识不足,而在新中国成立初期到改革开放前强调"农业为工业、农村为城市提供积累""农民就地发展、主要依靠农业致富",因而②三农被置于从属地位,导致农业发展缓慢。改革开放初期,我国改革的重点在农村,因而党和国家高度重视三农问题。中共中央在1982年至1986年连续五年发布以农业、农村和农民为主题的"中央一号文件",使三农问题重回重心地位。

然而,此后到21世纪初,随着改革重点由农村转移到城市,对三农问题的重视程度降低,三农问题也逐步严重,但未引起应有重视。到20世纪90年代,正因为三农问题提出及其对该问题的讨论,使三农问题进入公众的视野。特别在21世纪之交,温铁军发表《三农问题:世纪末的反思》、李昌平上书朱镕基总理、曹锦清出版《黄河边的中国》等论著中,关于三农问题的见解与诤言,深刻、系统,振聋发聩;揭露的事实,令人触目惊心。尤其李昌平给朱镕基总理中"农民真苦,农村真穷,农

---

① 《刘少奇选集》上卷,人民出版社1981年版,第331页。
② 武力:《论中国共产党对"三农"问题的探索》,《光明日报》,2004年11月30日。

第一章 三农与三农问题内涵阐释

业真危险",高度概括了三农问题的严重性和解决这个问题的迫切性。三农问题,不仅从此持续成为社科界和政策研究界的显学,而且正式进入党中央和国家文件,并占据越来越重要的位置。江泽民在1993年中央农村工作会议上指出"农业基础是否巩固,农村经济是否繁荣,农民生活是否富裕,不仅关系农产品的有效供应,而且关系工业品的销售市场,关系国民经济发展的全局。"① 1998年《中共中央关于农业和农村工作若干重大问题的决定》指出:"农业、农村和农民问题,是关系改革开放和现代化建设全局的重大问题。没有农村的稳定,就没有全国的稳定,没有农民的小康,就没有全国人民的小康,没有农业现代化,就没有整个国民经济的现代化。2004年起,党中央把三农问题提升到党和政府工作的"重中之重"的位置②,并连续八年发布旨在解决三农问题的"中央一号文件",采取了一系列有力政策措施,使党、国家和社会对三农问题的重视达到了新中国成立以来从未有过的高度,为有效地探索和解决三农问题提供了前提和保证。

(二)提出了认识和解决三农问题的新框架

在三农问题提法提出之前,把目前称谓的三农问题分别称为农业问题、农村问题、农民问题,是以一种具有一维性和同向性的思维方式和理论框架进行思考和研究的。在民主革命时期,中国共产党重视农民问题,使用以农民革命为中心的理论框架。新中国成立后到20世纪90年代三农问题提出之前,从总体上说,我国"特别重视解决我国的农业问题,着力解决粮食和主要农产品的生产问题,以保证有效供给"③,"用农业经济科学的一般理论来解释中国的农村问题"④。历史证明,前者符合当时中

---

① 江泽民:《要始终高度重视农业、农村和农民问题》,见中共中央文献研究室:《十四大以来重要文献选编》(上),人民出版社1996年版,第423页。
② 《中共中央、国务院推进社会主义新农村建设的若干意见》,中国农业出版社2006年版,第1页。
③ 陆学艺:《中国三农问题的由来和发展前景》,爱思考,http://www.aisixiang.com/data/19956.html,2005年10月30日。
④ 温铁军:《世纪之交的三农问题》,http://www.sociologyol.org/yanjiubankuai/xuejierenwu/wentiejun/2007-04-23/1577.html。

国国情特点和革命性质。因为当时的首要任务是通过民主革命,改变半殖民地半封建社会地位。而农民占中国人口的80%。谁赢得了农民,谁就会赢得中国。中国共产党的农民问题理论,抓住并解决了农民最迫切需要的土地问题,因而赢得了农民的全力支持,引导中国革命走向了胜利,也为新中国经济建设和解决三农问题奠定了政治基础。后者则不适应复杂的中国国情。在现实中,从来不存在纯粹的农业经济现象。农业经济无不在特定历史条件下发展,无不受三农内部和社会宏观环境与条件的制约。中国农业是在特定的历史条件下发展的。一些宏观条件严重制约着它的发展。如人地关系高度紧张,使农民土地规模狭小,效率低下。再如,城乡分割的二元社会经济结构,不但把农民禁锢在这狭小的土地上,而且使农村的生产要素大量流往工业部门和城市。由于这种条件,无论实行计划经济体制,还是市场经济体制,农业增产不一定使农民增收致富,农村不一定稳定发展。因此,微观农业经济学的原理不能完全解决中国的农业发展问题①。正因为如此,当时的一维性和同向性的思维方式,使新中国在改革开放前的几十年间,既没有解决好农业问题,更没有解决好农民和农村问题,相反却一直存在严重的三农问题。

三农问题的提法,创造了新的理论框架。首先,它不是单纯地就农业、农村、农民中的某一方面提出问题,而是把三者联系起来,作一个有机的整体加以分析和研究。既看到三者之间的密切联系,又看到三者间质的区别,还看到三者在一定条件下存在的矛盾,使原先单一、单向的农民或农业问题,转变为了"三个维度"②立体的三农问题。其次,它也不是就三农谈三农,而是把三农问题置于中国社会环境下加以审视,看到了城乡二元结构对三农发展的制约,包含着统筹城乡发展的理念。认为要解决三农问题就"要改变那些不适合或不适应农村生产力发展的生产关系或

---

① 温铁军:《制约"三农问题"的两个基本矛盾》,《战略与管理》1996年第3期;温铁军:《中国的三农问题与三治问题——现代化危机与草根承载》;温铁军:《世纪之交的三农问题》,http://www.sociologyol.org/yanjiubankuai/xuejierenwu/wentiejun/2007-04-23/1577.html.

② 温铁军:《三农问题的三个维度考量》,《第一财经日报》,2008年12月22日。

第一章 三农与三农问题内涵阐释

者上层建筑，而不是就农业谈农业，就粮食谈粮食。"① 总之三农问题的理论框架，准确地揭示了农业、农村和农民之间的内在联系以及该问题与整个社会的关系，使人们摆脱了原来单一、狭隘的认识视野，对认识我国国情、农情，认识和解决三农发展规律提供了理论基础和政策基础。

（三）取得了研究和解决三农问题的一系列重要成果

进入 21 世纪以来，学术界按三农问题新框架，对三农问题的内涵、表现、产生原因和解决途径，作了比较系统、深入的理论探索，取得了累累硕果。有关论文如汗牛充栋，相关著作不胜枚举。尽管目前对其中的许多问题存在着不同看法，乃至重大分歧，但许多成果为进一步深入研究三农问题、探寻三农发展规律、解决三农问题提供了可贵的理论指导和经验支撑，其中还有不少成果被中央和地方党和政府采纳，转化为大政方针或具体政策，收到了良好效果。

党的十六大和十八大在汲取学术界研究成果基础上，先后把打破城乡二元结构体制，实行城乡统筹和城乡一体化发展，确立为解决三农问题的根本途径，以新的思路展开理论和实践创新，构建和制定了解决三农问题的理论和政策体系。这些方针和政策的实行，在较短时间内缓解了一度紧张的三农问题，促进了农业发展、农村稳定和农民增收，实现了农业"十二连增""农民增收十二连快"，并初步探索到了适合中国国情的解决三农问题道路。对此下文将详为谈及，此不赘述。

---

① 温铁军：《粮食问题不是粮食的问题》，《调研世界》1995 年第 4 期；温铁军：《制约三农问题的两个基本矛盾》，《战略与管理》1996 年第 3 期。

第二章

新中国成立以来解决三农问题的成就与当前战略地位

三农问题无论在古代，还是在近代，都是中国的中心问题。新中国成立后，它也"始终是一个关系我们党和国家全局的根本性问题"①。因此，中共自诞生起即肩负起了解决三农问题的艰巨使命，并在近一个世纪的奋斗中取得了辉煌成就。但目前仍面临不少问题，存在严峻挑战。解决这些问题并赢得挑战，促进三农发展，在实现中华民族复兴的"中国梦"的伟大实践中具有重要战略地位。

第一节

新中国成立以来解决三农问题的成就与当前面临的问题

一、新中国解决三农问题的主要成就

下面将详细介绍自中国古代城市诞生后，就产生了三农问题且逐渐严

---

① 江泽民：《要始终高度重视农业、农村和农民问题》，《中央农村工作会议上的讲话》，1993年10月。

第二章　新中国成立以来解决三农问题的成就与当前战略地位

重。到清代特别是近代，三农问题达到空前尖锐程度，成为中国贫穷、落后、受人欺凌的根源。但由于阶级和时代的局限性，无论哪朝统治者、哪个阶级和政党，都不能解决这个问题。解决三农问题的任务，历史地落在了代表工人阶级和包括农民在内的广大人民利益的中共肩上。中共成立后不久，就把解决这一问题作为自己的历史责任和中心任务。中共在开展土地革命和武装斗争的同时，促进解放区生产发展，改善人民生活，建设农村民主，开展农民文化教育等工作。经过28年的浴血奋战，推翻了三座大山，建立了包括农民在内的人民民主专政的国家政权，不仅使农民得到了政治上的解放，也为从根本解决三农问题提供了政治前提。新中国成立后，虽由于经验不足和国内外条件限制，三农发展在长期内走过了曲折的道路，但在不同阶段都取得了历史性成就。对这些成就，按历史发展脉络概括如下：

新中国建立初期，通过土地改革，消除了存在几千年的不合理的土地制度，使无地少地的农民拥有了自己盼望的土地，促进了农业生产快速恢复和发展，农民生活得到了明显改善，出现了新中国成立后三农发展的第一个"黄金期"[①]。在此基础上，实行的农业集体化改革，为农民占有和使用赖以生存发展的生产资料，避免农民破产历史悲剧重演提供了制度保障，真正实现了"耕者有其田"。

进入全面社会主义建设时期后，城乡分割的二元经济社会结构，曾导致农业生产长期发展缓慢，农民生活改善不快，甚至不少农民仍处于贫困状态。但该时期三农工作并非如有人说的那样一无是处，而是整体上促进了农业发展，除1960~1962年三年困难时期外，多数农民生活有所改善。农业基础设施特别是水利设施得到明显加强，农村医疗更取得了举世瞩目的成绩。

进入改革开放新时期后，农业得到较快发展，农民生活得到了明显改善。到20世纪90年代初，实现了由农产品供应不足到基本平衡、丰年有余的历史性转变，解决了历朝历代所从未解决过的农民温饱问题。到20

[①] 韩俊：《推进三农理论和制度创新，开创三农工作新局面》，《中国经济时报》，2012年11月7日第4版。

世纪末,大多数农民达到了世世代代可望而不可即的基本小康生活。同时,乡镇企业崛起,促进了农村工业发展;农民大批向城市和非农产业转移,冲破了城乡分割的藩篱,促进了农村分化;农村自治制度的建立,开创了农村民主探索的先声。这些都推进了从传统农村向现代农村的全面转型,也出现了新中国成立后三农发展的"第二个春天"①。

2002年党的十六大召开后,中共在汲取以往特别是20世纪90年代后期教训基础上,改变了"以农补工"的方针,实行"以工补农"政策,取消了农业税,采取了一系列惠农措施,开创了解决三农问题,促进三农发展新局面。其一,农业生产方式实现了由人力畜力为主向机械作业为主的历史性跨越。2011年全国农作物耕种收综合机械化水平达到54.8%,比2002年增加22.5个百分点,增幅超过之前30多年总和,标志着中国农业机械化实现了由初级阶段到中级阶段的重大跨越②。其二,粮食生产实现了历史罕见的"九连增"。2012年全国粮食总产量达到5895.5亿公斤。从2003年至2012年,9年累计增产1588.5亿公斤,而且连续5年稳定在5250亿公斤以上,成为半个世纪以来中国粮食持续增产时间最长的时期③。其三,社会主义新农村建设收到明显成效,极大地促进了农业生产发展、农民生活水平提高、乡风文明的弘扬、村容村貌的改善、管理民主的提升。其四,农民收入增长实现了"九连快"。到2012年,农民人均纯收入达到7917元④,比2002年的2476元增加5441元。而且在2010年后,其增幅连年超过城镇居民可支配收入。其四,农民权益状况得到改善。《中华人民共和国农业法》、《中华人民共和国农村土地承包法》和《中华人民共和国物权法》的实施,维护了农民的宅基地使用权和土地承包经营权的合法权益。不但进一步健全了村民自治制度,基本建立起覆盖数亿农民新型农村合作医疗制度、农村最低生活保障制度和新型农村社会

---

① 韩俊:《推进三农理论和制度创新,开创三农工作新局面》,《中国经济时报》,2012年11月7日第4版。
② 佚名:《农业机械化:农业现代化的支撑与引领——党的十六大以来农机化主要成就、基本经验和未来展望》,《农民日报》,2012年9月21日第5版。
③ 农业部:《我国粮食生产已实现"九连增"》,2012年12月25日,中国网 china.com.cn。
④ 中华人民共和国国家统计局:《中华人民共和国2012年国民经济和社会发展统计公报》,《人民日报》,2013年2月23日第5版。

第二章 新中国成立以来解决三农问题的成就与当前战略地位

养老保险制度,而且实现了城乡人民代表大会代表比例从由新中国成立初期的8:1、1995年的4:1,到2010年同票同权的转变。这些成就,改变了2000年之交三农问题突出、尖锐状态,促进三农发生了历史性巨变,成为新中国成立以来三农发展的"第三个黄金期"[①]。

2012年党的十八大后,三农问题解决和三农发展提高到了新水平,达到了新境界,取得了新的巨大成就。其一,2016年农业科技进步贡献率超过了56.2%。标志着实现了农业生产方式由传统以人力畜力为主向以现代机械作业为主的整体转变。其二,作为社会主义新农村建设升级版的美丽乡村建设取得了巨大成就,促进了农村生产发展、人居环境改善、生态文化传承和文明新风的培育。其二,新型农业主体获得新发展。截至2016年6月底,家庭农场、农民合作社、农业产业化龙头企业等新型农业主体数量已经超过270万家。全国经营耕地面积在50亩以上的规模经营农户超过350万户,经营耕地面积超过3.5亿多亩[②]。其三,粮食产量实现了历史性的"十二连增"。到2015年,中国粮食产量达到6214.5亿公斤,连续五年超过5500亿公斤,连续3年超过6000亿公斤,这是新中国建立以来从未有过的。2016年粮食总产量为6162.4亿公斤,虽比2015年减少了52亿公斤,但仍是历史上的第二高产年。其四,农民收入实现新跨越。2015年农民人均可支配收入突破万元大关,达到11422元。2016年农民人均可支配收入增长到12363元,比上年增长8.2%,扣除价格因素实际增长6.2%。值得注意的是,农民收入增幅连续七年超过城镇居民。城乡人均可支配收入比从2009年的3.33:1,缩小到了2.72:1。其五,农民权利状况得到系统改善。不仅在城乡统一的户籍制度、养老保险制度和医疗保险制度改革方面取得了新突破,而且赋予了农民更多的有保障的土地权利。其六,农村精准扶贫取得明显成效。全国贫困人口由2012年年底的近1亿人,减少到2016年年底的4375万人。2013年至

---

① 中华人民共和国国家统计局:《中华人民共和国2012年国民经济和社会发展统计公报》,《人民日报》,2013年2月23日第5版。
② 高云才:《农村土地流转面积超承包耕地总面积1/3》,《人民日报》,2016年11月20日第3版。

中国"三农"发展规律与战略目标研究

2016年的4年间,累计脱贫达5564万人①。这些辉煌成就,为党的十六大以来三农发展的黄金时代续写了更为壮丽的篇章。

二、当前三农面临的问题与挑战

新中国成立以来,特别是党的十六大和十八大以来,三农工作虽取得了巨大而辉煌的成就,但也要清醒看到,"当前,农业还是现代化建设的短腿,农村还是全面建成小康社会的短板"②,三农工作依然面临许多问题和十分严峻的挑战。

(一) 农业面临的问题与挑战

1. 传统农业仍然占不小比重

中国传统农业向现代农业的转型取得了长足进展,但现代与传统并存局面尚未根本改变。截至2016年6月底,全国承包耕地流转面积达到4.6亿亩,超过承包耕地总面积的1/3。在2.3亿农户中,全部流转和部分流转承包土地经营权的农户只有6800万户③。家庭农场、农民合作社和农业产业化龙头企业等新型农业主体数量,只有270多万家④。这些现象表明土地规模经营成为农业发展大趋势,新型农业主体的作用日显重要,但同时也说明,全国2/3的承包地仍实行传统的农户小规模经营。总体上看,中国传统农业经营占主导地位的状况尚未根本改变。这种落后经营方式,既不能使农民致富,也不适应农业现代化的要求。

2. 土地流转出现一系列新问题

进入21世纪以来,土地流转取得了不小进展。截至2016年6月底,超过全国承包地总面积三成的耕地,实现了向新型农业主体的流转。但在

---

① 参见李云龙:《精准扶贫:中国扶贫战略的重大转变》,http://www.china.com.cn/news/cndg/2017-02/24/content_40353823.htm,中国网,2017年2月24日。
② 《习近平在小岗村主持农村改革座谈会上强调:中国要强农业必须强,中国要美农村必须美,中国要富农民必须富》,《人民日报海外版》,2016年4月29日第1版。
③ 陈锡文:《抓好"三农"工作决胜全面小康社会》,《中国井冈山干部管理学院学报》2016年第5期。
④ 高云才:《农村土地流转面积超承包耕地总面积1/3》,《人民日报》,2016年11月20日第3版。

第二章　新中国成立以来解决三农问题的成就与当前战略地位

目前土地流转中，也面临着一系列新问题。一是随着城市化发展和对土地未来预期的提高，农民流转土地的意愿降低，土地流转难度加大。二是城市工商业资本与农民争地问题越来越突出，出现了弱化农民家庭经营主体地位的趋向。三是流转后的土地经营中存在追求规模化，忽略土地利用率和合理化问题。四是土地"非农化""非粮化"现象越来越严重。这些问题严重阻碍着土地流转和规模经营的发展，损害了农民利益，威胁着中国粮食安全。

更为严重的问题是，长期以来国内农村土地私有化思潮一直存在，并时而泛起。2016年10月中共中央办公厅、国务院办公厅发布了《关于完善农村土地所有权承包权经营权分置办法的意见》，为在坚持农民集体土地所有、稳定农民承包权前提下，放活土地经营权，以"三权分置"办法解决和促进土地流转问题指明了方向。但一些学者将其歪曲为实行土地私有化的前奏，认为这是"在尽量不触动已有制度格局的背景下，通过增量改革，引入新制度因子，弱化旧制度的钳制作用，并最终使旧制度逐步虚化，乃至最终废弃旧制度"，是"在尚无法突破承包经营权身份化桎梏的背景下，通过从承包经营权中分离出新的独立的经营权，实现了土地的自由转让和抵押。原有的制度框架表面上依然维持不变，而新的世界早已豁然洞开。"[①] 这里虽使用了所谓"旧制度"和"新的世界"的字眼，但两者实际是土地集体所有制和土地私有制的代名词，作者期望"三权分置"按其曲解的方向发展的意图，是不言自明的。如何在当前农村土地改革中把握正确方向，能否深刻认识和坚决抵御土地私有化浪潮，是能否和如何解决三农问题的根本问题，也是目前思想理论界面临的一大严峻挑战。

3. 农业现代化水平、劳动生产率与市场竞争力低

目前，除农作物良种覆盖率达到96%以上的高水平之外，其他指标都相对滞后。如农田有效灌溉面积占比只有52%，农业科技进步贡献率仅为56.2%，农作物耕种收综合机械化水平超过65%。有人指出，如果

[①] 李凤章：《三权分置：农村土地制度的第二次伟大变革》，《东方早报》，2016年11月29日。

说中国工业已具备向 4.0 进军的实力,那么,农业现代化则只处在 2.0 ~ 3.0 阶段①。有研究表明,目前中国农业劳动生产率约为世界平均值的 47%,约为高收入国家平均值的 2%,约为美国和日本的 1%②。由于生产率和生产成本快速增长,导致目前中国农作物,尤其谷物及肉奶产品的价格高于国外同类产品价格,使多种大宗农产品失去国际市场竞争力,造成"生产量、进口量、库存量'三量齐增'的怪现象并日趋严峻"③。这严重影响着农民收入和国家粮食安全。

4. 农业比较效益下降

农业本就存在比较效益低的问题。尽管党的十六大以来为提高农民收入国家采取了粮食最低收购价政策和农业补贴政策,规定农民工最低工资等一系列措施,对增加农民收入起了积极作用。但是这些年来,一方面,农业生产资料价格不断上涨,务农人工成本和租地成本不断上升,造成农业"高成本"特征;另一方面,由于世界经济萎缩和中国经济下行压力的双重影响,农产品尤其粮食市场价格连年低迷。同时,受国际市场农产品价格的打压,粮食加工企业宁愿购买国外粮食,不愿购买国内粮食,使得国内农产品价格很难回升。这两个方面的综合作用,导致农业比较效益不断下降。2012 年夏收小麦、早稻和夏收油菜籽每亩纯收益分别只有 152 元、321 元和 55 元④。专家经过测算,2014 年小麦一亩净利润只有 87 元。2015 年一亩小麦净收入下降到 33 元。如遇自然灾害,种粮赔本更是大概率事件⑤。因此,农民说,"辛辛苦苦种一亩田,不如外出打两天工"。正因为当前农产品的市场价格低迷,农业比较效益下降,挫伤了农民种田积极性,使农业发展动力减弱,土地抛荒现象严重。

5. 农业劳动力素质结构性下降,"谁来种地"问题严峻

改革开放后离开农业的劳动力绝大多数是青壮年,而且是农村中受教育程度较高的部分。而留乡务农的大都是妇女和五六十岁的老人,有人形

---

① 高云才:《农业现代化仍需奋起直追》,《人民日报》,2016 年 10 月 24 日第 5 版。
② 何传启:《中国现代化报告 2012》,北京大学出版社 2012 年版,第 4 页。
③ 乔金亮:《粮食"三量齐增"怪象从何而来》,《农村农业农民:上半月》2015 年第 9 期。
④ 韩长赋:《我国农业现代化发展面临"四大矛盾"》,《经济日报》,2013 年 9 月 13 日。
⑤ 华挺:《"粮贱伤农"的影响不容小觑》,《光明日报》,2015 年 10 月 20 日第 7 版。

第二章　新中国成立以来解决三农问题的成就与当前战略地位

象地称之为"3860部队";甚至一些农村的多数年轻妇女也很少见到,留守乡村务农的多为儿童和老人,被人称为"6199部队"。"这导致务农劳动力素质结构性下降,农业兼业化、农民老龄化、农村空心化问题突出。"① 可见,目前中国农业面临未来"有无耕地种地""有无人愿意种地"和"究竟谁来种地"的问题。如果这些问题不能得到很好解决,制约农业发展的瓶颈不能突破,不但中国农业现代化的实现目标将成空想,这些年农业取得的成就将难保持,即使已不成问题的吃饭问题,也将重新成为问题。

6. 土地资源对农业约束加剧

人多地少是中国的基本国情。中国农民户均耕地仅有0.47公顷。不仅比土地宽裕的国家少得多,如不足美国的1/400、法国的1/110,即使比人地关系紧张的韩国和日本也有不小差距,只相当于韩国的1/3、日本的1/6。中国耕地不但数量少,质量也不优,真正旱涝保收的优质良田只占1/3,中低产田占2/3。而且,由于城市化发展等原因,还在以每年600万~700万亩的速度减少。中国耕地少、质量差是中国农业发展的长期制约因素②。

(二) 农村面临的问题与挑战

1. 城乡公共资源差别仍很大

改革开放以来,特别是近20多年来,为缩小城乡公共资源之间的差距,推进公共资源均衡性,国家不断加大对农村公共资源的供给力度,使农村的公共设施有明显改善,但由于城乡二元结构壁垒尚未根本消除,城乡之间的差距依然很大。城乡教育设施与设备、经费投入、师资供给、师资水平和工作强度、学生班容量的失衡状况仍很严重。据研究,2007~2014年城乡医疗资源配置泰尔系数,从0.161下降到0.035,降幅达78.27%。说明城乡居民在医疗服务上的财力差距显著减小。但目前中国80%的公共卫生资源集中在城市,农村卫生服务和资源严重不足。2009~

---

① 韩长赋:《稳粮增收调结构提质增效转方式,努力推动农业农村经济发展再上新台阶》,《农村工作通讯》2015年第1期。
② 薛亮:《当前农业创新发展的几个问题》,《农业经济问题》2016年第5期。

2014年，城镇千人医疗机构床位数是农村的2倍以上，城镇本科以上卫生技术人员是农村地区4倍以上[①]。2016年1月国务院发布并将实行的《关于整合城乡居民基本医疗保险制度的意见》，对整合城镇居民医疗保险和新型农村合作医疗保险制度，逐步实现城乡居民统一的基本医疗保险制度，提高农村医疗保险水平，具有破天荒的重要意义。然而，这虽赋予农民与城市居民平等的基本医疗保险权利，但由于城乡医疗条件和农民支付能力的差距，仍将在长期内存在"城乡医疗服务利用的严重机会不平等"[②]问题。而解决这一问题需要长期的多方面努力。

2. 农村基础设施建设滞后，生态环境问题严重

近些年来，农村基础设施有明显改善，但由于农村基础差，加之投入不足，农村的基础设施与城市相比存在巨大差距。主要表现在电力、电网设施不完善，一些地方很落后；用水安全隐患大，供水水质不达标；公路质量差，养护难等问题普遍存在。同时，农村生态环境令人担忧。根据环保部2010年第一次全国污染源普查，农村的污染排放中COD占43%，总氮占57%，总磷占67%；农村污染排放占了全国"半壁江山"，而且农村环境基础设施建设严重滞后，法规标准很不完善，监管能力严重不足，使得农村污染治理的难度很大。这不但使农村居民的生产生活受到极大影响，而且还影响到城市的环境和食品安全。值得重视的是，到2016年，这些状况未有改观，"农村污染排放量占全国一半"[③]。如何尽快治理严重的农村环境问题，是中国面临的一大挑战。

3. 农村被边缘化危险加剧

据国家统计数据显示，从2002年至2014年，中国自然村由363万个锐减到252万个，12年间110万自然村销声匿迹[④]。即使在不被"消失"村子里，村庄居住空间的"空心化"、留守老人的"空穴化"和劳

---

① 杨林、李思赟：《城乡医疗资源非均衡配置的影响因素与改进》，《经济学动态》2016年第9期。

② 熊跃根、黄静：《我国城乡医疗服务利用——一项于CHARLS数据的实证分析》，《人口学刊》2016年第6期。

③ 赵永平：《农村污染排放量占全国一半》，《人民日报》，2016年10月9日第11版。

④ 沈文敏：《2015中国古村落保护发展论坛举行，让人们重拾乡愁》，人民网，2016年1月11日，http://travel.people.com.cn/n1/2016/0111/c41570-28038655.html。

第二章　新中国成立以来解决三农问题的成就与当前战略地位

动力的"老化"现象,已成为中西部农村普遍存在的现象。的确,乡村居民和劳动力减少和城市人口增多,甚至"部分村庄的消失,居住在农村的年轻人减少,是工业化、城镇化过程中的阶段性现象"[1]。然而值得注意的是,出现这种现象的种种原因中,城市化过程中城乡失衡的结构性因素是根本原因。如果不消除这种失衡,现有村庄迟早要走上被"陷落"和衰败的道路。因此,如何在城市化过程中,实现城乡协调发展和繁荣,把城市和乡村都建设成适宜人类生存的乐土,需要长期的多方面努力。

(三) 农民面临的问题与挑战

1. 城乡居民收入差距仍然较大,且存在大量农村贫困人口

2015 年,农村居民人均可支配收入创历史新高达到 11422 元,城乡收入比下降到 2.731:1,为进入 21 世纪以来最低,这是可喜可贺的。然而城乡收入绝对差距持续拉大和农民收入增幅持续下降趋势,却令人忧虑。2001 年以来城乡收入绝对差距一直呈扩大趋势,2015 年更创新高。城市居民人均可支配收入为 31195 元,比农村居民收入高出 19773 元(见表 2-1)。农民人均年纯收入分别较上年实际增长 10.7%、9.3%、9.2%、7.5%。2016 年第一季度更下降到 7.0%。[2] 同时,全国居民收入基尼系数虽从 2008 年的 0.491 高位降至 0.462,但仍处在收入差距较大的范围,城乡收入差距为全国最严重差距的基本格局仍未改变。还要看到,农村依然存在着大量贫困人口。截至 2016 年年底,农村仍有 4375 万贫困人口。这些贫困人口,是以往扶贫未能攻克的"硬骨头"。要啃下这块"硬骨头",实现中央确保他们到 2020 年全部脱贫目标,是一场十分艰巨的攻坚战。

---

[1] 李周、任常青:《农村空心化的影响、原因与对策》,《人民日报》,2013 年 2 月 3 日。
[2] 姜长云:《当前农民收入增长趋势的变化及启示》,《人民论坛·学术前沿》2016 年第 14 期。

表 2-1   2001 年至 2015 年城乡居民收入比变化情况

年份	农村居民纯收入（元）	城镇居民可支配收入（元）	城乡绝对差距	城乡收入比
2001	2366	6860	4494	2.90:1
2002	2476	7703	5227	3.11:1
2003	2600	8472	5872	3.26:1
2004	2936	9422	6486	3.21:1
2005	3255	10493	7238	3.22:1
2006	3587	11795	8172	3.28:1
2007	4140	13786	9646	3.33:1
2008	4761	15781	11020	3.31:1
2009	5153	17175	12022	3.33:1
2010	5919	19109	13190	3.23:1
2011	6977	21810	14833	3.13:1
2012	7917	24565	16648	3.10:1
2013	8896	26955	18059	3.03:1
2014	9892	28844	18952	2.92:1
2015	11422	31195	19773	3.73:1

资料来源：马常艳：《中国城乡收入比连续两年"破3"，为十五年来最低》，中国经济网，2016 年 1 月 19 日，http://www.ce.cn/xwzx/gnsz/gdxw/201601/19/t20160119_8372974.shtml。

要改变目前城乡居民收入的巨大差距和减少农村贫困人口并防止返贫，主要有两条途径：一是持续保持农村居民收入增长幅度高于城市市民收入增长幅度的势头；二是国家大大增加农民补贴和支持力度。但目前这两条路径面临的制约因素越来越大。

农民收入主要由经营性收入、工资性收入、财产性收入和转移性收入构成。但目前这四方面收入的增长，都面临着很大压力。农民经营性收入是目前农民最主要的收入来源，但其持续增长受农业比较效益低的制约。这一制约由于农业本身的弱质性和宏观经济环境的影响，短时期内难以改变。这些年农产品价格上涨乏力，生产成本持续上升趋势，更使农民经营性收入增长形势不容乐观。农民工资性收入，主要是农民工收入，也是目前农民收入中的一项主要来源。然而，受目前发达国家经济危机持续和国

第二章　新中国成立以来解决三农问题的成就与当前战略地位

内经济增长下行压力等诸多不确定因素的影响，使农民工就业岗位和工资持续增长空间受到限制。农民财产性收入包括集体分配股息红利、土地承包经营权转让收入、租金（包括农业机械租赁）、储蓄性保险投资收益等。该收入增长速度较快，但是在总收入中的比重一直不高。2012年这一比例曾达到3.4%的最高值。2013年、2014年所占比重下降。2015年约占农民人均可支配性收入的2.2%。从国际相关经验看，通常财产性收入应占居民纯收入30%左右[①]。可见，在农民总收入中，财产性收入只处于农民收入补充来源的地位[②]，且增长缓慢。还要看到，受近年国家财政收入增速放缓和农村土地、宅基地、农村集体建设用地改革红利释放出来需要一个过程等因素的制约，在近几年内，财产性收入很难成为农民增收的主要引擎。

目前农民转移性收入主要由国家各种补贴构成。近些年国家补贴迅速增长，今后国家也将进一步加大。但因为国家财力有限等多方面条件的限制，这种收入对农民收入增长的贡献是有限的。2014年国家的直接补贴，只占农民收入3%左右。虽然从中国国情、国家政策和WTO要求，增加国家对农业补贴仍有不小的空间，如欧美国家达到40%[③]。但这些年经济下行的压力，不能不制约国家农业补贴的财政投入的力度。同时，目前中国农业直接补贴，已接近WTO规定的补贴不超过农业产值8.5%的"黄箱"界限。这些说明，期望依靠加大补贴解决农民收入问题是不现实的。

可见，在以往增加农民收入的路径受到重重制约的条件下，如何克服不利因素，持续保证农村居民收入较快增长的势头，有效缩小城乡居民收入差距，并使贫困人口尽快脱贫致富，是目前三农工作面临的一个严重问题和严峻挑战。

2. 农民素质与组织化程度较低

目前，农民依然是中国文化素质最低的一个阶层。据第六次全国人口

[①] 杨海宁、曲振涛：《中国农民财产性收入的演化趋势与提升路径研究》，《黑龙江社会科学》2016年第3期。
[②] 姜长云：《当前农民收入增长趋势的变化及启示》，《人民论坛·学术前沿》2016年7月下。
[③] 韩长赋：《中国农民收入低　应继续增加对农业补助》，中新网，2014年3月6日，http://www.chinanews.com/gn/2014/03 - 06/5918128.shtml。

普查资料显示，2010年我国15岁及以上人口的人均受教育年限已达9.05年。而农村中农民平均受教育年限不足7年。农村劳动力中，小学文化程度和文盲半文盲占40.31%，初中文化程度占48.07%，高中以上文化程度仅占11.62%，大专以上只有0.5%。其中文化程度较高的部分，大都离开农村进入城市务工，留乡务农的农民基本是文化程度较低的部分。由这些农民担负农业生产主力的状况，很难适应发展现代农业的需要。随着农村合作组织的发展，农民组织化程度有所提高。到2016年10月底，全国依法登记的农民合作社达174.9万家，超过全国农户总数的四成①，但仍有大量农户处于一家一户分散经营状态。如此低的组织化程度，严重阻碍着农民现代化的进程。

3. 农民市民化的实际进程缓慢

根据2016年人口数据，中国居住在城镇的人口为76750万人，占55.88%；居住在乡村的人口为60599万人，占44.12%。单从这一数据看，城市居民超过了农村居民。然而，在城镇居住的农民工虽被统计为城镇人口，但其中绝大部分并未实现市民化。国家发展和改革委员会组织撰写的《国家新型城镇化报告2015》指出：2015年我国常住人口城镇化率为56.1%，而户籍人口城镇化率仅39.9%。这说明进城农民虽身在城市，但他们并未实现市民化。如何让这些农民工得到平等的市民待遇，真正融入城市并安居乐业，不仅关系着2.6亿农民工真正从农村转移出去，而且关系到需要在未来转移出去的农村剩余劳动力能否顺利实现问题。如果不能实现大部分农民的市民化，就不可能实现土地规模化经营，不可能实现农业现代化，不可能实现和保障农民富裕。

然而，农民市民化是牵涉国家、城市和农民方方面面关系的一项十分艰巨而复杂的系统工程。据中国社会科学院城市发展与环境研究所发布城市蓝皮书《中国城市发展报告（2012）》指出：今后20年内，中国仍将有2亿多农民需要转移到城镇就业和居住，再加上近年来已经进入城镇但还没有完全市民化的农民，未来20年内，全国将有4亿~5亿农民需要实现市民化。如此大量的农民工要穿上市民的就业、教育、医疗、住房、

---

① 李华林：《新型主体唱主角适度规模有效益》，《经济日报》，2016年11月23日第2版。

第二章　新中国成立以来解决三农问题的成就与当前战略地位

养老这"五件衣服",需要大量公共投入。人均市民化成本为10万元①,为此至少需要40万亿~50万亿元的成本。这些费用的筹措是一个艰巨的任务。再者,农民成为市民必须出于自愿,而不能强迫。但据国家卫生和计划生育委员会调查,74%的农村户籍流动人口愿意在城市长期居住但不愿意放弃农村户籍。不愿意"农转非"的主要原因是想保留土地②。如何让已进城并愿意长期居住城市的农民工放弃土地,需要复杂的制度设计。再者,农民工融入城市,要逐步实现从乡村文化到城市文化的跨越,这对他们而言,更是一个长期发展的过程。因此,如何克服农民市民化道路中的重重障碍,使目前和今后的巨量农民工融入城市,成为真正的市民,被视为"最有挑战性的改革"③。

由上可见,目前中国在农业、农村和农民各方面都面临复杂问题和严峻挑战。值得注意的是,与以往三农问题比较,这些问题和挑战,具有新中国成立以来各阶段从未有过的新特点。首先,它是在经过新中国近70年曲折性发展,特别是改革开放后30多年发展后发生的。这说明在农业传统生产和经营方式下的"主要依赖资源环境的农业增长模式已经走到极限"④。其次,它们是在家庭承包制改革30多年后发生的。这说明传统生产和经营方式的功能和传统农民的作用已发挥到了极限。再次,它们是在新中国经过30余年的持续发展,由一个落后的农业国跃升到世界第二大经济体,正向实现全面小康社会,迈步走向发达中等国家行列的时期发生的。这一发展趋势,要求未来农业给具有十几亿人的中等发达国家的工业、城市和农村各项事业的发展,提供强有力的支撑,否则,这些目标都将功亏一篑。这些特点表明要克服目前面临的困难具有极大难度。

总之,中国目前面临的三农问题与挑战,既有老问题,又有新问题和新挑战。因此,解决当前的三农问题,赢得这些挑战,是以新的理念、新

---

① 廖文根:《新型城镇化的难点是人的城镇化》,《人民日报》,2013年1月16日。
② 卫生和计划生育委员会调查:《74%农村流动人口不愿意放弃农村户籍》,中国新闻网,2013年10月20日,http://news.xinhuanet.com/politics/2013-10/20/c_117791867.htm。
③ 潘圆:《农民变市民是最有挑战性的改革》,《中国青年报》,2012年11月30日第5版。
④ 《瞭望》编辑部:《前瞻五中全会:读懂中国未来布局的十六个视角》,《瞭望新闻周刊》2015年第37期。

的生产和经营方式、新的农业主体，解决过去60多年乃至几千年始终未根本解决的三农问题，把三农又推向新形态的一场大决战。虽然，三农发展是一个不断解决问题又不断产生新问题的永无完结的过程，但这场决战的结果，将关系到中国当前也关系中国未来命运，其意义不可低估。

第二节 当前三农的战略地位

三农发展无论对目前决胜全面建设小康社会建设来说，还是对实现党的十九大规划的从2020年到21世纪中叶两个阶段的宏伟目标都具有决定性意义。对前者，毋需赘言，习近平"小康不小康，关键看老乡"一句精辟而深刻的论断，道尽了三农发展对实现这一目标的意义；对后者，即建设富强民主文明和谐美丽的社会主义现代化强国，实现中华民族伟大复兴的"中国梦"，同样具有极其重要的战略意义。"中国梦"是怎样的盛景？就是国家强盛、人民富裕的"富强中国"；就是民主法制健全，社会公平公正的"民主中国"；就是文化先进，文明发达的"文明中国"；就是社会安定、人民团结的"和谐中国"；就是自然生态良好、人居环境秀丽和人的真善美的"美丽中国"。而解决好三农问题，促进三农发展，无论对上述五方面中的哪一方面，都具有决定性意义。

一、建设"富强中国"的根本

实现"中国梦"的首要目标，是实现现代化，建设"富强中国"，是"强国梦""富民梦"。只有国家富强、人民富裕，才能从本上避免近代中国贫穷、落后、挨打的悲惨命运重演，才能保障国家安全、民族尊严和人民生活幸福。而三农则是实现现代化，建设"富强中国"的根本。

第二章　新中国成立以来解决三农问题的成就与当前战略地位

（一）农业是国民经济不可动摇的基础

人类存在和发展的第一个前提，就是要获得最基本的生活资料，生活资料中首要的是食物，而农业就是生产人类食物的产业。它不但提供了农业劳动者本身所需要的生活资料，还担负着为农业之外其他所有行业和部门劳动者提供生活资料的功能。"乡村居民先维持自己，才以剩余产物维持都市居民"，"才谈得上增设都市"，"才谈得上其他行业的形成和发展"①。因而"超过劳动者个人需要的农业劳动生产率，是一切社会的基础"②。非农行业和部门能否产生和发展，发展到何种程度，归根到底要取决于农业劳动生产率的提高能够为他们提供多少剩余农产品。农业的这种功能具有其他产业不可替代基础性。因此，从亚当·斯密到马克思、列宁和毛泽东、邓小平，都把农业看作国民经济的基础，也是新中国成立以来我国长期坚持的基本国策。

改革开放后，中国经济结构发生了巨大变化。一方面，农业增加值在国内生产总值中所占比重持续下降，由1952年的51.0%下降至2015年的9.0%，而第二、第三产业增加值比重分别为40.5%和50.5%，说明中国国民经济的主体不再是农业。另一方面，随着经济发展，其他一些产业也具有某种程度上的基础性，如目前能源工业、原材料工业、原料动力工业等产业也被称为"基础产业"③，但是，这些变化并不能动摇农业的国民经济中的基础地位。

1. 农业占比下降不意味其地位降低

改革开放以来，中国粮食总产量先后于1984年、1996年、2014年迈上4000亿公斤、5000亿公斤、6000亿公斤三个大台阶。正是农业提供了足够的劳动剩余，才不仅解决了大量增加和不断改善的其他产业和事业从业者的吃饭穿衣问题，而且提供了轻工业的主要原料来源，提供了轻、重工业产品的重要市场，保障了国民经济的持续快速发展。如果没有农业的

---

① ［英］亚当·斯密：《国民财富的性质和原因的研究》上卷，商务印书馆1972年版，第346页。
② 马克思：《资本论》第3卷，人民出版社1975年版，第885页。
③ 刘树成：《现代经济词典》，凤凰出版社2005年版，第474页。

这些贡献,工业和其他从业者连生命都难以维持,遑论工业发展超过农业的可能性,更遑论举世瞩目的中国工业、国防、科技现代化发展奇迹的发生。

2. 能源工业等新"基础产业"不能替代农业的基础地位

因为这些产业都是建立在农业为其生产者提供基本生活资料的基础上的,因而其基础性远不能与农业相比,农业是基础产业的基础。失掉了这个基础,整个国民经济大厦就会倾覆。在过去农业为主体的时代是如此,在目前以工业为主体的时代也是如此。即使将来中国实现了现代化,农业所占比重更小,农业的形态可能随着科学技术发展而产生某些改变,但农业的基础地位仍不会改变,而决非有人主张的农业正变得越来越不重要了。

3. 农业基础地位为国际经验所证明

美国是目前世界上现代化和科学技术水平最高的国家,农业产值仅占GDP比重不到2%,但始终坚持其建国初期的"以农立国"理念,有力地证明了这一点。如果说发达的农业托起了"美国梦",那么,对比美国人口多数倍而农业资源远不如美国的中国而言,要实现自己的"中国梦",则需要比美国更发达的农业才能擎起。

(二) 农业现代化是中国现代化中难度最大、最关键的"一化"

中国现代化包括十分丰富的内容,如经济现代化、社会现代化、政治现代化、文化现代化、人的现代化、生态现代化等等。在经济现代化领域,农业现代化与工业、国防现代化等相比难度最大。其一,农业具有市场风险和自然风险两重风险的弱质性。其二,中国历史和自然气候条件造成了一系列不利因素。如人口多与耕地少。人均耕地不足1.5亩,只有世界平均水平的43%;人均水资源少,只有世界平均水平的四分之一;传统农业存在了几千年,其生产、生活方式与思想观念在农民身上根深蒂固,使之向现代农业转换过程异常艰难;现代农业起步晚,在世界农业市场竞争中处于不利地位等等。其三,农业问题与其他问题耦合在一起。如只有大量转移农村剩余劳动力才能提高农业生产率,但农村剩余劳动力的转移需要城市的相应发展和消除长期存在的二元经济社会结构的深层改

第二章　新中国成立以来解决三农问题的成就与当前战略地位

革。再如农业发展需要国家不断加大投入和支持力度，但这种投入必须与国家的财力相适应。正因为农业现代化的特殊难度，邓小平早在 1975 年就指出：实现四个现代化，关键是农业现代化①。改革开放以来，尽管党和国家付出了极为艰辛的努力，农业现代化进程也取得了长足进展，但与其他现代化发展程度相比，仍然落后得多。如果说目前中国工业化已进入中后期阶段，那么，农业现代化才处于成长阶段。中国农业现代化的这种滞后性，成为我国现代化发展的重要制约因素。因此，实现农业现代化是中国现代化建设中最迫切、最艰巨的任务。不实现农业现代化，就不可能实现国家现代化，就不可能实现"富强中国"的梦。"三农问题解决之日，就是中国现代化实现之时"②，就是"富强中国"梦圆之时。

（三）粮食安全是国家安全的基石

"民以食为天"，粮食是人类生存和发展的基础，粮食安全决定着一个国家的安全与社会稳定。对当代中国来说，粮食问题更具有特殊重要意义。

1. 中国是一个拥有十几亿人口的大国

目前中国有 13 亿人，人口数量位居世界第一。到 2033 年前后到达人口总量高峰 15 亿左右。即使那时印度人口超过中国，中国人口出现零增长，乃至负增长，但其十几亿的过大人口规模，将是在未来近半个世纪内难以改变的事实。如此巨量人口的吃饭问题，是一个"天大"的事。一旦发生粮食危机，就会发生社会动荡，中国建设和谐社会和现代化的进程将被打断。要避免粮食危机、保障粮食供给，当然可以通过国际贸易适度进口，但必须坚持立足国内、实现基本自给方针，而不能将希望寄托于国际市场。因为国际上的粮食市场供给无法满足中国的粮食消费。按照可比口径对比，中国粮食产量和消费量约占世界粮食产量和消费量的五分之一多一点。"目前全球年粮食贸易量仅相当于中国年粮食消费量的四成多"③。

---

① 《邓小平文选》第 2 卷，人民出版社 1994 年版，第 32 页。
② 武力：《中国共产党对"三农"问题的认识历程及其启示》，《党的文献》2002 年第 5 期。
③ 国家粮食局：《靠大量进口解决中国粮食问题不现实》，《南方周末》，2011 年 2 月 15 日。

中国"三农"发展规律与战略目标研究

在中国口粮消费中，稻谷消费占近60%，消费量每年为1850亿~1875亿公斤，而国际市场大米贸易总量也就是250亿~300亿公斤，仅占中国大米消费量的15%左右①。可见，对于中国这样的人口大国而言，试图通过国际市场调剂来解决自己的粮食供给问题是不现实的。

2. 中国面临严峻、复杂的国际局势

以美国为首的西方国家，采取各种手段维护其世界霸权地位。控制粮食则是其中重要手段之一。在20世纪70年代，美国国务卿基辛格曾断言，谁"如果控制了粮食，就控制了全人类"。美国也在这时打响了通过控制世界粮食来控制世界的"粮食战争"。进入21世纪以来，个别国家已经把"粮食武器"作为控制中国的战略选择，加紧对中国的粮食战略布局②，造成了中国粮食安全隐患。如果中国把粮食问题寄托于国际市场，西方国家必然祭起"粮食武器"，对中国加以限制而受制于人。还要看到，由于世界自然灾害日益加重和西方国家对粮食的过度消耗，造成近年来国际粮荒不断，粮价节节攀升，一些发展中国家由此陷入动荡。在这种形势下，"如果我国的粮食消费20%依赖进口，我们面临的不仅是巨大的财政压力，而且还有巨大的政治和道义压力，以及保障有效进口的巨大压力"③，从而把中国推入内外困境之中。可见，试图把解决粮食安全寄托于国际市场是十分危险的。因此，要真正解决中国的粮食安全，保障社会稳定和国家安全，必须高度重视农业，高度重视粮食的自给性生产。正如习近平所指出："中国人的饭碗任何时候都要牢牢端在自己手上。我们的饭碗应该主要装中国粮"④。

3. 目前中国粮食安全并非高枕无忧

目前中国农业获得的长足发展，只说明国家粮食安全有了坚实基础，但"绝不是高枕无忧"⑤，更不能由此得出农业不存在问题或变得不重要

---

① 樊增强：《我国粮食安全问题不容忽视》，《红旗文稿》2011年第22期。
② 樊增强：《我国粮食安全问题不容忽视》，《红旗文稿》2011年第22期。
③ 樊增强：《我国粮食安全问题不容忽视》，《红旗文稿》2011年第22期。
④ 习近平：《中国人的饭碗要端在自己手上》，《人民日报》，2016年3月1日第6版。
⑤ 林毅夫：《中国粮食安全绝不是高枕无忧》，新华网，http://news.xinhuanet.com/fortune/2008-04/30/content_8075912_1.htm，2008年4月30日。

第二章 新中国成立以来解决三农问题的成就与当前战略地位

的结论。目前的粮食供应只是相对地满足了现有13亿多人口和每年新增的1000多万人口的吃饭问题,满足了目前被限制的工业用粮的需求。但从中国现代化发展需求看,粮食供应问题仍非常严峻。随着经济增长、收入提高和居民饮食结构的转变,居民对肉蛋禽和乳制品等消费需求不断增加。这些食品都需要用粮食作为饲料生产的,从而将导致粮食需求急剧增长。同时,生物燃料、生物制药和酿酒工业的发展也会增大粮食消费比例。据此,经济合作与发展组织(OECD)预计,到2019年中国对粮食的消耗增速将两倍于粮食生产的增速"[1]。还要看到,由于城市化快速发展和工业扩张,加剧了耕地流失;复合肥料的大量使用,导致农业投资生产率下降,加之水资源短缺和环境污染加剧等问题,使中国粮食增产受到严重制约。这些都说明中国粮食安全仍然存在隐忧。因此,决不能陶醉于近年农业取得的成就,应清醒认识解决中国粮食供应问题的长期性和严峻性,高度重视粮食安全问题。

(四) 农民富裕是实现人民富裕的标志

人民富裕是"富强中国"梦的重要内涵,也反映了共同富裕这一中国特色社会主义的本质要求。按照著名"木桶理论",木桶的水容量,不是由这个木桶中最长的木板决定,而是由其最短的"短板"长度决定的。尽管随着党和国家惠农政策的实施,农民收入持续增加,城乡居民收入差距略有缩小,但绝对数差距有1.6万多元之巨。这正是中国这个"木桶"的"短板",而且这块"短板"又是如此之大,占中国人口近一半。农民不富裕,就不可能实现人民的共同富裕,农民富裕是实现人民富裕的真正标志。如果"城市像欧洲,农村像非洲",就谈不上人民富裕,就不能说中国富裕。因此,要实现"富裕中国"梦想,必须补上这块"短板",尽快使农民富裕起来,才能达到共同富裕的社会主义本质要求。农民富裕之时,就是中国人民富裕之日,就是"富强中国"梦圆之日。正如习近平

---

[1] 李余:《OECD:中国粮食消耗增速两倍于产量增速涨价难免》,新闻频道和讯网,http://news.hexun.com/2010-06-25/124068019.html,2010年6月25日。

指出：" 中国要强农业必须强，中国要美农村必须美，中国要富农民必须富。"①

二、建设"民主中国"的根基

人民是社会历史的主体和创造者。实现和保障充分的民主权利，实行人民当家做主，是近代以来中国人民的不懈追求和崇高理想，也是中国共产党高扬的一面旗帜。社会主义民主是超越历史上所有民主形式包括资本主义民主形式的新型民主，是社会主义的本质特征，也是社会主义优越性的展现。因而，建设"民主中国"成为"中国梦"的重要内容。这个"民主中国"，就是实现中国共产党领导、人民当家做主、依法治国的高度有机统一；就是实现社会主义民主制度高度完善，人民依法实行民主选举、民主决策、民主管理、民主监督，并且人民参与国家政治生活的主动性和创造性得到充分发挥，参与形式丰富；就是实现民主法制健全与社会公平、公正的社会理想状态。

解决三农问题、促进三农发展，正是建设"民主中国"的根基。中国自古就是民主法制传统较弱的农业和农民大国。改革开放以来，随着城镇化发展，农民人口虽在减少，但在不同的社会群体中，依然是人口最多的群体。根据国家统计局公布的数字，截至2016年年底，城镇常住人口为79298万人，乡村常住人口58973万人，占全国总人口的42.65%。尽管多年来随着依法治国的进程和农村普法的开展，农民的民主法律素质有明显提高，农村法制建设有明显进步，但农民民主法律意识较低，农村民主法制建设落后，农民的民主权利尚未得到充分保障。如果这一占全国总人口近一半居民的民主法制素质不能得到显著提高、占中国最广大区域的农村民主法治建设的短板问题得不到解决，就不可能建成"民主中国"。同时，农村还担负着向城市输送人口的任务。根据中国人口发展规划，从2016年至2030年将有2亿农民进入城市。此后，还将有更多农民逐渐离开乡村成为城市市民。因此，农村人口的民主法律素质、农村民主法治建

---

① 习近平：《在小岗村主持农村改革座谈会讲话》，《人民日报海外版》，2016年4月29日第1版。

第二章　新中国成立以来解决三农问题的成就与当前战略地位

设,不仅关系到农村民主法治状况,也关系着城市民主法治的进程。可见,提高农民的民主法律素质,加强农村民主法治建设是构建"民主中国"的重点和难点,是建设"民主中国"的根基。

三、建设"文明中国"的基石

中华文明是世界上唯一几千年延绵不断,并在是历史上大放异彩的文明。实现中华民族的伟大复兴,就是要重新锻造中国先进而发达的现代文明,构建充满活力、富于创新并被世界各国广泛认同的"文明中国"。打造这样的"文明中国",需要社会主义核心价值体系,成为全社会成员普遍的行为规范和道德准则;需要社会主义文化软实力与社会主义经济、军事等硬实力相匹配;需要所有公民个体文明素质和整个社会文明程度达到很高水平;需要文化事业极大发展和人民文化生活极大丰富。

然而目前的事实是,尽管经过改革开放 40 年的发展,农村社会转型取得了长足进展,农民文化程度获得了巨大提升,但由于历史传统的深刻影响与现实经济发展程度的制约,与城市相比,农村文明程度和农民文化水平还有相当大的距离。如农民文化水平普遍较低;农村社会风气有待改善,一些地方诚信缺失、厚葬薄养、铺张攀比等现象突出,封建迷信、黄赌毒、非法宗教活动有所滋长;农村文化建设相对滞后,文化产品和服务的总量、质量、结构不能满足群众需求等等①。农村社会占有中国最广大的地域,农民是中国人口最多的群体。如不缩小和消除城乡文明发展的这种距离,缩小以致消除农村文明这块短板,"文明中国"的目标将难以实现。

"文明中国"的文明本质上是社会主义文明。它不仅需要汲取近代以来人类创造的一切文明成果,成为迄今为止最先进的现代文明形态,而且需要汲取中国古代文明中的优秀成分,成为具有鲜明中国特色、中国风格和中国气派的文明形态。中国古代文明,不仅仅是中国当代文明的重要来源,而且经过改造、提升,使之与中国特色社会主义价值观相结合,可以成为当代中国文明中最具价值的一部分。如中国传统文化中的"天人合

---

① 刘奇葆:《以美丽乡村建设为主题,深化农村精神文明建设》,《党建》2015 年第 9 期。

中国"三农"发展规律与战略目标研究

一"思想,强调人与自然的统一、人的行为与自然的协调。这一思想被吸收、改造,成为党的十八大后中国特色社会主义经济建设、政治建设、文化建设、社会建设、生态文明建设"五位一体"的总体布局的新理念。再如,中国传统文化中的"求存异存""协和万邦"思想,被改造、升华为建设中国和谐社会与"人类命运共同体"内政外交新原则。堪称当代最伟大历史学家的阿诺德·汤因比也基于中国传统文化的"天下观",认为世界的未来在中国,人类21世纪的出路在于中国文明。而这些优秀传统文化思想,正植根和培育于中国古代农业的天、地、人"三才"观和农业的多样性。正因为如此习近平总书记强调,乡村文明是中华民族文明史的主体,村庄是这种文明的载体,耕读文明是我们的软实力,农村是我国传统文明的发源地①。因此,传承、汲取和改造、提升中国优秀传统文化,是构建中国当代文明的必然要求和重要任务。

可见,无论从三农在建设"文明中国"的地位看,还是从传承、改造、升华中国传统优秀文化,铸造中国现代文明看,解决三农问题,促进乡村文明发展,都是"文明中国"的重要基石。

四、建设"和谐中国"的关键

实现社会和谐是人类孜孜以求的一个社会理想,是中华民族自古以来的不懈追求。构建社会主义和谐社会,"是中国特色社会主义的本质属性"②,也是党的十八大提出的到2020年实现的重要目标。建设"和谐中国"就是要把中国建设成"民主法治、公平正义、诚信友爱、充满活力、安定有序、人与自然和谐相处"③的中国。而建设"和谐中国"的重点在三农。(1)在民主法治方面,农民的民主权利尚未得到充分保障,农民权利被践踏的事件时有发生,农民的民主法律素质较低,因而农村是民主法

---

① 习近平:《建设美丽乡村 撸起袖子加油干》,http://news.cnr.cn/native/gd/20170228/t20170228_523626876.shtml,央广网。
② 《中共中央关于构建社会主义和谐社会若干重大问题的决定》,2006年10月11日中国共产党第十六届中央委员会第六次全体会议通过。
③ 胡锦涛:《在省部级主要领导干部提高构建社会主义和谐社会能力专题研讨班开班式上的讲话》,《光明日报》,2005年2月20日第1版。

第二章　新中国成立以来解决三农问题的成就与当前战略地位

制建设的难点和重点。（2）在社会公平正义方面，不平等的二元社会结构依然存在，农民与城市居民之间在收入、社会保障和公共资源占有上都存在巨大差距，是影响实现社会公平正义最突出问题。（3）在诚信友爱方面，农民与其他群体的平等地位仍未全面实现，即使实现的部分依然缺乏有力保障；城乡差距依然巨大，城乡关系不协调现象仍然存在；一些城市居民对农民的偏见和歧视尚未完全清除，大量进城农民还难以融入城市生活。（4）在社会活力方面，由于农业生产经营体制机制改革滞后，农村社会活力的释放不充分；由于农村市场机制不完善和农产品价格机制不合理，农民种粮积极性不高。如何建立充满活力的农村机制体制，是体制改革的难点。（5）在安定有序方面，目前发生危害社会安定的群体性事件中，以征地拆迁冲突、环境污染冲突和劳动争议为主，而其中因征地拆迁引发的群体性事件占一半左右①。同时，农村社会组织薄弱，社会管理不完善，社会秩序有待改善，是社会管理的重点。（6）在人与自然和谐方面，农村也是生态条件恶化最突出，环境破坏最严重的区域。②

总之，正如陈锡文所指出的：在中国经济社会的发展中，如果说种种不和谐的最明显之处在哪里，实际上就是农村各个方面发展滞后③。目前，在农村常住居住人口仍达 6.3 亿人，比 1956 中国全部人口 6.27 亿人还多。如以 2025 年人口达到 15 亿人峰值④，城镇化率达到 70% 计算，到 20 年后农村仍生活着 4.2 亿人。如拥有如此巨量人口的农村处在落后和不稳定状态，中国就不可能实现和谐。因此，建设"和谐中国"的关键在农村。

五、建设"美丽中国"的重彩

党的十八大报告第一次提出"美丽中国"的概念，并指出把生态文

---

① 中国社会科学院：《征地拆迁引发的群体性事件占总数一半》，中国新闻网，http://news.k618.cn/ztx/201212/t20121219_2726248.html，2012 年 12 月 19 日。
② 参见邱立成：《环保治污重心须向农村转移》，《农村工作通讯》2014 年第 4 期。
③ 罗科、叶静：《和谐社会至关重要第一步：必须解决好三农问题》，《第一财经日报》，2005 年 3 月 14 日。
④ 蒋正华：《2025 年中国人口可能达到 15 亿峰值》，《南方都市报》，2013 年 6 月 3 日。

中国"三农"发展规律与战略目标研究

明建设放在突出地位,融入经济建设、政治建设、文化建设、社会建设各方面和全过程,努力建设美丽中国,实现中华民族永续发展,从而使"美丽中国"成为"中国梦"的重要内容,成为中国在21世纪充满魅力的新的奋斗目标。"美丽中国"是一个语言形象,其内涵主要包括三个方面:一是生态文明的自然美和人与自然友好相处的协调美。二是人与人互敬互爱的人文美和人的心灵、行为、仪表的真善美。三是人们居住的环境美。其中,最关键的是人"美"。如果一个国家的人不美,即使有再美的自然环境,这个国家的总体形象也是丑陋的。建设"美丽中国"涉及自然、社会和社会各群体、各行业,涉及所有中国人,但其基础、其重点和难点都在三农。绘制"美丽中国"蓝图,必须加大解决三农问题的力度,对三农着浓墨,抹重彩。

(一) 农业在生态文明建设中居于基础地位

农业是对自然资源的直接利用与再生产,同其他产业相比,农业与自然生态系统的联系最为紧密、作用最为直接、影响最为广泛。农业的这种特质,决定了农业生产和农业生态资源保护工作在整个生态文明建设中的基础地位。然而,农业生态环境日趋恶化。据第一次全国污染源普查结果,农业源污染物排放中,化学需氧量(COD)排放量为1324.09万吨,占化学需氧量(COD)排放总量的43.7%。农业源也是总氮、总磷排放的主要来源,其排放量分别为270.46万吨和28.47万吨,分别占排放总量的57.2%和67.4%[①]。这些说明,目前中国最大的污染源来自农业,要建设"美丽中国",就必须堵住并消除这个污染源。因此,加快转变农业发展方式,促进农业文明建设是"美丽中国"建设中最紧要、最基础的工作。

(二) 农村是中国最广大的地域

建设"美丽中国"就是要使中国国土环境美丽,人居环境秀美。中

---

① 环境保护部、国家统计局、农业部:《第一次全国污染源普查公报》公告,2010年第13号。

第二章　新中国成立以来解决三农问题的成就与当前战略地位

国国土有960万平方公里陆地面积和约300万平方公里水域面积。尽管自20世纪90年代以来，随着城市化飞速发展，城市区域迅速扩大，但农村和农民劳作的土地、林地、水域、山地在国土面积中的比重，要比城市大许多倍。城市相对于乡村而言，只不过是散布于浩瀚大海中的大大小小的岛屿而已。即使中国实现了现代化，这种格局也绝不可能改变。但是，地域广大的农村地区，却是环境问题的主要产生地和受害地。如水资源匮乏，水土污染、土地污染、森林破坏、水土流失严重，土地沙漠化、石漠化不断扩展。尤其是农村面源污染已成为影响水环境的重要因素。据统计，全国80%的河流和3/4的湖泊不同程度受到氮、磷富营养化的影响。预计到2020年，全国将有3000万人因饮用水不能喝而背井离乡[①]。从人居环境看，虽然随着"美丽乡村"建设，农村人居环境不断改善，但仍然存在一些突出问题。一是部分地区水源受到污染，农村居民饮水质量和卫生状况难以保障；二是绝大部分农村缺乏垃圾处理系统和完整的排污系统，垃圾粪便乱堆乱放现象严重，不仅影响村容村貌，而且容易造成疾病的传播；三是禽畜粪便污染面明显扩大，对农民身体健康造成很大影响；四是随着一些污染大的企业从城市转移到农村，存在污水、废气、粉尘、废渣随意排放现象，严重污染农村环境[②]。可见，广大农村地区是自然环境和人居环境的重点和难点，"美丽中国"必须建立在"美丽乡村"基础之上。农村自然环境和人居环境的污染状况得不到根本性改变，"美丽中国"就是一句空话。

（三）农民是实现"人美"的重点与难点

实现山美、水美、环境美固然是"美丽中国"的要求，但这些只是其外在表现，更重要的是实现中国的"人美"，使每一个中国人都成为心灵、行为、仪表的真善美的化身。如果没有美的人，即使环境再美，中国也不会美。而目前6.3亿的农村人口，在"美丽中国"建设中负有特殊使命，解决好他们在人的发展过程中面临的问题是实现"美丽中国"目

---

① 彭东昱：《治理农业面源污染刻不容缓》，《中国人大》2015年第19期。
② 窦晨彬：《改善人居环境建设幸福农村》，《人民日报》，2012年3月19日第7版。

标的客观要求。

1. 农民肩负着农业生产的责任

如上述及，农业是与自然生态系统的联系最紧密、作用最直接、影响最广泛的行业。能否实现农业生产方式的转变，建设文明农业生态环境，直接关系着我国能否实现生态文明的自然美和人与自然友好相处的协调美。

2. 切实尊重农民正当权益，是实现人与人互敬互爱关系的基础

长期以来，农民无论在体制上，还是在市场经济竞争中，都处于弱势地位。其人格尊严和正当经济社会权益受损不能得到充分保障，损害农民权益的事件时有发生，并成为城乡关系和人际关系不和谐的突出表现。因此，只有打破城乡二元社会体制，改变农民在市场竞争中的弱势地位，实现城乡社会公正公平，切实尊重和保护农民正当权益，才能实现城乡、工农之间的和谐发展，实现人与人之间互敬互爱的人文美。

3. 提高农民素质是提高国民素质，实现中国人美的重点和难点

目前 6.3 亿农村居民占中国人口近一半，如加上 2.7 亿农民工（一定意义上说，相当比例的农民工仍属于农民范畴）合计达 9 亿之众，占全国人口近四分之三。但由于历史和现实原因，农村居民的文化素质总体较低，且居住分散，实施教育的难度大；他们的经济收入和消费水平低，农村文化生活仍较贫乏，制约着农民精神面貌的培育和展现。农民工在所属行业和城市中，也是文化程度较低和精神生活缺乏的部分。人的心灵、行为、仪表真善美的发展，是人的综合素质的表现。只有具备一定的综合素质，才能实现"真善美"。因此，占中国人口主体的农民和农民工素质如何，决定着全体中国人的综合素质程度，决定着中国人真善美的程度。因此，提高农民素质，改善农民物质和文化生活，不断提高其文化品位，是实现和提升中国人心灵、行为、仪表的真善美的关键所在。

总之，复兴中华民族的"中国梦"，是"富强中国""和谐中国"和"美丽中国"共同构成的摩天大厦。而农业是这个大厦的根基，农村是这座大厦的主体，农民是建设这座大厦的主力。解决好三农问题，是这个宏大工程的重点、难点，对实现"中国梦"具有决定意义。三农问题解决之日，就是"中国梦"梦圆之时。

第三章 目前三农问题解释框架的不足与重构

从20世纪90年代后期至今，三农问题持续成为学术界研究的热点。由于问题的复杂性，也由于研究者的学术背景、观察事物的立足点或立场与角度方法不同，形成了对三农问题不同的解释框架，引出解决这个问题的不同主张。正如苏轼《题西林壁》诗云："横看成岭侧成峰，远近高低各不同"。当今，面临日趋复杂、紧迫的三农问题，有必要对这些解释框架作一梳理，以便取其长避其短，构建破解三农难题的新框架。

第一节 三农研究的不同解释框架与主张

一、"小农经济与市场经济"解释框架与主张

"小农经济与市场经济"是在改革开放初期就已出现，至今仍流行的一种解释框架。其逻辑结构是把这对矛盾中的小农经济，视为落后的生产方式，把市场经济视为现代工业和大农业先进生产力发展方向的代表。认

中国"三农"发展规律与战略目标研究

为小农经济"是'三农问题'的症结所在",小农经济随着市场经济而破产,是中国经济发展的内在逻辑和必然趋势。因而三农问题的治本之策,就在于"消灭小农经济",即通常所说的减少农民①。在这个基本框架下,在如何"消灭小农经济"问题上,存在四种不同主张:一是立即实行土地私有和私人规模经营;二是实行土地国有,农户经营;三是实行土地混合(即国家占有基础上的农户(农民)个人)所有制;四是土地所有者自主经营和"标本兼治",即把"土地私有化"作为解决"三农问题"的治本之举,但为减少社会动荡和在城市尚无能力吸纳大部分破产小农的条件下,需要维持家庭承包制的基本制度②。

二、市场·政府·社会解释框架与主张

这种研究框架以市场经济为核心,围绕市场—政府—社会之间的关系而展开,但由于对市场、政府和社会三个要素在形成和解决三农问题中的作用评判不同,又有两种不同的具体分析框架和主张。

(一)"市场经济框架"

该主张认为,市场经济是具有普适价值的人类文明的组成部分③。市场经济理论中关于自利人的假设是全人类共通的,中国人也不例外,中国农民也是一个理性人。只要给自利人的自利行为设置在一个好的制度下,就会在其获得自身利益最大化的同时,也增进社会的总体福利,而不会导致两极分化。因此,政府的作用只要"很好地界定产权、保护产权","保护人们的自由,每个人都会运用自己的优势,在市场上进行交换,达成合作"即可,而不应干预市场,包括农村土地市场④。因此,"解决中国三农问题最微观的方式就是市场经济"⑤,深化市场取向的改革是解决

---

① 赵磊:《"三农问题"的症结究竟何在》,《农业经济问题》2005 年第 6 期。
② 赵磊:《"三农问题"的症结究竟何在》,《农业经济问题》2005 年第 6 期。
③ 钟祥财:《邓小平"南方谈话"与社会主义市场经济改革方向》,《文汇报》,2012 年 2 月 8 日。
④ 张维迎:《理解和捍卫市场经济》,网易网,http://news.163.com/07/1223/10/40D3C7L1000121EP_2.htm,2007 年 12 月 23 日。
⑤ 华德亚、张德元:《用科学发展观全面理解三农问题——"中国三农问题:历史、现状、未来"学术研讨会综述》,《光明日报》,2005 年 1 月 24 日。

第三章　目前三农问题解释框架的不足与重构

中国三农问题的唯一出路①。

（二）"市场—政府—社会框架"

有学者参照西方政治学中的经典理论脉络，提出了在市场经济基础上，构建国家与社会互动关系的研究框架，认为缺乏对国家权力的制约是中国三农问题产生的根源。为消除这一根源，需要事先对国家权力制约和监控，建构新型国家与社会的关系。为此，需要以产权变革为先导，把农民的承包土地使用权直接转化为所有权，使农民成为市场经济中的独立个体。在此基础上构建由农民个体、农民群体、农业企业家和各种农村服务组织与团体组成的"新农村"社会。这是一个按照市场机制与其他个体发生经济关系和其他社会关系的私人领域，国家承认其独立性和自由的合法性，除依法加以必要规制和干预外不加干涉。同时，形成以产权契约和私人利益为基础，既能实现自身利益，又能保证别人利益要求的利益协作并制约监控政治国家的社会机制和社会结构②。为此，需要界分政府与市场、农村社会组织之间的行为边界，充分尊重市场配置资源的基础性作用，尊重农村社会自主管理，同时也要发挥政府匡正和补充市场/社会失灵、培育市场/社会主体等职能③。

三、"中心—边缘"解释框架与主张

这种解释框架认为，三农问题的形成是由于在经济结构和制度安排上把工业和城市置于占主导地位的"中心"，而把农业和农村置于被支配地位的"边缘"，导致城乡权利不平等，使各种资源从农业、农村流入城市。因此，解决三农问题就必须摆脱或改变这种不平等格局。在此总体框架内，由于研究者的着眼点不同，存在着从"世界体系"解释三农问题

---

① 钟祥财：《深化市场取向的改革是解决我国三农问题的唯一出路》，荣兆梓、吴春梅等：《中国三农问题：历史·现状·未来》，社会科学文献出版社 2005 年版，第 256 页；王万山：《"三农"问题的根本出路是市场经济制度》，《生产力研究》2004 年第 11 期。

② 汪冲：《国家与社会关系理论视野下的三农问题解决思路：以产权变革为先导构建新农村》，《云南财贸学院学报（社会科学版）》2005 年第 1 期。

③ 郁建兴、高翔：《农业农村发展中的政府与市场、社会：一个分析框架》，《中国社会科学》2009 年第 6 期。

的框架和从国内"社会等级关系"解释该问题的两种具体分析框架。

(一)"世界体系"解释框架

有学者运用美国学者伊曼纽尔·沃勒斯坦的现代"世界体系"范式,提出了对中国三农问题分析框架。他们认为改革和开放以来,中国很深地融入了世界市场,也被纳入了沃氏定义的"现代世界体系"。在这个体系中,美国处于这个金字塔结构的中心;中国东南沿海各省市生产效率极高的外向型的制造业,相对于中国的中西部地区而言,处于"半边缘区";地理位置在中西部处于边缘区;而农业和农村,则处于"边缘区的边缘"。长期困扰中国的二元经济结构,实质上就是这个中心——边缘的"世界体系"的一种具体表达,相对于工业部门和城市,农业和农村就是边缘部门边缘区。"世界体系"的"中心"对"边缘区"主导与被主导关系,"中心"把"边缘"置于世界经济结构和世界市场的不利地位,也使中国农业部门和美国、欧洲国家的农业没有任何可比性。因此,导致中国三农问题日益突出,也使之虽为解决这个问题做了长期努力,但至今却日益陷入无解的境地。因而,必须改变囿于国内问题的"主流思考框架",转换视角,借助"现代世界体系"理论研究三农问题;必须改变照搬欧美模式,而从中国实际出发搞农业;必须打破"全球化"和市场化神话,对市场化和全球化须采取有保留的、不完全合作的姿态,才能改变不合理的"世界体系"给定的"身份的分工",摆脱永远向中心区纳贡的命运,使中国农业强大起来,农村富裕起来,农民作为现代经济的主体成长起来①。

(二)"社会等级"解释框架

该主张认为,在中国计划经济和改革开放后一段时间,形成了按社会等级序列高低顺序分配社会资源和经济资源的不合理的制度安排。在这个等级体系中,农民一般处在社会等级制度的最底层,农村处于以城市为中心的边缘地区,农业处在产业发展中的外围地位。而国家在国民收入的分

---

① 顾秀林:《现代世界体系与中国"三农"困境》,《中国农村经济》2010年第11期。

第三章 目前三农问题解释框架的不足与重构

配与再分配、国家资源、社会机会、基本权利和国民的生存与发展空间的安排上,采取了向市民、城市和工业倾斜的政策,使农民受到相对歧视,使农业、农村发展受到各种限制,从而导致城乡贫富差距不断拉大的三农问题。要解决这一问题,必须实行城乡统筹发展,缩小城乡居民收入差距,是实现等级法权地位平等化、收入分配格局平衡化和农村资源充分流动化与市场一体化[①]。

四、"现代化"(二元社会经济体制)解释框架

"现代化"解释框架认为,现代化是一个从以农业为主要产业、农村为主要区域、农民为主体成员的传统社会,向以工业化为产业基础、以城市为基础区域、以城市市民为主体成员的现代社会的转变过程。由于这个转变过程中,前者处于弱势地位,后者处于强势地位,导致工农差别、城乡差别和市民与农民的差别。三农问题就是"在现代化进程中两种文明并存和差别所产生的政治社会问题","是任何从传统农业社会向现代工业社会转变的国家都会发生"的普遍性问题[②]。由于特殊国情和严峻的国际形势,中国在现代化进程中采取了赶超型的重工业发展战略,并为保证这一战略的实现形成了城乡分割的二元经济社会体制,不但把大量农村资源汲取到工业部门和城市,还使城市化进程大大落后于工业化进程,从而把大量农民禁锢于农村,导致三农问题表现突出。因而现代化,或者说工业化和城市化,抑或说"二元经济社会体制"是三农问题的根源。要解决三农问题就要发展工业化和城市化,根除"二元经济社会结构"。在这一前提下,在如何认识和处理城乡关系问题上存在着"城市化逻辑"与"城乡统筹"两种不同主张。

"城市化逻辑"主张认为三农问题的实质,不在三农本身,而在三农之外;解决三农问题的办法,也不在三农之内,而在三农之外。因此,要跳出三农看三农,跳出三农圈子寻找解决三农问题的出路[③]。为此,需要

[①] 林光彬:《等级制度、市场经济与城乡收入差距扩大》,《管理世界》2004年第4期。
[②] 徐勇:《中国农村与农民问题前沿研究》,经济科学出版社2009年版,第3~4页。
[③] 张卓元:《解决"三农"问题要跳出"三农"的圈子找出路》,《经济研究资料》2002年第2期。

中国"三农"发展规律与战略目标研究

尽快扩张城市数量和规模,以吸纳更多的农业剩余劳动力进入城市成为市民。只有具备了这一前提,农业产业化、农业投入加大才能实施。据此认为"解决'三农'问题的符合逻辑的解答就是城市化。"①

"城乡统筹"主张对"跳出'三农'"解决三农问题的观点提出质疑,认为固然通过城市化发展大量减少农民,反映了解决三农问题的客观要求。但是,城市化发展受各种条件制约,城市的盲目扩张会造成"城市病"。更重要的是中国农村人口基数庞大,城市就业机会有限,在相当长的一段时期内并不可能顺利地从农村把巨量农民转移到城市。因此,正确的选择是城乡统筹兼顾,把"消灭农村"转向"建设农村",实行"农民进城"和"就地发展"两条腿走路,城市建设与乡村建设并行互动,在积极发展城市化,逐步转移农村剩余劳动力同时,开展新农村建设,才能从根本上彻底解决我国的三农问题②。

五、"三维一体"解释框架与主张

这种解释框架中的"三维",是指时间(历史)维度、空间(区域)维度和制度(体制)维度,"一体"是指农民主体。该框架认为,三农问题是一个极其复杂、相互关联问题的集合,必须运用"三维一体"的综合性框架才能得到合理解释和解决。在时间上,要把中国三农问题及其解决方法,放在中国近代经济社会发展的历史进程中来加以考察。同时认为,三农问题是中国从农村社会向城市社会、从农业社会向工业社会转型中必然的伴生物,当前的三农问题是一种历史的延续和遗产。在空间维度上,要看到中国是一个人口大国,农业人口众多、农村面积广阔,各地自然资源条件、经济和社会发展水平不平衡,加大了解决问题的复杂性和难度。在制度上,要看到城乡二元社会结构是三农问题形成与难以解决的深层原因,这使问题的解决具有长期性。在三个维度的分析中,必须以农民

---

① 张立勇:《中国"三农"问题分析与城市化》,《财经问题研究》2002年第11期。
② 王珏:《推进农村市场化改革和制度创新——解决"三农"问题的治本之举》,《农业经济问题》2004年第7期;深化农村税费改革走向研究课题组:《建设新农村背景下的农村改革:一个整体性政策框架》,《改革》2006年第10期;申端锋:《新农村建设若干问题研究》,《农业经济问题》2006年第2期。

第三章　目前三农问题解释框架的不足与重构

的生存、转型和发展问题为基本价值观，以农民问题为切入点，以解决农民问题为突破口。据此认为，三农问题的实质是中国特定转型过程中的发展问题，解决三农问题必须以农民发展为核心。据此提出，解决三农问题的基本思路，是"以提升农民主体性和现代性为核心，以农民发展为根本任务，以维护、增进农民的地位和权益为切入点，深化农村基本经济制度、农业生产经营体制、农村公共品体系、城乡协调发展机制的改革，调整利益分配格局，发展现代农业，推进新农村建设，逐步实现中国'三农'问题的根本解决。"①

六、"历史/国情"解释框架与主张

该框架的逻辑思路认为，三农问题产生和发展是近现代中国历史发展和特殊国情决定的，因而应将其放在中国近现代历史和特殊国情条件下，才能够厘清其形成、演变的趋向，正确认识和解决三农问题。这一分析框架，以国情或生产关系变动为依据，按照新民主主义革命和社会主义建设时期的不同阶段，顺序划分为不同时期，对各个时期和历史总体的三农问题状况、存在问题、思想理论、制度安排、对策措施做出梳理，并以一定时期的思想、政策在实践中的最终效果为评价标准作出评析，进而从历史高度总结历史经验，提出符合中国国情的解决当代三农问题的路径和办法②。

七、"政策目标与路径"解释框架与主张

这是一种围绕新中国成立以来中国共产党关于解决三农问题的实践探索过程而建构的研究框架。该框架围绕中国共产党关于三农的政策目标及其路径选择为主线，展开对经济社会发展阶段、意识形态与理论认识、资源在工农城乡间配置取向、经济体制（计划经济或市场经济）、政策目

---

① 黄祖辉、徐旭初：《中国"三农"问题：分析框架、现实研判和解决思路》，《中国农村经济》2009年第7期。
② 武力、郑友贵主编：《解决"三农"问题之路——中国共产党"三农"思想政策史》，中国经济出版社2004年版；林刚：《〈解决"三农"问题之路——中国共产党"三农"思想政策史〉评介》，《教学与研究》2004年第9期。

标、政策目标实现路径与政策工具、政策绩效（工农城乡发展及结构）、工农城乡发展互动、农民发明创造、政策调整与完善等关系的研究，对党关于三农问题的理论与实践进行了全面梳理和研究①。

八、"国情/本土化"解释框架与主张

该框架研究者认为，中国三农问题是中国国情决定的，应当从国情出发，而不能照搬西方国家现代化模式研究和解决三农问题。认为自19世纪以来，中国问题基本上是"一个资源禀赋极差的、农民人口占绝对比重的、发展中的人口大国。不得不通过内向型自我剥夺完成资本原始积累以便跟得上西方以工业化为主要内容的现代化的发展问题"②。由此，形成了对三农发展起制约作用的两大矛盾：一是基本国情矛盾即人地关系高度紧张；二是体制矛盾即城乡分割对立的二元社会经济结构。前者要求解决三农问题"在很大程度上要靠农村外部条件的改善，让农民在耕地以外找到生存和发展的新空间"；后者又"将农民封锁在了有限的耕地上"，使"农村人口持续增加，耕地无限细分，农业效率低下，教育落后，生态破坏，农民贫困。"③ 在这两个矛盾中，前者是根本的，后者是派生的。即使改革旧体制和城市化发展，但由于城市化发展和人口增加的不可逆性，"中国到2030年以16亿人口计，按现在的城市化速度推算，到那时即便达到55%的城市化率，仍然会有7亿农民生活在农村，土地与人口比例关系不可能改善"。因此"不能照搬西方模式"④，应从本土实际状况出发，立足于人口众多、资源严重短缺的基本国情，面对中国现实，寻找适合中国的城市建设和乡村建设并重发展的道路。据此，该框架研究者提出了解决三农问题的基本思路：逐步打破二元经济社会结构，发展工业化和城市化，逐步转移农业剩余劳动力。在城市化过程中，鉴于目前中国外

---

① 郑友贵：《目标与路径：中国共产党"三农"理论与实践60年》，湖南人民出版社2009年版；武力：《简评〈目标与路径：中国共产党"三农"理论与实践60年〉》，《光明日报》，2009年12月8日。
② 温铁军：《"三农"问题与制度变迁》，中国经济出版社2009年版，第5页。
③ 温铁军：《三农问题：非不能也，而不为也——访三农问题专家温铁军》，《中国改革》2003年第6期。
④ 温铁军：《农民不可能都进城》，《绿叶》2004年第3期。

第三章　目前三农问题解释框架的不足与重构

向型经济结构和世界经济的不确定性，不可推行"积极的城市化战略，而主张一种农民可以进城又可以返乡，城乡互动的稳健的城市化战略①。另一方面，在农村，不可推行土地私有化，而要稳定家庭经营制，"脚踏实地地去推进'新乡村建设'，帮助农民组织起来，自我积累，自主发展"②。

九、小农经济解释框架与主张

该框架认为应站在小农立场解决三农问题，认为中国三农的根本问题是9亿（包括虽已进城却远未在城市安居的2亿农民工）农民问题③。这些小农占中国人口的大多数。他们实行的以代际分工为基础的半工半耕的劳动力再生产模式，让中国劳动力廉价，且供给弹性极大，为"中国制造"提供了无比优势，构成中国现代化的稳定器和蓄水池，是"中国模式成功的关键"。他们的状况如何，决定了中国现代化的成败④。因此，只有站在小农立场看问题，三农问题才有出路。小农立场，就是中国立场、国家立场。以此立场看，中国现阶段不能狂飙突进的实行农业现代化"大跃进"和"四化同步"。只有在9亿农民中的大多数进了城，并在城市安居下来，不再需要农业收入和就业的时候，再由政府推动资本下乡和农地流转⑤。

以上是20世纪90年代以来，从宏观角度研究三农问题的主要解释框架。需要说明的是，这里对这些框架的归纳只具有相对的意义。一是因为许多研究在解释问题时的框架逻辑并不十分清晰；二是由于研究问题的同一性使不同框架研究成果的不少观点是交叉、重合的；三是由于三农问题研究成果极其丰富，浩如烟海，加之问题的复杂性和一些研究者对问题认识的深化，使对三农研究框架的以上归纳难免发生概括不当和遗漏之处。尽管如此，从观察和分析问题的不同立场、角度和逻辑思路的差异，大体划分不同的解释框架，对推动三农问题的研究仍有积极意义。

---

① 贺雪峰：《中国城镇化战略反思：反对积极城市化战略》，《南方周末》，2008年5月15日。
② 温铁军：《农民不可能都进城》，《绿叶》2004年第3期。
③ 贺雪峰：《站在小农立场看问题》，《中国老区建设》2013年第7期。
④ 贺雪峰：《小农立场》，中国政法大学出版社2013年版，第1页。
⑤ 贺雪峰：《站在小农立场看问题》，《中国老区建设》2013年第7期。

第二节 目前解释框架的不足与重构

一、目前解释框架存在的不足

应充分肯定，20世纪八九十年代以来，人们在三农问题研究中提出的不同解释框架和主张，都在一定意义上具有合理性或具有存在的合理性，从中的得出的不少结论也是正确或有价值的，并从不同角度推动了三农问题研究的不断深入，对认识这个复杂问题，寻找解决问题的出路和对策具有积极意义。然而，目前的情况是：一方面，三农问题依然严峻，理论和实践中的很多困惑仍横亘在人们面前，许多难题亟待破解；另一方面，对三农问题中的许多重要问题长期争论不下，难以达成共识，阻碍了研究的进一步深化。

目前学术界对三农中的许多重要问题之所以长期争论，难以统一，固然与三农问题的复杂性有关，但更与当前对该问题研究中存在一些问题紧密联系。当前国内三农问题研究存在的主要问题：一是存在照搬某些西方理论或国外经验，缺乏对中国实际的深入研究，导致其结论脱离中国国情，难以得出令人信服的结论；二是多数学者重视对当代中国的断代史研究，缺乏把问题放在中国三农问题形成、发展整个过程的总体研究或关照。因而，把三农问题视为新中国成立后建立的二元经济社会体制下存在的特殊现象。但又因各自研究角度不同，对生成和克服这种二元体制的根源和解决路径形成不同看法，且由于研究时段的局限，缺乏把这些不同看法置于更长远、更宏大的参照系中加以比较对比，从而造成各持己见，长期争论不下的胶着局面。三是过分沉溺于"问题"导向，缺乏对三农发展规律的研究。固然，当代三农问题是以"问题"形式出现的，对它的研究和实践当然离不开对"问题"的研究，这一点在实践中尤为重要。

第三章　目前三农问题解释框架的不足与重构

但三农问题不同于一般问题，而是涉及历史和现实，涉及社会方方面面，牵一发而动全身，极为复杂、关乎全局的"天下第一大难题"。如果单以问题入手，遵循发现问题、提出问题和解决问题的逻辑进行考察，可能因问题的复杂性和研究者的角度不同，而容易陷入"横看成岭侧成峰，远近高低各不同"的歧见纷争境地，难以深入问题背后的动因即问题的本质和规律的深层加以探究，从而不利于研究的深化。鉴于不同研究框架的上述不足，应找到得到大多数学者认可的时空平台和研究取向。这就是把三农问题放在中国历史长河和国情中进行整体性考察，深入探究产生三农问题和决定其发展演变内在规律。唯此，才能把研究引向深化并达成共识。

二、把握规律是破解三农难题的求根治本之策

为对三农研究有所补益，本书力图以一种新视角、新思路对该问题做一探索。这便是把三农问题研究提升到规律高度，按照三农发展演变的内在规律，阐明不同阶段的发展目标，并阐明实现这些目标的基本路径。因为同其他事物一样，三农发展也有其内在的不以人们意志为转移的客观规律。规律是事物之间内在的必然联系，决定着事物发展的必然趋向，具有客观性、重复性和重复性的特点。认识并遵循了三农发展规律，按规律办事，三农就发展，就繁荣；违反了这一规律，三农就萎缩、就萧条，就会造成三农问题，乃至形成三农和社会危机；解决三农问题，也必须认识和遵循三农发展规律，无论是历史上的三农问题，还是当代三农问题，归根结底都是违反三农发展规律的结果，找到了三农发展规律，才能认识三农问题产生的根源，找到解决问题的路径。同时，规律的重复性特点给人们认识和遵循规律，总结经验教训，避免犯类似的错误，保障三农走上可持续发展道路提供了可能性。因此，对三农问题的研究，不能停留在就"问题"谈"问题"的层面，而必须探入社会发展的深层，寻找三农发展的规律。只有这样，才能把对当代三农问题的认识和政策，建立在三农发展规律基础上，找到解决三农问题，促进三农发展的求根治本之策，将三农理论与实践从必然王国上升自由王国。同所有揭示事物发展规律是所有科学研究的最高使命一样，寻找三农发展规律，是三农研究的最高使命。

中国"三农"发展规律与战略目标研究

要探寻三农发展规律，既要吸收以往三农问题研究中科学方法和优秀成果，又要克服其中存在的偏向，树立新的研究理念。

（一）克服照搬国外理论或模式倾向，秉承"本土化"与世界性相统一原则

中国三农发展规律存在于中国社会发展的深层，只有立足于中国国情和中国历史的研究，才能找到认识和解决中国问题的内在依据，否则，便是缘木求鱼。当然，这不意味着排斥国外的科学的分析方法和科学理论，更不是坐井观天、孤立地研究中国。三农和三农问题，不是中国的特有现象，而是一种国际现象，在世界各国历史上和现实中都存在过和存在着三农问题。各国三农问题既有共同点，存在普遍规律，又因各国国情不同而各具特点，存在特殊规律。尤其是近代以来，中国逐渐成为世界的一部分，世界的变动、外国的侵略严重影响着中国社会和三农的发展进程，国外的一些理论、经验也相当深刻地影响了中国对三农问题的认识和解决路径的选择。因此，对本课题的思考，既要扎根于产生中国三农规律和三农问题的华夏大地，不迷信、不照搬国外的理论和经验，探索中国三农发展的特殊道路，同时，又不能囿于中国本身的狭隘视野，而要有世界眼光，在中国与外国三农发展的对比中揭示其相同点和不同点，在三农的"本土化"与世界性的统一中，揭示和阐述中国三农发展规律。

（二）克服单一"问题"导向，秉承整体性与"问题"性相统一原则

在三农研究中，以"问题"为导向，对三农问题发展中的具体问题进行逐个深入研究，找出解决对策，是必要和重要的。否则，三农研究便陷于空谈。但三农问题极其复杂，受三农内部和外部诸多因素的决定和影响，往往牵一发而动全身。其中某一单个或单方面问题，往往与许多复杂因素联系在一起。如将视野局限于单个或单方面问题，往往只见森木不见森林，难以透彻认识和有效解决。而规律则是事物运动中内在的必然、本质和稳定的关系，决定着事物的发展趋势。只有把具体问题与三农发展的整体过程相联系，把握三农发展规律，才能弄清楚某一具体问题复杂关系的本质及其发展趋势，从而使之在整体解决三农问题进程中逐步得到

第三章 目前三农问题解释框架的不足与重构

解决。

(三) 克服囿于当代的狭窄视野,以长远历史眼光探寻三农发展规律

风靡世界的《当中国统治世界:中国的崛起和西方世界的衰落》一书的作者,美国作家马丁·雅克说:"世界上没有任何一个国家像中国一样和自己的历史联系得那么紧密,甚至被历史深深影响"。"中国的未来将由历史和现代化共同决定"[①]。中国历史与现实之所以发生如此紧密联系和深刻影响,是因为现实存在着历史传承下来的条件和存其中的规律。正如马克思所指出:"人们自己创造自己的历史,但是他们并不是随心所欲地创造,并不是在他们自己选定的条件下创造,而是在直接碰到的、既定的、从过去继承下来的条件下创造。"[②] 因此,研究和创造中国现实必须联系中国历史。三农问题也是这样。当今现实与三农问题不是当代的特有现象,也不是在中国近代才形成,而是经历了一个从古代三农问题,演化为近代三农问题,再发展到当代二元经济社会体制下的三农问题,以及当前城乡一体化进程中的三农问题的长期发展演化过程。前一阶段的问题,都对后一阶段产生着深刻、巨大的影响。因此,要探究三农规律,认识三农问题,不能局限于当代的狭隘视野,而应以长远的历史眼光,对三农产生以来的历史,特别是私有制产生以来的历史进行深入考察,才能发现支配和制约其发展的内在规律,并提供客观的历史参照物,消弭分歧,求得学术共识和人们思想统一。

总之,研究三农问题,既不能照套外国理论和发展道路,也不能只盯住当代三农问题,而应立足于中国历史和当代国情,以长远的历史眼光和广阔的国际视野,通过全时段、整体性和历史与现实相结合、中国与外国相比较的研究,找到并遵循中国社会的内在逻辑和三农发展规律,揭示三农问题形成的根源,明确解决问题的战略目标和基本路径,乃是本书所秉持的宗旨和研究视角。

---

① 马丁·雅克:《中国梦:从历史看未来》,《东方早报》,2013 年 12 月 9 日。
② 《马克思恩格斯选集》第 1 卷,人民出版社 1995 年版,第 585 页。

序篇
三农发展基本规律与三步走规律

城乡协调发展规律是中国三农发展的基本规律。违背这一基本规律的城乡对立，是三农问题产生的根源。在清以前，中国呈现王朝前中期城乡关系相对协调，因而三农得到发展；王朝中后期城乡关系严重对立，因而三农问题趋于严重化的周期循环往复的图景。造成这两种情形的根源，在于"家国同构"相对土地所有制的二重功能。由于阶级与历史局限性，古代中国所有阶级和阶层，都不能超越这一"中国式土地私有制"内在演进逻辑的制约，因而不可能以非传统方式解决三农问题，使这一历史问题沉积下来。到清代特别是近代，一方面，城乡对立空前深化和激化，三农问题持续严重化和激化；另一方面中国出现了以现代方式解决三农问题的历史条件和阶级力量，从而生成了三农三步走规律。只有分步骤、历时性地经历耕者有其田、耕者有其权、耕者有其富三个阶段，达到相应战略目标，并最终实现三者的共时性统一，才能真正实现城乡一体，协调发展，从根本上解决三农问题。

第四章 城乡协调是三农发展的基本规律

三农问题的实质是城乡关系问题,因而探寻三农发展规律的关键,在于弄清城乡关系的本质。现实中的城乡关系表现复杂,有相对和谐与平等,也有相互对立与失衡,但其本质要求是平等互利。这种静态的本质,在动态的发展过程中体现为城乡协调发展规律。这一规律,既深植于社会有机体和人类社会基本规律的深层,又是分工规律的集中体现和人的本质的外在展现。

第一节 城乡协调是三农发展基本规律

一、城乡关系是探寻三农发展规律的关键

三农是一种极其复杂的经济社会现象。其发展不仅取决于三农内部多种因素的相互作用,又涉及三农之外的复杂因素。前者如农业发展中的气候、地理、农业经济与体制、农业技术等;农村发展中的社会结构、组织

中国"三农"发展规律与战略目标研究

与治理、农村人口状况等;农民发展中的生产与生活方式、就业与收入、农民权利等,以及农业、农村和农民三者之间的关系。后者如社会制度与体制、统治者的政策和城市及工商业发展的程度、布局和运行方式等。除上述之外,中国近代的三农问题,还涉及国外帝国主义侵略的严重影响;当代中国的三农问题,还涉及历史包袱沉重、农业资源贫乏、人口众多、经济全球化,以及在此基础上快速推进现代化进程的影响等,这些使其中国三农问题的复杂性为世界罕见。因此,三农发展不是局部问题,而是一个涉及国家和社会方方面面,乃至世界复杂因素的全局性战略问题,是中国所有问题中最复杂的问题。

那么,内外关系如此复杂,涉及面如此广泛、深刻的三农发展,有无内在规律可寻?回答是肯定的。但与其他许多单个事物不同的是,三农的复杂性特别是它所涉及关系的广泛性,决定对三农规律的探寻,不能从单纯的农业、农村和农民中的某一个方面中寻找,也不能孤立地从三农领域中寻找,而应在三农和与其关涉的极其复杂的关系中,找到决定和影响三农发展各种因素的关键线索,或者说找到三农关系体系这张巨大罗网上的"纲"。

这个关键线索就是城乡关系。城乡关系随城市产生而产生,并广泛存在于城市和乡村之间,是经济社会各种关系中最基本最重要的关系之一。它包含城乡人口关系、城乡政治关系、城乡经济关系(如生产要素关系、城乡分配收入关系)城乡文化关系、城乡社会关系、城乡运行关系等十分广泛的内容[①],城乡关系中的"乡",不仅仅指乡村这个地域空间概念,而是农业、农村和农民三者合一的集合体。在广义上说,城乡关系就是工业与农业、城市与农村、城市居民与农村居民之间的关系。因此,城乡中的"乡"是三农的同义词,三农与城市一起构成了城乡关系整体,城乡关系就是城市与三农之间的关系。这一关系几乎涵盖三农发展所涉及的几乎所有复杂关系。城乡关系的实质,是一定政治经济资源在城乡之间的分配。如何认识和处理城乡关系,很大程度上决定整个社会的面貌和命运,当然也决定了三农的面貌和发展趋势。正如马克思所说:"城乡关系的面

---

① 李泉:《中外城乡关系问题研究综述》,《甘肃社会科学》2005年第4期。

第四章　城乡协调是三农发展的基本规律

貌一改变，整个社会的面貌也跟着改变。"① 因此，城乡关系是三农问题的实质和症结所在。抓住了它，就抓住了影响三农发展的纷纭复杂罗网上的"纲"，做到"举一纲"而"万目张"②，就能找到三农发展的规律。

二、城乡关系的本质

在城乡关系中探寻三农发展规律的关键，在于认识城乡关系的本质和发展规律。本质是事物的根本性质，它与规律是同等程度的概念，都是指事物本身所固有的、深藏于现象背后并决定或支配现象的方面。如果说本质是指事物自身组成要素之间的内在联系及其静态描述，规律则是就事物的发展过程而言，是事物运动过程中固有的本质的必然的联系③及其动态描述，决定着事物发展的必然趋向。因此，抓住了城乡关系的本质，就等于抓住了三农问题的本质，就等于找到了三农发展的基本规律。

城乡关系是怎样的一种关系？其本质是什么？"对立统一的法则，是自然和社会的根本法则④，"城乡作为社会有机体的"两大块"异质空间，同样遵循这个法则，两者之间也是对立统一关系。

城乡对立统一关系中的对立，有广义与狭义之分。广义上的城乡对立，是指城乡之间相互区别、相互排斥和相互矛盾的性质。两者区别的主要表现：一是两者存在状态不同。城市是"把密集的建筑、人口和文化聚合在一起的'巨大容器'"⑤；农村的建筑设施和人口比较分散。二是两者人口构成不同。城市聚居着区域或国家的权力机构及其相关人员和绝大部分第二、第三产业及其从业者，即城市市民；农村则主要居住着第一产业从业者，即农民。三是两者功能不同。城市承担着社会管理和其他精神劳动以及提供工商业产品与服务为内容的社会分工；农村主要承担生产人们生活和工业生产发展所需初级资料的社会分工，同时具有调节气候、保

---

① 《马克思恩格斯选集》第1卷，人民出版社1972年版，第123页。
② 汉·郑玄：《诗谱序》。
③ 《中国大百科全书（哲学卷）》，中国大百科全书出版社1985年版，第269页。
④ 《毛泽东选集》第1卷，人民出版社1991年6月第2版，第299页。
⑤ ［美］刘易斯·芒福德著，宋俊岭，倪文彦等译：《城市发展史：起源、演变与前景》，建筑工业出版社2005年版，第37页。

护和改善环境、维持生态平衡和生物多样,以及保护和提供人们进行休闲、审美、教育和文化欣赏的自然和人文综合景观的功能①。上述区别形成了城乡各自的相对独立性。两者之间的互相排斥、互相矛盾的性质主要表现在:在一定条件下和一定时期内,"一方资源的增加会导致另一方资源的减少"②,从而形成城乡不同的利益集团及其对立。

狭义上的城乡对立,是指城乡之间利益上互相排斥、互相对立关系。正如斯大林所指出:"城市和乡村间的对立,应当看作是利益上的对立。"③ 人们通常所说的城乡对立,就是在这种意义上使用的。

城乡对立统一关系中的统一,是指两者之间不可分割、互利互动、相互转化的内在联系。其一,两者互依互存,失去其中一方另一方也就失去存在的依据。其二,两者互补互动,城乡各自具有对方不具有的资源和优势。"一方的问题需要在另一方的发展中得到解决"④。城市能够从农村获得城市居民赖以生存的生活资料和城市生产经营所必需的原材料、劳动力和产品市场。没有农产品供应,城市居民生活的需求就得不到保障和满足,城市"不用说一年,就是几个星期,也要灭亡,这是每一个小孩都知道的⑤。农村则从对城市的交换中获得生活和生产所需要的工业品,农村剩余劳动力就业也需要在城市解决。这种互补关系使两者成为对方发展的动力。其三,两者相互转化。城市工业和手工产品,通过市场换取农村剩余产品,并将其转化为工业的原料和商品。城市和工商业发展,需要从农村剩余劳动力中获得人力补充。没有这一转换,城市工商业(包括手工业)就失去了重要原料、商品和劳动力来源,城市经济就不能正常进行,更谈不上发展;农村从城市中获得新技术、新思想乃至新制度因素,并转化为农村发展的新要素和保障。没有这一转换,农村就会失去新技术支持、新思想引导和新制度引进,而陷于停滞和衰败。城乡之间的这些相

---

① 李传健、何伦志:《农业多功能性与我国的农业补贴》,《农业经济》2007年第5期。
② 张建桥:《城乡关系的再认识——系统思维辩证思维战略思维的视角》,《理论导刊》2011年第3期。
③ 斯大林:《苏联社会主义经济问题》,人民出版社1958年版,第22页。
④ 张建桥:《城乡关系的再认识——系统思维辩证思维战略思维的视角》,《理论导刊》2011年第3期。
⑤ 《马克思恩格斯选集》第4卷,人民出版社1972年版,第368页。

第四章　城乡协调是三农发展的基本规律

互联系和影响，使城乡两个异质空间，成为相互依存，相互制约、相互影响的整体。

城乡之间既相互区别、相互对立，又相互联系，互为条件，互为动力关系，成为城乡存在和发展根本的内在依据，也决定了两者平等互利的本质。城乡之间虽有区别，但这并非是把两者隔离和对立的鸿沟，而是把两者联系起来的桥梁。因为正是有了这些区别，才使它们各自具有对方所不具有而又不可缺少的特点、功能和资源。由此，产生了两者间的相互需要，其中一方是对方存在和发展的前提和条件，从而使两者成为社会有机体的组成部分，对社会发展有同等重要作用，犹如车之两轮，缺一不可，难分伯仲，就是说两者是平等的。既然两者对对方和社会而言，都具有同等重要的地位和作用，就要求两者均衡发展，因而需要两者间的交换关系必须是互利的。两者虽有各自的相对独立性，在发展过程中存在着矛盾的一面，因而从局部和短期看，"一方资源的增加会导致另一方资源的减少"[①]，但从总体和长期看，一方资源的过度增加而另一方资源的过度减少，必然对资源减少方造成损害，进而迟早危及资源增加方的存在和发展。在这个问题上，一些学者往往从西方经济学"私利经济人"和人类欲望的无限性与资源的稀缺性根本矛盾两个假设的逻辑出发，认为经济发展必然造成一方资源的增加以另一方资源减少为代价，从而为城市剥夺农村作合理性辩护。其实，这两个假设都具有片面性。其第一个假设，强调了人尤其是资本主义条件下的人的自私自利方面的特性，而"忽视了经济主体私利性之间的相互制约和相互依赖关系"[②]，更否定了人的本质发展所要求的互利性方面的特性，因而使它"缺乏社会财富配置的公平性的深度分析"[③]。其第二个假设中的"人类欲望的无限性"命题，只承认人类需求欲望的无限增长，但忽视了一定阶段生产条件对这种需求

[①] 张建桥：《城乡关系的再认识——系统思维辩证思维战略思维的视角》，《理论导刊》2011年第3期。

[②] 方竹兰：《"经济人"假设的反思——探寻2008年全球经济危机发生的根源》，《教学与研究》2011年第2期。

[③] 方竹兰：《"经济人"假设的反思——探寻2008年全球经济危机发生的根源》，《教学与研究》2011年第2期。

欲望的制约性。其第二个假设中的"资源的稀缺性"命题，只看到了一定条件下人类发现、利用和再利用资源的能力是有限性的，而忽视了人类这种能力随着实践发展而不断增长的无限性。特别是随着科学技术的发展，人类不但会充分利用或再利用已有资源，还会再利用和发现更多的资源，从而为公平配置社会财富提供了可能性。即使在科学技术水平不高的条件下，通过合理的劳动与分配制度安排，优化现有各生产要素配置，尤其是调动劳动者的积极性，同样能促进生产发展，实现双方共赢的结果。这些说明，在经济发展过程中，一方资源的增加未必必然导致另一方资源减少；相反，如果一方以过度减少对方资源来换取自身资源过度增加，其结果必然以损人又害己告终。这表明，以存在巨大缺陷的西方古典经济理论为据，证明城乡对立合理性的理由是不能成立的。相反，城乡之间的互利互动，才是城乡共同发展的动力，因而城乡关系本质上不是对立的，而是互利的。城乡之间在本质上是互利的。总之，城乡之间同等重要，相互制约，相互影响，需要共同发展。因而平等互利是城乡关系的本质所在。

对城乡关系的这一本质，从亚当·斯密，到马克思、恩格斯，再到其他许多经济学家、社会学家、城市学家与政治家，都在不同程度上作过论述。

18世纪英国经济学家亚当·斯密认为："按照事物的本性，生活资料必先于便利品和奢侈品"，"提供生活资料的农村的耕种和改良，必先于只提供奢侈品和便利品的都市的增加"。因而，城乡之间是一种基于产业分工而形成的"相互的利害关系"。"农村供都市以生活资料及制造材料，都市则保农村居民一部分制造品。"这种"分工的结果，于两方从事各种职业的居民，全有利益。"[1] 所以，他认为城镇的增设和发展应与农村和农业发展成比例的均衡发展，否则"只能阻碍，而不能促进社会走向富强的发展"[2]。故而，他把"农村进步先于都市进步"，看作是"自然"或"一般顺序"；把这种互利关系称作城乡关系的"自然状态"和"理想

---

[1] [英]亚当·斯密，郭大力等译：《国民财富的性质及其原因的研究（上）》，上海三联书店2009年版，第283页。

[2] [英]亚当·斯密，郭大力等译：《国民财富的性质和原因的研究（上）》，商务印书馆1972年版，第251页。

第四章　城乡协调是三农发展的基本规律

状态",而把城市和工业脱离农村和农业的畸形发展称为"反自然的退化的顺序"①。可见,"亚当·斯密把互利看作城乡关系的本质"②。虽然,亚当·斯密把这种本质归因于"人类的天性"③,即人类所特有的"互通有无物物交换互相交易的一般倾向"④;把人假定为追逐利益最大化的"经济人",主张实行无限制自由市场经济,而在现实中陷入了自利的"经济人"与利他的"道德人"难以融通的"亚当·斯密难题",并在实践上加剧了城乡"反自然的退化",但在一般意义上说,他关于城乡关系本质的看法却是正确的。

19世纪社会主义学说的主要代表人物,都秉承工农互利,城乡一体的城乡关系观。空想社会主义者圣西门的城乡平等观、傅立叶的"和谐社会"、欧文的"理性的社会制度"与共产主义"新村",都从不同侧面和程度上体现了这一思想。科学社会主义经典理论家马克思和恩格斯克服了亚当·斯密和空想社会主义学说的缺陷,以历史唯物主义观点和方法,在历史发展过程中揭示了城乡关系的本质。他们认为,最初的城乡是混合一体的,但随着生产力和分工发展,特别是私有制的产生,走向了城乡分离和对立。这种城乡分离和对立,在"工农业发展水平还不够高"⑤条件下是不可避免的,但不会永远存在,它将随着生产力高度发展和私有制被消灭而为城乡融合所代替。

值得注意的是,在马克思、恩格斯的城乡关系演变的从一体到对立,再到融合的序列中,哪一种是城乡关系的本质呢?答案是后者。在马克思恩格斯看来,城乡分离是生产力和社会分工发展到一定阶段的产物,是人类史上的最大一次分工。这种分工迫使"个人屈从于分工","把一部分

---

① [英]亚当·斯密,郭大力等译:《国民财富的性质及其原因的研究(上)》,上海三联书店2009年版,第286页。
② 叶超、曹志冬:《城乡关系的自然顺序及其演变——亚当·斯密的城乡关系理论解析》,《经济地理》2008年第1期。
③ [英]亚当·斯密,郭大力等译:《国民财富的性质及其原因的研究(上)》,上海三联书店2009年版,第284页。
④ [英]亚当·斯密,郭大力等译:《国民财富的性质及其原因的研究(上)》,上海三联书店2009年版,第13页。
⑤ 《马克思恩格斯全集》第1卷,人民出版社1995年版,第240页。

人变为受局限的城市动物,把另一部分人变为受局限的乡村动物"①,私有制产生后,形成"代表城市"利益与"代表乡村"利益的分裂和阶级对抗。居于城市的统治阶级利用其政治经济权利盘剥乡村劳动者,造成城市是"人口、生产工具、资本、享乐和需求的集中,而在乡村里所看到的却是完全相反的情况:孤立和分散"②和贫穷,造成城市、乡村和人的畸形,带来社会动荡和危机。

可见,在马克思恩格斯看来,城乡对立是虽在生产力不够发达条件下有其存在必然性,但在直接意义上看,是异化劳动和私有制造成的,对社会发展具有巨大危害。因此,马克思、恩格斯认为必须而且可以消灭这种对立,而代之以城乡融合。城乡融合意味着消除阶级剥削和对立,使社会全体成员"共同享受大家创造出来的福利"③,从而根除城乡对立的根源,使社会进入和谐状态;意味着把农业和工业结合起来,把城市和农村生活方式的优点结合起来,避免城乡各自的片面性和缺点,真正实现城乡结合,均衡发展;意味着消除旧的分工,改变人的畸形片面发展,使人的"才能得到全面地发展"④。概而言之,只有实现城乡融合,城乡关系才能全面占有自己的本质。正像生产力得到高度发展、消灭旧式分工和私有制之后,人才能"占有自己的全面的本质"⑤一样。可见,马克思、恩格斯把城乡融合看作城乡关系的本质。至于在城乡分离和对立状态下城乡关系本质问题,下文再加讨论。

与马克思和恩格斯同时代的英国城市学家埃比尼泽·霍华德,也提出了城乡融合的"田园城市"理论。他在《明日的田园城市》)中说:"城市和乡村都各有其优点和相应缺点"。要避免两者的缺点,就使城市和乡村"成婚",建立"田园城市",以城乡一体的新社会结构,取代城乡对立的旧社会结构。"这种愉快的结合将迸发出新的希望,新的生活,新的

---

① 《马克思恩格斯全集》第1卷,人民出版社1995年版,第104页。
② 《马克思恩格斯选集》第1卷,人民出版社1972年版,第56页。
③ 《马克思恩格斯选集》第4卷,人民出版社1979年版,第371页。
④ 《马克思恩格斯全集》第4卷,人民出版社1972年版,第371页。
⑤ 马克思:《1844年经济学哲学手稿》,人民出版社2000年版,第123页。

第四章　城乡协调是三农发展的基本规律

文明"①。

进入20世纪，美国城市学家刘易斯·芒福德提出了城乡结合思想，指出："城与乡，不能截然分开；城与乡，同等重要；城与乡，应当有机结合在一起。"② 20世纪50年代至70年代有少数学者曾提出过与城乡平等互利关系相反的观点。如阿瑟·刘易斯的"二元经济"理论、法国经济学家弗朗索瓦·佩鲁提出的增长极理论、缪尔达尔的累积因果关系理论、赫希曼的中心—外围模型、弗里德曼提出的核心—边缘理论。这些理论主张城市优先发展，甚至有的理论不回避核心地区的受益是以牺牲外围作为代价。其中，阿瑟·刘易斯的"二元经济"理论影响尤其广泛，曾被看作"重城轻乡""重工轻农"的典型代表。

1954年，阿瑟·刘易斯在《劳动无限供给条件下的经济发展》一文中指出，在发展中国家一般存在着性质完全不同的两个经济部门：一个是以现代化方式为特征的"资本主义"城市工业部门；另一个是以传统"维持生计"为特征的农村农业部门，两者构成二元经济结构。其传统农业部门生产率低，边际生产率为零或成负数，这使劳动者在最低工资水平上提供劳动，尽管他们形式上在农业部门就业，而实际处于隐蔽失业状态，即存在大量剩余劳动力。农业部门的劳动人数减少后，产量并不会因此降低，因此这里存在着无限的劳动力供给。城市工业部门的劳动生产率比农业部门高，因而其工资也比农业部门的工资高，从而吸引农业剩余人口向城市工业部门就业。这样，工业部门可以支付较少的劳动报酬，而把利润更多地投入扩大再生产中去，进而吸收更多农民到工业部门，促使农业剩余劳动力向工业转移。当农村剩余劳动全部被工业部门所吸吮之后，工业劳动者的工资和农村劳动者的收入都将随投资增加而逐步提高，工农业趋向均衡发展，国民经济结构趋向逐步转变，二元结构也就逐步消减而趋同，转变为"一元结构"，实现不发达国家经济发展转型和现代经济增长。可见，刘易斯"二元经济"理论存在着明显的"重城轻乡"

---

① 曹康：《西方城市规划思想研究》，南京大学出版社2005年版，第64页。
② [美]刘易斯·芒福德，倪文彦等译：《城市发展史：起源、演变与前景》，建筑工业出版社1989年版，第18页。

"重工轻农"倾向。这一理论在20世纪50～70年代，在发展中国家曾风行一时。

然而，到20世纪70年代后，刘易斯"二元经济"理论受到广泛质疑。这些质疑，不仅来自于"二元经济"理论以外的其他学派，例如利普顿、科布内基等等，而且来自于"二元经济"理论内部的费景汉、拉尼斯等，他们主张工业和农业两个部门平衡增长，形成了刘易斯—费景汉—拉尼斯模型。在这些质疑和由于二元经济结构理论片面强调"城市—工业"发展而导致的发展中国家农业贫困和社会动荡的事实面前，刘易斯本人也不得不在1979年辩护说："模型要么被引申，要么未被充分阐明，这两者都与它本来的含义不同"①，实际上对自己原来的观点作了修正。

20世纪80年代后，基于对此前30年城市偏向教训的总结，越来越多的学者和政治家更加强调城乡之间的相互作用和互利发展。如岸根卓郎的"自然—空间—人类系统"强调城乡融合；昂温和波特的"城乡联系与流"思想、道格拉斯的区域网络模型论述了"城乡间的相互作用"②。此外，塔科里提出了"城乡连续体"理论，强调"城乡相互作用与区域发展"的关联③。联合国秘书长安南在2004年世界人居日献辞中指出："不要将'城市'和'农村'看作是相互隔离的实体，而应将它们视为经济和社会整体中的组成部分：城市与农村在许多方面都是相互作用和影响的"，"可持续发展不会也不应该完全偏重于一方，而忽视另一方"。人类应"寻求一条整体发展之路"④。

以上表明，国外学者对城乡关系的认识，经历了从18世纪到20世纪50年代以前城乡互利发展和城乡融合思想居于主导地位，从20世纪50年代到80年代城乡分割发展观占据上风，再到80年代后城乡互联互利融

---

① 阿瑟·刘易斯，施炜等译：《二元经济论》，北京经济学院出版社1989年版。
② Douglass M. A Regional Network Strategy for Reciprocal Rural2urban Linkages: An Agenda for Policy Research with Reference to Indonesia, *Third World Planning Review*, 1998 20 (1).
③ Tacoli C. Rural2urban Interactions: A Guide to the Literature, *Environment and Urbanisation*, 1998, 10 (1).
④ 安南：《世界人居日献辞》，联合国中文网：http://www.un.org/chinese/aboutun/sg/sg_Habitat04.htm。

第四章　城乡协调是三农发展的基本规律

合发展观回归主导地位的演变过程。在这一长达300年时间的过程中，主张城乡分割关系的学者只是少数，其占主导的地位的时间仅仅30年，且其中不少学者表现了对自己理论反思和否定的趋势；绝大多数学者都主张城乡是关联互利关系，且该思想在绝大部分时间里占据学术研究的主导地位。因此，从总体上看，从18世纪到21世纪的漫长历史中，主张城乡关系是平等互利关系的思想占主体，代表了这个时期人类认识城乡关系本质的积极成果。

三、城乡协调发展规律内涵界定

马克思主义哲学认为，规律是指客观事物内在的本质的必然的联系，规定着客观事物发展的过程和趋势，具有客观性、普遍性、重复性、相对稳定性等特点。而"规律和本质是表示人对现象、对世界的认识深化的同一类的（同一序列的）概念，或者说得更确切些，是同等程度的概念"。但不能将两者完全等同，"规律是宇宙运动中本质东西的反映"①。就是说，规律是事物在发展过程中所反映的本质关系。同样，城乡关系就其本质而言是平等互利，就其发展过程而言，则是城乡协调发展规律。

城乡协调发展规律的根本要求在于，通过协调城乡之间的各方面关系，使两者处于平等互利、均衡发展的良性状态，避免两者失衡。其主要内涵有五个方面：一是城乡互依互存。失去其中一方另一方也就失去存在的依据。二是城乡互补互动。城乡各自具有对方不具有的资源和优势，两者互补成为对方发展的动力。一方缺少了对方的支持就会萎靡，乃至发生危机。三是城乡均衡发展。若一方发展过快或过慢，会导致城乡失衡，势必直接影响乃至危及对方的发展，反过来最终破坏过度发展方的存在条件。四是城乡平等互利。城乡作为人类社会相互依存的两大空间，政治上是一种权利平等关系，经济上是一种平等交换关系，文化上是一种平等交流关系。要在相互尊重和保障各自资源和权利的基础上，实行城乡平等相处，城乡不同资源的互利交换与交流，不能一方压迫另一方，一方剥夺另

---

① 《列宁全集》第55卷，人民出版社1990年版，第127、第154页。

中国"三农"发展规律与战略目标研究

一方,导致两者失衡。这不但会破坏对方的存在和发展,同时也意味着资源增加方的存在条件被破坏而最终自食其果。城乡之间的这种平等互利关系,要求农村居民享有与城市居民平等的存在和发展的条件和权益,使耕者有其田、耕者有其权、耕者有其利。五是要求城乡双方,特别是作为社会的统治者要正确认识和处理城乡之间的关系,从制度和体制上促进城乡互依互动互利,均衡发展,成为公共利益的真正代表者。总之,城乡协调发展规律,是城乡平等互利本质在城乡发展过程中的展开和体现。

城乡协调发展规律是伴随城乡关系而产生的客观规律,只要城乡差别存在,亦即城乡关系存在,这一规律就始终存在并发挥作用,"不为尧存,不为桀亡。"[①] 但它运行于不同的社会历史条件。随着历史条件变化,其运行形式和状态也各有不同。在原始公有制条件下,它以自发的形式直接表现出来,实现低水平的协调。在生产资料私有制为基础的社会里,它是以被动的强迫的形式表现出来,是在对立与协调矛盾运动中运行的,而且对立和不协调往往是常态。但当这种对立和不协调达到一定程度,城乡协调发展规律就会起作用,强迫社会实现相对协调,如此周而复始,循环往复。只有当生产力发展到相当高度,并生发出城乡一体化发展的要求,人们自发适应或自觉驾驭这一规律时,城乡才能达到持续和谐一体的理想状态。

四、城乡协调是三农发展基本规律

城乡关系是社会各种关系中最基本的关系,"城乡关系的面貌一改变,整个社会的面貌也跟着改变。"[②] 因而,城乡协调发展规律,既是社会发展的一条基本规律、城乡发展基本规律,也是三农发展的基本规律。

(一)城乡关系就是城市与三农之间的关系

城与乡是人类社会存在的两大空间。前者主要是工业等非农产业和市民的聚居地;后者是主要是农业和农民的聚居地。就是说,城乡关系就是

---

① 《荀子·天论》。
② 《马克思恩格斯全集》第 4 卷,人民出版社 1959 年版,第 59 页。

第四章　城乡协调是三农发展的基本规律

城市、工业（包括其他非农产业）、市民与农村、农业、农民，即三农之间的关系。两者既相互区别，又相互依赖，共同构成社会有机体，共同生成并服从于互利互动关系的本质和发展规律，因而成为社会、城市和三农发展的共同规律。

（二）社会宏观环境在三农发展诸因素中起主导作用

按照农业经济学理论，农业是自然再生产过程与经济再生产相结合的生产过程。以此为基础的三农发展，既受自然因素的影响和自然规律的支配，又受农业经济规律的制约。然而，自从国家产生以来，无论在自然经济条件下，还是在计划经济和市场经济条件下，三农都不能孤立存在于社会之外，而是存在于一定社会环境当中，受着社会宏观环境的强大制约，受社会规律所支配。

从总体和长期看，社会宏观环境对三农的制约作用，往往比自然因素的作用更明显、更强大。因为在一定农业区位下，影响农业的气候、光照、热量、降水、地形、水源、土地和土壤等自然因素的变化，往往是一个渐进的过程。当然，自然灾害会给农业带来巨大危害，甚至毁灭性打击，但就中国绝大多数地区而言，自然灾害并非经常发生的，并且随着科学技术的发展，人类可以通过多种手段，在一定程度上对一些自然因素加以控制，减少其对农业生产的不利影响，实现对自然资源的合理、充分利用。与这些自然因素相比，社会环境对农业的影响更具经常性和决定性。一种新技术的应用和推广、一种新体制的形成、一种政策的实行，很大程度上决定着一定区位农业和农民的命运。即使相对恒定的自然因素，也会由于社会宏观环境变化而对农业发展发挥不同作用。合理的体制和政策，会引导和促进对自然资源的保护和利用；反之，会人为破坏自然条件，造成引发自然灾害或加重其危害程度。因此，天灾往往与人祸紧密联系。至于先进农业技术的正确使用，对充分、合理利用自然资源，减少自然灾害的损失的作用，更是众所周知的事实。

例如，中国改革开放后 30 多年来的农业自然条件，不仅较前几百年未发生根本性变化，而且出现了不同程度的恶化。但由于农业经营新体制的形成和不断创新，调动了农民生产积极性；由于新农业技术的不断推广，增强了农民利用和改造自然，提高了抵御自然灾害的能力，使农业生产取得了旷古未有的成就，农村面貌发生了翻天覆地的变化，农民生活由贫困走向了全面小康。这是社会宏观环境对三农发展作用的典型例证。在社会宏观环境的大系统中，决定三农发展的最直接、最关键因素就是城乡关系。能否按城乡关系本质的要求，遵循城乡协调发展规律，安排和制定有利于农村发展的制度与政策，决定着整个社会，也决定着三农状况。

（三）乡村处于城乡关系中弱势和服从地位

虽然城市与乡村共同构成城乡关系的统一体，但两者地位从来就不是对等的。城市一产生，就是一定区域或国家的政治、经济、军事和文化中心。城乡对立形成后，除中世纪西欧因蛮族入侵而出现过乡村在政治上统治城市的特例外，城市统治乡村是世界各国普遍现象。在中国，则从来未发生过这样的例外，城市统治或领导乡村，是从古至今始终存在的事实。居于城市中的统治者或领导者，掌握着全国或地区的政治经济权力，而农村被排除于或远离这个中心，处于被统治或服从的地位。由于农村和农民天然的分散性以及农业生产担负着自然和市场双重风险，使农业在城市工商业的竞争中处于弱势地位。这种不平等的城乡关系，决定了城市中的统治或领导集团对农村实行何种政策，城市中的工商业实行怎样的市场规则，决定了农村的状况和命运。城市实行城乡互利政策和规则，农业则发展、农村则进步、农民则安居乐业。反之，城市实行剥夺农村的政策和规则，农业则萎缩、农村则停滞乃至衰落，农民则陷于痛苦和灾难之中。

综上所述，城乡关系就是城市与三农之间的关系，三农问题的实质就是城乡关系问题。城乡虽在形态、分工和功能上有明显区别，但两者之间存在不可分割的联系，而且在本质上是平等互利关系。这种本质在发展过程中，体现为城乡协调发展规律。

第四章 城乡协调是三农发展的基本规律

第二节
城乡协调发展规律的存在依据

把城乡协调发展看作客观规律，意味着这条规律具有普遍适用性，是中国和其他各国自古以来都存在的。那么，在历史上究竟是否存在城乡协调发展规律？如果说存在，其理论和事实依据是什么？这是本节重点探讨的问题。

一、社会有机体的必然要求

"任何事物的发展都是一个系统工程，系统的有机组成要素在发展中相互联系、相互制约、相互作用，构成了系统的整体发展。"因此，任何事物的发展"应当保持内在各要素相对平衡。"[①] 人类社会同样是一个由其各要素相互联系、相互制约的有机整体。因此，圣西门、孔德和斯宾塞等都曾提出社会有机体思想。马克思在继承前人成果基础上，通过对人类社会的唯物史观考察，形成了马克思主义社会有机体理论。他指出："社会不是坚实的结晶体"，而是一个"有机体"[②]。这个社会有机体由生产、分配、交换、消费四个环节或要素构成。对这个四环节或四要素而言，一方面，"一定的生产决定一定的消费、分配、交换和这些不同要素相互间的一定关系"；另一方面，"生产就其单方面形式来说也决定于其他要素"。总之，"不同要素之间存在着相互作用。每一个有机整体都是这样"[③]。社会有机体的各个环节和各个要素在结构、发展程度和功能发挥上应相互协调。否则，就会出现失衡，造成秩序紊乱，发生社会危机。这

[①] 王伟光：《经济社会协调发展的哲学分析》，《人民日报》，2004年5月31日第6版。
[②] 《马克思恩格斯选集》第2卷，人民出版社1995年版，第102页。
[③] 《马克思恩格斯选集》第2卷，人民出版社1995年版，第17页。

中国"三农"发展规律与战略目标研究

一理论,并非仅仅是近来学术界对马克思社会理论研究范式"冲突论"到"和谐论"转换的成果,而是马克思本人对"社会有机运动发展一般规律和过程的理论再现"。①

城乡协调发展是社会有机体的必然要求。城市和乡村是承载社会有机体存在和运行的两个平面空间,两者的统一构成了立体的社会有机体。城乡关系涵盖了社会有机体中城乡经济关系、政治关系、社会关系、文化关系等十分复杂的关系。正如马克思所说:它是决定社会有机体状况的"首要条件",② 城乡关系的面貌,决定着整个社会的面貌。如上所述,城乡之间虽存在矛盾的一面,但在本质上两者是相互依存的一个有机统一体,而不是如发展经济学和国内一些学者认为的那样是"两种社会有机体"。③ 因为社会是由人组成的,每个人无论他在哪个部门和行业,都要吃饭,都需要供其发育、生长和生存所必需的各种营养。而农业是供给这些营养要素的主要来源,是人类的生存之本,是国民经济的基础。人和整个社会各个部门和行业,都必须建立在农业基础之上。"超过劳动者个人需要的农业劳动生产率,是一切社会的基础"。④ "农业劳动不仅对于农业领域本身的剩余劳动来说是自然基础,而且对于其他一切劳动部门之变成独立劳动部门,从而对于这些部门中创造的剩余价值来说,也是自然基础。"⑤ 马克思的"任何一个民族,如果停止劳动,不用说一年,就是几个星期,也要灭亡"⑥ 著名论断中的"劳动"不是指一般劳动,而是指农业生产劳动。因此,农业是社会有机体的生命之源,是社会存在与发展的基础。

当然,社会"是一个能够变化并且经常处于变化过程中的有机体"。⑦

---

① 徐子棉:《马克思社会有机体理论及其对中国社会主义现代化实践的指导价值》,《理论导刊》2012 年第 5 期。
② 《马克思恩格斯全集》第 3 卷,人民出版社 1995 年版,第 57 页。
③ 江俊伟:《马克思主义城乡关系理论的两个维度及其当代启示》,《黑龙江史志》2009 年第 4 期。
④ 《马克思恩格斯全集》第 25 卷,人民出版社 1995 年版,第 886 页。
⑤ 《马克思恩格斯全集》第 26 卷,人民出版社 1995 年版,第 22 页。
⑥ 《马克思恩格斯选集》第 4 卷,人民出版社 1972 年版,第 368 页。
⑦ 《马克思恩格斯选集》第 2 卷,人民出版社 1995 年版,第 102 页。

第四章　城乡协调是三农发展的基本规律

例如，在农业社会、工业社会，抑或所谓"信息社会"，各有不同的经济社会结构，而且其中某一社会的不同发展阶段的经济社会结构也会发生调整。但社会有机体其他部分的发育和生长的程度，取决于当时农业对人类食物和其他生产、生活资料的供应程度。从长期看，无论社会有机体如何变化，都必须与当时农业发展程度相适应，经济社会结构的调整，都应与农业发展程度和水平同步。如果脱离、削弱和动摇了这个基础，超过农业发展程度，片面发展城市和其他行业，整个社会有机体就会发生失衡、畸变，社会就陷入枯萎、紊乱、危机，乃至整座社会大厦崩塌。

在历史上，因城乡协调发展而使社会和谐，国家兴旺；因城乡发展失衡而导致社会危机，乃至文明和国家崩溃的事例不胜枚举。下文就会看到，远古中国的红山文化、良渚、石家河文化和山东龙山文化，都因过度发展玉石手工业、忽视农业导致文明衰落，而中原文化则由于保持了城乡经济相对协调而后来居上，使华夏文明崛起。到古代和近代，城乡发展是否均衡同样决定着社会的面貌。当代中国的"大跃进"时期，因片面发展重工业，特别是钢铁工业，搞"以钢为纲"，导致国民经济结构比例严重失调，成为发生 1960~1962 年三年经济困难的主因。苏联片面发展重工业，不重视农业发展，也成为这个威震世界的超级大国倾覆的一个主要因素。一些拉美国家城镇化的过度发展，导致其城乡和城市内部两极分化，社会动荡，发展停滞，陷入"拉美陷阱"，且长期不能自拔。这些实例证明，从古至今，城乡协调发展都是社会有机体正常发展的必然要求和基石，是城乡和社会发展必须遵循的客观规律。

二、人类社会基本规律的集中体现

马克思主义认为，社会有机体的发展，根源于生产力和生产关系、经济基础和上层建筑两对矛盾所构成的社会基本矛盾运动。在这两对矛盾中，生产力是最活跃、最革命的因素，对社会发展起最终决定作用，并由此形成生产力决定生产关系、经济基础决定上层建筑，生产关系和上层建筑又能动的反作用于生产力和经济基础的辩证运动，生成了生产关系一定要适合生产力状况、上层建筑一定要适合经济基础状况的规律。这一规律，决定和派生了社会不同方面的特殊规律，决定着某一社会形态及其不

中国"三农"发展规律与战略目标研究

同阶段的状况与命运，也决定着整个人类社会的发展趋势，是人类社会发展基本规律。

城乡协调发展是人类社会发展基本规律派生并集中体现这一基本规律的客观规律。其根源在于农业生产力与城市工业及其他产业之间的内在关系。城市和农村构成既相互区别又紧密联系的社会有机体的两大空间。一般说来，农村集中了农业生产力，城市集中了工业（包括手工业）及其他产业。但不论农村还是城市，都是建立在农业生产基础之上。因为生产食物的农业劳动是"一切人类生存的第一个前提"[①]和"一切生产的首要条件"[②]"超过劳动者个人需要的农业劳动生产率是一切社会的基础。"[③]它不但决定了农业人口的生存和农村经济发展程度，同时也提供了非农业劳动者必要的食物，决定着农业人口向城市和非农产业转移的速度和规模，决定着城市工业和其他各业的发展程度。同时，城市工业不是单方面地被动接受农业的影响，它还能动的以转移农村剩余劳动力，通过工农业产品交换，促进农业发展。

所以，农村农业生产力和城市工业生产力及其他各业，是互为条件、相互影响的。其中，某一空间的生产力受到损害，必然危及另一空间生产力的发展。因而，一定社会的生产力发展，客观上要求生产关系和上层建筑一定适应城乡生产力的总体状况和发展的共同要求，从而派生出城乡协调发展规律。只要遵循了这一规律，城乡就会协调发展，就表明生产关系和上层建筑适应了生产力和经济基础状况，就意味遵循了人类社会发展基本规律，反之，如城乡关系处于严重矛盾冲突之中，就意味生产关系和上层建筑不适应生产力和经济基础状况，违反了人类社会发展基本规律。正如马克思所说："城乡关系的面貌一改变，整个社会的面貌也跟着改变。"[④] 因此，城乡协调发展规律是人类社会发展基本规律的集中体现。

城乡协调发展规律，在以农业生产力为主导的传统农业社会和以工业生产力为主导的现代工业社会，反映和体现了人类社会基本规律，是不难

---

① 《马克思恩格斯选集》第 1 卷，人民出版社 2012 年版，第 158 页。
② 《马克思恩格斯选集（第 2 卷）》，人民出版社 1995 版，第 544 页。
③ 马克思：《资本论》（第 3 卷），人民出版社 1975 年版，第 885 页。
④ 《马克思恩格斯选集》第 1 卷，人民出版社 1995 年版，第 157 页。

第四章　城乡协调是三农发展的基本规律

理解的，兹不赘述。需要重点说明的是，即便在由传统农业社会向现代工业社会转型的二元经济社会结构时期也是如此。在这个时期，城乡生产力存在着巨大差别，农村基本上是传统农业生产力，城市主要是工业生产力，并且前者被看作落后生产力，后者被看作先进生产力。因此，在该时期逐步提升和改造农村传统生产力，使之逐步发展到现代农业生产力，是生产力发展的必然要求，也是历史的进步。然而，这不意味着生产关系和上层建筑适应生产力和经济基础规律，就应代表先进生产力的要求，强行改变甚至强力摧毁传统农业生产力。

事实上，在该时期特别是在该时期的前中期，工业和城市尚无能力大规模支援农业和农村，传统生产力在农村占主导地位的格局是长期存在的。在这种条件下，推动农村传统生产力升级、改造，有其合理性和必然性。但这种升级和改造是一个内生性的发展过程，必须以农村现实生产力状况为前提。因此，农村生产关系和上层建筑，必须首先适应传统农业生产力的水平，以调动农民生产积极性，促进农村生产力和经济发展，以此为基础逐步提升、改造传统生产力，而不能拔苗助长，脱离农村生产力水平，以工业生产和经营方式代替传统生产和经营方式，更不能以工业生产力为先进生产力为根据，实行工业霸权主义，把工业和城市对传统农业的残酷剥削看作历史的合理性和进步性。因为这样只能抑制农民劳动积极性，削弱农业发展能力，剥夺农民财产，导致农业发展缓慢甚至危机，造成城乡发展的不平衡和尖锐对立，并最终危及农业生产力的发展和转型，乃至城市工业和整个社会发展。

历史证明，试图以所谓代表先进生产力要求为由，强行改变或摧毁传统农业生产力，必然造成城乡发展不协调乃至冲突，不能促进历史的进步。历史上英国对印度的殖民统治，虽破坏了印度某些旧的社会结构，"充当了历史的不自觉的工具"[1]，但其结果，"既不会使人民群众得到解放，也不会根本改善他们的社会状况"[2]。相反，给印度带来了比过去所

---

[1] 《马克思恩格斯文集》第 2 卷，人民出版社 2009 年版，第 683 页。
[2] 《马克思恩格斯文集》第 2 卷，人民出版社 2009 年版，第 683 页、第 689 页。

中国"三农"发展规律与战略目标研究

遭受的一切灾难程度深重得多的灾难①。第二次世界大战后阿根廷等拉美国家照搬西方经济学理论，片面发展工业和城市，形成城乡发展严重失衡，导致其长期陷入"拉美陷阱"。中国在20世纪50~70年代末采取的拔苗助长式的"一大二公"和集体劳动的人民公社体制，也造成了农业长期缓慢发展的后果。

相反，在社会二元经济社会结构条件下，只有在生产关系首先适应传统生产力，促进农业发展基础上，才能逐步提升和改造农村生产力，使之转变为与现代工业生产力相适应的现代农业生产力，实现由二元经济社会转变为城乡一体的现代工业社会的转型。中国改革开放后，从改革超越传统生产力的人民公社经营管理体制，实行适应这种生产力的家庭联产承包责任制入手，在促进农村经济发展和现代农业生产力的逐步发展基础上，不断深化农村生产经营体制和农村政策改革，实行目前的各种现代新型经营形式，不仅保持了农业持续较快发展，而且使城乡关系在30余年来始终总体处在相对协调状态。这些说明该时期中国农村生产关系及其改革，适应了不断发展的农村生产力要求，也说明国家的农村政策适应了现代工业对农业发展的客观要求。

由上可见，尽管人类经历了不同社会形态和不同生产力发展阶段，但城乡协调发展规律是始终存在的，它是人类社会基本规律的客观要求和集中反映。

需要重点说明的是，在人类社会基本矛盾属于对抗性质矛盾的私有制社会，人类社会基本规律如何决定和派生城乡协调发展规律？这一问题的关键，在于区别不同时期的生产方式，并认识该规律以自发形式存在、以强制方式起作用的特点。恩格斯在《反杜林论》中指出："当一种生产方式处在自身发展的上升阶段的时候，其至在和这种生产方式相适应的分配方式下吃了亏的那些人，也会欢迎这种生产方式……当这种生产方式对于社会还是正常的时候，满意于这种分配的情绪，总的说来，会占支配的地位"②。就是说，私有制条件下的生产方式，虽存在对抗性矛盾，尤其是存

---

① 《马克思恩格斯文集》第2卷，人民出版社2009年版，第678页。
② 《马克思恩格斯选集》第3卷，人民出版社1995年版，第491~492页。

第四章　城乡协调是三农发展的基本规律

在统治阶级与下层民众之间的对抗性矛盾，存在严重不公平，但处于上升时期的生产方式，往往比较适合生产力的要求，有利于改进和推广新生产工具，带来生产力的发展，劳动群众的劳动和生活景况也由此较前有所改善。

这种情况，不但表现在城市，也表现在农村，不仅表现在古代，也表现在近代。比如在17世纪、18世纪，处于资本主义上升时期的英国出现了城乡"较为良性的互动状态"。主要表现是随着英国乡村农业生产长期发展，城市资本向乡村转移，促进了乡村工业兴起和新兴城镇崛起。同时，工业资本把从乡村所赚取的相当部分财富回流到了城市，促进了城市人口剧增和经济发展[1]。同时，工业品与农产品交换处于大体平衡状态，甚至农产品价格还高于工业品，两者相对价格指数为112%[2]。因此，促进了英国农业长期增长和农民收入。不但形成了富裕的"大农阶层"[3]，即使普通民众的生活质量得以明显改善[4]。

同时，人类社会基本规律还以其强制作用，周期性地实现城乡相对协调局面。由于一定时期的生产关系和上层建筑不适合生产力和经济基础，势必破坏农业劳动者的生产生存条件，打破城乡经济的正常比例关系，导致严重的经济和社会危机。在古代中国，主要表现为农民生存危机和爆发农民起义及改朝换代。在西方资本主义国家主要表现为周期性的经济危机和工人罢工等斗争。通过危机迫使统治阶级改变原来政策，调整经营策略，从而逐步改变严重失衡的城乡结构，把城乡关系强行扳回基本协调的状态，周期性恢复城乡关系的正常机能。可见，正是人类社会两对基本矛盾适应与不适应的两种状态交替运行的内在逻辑，决定了城乡关系也在对立与相对协调两种状况下运行的状况。这正如人类社会经常出现生产关系和上层建筑不适合生产力和经济基础状况的情况，但不否定人类社会基本

---

[1] 张利民：《中国城市史研究：问题与思索（专题讨论）城市史视域中的城乡关系》，《学术月刊》2009年第10期。
[2] 孔祥智：《英国在工业化、城市化进程中是怎样处理工农关系的》，《前线》1999年第4期。
[3] 邹兆辰：《深入研究中西转型期的社会变迁——访侯建新教授》，《历史教学问题》2012年第4期。
[4] 郭爱民：《农业革命前后英国普通民众生活水平之比较》，《北方论丛》2006年第4期。

规律存在一样，城乡关系经常出现城乡对立，同样不否定城乡协调发展规律的存在。相反，只有这样理解人类社会基本规律及其派生的城乡协调发展规律的实现过程，才能把握历史和城乡曲折发展的奥秘。否则，如把长达几千年的私有制社会看作人类社会基本矛盾和城乡关系始终处于尖锐冲突对立状态，人类社会早就因无休止的丛林般你死我活的残酷争斗灭亡了，但事实并非如此。因此，只有全面理解马克思恩格斯的人类社会发展基本规律和城乡协调发展规律及其运行形式，才能准确把握城乡关系本质及其运动规律。

三、分工规律的集中反映

按照马克思主义理论，分工是物质生产的基本组织形式，意味着生产条件和劳动者在不同生产领域和不同主体之间的匹配关系。分工包括劳动分工和劳动者分工两方面内容：一是劳动分工，亦即自然分工。它是指社会总劳动分解为不同的部分（包括不同的劳动领域、不同的劳动部门、不同的工种等），表现为劳动本身的分化和独立化的进行方式，表示物质生产过程中各种劳动职能之间的组合关系，表现了生产过程中人与物之间的自然关系，反映分工的生产力属性，属于客体分工。例如，农业、工业、服务业以及各自内部的分工。二是劳动者分工，亦即社会分工。它是指总体劳动者分解为不同的部分，长期地、稳定地固着在不同的劳动活动中，是社会成员参与各种劳动、分配各种劳动职能的总体方式。它表示人与劳动职能之间的固定结合关系表现了生产过程中人与人之间的社会关系，反映分工的生产关系属性，是劳动的主体分工。例如，农业劳动者、工业劳动者、店员等。总之，在私有制存在的社会里，分工是自然分工和社会分工的辩证统一[①]。

自然分工和社会分工，都具有社会分化和社会整合与调节的二重功能与作用。

[①] 参见张振伟、林海燕：《马克思社会分工理论的二重逻辑》，《湖北社会科学》2009年第1期；李新灵：《改革开放以来马克思主义社会分工理论研究述评》，《理论月刊》2010年第10期。

第四章　城乡协调是三农发展的基本规律

一方面，分工具有分化功能和分裂作用。分工是根据不同空间的不同资源状况和不同劳动者的不同能力与条件，分配不同的劳动条件、劳动工具和材料，从而形成了分工的分化功能。这种功能促进了职业的专门化和新产业、新领域的形成，使生产者特殊使用价值生产的具体劳动，变为"独立的私人生产者"①。这"对于创造社会财富来说，是一个方便有用的手段，是人力的巧妙运用，是'扩大了的生产力'"②，也增加了个人的自由空间。但在一定条件下，分工的分化功能会"异化"为分裂。自然分工中某一分工的过分扩展，会导致分工结构的畸形，从而带来整个社会的危机甚至崩溃。前书谈到的红山文化和良渚文化中的玉石手工业的过度发展、苏联的重工业尤其军事工业的扩张、2008年金融危机之前的美国金融业的畸形膨胀等，都是典型例证。社会分工则产生"单个人的利益或单个家庭的利益与所有互相交往的个人的共同利益之间的矛盾"③。在一定条件下导致劳动者与劳动资料的分离，物质生产和精神生产、享受和劳动、生产和消费之间的分离，把社会分裂为不同的阶级和利益集团，造成了单纯享受而不从事劳动的剥削阶级，导致城乡对立。

另一方面，分工具有社会整合与调节功能。分工使劳动产生了差异性和多样性，也就必然产生不同劳动者之间相互需要和联系，产生不同劳动之间的内在的互补性，从而为构成有机联系的社会肌体提供了基础。马克思指出："作为个人是分散的，是由于分工使他们有了一种必然的联合"④。即使在资本主义条件下，传统社会人与人的依赖关系被打破了，每个人都成了相互独立的私人生产者，但却"为物与物的全面依赖的体系所补充。"⑤ 通过"物对物"的依赖关系，把人们连接在一起，每个人既是相互独立的生产者，又是相互需要的社会人。

分工这种分化与整合的二重功能，决定了城乡关系的对立与协调的二重性，城乡之间既对立又协调，构成了城乡矛盾的辩证统一。

---

① 马克思：《资本论》第1卷，人民出版社1975年，第126页。
② 《马克思恩格斯全集》第23卷，人民出版社1972年，第90页。
③ 《马克思恩格斯选集》第1卷，人民出版社1995年，第84页。
④ 《马克思恩格斯选集》第1卷，人民出版社1995年，第128页。
⑤ 马克思：《资本论》第1卷，人民出版社1975年版，第126页。

在分工的两种功能与作用中，整合调节是分工的本质和规律。分工的分化功能使社会成员逐步成为高度专门化了的独立生产者。这使他们不可能生产出自己所需要的全部生活品，甚至在商品经济发达条件下，许多生产者生产的全部产品都不是自己所需要的，他们所需要的产品，在很大程度上或全部通过交换来取的。因此，交换是分工的必要条件和内在要求，是社会分工的题中之义，没有交换，就不可能形成真正的分工。所以，社会分工是生产、需要和交换的统一，其本质是按照社会总需要，将社会总劳动分配于不同生产领域，并通过交换实现社会总需要的过程。

对此，马克思、孔德和涂尔干都有明确论述。马克思在《资本论》中指出："商品生产者及其生产资料在社会不同劳动部门中的分配上，偶然性和任意性发挥着自己的杂乱无章的作用"，而"按比例分配社会劳动的规则"，"作为一种内在的、无声的自然必然性"[1]，借助于市场竞争，"克服着商品生产者的无规则的任意行动[2]，使"经济规律的必然性得到实现"[3]。孔德把分工看作是维系社会正常运转的纽带，认为分工的社会作用及其整合功能，是分工的本质[4]。涂尔干更明确指出："劳动分工的最大作用，并不在于功能以这种分化方式提高了生产率，而在于这些功能彼此紧密的结合"。"分工具有整合社会机体、维护社会统一的功能，并且是凝聚社会的主要因素。""分工的作用不仅在于改变和完善现有的社会，而是使社会成为可能，也就是说，没有这些功能，社会就不可能存在。"[5]

国内一些学者也持同样看法。赵家祥认为："整合调节才是分工的本质和规律。分工属于社会的运筹性因素。""它主要通过对其他各种社会要素的调动、处置、匹配、选择等手段，使它们做到合理结合，构成人类社会整体，即成为活生生的社会有机体"[6]。罗文花认为，"社会分工规律

---

[1] 马克思：《资本论》第1卷，人民出版社1975年，第394页。
[2] 马克思：《资本论》第1卷，人民出版社1980年，第47页。
[3] 《马克思恩格斯全集》第46卷（下），人民出版社1980年版，第47页。
[4] 赵家祥：《分工的实质及其社会作用》，《思想理论教育导刊》2006年第3期。
[5] ［法］埃米尔·涂尔干，渠东译：《社会分工论》，三联书店2000年版，第24~27页。
[6] 赵家祥：《从分工的社会作用看分工的本质》，《河北学刊》1990年第2期。

第四章　城乡协调是三农发展的基本规律

就是调节各种资源要素进行合理分配的规律"①。

分工的这一本质和规律，派生了城乡协调发展规律。城乡分工是最大的一次分工，乡村和城市分别是农业分工和其他分工的载体。不同领域的分工比例是否合理，首先决定于城乡之间的资源分配是否合理。而城乡资源分配是否合理，不仅取决于人们的需求，而且取决于农业生产率高低及其可持续程度。农业能够给城市和其他行业发展，提供多少剩余产品、剩余劳动力和市场，决定和制约着城市和其他分工的发展程度。一般来说，农业发展落后，城市和其他行业就不会发达；城市和其他行业长期过分超过农业生产率，必然以过度攫取农业剩余为前提，这势必导致农业发展的萎缩，而成为不可持续的发展方式，最终危及城市和其他行业发展。因此，城乡发展的程度是否协调，两者间的资源分配是否合理，直接反映和决定着整个社会分工是否协调和合理。因此，城乡协调发展是分工规律的必然要求和集中体现。

然而，人们在审视城乡关系问题时，往往只看到分工功能的分化功能和分裂作用，并将其绝对化，而忽视了分工的协调功能与作用；对马克思恩格斯的有关论述，也只看到其中分工对城乡分离和对立的部分，强调"分工和私有制是相等的表达方式"②，两者是一回事，强调城乡对立"贯穿着全部文明的历史直至现在"③，而忽视了他们关于按比例分配社会劳动的思想。因而认为在私有制被消灭之前，城乡之间只有对立，不可能有城乡协调，更谈不上城乡协调发展规律；只有当生产力高度发达，消灭分工并废除私有制之后，才能消除城乡对立，走向城乡融合④。其实，只要正确理解马克思恩格斯的分工理论，尊重历史事实，就会看到，分工和私有制的存在，并不否定城乡协调发展规律的存在。

首先，分工、私有制和城乡对立并非同时产生的。在马克思恩格斯关于分工和私有制关系论述中，有高度抽象的理论概括和现实形成过程两个向度。他们关于分工和私有制是"同一件事情，一个是就活动而言，另

---

① 罗文花：《马克思社会分工理论新析》，《马克思主义研究》2008年第6期。
② 《马克思恩格斯选集》第1卷，人民出版社1995年版，第84页。
③ 《马克思恩格斯选集》第1卷，人民出版社1995年，第104页。
④ 王亚鹏：《马克思恩格斯城乡融合思想探析》，《经济研究导刊》2010年第7期。

一个是就活动的产品而言"① 的论断，无疑是对两者本质关系的高度理论概括，而就分工、私有制和城乡对立的实际形成过程来说，马克思从未说过两者是一回事。相反，他指出："分工发展的各个不同阶段，同时也就是所有制的各种不同形式"②，并对部落所有制、古典古代公社所有制和国家所有制、封建的或等级的所有制和资本主义所有制四种所有制形式下的分工状况作了阐述。指出在部落所有制中，分工已发生，尽管还很不发达，但并这时不存在城乡对立。只有到了古典古代公社所有制特别是国家所有制形式，分工逐渐发展，出现工商业与农业分离的劳动分工之后，才出现城乡对立。"一个民族内部的分工，首先引起工商业劳动同农业劳动的分离，从而也引起城乡的分离和城乡利益的对立。"③ 恩格斯在《家庭、私有制和国家的起源》中也指出，工商业劳动同农业劳动分工是在游牧民族的分离和畜牧业分离、手工业与农业的分离两次大分工之后，亦既原始社会末期和奴隶社会初期才出现的。可见，只要把马克思恩格斯对分工和私有制关系的这两个向度加以区别，就会解除只要分工存在，城乡关系就必然处于对立状态的误解。

其次，要区分生活资料和生产资料两种私有制。马克思关于"分工和私有制是相等的表达方式"论断中的"私有制"概念，既包括生活资料私有制，也包括生产资料私有制。但这两种所有制产生及其在分工中的分化功能与分裂作用是不同的。

从私有制产生过程看，首先产生的是生活资料的私有制，尔后才形成生产资料的私有制。在生活资料私有制已产生，但生产资料公有制仍占主导地位条件下，分工虽包含着"产生了单个人的利益或单个家庭的利益与所有互相交往的个人的共同利益之间的矛盾"④，形成劳动者在不同行业、工种和产品分配以及社会地位的差别，由此构成不同社会等级，但这不意味同时伴随阶级和城乡分裂与对立。因为生产资料公有制决定了公共权力依然代表全体成员的根本利益，并对社会生活起调节作用。这使得分

---

① 《马克思恩格斯选集》第1卷，人民出版社1995年，第84页。
② 《马克思恩格斯选集》第1卷，人民出版社1995年，第68页。
③ 《马克思恩格斯选集》第1卷，人民出版社1995年，第84页。
④ 《马克思恩格斯选集》第1卷，人民出版社1995年版，第84页。

第四章 城乡协调是三农发展的基本规律

工和等级不被固化，分工的横向和纵向流动渠道仍然畅通，每个人都有改变现状、实现发展的机会和可能，等级差别也不会悬殊。这种情形，在中国和西方原始社会后期都曾发生过。中国在五帝时代初步形成了不同等级，但帝王可"起于民间"①。例如，舜为"耕于历山"的一介贫民，却经被举荐、考察而成为中国五帝之一②。美国人类学家莫顿·弗里德提出西方社会演进依次经历了平等社会、阶等社会、分层社会和国家四个阶段。其中的"阶等社会"反映了西方社会在国家产生之前美洲公有制基础上的等级制③。就是说，在存在生活资料私有制但生产资料私有制尚未形成的历史阶段，城乡差别和不平等虽已产生，但并不存在人们所说的城乡对抗性对立。

然而，一旦生产资料私有制产生后，分工就伴随着分裂与对抗。因为生产资料的所有者可以凭借生产资料所有权，无偿占有他人的劳动，并使这种权利成为世袭，从而造成分工和等级的固化，即管仲所云："士之子恒为士""工之子恒为工""商之子恒为商""农之子恒为农"④。居于城市中的统治阶级、大商人、高利贷者或资本家，利用国家机器和各种经济手段，残酷剥削和压迫农民，把社会分裂为城市利益集团与乡村利益集团之间的对立。因此，马克思在《德意志意识形态》中指出：公社所有制形式以及与此相联系的人民权利，随着动产（主要是生活资料——作者注）私有制，特别是不动产（主要是土地生产资料——作者注）私有制的发展而逐渐趋向衰落，城乡之间的对立才出现了⑤。这里，马克思指出了不动产私有制在城乡对立形成中的作用，但突出强调了不动产在其中的的作用。

再次，正确看待马克思消灭分工思想。马克思恩格斯多次阐述过"消灭分工"的思想，但正如学术界已形成的共识：马克思要消灭的分工，是旧式分工，即压迫人、奴役人、支配人的自发分工或社会分工，而

---

① 李先登、杨英：《论五帝时代》，《天津师范大学学报（社会科学版）》1999 年第 6 期。
② 《墨子·尚贤下》，《史记·五帝本纪》。
③ Orton Fried: *The Evolution of Political Society*, Random House, 1967.
④ 管仲：《国语·齐语》。
⑤ 《马克思恩格斯选集》第 1 卷，人民出版社 1995 年版，第 69 页。

代之以由人类自身支配和掌握的自愿分工或自觉分工,而不是要消灭一切分工,不是消灭劳动分工。因为,劳动分工是生产力在技术层面的一种运作方式,是不可能被消灭的①。

总之,只要全面、正确理解马克思"分工和私有制是相等的表达方式"的论述,注意区别社会分工和劳动分工、区别生活资料私有制和生产资料的私有制在城乡对立中的不同作用、把握马克思消灭分工思想的确切含义,就会看到那种把分工与城乡对立简单等同起来,认为只要分工存在,就必然产生城乡对应,就不可能出现城乡协调,只有消灭分工之后,才能消除城乡对立,实现城乡协调的观点,是不符合马克思恩格斯原意的。以此否定在私有制条件下存在城乡协调发展规律的看法,也是站不住脚的。

历史以反复证明,是否适应和遵循分工和城乡协调发展规律,决定着社会的兴衰存亡。上书谈及的中原龙山文化,之所以后来居上,统一华夏,一个主要原因在于原始农业基础上的合理分工,而红山文化和良渚文化衰落的主要原因,在于其玉石手工业生产过度扩张,大大超过了农业发展,造极其不合理的分工格局。红山文化和良渚文化的统治者,为满足宗教祭祀和陪葬的需要,创造了发达的玉器生产,"代表中国新石器时代玉器制作的最高水平"②。其生产规模之大、技艺之精妙,至今仍令人惊叹。然而,其玉器生产的片面发展,导致农业生产与非农生产的人力、物力分工的严重失衡。据一项红山文化二道梁遗址发掘报告对生产工具的统计,其中农业工具占44.6%,手工业工具占37%,狩猎工具占18.5%③。这一统计,在一定程度上反映了红山文化使用生产工具劳动力结构和产业结构。其中,农业虽占主要地位,但手工业占比相当高,仅比农业低7.6%。如果加上为使用手工业工具的劳动力服务的人员及其消耗,参与手工业等非农劳动的人力物力消耗,肯定大大超过农业人力和物力投入。玉石手工业生产的过度发展,挖空了红山文化和良渚文化的农业资源,两

---

① 王虎学:《马克思分工思想研究回溯》,《唯实》2012年第4期。
② 顾冬红:《良渚文化时期玉器的特征与文明发展的关系》,《广西民族大学学报(自然科学版)》2009年第4期。
③ 索秀芬、李少兵:《红山文化研究》,《考古学报》2011年第3期。

第四章　城乡协调是三农发展的基本规律

大文化区的衰败也就成为必然命运。

　　夏朝以后的古代中国每一"盛世"的共同特征，是统治者重视农业生产，实行轻徭薄赋政策，减轻农民负担，使城乡劳动分工和资源分布实现暂时的相对平衡。相反，每一个主要王朝由盛转衰并走向灭亡的共同原因，则在于居于城市中的统治阶级过多榨取农村人力、物力资源，破坏了农业生产的条件，造成城乡分工比例失衡。当然，农业发展也要以城市和工商业相应发展为支撑，这也是分工规律的必然要求。如片面发展农业，忽视城市和工商业发展相应，同样会造成城乡分工比例失调，使农业发展丧失可持续性和升级转型的可能性。事实上，古代中国的一些王朝，僵化地奉行"重农抑商"政策，导致其在农业有相当发展之后，未能相应发展城市和工商业，使大量农村剩余劳动力不能转移到城市和非农行业，造成农村人满为患。这种不合理的分工发展，不仅制约了中国城市和工商业发展，更造成人地矛盾日趋严重，农民的土地经营面积日趋缩小，农业劳动生产率日趋降低。这恐怕是各朝代后期矛盾激化，特别是清代中后期经济社会发展衰落的主要原因之一。

　　20世纪50年代中国"大跃进"运动中后期，也违背了分工和城乡协调发展规律。主要是过分重视工业生产特别是钢铁生产，忽视了农业生产。在全民炼钢运动中，参加小土炉炼钢的人数从1958年8月的几百万人增加到同年11月的9000万人，农村主要的青壮年劳动力几乎全部被抽调到钢铁生产第一线，留下来进行农业生产的大都是妇女或老弱病残者，导致丰产不丰收，大量粮食烂在地里。1960年，全国从事农业生产的劳动力由1957年的18365万人减少到14620万人，农作物播种总面积减少了13%，导致国民经济结构比例严重失调。这一时期，中国工业产值增长了2.3倍，而农业产值却下降了22.8%，粮食总产量跌落到1954年的水平（1695亿公斤），出现了十分严重的生存危机[①]。因此，刘少奇总结道："工业的发展规模，必须同农业能提供的农产品（包括粮食、工业原料）和能够腾出的劳动力在一定程度上相适应。"[②] 这些实例，证明了城

---

① 罗汉平：《农村人民公社史》，福建人民出版社2003年版，第188~194页。
② 《刘少奇选集》下卷，人民出版社1985年12月版，第361页。

乡协调发展规律的存在。

四、人的本质的外在展现

马克思在《〈黑格尔法哲学批判〉导言》中提出了理论彻底性命题。指出:"理论只要说服人,就能掌握群众;而理论只要彻底,就能说服人。所谓彻底,就是抓住事物的根本。但是,人的根本就是人本身。"① 对城乡发展规律问题的阐释,也要把握人这个"根本",才能使之具有彻底性而具有充分的说服力。

要把握人,关键是把握人的本质。人的本质是什么?自从 2000 多年前古希腊哲学家苏格拉底,把"认识你自己"这句民间格言,作为一个哲学命题提出之后,众多学者对这个"斯芬克斯之谜"作过无数次探讨,但只有马克思和恩格斯对这个难题作出了迄今为止最正确的回答。

马克思对人的本质作出了三个界定②。一是人的本质是人的生产劳动。他指出,人"把自己和动物区别开来的第一个历史行动不在于他们有思想,而在于他们开始生产自己的生活资料。"③ "个人怎样表现自己的生活,他们自己也就怎样。因此,他们是什么样的,这同他们的生产是一致的——既和他们生产什么一致,又和他们怎样生产一致。"④ 二是人的本质是一切社会关系的总和。他指出"人的本质并不是单个人所固有的抽象物,在其现实性上,它是一切社会关系的总和。"⑤ "一个人的发展取决于和他直接进行交往的其他一切人的发展;……单个人的历史决不能脱离他以前的或同时代的个人的历史,而是由这种历史决定的。"⑥ 三是人的本质是人的需要。指出人"以其需要的无限性和广泛性区别于其他一切动物"⑦,"你自己的本质即你的需要",不同人的不同需要及其满足需

---

① 《马克思恩格斯选集》第 1 卷,人民出版社 1995 年版,第 9 页。
② 赵家祥:《马克思关于人的本质的三个界定》,《思想理论教育导刊》2005 年第 7 期,第 20~26 页。
③ 《马克思恩格斯选集》第 1 卷,人民出版社 1995 年版,第 67 页。
④ 马克思恩格斯:《费尔巴哈》,人民出版社 1988 年版,第 11 页。
⑤ 《马克思恩格斯选集》第 1 卷,人民出版社 1972 年版,第 18 页。
⑥ 《马克思恩格斯全集》第 3 卷,人民出版社 1960 版,第 515 页。
⑦ 《马克思恩格斯全集》第 49 卷,人民出版社 1982 年版,第 130 页。

第四章 城乡协调是三农发展的基本规律

要的方式把不同个人区别开来①。这三个界定是一个相互联系的有机统一体。其中，实践活动是内容，社会关系是形式，人的需要是动力②。如果按马克思的这一思想给人的本质下一定义，就是人在特定社会关系下，从事某种实践活动，通过这种实践活动满足自己需要的存在物。对人的本质的这一科学术界定，是马克思恩格斯对人类作出的一个重大贡献，为把握人这个"根本"，透彻认识社会历史及其规律，并加以彻底而具充分说服力的阐述提供了指南。

在这个问题上，有人试图否定马克思人的本质学说的理论价值。苏联、东欧和西方包括日本的一些学者，把马克思的关于人的本质理论，看作是一种"先验"的"价值悬设"③。这种看法，是因忽略马克思对该理论论述的前后变化而导致的误解。的确马克思在《1844年经济学哲学手稿》中，由于尚未完全摆脱费尔巴哈人本主义影响，而把人的"自由自觉的劳动"的类本质，作为了一种抽象"价值悬设"。但在1845～1846年写的《关于费尔巴哈的提纲》和《德意志意识形态》中，则对人的本质作了崭新的、全面的历史唯物主义科学解释。这里的人的本质，已不是从原先的抽象概念出发，而是从生活于一定历史条件下的"现实"的人的实践出发，对人的本质的内涵作了崭新的科学阐释。其一，上文可见，在马克思揭示的人的本质的三方面内涵中，其中的每一方面，都同时包含着人的类本质、社会（群体）本质和个体本质，人是三者的有机统一，而非如国内有学者认为的三方面是分别对人的类本质、群体本质和个体本质的界定④。既然人的本质是类、社会（群体）和个体本质的统一，即意味着它是与人共始终的存在物。其二，人的本质是一般性与特殊性的统一。马克思在《资本论》中指出，"首先要研究人的一般本性，然后要研究在每个时代历史地发生了变化的人的本性。"⑤ 这里的一般本性，是指

---

① 《马克思恩格斯全集》第42卷，人民出版社1979年版，第34页。
② 陈曙光：《近年来关于人的本质问题研究述评——兼论究竟如何界定人的本质》，《攀登》2007年第1期。
③ ［日］韩立新：《〈穆勒评注〉中的交往异化：马克思的转折点》，《现代哲学》2007年5期。
④ 赵建梅、黄世虎：《人的类本质·群体本质·个体本质》，《唯实》2001年第6期。
⑤ 《马克思恩格斯全集》第23卷，人民出版社1972年版，第669页。

人的一般本质；这里的"每个时代历史地发生了变化的人的本性"，是指人的特殊本质。人的一般本质，是相对于动物而言，是人类的本质。

严格说来，古猿是随着农业这个最早的、具有比较严格意义上的生产劳动，转变为人而生成自己的本质并与人类共始终的。同时，随着时空和其他条件的变化，不同历史阶段和不同群体、不同个人又各有其特殊本质。一般本质寓于特殊本质之中，特殊本质反映并包含一般本质，人的一般本质和特殊本质，都有其真实的内容。因此，只要正确把握马克思成为历史唯物主义者之后对人的本质的论述，就会看到，人的本质不是先验的"价值悬设"，而是人类社会始终存在的客观实在。所以，该理论对研究整体人类历史包括研究城乡发展的历史及其规律的指导价值，是不容否定的。

城乡协调发展正是人的本质的内在要求，城乡协调发展规律是人的本质对象化的产物。

其一，人的生产劳动本质，要求城乡协调发展。生产劳动是人的本质，而生产的发展必然催生和推动分工。在分工条件下，"按比例分配社会劳动的规则"，是"一种内在的、无声的自然必然性"[①]。城乡分工是最大的一次分工，城乡之间合理分配与交换社会劳动和资源，保持城乡发展相对协调，是整个国民经济和人的正常发展必要条件。否则，不但会造成城乡和国民经济结构的畸形扭曲，使生产发生波折甚至中断，而且造成人的片面与畸形发展。因此，城乡协调发展是人的生产劳动本质的必然要求。

其二，人的社会本质，要求城乡协调发展。人是一切社会关系的总和，而社会关系"是指许多个人的合作"[②]。"一个人的发展取决于和他直接进行交往的其他一切人的发展"[③]。每个人只有在与他人的交往与合作中，才能开展生产与交换活动，从而获得别人创造的物质和精神成果，来充实和发展自己，因而，合作是人的本质属性[④]。城市和乡村是人类生活

[①] 马克思：《资本论》第1卷，人民出版社1975年，第394页。
[②] 《马克思恩格斯选集》第1卷，人民出版社1995年，第80页。
[③] 《马克思恩格斯全集》第3卷，人民出版社1960年版，第515页。
[④] 鲁鹏：《人的本质对象化的思考》，《文史哲》2000年第1期。

第四章 城乡协调是三农发展的基本规律

的两大空间,城市居民和农村居民是人类最大的两大群体。就某一国家看,其社会关系是否和谐,很大程度上取决和表现于城乡关系的状况。因而,城乡协调发展是人的社会本质的客观要求。

其三,人的需要的本质,要求城乡关系协调发展。城乡作为人类生存与发展的两大空间,各有对方所不具有的独特功能与作用,除满足自身某些需要外,还分别为对方提供所需要的产品和机会,是一种相互需要、相互依存的关系。只有两者协调发展,发挥各自功能,才能创造城乡居民所需要的产品,从而满足自身的各种需要,这是人的本质及其实现的最基础、最重要的条件,因而成为人的本质要求和实现推荐。如果其中一方(通常是城市),利用其政治统治和经济优势地位,把大量"人口、生产工具、资本、享受和需求集中起来,造成城乡隔绝与乡村的分散"① 和"相对孤立化。"② "破坏了乡村的精神发展的基础和城市居民的体力发展的基础",必然"把一部分人变为受局限的城市动物,把另一部分人变为受局限的乡村动物"③,导致人的畸形和片面发展,这是违反人的本质要求的。

其四,城乡协调发展规律,是人的本质对城乡协调发展要求对象化的产物。与人和其他事物都是对象性的存在一样,人的本质也是对象性存在。它必须通过对象化,即通过人的实践活动,将自己的本质特性和力量在对象上加以感性的外化,创造出一定的客体,来确证、展示和发展自己。这种客体,既有物质产品,又有包括城乡关系在内的社会关系。因而,人的本质的生成与发展过程,就是人的本质的对象化过程。社会不是由超人类的神秘力量所主宰,它"不过是追求着自己目的的人的活动而已"④;社会规律也不是"外在于人和先在于人的"存在物,而是"人们自己的社会行动的规律"⑤。人们的社会行动之所以有规律,是因为人不是随意行动的,而是在一定条件下的有目的的行动,按照自己本质的要求

---

① 《马克思恩格斯全集》第1卷,人民出版社1995年版,第104页。
② 《马克思恩格斯全集》第25卷(下),人民出版社1974年版,第733页。
③ 《马克思恩格斯全集》第1卷,人民出版社1995年版,第104页。
④ 《马克思恩格斯全集》第30卷,人民出版社1995年版,第487页。
⑤ 叶泽雄、郭广平:《社会历史规律研究综述》,《青海社会科学》2012年第3期。

行动，利用当时的条件，通过这些行动把自己的本质外化在对象上，使对象适合自己的价值追求，从而使人的行动成为有规律的过程。正如马克思所说：人"懂得怎样处处都把内在的尺度运用于对象：因此，人也按照美的规律来构造。"① 所以，社会规律体现了人的本质；其作用的发挥和实现，是人的本质对象化的结果。

城乡关系也是如此。人们在实践活动中，不断把自身本质对城乡协调的要求对象化，使城乡关系体现和反映人的本质，并使之朝着有利于实现人的本质的方向发展，从而生成了城乡协调发展规律。当然，在历史发展过程中，与时常出现人的存在状况与人的本质要求不一致甚至相背离的情形一样，城乡关系也并非总是协调发展。尤其在生产力不够发达和私有制条件下，始终存在着城乡对立，经常呈现两者失衡的现象。然而，这种现象被人的本质力量控制在一定的程度之内。如超过这个限度，长期出现城乡尖锐对立和城乡发展严重失衡，人的本质力量就会通过人的活动，如古代中国的农民起义和改朝换代、近代西方国家因民众消费不足引发的经济危机，主动或强迫地将其扳回到相对协调和平衡的轨道。可见，城乡协调发展规律及其作用的发挥，是人的本质对象化的结果。

总之，城乡协调发展规律，是人的内在本质的要求和外化的产物。只要承认人的本质，承认社会和城乡关系是人的实践的结果，就不能不承认该规律存在的客观性。

或许有人以马克思在早期提出的"劳动异化"理论，对上述看法提出质疑。马克思在《1844年经济学哲学手稿》中认为，"自由自觉的劳动"是人之为人的"类本质"。但在历史发展的一定阶段，人的生产对象被夺去，使人不能自由自觉地进行劳动。由此，人的劳动即人的类本质，发生了"异化"，人的本质丧失了，人的存在与人的本质发生分离，人不再为人而蜕变为了动物，并由此产生了私有制和城乡对立。只有到共产主义社会实现了对"异化劳动"和私有制的积极扬弃，实现"对人的本质"的真正占有和"复归"② 的共产主义社会，才能消除城乡对立，实现城乡

---

① 《马克思恩格斯全集》第3卷，人民出版社2002年版，第274页。
② 马克思：《1844年经济学哲学手稿》，人民出版社2000年版，第81页。

第四章 城乡协调是三农发展的基本规律

融合。如果按照这时马克思的"异化"观,既然自"异化"发生(即私有制产生)后到共产主义社会之前的漫长历史中,人的本质丧失了,那么,依据人的本质对象化所得出的城乡协调发展规律,也就成为无源之水而难以立足了。

的确,这一质疑符合马克思在《1844年经济学哲学手稿》中的思想和逻辑,但它反映的,是马克思的思想不成熟时期对该问题的理解,其中含有浓厚的费尔巴哈人本主义色彩。当马克思成为历史唯物主义者之后,他在《德意志意识形态》、《资本论》等著作中便放弃了这些思想[①],并对"异化"含义重新解释为这样一种事实:人本身的活动对人来说,是与他的愿望背道而驰,同人对立,他不能驾驭而反受其压迫的异己的力量[②],这才是作为历史唯物主义者的马克思的"异化"观的真正含义。这种"异化",不是说人已变为非人,不是说人的本质自我"异化",而是指人的活动及其结果,与人的本质的分离和对立。这时的人依然为人,只是与私有制产生之前人的本质与其外化的低水平统一和私有制消灭之后两者的高度统一的人相比,人存在着对自身本质的肯定方面和否定方面的二重性。

由于强迫分工和私有制的存在,人的活动及其结果与人的本质产生了分离和对立,并由此造成劳动者与其劳动产品、与其劳动活动的分离,也造成人与人关系的分裂与对立。它表现在城乡关系上就是城乡分裂与对立。但是,这种"异化"虽然压迫和压抑着人的本质及其力量的发挥,却不能消灭它。人的本质仍然存在,并通过实践活动来肯定、证明和张扬着自身的力量。因此,马克思在指出工业发展对人的"异化"作用的同时明确肯定:工业的历史和工业"是一本打开了的关于人的本质力量的书"[③]。既然人的本质并未因人的"异化"而消失,那么,它对城乡协调发展的内在要求和展现,也就不会消失,而是对城乡发展依然起支配作用。当城乡对立与失衡达到一定程度,历史便按照人的本质和在社会规律

---

① 赵家祥:《马克思关于人的本质的三个界定》,《思想理论教育导刊》2005年第7期。
② 《马克思恩格斯选集》第1卷,人民出版社1995年版,第85页。
③ 马克思:《1844年经济哲学手稿》,人民出版社1979年版,第80页。

作用下,把城乡对立的"脱缰"的"野马",强制扳回到城乡相对协调的正常轨道。因此,失衡与相对协调两种状态的周期性循环,成为从私有制产生到共产主义社会到来前城乡关系状况的基本特征。

当然,这种循环不是简单重复,而是螺旋式上升的过程,是随着人的本质的肯定与提升,逐步战胜"异化",最终向人的本质的全面实现、城乡融合的共产主义社会演进的过程。只有这样看待人"异化"与人的本质及社会发展规律的关系,才能理解马克思"三大社会形态理论"(三大社会形态指人对人的依赖关系、人对物的依赖关系和个人的全面发展)所阐述的在发生"异化"的"物的依赖性"为特征的第二大形态中,何以能够实现人的"普遍的社会物质变换、全面的关系、多方面的需要以及全面的能力的体系",从而为达到"个人全面发展"① 和城乡融合的第三大形态创造条件,也才能理解历史上的城乡关系是如何经过私有制社会的城乡对立与协调的矛盾运动,最终发展到未来社会的城乡融合境界的。

五、对马克思城乡关系发展图式的一点补充

显然,把城乡协调发展概括为一个社会规律,与马克思关于城乡关系发展趋势的思想有所不同。马克思城乡关系发展趋势思想认为,在原始社会,由于生产力、分工水平低下和生产资料的原始公有制,城乡处于混合一体状态。随着生产力和分工发展,特别是私有制产生,发生了城乡之间的分离与对立。但城乡对立是一个历史范畴,当生产力发展到高度发达阶段,随着私有制和社会分工的消灭和共产主义社会到来,城乡分离和对立以及差别就会消失,社会进入兼容城乡优势又避免两者缺陷的城乡融合阶段。不少学者把这一思想概括为城乡关系发展趋势的基本图式:城乡混合——城乡分离和对立——城乡融合。

应当肯定,马克思的上述论述,超越了空想社会主义者在理性精神和重农学派在自然主义基础上对城乡关系的理解,第一次对城乡关系发展趋势作出了历史唯物主义的科学分析和预测,为后人认识和分析城乡关系及其变化,提供了科学指导思想。后来一些西方学者虽在此问题上提出了某

---

① 《马克思恩格斯全集》第46卷上,人民出版社1979年版,第104页。

第四章　城乡协调是三农发展的基本规律

些独到之处，但从理论基础的科学性和论述的深刻性而言，至今无人可与马克思恩格斯的这一思想相比拟。

然而，由于下面将谈到的原因，马克思恩格斯的这一思想，也存在历史局限性。其主要表现是把私有制社会特别是资本主义社会的城乡对立状态绝对化。马克思恩格斯虽阐明了社会有机体、经济和分工发展以及人的发展对城乡协调的客观要求，其中包含着城乡协调发展的思想，同时愤怒而尖锐地批判了城乡对立带来的多方面的严重后果，但认为城乡协调在私有制条件下不可能成为现实。因此，在私有制社会城乡关系状态上，他们突出强调了其中的对立一面，而忽视了其中被迫协调的一面，认为城乡对立是在私有制社会始终存在并且是唯一的状态。"城乡之间的对立是随着野蛮向文明的过渡、部落制度向国家的过渡、地方局限性向民族的过渡而开始的，它贯穿着全部文明的历史并一直延续到现在。"[①]

尽管马克思恩格斯已指出，消灭城乡对立是"工业生产和农业生产的实际要求"[②]，也曾看到了英国产业革命后，一些西方国家的城乡关系发生了某些积极变化，指出：它（资产阶级）创立了巨大的城市，使城市人口比农村人口大大增加起来，因而使很大一部分居民脱离了农村生活的愚昧状态[③]，但认为这只是新城乡关系的"萌芽"，而不可能出现城乡协调，认为城乡协调只有到消灭私有制之后才能实现。

按马克思恩格斯上述观点，无法解释为什么在城乡始终对立状态下，人类社会不仅没有崩溃，反而延续了几千年且城乡都得到了巨大发展这样一个硕大的历史事实，无法解释其中隐含着的内在机制和规律，更无法解释20世纪后半期以来西方国家城乡差距逐步缩小和城乡一体化的新情况。

城乡协调发展规律，可以对此作出比较合理的解释。城乡协调发展规律，是城乡关系产生后始终存在的客观规律，即使在私有制和城乡对立的条件下，这一规律也同样存在，并对城乡关系起支配作用，周期性的把城乡对立所造成的危机扳回到正常轨道，使私有制社会在城乡对立与协调的

[①] 《马克思恩格斯选集》第1卷，人民出版社1995年版，第104页
[②] 《马克思恩格斯全集》第18卷，人民出版1995年版，第313页。
[③] 《马克思恩格斯全集》第4卷，人民出版社1995年版，第470页。

中国"三农"发展规律与战略目标研究

矛盾运行中曲折前进。即使在城乡对立表现最尖锐、最典型的资本主义社会也是如此。

纵观西方国家城乡关系的发展历程,可以看到,它经历了从相对协调,转变为尖锐对立,再转变为逐步缓和城乡一体的发展过程。

在资本主义发展的早期,资本主义工业多设立在乡村,而不是城市。掌握国家政权的"资产阶级化"了的"贵族和乡绅"虽居住在城市,但其政权的经济基础仍然在农村。因而,他们实行"重农主义"和"农业保护主义"政策①,形成了当时城乡关系的"较为良性的互动"② 状态。

18世纪60年代工业革命发生后到第二次世界大战之前,西方国家的机器生产代替了手工劳动。原先弱小的工业资产阶级凭借机器生产的强大生产力,"挤掉了以前的统治阶级"③,掌握了国家政权,并奉行自由市场经济理论,机器工业和城市成为社会的主宰。这导致"乡村屈服于城市的统治","农民的民族从属于资产阶级的民族"④,也使西方国家内部的城乡对立和世界范围的城市(发达工业国)国家和农村国家(殖民地半殖民地国家)的对立,呈现空前尖锐化状态。在此期间,西方国家因工业或金融畸形发展,造成经济危机如影随形,周期性爆发。其中,多次危机是和农业危机直接引发或加重的。如1797年、1810~1814年、1837~1843年英国经济危机和1929~1933年在美国爆发的世界性经济危机。但这些危机以生产力的巨大破坏为代价,迫使这些国家调整经济结构,出现城乡相对协调局面,从而使社会各部门生产与消费比例重新趋于相对平衡。如否定了这一点,就很难解释西方国家何以一次次走出危机,实现经济周期性恢复与发展。

到20世纪后半期之前,随着西方国家工业化和城市化的完成,一些西方国家在一定程度上采取了支持农业的政策,城乡对立较前有所缓和。

---

① 参见徐浩:《地主与英国农村现代化的启动》,《历史研究》1999年第1期;李自更:《论英国资产阶级革命初期的地主政治》,《湛江海洋大学学报》2004年第5期。
② 张利民:《中国城市史研究:问题与思索(专题讨论)城市史视域中的城乡关系》,《学术月刊》2009年第10期。
③ 《马克思恩格斯选集》第1卷,人民出版社1976年版,第214~215页。
④ 《马克思恩格斯选集》第1卷,人民出版社1995年版,第276~277页。

第四章　城乡协调是三农发展的基本规律

经过1929~1933年资本主义大危机惨痛教训，到20世纪后半期后，自由市场经济被主张市场干预的凯恩斯主义所替代，西方国家逐步建立了较系统的农业支持体系，使城乡对立得到缓和，城乡差距逐步缩小，"都市与非都市的区别越来越模糊"，并"通过有形或无形的人流、物流、信息流、资金和技术等将城乡联系在一起"①，逐步形成了城乡一体、融合发展的趋势。

这些事实说明，在私有制发展最高形态的资本主义社会，也出现过和正存在着城乡协调状态，而且目前阶段的这种协调在一定程度上已不同于以往作为完全盲目的力量对城乡关系作出强迫性调整，而是成为一种制度安排的主动自我调整的运行机制，如发达国家建立并实行的比较健全的农业支持和保护制度。之所以出现上述新情况，同样是城乡协调发展规律作用的结果。

第二次世界大战之后，农业在发达国家经济结构和就业结构中所占比重越来越低，科学技术水平越来越高。目前农业在国民经济中的比重下降到3%，农业就业人口在总就业人口中的比重一般在10%以下，农业科技对农业生产贡献率达到60%~80%。但所有这些变化，并未改变农业是国民经济的基础和农业的脆弱性及高风险性的事实。特别在这些发达国家"农业其实早已是国家整个现代工业产业链中的重要一环"②。20世纪80年代初，美国的"食品与纤维生产系统"占国民生产总值的20%左右。其中，农业产前部门创造产值占该系统总产值的19%，产中部门占15%，而产后部门则为66%③。同时，美国制造业在很大程度上是在农产品加工业的基础上发展出来的④。在美国，"以农立国"不仅是治国理念和传统，也是一种经济事实。

正基于农业在国民经济中地位和与其他行业的密切联系和历史教训，

---

① Bengs Christer: Urban-rural Relations in Europe. In Collections of Inter-regional Conference on Strategies for Enhancing Rural-Urban Linkages Approach to Development and Promotion of Local Economic Development.
② 吕新雨：《农业资本主义与民族国家的现代化道路》，《视界》第13辑。
③ 刘志扬：《美国农业新经济》，青岛出版社2003年，第463页。
④ 吕新雨：《农业资本主义与民族国家的现代化道路》，《视界》第13辑。

中国"三农"发展规律与战略目标研究

西方国家改变了此前肆意剥夺农业的政策，转而走向支持、保护农业的政策。其内容通常包括市场准入、价格支持、收入转移支付、公共产品投资、农村生态环境治理、农业信息、农业信贷、保险支持及农业研究、农业科技推广与教育等方面①，且通过制度、法律保障得到了切实实行。例如，美国"公务员的工资可以不发，但对农民的补贴却不能不给"②。这些政策，促进了农业发展和农民收入稳定，在相当程度上克服了资本主义国家内部城乡关系严重对立的局面，形成城乡一体格局。在一定意义上说，它是马克思恩格斯在《共产党宣言》指出的在旧社会内部形成的"新社会的因素"③的发展。这说明，在工业和城市发达，农业产值和农业劳动力所占比重很小的条件下，即使工业和城市付出超过农产品本身价值的巨大代价，也必须保障农业与非农产业的平衡发展，反映了城乡协调发展规律的客观要求。

当然，这一格局的形成，不意味着马克思恩格斯所描述的"城乡融合"美妙前景，在西方国家变成了现实；不意味着城乡协调发展规律，在这里得到自觉遵循；也不意味着资本主义社会性质的改变。从下文会看到，它是在资本主义条件下的城乡融合，实质上是在城乡空间一体化的形式下城乡利益对立深化的表现。但这些变化，在一定意义上的确改变了资本高度集中于城市的倾向，在一定程度上实现了城乡生产力的相对均衡分布，这是应当肯定的事实。

马克思恩格斯是对立与协调的辩证统一论者。恩格斯曾指出：在"自然界中物体——不论是死的物体或活的物体——的相互作用中既包含和谐，也包含冲突，既包含斗争，也包含合作。因此，如果有所谓的自然科学家想把历史发展史全部多种多样的内容都总括在片面而贫乏的生存斗争公式，那么这种做法本身就已经判断自己有罪。即使这种公式使用于自然领域也还是值得商榷的。"④因此，正如前书多次引用的，马克思恩格

---

① 程厚思：《发达国家的农业保护政策及其启示》，《云南民族大学学报（哲学社会科学版）》2010年第4期。
② 夏树译：《美国政府的巨额农业补贴政策》，《乡镇论坛》2009年第2期。
③ 《马克思恩格斯选集》第1卷，人民出版社1995年版，第292页。
④ 《马克思恩格斯全集》第34卷，人民出版社1972年版，第161页。

第四章　城乡协调是三农发展的基本规律

斯在自己的学说中，对自然界和社会中的冲突与和谐、对抗与合作，都作了深入研究和阐述。后来列宁把对立统一规律概括为唯物辩证法的核心。然而，为什么在私有制社会特别是资本主义社会城乡关系问题上，他们只强调对立一面，忽视协调一面呢？这主要既由当时的历史条件所决定，也与他们研究城乡关系的局限性相联系。

在19世纪，世界处于资本主义社会基本矛盾尖锐、阶级斗争激烈时期。特别是在当时资本主义国家实行自由市场经济体制和理论，生产的无政府状态极其严重，城乡对立呈现史上最尖锐状态。同时，在1892年以前，马克思恩格斯"把资本主义的寿命估计得过于短暂，对无产阶级革命的胜利看得过于容易、过于乐观"[①]，并把推翻资本主义作为无产阶级革命的现实任务。这种历史条件和背景，使马克思恩格斯过多关注城乡对立方面，容易忽视对城乡协调方面的研究，更难预料到后来资本主义发展为现代市场经济，给私有制条件下社会资源在城乡之间一定程度的合理配置提供的可能性。由此，造成了他们在城乡关系研究中存在局限性。

一是未进行城乡关系的专题研究，没有形成专门、系统的研究成果。他们的城乡关系思想散见于一些著作当中。主要是《英国工人阶级状况》、《1844年经济学哲学手稿》、《德意志意识形态》、《共产党宣言》、《政治经济学批判》、《论住宅问题》、《资本论》、《反杜林论》、《家庭、私有制和国家的起源》、《法德农民问题》等。这种零散的研究和表达形式，虽不妨害他们形成城乡关系的系统理论，但毕竟影响他们把城乡关系作为一个整体，对相关问题进行全面、深入的研究和阐述。加之当时的各种载体关注重点是冲突与斗争，导致马克思和恩格斯突出强调城乡对立，而对城乡协调研究和阐述不足。

二是研究材料不够全面和足够丰富。由于条件限制，他们对城乡关系的研究主要使用了南美洲、印度、欧洲特别是西欧等历史材料，对古老中国的材料掌握很少。马克思在1853～1862年间先后发表了18篇关于中国的文章，并将中国比喻为一块"活的化石"，提出了中国封建社会历史循环而不前进等深刻见解。但这些文章都是以通讯报道的形式，围绕揭露近

---

① 赵家祥：《论马克思恩格斯思想的两种转变》，《中国人民大学学报》2007年5期。

代西方殖民主义的强盗面目,谴责鸦片战争的侵略性质的主线展开的①。由此,中国这个世界上唯一文明延续五六千年、城乡关系的对立与协调周期性转换特征最为鲜明的历史材料,没有完整地进入他们研究的视野。因而,他们不可能看到蕴涵在中国社会中的发展规律。

同时,他们研究早期资本主义城乡关系的材料也不够充分。在《资本论》中马克思对英国"圈地运动"的研究,主要根据托马斯·莫尔的《乌托邦》和当时的其他一些材料。这些材料显示的是新兴资产阶级完全以暴力为手段,一再剥夺和驱逐农村居民,为城市工业提供大批无产者的景象②,使马克思得出城乡激烈对立的结论。然而,后来发现的材料和研究成果表明,圈地运动确实存在使用暴力驱逐农民的现象,但主要是采用协商方式或在法律框架下,在一种平和的气氛下较为平静地完成的③。而且,如上述及,在此期间英国城乡关系较为互动的状态,但这些材料是马克思当时未曾看到的。

三是未料到第二次世界大战后西方国家城乡关系的新变化。马克思恩格斯面对19世纪西方国家尖锐的社会基本矛盾,频繁爆发的经济危机和工人阶级反对资本主义的激烈斗争与革命形势,认为当时的资本主义生产方式已成为生产力发展的桎梏而到达了生命的尽头,不可能再创造出消灭城乡对立,实现城乡融合所需要的高度发展的生产力。由此,马克思恩格斯对资本主义灭亡和社会主义胜利之日的到来,多次作出了乐观的估计,认为工人阶级用不了多久就会取得胜利,甚至这一胜利已"指日可待"④了。那时城乡对立将被消灭,世界将进入共产主义社会的城乡融合阶段。可见在马克思恩格斯著作中,的确存在对资本主义的自我调节能力及其续存的长期性估计不足问题,更未预料到在20世纪后半期,随着现代工业发展和资本主义经济体制变化,在私有制条件下出现的城乡一体融合

---

① 鲁路:《马克思恩格斯论中国》,《北京日报》,2010年12月27日。
② 马克思:《资本论》,人民出版社1975年版,第853页。
③ 参见沈汉:《英国土地制度史》,学林出版社2005年版,第130~132页;于民:《圈地运动与英国农业资本主义发展的典型性问题新论——兼与国内学术界某些流行性观点商榷》,《安徽史学》2009年第2期;黄少安等:《"圈地运动"的历史进步性及经济学解释》,《当代财经》2010年第12期。
④ 《马克思恩格斯选集(第3卷)》,人民出版社1972年版,第403页。

第四章　城乡协调是三农发展的基本规律

趋势。

列宁指出，马克思主义是一个由各不同方面构成的科学理论体系，但在不同历史时期"马克思主义这一活的学说的各个不同方面也就不能不分别提到首要地位"①。同时，马克思主义不是僵化、封闭的学说，而是随着实践和时代进步不断发展、不断补充的开放性理论，这是马克思主义的内在要求和不竭生命力所在。如果说由于19世纪西方国家城乡对立尖锐的历史条件及由此决定的研究重点，造成了马克思社会发展理论在冲突与和谐、对抗与合作的对立统一中，突出了冲突与对抗的一面，导致其在城乡关系问题上强调对立的一面，而对其协调一面研究不足；如果说由于当时历史时代的局限，使他们不可能预见到第二次世界大战后资本主义城乡关系的新变化，更未预料到社会主义在经济不发达国家首先实现的情况及其城乡关系状况，那么，随着世界时代主题从过去革命和战争，转换到当今和平与发展；随着反映当代世界基本走向的西方国家和中国城乡关系的新变化，就应当在研究其关于城乡对立方面论述的同时，充分重视发掘、发现和阐发其城乡协调与合作方面的论述，并将20世纪后出现的新变化，补充到马克思主义城乡关系理论之中。

据此，应对马克思主义城乡关系发展趋势的基本图式作出如下新表述：由原始社会的城乡混合一体，经过私有制条件下的城乡分离、对立与协调相互交替的矛盾运动过程，再经过不同性质的城乡一体融合发展，最终走向未来共产主义社会城乡融合的理想状态。这不但符合马克思主义理论的要求，而且反映了城乡关系发展的历史进程与客观规律，更有利于从城乡发展规律高度，认识三农问题产生的根源，推动当前中国的城乡融合发展，探寻解决三农问题的根本途径。

---

① 列宁：《列宁专题文集·论马克思主义》，人民出版社2009年版，第158页。

第五章 城乡对立是三农问题的根源

城乡协调发展是三农发展的客观规律，与之相反的城乡对立则是三农问题的根源。但不能把城乡对立简单视作只有对抗性一种性质。事实上，除对抗性质的城乡对立之外，还存在非对抗性质的城乡对立。但无论哪种性质的城乡对立，都是三农问题的根源。阐明这些问题不但对认识私有制社会三农问题产生的根源，而且对正确认识公有制占主导地位的社会三农问题产生的根源，遵循城乡协调发展规律，解决和处理三农问题都具有重要理论与实践意义。

第一节 两种不同性质的城乡对立

一、对抗性与非对抗性城乡对立

城乡对立是与城乡协调相对应的一种城乡关系状态，通常指城乡之间在利益上的相互排斥、相互对立性质。这种对立不仅存在于私有制社会，

第五章 城乡对立是三农问题的根源

也存在于以公有制为基础的社会。不同的是，两者在性质上，有对抗性与非对抗性之分。

对抗性城乡对立是指存在于私有制社会的根本利益对立基础上的城乡对立。它存在与私有制社会。其主要表征：一是根本利益的对立。即由城市统治集团和工商业者所构成的城市利益集团，与主要由农民（在一定条件下包括农村中小土地占有者）构成的农村利益集团之间的利益分裂与对立。二是社会地位和交换关系不平等。通常表现为城乡之间政治上统治与被统治、经济上剥削与被剥削关系。城市工商业者虽受统治阶级的压迫、剥削，但依仗"'商业财富'（西斯蒙第的用语）比'土地财富'（农业财富）"所"占优势"[1]，以不平等交换盘剥农民。三是分工固化和相互隔离。城市统治阶级对农村实行隔离制度与政策，把农民祖祖辈辈固定在农村，使城乡"个人屈从于分工、屈从于他被迫从事的某种活动，这种屈从现象把一部分人变为受局限的城市动物，把另一部分人变为受局限的乡村动物，并且每天都不断地产生他们利益之间的对立"[2]。四是城乡财富差别很大，城乡发展程度严重失衡。城乡利用其政治经济权利和优势，把农村大量人力和财富集中到城市，造成城市和乡村之间的差距不断扩大，经济社会发展失衡：城市是"人口，生产，工具，资本，享乐和需求的集中"[3]，而农村则发展缓慢，成为一个被孤立、被遗弃、贫穷、荒凉的"大漠"。五是斗争方式既有统治阶级的改良和改革，也有农民武装起义和农业工人罢工等。但无论哪种方式，只可能得到暂时的一定程度的缓和，而不能在同一社会形态和私有制社会范围内得到根本解决。人们通常所说的城乡对立，一般指这种对抗性城乡对立。

非对抗性城乡对立是指根本利益一致基础上的城乡对立。它存在于以公有制为基础的原始社会到私有制社会过渡时期和社会主义社会的一定发展阶段。其主要表征有：一是在根本利益一致前提下，在城市与农村集体、个人之间的局部利益与全体利益、长远利益与眼前利益之间长期处于

---

[1] 《列宁全集》第2卷，人民出版社1984年版，第178页。
[2] 《马克思恩格斯全集》第3卷，人民出版社1960年版，第57页。
[3] 《马克思恩格斯选集》第1卷，人民出版社1995年版，第56页。

矛盾状态。二是城乡分割、分治的不平等管理体制造成不合理的城乡分工，乃至被长期固化。三是城乡交换关系长期严重不平等，一方通过不平等交换获取对方资源。四是城乡资源配置长期严重不合理，甚至差别很大。五是城乡产业结构主要是工业（包括手工业）与农业结构长期不合理，甚至畸形发展。六是城乡经济社会发展和居民生活水平长期严重失衡。七是斗争方式一般不表现为剧烈的外部冲突，而是在本社会制度内部，通过协调和改革方式加以调整，但如处置不当，也可能在局部和个别事件上呈现剧烈的外部冲突，是城乡对立的一种特殊形式。

城乡对立的上述两种性质，与毛泽东关于人类社会存在两类不同性质基本矛盾的思想是一致的。他在《关于正确处理人民内部矛盾的问题》一文中精辟指出："在社会主义社会中，基本的矛盾仍然是生产关系和生产力之间的矛盾，上层建筑和经济基础之间的矛盾。不过社会主义社会的这些矛盾，同旧社会的生产关系和生产力的矛盾、上层建筑和经济基础的矛盾，具有根本不同的性质和情况罢了。"私有制社会的这一矛盾是对抗性的，"社会主义社会的矛盾是另一回事，恰恰相反，它不是对抗性的矛盾"[①]。与社会主义社会存在非对抗性基本矛盾一样，在以公有制为基础的社会里，也存在非对抗性的城乡对立。

二、提出两种不同性质城乡对立概念的意义

提出两种不同性质城乡对立概念，特别是非对抗性城乡对立概念，对认识城乡关系尤其社会主义条件下的城乡对立，具有重要理论与实践意义。

首先，它可对复杂的城乡关系现象做出科学解释。目前人们往往简单运用"混合——对立——融合"的"三段图式"，解释十分复杂的城乡关系的历史过程：把城乡混合与原始社会或前资本主义社会相对应，认为这时没有城乡对立，城乡只是无差别的同一；把城乡对立与私有制社会尤其资本主义社会相对应，认为在这种社会形态下或在其中某一阶段上的城乡关系始终处于对立状态；把城乡融合与共产主义相对应，认为只有到这时

[①] 《毛泽东文集》第7卷，人民出版社1999年版，第215页。

第五章　城乡对立是三农问题的根源

才能实现城乡融合。对现实社会主义国家的城乡关系，多数学者依据马克思关于社会主义社会存在工农、城乡、脑力与体力劳动三大差别思想加以解释，认为在这样的社会里，城乡对立已转变为城乡差别，并对当代中国的城乡二元经济社会体制及其特征，以城乡分割、隔绝、分治[①]等词汇加以表征。一些学者认为这种城乡二元结构本质上是一种城乡对立关系，是城市对农村的剥夺，但未指出其非对抗性质，甚至个别学者将这种对立描绘的比1949年前还要严重。

这种教条化、简单化的"三段图式"，远不能解释十分复杂、极为丰富的城乡关系的实际状况。如那种私有制社会城乡关系始终对立的观点，无法解释在该社会经济何以得到巨大发展，也无法解释在第二次世界大战后西方发达国家何以在未改变私有制的条件下出现的城乡一体化趋势。那种社会主义社会不存在城乡对立，只存在城乡差别和城乡分割、隔绝、分治的看法，也无法解释该社会历史中多次发生的城乡之间的尖锐矛盾冲突。

在苏联战时共产主义后期，乌克兰等至少13个省区，先后爆发反对苏维埃政府实行的"余粮收集制"的农民暴动。其中，西伯利亚伊施姆一县参加暴动的农民即达6万多人，甚至发生了喀琅施塔得兵变。在苏联农业集体化时期，多地发生反对农业集体化的农民骚乱事件，仅1930年2月和3月就发生7576起。苏俄（联）政府对上述两个时期的大规模暴乱都进行了平息[②]。以致斯大林在1942年谈到苏联集体化运动时说，这是比进行第二次世界大战还要"可怕的斗争"[③]。

中国建立社会主义制度后，也多次发生城乡之间隐性或显性的对抗事件。1956年秋冬之后局部地区发生了"闹社（高级社）""退社（高级社）"风潮。1956年、1959年、1961年和1962年，农村先后三次发生反对高级社和人民公社体制的"包产到户"浪潮。其中，1956年下半年，仅浙江省发生"农村发生请愿、殴打、哄闹等事件1100多起，广东省农村先后退社的

---

① 周志山：《从分离与对立到统筹与融合——马克思的城乡观及其现实意义》，《哲学研究》2007年第10期。
② 徐元宫：《苏俄时期农民暴动揭秘》，《同舟共进》2011年第12期。
③ 转引自《世界与政治内刊》1982年第6期。

有十一二万户"①，人民公社时期农民"瞒产私分"、劳动力外逃，磨洋工②等农民的"软反抗"现象则更为普遍，以致毛泽东说"谢谢五亿农民瞒产私分，坚决抵抗"③。可以说，中国从1956年成立高级社到改革开放前，城乡之间始终存在"瞒产私分"与"反瞒产私分""单干"与"反单干"的斗争。20世纪90年代至21世纪初，出现了城市像欧洲那样繁荣，而农村向非洲那样的"农民真苦，农村真穷，农业真危险"④的鲜明对比。不少地区还发生了农民反抗县乡政府加重农民负担，严重侵害农民权利的维权抗争引发的大量社会冲突。这些现象的发生原因和实质，绝非仅仅城乡差别或城乡二元分割、隔绝、分治等词所能反映的。

两种不同性质城乡对立概念，能够对上述复杂现象及其实质作出科学解释与反映。它认为城乡是既相对立又相统一有机复合体，因而要求城乡之间应结成平等互利、协调发展关系。无论在哪一种所有制社会形式中，只要打破了这种关系并达到一定程度，就会发生城乡对立。因此，在人类社会发展达到自觉认识和驾驭规律的"自由王国"发展阶段，即共产主义社会之前，城乡对立在公有制和私有制社会都是可能发生的。两者的根本区别，只是由于生产资料所有制不同而具有不同性质和情况。

在私有制社会，由于生产资料私有制和居于城市的代表少数统治阶级利益的国家政权，决定了城乡之间的对立，具有根本利益的对抗性质。但这种对立并不能割断城乡之间客观存在的相互依存关系，因而私有制社会也存在城乡之间的统一关系。但这种统一关系，常常被城市对农村的残酷剥削而激化的城乡根本利益的尖锐对立所打断。然而，这种尖锐对立，不会以激化的形式永久保持下去，当城乡对立发展到威胁城乡存在的程度，城乡协调发展规律就自发起作用，迫使统治者调整生产关系，使城乡关系恢复到比较合理，亦即大体协调或曰强制性统一的状态。如此循环往复。

---

① 薄一波：《若干重大决策与重大事件的回顾》下卷，中共中央党校出版社1993年版，第569页。

② 逄先知、金冲及：《毛泽东传（1949—1976）》（下），中央文献出版社2003年版，第922页。

③ 逄先知、金冲及：《毛泽东传（1949—1976）》（下），中央文献出版社2003年版，第922页。

④ 李昌平：《我向总理说实话》，陕西人民出版社2009年第1版，第19~24页。

第五章　城乡对立是三农问题的根源

所以，在私有制社会不可能从根本上克服城乡对立，真正实现城乡统一。目前西方发达国家的城乡一体化，正是城乡对立统一关系中的统一面，在生产力高度发达的西方社会的表现。第二次世界大战后西方高度发展的工业，特别是城市金融资本的膨胀，要求把农村纳入以城市为中心的工业与金融资本的经济体系。但这种一体化，不表明城乡之间的区别不存在了，不表明改变了城乡对抗性对立的性质。下书将谈到，这些国家的农民依然受城市金融资本剥削的事实，证明这种对立的存在。确认这一点，就会认识当今西方国家的城乡关系的真相，认识西方国家的城乡一体化与马克思指出的城乡融合一体的根本区别，认识马克思关于城乡关系未来预测的科学性。

在社会主义社会，土地公有制和代表城乡绝大多数人民利益的国家政权，决定了城乡根本利益的一致性。但这种统一，并不能在短期内消除旧社会遗留下来的城乡差距，也不能避免在新社会发展进程中产生的城乡在长远利益与眼前利益、局部利益和全局利益上发生矛盾。如不能正确处理这些矛盾，过度并长时间地损害某一方（往往是农村一方）的利益，就会形成城乡利益上的对立。上书谈到的苏联和中国发生的城乡之间尖锐矛盾冲突现象，正是由此造成的。中国的二元结构体制也"是一种城乡的对立关系，是城市对农村的剥夺"[①]。但这种对立不具有私有制社会那样的根本对抗性质，而是在根本利益一致基础上的非对抗性对立，属于人民内部矛盾，可以在社会主义制度下，通过政策调整和体制改革得到解决。

总之，两种不同性质城乡对立概念，是在辩证地把握城乡对立统一关系基础上，认识和解释城乡对立的。既要看到私有制社会城乡对抗性对立性质不可能在根本上消除，也要看到在城乡协调规律作用下周期性被迫统一的一面；既要直面社会主义社会在一定条件下存在城乡对立，但又要将其与私有制社会的城乡对立根本区别开来，指出它是城乡根本利益一致基础上的非对抗性对立，因而，能够对纷纭复杂的城乡关系现象作出科学解释。

同时，两种不同性质城乡对立概念的提出，为找到三农问题的真正根

---

① 温铁军：《城乡二元结构的长期性》，《书摘》2008年第1期。

源提供了指导性线索。无论是私有制社会，还是以公有制为基础的社会，三农问题发生的真正根源于城乡对立。其根据将在下文详加论述，此不赘言。

两种不同性质城乡对立概念的提出，为根治三农问题，实现城乡一体协调发展提供了重要理论指导。既然城乡对立是三农问题的真正根源，那么，要解决和避免三农问题，就必须逐步消除城乡对立。不但要通过革命和改造方式，推翻旧势力统治，消灭土地私有制，根除对抗性城乡对立，而且要通过制度改革和政策调整，打破城乡对立的二元结构体制，消除非对抗性城乡对立，实行城乡平等、互利和协调发展。在这个过程中，要准确把握其非对抗性的人民内部矛盾性质，通过渐进改革和协商调节手段逐步解决问题，避免采用激进的暴力的方式激化矛盾。

三、城乡对立形成的原因

要消除城乡对立，必须弄清城乡对立形成的原因。城乡对立形成，既有深远、深刻的经济和政治原因，也受长期、复杂的主观认识局限性的影响。

（一）生产不足、分工和私有制是城乡对立的经济原因

城乡对立是一个历史范畴。它的存在是基于生产力"有所发展而又发展不足"[①] 和社会分工的存在。生产力的发展提供了超过维持劳动者本身所必需的产品，为城乡分离、分化和分工发展提供了条件。但生产力发展不足，又难以避免或杜绝城乡发展的不均衡而引起的利益分化。社会分工，既有利于农业和城市的发展，同时也"产生了单个人的利益或单个家庭的利益与所有互相交往的个人的共同利益之间的矛盾"[②]，形成劳动者在不同行业、工种和产品分配以及社会地位的分化与差别，还包含着某一方面分工过度发展的可能。因此，生产力发展不足和社会分工是城乡分

---

① 参见周志山：《从分离与对立到统筹与融合——马克思的城乡观及其现实意义》，《哲学研究》，2007 年第 10 期。

② 《马克思恩格斯选集》第 1 卷，人民出版社 1995 年版，第 84 页。

第五章　城乡对立是三农问题的根源

离和分化的经济基础。

城乡分离和分化，一方面有利于城乡发展，另一方面蕴含着城乡对立的种子。当城乡发展不均衡引起的利益分化发展到严重的程度，或者当城乡分工导致某种产业畸形发展，并达到改变城乡协调发展所需要的合理产业结构的程度，并由此导致资源配置和产品分配在城乡之间严重失衡时，就会发生城乡对立，这不论在私有制为基础的社会，还是在以公有制为基础的社会，都是必然的。17世纪、18世纪法国重商主义和重农主义导致的城乡对立，是以私有制为基础的国家，因产业发展不均衡，导致城乡对立的典型例证。当代中国"大跃进"时期发生的城乡对立，是以公有制为基础的社会，因产业发展不均衡而导致城乡对立的典型例证。

然而，城乡对立的最深刻根源还在于私有制。因为私有制使"个人屈从于分工、屈从于他被迫从事的某种活动"，"把一部分人变为受局限的城市动物，把另一部分人变为受局限的乡村动物，并且每天都重新产生两者利益之间的对立。"①它把社会成员分裂为具有不同利益的阶层，甚至利益根本对立的阶级，从而使城乡之间具有对立和对抗的性质和意义。因此，私有制是城乡对立的根源。但如上所述，私有制不仅仅指生产资料私有制。私有制有以生活资料为主的动产私有制和以生产资料为主的不动产私有制。这两种私有制状况，形成不同的城乡关系。

在以生产资料私有制为基础的社会，形成对抗性城乡对立。在这样的社会里，主要生产资料为少数人占有，且为世袭，从而使分工和社会不同等级固化和世袭化，并随着与生产资料的不同关系形成不同阶级。这意味着生产资料占统治地位的阶级，无偿占有被统治阶级的劳动，意味着占据城市的统治阶级，凭借其掌握的权利与资源，剥削农村劳动者，形成根本利益对立的对抗性城乡对立。

在以生产资料公有制为基础的社会，尤其是社会主义社会的本质要求城乡协调，但由于某些客观和主观原因，也可能形成非对抗性城乡对立。这是因为，该社会存在着城乡关系两种形态的基础。一方面，生产资料公有制决定国家权力代表人民群众的根本利益，也决定国家与社会成员和社

---

① 《马克思恩格斯选集》第1卷，人民出版社1995年版，第104页。

中国"三农"发展规律与战略目标研究

会成员之间根本利益的一致性,从而使国家具有合理协调城乡利益与发展的可能。这是城乡协调发展的物质、政治和社会基础。另一方面,该社会生产力还不发达,分工还依然存在,客观上造成个体家庭利益与公共利益之间存在不同利益。同时,正像马克思在《哥达纲领批判》中论述的,该社会承认劳动者的不同等的个人天赋和不同等的工作能力是天然特权,因而导致不同社会成员之间收入分配上的差距,使社会存在事实上的不平等,存在城乡、工农和脑力劳动与体力劳动之间的差别[1]。特别是现实社会主义国家,并非如马克思恩格斯所设想的在经济发达国家出现,而是在传统农业经济和农村人口占很大比重、工业和城市发展比较落后的国家中诞生的,从而使这些国家的城乡、工农差距更为明显。

社会主义所面临的上述状况,要求社会主义国家正确处理个体家庭与社会公共利益之间的矛盾,正确处理国家、集体和个人之间的矛盾,正确处理人民根本和长远利益与暂时利益之间的矛盾,特别是正确处理作为上述矛盾集中表现的城乡之间的矛盾。如果处理恰当,建立起城乡利益的协调体制和机制,实行城乡协调发展,这种不平等、差别和矛盾一般不会造成阶级分裂和对立。反之,如果实行城市偏向政策,城市过多汲取农村资源且长期不变,以牺牲农村发展换取城市和工业发展,势必长期损害农村利益,引起农民不满和反抗,形成城乡对立。苏俄时期的"战时共产主义"政策、苏联的片面发展重工业特别是军事工业,轻视轻工业,以牺牲农业"不顾农民的死活搞工业化"[2]的发展模式、中国在20世纪50年代到21世纪初实行的从农业汲取资金,片面发展重工业的城乡二元经济社会体制,虽对苏联和中国工业化的实现起了重要历史作用,但这些政策和模式,本身都带有城乡对立的性质,并从长远看都引起不良的严重后果。

但是,这种城乡对立是在公有制所决定的人民根本利益一致基础上的矛盾,因而其性质不是对抗性的,也决定了这种对立能够在社会主义制度内部,通过改革加以逐渐解决。苏俄从"战时共产主义"政策转变到

---

[1] 参见《马克思恩格斯选集》第3卷,人民出版社1995年版,第304、305页。
[2] 李凤林:《苏联社会主义模式失败的思考》,《中国经济时报》,2011年11月2日。

第五章　城乡对立是三农问题的根源

"新经济"政策、中国从城乡二元经济社会体制向城乡一体化转变取得的重大成就，都说明了这一点。至于"苏联模式"虽屡经改革而终未成功，不是因为其社会主义制度，而是苏联历次改革未能改变严重畸形的产业结构，特别是农业落后状况，未使人民生活得到明显改善、丧失对社会主义信心的结果。

（二）公共权力"异化"或决策失误是其政治原因

城乡关系虽与生产力发展水平、所有制形式密切联系，但就其直接意义而言，是一个资源配置问题。无论在何种生产力水平下，也无论哪种社会制度下，如果城乡资源配置长期严重不合理，就会造成城乡发展失衡而形成对立。城乡资源能否得到合理配置，关键取决于掌握政权的统治集团能否代表由城乡居民构成的全社会公众的共同利益。但随着私有制发展，原始社会曾存在代表公众利益的"原生性"公共权力，逐步异化为代表少数统治阶层和阶级利益的特殊权利或私有制国家。这种异化了的特殊权力，把乡村资源过多的集中于城市，造成经济和社会发展失衡，把城乡推向了对立。在社会主义社会，国家代表城乡居民的共同利益，但如基于某种原因，对资源配置和产业布局的判断和决策发生失误，为发展某一非农产业和城市，过度汲取农村资源，必然损害农民利益，造成城乡经济结构失调，也会造成非对抗性城乡的对立。

（三）缺乏对城乡关系本质与规律的正确认识和把握是其主观原因

城乡关系状况虽与经济发展程度、阶级关系、政权性质相联系，但不论经济发展处于何种程度，不论哪个阶级掌握政权，亦不论社会形态如何，城乡协调发展的本质和规律都是客观存在的，"不为尧存，不为桀亡"[①]。顺之，则城乡和谐、天下升平；违之，则城乡对立，天下大乱。这要求统治集团要正确认识和适应城乡关系本质与规律的客观要求，根据特定的历史条件与环境，通过制度和政策，把握和引导城乡发展的大体平衡。否则，不认识和遵循城乡关系本质与规律，统治者受无度贪欲所操

---

① 荀子：《天论》。

纵，残酷榨取农村资源，势必造成官逼民反。中国古代社会各王朝后期，往往重复这样的悲剧。即便在城乡根本利益一致的社会条件下，如采取不适应城乡协调发展的体制和政策，也会造成经济结构失调，形成非对抗性的城乡对立。

可见，城乡对立是生产力和分工发展到一定阶段的产物，并与私有制和阶级存在与政权性质及其对城乡发展规律的认识与把握紧密联系。

第二节

对城乡对立总体评价的辨析

一、对城乡对立评价一种观点的回应

这里之所以讨论城乡对立的评价问题，是因为它直接关系到对三农问题的看法和政策取向，也因为当前国内学术界存在着一种夸大城乡对立进步性的倾向。这种倾向的基本观点，虽正确阐述马克思恩格斯关于生产力发展不足和私有制条件下城乡对立的必然性及其对它种种弊端的批判，但认为即使有这些弊端，包括付出了牺牲农民利益和乡村贫穷的沉重代价，但从历史发展的大尺度看，"体现了人类社会的发展要求""适应并促进了生产力发展的根本要求和前进方向"。只有当生产力得到高度发展和资本主义私有制归于消灭之后，才可能摆脱城乡对立[①]。这种观点值得商榷。

[①] 参见于周志山：《从分离与对立到统筹与融合——马克思的城乡观及其现实意义》，《哲学研究》2007年第10期；李邦铭：《论马克思、恩格斯的城乡关系思想》，《河北学刊》2012年第2期；江俊伟：《马克思主义城乡关系理论的两个维度及其当代启示》，《黑龙江史志》2009年第4期。

第五章　城乡对立是三农问题的根源

（一）该观点的理论依据是不可靠的

一些学者在论证该观点时，主要引证马克思恩格斯以下两段论述，并且这些论证是在讨论马克思恩格斯城乡关系思想的标题下展开的，因而给人造成了一种这种观点是马克思恩格斯思想的强烈印象。然而，只要全面理解马克思恩格斯有关论述，就会看到以这两段论述为依据，认为城乡对立"适应并促进了生产力发展的根本要求和前进方向"的观点，是不符合马克思恩格斯本来思想的。相反，马克思恩格斯有关论述在科学揭示城乡对立必然性的同时，对城乡对立造成的恶果进行了深刻揭露和愤怒批判。

第一段是《德意志意识形态》一书中的论述："城乡之间的对立是随着野蛮向文明的过渡、部落制度向国家的过渡、地方局限性向民族的过渡而开始的，它贯穿着全部文明的历史直至现在（反谷物法同盟）"[①]。显然，这段论述所阐明的，是城乡对立的产生过程和它贯穿于全部文明史的事实，而没有城乡对立就是生产力发展的根本要求和前进方向的意思。相反，在接下来的文字中，马克思恩格斯尖锐批判了城乡对立对经济和社会带来的弊端和灾难。指出："城市已经表明了人口、生产工具、资本、享受和需求的集中这个事实；而在乡村则是完全相反的情况：隔绝和分散。""城乡之间的对立是个人屈从于分工、屈从于他被迫从事的某种活动的最鲜明的反映，这种屈从把一部分人变为受局限的城市动物，把另一部分人变为受局限的乡村动物"[②]。如果再联系马克思恩格斯社会有机体不同要素相互作用的思想，足见把上述观点说成是马克思恩格斯思想，是违背马克思恩格斯著作原意的。

第二段是《共产党宣言》中的论述："资本主义使农村屈服于城市的统治。它创立了巨大的城市，使城市人口比农村人口大大增加起来，因而使很大一部分居民脱离了乡村生活的愚昧状态。正像它使农村从属于城市一样，它使未开化和半开化的国家从属于文明的国家，使农民的民族从属

[①]《马克思恩格斯选集》第 2 卷，人民出版社 1995 年版，第 17 页。
[②]《马克思恩格斯选集》第 2 卷，人民出版社 1995 年版，第 17 页。

于资产阶级的民族，使东方从属于西方。"① 在这段论述中，的确包含着城市代表文明、农村代表愚昧落后，因而具有城市征服农村具有进步性的思想，反映了马克思从历史尺度上，强调资本主义对农村剥夺、工业民族对农业民族的征服的历史作用。但是，马克思是一个历史尺度和价值尺度的统一论者。他们在其后的许多著作中，都是从两种尺度的统一中全面考察问题的。一方面，他们从历史尺度，肯定资本主义和殖民主义者对本国农村和东方社会的掠夺和侵略，破坏了这里的落后传统和经济结构，在客观上起了进步作用，"充当了历史的不自觉的工具"②。另一方面，他们从价值尺度鞭挞和批判了这种行为对农村和东方国家人民所带来的重重灾难，并深刻指出：资本主义与殖民主义这帮"恶棍和蠢驴"③，是造成农村和东方国家的衰落与落后的"主要的（主动的）罪人"④。可见，把城乡对立看作生产力发展的根本要求和前进方向的观点，是以被误解和被肢解了的马克思恩格斯有关论述为依据，因而据此得出的结论是不符合马克思恩格斯基本思想的。

（二）该观点的逻辑论证和史实依据难以成立

该观点主要以西方近代历史发展为依据，认为城市是工商业和资本为中心的工业文明，农村是以土地为中心的农业文明，而工业和商业财富，优于农业和土地财富，城市是先进生产力的引领和先导。因而，城乡对立是合理的，城市征服农村，使农村屈服于城市，在人类进步史上具有里程碑式意义⑤。根据对此阶段认定的史实，他们一般地把城市上升为新生产力和先进文化的载体和象征，而把农村说成落后、愚昧和传统的载体与象征，并以此论证城市征服和剥夺农村的所谓"正当性"以及城乡对立的合理性。这样看问题，既缺乏对城乡关系的辨证思考，又缺乏对有关历史

---

① 《马克思恩格斯选集》第1卷，人民出版社1972年版，第255页。
② 《马克思恩格斯选集》第1卷，人民出版社1995年版，第766页。
③ 《马克思古代社会史笔记》，人民出版社1996年版，第397页。
④ 《马克思恩格斯全集》第45卷，人民出版社1985年版，第300页。
⑤ 周志山：《从分离与对立到统筹与融合——马克思的城乡观及其现实意义》，《哲学研究》2007年第10期。

第五章　城乡对立是三农问题的根源

的全面考察。

事实上，城乡作为人类生存发展的两大空间，都有其各自的功能和作用，不能厚此薄彼。正如芒福德所说："城与乡不能截然分开，城与乡同等重要"①。同时，讨论城乡对立问题，虽不能离开城市和乡村两个要素，但它不是回答其中哪一个先进和落后问题，而是两者之间的关系问题。不能以特定时期城市（包括工业）在生产方式上先进于农村，就认为先进的城市应征服和奴役农村，就认为这种对立是合理的。问题的关键是，即使城市再先进，发展程度再高，农村传统再落后，它也不能脱离农村的相应发展。正如马克思所说："任何一个民族，如果停止劳动（这里的劳动主要指农业生产——作者注），不用说一年，就是几个星期，也要灭亡"②，遑谈城市和工商业的发展。因而，该观点脱离农业对城市发展的基础性作用，以某阶段城市集中代表的先进生产方式来论证城乡对立的合理性在逻辑上是混乱的。

这种观点所依据的史实，也是站不住脚的。城市并非在历史上任何时候都始终起进步作用。一般来说，城市作为国家和地区的政治经济文化中心，其作用与它承载的统治阶级的性质紧密联系。当它所承载的统治阶级处于上升时期，城市就起进步作用；反之，则起历史的反作用。同样，农村也不是在历史上任何时候始终都是落后的。从1万年前农业产生，到近代工业发生之前的至少占迄今为止人类历史90%的时间里，先进生产力都在农业领域。在此期间，尽管城市手工业和商业有长足发展，并支持了农村经济，但它始终不是独立的经济形式，而是农业自然经济的补充。在农业社会推动社会发展和演进的根本动力，不是王朝转换，不是城市手工业和商业，而是农业生产力的发展。

即使该观点籍以为据的西方近代资本主义生产关系和工业革命，也不是首先发生在城市，而是首先诞生在农村。11世纪后，随着欧洲农业工具和耕作制的改进，特别是16世纪、17世纪的早期农业革命，不但形成

---

① ［美］刘易斯·芒福德著，倪文彦、宋峻岭译：《城市发展史》，中国建筑工业出版社1989年版，第383页。

② 《马克思恩格斯选集》第4卷，人民出版社1995年版，第368页。

了最早的资本主义农业经营方式，造就了农民这个"让乡村经济充满活力的群体"①，而且在这里最早诞生和发展了资本主义工业。而城市却由于"各行会的陈规陋习严格限制成员扩大生产规模，竭力抵制工业资本的进入"②，而使新的经济形式在城市难以形成。因此，促进英国资本主义生产方式形成的主要动力，"不是手工作坊，不是商业"，"不是某项发明，而首先在于农村、农业和农民整体发生了一个革命性变化，这是近三四十年英国经济史研究的一个基本结论"，"是欧洲学术界占据主导地位的基本观点。"③ 因此，英国资本主义的故乡主要在农村④。即使18世纪的英国工业革命，同样"发源于乡村"，并且乡村工业化促进早期乡村工业社会形成，是各国工业化进程的普遍现象⑤。在20世纪末期后的近代中国，城市是帝国主义和腐朽的封建主义与官僚资本主义盘踞的堡垒，农村则在中国共产党领导下成为先进的革命根据地。

可见，把城市看作新生产力载体和象征，把农村说成传统落后的载体与象征，并由此为城乡对立和城市剥夺农村和城乡对立提供合理性的说法，无论在逻辑论证，还是在史实证明上，都是难以立足的。

（三）该观点的逻辑必然导致造成理论上的混乱

既然城乡对立代表人类社会和生产力发展根本要求与前进方向，就意味着城乡对立是完全合理的、进步的。因此，在未来社会到来之前，城乡对立就不应当被抑制，而应当不断加强。城乡对立愈加强、愈严重、愈激烈，就愈能促进生产力和社会发展。换言之，城市对农村掠夺愈多，压迫愈严重，加于"农民利益被牺牲的苦难"愈深重，社会和农村就愈进步。所以，这种掠夺不是罪恶，而是"功绩"；由此带来的三农灾难不是"问题"，而是历史进步应付出的代价，甚至是人类进步的"辉煌成果"，而

---

① 侯建新、龙秀清：《近二十年英国中世纪经济——社会史研究的新动向》，《历史研究》2011年第5期。
② 张利民：《城市史视域中的城乡关系》，《学术月刊》2009年第10期。
③ 侯建新、邹兆辰：《深入研究中西转型期的社会变迁——访侯建新教授》，《历史教学问题》2012年第4期。
④ 徐浩：《地主与英国农村现代化的启动》，《历史研究》1999年第1期。
⑤ 尹建龙：《英国早期乡村工业社会研究》，《安徽史学》2011年第3期。

第五章　城乡对立是三农问题的根源

所有消除或减轻城乡对立的理论探索和成果，都是违反人类社会和生产力发展根本要求与前进方向的，是空想家的瞎闹；历史上农民反抗统治阶级的压迫与剥削的斗争、被侵略的殖民地半殖民地人民反对西方殖民主义的斗争，都是毫无意义的，都是只起破坏作用的"捣乱"。如此一来，就把马克思恩格斯对城乡对立的批判，置于自相矛盾尴尬的境地。但如上所述，这种观点并非马克思恩格斯的基本思想，而是被附加到马克思恩格斯身上的。显然，这种观点有意或无意地为历史上城市剥夺农村与当今的类似行为提供了辩护，是一种"城市剥夺农村合理"论。显然，这种观点不利于站在历史高度，总结城乡对立的历史教训，自觉地推进当前城乡一体化发展的进程。

二、正确评价城乡对立的正当性

把城乡对立看作"适应并促进了生产力发展的根本要求和前进方向"观点的一个重要依据，是强调城乡对立的正当性。当然，在一定时期其正当性是存在的，不可否认的，但是，不能以其在一定时期、某种限度上的正当性，代替其全部的历史作用。只有以历史唯物主义为指导，在历史尺度与价值尺度、城乡对立与协调的矛盾统一的把握中，在对历史事实和过程进行科学分析的基础上，对城乡对立的历史作用加以全面分析，才能对其正当性作出正确评价。

（一）历史的评价城乡对立的正当性

所谓历史的评价城乡对立的正当性，就是将城乡对立放在一定的历史条件下考察并肯定其正当性。什么是历史正当性？恩格斯在论及马克思对生产方式、阶级和剥削的历史正当性看法时谈到："马克思了解古代奴隶主，中世纪封建主等等的历史必然性，因而了解他们的历史正当性，承认他们在一定限度的历史时期内是人类发展的杠杆，因而马克思也承认剥削，即占有他人劳动产品的暂时的历史正当性。但他同时证明，这种历史的正当性现在不仅消失了，而且剥削不论以什么形式继续保存下去，已经日益愈来愈妨碍而不是促进社会的发展，并使之卷入愈来愈激烈的冲突中"①。恩格斯还在《反杜林论》中指出："当一种生产方式处在自身发展的上升阶段的时候，甚至在和这种生产方式相适应的分配方式里吃了亏的那些人也会热烈欢迎这种生产方式。大工业兴起时的英国工人就是如此。不仅如此，当这种生产方式对于社会还是正常的时候，满意于这种分配的情绪，总的说来也会占支配的地位"。"只有当这种生产方式已经走完自身的没落阶段的颇大一段行程时，当它有一半已经腐朽了的时候，当它的存在条件大部分已经消失而它的后继者已经在敲门的时候——只有在这个时候这种愈来愈不平等的分配才被认为是非正义的"②。因为"无论哪一个社会形态，在它所能容纳的全部生产力发挥出来以前，是决不会灭亡的；而新的更高的生产关系，在它的物质存在条件在旧社会的胎胞里成熟以前，是决不会出现的"③。

从上述论断可见，私有制社会的一定生产方式、阶级和剥削在以下意义上具有历史正当性：一是处在自身发展的上升阶段，乃至于它的后继者生成条件成熟之前；二是能够促进生产力发展；三是在较前更多满足剥削阶级利益和愿望的同时，也较前相对多的满足被剥削阶级利益和愿望；四是经济和社会秩序处于正常状态。若与此相反，它则失去历史正当性，成为非正当性。

一定时期的城乡关系是与同时期生产方式和统治阶级及其对农村的剥削紧密联系的，因而在阶级和剥削历史正当性的上述含义中，除第一点外，都适用于对城乡对立历史正当性的评价。之所以把其中第一点排除于评价城乡关系适用性之外，是因为城乡关系实质上是一定政治经济文化资源在城乡之间的分配问题。它所遵循的是社会有机体"按比例分配社会劳动""规则"④。不管某种生产方式处于上升时期，还是处于下降时期，只要城乡对立影响到社会有机体的合理结构，就必然带来经济社会发展的畸形，造成社会灾难，就成为不正当的了。而这种结果的出现，主要不取

---

① 《马克思恩格斯全集》第21卷，人民出版社1965年版，第557~558页。
② 《马克思恩格斯选集》第3卷，人民出版社1995年版，第491~492页。
③ 《马克思恩格斯选集》第2卷，人民出版社1995年版，第33页。
④ 马克思：《资本论》第1卷，人民出版社1975年版，第394页。

第五章 城乡对立是三农问题的根源

决于城市对农村的剥削方式，因为任何一种剥削方式都是一定生产力条件决定的，而主要取决于城市对农村剥削程度，取决于某国家或地区的经济结构是否合理。

由于统治阶级的剥削本性，即使某种生产方式处于上升时期，它也"从来不会错过机会来把越来越沉重的劳动负担加到劳动群众的肩上"[1]，造成农村的沉重负担，导致城乡发展失衡。就是说，这种情况不一定都发生在某种生产方式的下降时期，即使在某种生产方式的上升时期，也会出现非正当性的城乡对立。例如，秦汉时期中国的封建阶级处于上升时期，但在两个王朝的末期都发生了大规模农民起义。可见，城乡对立的正当性，与相应生产方式、阶级、剥削的正当性不一定是完全同步的。具体说来，就是城乡对立并不像生产方式、阶级、剥削那样，直到其后继者生成条件成熟之前都有其存在的正当性。因而，不能照搬一定生产方式、阶级、剥削的正当性，作为衡量城乡对立正当性的标准。而应根据城乡关系的本质，借鉴马克思恩格斯关于生产方式、阶级和剥削的正当性论述，实事求是地确定城乡对立正当性的标准。

根据马克思恩格斯的关于剥削和阶级的论述，笔者认为，在私有制和生产力不够发达条件下，城乡对立是始终存在的，但不能一概而论。城乡对立，只有在能够促进生产力发展，在较前更多地满足剥削阶级利益和愿望的同时，也能较前相对多地满足被剥削阶级利益和愿望，并使经济社会结构和秩序处在相对正常状态的前提下，才具有历史正当性。反之，如果城市统治阶级只贪婪地满足自身利益和愿望，过多甚至无度剥夺农村财富，从而不能促进生产力和经济社会正常发展，反而阻碍生产力发展，造成国民经济结构严重失衡，把社会"卷入愈来愈激烈的冲突中"[2]，这种城乡严重对立，就不具有历史正当性。据此，在广义上可将其分为两种性质：一种是城市对农村的剥夺被限制在一定程度之内的具有正当性的城乡对立；另一种是这种剥夺超出允许范围，城乡呈现严重、尖锐的对抗状态的非正当性的城乡对立。

---

[1] 《马克思恩格斯文集》第9卷，人民出版社2009年版，第189~190页。
[2] 《马克思恩格斯全集》第21卷，人民出版社1965年版，第557~558页。

中国"三农"发展规律与战略目标研究

根据上述标准，所谓历史的评价城乡对立的正当性，有以下两方面的意义：

其一，在劳动生产率不够高的条件下，城乡对立有其正当性。正如恩格斯指出的：剥削阶级和被剥削阶级、统治阶级和被压迫阶级之间的到现在为止的一切历史对立，都可以从人的劳动的这种相对不发展的生产率中得到说明。只要实际劳动的居民必须占用很多时间来从事自己的必要劳动，因而没有多余的时间来从事社会的公共事务劳动管理、科学等等，总是必然有一个脱离实际劳动的特殊阶级来从事这些事务①。从事这些事务的特殊阶级通常都集中在城市。他们的食物等生活消费品，只能由居于农村中的农业劳动者生产出来，以保障他们有足够时间，专门从事社会公共事务管理与科学文化事业。因此，在劳动生产率不够发达的社会条件下，城市对农村的剥削或汲取是不可避免的，是分工发展和经济社会的整体发展所需要的。

其二，在城市发展一定阶段上，城乡对立有其正当性。正如芒福德所言，城市是一种特殊构造，是一种"磁体"和"容器"。它能够把各种资源高密度的聚拢到一起，强化它们之间的相互作用，将其总的成就达到新水平②。因此，在城乡社会分工中，城市承担了管理社会、发展城市工业（包括手工业和机器大工业）和科学文化，促进城乡交换和农村剩余劳动力转移等农村需要而自身又不具有的功能。同时，一般而言，城市是统治阶级的居住地，当这个统治阶级代表新生产方式，并以城市为中心推动新生产方式发展的时候，城市就"聚集着社会的历史动力"③。这时城市就在一定时期内代表了历史发展的趋势。所以，在生产力不够发达、城市发展不足的历史阶段上，资源分配适当向城市倾斜，促进城市发展和城乡分化，有利于分工和科学文化发展，有利于促进城乡商品交换和农村剩余劳动力转移，对促进城乡发展，都有重要意义。但不能如目前一些论著那样，把一定时期的城市作用和城乡分化与城乡对立混为一谈，并作为问题

---

① 《马克思恩格斯文集》第9卷，人民出版社2009年版，第189~190页。
② ［美］刘易斯·芒福德：《城市发展史——起源、演变和前景》，中国建筑工业出版社2005年版，第37页。
③ 《马克思恩格斯全集》第2卷，人民出版社1957年版，第303页。

第五章 城乡对立是三农问题的根源

的依据,从而把在一定意义上城乡对立的正当性,夸大到代表生产力发展的根本要求和前进方向的高度。

(二) 辩证地评价城乡对立的正当性

所谓辩证地评价城乡对立的正当性,就是在肯定城乡对立的正当性同时,还要看到上述正当性不是抽象的、永恒不变和绝对的,而是具体的、暂时的、可变的和相对的。它在一定历史条件下和一定限度内具有正当性。一旦这些条件发生变化,一旦城乡对立超过一定限度达到严重和尖锐的程度,它就会阻碍生产力和社会发展,并向非正当性转化。主要有以下表现:

一是达到共产主义社会后,不但非正当性城乡对立将永远消失,即使在私有制条件下具有正当性的城乡对立也将不复存在。对此,马克思恩格斯作过科学的经典论述,此不赘述。

二是私有制社会不同生产方式下,存在城乡对立的正当性向非正当性转换。城乡关系受生产方式制约。生产方式是一个历史范畴,它随着生产力性质的变化而向高一级转换。生产方式的转换,意味着统治阶级对被统治阶级的剥削形式的转换。每一次新剥削形式对旧剥削形式的代替,都在一定时期对历史发展起推动作用。奴隶主剥削是一种不仅占有生产资料而且占有劳动者本身的残酷的超经济强制,但它不像原前那样把奴隶杀掉或更早时吃掉,而是保全奴隶生命①,从而保护和增加了劳动力。封建剥削改变了奴隶制下的劳役地租为主的剥削形式,主要实行地租形式剥削劳动者的剩余劳动,减轻了奴隶制下的超经济强制。资本主义主要通过雇佣关系剥削劳动者的剩余价值,使劳动者包括农业劳动者有了人身自由。

但是,不同生产方式下剥削形式的进步作用,并不伴随某一生产方式的始终。当某一生产方式处于上升时期,其剥削形式的进步作用表现得比较突出,但到下降阶段,其进步作用则逐步削弱并成为生产力发展的阻碍,由此开始向新生产方式下的剥削形式转换。城乡对立的基础,是城市统治者对农村劳动者的剥削。随着不同生产方式由上升到下降的转换,城

---

① 《马克思恩格斯选集》第 3 卷,人民出版社 1995 年版,第 525 页。

市对农村剥削的形式的正当性,也随之发生变化,由此基于前种剥削方式上的城乡对立的正当性即转换为非正当性。

这种情形,不但在古代中国奴隶制和封建制社会反复上演,即使在西方国家也多次出现。例如,古希腊和古罗马都曾因保全了奴隶生命和组织奴隶使用当时先进的铁器工具进行大规模生产,创造了无与伦比的灿烂辉煌的奴隶制文明。但古希腊在公元前4世纪伯罗奔尼撒战争之后、古罗马在共和国时期后,两个城邦国家先后开始衰落以致最后灭亡。其"共同的根本原因"在于"农民税收负担加重""大量土地抛荒",导致"农业衰落,激起乡村农民的反抗",这是多数西方学者的共识①。

三是同一生产方式下的城乡对立,存在其正当性向非正当性转换。马克思主义认为,任何社会有机体,都必须建立在"按比例分配社会劳动"②基础之上;人民群众是历史的创造者。这些论断不论对哪种社会形态,抑或其中的哪个阶段,也不论其生产力发展水平高低,都是适用的。在私有制社会某一生产方式下,城市对农村的剥削形式是大体同一的,但不同时期的剥削程度是不同的。当城市对农村的剥削程度较低,此时城市对农村的剥削具有正当性。而一旦这种剥削超过了农民劳动者的生存限度,就会导致农民生产积极性和生产条件的丧失,阻碍农业生产力发展,从而造成国民经济比例失调,进而造成社会经济结构畸形发展,引发经济和社会危机。这时城市对农村剥削的正当性就随之消失。只有经过动荡、灾难甚至战争的惩罚或威逼,城市统治集团或领导者被迫或主动作出政策调整,将其剥削或汲取程度,降低到农民可以接受的程度,城乡对立才能重新恢复其正当性。

古代中国从奴隶制社会的夏、商、周三代,到封建制社会每一存续时间较长的王朝,几乎无一例外地重演着这样的剧目:王朝前期,统治者实行"与民休息"政策,轻徭薄赋,剥削被限定在较低程度上。原先尖锐的城乡对立得到缓和,城乡关系大体协调,政治比较清明,社会比较稳定,经济得以恢复与发展。但到后期,统治者的剥削程度加重,土地兼并

---

① 施诚:《西方学者关于西罗马帝国灭亡原因的探讨》,《光明日报》,2000年6月16日。
② 马克思:《资本论》第1卷,人民出版社1975年版,第394页。

第五章 城乡对立是三农问题的根源

激烈，大量农民破产，使城乡对立超过正当范围，达到尖锐程度，由此造成社会动荡和农民起义爆发，导致改朝换代。中国古代社会各大王朝的演进，就是一个由城乡对立被保持在正当性范围因而社会处于大体协调，到其丧失正当性，社会呈现严重尖锐对立状态，再到被迫缓和对立，重拾其正当性的周期性转换中，生生灭灭，循环往复的过程。

四是在一定时期城乡对立存在正当性与非正当性的二重性。这不仅在传统社会或王朝初期存在城市既减轻又保持对农民剥削的二重性现象，更典型地表现在西方国家城乡融合一体化发展进程之中。第二次世界大战后，西方国家内部的城乡对立出现了巨大改观，"都市与非都市的区别越来越模糊不清"[1]，形成了较完备的城乡融合机制。但这不意味着如有学者认为的城乡对立在西方国家消失了，也不意味着资产阶级剥削农民（农业工人）的本质改变了。因为，城乡融合主要是对城乡资源的整合优化并利用新科技手段进一步开发农业和农村资源的过程。这个过程虽会创造出更多社会财富，但它本身并不能解决这些财富由谁享有问题。西方国家的城乡融合，是由城市实物资本垄断集团和代表资产阶级利益的政府主导的，其实质是为城市实物资本垄断集团为压榨农民财富开辟新空间，并未改变原有城乡关系本质和资产阶级剥削工人、农民的阶级结构。

以城乡融合发展比较典型的美国为例。孟山都公司等约10%的大型农业集团，垄断了美国食品产业链的几乎所有环节，并占有这个产业链的绝大部分收益，而农民所获极少。2006年，农民在农业总收益中获得的部分只有5%左右。美国常见的一盒早餐燕麦片，在超市销售价格至少为3.5美元，而出售燕麦的农民只能从中得到5美分[2]。这种状况，一方面表明美国的城乡对立和城市对农民的剥削依然严重存在，表现了美国城乡对立的不正当性；另一方面，它也表明这种城乡融合不仅客观上适应了工业、农业和城乡发展规律的要求，而且由于新机制和劳动生产率提高以及国家补贴，使农民收入和生活水平达到了中等阶层水准。在这个意义上，

---

[1] 杜志雄、张兴华：《世界农村发展与城乡关系演变趋势及政策分析》，《调研世界》2006年第7期。

[2] ［美］威廉·恩道尔著，赵刚译：《粮食危机》，知识产权出版社2008年版，第8、第11页。

它又是一种历史进步,具有历史的正当性。

(三) 城乡对立给社会带来巨大负面效应和深重灾难

1. 城乡对立造成城乡贫富悬殊和人的畸形、片面发展

城乡对立把生产要素和财富集中于城市或城市国家,使这里成为"人口、生产工具、资本、享受和需求的集中","而在乡村则是完全相反的情况:隔绝和分散"①、贫穷,被推入纳克斯提出的"贫困恶性循环"的"贫困陷阱"之中,造成资源配置和产品分配的极端不合理与城乡贫富悬殊状况。这种"城乡之间的对立是个人屈从于分工、屈从于他被迫从事的某种活动的最鲜明的反映,这种屈从把一部分人变为受局限的城市动物,把另一部分人变为受局限的乡村动物"。它"使城市居民受到各自专门手艺的奴役。它破坏了农村居民的精神发展的基础和城市居民的体力发展的基础"②,从而造成人的活动畸形和片面发展。

2. 城乡对立带来严重的经济和社会危机

城乡对立导致国民经济结构畸形,农村和农业落后于城市和其他产业,制约了城市和其他产业的发展,导致周期性的经济和社会危机。在中国古代和近代,每次危机总造成农业衰退,田园荒芜,农民流离失所,饿殍遍地,导致大规模农民起义和革命,付出无数生命的代价。在西方国家,农业危机也往往是经济危机的先导或重要原因之一。如前述1797年、1810～1814年、1837～1843年、1847～1850年的英国经济危机,都是由于农业衰退引发的。从工业革命完成后到第二次世界大战前,农业虽已不再是导致资本主义危机主要原因,但也是重要诱因之一。由城乡对立引发的每次经济危机,都引起国内乃至世界性的经济破坏和倒退。如20世纪的美国,持续整个20年代的慢性农业危机,正是导致1929～1933年美国大危机的重要诱因,导致美国经济倒退了26年。

3. 城乡对立给广大落后国家带来深重灾难

18世纪工业革命后,西方国家凭借其工业和军事优势,残酷侵略、

---

① 《马克思恩格斯全集》第1卷,人民出版社1951年版,第4页。
② 《马克思恩格斯选集》第1卷,人民出版社1995年版,第104、330页。

第五章　城乡对立是三农问题的根源

统治和掠夺殖民地和半殖民地,从而使其国内的城乡对立,越出本民族国家范围,形成了以城市(工业)国家统治、剥削农村(农业)国家为特征的国际范围的城乡对立格局。19世纪英国经济学家史丹莱·杰温斯曾说:"实质上,世界的五分之一是我们的自愿的进贡者:北美和俄罗斯的平原是我们的粮田;芝加哥和奥得萨是我们的粮仓;加拿大和波罗的海沿岸是我们的林木生产者;在澳大利亚和新西兰放牧着我们的羊群;在阿根廷和北美的西部大草原放牧着我们的牛群;秘鲁运给我们白银,黄金则从南美和澳大利亚流到伦敦。印度人和中国人替我们种植茶叶,在东西印度扩大了我们的咖啡园、甘蔗和香料园;西班牙和法国是我们的葡萄园,地中海沿岸各国是我们的菜园。我们的棉田,长期以来都是分布在美国南方,而现在差不多扩展到地球上各个热带地区去了"①。这段话在"自愿进贡"的谎言下,叙述了19世纪号称"日不落"国的大英帝国,对世界几乎所有落后农业国进行残酷掠夺的事实。

　　第二次世界大战后,西方国家通过不平等的世界经济秩序和由其先进农业科技及强大农业补贴而形成的农业竞争力,对发展中国家(农村或农业国家)的控制和掠夺更为残酷。目前,西方最重要的十几家跨国企业同大约40家中型企业一起,通过各种手段,挤垮发展中国家的传统农业,操控全球农产品贸易、定价、检测标准,并控制了这些国家的基本农作物从育种到种植,再到销售的全过程。这些公司从这种垄断和翻云覆雨的农产品投机炒作中攫取暴利,却把非洲、亚洲和拉丁美洲的一些国家推入饥饿、冲突、骚乱,甚至暴动之中②。如2008年由西方国家生产生物能源和跨国公司操控粮价所造成全球粮食危机,就把37个国家推入了粮荒和社会政治动荡之中,导致约8亿人食不果腹,世界上每5秒钟就有一个孩子饿死③。

　　一些学者往往引用恩格斯"没有哪一次巨大的历史灾难不是以历史的进步为补偿的"④这句名言,把城乡对立给农民和社会带来的灾难,说

---

① 蒋相泽主编:《世界通史资料选辑》(近代部分)上册,商务印书馆1972年版,第294页。
② 高长武:《当前世界粮食危机发生的深层原因》,《当代世界》2008年第8期。
③ 方祥生:《对世界粮价上涨的思考》,《光明日报》,2008年4月22日。
④ 《马克思恩格斯与俄国政治活动家通信集》,人民出版社1987年版,第674页。

成是必须付出的代价，甚至将其等同于历史进步本身。其实，恩格斯的这封信是批评丹尼尔逊把历史尺度和价值尺度割裂开来、对立起来，只承认价值尺度而否认历史尺度的错误观点[①]，重申马克思主义从历史尺度和价值尺度两个方面的统一中评价历史的原则。信中既从历史尺度指出，必须承受当时俄国资本主义发展给俄国农民带来的可怕的巨大的痛苦，同时又从价值尺度指出，这种巨大的痛苦，"使人的生命和生产力遭受多么巨大的浪费"[②]。因此，不能只强调历史尺度而忽视价值尺度，从而把城乡对立带来的灾难看成是历史的进步。

总之，只要正确理解马克思恩格斯关于城乡关系有关理论，以历史的态度和辩证的观点分析历史事实，就会看到城乡对立虽在生产力不够发达条件下和私有制社会存在一定的正当性，但这种正当性是暂时的和有限的。它不但将随着生产力高度发达和私有制被消灭而被消除，而且在私有制社会及其某一社会形态的漫长过程中，其正当性也并非始终存在，而是一个正当和不正当交替转换的过程，是暂时的、有限的和相对的，伴随着对本国农民的残酷剥削，给广大落后国家带来了深重灾难。因此，不能将其夸大为代表生产力发展的根本要求和前进方向，相反，它是三农问题的根源。

第三节

城乡对立是三农问题的根源

一、目前关于三农问题根源的讨论

能否找到三农问题的真正根源，不仅关系到该问题本身的认识，更关

---

① 赵家祥：《马克思历史进步评价尺度理论的历史考察》，《贵州师范大学学报（社会科学版）》2010年6期。

② 《马克思恩格斯与俄国政治活动家通信集》，人民出版社1987年版，第673页。

第五章　城乡对立是三农问题的根源

系到解决三农问题根本方略的制定及其路径抉择,因而关系到三农问题能否得到根本解决。因此,自20世纪末以来,对这个问题的研究,便成为学术界和其他各界探索和争论的一个焦点,并提出了五花八门的不同见解,有学者将其归纳为10种。主要有二元结构说、基本国情说、认识偏差说、就业不足说、收入分配说等等。经过多年研究和实践发展,目前学术界对这个问题大体形成共识,认为城乡分割的二元社会经济体制是中国三农问题的根源[①]。这是三农问题研究的重大理论成果,为党的十六大提出以统筹城乡发展和党的十八大以城乡发展一体化作为解决三农问题的根本途径的论断提供了理论依据,应予充分肯定。

然而,目前关于二元社会经济体制是三农问题根源的结论,只是针对新中国成立以来三农问题研究的结果。但如前所述,三农问题并非在1949年后才产生的,也非中国所特有,在此之前的古代和近代中国、在世界各国历史和现实中,都普遍存在这样的问题。在旧中国和其他国家,并不存在当代中国那样的具有特定含义的城乡二元体制。所以,二元社会经济体制是三农问题根源的结论,不适用于解释旧中国和其他国家的三农问题。同时,即便中国打破二元社会经济体制,基本解决了由此产生的三农问题之后,也难免今后不会再出现类似的问题。中国改革开放后城市化进程中出现的"新二元结构"[②] 问题,目前出现的"谁来种地"问题、农民雇农化等所谓"新三农"问题,说明了这一点。因此,有必要从更广视野、更大范围、更深层次上深化对三农问题根源的研究,以解释古今中外普遍存在三农问题现象,以利于从根本上解决当前存在的新旧三农问题,并避免重新发生类似问题。

要做到这一点,就不能把研究的视野囿于中国1949年至今的时间和空间,而应以长远历史眼光和广阔世界视野,对历史和当今中国以及世界各国的三农问题历史,进行长时段、多方位研究,把问题上升到规律的高

---

① 陆学艺:《破除城乡二元结构,实现城乡经济社会一体化》,《理论参考》2010年第12期。

② 主要指在旧有的城乡二元结构依然存在的同时,城市里又形成了农民工与城市人、"城中村"与城市社区的新二元分野。见李清华:《"新二元结构"考验政策供给力》,《人民论坛》2008年第1期。

度,才能更深刻认识三农问题根源,并从中总结出客观规律和经验教训,形成认识和把握三农发展规律的高度自觉。如果以这样的观点看问题,就会看到,三农问题根源在于城乡对立,新中国成立后的城乡二元社会经济体制,只是城乡对立在新中国历史条件下的一种特殊形式。

二、城乡对立是三农问题的根源

(一) 城乡对立导致资源在城乡之间的严重不公平分配和对农村资源的过度剥夺

城乡关系问题,实质上是社会资源在城乡之间的配置问题。合理配置城乡资源,是保障农业生产土地、劳动力和资金三要素及其有机组合与合理配置的客观要求。但城乡对立把城乡分裂为对立的两大利益集团。其中掌握社会资源分配权的城市集团,总是以满足自身利益出发配置城乡资源,这不可能使资源在城乡之间得到公平分配,而是尽可能多地把农村资源攫取到城市。这必然使农业生产三要素及其合理配置遭到破坏,造成一系列三农问题。

1. 大量侵占农村土地资源

城市通过经济或超经济强制,掠夺大量土地,导致大量农民无地可耕,造成流民问题。即使那些拥有土地或租种土地的农民的经营规模,也受到挤压而日益缩小,收入减少。农民为维持生计,不得不在狭小土地上投入更多劳动进行掠夺式经营,造成土地资源和农业生态系统的破坏,形成农产品边际报酬递减趋势。

2. 无偿或低偿掠夺农村人力资源

城市统治阶级主要通过繁重的徭役(包括力役、杂役、军役)强迫农民从事大量无偿劳动,特别是在征战时期,大量农民被强迫征调或被迫卷入连年战火之中,造成大量人员伤亡。且不说大量青壮农业劳动力被征调对农业生产产生的直接影响,即便那些妇女、儿童的伤亡,在人口繁殖和劳动力供应意义上,对农业生产发展造成的长期影响,也是十分严重的。

3. 过多汲取农村物力资源

城市通过国家政权,以各种赋税和城乡不平等交换等形式,把大量农村财富汲取到城市,而城市对农业投入却极少。这造成农民生活贫困和农

第五章　城乡对立是三农问题的根源

业比较效益低下的状况，导致农业生产资本投入萎缩，缺乏自身发展能力。城乡对立把大量农业生产要素汲取到城市，破坏了三要素合理配置的条件，造成农业凋敝，农民贫困和农村落后。

总之，城乡对立把大量农业生产要素汲取到城市，破坏了农业生产力三要素合理配置的条件，造成农业凋敝，农民贫困和农村落后。因此，城乡对立是三农问题的根源。不论古代、近代，还是当代的三农问题都是由此造成的。

（二）城乡对立造成农民权利丧失或残缺，将其推入被压迫、被歧视地位和贫困状态

城乡对立的实质是城市剥夺农村资源。为实现这一目的，居于城市的国家政权，通过各种制度安排，剥夺或限制农民的各种权利，迫使农民服从城市的需要，从而把农村资源汲取到城市。对此，目前已有大量成果作了充分说明。值得注意的是，许多论著把农民权利丧失和缺失看作三农问题的根源，是不符合实际的。它忽视了造成农民权利丧失和缺失背后的更深层原因——城乡对立。不管这种对立是对抗性的，还是非对抗性的，但只要城乡利益处于对立地位，只要国家政权通过牺牲农民利益，来维护统治或实现城市与工商业发展，都必然通过各种制度安排，剥夺或限制农民权利。因此，剥夺农民权利或农民权利被剥夺及缺失，只是城乡对立的结果或表现，而城乡对立才是三农问题的根源。无论在私有制社会，还是在公有制社会概莫能外。

（三）城乡对立是一种片面、狭隘与零和的思维方式

这种思维方式，只强调城乡对立统一关系中对立的一面，忽视或降低其中统一的一面；只强调城乡中某一方或其中某一产业的重要性，否认或降低对方和其他产业的重要性；只从分配领域窥见一定时段内一方利益增加意味着另一方利益减少，看不到生产领域一方利益增加会对另一方获得利益提供条件，而以弱肉强食的丛林原则，把两者对立起来，以牺牲对方利益来满足和维护己方利益。但无论片面强调和维护其中哪一方，都扭曲了两者平等互利本质，违背城乡协调发展规律，把人们的认识引入误区，把人们的实践带进歧途，造成国民经济结构的畸形发展，从而造成三农问题。片面重视和发展农业，轻视和无视城市和工商业发展，必然阻碍商品经济发展特别是城乡商品交换、人口流动和农业技术进步，造成农产品和农村剩余人口积压于农村，导致农业生产技术落后，农业生产规模和效益递减，农民收入降低，生活贫困；片面重视城市和工商业发展，轻视和漠视乡村和农业，则导致对农村物力和人力资源的过度剥夺，使之失去生存和发展能力而陷入停滞、凋敝甚至破产。可见，对城乡对立的片面认识与零和博弈思维方式，是三农问题的思想根源。

无论在历史上还是在当今，也无论国内还是国外，凡以城乡对立的片面、狭隘与零和博弈思维方式认识和处理城乡关系，都必然导致或加剧三农问题。

"重农抑商"是中国封建统治者处理城乡关系的基本原则。应当肯定，在传统农业社会，在农业劳动生产率低，特别是王朝前期农业遭到破坏条件下，对城市和工商业发展加以适当抑制，有利于保证绝大部分资源投入农业生产，满足整个社会对基本生活资料的需要。否则，城市和工商业过度发展，必然与农业争夺劳动力和有限的资源，进一步削弱农业的基础地位，造成经济结构比例失调的严重后果。此条件下，实行"重农抑商"政策，有利于形成良性的城乡关系和产业结构，其合理性占主导地位。因此，不能一概否定中国古代的"重农抑商"政策。

然而，当生产得到恢复并取得一定发展时（通常在王朝中期），社会需要城市和工商业有相应发展，以促进城乡商品流通和农村人口向城市及非农产业流动，使城乡经济保持合理结构，实现工（手工业和商业）农业均衡发展。但中国古代王朝往往僵化实行"重农抑商"政策，仍过度抑制城市工商业发展。这时"重农抑商"政策的作用，便由调解城乡和产业结构，转变为加剧城乡对立，从而带来严重三农问题。其一，造成手工业品的稀缺性，抬高其价格，成为城乡农产品交换价格不平等的重要原因之一，造成"谷贱伤农"，大量农村财富由此被抵偿掠夺到城市。其二，带来经营工商业的不良预期，导致官僚、地主和工商业者把大量货币用于购买土地，加剧土地兼并，导致大量农民破产或农民经营规模缩小。其三，导致城市和工商业发展极其缓慢，无力吸纳农村剩余劳动力和破产

第五章　城乡对立是三农问题的根源

农民。其四，阻碍城乡商品交流和农村商品经济发展，使中国农村经济难以走出自然经济的藩篱。中国封建社会尤其是明代之前各大王朝后期发生的严重三农危机和随之而来的社会动荡，大都是僵化实行"重农抑商"政策，把城乡对立起来的恶果。

明代中后期的思想家、改革家张居正，在一定程度上在汲取前朝和明中期教训基础上，改变了"重农抑商"政策，提出了"厚商而利农"政策，是对城乡关系认识的一大进步。但明王朝仍未正确认识城乡关系，不但未对农业与工商业的平衡发展做出系统性的制度安排，反而在实际上是走上了"重商轻农"的另一极端，造成了工商业的病态发展，以致农民弃农从商、从工发展为一种相当普遍的现象，"今夫下之民，从事于商贸技艺游手游食者十而五六"[1]，严重削弱了农业，成为后来发生农业危机与战乱的一个主要原因。

在当代中国，以城乡分割与对立为特征的二元经济社会体制造成的严重三农问题，更是众所熟知的事实。即使地方政府和官员，以城乡对立的片面、狭隘与零和博弈的思维方式制定政策、推动工作，不但不能解决三农问题，相反会造成三农问题。在原先的二元体制下是如此，目前的"新三农问题"[2]也由此酿成。如一些城市采取"摊大饼式"外延扩张型发展方式，不但使大量优质耕地被占用，而且造成大批失地农民。再如，许多城市吸纳农民工参与城市建设，但又对农民工采取歧视政策，使之不能享受城市养老、医疗等城镇基本公共服务[3]，造成"伪城市化"现象。又如前些年在城市征地拆迁问题上，不但补偿的标准过低，而且"一些地方政府与房地产商合作"，"政府却以'公共利益'为由出面，强势要求被拆迁人服从"[4]，甚至出现粗暴执法现象，侵害了农民权益，激化了

---

[1] 转引自陈建勤：《论明清长江三角洲地区旅游活动及其社会意义》，《扬州大学学报（人文社会科学版）》1999年第5期。

[2] 李培林：《全球化与中国"新三农问题"》，《福建行政学院福建经济管理干部学院学报》2006年第2期。

[3] 黄俊溢：《探索土地改革路径防范土地财政风险——访国务院发展研究中心市场经济研究所副研究员邵挺》，《中国经济时报》，2014年5月19日。

[4] 吴敬琏、周瑞金：《关于拆迁问题的三点意见》，http://news.163.com/09/1217/20/5QOUGMK500012Q9L.html。

地方政府与拆迁农民之间的矛盾。发生上述现象的原因，可能有多种，但其思想根源在于，不是从城乡平等互利基础上认识和处理城市与农村、工业与农业的关系，而是以城乡对立的片面立场和零和思维方式，认识和处理问题，强迫农村、农民利益服从城市工商业的利益。

在国外，法国17世纪的重商主义和18世纪的重农学派，割裂了商业和农业的内在联系，分别夸大了商业或农业的作用，实行重商轻农或重农轻商的片面发展政策，但结果是殊途同归，都造成了三农问题和社会危机。第二次世界大战后发展经济学的二元结构理论，不仅在初期只强调现代工业部门的扩张和城市利益，忽视传统农业、农村发展和农民利益，即使后来提出重视农业观点之后，也是把农业发展和农民转移，置于工业和城市发展的服从和服务地位，其实质是以牺牲农民利益来换取城市和现代部门的发展。因而，许多发展中国家照搬二元结构理论，都导致这些国家城乡发展失衡，造成了严重三农问题。

总之，城乡对立割裂了城乡有机体的内在联系，扭曲了两者平等互利的本质，违背了城乡协调发展规律，导致资源在城乡之间的严重不公平分配和对农村资源的过度剥夺，造成农民权利丧失、残缺和贫困落后，因而是三农问题的根源。只有深刻认识这一根源，才能准确把握当代中国二元结构体制的实质，并从城乡协调发展规律的高度，解决各种三农问题，尽力避免再发生新的三农问题。

第六章

古代城乡关系和三农问题的演变与后果

在中国远古的五帝时代，各文化区呈现出不同的城乡关系状况，由此决定了不同文明崩溃或崛起的不同命运。进入私有制社会后，中国城乡关系在相对协调和尖锐对立的周期中循环，导致三农在周期发展与三农问题周期严重化的曲折发展道路上蹒跚前行，决定了中国农业和王朝的兴衰轮回。清代、近代城乡关系则出现持续尖锐对立状态，导致三农问题持续严重化，成为中国衰落和遭受外敌侵略凌辱的根源。古代和近代不同政治集团和仁人志士，先后试图以各自的方式，进行体制内改革或探索，但因阶级和时代局限性均归失败。探讨这五千多年的历史，有利于站在历史长河的高度，以深邃的历史眼光，加深对三农发展规律的认识，提高遵循规律，按规律解决三农问题，促进三农发展的自觉性。

第一节 五帝时代城乡关系演变与中华文明选择

一、五帝时代的真实性及其对三农研究的独特价值

三农问题并非如有些学者认为的那样，是近代或当代中国的特殊产

物，而是一个十分古老的问题，它早在五帝时代已开始萌生并逐渐形成。对五帝时代存续时限，中国考古学术界在2003年以前的主流观点，是距今5000~4000年间（个别认识年代上限达5500年前），相当于考古学上的龙山时代。2003年后，随着中华文明探源工程的推进，原先炎黄处于距今四五千年的龙山时代的主流观点已经式微，五帝时代处于距今六七千年的龙山时期的观点已成为学术界主流[1]。目前学术界对其上限在仰韶文化时期哪一具体时段虽有不同看法，但多数学者认为是仰韶文化后期或晚期。如许顺湛认为，五帝时期上限应为公元前4420年[2]，即距今6400多年。郭大顺也将其定在距今5000年前的仰韶文化后期[3]。王震中认为："炎黄称雄的时代当拟划在距今7000~5000年的新石器时代晚期"[4]。

根据上述成果，本书把五帝时代限定在距今6000多年的仰韶文化中晚期和距今5000~4000年的龙山时期。同时，按许顺湛的看法，把黄帝时代界定在距今6000年前后至距今5000年前后，基本与仰韶文化中晚期相对应[5]。按王震中的看法，把龙山时期分为龙山前期（距今5000~4500年）和龙山后期（距今4500~4000年）[6]。

对五帝时期，不要认为它距今有6000多年的遥远距离，且目前尚未发现当时的文字记载，而将其视为传说，否定其可信性。中华民族的重史传统，给后人研究留下了《史记》等记载中国上古时代的丰富历史典籍。这些典籍，虽非上古时代的文字记录，且包含些神话成分，但它们出自严谨治学的史学家之手，经过了多方面严肃考证，因而其记载的基本史实，是不容轻易否定的。中西方历史学术界曾因此出现过尴尬。西方学术界和

---

[1] 王先胜：《炎黄年代及"三皇五帝"历史研究的新进展》，《重庆文理学院学报》（社会科学版）2012年第1期。
[2] 许顺湛：《五帝时代与考古学文化》，《重庆文理学院学报》（社会科学版）2011年第1期。
[3] 见王敏娜：《五帝时代并不是传说渐成共识》，《辽宁日报》，2015年12月31日。
[4] 见高强：《"炎帝·姜炎文化与民生高层学术论坛"观点综述》，《宝鸡文理学院学报》（社会科学版）2009年第5期。
[5] 见许顺湛：《河南仰韶文化聚落群研究》，《中原文物》2001年第5期。
[6] 见王先胜：《炎黄年代及"三皇五帝"历史研究的新进展》，《重庆文理学院学报》（社会科学版）2012年第1期。

第六章　古代城乡关系和三农问题的演变与后果

中国疑古学派,曾以《史记》关于周代以前的记载无当时文字记录为由,否定中国周以前历史的存在。西方历史著作中的中国史上限,只写到周朝,而对此前的历史付之阙如。但自19世纪初在河南安阳发现甲骨文后,通过王国维把出土的甲骨文与古文献相互校勘和印证,发现甲骨文中众多商代帝王名及其所排列的世系,与《史记·殷本纪》的记载相合。这不但证明甲骨文确系商代直接遗留下来的纪录文字,证明了《史记·殷本记》记载的是商代历史的可信性,同时表明《史记》关于《五帝本纪》的记载也应是可信的①。然而,西方学术界未从这种尴尬中得到应有启示,未对这种可信性加以认可,目前西方历史著作中的中国史上限仍止于商朝。

新中国成立后,《史记·五帝本纪》记载的和比其更古老的历史景象,为具有科学实证性的大量考古新材料和其他研究方法所证明。其中,既有层出不穷的考古文物,也有古气候学研究成果,形成了历史文献、考古证据和气候变化相互支撑的三重证据②,也有传世文献、出土文献、口传与非物质文化遗产、考古实物和图像的四重证据法考察③。特别是继夏商周断代工程之后,国家于2004年启动了规模更为宏大,自然科学与人文社会科学多学科交叉、运用先进科学技术手段的中华文明探源工程,并取得了诸多可喜成果④。因此,著名考古学家郭大顺指出:考古与古史中的五帝时代的记载,有越来越接近的趋势,可以说,历史上确有一个"五帝时代"⑤。这意味着民国初年确定以黄帝纪元4609年为中华民国元年⑥后广为国人接受的"中华五千年"传统说法,将被中华至少6000年的新结

---

① 参见曹桂岑:《论中国古代的"五帝时代"》,《华夏考古》2001年第3期。
② 在这方面出现了大量成果。如吴文祥、葛全胜:《从人地关系的视角看"五帝时代"的历史真实性及其年代》,《古地理学报》2015年第2期;王铮、张丕远、周清波:《历史气候变化对中国社会发展的影响:兼论人地关系》,《地理学报》1996年第4期;吴文祥、葛全胜:《夏朝前夕洪水发生的可能性及大禹治水真相》,《第四纪研究》2005年第6期。
③ 叶舒宪:《物的叙事:中华文明探源的四重证据法》,《兰州大学学报》(社会科学版)2010年第6期。
④ 王巍、赵辉:《中华文明探源工程的主要收获》,《光明日报》,2010年2月23日。
⑤ 见王敏娜:《五帝时代并不是传说渐成共识》,《辽宁日报》,2015年12月31日。
⑥ 孙中山:《临时大总统改历改元通电》,《孙中山全集》第2卷,中华书局1986年版,第5页。

论所代替。而且这个结论不是凭单一历史文献演绎，更不是出于政治需要或什么民族主义情感，而是经过多方面考证，符合史实的科学论断。

目前学术界虽对这一历史时期的年限和谱系划分仍存在分歧，但这不妨碍人们对这段历史本身的研究。这段历史距今虽有遥远距离，但中国丰富的历史典籍和考古及其他研究成果，特别是由于五帝时期不但处于原始农业文明时代，而且是原始农业的发展和发达时期[①]，因而在考古发现中农业文物最为丰富。这些为在大体上认识和描述那时的城乡关系和三农问题，提供了可信资料。

同时，也不要以为这一遥远历史早已化为腐朽，仅有考古价值，而对现实问题研究无大意义。其实恰恰相反，它对现实三农问题研究不但十分重要，而且具有独特价值。该时期是中国三农问题的源头。对它的研究，不仅为当今认识和解决三农问题找到历史的"原点"，也是完整研究中国三农问题所不可或缺的组成部分。它是城乡关系由"天然"的和谐互利关系，转变为城乡对立关系的起始阶段，为考察复杂的城乡关系和三农问题提供一个典型环境。而这种环境，是后来不可能重现的，因而对从"原生"意义上认识和总结历史经验教训，解决当今三农问题和避免以后发生同样问题，具有特殊研究和借鉴价值。

二、五帝前期城乡混合一体关系与原始农业发展

在距今 6000 年至 5000 年五帝前期，中国出现了最初的一批古城。已被考古学术界确认的古城，主要有湖南澧县城头山古城（距今 6000～4800 年）、安徽含山凌家滩遗址（距今 5600～5300 年）牛河梁古城（距今 5000～5500 年）[②]（有学者认为牛河梁周边用石头砌筑的古城）、河南郑州西山古城（距今 4800～5300 年）等。这也证实了《史记·封禅书》记载的"黄帝时为五城十二楼"的说法。五帝前期的古城，虽非真正意义的城市，但具备了最初城市即"初城"[③]的性质和城市的初步特征：这

---

① 陈文华：《中国原始农业的起源和发展》，《农业考古》2005 年第 1 期。
② 雷广臻：《从红山文化看社会管理的起源》，《光明日报》，2012 年 12 月 3 日。
③ 薛凤旋：《中国城市及其文明演变》，世界图书出版公司 2010 年版，第 27 页。

第六章　古代城乡关系和三农问题的演变与后果

里居住着中心聚落的首领，是当地政治、文化中心；有拱卫承重居民安全的城墙；有较高规格的特殊建筑物。如供部落举行祭祀活动的祭台和供聚落首领议事的大房子；有初步的功能分区，如祭坛区、居住区、墓葬区和手工业作坊区。这些特殊的居民构成、设施和功能，把它与分散在田野，只有低矮房子，且在组织上服从居于城里中心聚落的农村普通聚落区别开来，表明城乡之间已出现某些差别，形成了既相互区别又相互结合的古城与农村的城乡二分格局。

伴随这些古城的诞生，产生了城乡差别和分化，因而也产生了城乡关系。初城时期城乡之间虽有分化，但分化还不十分明显，两者差别很小，城乡处于原始混合一体和基本平等状态。一是城里有大片耕地。例如，在大溪文化时期城头山遗迹发现了东部稻田区①。二是尚未发生物质劳动与精神劳动、手工业、商业与农业的严格分工。这里的所有人包括氏族首领，都不同程度上从事农业劳动。他们的殉葬品中既有陶、玉等手工业制品，也有石铲、石锄、石镰等农业工具。这说明此时是一个清一色的农民时代。三是城乡财富差距不突出。中国著名历史考古学家李伯谦指出，在"北方红山文化早期、中原地区仰韶文化中期、山东半岛大汶口文化早期、长江中上游大溪文化中期""虽存在分化，但似乎并不严重"②。即使其中被认为社会分化和等级形成比其他文化区"先走一步"③的红山文化（距今6500~5000年），直到第四期（公元前3500~前3000年）晚段之前，即距今5250年，也"看不出明显等级分化和贫富分化现象"。此后，虽出现了上层显贵与平民百姓墓葬等级的明显差别，但仍是"不见夸富的随葬品，社会贫富差别不大"，社会上层显贵是"贵而不富"④。当然，距今5800年至5300年江苏张家港东山村遗址发掘崧泽文化中期的大墓与

---

① ［日］宫本长二郎：《城头山遗址建筑遗构之复原考察》，文物出版社2007年版，第164页。
② 李伯谦：《中国古代文明与国家起源——崧泽文化大型墓葬的启示》，《历史研究》2010年第6期。
③ 苏秉琦、晓克：《论草原文化在中华文化发展史上的地位与作用》《内蒙古社会科学（汉文版）》2004年第6期。
④ 索秀芬、李少兵：《红山文化研究》，《考古学报》2011年第3期。

小墓随葬品,显示了这里富裕权势氏族和平民氏族之间已发生明显贫富分化①,但就整体而言,五帝前期的城乡关系不是对立的,而是处于大体平等协调状态,明显分化还只是个别现象。

五帝前期城乡关系的基本平等状态,并非只是在中国存在的特例。亚里士多德在《政治学》中指出:在希腊城邦中没有城乡之间的明显对立。"城市连同属于它的土地是一个经济整体"②。马克思通过对印度历史研究认为:"亚细亚的历史是城市和乡村无差别的统一"③。其中的"无差别的统一"是以城市和乡村的存在及其区别为前提的。马克思在这里使用的"亚细亚"概念,实际上是指原始社会④,而非仅指印度一个国家。这说明,初城时期城乡相互依存、基本平等关系是世界普遍性现象。

五帝前期的城乡关系,呈现混合一体与基本平等状态是毫不奇怪的。

首先,由当时的生产力状况所决定。早期城市诞生于原始社会晚期。虽然此时生产力有所发展,从而为城市的产生提供了基础,但生产力仍很落后,剩余产品不多,制约着城市和分工发展,也制约着城乡分化的程度。

其次,由当时生产关系和上层建筑性质所决定。此时,土地氏族公社所有、集体生产、共同消费的生产关系,依然是这个社会的经济基础。建筑在这一基础之上的由人民直接行使、代表公众意志、维护公众利益的"原生性"公共权力仍然起着主导作用。中心聚落的首领虽居于城里,但他们代表和协调着部落联盟中各个聚落之间的共同利益和相互关系,因而不会过多汲取乡村资源。这一切都决定此时的城乡分化不会过于明显。一些学者往往以《吴越春秋》"鲧筑城以卫君,造郭以居人,此城郭之始也"为据,认为城市一产生就存在着君与民、城与乡的对立。实际上,距今6000年前的城头山等古城考古遗址,已否定了4500年前"鲧筑城"

---

① 李伯谦:《中国古代文明与国家起源——崧泽文化大型墓葬的启示》,《历史研究》2010年第6期。
② [古希腊]亚里士多德,吴寿彭译:《政治学》,商务印书馆1983年版,第365页。
③ 《马克思恩格斯全集》第46卷上,人民出版社1965年版,第480页。
④ 廖学盛:《怎样理解马克思说的"亚细亚生产方式"》,《世界历史》1979年第2期;参见季正矩:《国内外学者关于"亚细亚生产方式"理论研究观点综述(一)》,《当代世界与社会主义》2008年第1期。

第六章 古代城乡关系和三农问题的演变与后果

为"城郭之始"的说法,也不能望文生义的把这里的"君",理解为如后来凌驾于万民之上的君主。古代对"君"的解释并非只指君王,《白虎通》说:"君者,群也。群下归心也。"

最后,由当时相对良好的气候和稳定的社会环境所决定。研究表明,初城时期前半期,中国处于大暖期(距今8500～3000年)的最盛期[1]。到距今5500年至5000年前开始逐渐变干,但总的来讲,气候温暖湿润[2],有利于生产发展和人口繁衍。同时,此时人地关系十分宽松,不同部落联盟之间,虽偶有争斗乃至战争,但并不频繁,规模也不大,华夏局势总体稳定。这种气候和社会环境,使当时部落首领没有强行向普通聚落大规模征收人力物力的客观需要。

上述历史条件,使这时的城乡分化不明显,财富差距不突出,呈现城乡混合一体、基本平等状态,而不会形成城乡对立。

五帝前期城乡混合一体和基本平等状态,虽表现了初城时期城乡关系的原始性,但它在原始社会古老肌体中,增添了城市这个亘古未有的新因素,为农村发展提供了新动力。一是城市的防洪御敌功能,给农村部落提供了避灾之所,保护了农村劳动力的人身安全,促进了人口繁衍。二是城市的整合和组织功能及其不断强化,加强了不同部落之间的交流合作。它把原来分散在各个部落中的军事、祭祀等功能转移到城市,从而把成千上万处于封闭和散漫状态的人集合起来,整合氏族各种资源,修筑城市设施,开展抗灾和祭祀活动。这不仅使城内居民,也使城外的本部落居民之间,加强了相互交往,并打破了原先的沉闷局面,激发出蓬勃向上的活力。三是城市的分工功能,降低了农村负担,提高了农业生产效率。原来各聚落承担的军事、祭祀等功能被转移到城市,减少了乡村这方面的活动成本。城市还促进了手工业发展,并逐步使之从农业中独立出来,加速了农业工具发展和技术传播。这时的城市中,虽还未形成市场,但城市组织的市场交换和交通运输功能,促进了城乡之间乃至与其他文化区之间的商品流动,从而激发了经济发展的活力。

---

[1] 王绍武、龚道溢:《全新世几个特征时期的中国气温》,《自然科学进展》2000年第4期。
[2] 辽宁日报:《古文明兴衰背后的气候突变》,《辽宁日报》,2013年1月29日第9版。

五帝前期城市的上述功能，是在"原生性"公共权力主导下，在城市对农村资源较少消耗的前提下实现的。它对农业发展释放出了更多的正能量，因而促进了农业发展，使原始农业逐渐摆脱了过去发展极其缓慢状态，进入了"加速发展期"①。

第一，加速了生产方式的转变。远古中国农业自1.2万年前的农业发明，到距今8000年前，实行"刀耕火种"，期间经历了约4000年时间。在距今8000年前告别"刀耕火种"，迈入"抛荒耕作"制，到距今6000年左右走出这一生产方式，用了2000多年时间。而自距今6000年前城市产生后，从"抛荒耕作制"，到距今5000年左右实行"熟荒耕作制"，只经历了1000年时间。到距今5000~4000多年的古城大发展时期，在1000年间，中国原始农业便进入了发达期，基本上奠定了以精耕细作为特征的传统农业的大体格局②。

第二，加快了早期城市区域农业发展速度。在湘南道县玉蟾岩发现的距今1.5万~1.4万年的栽培稻标本，标志着中国稻作农业开始萌芽。澧县彭头山遗址发掘的距今约9000年的炭化稻谷，标志中国最早的稻作农业初步形成③。就是说，中国稻作农业从萌芽到初步形成经历了五六千年。自澧县彭头山中国最早稻作农业形成，到湖南澧县城头山发现距今6500~6300年前出现最早的稻田，经历了2500~2700年。而从城头山古稻田，再到距今5200~4000年的鸡叫城遗址"发现堆积如山的炭化谷糠和非常好的灌溉系统"，即出现成熟和发达的稻业生产，只经历了800年④。

第三，促进了农业工具的快速发展。在城市产生以前，农业工具十分简单、粗陋，主要是石斧、石锛，耒耜等，发展也极为缓慢。城市产生特别是距今5000年城市得到大发展之后，城市成为手工业中心和交换中心，并且手工业从农业中逐渐分离出来，成为相对独立的行业。在迄今出土的许多古城中，都发掘出了手工作坊。如在河南登封王城岗城址内，发现了

---

① 陈文华：《中国原始农业的起源和发展》，《农业考古》2005年第1期。
② 陈文华：《中国原始农业的起源和发展》，《农业考古》2005年第1期。
③ 刘德银：《长江中游史前古城与稻作农业》，《江汉考古》2004年第3期。
④ 李国斌：《考古学家缘何"钟情"澧阳平原》，《湖南日报》，2011年11月26日。

第六章　古代城乡关系和三农问题的演变与后果

专门的石器制作场所,存在由某些家族承担的石器的专业化生产①。城市手工业发展,大大促进了工具的改良和改进,使工具制作更加精致实用,种类繁多。如穿孔石刀、穿孔石铲、穿孔石刀,出现和推广了粮食加工工具杵臼,晚期还出现了石犁。

当然,中国原始农业进入"加速期"是多种因素共同作用的结果,其中气候条件起着主要作用,但就人的因素而言,恐怕与城市诞生及其功能的发挥联系在一起的。这也说明,城乡之间并非如有人认为的那样是一种天然对立关系,而是经历了最初的城乡平等互利的发展阶段。

三、五帝后期生活资料私有制的产生与城乡对立初步形成

在距今 5000 年前中国进入五帝后期。在这个时期,原先各文化区的城乡混合一体和基本平等状态被逐步打破,城乡分化加剧,开始了向城乡对立转变过程。到距今约 4000 年前的夏王朝建立,标志这种转变完成。在这个转变过程中,出现了中国原始社会晚期的三农问题。

进入五帝后期前后,中国掀起了筑城高潮,城市得到迅速发展。一是城址大量增加。据马世之《中国史前古城》一书统计,已发掘的古城有 60 多座。较著名的有湖南澧县城头山古城、牛河梁古城、石家河古城、良渚古城、陶寺古城和神木石峁古城等。二是城市面积大有扩展。城址面积由上一时期的一般几万平方米,扩展到十几万平方米甚至几百万平方米。如石家河古城约有 120 万平方米、良渚古城约达 290 多万平方米、山西的陶寺中期大城达 280 万平方米、陕西神木石峁遗址更达 425 万平方米。三是城市形状、功能与结构明显提升。不但有此前古城遗址中的道路、手工业区、墓葬区等,还建造了高耸的城墙,出现了贵族居住区、规模较大的夯筑宫殿或宗庙基址。有的遗址还出现了专门仓储区。石峁石城还分为外城和内城。四是城乡分野进一步清晰。城乡布局打破了原来住在城里中心部落与居住乡村的中、小型普通部落的二分格局,形成了"都""邑""聚"的中心、次中心和居住乡村的普通村落三级,乃至四级(临

---

① 叶万松、李德方:《四十年来伊洛地区原始社会考古的主要收获》,《洛阳考古四十年》科学出版社 1996 年版,第 106 页。

时居住点)① 格局。在古代中国,"城"就是"国",城里的叫"国人",城外的乡村叫野或鄙②。围绕当时的中心城址,形成了众多城邦国家,即古书所说的"万国"或"万邦"。主要是燕山南北和长城地带的红山文化、长江下游杭嘉湖地区的良渚文化、江汉平原区的屈家岭文化——石家河文化、黄河中游的中原仰韶文化和黄河下游海岱地区的大汶口文化与龙山文化,中华文化呈现出多元并存的格局。

然而,这时中国的城乡关系,面临与前一时期很不相同的自然和社会条件。

首先,气候条件发生了巨大变化。如前所述,从距今5500年开始,中国气候逐渐变干③。到距今5000年左右,气候由全新世温暖期,转变为龙山降温期④。气候的巨大变化,给北方和南方的农业带来了不同影响。因下面谈到的原因,红山文化无法适应干凉气候,而在刚踏进本时期门槛时,便陷入衰落。而石家河文化、良渚文化和山东龙山文化,却获得了从未有过的气候地理条件。因为气温变凉引起海平面下降,使这些文化区因沿海或沿江的地理位置而增加了耕地面积。同时,良渚文化、石家河文化地处南方,不但依然享有气候温暖之利,还摆脱了仰韶温暖期常常发生的水浸和湿热之害。加之这三个文化区在曾因重视农业而得到了快速发展。其中,良渚文化成为各主体文化中经济发展水平最发达地区,石家河文化经济也比较发达。但原先与上述文化区发展程度大体相同的中原龙山文化,却因对干凉气候的不适应和人地矛盾紧张以及由此发生连续不断的战争,而长期处于低潮态势。此后,经过几百年的适应、调整,直到后期才重新崛起。

其次,农业生产得到进一步发展,经济社会趋于复杂化。该时期农业生产工具,由石锄阶段发展到石犁阶段⑤,并形成了以长江中下游为重心

---

① 韩翀飞:《龙山时代聚落形态研究》,《华夏考古》2010年第4期。
② 严文明:《早期中国是怎样的》,《光明日报》,2010年1月14日第10版。
③ 《辽宁日报》:《古文明兴衰背后的气候突变》,《辽宁日报》,2013年1月29日第9版。
④ 张宏彦:《黄河流域史前文化变化过程的环境考古学观察》,《考古与文物》2009年第4期;王绍武、黄建斌:《全新世中期的旱涝变化与中华古文明的进程》,《自然科学学报》2006年第10期。
⑤ 吴耀利:《中国史前稻作农业的成就》,《农业考古》2005年第1期。

第六章　古代城乡关系和三农问题的演变与后果

的稻作和以黄河中下游为重心的粟作这样南北两大农业系统[1]，农业劳动生产率和农作物产量明显提高，提供了较前更多的剩余产品。

随着农业发展和气候变化，五帝后期的先民面临着前所未有的一系列新课题。

一是人地和部落之间的矛盾加剧。农业的发展，促进了人口增加，也引发了不同部落之间比原先频繁且规模更大的争夺生存空间的战争。新的生存环境，要求部落强化和扩大公共权力，以组织和调集农村人力物力应对生存危机，从而使城市增加了对农村人力、物力资源的需求。

二是分工和城乡分离发展。随着农业剩余增加，更多人从农业中完全分离出来，专门从事陶器、石器、玉器、冶金、纺织、酿酒等手工业和社会管理，成为脱离农村的手工业者、商人和社会管理的人员。随之，城市数量大幅增加、规模空前扩大，功能得到提升，使城市与农村明显分离开来。分工发展和城乡的分离，满足了当时人们物质和精神的需要，也使得如何处理农业与工业、农村与城市的关系问题凸显出来。

三是加剧了社会分化，促进了私有制产生。如前所述，分工是对资源和产品在不同部门和行业、工种之间的分配，因而伴随着社会分化和不平等，导致形成不同社会阶层。石犁等新生产工具的广泛应用，使生产的个体化成为可能。这导致农业耕作方式发生深刻变化：由原先的耕地部落所有、氏族和家族使用、实行共同劳动的"公有共耕"，转变为土地家族公社公有，分配给家庭使用的"共有私耕"[2]。在这种耕作方式下，个体家庭成了社会经济单位。随之，房舍、工具和生活用品以及耕种收获品，逐渐归家庭所有，只向公社或部落首领缴纳一定的贡赋和服劳役[3]，这意味着私有制产生了。不同社会阶层和私有制的出现，又直接导致"单个人的利益或单个家庭的利益与所有相互交往的个人的共同利益之间的矛盾"[4]，因而把如何处理不同阶层和城乡之间的利益关系问题突出出来。

最后，"原生性"公共权力逐步发生异化。在上述一系列新问题面

---

[1] 任式楠：《中国史前农业的发生与发展》，《学术探索》2005年第6期。
[2] 徐喜辰：《井田制度研究》，吉林人民出版社1984年，第31～42页。
[3] 曹贯一：《农业经济史》，中国社会科学出版社1989年版，第19页。
[4] 《马克思恩格斯选集》第1卷，人民出版社1995年版，第84页。

前，初城时期的"原生性"公共权力变得不适应了。为应对这些问题，维护共同利益，原始农业公社建立一些特殊机关，并赋予承担这些职位的个别人员以某种全权①，以便使他们具有组织和调动各种资源，处理日益增多和复杂的公共事务。起初，这些公职人员仍是社会的公仆，但在私有制产生后的新社会环境下，他们对自己的角色定位，逐步发生了变化。私有制在社会生产力发展相对不足条件下，有其产生和存在的必然性和历史作用，即有利于调动人们生产的积极性，通过辛苦劳动扩大自己的财富，并为此增长自己的能力并扩大交往范围，从而对生产力发展和人类社会进步有巨大推动作用。但私有制也容易激起人的贪欲，通过各种手段剥削他人的劳动，侵占他人的财富。尽管在龙山时代，私有制还局限于不动产范围，而未涉足生产资料，但已激起人们对物质财富的贪欲。据《史记·五帝本纪》记载，尧帝为表彰舜的功德，把自己的两个女儿赐给舜，赐他琴、谷仓、牛和羊。但舜的父亲瞽叟和同父异母的弟弟象，为瓜分尧的妻子和财产，竟图谋杀害舜。象在实施杀害行为后说："舜妻尧二女，与琴，象取之。牛羊仓廪予父母"②。这则故事虽为传说，但在一定程度上反映了当时不动产私有制产生对一般平民的影响。

这种影响对于掌握公社公共权力的人而言会更深刻。因为随着社会共同体规模扩大和经济发展，他们可以支配的物质资源越来越多，公共事务也不断增加，这使他们有机会和条件把手中的权力转变为谋取私利的工具。随着时间的推移，这些人的私欲如同他们掌握的权力一样逐步膨胀起来。于是，他们把公社赋予的权利，变成了与整个集体的共同利益相独立，甚至相对立的特殊权利，并把这些职位变为世袭。由此，公社赋予这些人的公共权力，"逐渐上升为对社会的统治"；"起先的社会公仆""变为社会的主人"，并最终集结成一个与普通民众相对立的统治阶级③，形成早期国家或初始国家，即人类学家塞维斯提出并为目前中国一些学者经常使用的"酋邦"或"邦国"，直至建立私有制正式国家。在国家产生时

---

① 《马克思恩格斯选集》第3卷，人民出版社1995年版，第12页。
② 《史记·五帝本纪》。
③ 《马克思恩格斯选集》第3卷，人民出版社1995年版，第522~523页。

第六章　古代城乡关系和三农问题的演变与后果

期,直到工业社会之前,农民是人民群众的主体和社会财富的主要创造者,是被剥削、被压迫的主要承担者,因而统治阶级与被统治阶级的对立,主要表现在城乡对立上。

可见,五帝后期到来前后,自然和社会环境的巨大变化、社会分工和分化的进一步发展,特别是生活资料私有制的产生和发展,打破了初城时期基本平等的城乡关系,城乡对立开始逐步形成。正如马克思所说:"城乡之间的对立是随着野蛮向文明的过渡、部落制度向国家的过渡、地域局限性向民族的过渡而开始的"①。

四、城乡对立和三农问题与远古四大文明毁灭

在五帝后期,中国仍处在原始社会末期,因而这时发生的私有制,尚未涉及土地等生产资料,而只发生在生活资料范围,这决定此时的城乡对立不具有根本对抗的性质。但即使这种性质的城乡对立,也先后在红山文化、良渚文化、石家河文化和山东龙山文化,造成了极其严重的三农问题,并直接导致这四大文明崩溃。

红山文化(距今 6500 年至 5000 年②),地处燕山南北、长城地带。根据一项对该文化区古气候指标的研究结果,从距今 9000~6000 年,这里的气候一直处于暖湿阶段,并在 8000 年左右产生了原始农业。到距今 6000 年后,这里的气候虽出现干凉化趋势,但其水热条件仍足以支撑农业生产③。加之其丘陵山地、森林草原植被的独特地理条件,使红山文化成为"宜农宜牧地带"。因此,在红山文化中期和晚期的前段,即距今 5250 年之前,这里不但有较发达的采集、狩猎和捕捞业,而且原始农业跨入了粗耕阶段,且已达到相当高的水平,在当时各文化共同体中曾"盛极一时"④。

---

①　《马克思恩格斯文集》第 1 卷,人民出版社 2009 年版,第 556 页。
②　对红山文化上下限分期,多数学者认为如此。见丁铭:《考古学家对红山文化时空分布分期基本确定》,腾讯网,http://news.qq.com/a/20070614/002655.htm,2007 年 6 月 14 日。
③　莫多闻等:《华北不同地区全新世环境演变对古文化发展的影响》,《第四纪研究》2003 年第 2 期。
④　索秀芬、李少兵:《红山文化研究》,《考古学报》2011 年第 3 期。

然而，到红山文化末期，即距今5250年①后，干凉气候在中国北方地区最早明显表现出来，导致自然灾害频发，"气候变干，农业生产条件开始恶化"②，沙漠化趋势加剧，红山文化的农业、采集、狩猎和捕捞业都遇到极大困难。红山文化先民们面对神秘大自然的新变化，既无法认识，也无法驾驭，只能用宗教加以解释。自然条件的恶化，弱化了他们原先对某种动物或植物图腾自然崇拜的强度，而把他们对祖先的崇拜推向了鼎盛。在他们看来，红山文化早中期母系社会优越的自然环境和经济繁荣，是天神赐予的。而他们的祖先则是"源于人间而又超越人间"③，能够接受天赐，佑护子孙的神灵。只有敬天神、祭祖先，才能避灾消难，恢复往昔的美好环境和生活。

由此，形成了红山文明"敬天崇祖"的神本文化。祭祖牛河梁遗址的女神庙以及其他红山遗址出土的大小不一的众多人塑像，都是"被神化的祖先形象"和"对祖先的崇拜"④的表征。"红山玉器则以其独特的造型和神秘的内涵，被认为是图腾崇拜的偶像或宗教活动中通灵的神器。"⑤为制作供他们膜拜的神像、神器和开展祭祀活动，少数聚落首领被赋予了掌管祭祀的特权。聚落首领利用这些特权，把几乎所有的人力、物力和先民的时间，都集中于制作大量玉器与石器，集中于建造大大小小的祭坛、宗庙和石冢等宗教设施，并开展无休止的祭祀活动。这种宗教迷狂，打破了此前红山文化中的平等状态，形成了中国最初形态的城乡对立，并由此造成中国最早的三农问题。

作为红山文化最重要遗址的牛河梁遗址（距今约6000～5000年⑥），为认识这一问题提供了宝贵的实证材料。根据索秀芬、李少兵的研究，在距今5500年以前，牛河梁的墓葬规模差别不大，且多数墓葬无随葬品，

---

① 索秀芬、李少兵：《红山文化研究》，《考古学报》2011年第3期。
② 丁铭：《西辽河流域气候在红山文化时期就开始恶化》，腾讯网，http://news.xinhuanet.com/tech/2007-06/20/content_6265814.htm，2007年6月20日。
③ 陈星灿：《丰产巫术与祖先崇拜——红山文化出土女性塑像试探》，《华夏考古》1990年第3期。
④ 索秀芬、李少兵：《红山文化研究》，《考古学报》2011年第3期。
⑤ 陈鹏：《红山文化的宗教崇拜与神话问题》，辽宁师范大学硕士论文，2008年。
⑥ 索秀芬、李少兵：《牛河梁遗址红山文化遗存分期初探》，《考古》2007年第10期。

第六章　古代城乡关系和三农问题的演变与后果

少量随葬品为一般生产和生活用具,看不出明显等级分化和贫富分化现象。即使到距今 5250 年以前,虽出现了一般墓葬和特殊墓葬两个等级,但随葬品除个别为玉器外,多为陶器,墓葬无等级差别。

然而,至红山文化末期(距今 5250~5000 年)[1],牛河梁墓葬发生了明显变化。该墓葬不但发展成为占地 50 平方公里,由祭坛、女神庙、积石冢群三位一体的规模宏大的祭祀区,而且展现了一个等级分明,"金字塔"式的社会景象:其祭坛分为三个层次,反映了从整个牛河梁遗址祭坛,到冈冢祭坛,再到每个积石冢体的不同层次的集体祭祀级别;每个积石冢群墓地分六个等级[2],随葬由陶器转为以玉器为主[3]。最高等级墓葬是中心墓,葬玉器数量相对较多,且异常精美。其下的墓葬以等级为序逐级变少,低级的乙类石棺墓不随葬玉器,附属墓则只有简单墓坑,一般无随葬品;女神庙中的塑像,也按大小、主次排列[4]。

值得注意的是,牛河梁遗址"绝非一个氏族甚至一个部落所能拥有,而是一个更大的文化共同体共同祖先的圣地"[5]。在牛河梁遗址发现的 13 个冈冢群,实际上代表红山文化区的 13 个氏族或部落[6]。而且正如严文明指出的,牛河梁遗址不是普通民众的墓葬区,而是掌握相当政治权力和宗教权力人物的贵族坟山[7]。因此,牛河梁遗址不同部落或氏族贵族葬墓的不同等级,集中反映了它代表的聚落的现实等级,反映了红山文化区不同聚落地位的不平等状况。

目前学术界尽管对牛河梁发掘的石砌围墙[8]是否反映红山文化存在古城问题存有争议,但如苏秉琦所指出,红山文化的确形成了集宗教祭祀和

---

[1] 索秀芬、李少兵:《红山文化研究》,《考古学报》2011 年第 3 期。
[2] 索秀芬、李少兵:《红山文化研究》,《考古学报》2011 年第 3 期。
[3] 吕学明:《辽宁凌源市牛河梁遗址第五地点 1998~1999 年度的发掘》,《考古》2001 年第 8 期。
[4] 索秀芬、李少兵:《红山文化研究》,《考古学报》2011 年第 3 期。
[5] 孙守道:《牛河梁红山文化女神头像的发现与研究》,《文物》1986 年第 8 期。
[6] 索秀芬、李少兵:《红山文化研究》,《考古学报》2011 年第 3 期。
[7] 严文明:《中国王墓的出现》,《考古与文物》1996 年第 1 期。
[8] 苏秉琦:《中华文明的新曙光》,《东南文化》1988 年第 5 期;雷广臻:《从红山文化看社会管理的起源》,《光明日报》,2012 年 12 月 3 日。

中国"三农"发展规律与战略目标研究

社会政治经济权力于一身的特殊阶层，的确产生了基于公社、又凌驾于公社之上的高一级的社会组织形式，的确形成了传统氏族部落所没有的调集大量人力物力的巨大力量①。就是说，牛河梁遗址曾是周围13个氏族或部落的政治和文化中心，具有城市政治、经济和文化功能和巨大能量。至于以在红山文化区未发现如其他文化区那样的古城墙为据，来否定这里已有城市的观点值得商榷。因为有无城墙并非是判断城市的必不可少的标志。在尚未发生经常性的大规模的武力冲突的时代，城市不一定非有城墙。正像当今的城市没有城墙，但谁也不能否定其依然是城市一样。一个聚居区，只要是该区域经济、政治、文化中心，具有城市的基本功能，即可被看作城市。

然而，红山文化城市的这些功能和能量，不是被用来组织农业生产和建设人民生活设施，而是用来把社会各种资源集中投入于营建宗庙、祭坛和巨大的贵族冢墓，用来制作和雕琢供祭祀和陪葬玉器的手工业品，用来组织无休止的祭祀活动。这种虔诚的宗教狂热，虽推动了手工业与农业分离，并创造了至今仍令人惊叹的玉石和其他手工艺品，但导致了城乡对立，造成了手工业畸形发展，给农业生产带来了严重危害，形成了中国最早的三农问题。

第一，造成农业劳动力严重不足。红山文化的宗教活动，既包括经常化、"固定化"和"制度化"的祭祀②，也包括修建各种祭祀设施，还包括为祭祀生产的各种产品，尤其石器产品。这些宗教活动的主体，都来自于红山文化从事农业生产的先民，占用了大量劳动力。其中，玉石生产占用的人力最多。红山玉器用料考究，技艺精湛，精美绝伦。据考证，这些玉器的主要石料，原产于距离红山文化腹地相距千里的辽东半岛南端及海岛地区路途遥远，道路崎岖③。生产这些玉器工序极其复杂，需要经过选料、切割、打磨、钻孔、抛光一整套加工程序方能完成④。可想而知，从

---

① 严文明：《早期中国是怎样的》，《光明日报》，2010年1月14日第10版。
② 乌兰、杨福瑞：《红山文化中晚期的祭祀活动及其特点》，《世纪桥》2011年第7期。
③ 邓聪、刘国祥：《红山文化玉器玉料来源、采集与运输》，《牛河梁红山文化遗址发掘报告（1983~2003年度）（中）》，文物出版社2012年版。
④ 索秀芬、李少兵：《红山文化研究》，《考古学报》2011年第3期。

第六章　古代城乡关系和三农问题的演变与后果

石料运输到玉石生产，需要多少人力、物力。同时，修建宏大的祭祀设施，也需要耗费大量人力。有学者估算，仅修建牛河梁遗址南部的转山子金字塔形巨型建筑一项工程，就至少需要数十万个人工①。

这些宗教活动占用如此庞大的劳动力，造成农业劳动力的严重不足。红山文化出土的生产工具统计数据证明了这一点。在二道梁遗址出土的红山文化生产工具中，农业工具占 44.6%，手工业工具占 37%，狩猎工具占 18.5%②。这一统计，可以在一定程度上反映红山文化的劳动力结构和产业结构。其中，农业虽占主要地位，但手工业占比相当高，仅比农业低 7.6%。如加上为使用手工业工具劳动力服务的人员，加上不使用工具修建宗庙、祭坛和巨大冢墓的劳动力，那么，投入手工业等非农劳动的人员数量，肯定大大超过农业人力投入。即使根据二道梁红山文化遗存中反映的手工业占 37% 比重，这种经济结构也是不合理的。因为在原始农业条件下，农业工具十分粗陋，技术改进极其缓慢，维持和发展农业的决定因素，是保证劳动力的投入。但红山文化把占比如此之大的劳动力，集中到与人们的食物生产无关的宗教手工生产和祭祀设施建设上，必然造成农业与手工业的严重失衡，极大削弱农业生产能力，导致灾难性后果。

第二，造成大量农业物力资源的极大浪费。红山文化的宗教祭祀活动，固然是为祈求天神和祖先护佑风调雨顺、五谷兴旺，但实质上这些活动不但不会为农业生产起到任何正面作用，反而因在自然条件较好的地方建造宗教和祭祀建筑，占用了大量优质土地资源，并以消费几乎全部农业剩余为代价，以大量时间、体力和精力，修建和制作与农业发展无关的宗教建筑和产品。这不能不造成农业物力资源的极大浪费。

第三，败坏了社会风气，破坏了生态环境，导致农业衰败。在气候变冷条件下，红山先民通过采集和狩猎获得天然产品变得越来越困难。他们只有依靠人的力量，改进农业工具，发展农业生产，才能战胜气候变化的挑战，保障自身延续和发展。但红山文化晚期，这里弥漫的宗教狂热，使人们丧失了发展农业的精神动力，而是把自身命运寄托于天神、祖宗的护

---

① 杨虎：《辽西地区新石器的铜石并用时代考古文化序列与分期》，《文物》1994 年第 9 期。
② 索秀芬、李少兵：《红山文化研究》，《考古学报》2011 年第 3 期。

佑。为此，红山先民大规模修建宗教祭祀建筑，并为发展用于祭祀的玉石、陶器等手工业而大面积掘土采石，势必加剧农业生态环境的恶化。

此时的红山先民，既丧失了发展农业生产的动力，又丧失了原来优越的农业生产自然条件，农业的衰败自然成为不可避免的结果。有学者通过对牛河梁遗址群出土人骨的龋齿疾病的统计分析，认为牛河梁人群的龋齿罹患率相对偏低。在调查统计的样本中，龋齿率仅为1.41%。这"可能暗示出红山文化晚期的牛河梁遗址人群的经济生活方式还处在以采集狩猎为主体的模式中"[1]。作者引证一些研究成果认为，古代居民龋齿的出现率在农业型经济中要高于狩猎——采集型经济。因而，龋齿的发生率经常被作为推测是农业经济形态或是采集狩猎经济类型的一个重要参考指标，但如前所述，红山文化虽存在采猎捕捞业，但农业已发展到成熟阶段，农业生产是人们的主要食物来源[2]，并且有一定的剩余。否则，难以解释红山文化农业与手工业分工的高度发展，无法解释红山文化何以能调集如此多的人力、物力修建各种宗教设施。可能的情况是，到后期晚段，这里的宗教活动走向极端，严重破坏了农业可持续性，加之气候进一步恶化，使红山文化由以农业为主倒退到以采集狩猎为主体的模式。

小河沿文化（距今5000~4000年）的考古成果，进一步印证了这一看法。小河沿文化是"继红山文化晚期发展演变而来"。在该遗址发掘的遗存中，农业工具大量减少，农业水平明显低于红山文化期[3]。这种情况，恐非在进入小河沿文化后才发生，可能是其前身红山文化后期晚段农业衰落的延续。

由上可见，红山文化晚期三农问题的出现，固然与这里气候明显降温有直接关系，但更主要原因是以牺牲农业为代价，把主要社会资源，投入于无休止的宗教活动，造成经济结构的严重畸形发展，严重削弱了农业。

需要说明的是，在红山文化后期，虽形成了少数人特权阶层和明显等

---

[1] 原海兵、朱泓：《牛河梁红山文化人群龋齿的统计与分析》，《人类学学报》2012年第1期。
[2] 徐效慧：《红山文化农业初论》，《理论界》2013第10期；刘晋祥、董新林：《浅论赵宝沟文化的农业经济》，《考古》1996年第2期。
[3] 李永化、张小咏：《辽西地区新石器——青铜时代耕作业的兴衰与环境变化的关系》，《人文地理》2004年第5期。

第六章　古代城乡关系和三农问题的演变与后果

级差别,出现了城乡差别,但迄今为止的考古遗存,还不能证明红山文化有王权统治和私有制、阶级及阶级对立的存在。相反,考古遗存证明,这里的"社会贫富差别不大",即使牛河梁遗址上层显贵的高级别墓葬中的高质量玉器,也只表明其高贵的社会地位,而未证明这些显贵在生前或死后占有了多少经济财富,而是"贵而不富"①。同时"在繁茂芜杂的考古现象中,人们找不到战争与对抗的证据",呈现出来的却是"各部落之间,族群内部都过着平等协作"和"和平""祥和"②的情景。这说明,红山文化尚未形成对抗性城乡对立。因为它不表现为权力中心的首领把普通部落和先民的财富占为己有,也不表现为两者之间的残酷压迫或反抗,而是表现为整个共同体宗教迷狂,牺牲了农业发展。而这种宗教活动,不仅是特权阶层信仰和意志,同时也是红山先民的信仰和意志。因此,红山文化的城乡对立是非对抗性质的。

然而,即便非对抗性质的城乡对立,也造成了严重三农问题,并从根本上破坏了红山文化存在的条件。当5000年气候急剧降温来临之际,其神本文化和建筑上的僵化权力体制,无法克服严重三农问题,无力创造适应新气候的农业生产力,难以抵御自然气候对它的打击,因而,这个曾"盛极一时"的红山文化的衰落,就成为不可避免的命运。

红山文化的衰落说明,即使在一个基本平等与和平安定的社会里,如果不重视三农,过度发展非农产业或活动,也会造成非对抗性城乡对立,也会造成严重三农问题,动摇农业这个社会存在的根基,招致严重后果,乃至葬送一种古老文明。这是红山文化衰亡留给后人的一个严重教训。

与红山文化的命运相似,五帝后期的良渚文化、石家河文化和山东龙山文化的城乡对立和三农问题,同样导致了这三大文化的陨落。

如前所述,进入五帝后期以后,这三大文化区不但未受到气候降温的侵扰,反而因其地处南方或沿海,而获得了气候适宜、耕地面积扩大等有利于农业发展的自然条件,并且在三大文化前中期,这里虽先后发生社会分化,但都处于基本平等阶段,统治者比较重视农业。比如屈家岭、石家

---

① 索秀芬、李少兵:《红山文化研究》,《考古学报》2011年第3期。
② 于建设:《红山文化的社会性质》,《赤峰学院学报·红山文化研究专辑》2006年。

河成功创造出先进的"筑城—围堰—分洪区"洪水控制技术体系①。在良渚文化区发现了"众多大同小异的石犁"②,修建了排涝灌溉水利设施③,两地的稻作农业都进入犁耕阶段,形成了发达、成熟的稻作农业④。发达的农业支撑良渚跃升为当时中国经济最发达的地区⑤,也使石家河文化成为当时比较发达的地区。

然而,到五帝晚期,在这里重演了红山文化的宗教迷狂和轻视农业的悲剧。所不同的是,红山文化是在因气候变冷造成环境恶化条件下,在私有制尚未出现、社会基本平等基础上走上这条道路的,而良渚文化、石家河文化和山东龙山文化区,则是在因气候变冷带来环境更为优越条件下,在发生不动产私有制和严重社会分化基础上开始走上这条道路的。

此前,这里的人们虽重视农业生产,但"楚、越之地,地广人稀,……地埶饶食,无饥馑之患"⑥,使其对农业的重视程度不如北方。进入龙山时代后,气候降温,海平面下降,自然导致耕地面积扩大,粮食产量增加,手工业也得到发展,公共事务随之扩大。同时,随着母系社会向父系社会过渡加剧并逐步完成,家庭日益成为独立的生活和生产单位,不动产私有制逐步形成。

然而在新的自然和社会环境下,良渚文化、石家河文化和山东龙山文化区上层集团,把经济发展的成就,归因于神灵佑护。因此,他们不再重视发展农业生产,而是热衷于"信巫鬼,重淫祀"⑦,使宗教在社会、经济和政治生活中占据主导地位,整个社会被笼罩在浓浓的宗教氛围之中。在这个过程中,上层集团以"神灵"的名义,通过宗教手段,把"民众赋予共同体首领的权力",异化为"主宰民众",谋取私利的权利,形成

---

① 何驽:《屈家岭、石家河中心居址的地理环境分析》,《荆楚文史》1996 年第 1 期。
② 吴耀利:《中国史前稻作农业的成就》,《农业考古》2005 年第 1 期。
③ 蒋卫东:《自然环境变迁与良渚文化兴衰》,《华夏考古》2003 年第 2 期。
④ 吴耀利:《中国史前稻作农业的成就》,《农业考古》2005 年第 1 期。
⑤ 严文明:《中国确实存在着五千年以上的文明史》,《光明日报》,2010 年 1 月 14 日。
⑥ 《史记·货殖列传》。
⑦ 《汉书·地理志》。

第六章　古代城乡关系和三农问题的演变与后果

了"完全脱离民众"的"独立的特权阶层"①。但与追求死后社会身份象征，而不追求生前财富占有的红山文化上层不同，良渚文化和石家河文化统治者，不但大肆建造神庙、高台墓地的宗教设施，大肆发展为宗教服务的手工业，而且还建筑或扩大用于保护统治者安全、表征统治者至高无上地位的城池，修建供统治者享用的大型豪华居住设施；不仅在生前挥霍大量财富，过着穷奢极欲的生活，而且追求死后大量精美葬品。而开展这些活动的人力和财富，都来自对农村人力、物力的掠夺。其结果，造成了城乡利益对立，造成了农业与手工业发展的严重失衡和城乡贫富悬殊。

在良渚文化（距今 5300~2100 年）中期，即距今约 4800~4600 年期间②，形成了城乡对立的聚落金字塔形结构。据研究，在长江下游地区，太湖以南的良渚—瓶窑区是这个金字塔的顶端。这里体现了良渚文明最高等级的政治权力和物质财富，其随葬品以象征富有的"玉琮为中心"，并有其他大量的随葬品，晚期大墓中还有人殉现象。江苏草鞋山、寺墩；上海福泉山等地是这个金字塔的次级中心。这里也有随葬玉琮和玉石③。其他聚落葬墓处于金字塔中端和低端，其葬墓不仅规模小，仅能容身，且随葬器物少，只有一两件普通的陶器和石器，许多葬墓还没有随葬品④。这个金字塔形的聚落形态，反映了当时城乡关系已处于对立状态。

大致与此同时，在长江中游的石家河文化区和山东龙山文化区也先后形成城乡对立。早在石家河文化之前的屈家岭文化（距今 5000~4600 年）时期，长江中游已出现石家河古城区级中心聚落、城头山和鸡叫城等城址构成的地方中心聚落和大量普通村社这样三级层级化的城乡格局。居住在宗教中心聚落的贵族，"尽占地利，享受着高级住宅、精美器具和一夫多妻制，无处不在表现他们'唯我独尊'的特权"阶层⑤。到石家河

---

① 朔知把良渚文化分为三期：第一期距今 5300~4800 年；第二期距今 4800~4600 年，第三期距今 4600~4100 年。为叙述方便本书将这三期分别称为、早、中、晚期。见朔知：《良渚文化的初步分析》，《考古学报》2000 年第 4 期。
② 朔知：《良渚文化的初步分析》，《考古学报》2000 年第 4 期。
③ 宋建：《长江下游的古代社会文明化进程》，《东方考古研究通讯》2003 年第 1 期。
④ 吴汝祚：《初探海岱地区古代文明的起源》，《中原文物》1995 年第 2 期；韩翀飞：《龙山时代聚落形态研究》，《华夏考古》2010 年第 4 期。
⑤ 何驽：《长江中游文明进程的阶段与特点简论》，《江汉考古》2004 年第 1 期。

文化时期（距今约 4600~4000 年），这里的城乡分化和对立进一步加剧。在晚期的湖北天门肖家屋脊东部瓮棺葬墓地中，出玉器的瓮棺葬占家族墓葬总数的 36.4%，却占有家族财富的 100%。其他占 63.6% 的家庭，无随葬品①。说明在这里形成了依据财富与权力的根本性差别划分的统治阶级与庶民阶级②。在山东大汶口文化（距今 6100~4600 年左右）晚期（距今 5000~4600 年），形成了"都、邑、聚"结构的三级聚落形态。进入山东龙山文化（距今 4350~3950 年）后，个别地区甚至出现了四层聚落形态③。这些不同聚落，随着贫富分化发展和阶级对立加剧，"城乡差别、城乡对立的格局昭然若揭。"④

如果说晚期红山文化调集农村人力、物力，建造宗教设施和发展手工业，破坏了农业生产的正常进行，但社会上层尚未私人占有财富，城乡贫富差别不大，阶级尚未形成，因而这里的城乡对立是非对抗性的，那么，晚期良渚文化、石家河文化和山东龙山文化的城市上层统治集团，不但大肆掠夺农村资源，建造城市各种设施而撕裂了手工业与农业之间关系，而且大量占有了这些资源，形成城市统治阶级与农村庶民阶级的初步对抗性对立。这种对立，造成了良渚文化、石家河文化和山东龙山文化严重三农问题。其中，以良渚文化表现最为典型，因而仅以此为例作一说明。

第一，农作物品种单一。在良渚文化早期，这里的农业经济具有多样性。钱山漾与水田畈遗址发现的象蚕豆、芝麻、花生、西瓜子、酸枣核、毛桃核、葫芦等植物遗存⑤，证明了这一点。然而，到中晚期这里的种植业结构变得过于单一，"在出土地农作物遗存中，除稻谷外未见其他。"⑥这种种植结构变化，一方面与气候趋凉有关，但主要原因恐怕是因大量劳动力被调集到城市修建设施和手工业生产，使农民不能顾及稻作以外的品

---

① 何驽：《中国文明起源考古探索的思考》，《从考古到史学研究之路——尹达先生百年诞辰纪念文集（1906—2006）》，云南人民出版社 2000 年 1 月版。
② 何驽：《长江中游文明进程的阶段与特点简论》，《江汉考古》2004 年第 1 期。
③ 栾丰实：《海岱地区古代社会的复杂化进程》，《新华文摘》2004 年第 7 期。
④ 何德亮：《山东龙山文化与古代文明形成研究》，《古代文明研究通讯》2001 年第 9 期。
⑤ 浙江省文物管理委员会：《吴兴钱山漾遗址第一、二次发掘报告》，《考古学报》1960 年第 2 期；浙江省文物管理委员会：《杭州水田畈遗址发掘报告》，《考古学报》1960 年第 2 期。
⑥ 沈山：《良渚悬疑》，《华夏时报》，2013 年 10 月 16 日。

第六章　古代城乡关系和三农问题的演变与后果

种种植。这种过于单一的种植业结构，给良渚文化埋下了致命隐患。一旦气候环境发生重大变化，或大面积作物基因退化、杂草侵入、病虫害疫情等灾害发生，就可能摧毁整个农业生产，而使其存在的经济基础顷刻瓦解，整个国家也就难以续存。事实正是如此。当4200年不利于稻作植物生长的强烈干冷气候降临，就导致这里稻谷逐渐减产，而又无任何其他粮食替代品维持生活，进而造成人口数量减少。良渚文化在中期鼎盛时，新开发遗址一度达到34个，而晚期仅有16处①，就是证明。

第二，农业生产日益萎缩。良渚文化在中期的发达，是以其发达稻作农业为基础的。而其发达的稻作农业，又是以大量劳动力投入和农业水利设施修建为前提的。然而，到中晚期，统治者沉迷于宗教和祭祀，把大量农村人力物力投入于建造大型宗教祭祀设施，用于宗教礼仪的玉器生产。这些活动虽然加强了贵族的统治，也使良渚玉器以其无与伦比的数量、种类、技艺，登上了当时中外"史前玉文化最高峰"②，但这些成就与农业生产没有任何正面作用，反而占用了大量人力、物力、财力，占用了大量耕地，破坏了生态环境，带来"水利投入荒怠"③。这必然导致农业生产水平下降，粮食生产萎缩，经济和社会发展衰落。

这一点为考古成果所证明。在良渚遗址群内发现的近100多处遗址中，大量是良渚文化中期前后的遗存，不仅数量多，而且类型齐全，而到末期遗存数量极少④。因而，陈淳在分析良渚与山东龙山文化衰败时所指出："要维持一个社会的正常运转，其投入生产性与纯消耗性的劳力应有一定的比例，当大量的社会能量与资源不断被投入毫无经济效益的祭祀中去后，不仅损害了其经济基础，而且最终导致了整个社会的崩溃"⑤。

第三，造成农民贫困。良渚文化统治者生活奢侈，并大规模建筑高

---

① 毛剑杰：《良渚文化最后为何没进化成国家：气候人口致衰落》，《杭州日报》，2010年8月2日。
② 蒋卫东：《良渚玉器：史前玉文化最高峰》，《广州日报》，2013年10月20日。
③ 蒋卫东：《自然环境变迁与良渚文化兴衰关系的思考》，《华夏考古》2003年第2期。
④ 浙江省文物考古研究所：《余杭良渚遗址群调查简报》，《文物》2002年第10期。
⑤ 陈淳：《资源、神权与文明的兴衰》，《考古学的理论与研究》，学林出版社2003年版，第14~19页。

台、宫庙、祭坛和坟山，在晚期还发动了向北方的扩张①。这必然消耗巨量人力和物力。根据计算：仅莫角山平台工程就"须有十万人为劳动力储备基础。"②而这些人力和物力都来自于对农村的剥夺，必然导致农民对农产品占有减少，造成农民贫困化。上文谈到的那些规模小、葬器少或无随葬品小墓地的主人，基本上均是处于社会下层生活贫困的农业劳动者。③据有学者考证，当时良渚地区相对难得的肉食，只有少数高阶层人物享用，而黎民大众只能素食当家，尤以水生或湿生植物、地下根茎植物食品为多，以充主食④。

可见，良渚文化中晚期，由城乡对立造成的三农问题，已从根本上动摇了自身的存在基础，因此当4200年洪灾到来时，良渚文化宗教巫术盛行和"政教合一"的特点⑤，使其丧失了任何抵御灾难的基础和动力，这注定了良渚文化必然走向衰落的命运。石家河文化和山东龙山文化大体上走了一条与良渚文化基本相同的道路，因而也在大致相同时期和基本相同的原因而先后陷于崩溃。

总之，由于人文和地理气候原因，五帝时代的红山文化、良渚文化、石家河文化和山东龙山文化，先后走上了沉迷于宗教狂热，无视农业根基地位，过度发展非农产业或活动，过度剥夺农村财富的道路，造成了严重的城乡对立，带来了灾难性的三农问题，这是该四大文明由辉煌走向崩溃的基本原因，也是五帝时代留给后人留下的严重教训。

五、城乡协调和三农发展与中原文明崛起

中原文化是指史前以河南地区为核心的黄河中游物质和精神文化的总称。主要包括裴李岗文化、仰韶文化、龙山文化以及二里头文化、二里岗文化。这里主要考察距今5000年到4000年的仰韶文化晚期和中原龙山文化时期，即五帝后期的基本状况。

---

① 严文明：《碰撞与征服——花厅墓地埋葬情况的思考》，《文物天地》1990年第6期。
② 李伟：《良渚：巫政之国的兴衰》，《三联生活周刊》2012年第40期。
③ 张忠培：《良渚文化墓地与其表述的文明社会》，《考古学报》2012年第4期。
④ 程世华：《良渚人饮食之蠡测》，《农业考古》2005年第1期。
⑤ 陈声波：《论良渚文化中心聚落的特殊性东南文化》，《东南文化》2005年第2期。

第六章　古代城乡关系和三农问题的演变与后果

与良渚文化和石家河文化相比，中原文化区发生城乡对立的时间要晚得多。迄今在中原地区龙山时代晚期之前遗址的考古发掘中，"未见有耗费民力的大型礼仪建筑"①，其古城面积也都不大，大致在几万平方米到几十万平方米之内。著名的郑州西山城址面积仅3.4万平方米。未发现像良渚遗址（300多万平方米）、石家河城址（120万平方米）那样的宏大古城建筑。直到龙山时代晚期，才出现襄汾陶寺遗址、陕西石峁等超百万平方米甚至几百万平方米那样的巨大城址。

同时，这里的社会分化也不突出。在郑州西山古城等聚落遗址大面积发掘中，出土了大量储存的财物，但它们不是私人财富，而是氏族成员的公共财产。中原部族不但一般成员普遍实行薄葬，即使孟津妯娌遗址墓葬中的氏族权贵，"除棺撑和佩戴的象牙箍显示其权威外，却并不见有更多的身外之物。"这表明，此时中原文化区虽已产生等级，但"氏族权贵们在财富的拥有量上与氏族一般成员是在一个可以接受的低水平差距以内，整个社会财富的分配比较合理贫富差距并不严重，换言之，这是一个大致平均的社会。"② 这些都反映了中原文化早中期的城乡关系是相对协调的，城乡对立不明显。

到龙山文化晚期，随着经济和私有制发展，中原发生了剧烈社会和城乡分化，形成了阶级和城乡对立。

山西襄汾陶寺遗址（距今4400～4000年）是这种变化的集中反映。在该遗址发现了早期小城和中期大城，后者面积达到280万平方米。在城中目前发掘出墓葬1000余座。其中，早期大墓9座，每墓随葬品100余件，有陶器、彩绘木（漆）器等高水平的工艺品。中期大墓有显示墓主身份及地位的玉钺、石钺等；中型贵族墓40余座，每墓随葬品10余件；其余皆为一无所有的小型墓地。这"意味着5%的贵族占据了95%的财富"③。

---

① 张玉石：《史前城址与中原地区中国古代文明中心地位的形成》，《华夏考古》2001年第1期。
② 张玉石：《史前城址与中原地区中国古代文明中心地位的形成》，《华夏考古》2001年第1期。
③ 何驽：《中国文明起源考古探索的思考》，《从考古到史学研究之路——尹达先生百年诞辰纪念文集（1906—2006）》，云南人民出版社2000年版。

表明这里的贫富差别与阶级对立十分明显。这虽是陶寺城内的分化情况，但正如有学者所指出，陶寺墓地各类墓葬的这种"金字塔式"比例关系，应是当时社会结构的反映①。在陶寺遗址周围分布着上百处同时期的农村聚落遗址，形成以陶寺遗址为中心的多层次的聚落群。陶寺"同周邻文化的关系，则表现为重吸纳而少放射"②。在这些遗址发掘出的只是"白灰面房子和一些盆盆罐罐之类的日常用具"③。这与陶寺城内墓葬反映的城市贵族的奢华生活形成了鲜明对比。

与陶寺遗址大致同期的神木石峁城址（距今4300~4000年），面积更高达430万平方米，是目前所见中国史前时期的最大城址。在周围数十平方公里范围内，还有几万平方米到十几万平方米的十多个小"卫星城"，形成众星捧月之势④。石峁古城由"皇城台"、内城和外城三部分构成。这里密集分布着宫殿建筑、房址、墓葬和祭坛。在贵族墓地出土了玉鸟、玉管和保存完好的殉人。据此，严文明认为神木石峁遗址或许代表了阶级形成⑤，而阶级的形成则意味着对抗性城乡对立的初步形成。

然而，令人深思的是，晚期中原龙山文化虽出现了阶级和城乡对立，但这里未像其他文化那样出现严重的三农问题。中原文化与红山文化一样地处北方，但它在距今5000年左右因干冷气候到来之后，未像红山文化那样崩溃，而是经历了徘徊低落时期之后，到距今4500年左右重新崛起，至中原龙山文化晚期，则发展成为当时各文化区中农业最先进、最发达的地区。陶寺遗址出土的大量磨制农具以及酒器、贮粮器皿，还有在洛阳锉李、邯郸涧沟、汤阴白营等遗址发现的分布密集"水井"⑥。《论语·泰伯》记载的禹"尽力乎沟洫"，都表明其已达到当时中国农业的最高水

---

① 高炜：《中国大百科全书·考古卷》"陶寺遗址"条，中国大百科全书出版社1986年版。
② 高炜：《晋西南与中国古代文明的形成》，《汾河湾——丁村文化与晋文化考古学术研讨会文集》，山西高校联合出版社1996年版。
③ 何驽：《2010年陶寺遗址群聚落形态考古实践与理论收获》，《中国社会科学院古代文明研究中心通讯》2011年第21期。
④ 刘虎：《榆林神木石峁遗址发掘需100年或为轩辕黄帝居所》，《长江商报》，2015年1月12日。
⑤ 刘修兵：《石峁遗址：探寻中华文明起源的窗口》，《中国文化报》，2014年7月15日。
⑥ 高天麟：《龙山文化陶寺类型农业发展状况初探》，《农业考古》1993年第3期。

第六章　古代城乡关系和三农问题的演变与后果

平。其中，禹"尽力乎沟洫"，初步建立以防洪排涝为目的的农田沟洫体系，并出现垄作、条播、中耕除草等技术，标志着精耕细作农业在这里最早萌芽。

伴随着农业发展，农村聚落大幅增加。根据《中国文物地图集·河南分册》和近年考古发掘资料粗略统计，以裴李岗文化及磁山文化、老官台文化为代表的聚落遗址只有180处，到仰韶文化时期聚落发展到900处，而至龙山文化时期聚落达到1000处[①]。其中仅临汾辖区陶寺类型聚落遗址达200多处[②]。农业和农村发展，促进了这里人口主要是农民人口增加。这些都表明，在中原龙山文化时期，乃至晚期出现城乡对立之后，这里仍未呈现严重的三农问题。

何以在阶级和城乡对立初步形成的相同条件下，中原龙山文化区未出现像良渚文化、石家河文化区那样严重的三农问题？根本原因在于，两类文化区的不同自然、经济和社会文化条件，决定它们在由原始公有制社会向私有制社会转化进程中，走了不同的发展道路：中原龙山文化走的是强化社会管理职能，把"原始性"公共权力蜕变为私有权利的道路；其他文化则大体走了通过宗教手段，实行"政教合一"，把神权与世俗权力结合来获得和扩大私有特权的道路。两条不同的发展道路，决定了他们对三农采取了不同态度和政策，因而导致三农出现不同状况。

在生产力低下的远古时代，人类普遍流行巫术与宗教，但中原文化与其他文化对待宗教的态度有明显区别。南方"楚、越之地，地广人稀，……地埶饶食"[③]，获得食物比较容易，使得这里的人们对生产经济的重视程度较低，因而宗教色彩更浓。进入龙山时代后，因气候变化带来的经济发展，进一步强化了他们的宗教信仰。同时，这里的主要农作物品种是稻。稻作栽培由于受水源和地势限制，往往在生产组织方面，产生"分散的离心力而不是合作的向心力"[④]，从而形成了南方农业经济的分散

---

① 李龙：《中原史前聚落分布与特征演化》，《中原文物》2008年第3期。
② 许顺湛：《临汾龙山文化陶寺类型聚落群研究》，《中原文物》2010年第3期。
③ 《史记·货殖列传》。
④ White, Joyee C.: Rehistoric Roots for Heterarehy in Early Southeast Asian States. Paperpresented at the Soeiety for American Arehaeology 57th Annual Meetingat Pitts, 1992.

性，进而造成其政治上的分散性。这种分散性，在"缺乏赤裸裸的强制力量的时候，宗教的约束提供了一条通向政治集中的发展道路"①。因此，良渚文化和石家河文化的上层统治集团，通过宗教巫术手段，在"神灵"的名义下，取得和扩大公共权力，并把公权力转变为自己获得和维持奢侈生活的私有特权。宗教和巫术虽有其产生与存在的客观根源，但宗教毕竟是"装饰在锁链上"的"虚幻的花朵"②，巫术是对外在世界的错误反映。它不能使人作为"理性的人来思想来行动，来建立自己的现实性"。③它忽视生产经济，不能按理性和生产经济的要求，克制人类对物质与文化享受的贪欲，更不能形成符合理性和经济社会发展要求的社会管理机构和职能。这导致良渚文化和石家河文化上层集团，把几乎所有资源，都集中到狂热的宗教祭祀活动以及为此服务的手工业生产上，把大量财富用于少数统治者奢侈消费和死后陪葬，从而造成资源的巨大浪费，生态的巨大破坏，农业资源的枯竭，带来严重三农问题。

与南方良渚文化和石家河文化不同，这时的北方中原文化气候变得干旱寒冷，植物种类较贫乏。这种相对严酷的自然条件，要求这里的人们更多地致力于生产经济④，养成了重视生产劳动，崇尚节俭，不事奢华的风尚。虽然作为远古先民，他们不可能不从事大量宗教和祭祀活动，但中原文化不像南方那样"信巫鬼，重淫祀"⑤，而主要是祖先崇拜和祭祀。这里的人们，为发展生产和抵御自然灾害，加强了部落首领的公共权力，但这些首领不像同期其他文化区那样沉迷于宗教，而是将其放在适当位置。他们奉行的是"人之本在地"，注重"节民力"观念，主张"毋苛事，节赋敛，勿夺民时"⑥的治理理念，比较重视农业生产。因此，中原文化主要不是靠宗教治理社会，而是以生产理性，通过建立和强化社会管理职能

---

① Keatinge R. W: The Natureand Role of Religious Diffusion in the Early Stages of State Formation; an Example from Peruvian Prehistory, in *The Transition to Statehood The New World*, 1952, p. 187.

② 《马克思恩格斯文集》第1卷，人民出版社2009年版，第3～4页。

③ 《马克思恩格斯选集》第1卷，人民出版社1975年版，第2页。

④ 童恩正：《中国北方与南方古代文明发展轨迹之异同》，《中国社会科学》1994年第5期。

⑤ 《汉书·地理志》。

⑥ 《黄帝经·经法》。

第六章 古代城乡关系和三农问题的演变与后果

治理社会。据《史记》记载,早在黄帝时,这里就开始设置行政机构和官吏,"置左右大监,监于万国","举风后、力牧、常先、大鸿以治民"①,标志着王权的萌芽。颛顼进行的宗教改革,实行宗教与行政分离,使社会治理的走向以人事为主、向人治发展②,奠定了王权和社会健康发展的理性基础。

到尧舜禹时期,王权统治体系逐渐成熟,建立了"都—邑—乡镇—村四级中央与地方行政组织结构"③。其中,中央机构设置分工更细致、职能更明确。《史记·五帝本纪》记载:"皋陶为大理,平民各伏得其实;伯夷主礼,上下咸让;垂主工师,百工致功;益主虞,山泽辟;弃主稷,百谷时茂;契主司徒,百姓亲和;龙主宾客,远人至;十二牧行而九州莫敢辟违。"对内传布"五教",倡导父义、母慈、兄友、弟恭、子孝的品行;制定"五刑",建立监狱,以强制性暴力制裁内部的"寇贼奸宄",维护王权和社会秩序;对外组织军队维护疆土安全。这种以理性为基础的王权制度,既"表现出镇压和统治的性质,又具有浓厚的仁慈性质"④,不仅具有强大的内部凝聚力和社会人力、物力动员力,也使统治者以理性精神,重视农业生产,较少征调民力、民财。即使上层集团也不事奢华,注重节俭。韩非子赞美道:"尧之王天下也,茅茨不剪,采椽不斫,粝粢之食,藜藿之羹,冬日麑裘,夏日葛衣,虽门监之服养,不亏于此矣。"⑤

在发展农业同时,中原文化还重视制铜、纺织、石器、木器、漆器、骨器、玉器、酿酒等手工业发展,某些手工业脱离了农业成为独立生产部门。但与良渚文化和石家河文化不同,这里的手工业产品多与民生有关,而用于奢侈性消费和象征身份的"玉器则较为稀少"⑥,并且他们奉行以农为本理念,将手工业发展放在适当位置,保障了农业的主体地位,长期保持城乡基本协调状态。即使到龙山文化晚期后段,虽然社会和城乡分化

---

① 《史记·五帝本纪》。
② 黄正术:《论五帝时代》,《安徽大学学报》2003 年第 2 期。
③ 何驽:《陶寺遗址群调查与陶寺城西钻探收获》,《中国考古》2011 年 1 月 10 日。
④ 晁福林:《中国早期国家问题论纲》,《光明日报》,2000 年 12 月 1 日。
⑤ 《韩非子·五蠹》。
⑥ 马兴:《尧舜时代研究》,东北师范大学博士学位论文,2007 年。

加剧，出现了脱离民众的特权阶层，形成了阶级和城乡利益的初步对立关系，但统治者仍比较重视生产和"赋敛有度"①，把城市对农村资源的汲取限制在农村能够承受的程度，把城乡对立限制在合理范围之内。在这里看不到像良渚文化和石家河文化统治者那样穷奢极欲的巨大浪费遗存，也未发现大规模的宗教狂热性质的浪费②。即使晚期的陶寺城址，其大型古观象台基址③，也以其观象授时核心功能，展现了"祖先为农时服务、社会生产生活服务"④所做的努力，而与良渚文化石家河文化建造的用于祭祀神灵和埋葬显贵的土筑高台形成鲜明对照。

可见，中原龙山文化走的这条通过强化社会管理职能，使之在由"原始性"公共权力蜕变为私有权利的蜕变过程中，把城乡分化和对立保持在合理的范围，不但没有造成严重三农问题，相反却促进了农业和手工业协调发展，积累了巨量的社会财富。这使中原文化在帝尧时代，已取得了领先与同时期周边地区的地位⑤。

由于南北文化在由原始公有制向私有制社会转变进程中走了不同发展道路，因而三农呈现不同状况，决定它们在距今 4200～4000 年气温突变打击面前，出现了不同的结局：良渚文化、石家河文化和山东龙山文化，因其"政教合一"的僵化、落后制度以及由此造成的三农问题，而纷纷凋谢；北方中原文化依靠其社会管理制度优势和以农业为基础的强大经济实力，不仅举全国之力降伏洪魔，而且击败了周边文化区的侵扰，"以仁义之兵行于天下"⑥，"禹合诸侯於涂山，执玉帛者万国"⑦，成了华夏文明的中心。

---

① 《黄帝经·经法》。
② 何驽：《可持续发展定乾坤——石家河酋邦崩溃与中原崛起的根本原因之对比分析》，《中原文物》1999 年第 4 期。
③ 中国社会科学院考古研究所山西工作队等：《山西襄汾县陶寺城址祭祀区大型建筑基址 2003 年发掘简报》，《考古》2004 年第 7 期。
④ 段树聪：《探秘中国最古老观象台陶寺遗址》，《山西晚报》，2010 年 1 月 10 日。
⑤ 陶寺：《帝尧时代的中国"唐尧帝都文化建设"座谈纪要》，《光明日报》，2013 年 12 月 9 日第 15 版。
⑥ 《荀子·议兵篇》。
⑦ 《左传·哀公七年》。

第六章　古代城乡关系和三农问题的演变与后果

可以说，距今 4000 多年前在中华大地上发生的这场文化巨变，是中华民族史上最具决定意义的一次文明抉择。正是这次抉择，犁定了此后中华民族的人本、农本理性和社会一统管理的文明形态和发展道路，并决定了中华文明虽屡遭各种灾难而永久不衰。对中华大地文化巨变的这种解释，不仅可以对中华文化何以延续 6000 年沧桑岁月而从未中断问题，作出合理答案，也许对认识美索不达米亚文明、古埃及文明和古印度文明何以在大体同一时期、同一气候突变下，先后走向衰落的深层原因有所启迪。它说明公元前 2200~2000 年的气候突变，固然是这些文明衰落的重要原因，但其根本原因，恐怕是还在于其神本理念、社会管理制度，特别是决定当时人类生存的农业状况。在这场气候灾难面前，不论中华大地，还是世界范围的其他文明之花都纷纷凋谢，唯有中原文明在灾难中崛起，一枝独秀，且长盛不衰的事实，说明能否正确处理城乡关系，能否重视农业生产，关系到人类文明的生死存亡。这些深刻教训与经验，不能不令人掩卷深思。

第二节
古代城乡关系和三农兴衰周期循环与王朝更替

一、中国式"家国同构"土地私有制的形成

公元前 21 世纪初，禹的儿子启废除了尧舜禹时代实行的禅让制，确立了王位父子相承的世袭制。这意味着私有制突破了原来的动产范围，发展到不动产领域，形成了以土地为核心的生产资料国（王）有制。这时所有制形式，虽名为国有或"王"有，还未出现普通民众的个体家庭所有，但已将其与此前的禅让制度之下的土地公有制社会在质上区别开来，标志着私有制国家的形成。尽管反映这种王家所有制实质的谚语："普天

之下,莫非王土;率土之滨,莫非王臣"①,到春秋中期随着《诗经》成书才传播开来,但其事实在夏朝已经存在并被后世所认定,如《三字经》云:"夏传子,家天下"。私有制国家"把城市和乡村的对立作为整个社会分工的基础固定下来"②,赋予了城市统治阶级的土地最终所有权,并藉此压迫、剥削人民特别是农民,标志着中国由生产资料公有制社会向私有制社会转变,也标志着城乡关系从原始混合一体,到对抗性城乡对立转变的完成。进入夏朝后,中国经历了奴隶制、封建制两大社会形态和数不清的王朝更替。这些社会和王朝,都是以生产资料私有制为基础的,因而其城乡关系始终具有全面对抗性对立的性质,并成为三农问题制度性根源。

然而,需要说明和重点探讨的是,自20世纪二三十年代至今,国内外史学术界对古代中国实行怎样的土地(主要是耕地)所有制形式问题始终存在严重分歧。其主要表现为土地国有制与土地私有制两种观点的对峙③。

针对中国古代土地所有制研究的长期胶着状况,李根蟠提出了西周时代"一元多级"和秦汉以后"多元一体"的观点。所谓"一元多级",是指周天子拥有名义上对全国土地的最高土地所有权,但在宗法贵族共同体内部,按共同体成员资格、并依身份高低等级分割共享实际土地所有权,即各级贵族领主从中收取劳役地租并在其采邑内可交换和让渡的"公田"("籍田")。此外,还有农民用以糊口养家的份地。所谓"多元一体",是指秦汉后既有属于国家所有权的"官田"(国有土地),又有私人所有的民田(包括官僚贵戚、地主和庶民),形成"官田"与"私田"并立,公权私权叠压于同一土地客体,并存于不同土地客体中,构成有机的动态的统一体④。这一见解,不但对摆脱以前学术界把土地国有和土地

---

① 《诗经·小雅》。
② 《马克思恩格斯选集》第4卷,人民出版社1976年版,第176~177页。
③ 李根蟠:《官田民田并立公权私权叠压——简论秦汉以后封建土地制度的形成及特点》,《中国经济史研究》2014年第2期。
④ 李根蟠:《官田民田并立公权私权叠压——简论秦汉以后封建土地制度的形成及特点》,《中国经济史研究》2014年第2期。

第六章　古代城乡关系和三农问题的演变与后果

私有决然对立的思维定式，正确认识古代中国复杂土地制度有重要价值，而且对认识古代三农问题产生及其千年不能根本解决的原因，也有极重要的启示意义。

在上述"一元多级"和"多元一体"的所有制结构框架中，每一种所有制形式，都不是完整、独立存在的，而是一种"公权私权叠压"的复合形态，具有国有和私有的二重性。

全国土地（本书主要以耕地为对象）具有国家所有和王家私有的双重性。君王基于"普天之下，莫非王土"① 观念，代表国家对全国所有土地进行控制，具有最高土地所有权性质。其中，既包括国家直接占有并通过"井田制""授田制""均田制"等形式，封赐给官僚、地主（奴隶主）和分配给农民耕种的"官田"，也包括官僚、地主（奴隶主）与农民的通过各种形式获得的私田。

这些土地都具有"国有"的性质，其主要表现：一是帝王代表国家向贵族、官僚和庶民（包括庶族地主和农民）授予土地；二是国家对全国土地实行控制。国家虽规定土地可以买卖，但土地买卖必须经官府登记，否则，交易无效。如《唐律疏议·户婚律》引《田令》规定："凡卖买（田地）皆须经所部官司申牒，年终彼此除附。若无文牒辄卖买，财没不追，地还本主"。三是君主和官府在"普天之下，莫非王土"观念下，凭借权力大肆侵占、兼并民间土地。此类事件在历史上频频发生，有关史料记载俯拾皆是。四是帝王代表国家向土地征收贡赋。这种贡赋征收，不但面对帝王封授的土地，而且适用于私人开垦之地，除非天高皇帝远，王权达不到的深山僻林。而"当国家向其管辖区或征服地征收贡赋的时候，'王土'就带有土地所有权的性质了。"② 而自夏朝"自虞夏时，贡赋备矣"③。自此到清末的4000多年间，国家向全国农地征收贡赋的制度，一脉相承，且越来越严密。这些都体现了土地国有的性质。

在此问题上，有人认为"普天之下，莫非王土"，只是《诗经》作者

---

① 《诗经·小雅·邶风》。
② 李根蟠：《官田民田并立公权私权叠压——简论秦汉以后封建土地制度的形成及特点》，《中国经济史研究》2014年第2期。
③ 《史记·夏本纪》。

中国"三农"发展规律与战略目标研究

吹捧天子乃天下至尊的地位而已，不是政府规文和法律文件，跟"所有制"不是一个概念①，据此否定古代存在土地王有（国有）制。其实，"普天之下，莫非王土"②的诗句，最早出自五帝之一的舜帝，也许这时该诗句中所有权概念并不明确，其内涵较后也有所不同。但它不是舜随意吟咏的诗句，而是在他接任尧成为国家首领仪式上所作。这一特殊场合，决定该诗既有颂扬尧帝功绩的性质，也有华夏帝王宣示其天下"共主"地位的性质。还值得注意的是，在舜帝1000多年之后，该诗被写入周朝诗歌，并被收入约春秋成书的《诗经》，足见其流传之广，影响之深，绝非普通诗句可比。

如果说《诗经》属于文学作品，还不足以判断该句的法律性质，那么，秦始皇在统一六国后出巡时所刻《琅琊刻石》，则更准确证明了这一点。《琅琊刻石》在此前"普天之下，莫非王土"基础上，明确强调"六合之内，皇帝之土"。这一刻石虽有歌颂秦皇殊功内容，但更是秦皇申明法纪的法令性文献。因为它总结了"古之五帝三王，知教不同，法度不明"，"故不久长"的教训，申明刻石的目的，在于"端平法度"，"自以为纪"。再联系同一时期《泰山刻石》的"皇帝临位，作制明法"、《芝罘刻石》的"大圣作治，建定法度，显著纲纪"③等语句，"六合之内，皇帝之土"的法律性质便更无可置疑了。

可见，"普天之下，莫非王土"绝非一句普通吹捧之词，它实质上是掌握最高权力的帝王，对古代中国疆域内所有土地最高所有权的法律宣示，是古代存在"土地国有制"不可否定的根据。同时，"土地国有制"也不仅仅存在于中国秦汉至明清的封建制社会，而且在此之前的中国奴隶制社会，乃至于原始社会后期的尧舜时代，已出现了它的雏形，只是在不同社会形式中它有不同性质和特点而已。

---

① 郑昌淦：《在北京史学术界再度讨论中国封建社会土地所有制问题会议上的发言》，《光明日报》，1961年5月18日；赵伯雄：《西周国家形态研究》，湖南教育出版社1990年版，第105页。
② 吕不为：《吕氏春秋·孝行览第二·慎人》。
③ 《史记·秦始皇本纪》。

第六章　古代城乡关系和三农问题的演变与后果

但是，这种国有土地在本质上属于私有制范畴①，这是由当时国家性质决定的。中国进入私有制社会后，国家已非代表社会全体成员的公共利益，而是代表少数统治阶级特别是某一王朝家族的利益。在古代，虽有皇家与国家的不同称谓，但两者很难彼此区别开来，而是混为一体的。"朕即国家""国家即朕"，为法国国王路易十四提出，也是中国古代王朝观和国家观简洁意赅的表达，与中国的"普天之下，莫非王土；率土之滨，莫非王臣"是异曲同工。以致清末的梁启超批判说：数千年来，国人将国家与朝廷混为一谈，甚至不闻有国家，但闻有朝廷②。从本质上说，朝廷不是代表整个社会的公共利益，而是代表皇家一家一族的利益，是剥削广大人民特别是农民的工具。正如黄宗羲公开揭露的那样，历代君主"以天下之利尽归于己，以天下之害尽归于人"③。在这样的朝廷主宰下的国家，"无非是一个阶级镇压另一个阶级的机器。"④

可见，帝王既代表国家拥有全国土地的所有权，故而这些土地具有国有性质，但帝王同时又将全国土地视为自己与皇族的私有财产，他是全国最高、最大的地主（奴隶主）。因此，中国所有土地都具有国有和王家私有的双重性质。当然，由于中国土地辽阔，国家（皇家）不可能全部直接占有和经营所有土地，而是把土地分封或授予贵族、官僚和庶民（包括庶族地主和农民）来经营和处置。因而，国家（国王）对土地的所有权是最高所有权。

与国有土地具有国有和王家私有的双重性一样，私有土地（包括贵族、官僚、庶族地主和农民的土地），也具有国有与私有两重性质。在广义上，土地所有权包括土地占有、使用、收益和处分四种权能。为使国有土地获得经济效益，更为统治和剥削人民，国家（国王）将其土地最终所有权的各种权能进行分割。周朝在"普天之下，莫非王土"法权之下，形成了"天子建国，诸侯立家，卿置侧室，大夫有贰宗，士

---

① 李根蟠：《官田民田并立公权私权叠压——简论秦汉以后封建土地制度的形成及特点》，《中国经济史研究》2014年第2期。
② 梁启超：《中国积弱溯源论》，中华书局1996年版，第15页。
③ 黄宗羲：《明夷待访录·原君》。
④ 《马克思恩格斯选集（第2版）》第2卷，人民出版社1995年版，第336页。

有隶子弟"①的层层封授的土地多层级占有制。国王把土地分封给贵族和臣民。贵族对其领地,不但有占有权、收益权,还有一定处分权。他们可以将其领地分给所属隶耕种而收取劳役地租,其"采邑也可以交换和让渡"。西周的《格伯簋》和《卫盉》等器的铭文;也明确记载了贵族用田土、采邑进行交换的事实②。农奴则对其份地只有使用权,而无处分权,不得买卖,即所谓"田里不鬻"。因此,林甘泉指出,西周井田制具有农村公社土地所有制和奴隶制土地国有制的双重特点③。但其中的农村公社土地所有制,已并非"村社共有",而是王有之下奴隶主剥削奴隶的私有财产。这被《诗经·七月》描写的奴隶繁重劳动与悲惨境遇所证明。

　　进入战国后,地主和自耕农不但拥有上述三种权利,而且有了自由处分权。他们有地契,不但可以世代继承土地,还可以自由转让、租赁、买卖自己的土地,且越到后来,这种处分权的表现形式越多样化。如自宋开始,出现了"子孙相承,租佃岁久"④的永佃田。南宋以后,出现了一些向地主承佃土地并缴纳一定银两,然后分佃他人甚至辗转分佃他人的"二地主""三地主"。总之,不管土地的来源如何,只要如实呈报登录于官立簿账,则被认可为合法占有并自主处置,而处分权能"为所有权内容之核心"⑤。既然这些土地占有者在不同程度上拥有这一权能,并有证明自家土地的地契,这些土地就有了私有财产性质。尽管上述所有权能的重重分割,使国有土地融入了私有内涵,但在法权意义上,他们的土地所有权是有限和不彻底的⑥,未改变土地国家(国王)的最终所有权属,且必须向国家(王家)缴纳赋役,因而使土地具有国有与私有两重性质。

　　由上可见,夏后至清末,中国土地制度在本质上是一元的,属于私有制体系,但其结构是多元的。每一块土地都不存在单一所有权,而是重合着两种或两种以上的所有权,因而每一种所有权都是相对的、被分割的,

---

①　《左传》桓公二年师服语。
②　李根蟠:《官田民田并立公权私权叠压——简论秦汉以后封建土地制度的形成及特点》,《中国经济史研究》2014 年第 2 期。
③　林甘泉:《亚细亚生产方式与中国古代社会》,《中国史研究》1998 年第 3 期。
④　马端临:《田赋考七·屯田》载《文献通考》第 7 卷,中华书局 1986 年版。
⑤　梁慧星:《中国物权法研究》(上),法律出版社 1998 年 6 月第 1 版,第 223 页。
⑥　杜树章:《中国皇权社会的赋税研究》,中国财政经济出版社 2009 年版,第 98、第 99 页。

第六章　古代城乡关系和三农问题的演变与后果

既属于公权意义的国有，又属于私权意义的私有，是一种多重所有权能的复合体。

然而，古代中国的私有，不同于西方那样的个人所有，"中国社会之组织，以家族为单位，不以个人为单位"①。无论是以皇帝为代表的贵族皇家，还是以官僚、地主为代表的家庭或家族，抑或农户的农家，一个个不同的家庭，构成中国经济社会最大和最小的组织。因此，这种所有制形式，可概括为"家国同构"相对土地所有权制度。以往人们把"家国同构"看作"家庭、家族和国家在组织结构方面具有共同性"②和伦理结构的共同性，但忽视了它更是土地所有制的共同性。而这种共同性，恰恰是中国整个"家国同构"体系的核心内容，是家庭、家族和国家组织结构和伦理观念的经济基础。没有这个基础，建筑其上的社会和国家结构，都是不能产生和存在的。因此，"家国同构"土地所有权制度，应得到确认和重视。

或许有学者依据罗马法规范，质疑和否定这种"家国同构"土地所有权制度。在罗马法中，国家主权及国家治理属于公法范畴，土地所有权属于私法范畴，公法与私法互不相涉。作为私法的土地所有权的权能，是一种排斥其他一切人，只服从所有权人意志的绝对性、排他性、永续性的财产权利，只能被不可分割的掌控在所有权人手里③，即使所有权中的某项权能从所有权中一时游离出去被他人享有，但这实际反映的正是所有权人的独享权利，而且游离出去的所有权权能终究要回归所有权人④。由此形成了罗马法中的"一物一权"主义，即一个标的物上只能设定一个所有权⑤。一言蔽之，罗马法主张的是不被分割的绝对所有权。按照这样的规范，古代中国这样的土地所有权能被国有和私有重重分割和叠加、公权与私权相互渗透，任何所有权都相对存在的现象，是不可想象的事情。

---

① 梁启超：《新大陆游记》，载《梁启超选集》，上海人民出版社1984年版，第432页。
② 张岱年、方克立：《中国文化概论》，北京师范大学出版社2005年版，第48页。
③ 周枏：《罗马法原论》，商务印书馆1994年版，第299~300页。
④ 马新彦：《罗马法所有权理论的当代发展》，载《法学研究》2006年第1期。
⑤ 谢在全：《民法物权论》，中国政法大学出版社1999年版，第18页；铃木禄弥：《物权法讲义》，创文社1994年版，第349页。

中国"三农"发展规律与战略目标研究

实际上，中外学术界关于中国古代土地制度争论的双方，都秉承罗马法"一物一权"的绝对所有权理念，并以其照套中国历史。因而，他们在中国一块土地上国权与私权并存的复杂事实面前，弄不清两者之间的联系，而是各看一面、各执一端，长期争论不下。至于"家国同构"土地制度中的所有权能被多种主体有重重分割和叠加、公权与私权相互渗透，任何所有权都是相对存在的现象，更被看作不可想象的事情。在这样的研究范式下，对"家国同构"的土地所有权制度的存在提出质疑，是很自然的事情。

然而，问题是古代世界法律体系中不仅仅存在罗马法的绝对所有权观念，还存在日耳曼法的相对所有权理念和事实。而日耳曼法的相对所有权，与中国"家国同构"土地所有权十分相似。日耳曼法主张在保持国王对土地的"终极意义所有权"[①]的基础上，对所有权的权利束作质的分割，使同一土地上存在两重所有权：一是上级所有权人即领主（或地主）有对土地的管领权、处分权，从而也有部分收益权；二是下级所有权人，即耕作人有对土地的使用权和部分收益权，两者均被称为 gewere（支配权）[②]。正如法国法律史学家亨利·梅因认为的："封建概念的主要特征是它承认双重所有权，封建领主的高一级所有，与土地占有者低一级的财产权或地产权共存"[③]。可见，在日耳曼法中，主体所享有的所有权是不完整的。一块土地"重叠"着两个及其以上所有权主体。这些所有权性质不同，但相互包容，互不排斥。还值得注意的是，这种日耳曼法物权制度，不仅存在于中世纪的整个欧洲，而且对近代英美法也发生了绝对影响[④]，这足见其适用价值。因此，即使以世界比较普遍使用的法律体系视野来看，也不能忽视日耳曼法类型，也不能仅以其中罗马法中的绝对所有权，否定古代中国"家国同构"土地所有权制度的存在。

更重要的是，不同国家土地制度之间，虽有不同程度的相互影响，但某一国家生成并实行怎样的土地所有制和法律制度，归根结底是由本国的经济、政治和文化条件决定的。对国际交往比较稀疏、各国间相互影响比

---

① 易继明：《论日耳曼财产法团体主义特征》，《比较法研究》2001年第3期。
② 易继明：《论日耳曼财产法团体主义特征》，《比较法研究》2001年第3期。
③ Alan MacFarlane: *The Cradle of Capitalism: The Case of England*, Oxford, 1988, p.193.
④ ［韩］郭润直：《大陆法》，博英社1962年版，第63页。

第六章　古代城乡关系和三农问题的演变与后果

较微弱的古代社会而言，尤其如此。因此，对一个国家的土地制度的认识和评判，不能以别国的某一模式为标准进行裁量，而应当根据形成该国这些制度的国情条件加以认识和评判。古代中国与欧洲相距遥远，特别是在"家国同构"土地所有权制度形成时期，它对欧洲的交往尚未发生。中国的这一土地制度，完全是在本土发源和发展的。因此，既不能以其与罗马法绝对所有权信条大相径庭便加以杖杀，也不能以其与日耳曼法相对所有权理念相近就简单肯定，而应当分析中国形成该制度的经济社会和文化条件，探讨该制度的生成根源和特点，并对其作出实事求是的公正评价。只有这样，才能科学认识和阐释中国古代土地所有制问题。

古代中国"家国同构"土地所有权制度的形成，具有十分深刻的经济社会和历史根源。

首先，古代中国存在"家国同构"土地所有权制度，是以土地为中心的农业社会的客观要求。财产的归属与利用，是物权权束中的两个基本关系，土地作为人类的主要一种财产形式，同样具有这两种基本关系。同时，土地不是一般财产，而是人类社会最主要的不动产，是人类生存必需品的主要来源。尽可能多地提供这些必需品，正是土地本身的价值与本质所在。而土地的增值和本质得以体现的关键在于利用，离开了利用，土地就失去了它的本质意义。所以，不管土地的归属如何，都必须通过利用，才能发挥土地的价值，土地的归属与利用是不可分离的。

但是，在不同社会和国情条件下，人们对待土地两种关系的重心是不同的。在商品经济社会，人们活动和关注的重心是财产的交易、流转和安全，因而人们关注的重心，是财产的归属。古罗马是一个"商品生产者社会"[1]，因而在这里产生了以所有制为中心的土地制度。而在农业社会，工商业不发达，农业生产是人们生活资料的主要来源。在这样的社会里，人们一般不追求占有和所有之间的严格区分，而是认为"只要拥有所有权的某项权能，即可享有所有权的地位，从而可以利用财产发挥财产效用"，而且认为"发挥财产效用的重要性甚于财产归谁所有"[2]。日耳曼社

---

[1]《马克思恩格斯选集》第4卷，人民出版社1972年版，第248页。
[2] 程宗璋：《罗马法与日耳曼法物权制度的比较研究》，《闽江职业大学学报》2000年第1期。

中国"三农"发展规律与战略目标研究

会是"以土地为中心的农业经济社会"①,因而形成了以利用为中心的土地制度。古代中国,同样是这样的社会,所以形成与之相类似的"家国同构"相对所有权制度是不奇怪的。值得注意的是,古代中国与中世纪欧洲大陆,地处世界的东西两端,相距十分遥远,且至少在西汉开辟古丝绸之路之前,两者几乎是完全相互隔离的。在这样的两个地区,都发生并长期存在极为相似的相对土地所有权制度,不能不说明它是以土地为中心的农业社会对土地制度的客观要求。

其次,"家国同构"相对土地所有权制,由中国特殊国情所决定。如果说古代中国与日耳曼社会的以上相同之处,决定两者都构建了以土地利用为中心相对土地所有制结构,那么,两个社会存在的不同之处,则决定中国生成了比日耳曼法相对土地所有制更严密、更成熟的"家国同构"相对所有权制度。日耳曼是一个以畜牧为主、自然条件比较优越、土地环境相对宽松的社会;古代中国则是一个以种植业为特征、自然灾害和社会动荡频发、土地相对贫乏的国家。古代中国的这种国情条件,不但决定它比日耳曼社会更重视土地利用。5000年前黄帝提出的"人之本在地"②观念、后来形成的精耕细作传统,都证明了这一点。同时,中国的农业主要是种植业和土地相对贫乏的国情,要求国家(王权)以某种形式对各种土地资源加以宏观控制与协调,需要农户分块分散经营。而"家国同构"的相对所有权制度,不但是古代中国在财产关系上通过把所有权能分割,将不同所有权主体的利益结合起来,实现对土地充分利用的一种制度安排,也是国家(王权)对土地资源实现控制、协调的一种内在机制。

最后,"家国同构"土地所有权制度,是中国历史发展的必然产物。由于自身地理气候条件和以种植业为主的农业经济结构,决定中国自原始社会晚期,就走了一条源于自身而不同于西方的发展道路。在西方原始社会晚期,由于商品经济发展和阶级矛盾的不可调性,逐步走上了古希腊、古罗马那样的以绝对私有制为基础的奴隶制国家。而中国在同一社会发展

---

① [日]我妻荣著,有泉亨修订:《物权法》,[日]岩波书店1997年版,第3页。
② 《黄帝四经》。

第六章　古代城乡关系和三农问题的演变与后果

阶段，由于大规模治水等"社会管理的需要"①，形成了早期国家——"酋邦联盟"②。中国早期国家既凌驾于各单个氏族公社之上，又代表各个公社共同利益，基本上属于真正的"公共权力"，国家的首领基本上仍是社会的公仆。即使他们中最后一个首领禹，仍"卑宫室而尽力乎沟洫"，为治水"八年于外，三过其门而不入"③。由此决定，在中国早期国家具有的统治与管理两大功能中，"后者远远大于前者"。即便其统治功能，也"有浓厚的仁慈性质"④。这种早期国家的性质，决定其国家结构和土地制度，只能是共有共享的原始性"家国同构"。这种历史传统，决定中国无论从原始社会向奴隶制社会转变，还是从奴隶制社会向封建制社会转变，都具有继承性与前进性的内源式发展的特点，并在不同社会形态下，形成了与其社会结构相一致的"家国同构"的相对土地所有制。

中国由原始社会向奴隶制国家过渡，不像古希腊、古罗马那样是在完全"炸毁"氏族制度基础上完成的，而是在生活和生产资料私有制和社会分化发展基础上，通过国家统治集团的蜕变而完成的。具体来说，是通过禹的继承人伯益被迫让位于禹之子启的政治斗争方式，把实行禅让制的"部落联盟"国家，"异化"为王位世袭制的"家天下"而实现的。

中国进入奴隶制社会后的夏商周王朝更替，虽也伴随族际之间的武力征服，但征服者对被征服者都采取了惩治其首要，任用其旧臣，保留其氏族并给予封地的政策，而普遍保留了氏族及氏族组织，并将其逐步转变为宗法氏族。统治者利用这种宗法制度，构建了国王、贵族（包括官僚）和自由民三者共同分割土地所有权和收益的利益共同体，形成了与中国宗法性奴隶制社会相一致的宗法性"家国同构"土地所有权制。曹大为把夏商周三代称作"宗法集耕型家国同构农耕社会"⑤。以此概念概括夏商周时期的社会性质虽未必准确，因为它毕竟只是一种国家的政体形式，而

---

① 晁福林：《中国古代文明与国家起源》，《历史研究》2010年第6期。
② 沈长云：《中国古代国家起源与形成问题论纲》，《河北师范大学学报》（哲学社会科学版）2009年第5期。
③ 《孟子·滕文公上》。
④ 晁福林：《中国早期国家问题论纲》，《光明日报》，2000年12月1日。
⑤ 曹大为：《关于新编〈中国大通史〉的几点理论思考》，《史学理论研究》1998年第3期。

不能反映各阶级在国家中的地位这一本质，但用它概括当时的国家结构，则是有道理的。而这种国家结构存在的基础，正是"家国同构"土地所有制。

中国从奴隶制到封建制转变的道路也不同于西欧。西欧日耳曼封建社会，是在长期、大规模奴隶起义和外族侵略双重作用下，颠覆西罗马奴隶主政权基础上，由入侵西欧并取得统治地位的日耳曼人，将其落后的氏族制度与西欧封建因素相结合而建立的。而中国在从奴隶制到封建制转变过程中，既未发生大规模外族入侵，也不是武力推翻东周统治，而是由本属周朝统治阶层的诸侯国新兴官僚阶层，进行自上而下的"履亩而税"赋税制度与废井田、开阡陌的变革，剥夺领主贵族对土地所有权能，从而导致各诸侯国从上层建筑到经济基础的自我质变，实现了由奴隶制向封建制的飞跃①。在此基础上，由改革最彻底、实力最强大的秦国，赢得"统一六合"战争的胜利，在全国建立了大一统的封建帝国。在各诸侯国封建制改革与封建国家统一过程中，打破了宗法制度，形成了国家（王家）与封建贵族官僚、地主和个体农民，共同分割土地所有权能、分享土地收益的封建"家国同构"的土地所有制。这一历史特点，决定了古代中国"家国同构"及其存在与延续的农业社会的经济基础和专制制度的政治基础，从未被打断过，反而越来越强化。这导致该土地所有制，成为贯穿中国古代社会始终的土地所有制形式。

总之，"家国同构"相对土地所有权制，深深扎根于中国国情，是中国农业经济社会发展的必然产物，是古代中国长期存在不可否定的历史事实。

古代中国的上述特殊国情和历史进程，决定中国"家国同构"土地所有权制度，具有不同于其他国家土地所有制的独有特点。

第一，"家国同构"土地所有权制具有不同的结构形式。古代中国土地所有制，不同于古罗马法的单一结构形式，而是呈现多种结构形式。一是国家（王家）把土地分封给官僚贵戚，再由官僚贵戚租给自耕农（平民）耕种，形成国家（王家）—官僚贵戚—自耕农（平民）的三重同构

---

① 黄中业：《重评战国变法运动》，《史学月刊》1981年第5期。

第六章　古代城乡关系和三农问题的演变与后果

形式；二是庶族地主把土地租给农民耕种，但这些土地的最终所有权仍属国家（王家），从而形成国家（王家）—庶族地主—佃农的三重同构形式；三是国家（王家）直接把土地授予自耕农耕种，形成国家（王家）—自耕农（平民）的二重同构形式。其中，第一种形式中的官僚贵戚，因掌握土地并分（租）给农民，收取地租（包括劳役地租）而成为世族地主（奴隶主）。因而，前两种形式可概括为"国家（王家）—地主（奴隶主）—佃农（平民）"的同构形式。它与第三种形式即国家（王家）—自耕农（平民）的同构形式一起，构成"家国同构"土地所有权制的两种基本形式。

第二，"家国同构"土地所有权具有不同主体利益叠合与分割的二重性。与古罗马法所有权能不可分割的集中在同一主体的原则不同，中国古代的土地所有权分属于三个或两个主体，每块土地上都叠合着不同主体的所有权能。这在生产关系的内生性上，把不同主体的利益统合起来，使之具有利益的一致性。但同时又存在不同主体对同一所有制权能束的分割，并且这种分割是发生在私有制和等级社会中具有很不相同社会经济地位的不同主体之间，其中有国家统治集团，有社会统治阶级，也有被统治阶级。因此，在三个主体的土地所有制权能的同构中，存在不同所有权人之间的利益矛盾、博弈、斗争和根本冲突。"家国同构"土地所有权制，就是这样一个建立在私有制基础上，既存在不同主体所有制权能的叠合与利益统一，又存在不同主体所有制权能之间的分割与利益矛盾的对立统一体。

第三，"家国同构"土地所有权制是"中国式"的土地私有制。首先，它不同于罗马法中的个人土地私有制，而是以"家"为单位土地所有制。其次，它虽在土地所有权能可以分割方面与日耳曼法有共同性，都属于相对土地所有制，但在土地继承制度上有明显区别。中世纪的日耳曼法实行长子继承制，中国则实行诸子均分制。最后，即使与大多数对方国家相比，中国的土地制度也有很大不同。马克思恩格斯曾认为，在大多数东方国家，不存在像罗马法那样的以法律形式所赋予的个人土地私有制①。在这里，单个的人从来不能成为所有者，唯一的所有者是凌驾于所有一切小的共同体之上的总和的公社统一体，但这并不排除土地的私人占有和使用权的存在。而这些占有者和使用者，实质上他本身就是作为公社统一体的体现者的那个人的财产②。就是说多数东方国家土地制度，是以总和的公社统一体拥有所有权、小的共同体拥有占有权和使用权的二重性为特征的。而在秦汉之后的中国，土地权利不是在大小共同体之间分割，而是在不同家庭之间分割：同一地块，不仅为"普天之下，莫非王土"的"王家"所有，而且被一个个独立的地主或自耕农视为"自家"可以自由支配的私有财产。可见，这是一种既不同于西方，也不同于东方其他国家的"中国式"的土地私有制，即以"家"为单位的"家国同构"土地私有制。

二、古代"家国同构"土地私有制的双重功能与作用

世界著名制度经济学家诺斯指出："国家的存在是经济增长的关键，然而国家又是经济衰退的根源"③。换言之，他认为政府既可能成为国家和谐秩序、经济社会持续发展的"扶持之手"，也可能成为干扰国家正常秩序、抑制经济社会发展的"掠夺之手"，被经济学术界称为"诺思悖论"。中国古代国家（王家）主导的"家国同构"土地所有制，不是孤立存在于农村的土地制度，而是中国古代统治者在"率土之滨，莫非王土"观点下设计并实行的大一统的城乡结合体制，因而它也有类似的双重功能与作用：既有不同主体土地所有制权能的整合，实现利益分享、控制、调节和促进经济社会发展的功能，又有王（皇）家以其"绝对权力"，肆意聚敛社会财富，干扰和破坏经济社会发展的功能。

（一）对不同主体土地所有制权能的整合与利益分享、控制和调节功能

1. "家国同构"土地所有权制，把王家利益和国家职能同构在一起，

---

① 《马克思恩格斯全集》第 28 卷，人民出版社 1985 年版，第 256 页。
② 《马克思恩格斯全集》第 46 卷上册，人民出版社 1979 年版，第 473、493、496 页。
③ [美] D. 诺思：《经济史中的结构与变迁》，上海三联书店 1991 年版，第 33 页。

第六章　古代城乡关系和三农问题的演变与后果

提供了封建国家（王家）致力于农业发展的动力

古代中国的君主与中世纪西欧国王不同。后者"只是自己领地的主人"①，靠自己狭小的领地收入过活。他既没有愿望，也没有权力干预其封臣在自己庄园的经营。而古代中国君主奉行的是"普天之下，莫非王土；率土之滨，莫非王臣"观念。每一王朝特别是王朝早期有作为的君主，都试图建立自己家族天下一统、万世一系的江山社稷。而"家国同构"的土地终极所有权，则是维系其大一统世袭统治的根基所在。因为，"家国同构"的土地终极所有权不仅赋予王家以国家名义征收赋役的权利，从而保障王家和整个国家机器的各种需求，并且赋予他们以实现国家一统主权的主要手段。正如马克思谈到东方国家时说，这里的"国家既作为土地所有者，同时又作为主权者"②。国家（王家）授予或认可臣民土地，就意味着国家行使主权；臣民接受国家（王家）授予或认可，并缴纳赋役，意味着臣民对国家主权和王权的承认与维护。而他们对王权和国家主权的承认与维护，实质是要求国家（王家）对臣民生产与生活条件加以保障为交换。因而，国家（王家）要维护自己的权力与主权并征收赋役，必须以农业发展为前提。所以，统治者为维护和发展王家的利益与统治，需要采取有利于农业发展的政策、措施，因而"家国同构"的土地终极所有权，就成为激励帝王励精图治，致力促进农业发展的强大动力。

还应注意到，中国自古是一个以农为本的国家。"家国同构"不仅是一种土地制度、经济制度，还是一种政治和文化制度与观念。以农为本执政理念、"家国同构"制度与社会文化的历史传承及其深刻影响，更突出地体现在统治阶层之中。因此，古代中国的几乎每个朝代，都出现了一些具有农本理性和家国情怀的明君或贤臣。如刘邦、李世民、朱元璋、包拯等。说他们爱民如子，恐为溢美之词。他们作为统治者的人格和感情，也是复杂多面的，但作为个人，其爱民情怀，决非如有学者评价的那样，只是一层虚伪的温情脉脉的面纱，而具有真实情感乃至政治抱负的一面。基

---

① Perry Andrson: *Passages from Antiquity to Feudalism*. Humanities Press, 1974, p.151.
② 《马克思恩格斯全集》第 25 卷，人民出版社 1998 年版，第 891 页。

于这种家国情怀和履行国家职能的需要,他们往往能够在一定程度上制定和实行利国利民的政策。

2."家国同构"土地所有权制,具有把国家(王家)、地主和劳动者的利益在生产关系内生性上结合为一体,形成调动各主体发展农业积极性的内聚功能和实现机制

中国"家国同构"土地所有权制的功能,与中世纪西欧相对土地所有权制相比,有一重要区别就是前者有强大内聚力,后者有强烈离心力,从而导致两者对农业发展的作用大相径庭。从一定意义上说,中世纪西欧的国王,也掌握着土地终极所有权[①]。为换取诸侯对国王的效忠,国王不仅把土地分封给领主,也把封地的几乎所有权力,敕封给了领主。领主在自己领地内,享有立法权、司法权和行政权,成为其领地上毫无限制的统治者[②]。这些领主再把部分土地分封给比他低一级的封建主,封建主之间也层层相互封受,导致一块土地上有几个主人,很难确定谁是某块土地的真正所有者[③]。同时,中世纪西欧的分封制,不仅分封土地,还把在封地上耕种的农奴,作为土地财产的一部分一道封给封臣。这些农奴完全依附于某一领主或封建主。

这样,中世纪西欧相对土地所有权,"把国家分裂成细小的碎片,形成一个个与国家相分离的独立单位。"[④] 这些单位中的领主、封建主和奴隶,只效忠于直接上级,而对上级的上级不具效忠关系,即欧洲中世纪流行的谚语:"我的附庸的附庸,不是我的附庸""领主的领主,不是我的领主。"而且,这种效忠关系基本限于军事方面。随着领主的发展,国王的附庸成为比国王更大的土地所有者,把"臣服变为一种虚构,他们的服务也渐渐变为一种姿态"[⑤]。这种纵横分割的分封制,具有强烈离心力,导致中世纪欧洲国王权力极其孱弱,以致有英国史学家把西欧王室比喻为

---

① 易继明:《论日耳曼财产法团体主义特征》,《比较法研究》2001年第3期。
② 耿淡如:《世界中世纪原始资料选辑》,天津人民出版社1959年版,第8页。
③ 朱寰:《亚欧封建经济形态比较研究》,东北师范大学出版社1996年版,第66页。
④ Carl Stephenson: *Medieval Instituions.* Ithaea, 1954, p.231.
⑤ 《马克思恩格斯全集》第46卷(上册),人民出版社1979年版,第32页。

第六章　古代城乡关系和三农问题的演变与后果

"马鞍上的政府"①。这样的国家（国王）权力对农业发展的作用，是可想而知的。

与此相反，中国古代"家国同构"土地所有权制度，却具有强烈的内聚力。这种土地制度，也把土地所有权能在国家（王家）、地主和农民之间的分割，且这种分割程度远比中世纪西欧高得多。国家（王家）将土地授予或允许地主或农民经营，但不干预地主对土地的具体管理，而由地主或农民自由经营；这些土地不像西欧那样只在本领地内部流动，而是可以在本共同体内外自由流动；土地收益除交纳国家田赋之外，全归地主或农民所有。

然而，它又不像中世纪西欧那样，国王把土地连同农奴和封地统治权一道分封给领主，而是把地主与农民的权利，严格限于土地占有、经营、处分和收益权的分割范围之内，而把政治、法律权力集中于君王之手，通过组织严密的各级官僚机构代行管理并征收赋役。在这种制度下，每个臣民对他的"上级"负有义务的同时，都须效忠于君王，且把君王权力置于至高无上地位。这样，"家国同构"土地制度形成了强大的内聚力，并构建了"普天之下，莫非王土；率土之滨，莫非王臣"的实现机制，把这一抽象的最高原则，实实在在的落到了实处。

可见，这种制度把国家（王家）与土地经营者、劳动者的权利与利益同构为一体，既调动了农业各主体充分利用土地，发展农业的积极性，又赋予国家（王家）对农村人力、物力资源的巨大聚敛和动员能力。这不但使国家（王家）获得了强大无比的专制统治力，同时也为国家组织资源，抵御各种灾害，开展大型农业基础设施建设，提供了制度和物质上的可能性，使国家（王家）在农业发展中发挥了巨大作用。

3. 中国"家国同构"土地所有权制度，具有强大的土地控制和调节功能

总体而言，古代中国土地资源相对贫乏，但人口众多且波动性大，社会动荡与朝代更替频繁。当战争和动荡发生，人口会因大量死亡而骤减，无主土地随之增多。但经历一段时间的社会稳定和经济发展之后，人口则

---

① ［英］摩根主编，王觉非译：《牛津英国通史》，商务印书馆1993年版，第155页。

快速增加，人地关系出现紧张局面，随之出现大规模土地兼并。因此，在农业落后和衰败时期，随着情况变化，对土地关系和经济结构进行适当控制和调整，是中国三农和经济社会发展的内在要求。

"家国同构"所有权制度，给国家（王权）实现这种控制与调整，提供了内在根据和有效机制。一是国家藉此通过"授田制""均田制"，把战乱造成的无主土地，重新相对公平分配给农民，起到了防止土地长期闲置，充分利用土地资源的作用。二是国家藉此实行抑制地主、官僚疯狂的土地兼并，有利于保护农民土地所有权。三是国家藉此实行重农抑商政策。这种政策在农业社会特别是在王朝早期农业被战乱摧残的条件下，有利于把有限的社会资源主要集中于农业，使之得以尽快恢复和发展。当然，目前学术界对上述政策的评价都有争论，但如果把这些政策放在农业社会，特别是王朝早期的历史环境下考察，就不难看到其对农业和社会发展所起的促进作用。

可见，"家国同构"土地所有制这种包容多种所有权权能及其不同主体的权利和利益，实现利益分享、控制和调节机制，生成了皇家与国家、地主与国家、农民与国家的"同构"功能。这种"同构"功能，对协调城乡关系，调动各主体特别是广大农民的生产热情，在一定时期起积极的正面作用。

（二）对王家"绝对权力"和王朝聚敛财富的制度与现实保障功能

1. "家国同构"土地所有制赋予王（皇）权不受任何法律与制度约束的绝对权力，并成为君王和中央统治集团走向腐败的内在推动力

在中国古代，"普天之下，莫非王土；率土之滨，莫非王臣"，是国家（王家）享有最高土地所有权的法理依据，也是君王及其臣民包括农民的根深蒂固的心理。在这一信条中，"国家"就是"王（皇）家"，"王（皇）家"就是"国家"，两者是一码事。这种"国家"与"王（皇）家"的重合，既可以使"王（皇）家"在一定程度上履行"国家"职能，又可以将"国家"解构为"王（皇）家"，把国家蜕变成王家特别是皇帝肆意掠夺和享乐的工具。

按这一信条，天下土地、财富，乃至所有臣民，都是"人君囊中之

第六章　古代城乡关系和三农问题的演变与后果

私物"。他支配、剥削,甚至暴力剥夺其子民的土地、人力、物力、财力等所有之财富,甚至"离散天下之子女,奉我一人之淫乐",都被"视为当然"①。不仅如此,随着君王和王室宗亲的腐败,那些围绕在皇帝身边的官僚大臣本被抑制的腐败欲望,也会肆无忌惮的泛滥起来,并结成既得利益集团,假皇权而营私。此时的"家国同构"土地所有制,就成为君王和统治集团走向腐败的催化剂,成为其享受腐化生活的天然特权和法理依据。

2."家国同构"相对土地所有制具有满足"皇家"和统治阶级奢侈贪腐需求的制度和现实保障功能

中国古代国家与地方政府制度与中世纪的西欧不同。西欧国王与领主、领主与自由民及农奴之间的权利与义务,有着明确的法律规定和限制,使国王与领主不能肆意剥削和剥夺他的下属。而中国"家国同构"土地所有制,本质上是一种为满足君主专制主义统治而设计的向上聚敛的土地制度。该土地所有制中的国家(王家)最高所有权,赋予了国家(王家)通过赋税,不受任何制约和监督、无限制剥夺农民财富的特权。这些赋税既有实物(粮食、绢或布)形式,也有劳役形式,还有货币形式,能够满足统治集团的各种需求。

同时,"家国同构"所有制,不仅为形成高度集权的从中央到地方的官僚机构提供了基础,而且为中央与地方机构实行利益分割,促使地方官僚完成赋税征收提供了动力。即使如此,中国农村幅员辽阔,农民人口众多,居住分散,仅仅依靠这些官僚机构,难以实现乡村的直接统治,即所谓的"政不下县"。而"家国同构"土地所有制,恰恰可以通过国家分配土地资源的权利以及国家机器,扶植和保护农村中的士绅地主,使之"替国家征收各种赋税和摊派"②。这样,形成了通过自上而下的各级官僚机构和农村士绅地主,把全国农民财富源源不断的聚敛到中央政府的功能。

3."家国同构"土地所有制,给地方官员走向贪腐、官僚和地主欺

---

① 黄宗羲:《明夷待访录》,三环出版社1992年版,第23页。
② 武力:《试论近代以来国家与农民关系的演变》,《武陵学刊》2011年第1期。

压农民,兼并土地提供了动力和条件

封建国家(王家)的田赋及其各种税费徭役,是通过从省、道、府、县各级地方官府和士绅地主收缴的,并成为该土地制度的一部分。这些官员的绝大多数,本有"千里来做官,只为吃和穿"的当官发财思想。到王朝中后期,这种思想受皇室糜烂奢华生活的刺激,加上下面将谈到的不完全国家财政政策的推动,从而生成肆无忌惮的贪腐行为。而中国"家国同构"土地所有制所赋予的不受制约和监督的王家权利,就不可避免地造成地方官员打着王家招牌,无限制搜刮民财的便利,从而给地方官员的营私舞弊,中饱私囊提供了条件。

可见,"家国同构"土地所有制赋予王家的"绝对权力"和肆意聚敛财富制度与保障功能,具有对原有各主体权益"同构"功能的强大侵蚀力,导致国家被异化为"王家"。一旦发生这种"异化",国家就蜕变为满足统治集团奢侈腐化的工具,因而国家职能就从"家国同构"中"解构"出去。其他主体尤其是农民的土地和其他权利与利益,就受到严重损害,从而将农民从"国家同构"中"解构"出去,成为残酷掠夺的对象。这种"解构"功能,起着生成王朝腐败,加剧城乡对立和三农问题的负面作用。

(三)"家国同构"相对土地所有制双重功能转换的原因

上述两种不同功能,不是在不同时期分别形成,而是始终同时存在于"家国同构"土地所有制的矛盾统一体中。但两者并不是在任何时候都平衡起作用,而是在王朝的不同时期两者分别占据主导地位。其一般情形是以王朝中期为轴发生转换。在王朝早中期,不同主体土地所有制权能的整合和利益分享、控制和调节功能和激励君王励精图治,协调城乡和促进农业发展作用占主导地位;到中后期,其王(皇)家"绝对权力"和王朝肆意聚敛财富的制度与现实保障功能和生成王朝腐败,加剧城乡对立和三农问题的作用占主导地位。在延续时间较长的王朝,还在中兴后不同阶段出现这种功能的转换。

同一朝代的"家国同构"相对土地所有制,为何在王朝中期发生不同功能的转换?主要原因在于王(皇)权的"绝对权力"和王朝面临条

第六章 古代城乡关系和三农问题的演变与后果

件的变化。

"家国同构"相对土地所有制，赋予了专制王朝不受制度与法律制约的王权。但在王朝前期，这种绝对王权，不仅受着帝王自我信念和意志的约束，也受着当时条件与环境的约束。这时的开国帝王，往往目睹了前朝腐败亡国的过程，在一定程度上能够汲取旧朝亡国教训；他们经历了开国创业的艰辛，对民众疾苦有一定了解和同情，甚至其本人来自下层民众，乃至农民，因而有建立自己家族万世传承、百姓拥戴的江山社稷的宏大抱负。同时，他们面对新朝伊始、农业和国民经济衰落、王权基础和实力薄弱等方面的严峻现实。这种经历、信念和环境，对帝王的无限权力形成了一种约束，使多数开国帝王，乃至中兴时期的个别有作为的帝王，能够励精图治，在相当程度上做到体恤民众，勤政廉政，政治清明。此时的王权，不能说是腐败的，而是生机勃勃的。否则，就无法解释古代中国何以在曲折发展中，成为世界各国经济政治文化最发达的国家了。

在这种条件下，国家（王家）为调动各种力量恢复和发展经济，争取和稳定民心，而将其剥削和专制自我约束在一定范围之内，就成为实现其根本利益与统治的客观需要和政策取向。此时的"普天之下，莫非王土；率土之滨，莫非王臣"观念，就成为君主这个中华"大家庭"的"大家长"，播撒"阳光和雨露"，施"浩荡王恩"于子民百姓的一种心理基础和政策依据。诸如授田于民、奖励农耕，轻赋省役，甚至减免赋役等利农利民政策，大都在这个阶段颁布实施。此时，"家国同构"土地所有权制中的民间权利保护，也在相对程度上受到的重视。因而，在王朝早中期，该土地所有权制二重性中不同权能之间的统一方面，占据主导地位。在一定意义和程度上看，这时国家（王家）对农业发展，扮演着类似于"扶持之手"的角色。

但到王朝中期以后，帝王本身及其面临的环境，都发生了根本性变化：经济得到恢复和发展，王权得到稳固且逐渐强大；帝王记忆中前朝亡国殷鉴，逐渐变得模糊不清；早期帝王所具有的居安思危意识和励精图治精神，在其后继者的脑海中逐步消弭。王权本来是不受任何制度与法律制约的。随着这些新变化，能够约束君王的自我信念、意志和周围环境各种因素，又统统消失。这时，王权真正变成了不受任何约束的"绝对权力"。在这种条件下,"家国同构"土地所有制在王朝早期的那种激发君王励精图治、促进社会和三农发展的功能,全被这种"绝对权力"所侵蚀、异化和解构,走向了反面,成为王朝腐败、城乡对立和三农问题严重化的根源。

总之,"家国同构"土地所有制,是以王(皇)权为中心的相对土地所有制形式。在王朝前期,该所有制对不同主体土地所有制权能的整合和利益分享、控制及调节功能得到较充分发挥,从而使城乡关系处于相对协调状态,对三农和社会发展起着积极作用。但到王朝中后期,随着经济发展和政权巩固,掌握土地最高所有权的国家(王家)不可避免地走向绝对王权与腐败,这种所有制的正面功能被逐渐侵蚀,国家变为王家肆意剥削农民财富,满足其奢侈贪腐需求的工具,从而造成城乡严重对立和日益严重的三农问题,给农民造成深重灾难,导致官逼民反,王朝更替。这是"家国同构"土地所有制度演变的内在逻辑。

三、古代城乡关系与三农兴衰周期循环和王朝更替

"家国同构"的土地所有权制度,是古代中国社会的经济基础,是该社会经济发展演化的根源。这一制度在王朝前中期与中后期不同功能的转换,决定了王朝不同时期的城乡关系和三农状况呈现非常不同的情形。

在王朝前中期,"家国同构"土地所有制往往在不同程度上实现多种所有权权能及其不同主体的权利和利益的包容、分享、控制和调节,因而把皇家与国家、地主与国家、农民与国家等不同主体"同构"在一起,起了调动各方面积极性的作用。由此,形成帝王励精图治,臣子勤政廉洁,百姓竭力耕作举国上下,发奋图强的氛围与合力,使王朝迅速摆脱危机,经济获得较快发展,甚至出现国家统一,国力强大、城乡关系相对协调,社会稳定,农业和社会经济繁荣的盛世。

秦商鞅变法及秦朝初期,是封建专制主义"家国同构"所有制的建构时期,同时也是该制度正面功能表现比较典型,其功能发挥比较充分的时期之一,也成为本问题的典型例证。

秦国在战国时期,通过商鞅变法进行了"废井田、开阡陌,民得买卖"的改革。秦始皇统一中国后,公开在法律上确立了"六和之内,皇

第六章　古代城乡关系和三农问题的演变与后果

帝之土"的国家(王家)最高所有权,并以法令形式规定"使黔首自实田",正式承认地主和农民土地私有权的合法性。同时,把土地授予宗亲、官僚、军功人员和农民。授田地主和农民按土地和人口向国家交纳赋役。这些地主和农民,既是秦王朝的缴租纳税者,又是被授予土地的所有者。这表明实现了国家(王家)最高所有权和地主、农民土地所有权的同构。

在这一制度下,国家、地主与农民利益和社会资源实现了相对合理分享。秦朝初期不仅把大量土地授予宗亲和官僚,奖授土地给有军功的平民,同时给个体农民家庭授田百亩,不但一时实现了耕者有其田,而且耕地有较合理的规模。不但赋税比较公平①,劳役也不过重。《秦律十八种·杂抄》规定同一家庭中的适龄男子,不能同时征发兵役。这既协调了补充战争兵源与保障农业劳动力的矛盾,又减轻了农民服役负担。秦还采取了一系列推动农业发展、体恤农民的政策、措施。如实行"贷民""振困"、减免租赋、重视农田水利建设等。至今驰名的都江堰、郑国渠等大型水利工程,就是在这时开建的。《琅琊石刻》说秦始皇"忧恤黔首,朝夕不懈"不免为过溢之辞,但秦初,他在一定程度上体恤农民恐非全为虚言。公元前216年确定民间所有权后,秦始皇赐每里(秦朝最基层社会组织)六石米、两只羊,以表祝贺②,就是一例证。

由于该制度包容国家(王家)、地主和农民各方利益,既保障了秦王朝统一战争的需要,又极大地调动了其他主体生产和支持国家统一战争的积极性。这突出表现在国家与小农的关系上。商鞅变法明令禁止几代同堂的大家庭,推行以一夫一妻为核心的"五口之家"的小家庭,重构了中国家庭形式,培育了"五口百亩之家"的个体农民。同时,通过授田、编户齐民、奖励耕战等制度、措施,不但使农民得到了稳定的土地资源,而且构建了"集权国家与个体小农间的共生互动关系"③。农民多打粮食可减免徭役,参战立功可被授予土地和爵位。这些政策,极大地激发了他

---

① 曹贯一:《农业经济史》,中国社会科学出版社1989年版,第138页。
② 《史记·秦始皇本纪》。
③ 于凯:《战国秦汉之际的小农与国家》,《社会科学战线》2006年第1期。

中国"三农"发展规律与战略目标研究

们发展农业生产和支持国家统一战争的积极性,创造了秦"人众不过什三,然量其富什居其六"①的物质财富。这些财富,不仅使"国以富强",同时也使"民以殷盛","百姓乐用"②。农民不管是务农,还是参战,无不奋力。"为农则力稼穑","敬时爱日,非老不休,非疾不息,非死不舍"③,"为兵则善战阵","足以世守其国,而捍城其民"④。这些都反映了秦朝农民勤奋耕耘、为国参战的风貌和力量。

正因为商鞅变法及秦初时期,构建了封建"家国同构"所有制并充分发挥了它的功能,才为秦国提供了雄厚的物质和兵力资源,支撑秦始皇完成统一六国大业,建立了中国古代第一个强大帝国,并犁定了此后两千多年中国封建制社会的基本格局。遗憾的是,但自汉至今,秦初一直被排出于中国古代历史的"盛世"之外,秦始皇和秦朝也被描绘为暴君和灾难时代。这种评价并不完全符合史实,也不符合历史发展逻辑,是极不公平的。固然,秦初时期有刑法过重问题,秦初"盛世"为时也很短暂,秦始皇完成统一后迅速走向暴戾和腐败,导致秦朝二世而亡,但秦初开创的古代中国具有历史转折意义的伟大"盛世",不能因汉朝"罢黜百家,独尊儒术"的政治文化垄断所产生的历史偏见而否定。

与秦朝的情形一样,后来汉朝的文景之治,唐朝的贞观之治、开元盛世,明朝的永宣之治以及中国农业发展的几个高峰,都是在"家国同构"土地所有制的正面功能得到较充分发挥基础上出现的。

这些事实都说明,"家国同构"土地所有制的协调城乡和促进三农发展功能,是古代中国经济社会高度发展,长期居于世界前列的根本动力和基石。

然而,到王朝中后期,这种土地所有权制对不同所有权权能和不同主体权益的包容、分享和协调功能,逐渐被侵蚀以至丧失,转变为君主和统治集团对几乎所有财富的剥夺、独占与独享。这种情况下,原先的"家国同构"格局,就逐步被"解构",国家作用和三农状况,就发生与早中

---

① 《史记·货殖列传》。
② 《史记·李斯列传》。
③ 《吕氏春秋·上农》。
④ 马端临:《文献通考·自序》。

第六章　古代城乡关系和三农问题的演变与后果

期相反的情形：国家（王家）赋税徭役不断加重，土地兼并风潮汹起，苛捐杂税多如牛毛。随之而来的，是城乡对立加剧，三农问题逐步严重，农民负担沉重，农业衰败、农村凋敝、农民贫困，乃至流离失所的一片惨象。农民被逼到与国家（王家）的尖锐对立的境地，被迫揭竿而起，其他集团趁机利用，王朝统治土崩瓦解，出现王朝更替。

纵观自夏到清以前几千年的漫长历史的各个王朝，都是随"家国同构"土地所有制的两种不同功能作用下，在城乡相对协调与对立、三农发展与停滞、倒退的两种状态周期性循环的曲线上逶迤而行，反复导演出以下三段式周期循环剧目：王朝早期"家国同构"，城乡相对协调，三农发展，农民安居乐业，王朝兴盛；王朝中期"同构"疏离，城乡对立加剧，三农停滞，农民困苦，王朝衰落（几个大王朝中期，虽因改革出现中兴，但不久重趋衰落）；王朝晚期"同构"解体，城乡对立日趋尖锐，三农危机不断加剧，农民起义频繁爆发，王朝崩溃与更替接踵发生。古代中国历史，特别是汉族王朝的历史，就是这样一部从"家国同构"，到"解构"，再到"同构"的循环往复的历史。正所谓"成也萧何，败也萧何"。

当然，不能把这种周期性循环，看作一种从一个原点简单回复到另一个原点的简单重复。事实上，随着技术进步和生产关系变革，中国农业不但在清代之前，呈现总体上升趋势，并曾长期居于世界前列，即使在清代中期农业的某些方面，也是有进步的[①]。

---

① 郭松义：《明清时期的粮食生产与农民生活水平》，《中国社会科学院历史研究所集刊》第1集。

第三节
清代城乡对立与三农问题造成的深重灾难

然而，当中国历史进入最后一个王朝——清朝时期，以往因"家国同构"土地所有制而决定的周期循环状态被打破了。但这种变化，未给中国带来走出历史循环磨道，踏上持续上升发展的道路，而是相反，中国由此迈入封建制社会的暮年，进入了持续下行，走向灾难深渊的危途。在清朝（1644～1911年）统治的268年间，城乡关系呈现持续、激烈的严重对立状态，造成了空前深重、不断激化的三农问题，并且出现了与传统三农问题不同的近代三农问题。

一、清代城乡对立的持续加剧

应予肯定，清朝对加强中国多民族国家认同①和奠定当代中华民族版图方面，作出了历史性贡献。然而，同样应予肯定的是，清朝不同于中国历史上任何一个封建汉族王朝。它是由处于奴隶制后期，实行游牧经济的东北蛮荒之地的满族统治者，以不过百万满洲族民和区区20万旗军，通过武力征服，入主中原，一步成为拥有50多个民族、数亿人口，处于成熟封建社会和发达农耕经济与文化的泱泱中华大帝国统治者的。这一历史特征，形成了清朝统治的四个特点：一是"以外制内"，即以原处于东北一隅的后金霸主，征服和统治以内地中原为核心的整个中国。二是"以寡制众"，即以满蒙贵族的极少数人，统治由汉族和其他几个少数民族所构成的绝大多数人。三是"以小制大"，即以原处东北一隅的后金王朝，统治幅员广大的中华帝国。四是"以后制先"，即以处于农奴制社会和游牧经济阶段的大清王朝，统治比它先进得多、处于发达封建社会和发达农

---

① 冯尔康：《清代的历史特点》，《历史教学》2010年第18期。

第六章 古代城乡关系和三农问题的演变与后果

业阶段的中国社会。这四个特点，决定了清王朝的政权本质和政策，从而决定清代城乡关系的性质，导致城乡对立比汉族王朝统治时期更加深重与激化。

（一）"以外制内"和"以寡制众"特点清代决定城乡对立持续严重化

这一特点不但决定清朝始终推行"首崇满洲"[①]的极端专制主义，也决定清朝核心统治力量，比汉族王朝更集中于少数城市。这种状况，使中国人民在遭受阶级压迫的同时，又增加了残酷的国内民族压迫。而在传统农业社会，这样的双重压迫，集中体现在城市对农村和农民的压迫与剥削，由此导致清前期的城乡关系因清王残酷推行征服中原的屠杀、圈地、投充、逃人等弊政，而处于尖锐对立状态。下文会看到，即使在包括所谓"乾隆盛世"在内的清中期，城乡关系在表面上有所缓和，但实际则趋于深化。至清后期，城乡关系呈现更尖锐的对立局面。清朝城乡关系的上述情况，与汉族王朝前中期城乡相对协调，中后期才趋于严重对立的情形相比，不能不说是处于持续严重化状态。

（二）清朝"以小制大"和"以后制先"的特点，导致城乡对立空前深化

清王朝是以处于奴隶制后期和游牧经济阶段的少数民族，一步问鼎中原，统治土地广大、人口众多，且以发达封建制社会和农业经济为主体的中国社会的。这些历史特点，决定清朝统治者不但实行绝对专制主义，而且缺乏认识与治理这个陌生、先进且情况十分复杂国家所应有的文化底蕴和治国经验与能力，并难以克服自身的天然不足。这些天然不足，在其极端专制主义政权演绎下，造成清朝的基本国策始终存在严重弊端，导致城乡对立严重深化。清前期实行的民族征服政策和清后期和晚期的误国、卖国政策的弊端、恶果，乃众所周知，不必赘述。这里，只对清中期被誉为"美法良政"的四项重大改革的弊端和后果，略作分析。

清中期的康熙、雍正、乾隆三代皇帝，励精图治，先后推行"滋生

[①] 《清实录》（三），中华书局1985年版，第570页。

中国"三农"发展规律与战略目标研究

人口,永不加赋""摊丁入亩""火耗归公"和"高薪养廉"四项重大改革政策。不可否认,这些政策在实行初期和某种意义上,有一定合理成分,对当时中国人口、粮食总产量和财政收入的增加,对肃贪治吏起到过一定积极作用,并由此创造了在后金王朝看来亘古未有的"盛世"。然而,只要以客观态度,对这些政策及其作用,做一深层和长远角度的考察就会发现,这些政策无不存在激进和僵化的特点,因而产生了一系列弊端,导致城乡矛盾和对立空前深化。

康熙实行的"滋生人口,永不加赋"政策,一步废除了中国历朝历代实行的具有增加税收和节制人口过度增长双重功能的"人头税",完全放弃了对人口增长的控制,且被规定为永不更改的定制。这使清朝统治者不能根据生产发展及自然环境状况,决定和及时调整人口政策,直接导致人口尤其农村人口急剧膨胀,人地矛盾空前激化,农民生产规模更加细小,农业效益日益降低。

在这种情况下,农业发展要求农村人口向城市和非农领域转移,并减轻农民负担,让农民休养生息。但是,雍正与乾隆实行的"摊丁入亩""火耗归公"和"高薪养廉"三项改革,却恰恰起了相反的作用。"摊丁入亩"虽在表面上放松了对农民迁移的限制。但要看到,它不是一个孤立的政策,而是与清王朝实行的比前朝更严厉的"重农轻商""闭关锁国"政策结合在一起的。因而,这项政策只是放松了对农民本地居住的限制,鼓励农民向边远和边疆地区农村转移。其实质是把农民封在国内,堵在城外,锁在农村,逼回土地。正因如此,清代的城市化率出现了明显倒退。据赵冈研究,古代中国城市化率,战国为15.9%,西汉为17.5%,唐代为20.8%,南宋为22%,明代为20%。而到清代下降到1829年的6.9%和1893年的7.7%[①]。18世纪、19世纪非农业人口始终在10%左右徘徊。可见,这三项政策相互结合,划分了城乡之间的严格界限,结扎了农民难以逃脱的牢笼。

同时,"摊丁入亩"还与"火耗归公"和"高薪养廉"一起,打造了一台伸进这个牢笼,对农村财富有多重抽取功能的巨大吸水机。"摊丁

---

① 赵冈:《中国城市发展史论集》,新星出版社2006年6月版,第158页。

第六章　古代城乡关系和三农问题的演变与后果

入亩"构建了中国第一个通过单一田赋制，将流动性日益增强条件下的农村财富，汲取到城市统治集团手里的税收制度。因为它实行的结果，是占地较多的富户勾结官府逃税未增加实际负担，而农民则不管流动到何处，都要按地纳税。"火耗归公"第一次把原先的非法加派，变成了合法税收，实现了城市统治者在正项外增加农民税收的正式制度安排；"高薪养廉"，把地方官员的低薪，一步增至高薪。一般地方官的养廉银比原俸高出十几倍至100多倍，甚至200倍[①]。而他们的高薪正来自于"火耗归公"掠得的财富。因而，"高薪养廉"不但大大刺激了官员贪图享乐欲望，而且培育了为贪图享乐而死心塌地为满洲贵族服务并中饱私囊的汉族官僚阶层，成为官场全面腐败的最大温床。可见，雍正与乾隆的改革，实现了居于城市的满洲贵族和汉族官员的利益结盟，并以此前各代从未有过的制度、机制，共同压榨农村民脂民膏。这一切，都表明清代的城乡对立达到了空前未有的深刻程度。

（三）清王朝的残酷压迫和剥削，激起农民空前激烈的反抗

清朝入主中原后，对农民实行空前残酷的压迫、剥削，导致农民抗粮抗税抗捐斗争持续不断。农民起义的发生次数、斗争规模和激烈程度，都超过了以往各代。即使在所谓"康乾盛世"，仍发生农民起义24次。此后仅1836～1865年30年间，即发生民变3519次[②]。其中，清中期的白莲教起义，历时9年半，纵横四川、湖北、陕西、河南、甘肃5省，先后占领200多个县城。这次起义，是在乾隆末年、嘉庆元年（1796年）发生的，是"乾隆盛世"不断深化的城乡对立的一次集中爆发。清嘉庆十八年发生的天理教农民起义，攻入紫禁城，成为"汉唐宋明未有之事"[③]。19世纪中叶的太平天国起义，历时14年，纵横18省，攻占200多座城市，并成立了南京农民政权，达到中国农民战争史上最高峰。这些都反映了清代城乡对立的深刻与尖锐程度。

[①] 陈光焱：《清代火耗归公和养廉银制度的启示》，《地方财政研究》2009年第3期。

[②] 根据费正清《剑桥中国晚清史1800—1911年》有关数据统计。［美］费正清：《剑桥中国晚清史1800—1911年》下卷，刘广京编，中国社会科学出版社1985年版，第658页。

[③] 《清仁宗实录》卷274，嘉庆十八年九月庚辰。

总之，清王朝极端专制主义的本质和统治特点，决定了清朝对农村统治与剥削的残酷程度超过了以往各代，进而造成清代空前严重和激烈的城乡对立。

与此同时，西方国家的入侵更激化和深化了城乡对立。从第一次鸦片战争起，西方资本主义不断发动侵华战争，并逐步残酷地统治了中国。资本主义入侵虽在客观上刺激了中国资本主义产生和近代城市的形成，推动中国开始由传统农业社会向近代工业社会转型。但帝国主义侵华的目的，不是在中国发展资本主义，而是为了掠夺中国财富。为便于实现这样的目的，他们宁愿保留中国的落后状态，竭力扶植和保存中国的封建和半封建政治经济秩序，竭力压制中国资本主义，使中国近代工商业和城市发展极其缓慢，把一个完整的封建社会逐步变成了半殖民地半封建社会。这个社会的一个突出特点，是"近代式的若干工商业都市和停滞着的广大农村同时存在，微弱的资本主义经济和严重的半封建经济同时存在"①的城乡二元经济结构。

与古代传统城乡结构相比，这种城乡二元经济结构的农村一端，几乎没有发生明显变化，仍停滞在传统自然经济社会，但在城市一端的变化却是巨大和深刻的。这时的城市不再是仅作为政治、文化和消费中心的传统城市，而是兼具政治、文化、消费中心和近代工业生产与商业、金融经营中心为一体的近代化城市。城市功能的变化，导致城市统治主体也发生重大变化。这里不但依旧居住着中国封建统治集团，而且是帝国主义侵华势力的大本营，是中国资产阶级的集聚区。即使两千年来一直居于乡村的地主，也相当普遍的离村迁城，变为城居地主②。就是说，几乎所有的农村压迫和剥削者，都集中到了城市。

资本主义的侵略和城市功能与主体的变化，使城市有更大动力、更大能量和更多手段，空前残酷的剥削与掠夺农民和农村。其一，西方侵略者通过战争勒索巨额战争赔款，而晚清政府转手把这些赔款转嫁到农民身上。西方外国侵略势力不但通过工业品倾销和工农业产品不等价交换手段

---

① 《毛泽东选集》第1卷，人民出版社1991年版，第188页。
② 黄敏：《城居地主与近代江南农村经济》，《中国农史》2006年第3期。

第六章　古代城乡关系和三农问题的演变与后果

掠夺农村财富，而且向中国倾销农产品，导致中国农产品市场价格下降，给农民造成惨重损失。更残酷的是，帝国主义及依附于不同列强的军阀，发动了多次大规模侵略战争和军阀战争，一次次造成千万生灵涂炭，大片国土沦丧，大量农田化为焦土，数不清的财富被暴力掠夺，人民生产、生活的和平环境长期遭到破坏。这些战争造成的种种灾难，主要落到农民身上。其二，依附于外国侵略势力的清王朝和买办资产阶级，依仗其政治经济军事强权，凭借城市和工商业的市场、资本和技术优势，通过政治、军事、赋税、徭役、高利贷和工农产品剪刀差等手段，对农民进行竭泽而渔式的残酷压榨与疯狂掠夺。其三，中国民族资产阶级经营的企业主要是轻工业，其原料主要来自农村，市场也基本在农村。但它受外国资本和本国官僚资本的压迫，资金缺乏，技术设备落后，只有通过降低成本、提高售价，才能在激烈竞争中求得生存。因而，民族资产阶级对农民经济剥削的程度，丝毫不亚于其他资产阶级。其四，乡村地主城居化的普遍发展，也使农民在遭受地租剥削之外，加重了高利贷的压榨。

总之，鸦片战争后居住在城市中的中外统治和剥削阶级，以更大能量和更多手段，把农村物力和人力资源掠取到城市，造成城市"病态繁荣"和农村"日益衰落""相继破产"[①] 的"城乡背离化"[②] 发展，形成空前深刻、尖锐的城乡对立。

二、清代三农问题的持续严重化

清代不断严重化和激化的城乡对立，必然造成空前深重的三农问题，并使三农问题呈现传统与近代并存交织的新特征。

（一）巨量农民人口被围困在农业和农村

从秦汉至宋元，人口最多时为北宋末的 1.25 亿人[③]，明朝人口最多

---

① 记者：《农民问题与中国之将来》，《东方杂志》1927 年 8 月第 24 卷第 6 号。
② 王先明：《现代化进程与近代中国的乡村危机述略》，《福建论坛》（人文社会科学版）1913 年第 9 期。
③ 吴慧：《历史上粮食商品率商品量测估——以宋明清为例》，《中国经济史研究》1998 年第 4 期。

时为 1.5 亿人。清王朝推行"滋生人口，永不加赋"政策，导致清代人口一路突破 2 亿人、3 亿人、4 亿人数道大关。到咸丰元年（1859）达到 4.32 亿人。如此巨量的人口，又因"重农轻商"政策被堵在农村，造成农村人满为患。郭松义认为，18 世纪、19 世纪中国"农业人口约占全国总人口的 90% 上下，大致 18 世纪初高于 90%，19 世纪中后期接近或低于 90%。"① 也就是说在清代 90% 的巨量人口被封闭在农村。这必然打破人口再生产和物质资料再生产之间的平衡，超过当时社会生产力和资源环境的承载能力，导致农村人均土地占有量减少、人均生产率降低、生态破坏和农民贫困加剧等一系列灾难性问题，使人地矛盾成为清代、近代乃至当代中国三农问题的重要根源。

（二）农民土地问题越来越严重

清代剧烈的人口膨胀，加剧了人多地少的矛盾，造成农户土地规模越来越小。秦汉唐时期人地环境相对较为宽松，户均土地规模比较适宜。秦时户均耕地百亩；汉时约七十亩左右②；唐时按"人给十亩以耕粮"③ 的规定，少按五口之家计，户均不少于 50 亩。到宋朝，人地矛盾不断加剧，但户均土地仍可达到 30 亩④。清朝虽开垦了大量耕地，但耕地增加远赶不上人口增加。人均耕地面积由明洪武十四年（1381 年）的 14.56 亩，降至康乾时期的 5.5 亩。及至道光年间（1821～1850 年），人均耕地仅有 1.65 亩⑤，以五口之家计，户均土地不到 10 亩。清代农民再也不是秦汉唐时期的具有合理规模的农户经济，变成了名副其实的"小农经济"。

与此同时，土地占有不公状况越来越突出。即使在清初，也狂卷着通常汉族王朝前期被压抑着的土地兼并浪潮，导致"田亩多归缙绅豪富之

---

① 郭松义：《18、19 世纪的中国农业生产和农民》，中国经济史论坛，http：//economy. guoxue. com/？p＝5341。
② 曹贯一：《中国农业经济史》，中国社会科学出版社 1989 年版，第 205 页。
③ 《新唐书》卷 53《食货志》。
④ 《新唐书》卷 53《食货志》，第 620 页。
⑤ 游修龄：《传统农业向现代农业转化的历史启发——中国与日本比较》，《古今农业》1993 年第 1 期。

第六章 古代城乡关系和三农问题的演变与后果

家","约计小民有恒业者十之三四耳"①,使百分之六七十的农民处于无地状态。在所谓"雍乾盛世"时期,土地兼并亦未停止。有的地方相当严重,"土地尽为富户所收,富者日富,贫者日贫"②。曾是自耕农占有相当优势的湖南省,"田之归于富户者大约十之五六"③。至于乾隆中后期土地兼并加剧,更是毋庸列举的事实。

(三) 自然生态环境遭到巨大破坏

迫于强大的人口压力,人们对自然资源进行无节制地垦殖活动,加上战乱频繁,造成大片森林消失、植被破坏、水土流失、耕地沙化、河川淤塞不畅等严重地理生态问题,进而引发越来越严重的自然灾害。顺治至嘉庆的177年间,共发生灾害2646次,年均近15次。道光至宣统的91年间,共发生灾害2698次,年平均近30次。晚清79年间,全国共发生自然灾害1354起。因此,清朝是"历代王朝中环境变化最大的一个时期"④。当然,清代农业生态环境的恶化,与明清小冰期的自然环境变化有紧密联系,但清王朝造成的人口过度膨胀和人地矛盾加剧产生的人为破坏是主要原因。

(四) 农业科学技术发展长期停滞甚至倒退

清前各主要朝代的农业科技,虽呈现前中期发展、中后期衰落的周期性特征,但每一朝代都有不同程度进步,并在曲折发展中创造了世界上最发达的传统农业技术。然而到清代,农业科学技术及应用处于停滞状态,甚至出现倒退现象。清代农民使用的"主要是明代以前创造的传统农具"⑤。甚至有些地方把曲辕犁等大型农具弃置不用,有些地方"从牛耕退回人耕"⑥,有些地方"连简单的提高工效的工具也不使用,宁可徒手

---

① 《清圣祖实录》卷215,第4页。
② 《大义觉迷录》,《清史资料》第4辑,中华书局1983年版,第31页。
③ 杨锡绂:《陈明米贵之由疏》,《皇朝经世文编》卷39。
④ 严奇岩:《论嘉道时期我国的生态灾变》,《农业考古》2012年第4期。
⑤ 阎宗殿:《试论清代的农业成就》,《古今农业》2002年第1期。
⑥ 李根蟠:《论明清时期农业经济的发展与制约——与战国秦汉和唐宋时期的比较》,《河北学刊》2003年第2期。

操作"①。尽管,该时期农学图书编纂和出版,"达到一个前所未有的高峰"②。但这些农书没有新创造和发明,只是"述而不作"。如著名的《农政全书》和《授时通考》的农具图抄自于元朝王祯《农书》③。鸦片战争后,中国引进和培育了一些农业机械、化肥和玉米、蚕豆等作物良种。但这些产品或因不符合中国国情,或因价格过高农民无力购买,而难以在农民生产实践中得到推广。这些新技术虽在寥若晨星的新式农场中得到一定程度的应用,但数量十分有限,对当时整个国家的态势影响也十分有限。

(五) 农业劳动生产率下降

清代前期的粮食总产量和亩产量,达到了中国传统农业发展的最高峰,但由于人口增长远高于土地面积的增长,导致农业劳动生产率明显下降。郭松义认为,平均每个粮农可养活的人口,明末为8.3人,乾隆中期为8.9人,嘉庆中期为5.4人,至清末降到4.6人④。据史志宏研究,1850年人均粮食产量较之1600年下降了17.6%,劳均粮食产值下降了20.2%,劳均农业产值更下降了27.4%。虽在1851~1887年因太平天国时期战乱和经济作物种植扩大等原因出现了小幅回升,但1887~1911年又呈现下降趋势⑤。

(六) 农民负担空前沉重

清近代农民,不但遭受比前朝更严重的封建官府和地主剥削搜刮,鸦片战争后,还增加了中外资本主义的压榨掠夺,使中国农民负担达到空前严重的程度。

1. 赋税负担空前沉重

---

① 游修龄:《清代农学的成就和问题》,《农史研究文集》,中国农业出版社1999年版。
② 李爽:《我国明清科技图书编撰出版分析》,《兰台世界》2015年第6月中旬。
③ 李根蟠:《论明清时期农业经济的发展与制约——与战国秦汉和唐宋时期的比较》,《河北学刊》2003年第2期;阎宗殿:《试论清代的农业成就》,《古今农业》2002年第1期。
④ 郭松义:《明清时期的粮食生产与农民生活水平》,《中国社会科学院历史研究所学刊》,社会科学文献出版社2001年版。
⑤ 史志宏:《清代农业生产指标的估计》,《中国经济史研究》2015年第5期。

第六章　古代城乡关系和三农问题的演变与后果

根据郭松义研究，清代田赋额在明万历初年田赋数基础上，不仅增加了24%的九厘银和11.9%的丁银数，还增加了14%的耗羡银。"在百余年里，使百姓田赋负担较之明代增加了将近原额的一半"①。除正税外，农民还要负担田赋附加税、摊派和预征等名目繁多苛捐杂税。

2. 农民遭受的地主剥削更为残酷

在宋代以前分成租制中，实行地主提供土地及农具、耕牛、种子等生产资料的对半分成制。这对缺乏生产资料的"客户"，开展正常生产提供了条件，表现了地主经济上升时期的进步性。但宋后特别到清代，地主趁人多地少，竞租激烈之机，在实行土地收获量对半分成之外，还根据佃农租用地主其他生产资料的多少增收费用，并纳入地租总量。傅衣凌在《明清社会经济变迁论》一书中，把前者称为正租，把后者称为"附租"②。这实际上加重了对佃农的剥削。有人认为，清"摊丁入亩"改革，减轻了对地主对佃农剥削。的确，在这项改革初期，曾一度加重了地主负担，减轻了无地、少地农民负担。但随着时间推移，地主通过提高"附租"、实行押租和预租等各种手段，不但把这些负担转嫁给农民，还实际上提高对农民的剥削总量。据方行对清前期同治《浏阳县志》材料的分析，地主仅从其出租的耕牛、种子等的"附租"中，即可增三分之一收入③。

3. 遭受西方侵略造成的深重灾难和负担

1840年至1901年，仅因西方对华侵略战争而被迫实际支付的赔款，总计达13多亿两白银④。这些负担的大部分，无疑都间接地被转嫁到农民身上。此外，西方国家对发动的历次侵华战争，都给农村造成了巨大的直接经济损失。

---

① 郭松义：《清朝的"黄宗羲定律"效应》，《清史镜鉴：部级领导干部清史读本》第1辑，国家图书馆出版社。
② 傅衣凌：《明清社会经济变迁论》，人民出版社1989年版，第164~166页。
③ 方行：《清朝前期的封建地租率》，《中国经济史研究》1992年第2期。
④ 魏洛：《近代中国割地赔款情况简述》，《教学与研究》1990年第5期；周志初、吴善中：《中国近代赔款数额考察》，《扬州师院学报》（社会科学版）1994年第3期。

(七) 人均粮食产量下降

在清以前中国粮食生产虽跌宕起伏,但不论人均产量,还是总产,其总趋势是不断增加的。从几个持续时间较长朝代的最高粮食产量看,汉为456市斤①、唐为1256市斤②、宋1333市斤③、明1741市斤④。然而,到清代,粮食亩产虽较前有提高,但人均占有量却呈明显下降趋势。康乾时期为1705市斤,未超过明代。乾嘉时期下降为1021市斤,晚清更下降到861市斤⑤。有学者指出,清朝人均粮食占有量"倒退到2000多年前春秋战国时代的水平上,几乎只有唐宋时期的一半"⑥。

(八) 农民被推入更难以自拔的贫困陷阱

从总体上说,中国古代农民生活处于贫困状态,但在清前几个大朝代的"盛世",由于农民负担较轻,且人均占有粮食较多,一般农民可获温饱,上等农民还能过上较殷实的小康生活。杜甫《忆昔》中"忆昔开元全盛日,小民犹藏万家室",虽使用了文学夸张手法,但其中"公私仓廪俱丰实"则大体反映了事实。然而到清朝,即使在所谓"康乾盛世"农民的生活也是贫困的。法国人杜赫德在《中华帝国志》中认为,18世纪的中国"虽然地域辽阔,土壤肥沃,也不过勉强可以维持居民的生计",甚至"极度贫困匮乏"使很多中国人会做出"父母卖女为奴"的"令人发指的事来"⑦。这部著作,是作者依据长期居留中国的27位耶稣会传教士的报告、信札编撰而成,具有较强可信性。18世纪英国传教士约翰·

---

① 曹贯一:《中国农业经济史》,中国社会科学出版社,第204~205页。
② 吴慧:《中国历代粮食亩产研究》,北京农业出版社1985年版,第195页。
③ 郑正、王兴平:《古代中国人寿命与人均粮食占有量》,《江苏社会科学》2000年第1期。
④ 郭松义:《明清时期的粮食生产与农民生活水平》,《中国社会科学院历史研究所学刊》,社会科学文献出版社2001年版。
⑤ 郭松义:《明清时期的粮食生产与农民生活水平》,《中国社会科学院历史研究所学刊》,社会科学文献出版社2001年版。
⑥ 卜风贤:《传统农业时代乡村粮食安全水平估测》,《中国农史》2007年第4期。
⑦ [法]杜赫德编著:《中华帝国通史》第二卷,石云龙译,收入周宁编注:《世纪中国潮》,学苑出版社2004年版,第382、392页。

第六章 古代城乡关系和三农问题的演变与后果

巴罗在他的《中国旅行记》第九章《农村面貌》中，描述他看到的中国从北到南的农民面貌，是"身体瘦小，满面倦容，很少有人在面颊上显出健康的红润。"① 清朝发展顶峰"康乾盛世"的农民生活，尚且如此，此后农民生活状况，更可想而知。

这一点，还可从一些学者提出的"温饱常数"得到说明。清学者洪亮吉曾提出："一人之身岁得四亩，便可得生计矣"②。美国学者贝克也认为，近代北方农民每人四亩，南方三亩余方能维持生活③。据此，有学者将"约得四亩便可得生计"，看作传统经济条件下的"温饱常数"，或"饥寒界线"标志。按此衡量，乾隆十八年（1753）人均4.25亩、乾隆三十一年（1766）人均3.75亩，尚在温饱常数左右。但此后每人实得土地不断下降。嘉庆十七年（1812）降到2.19亩，咸丰元年（1859）降至1.78亩。同治十二年（1873）恢复到2.78亩，但光绪廿七年（1887）又降至1.98亩④。在当时的生产力条件下，即便把如此狭小土地的全部产出，都用于自家生活，农民生活之贫困也可想而知，何况他们还要承担各种沉重赋税或田租，不可能全部自用。

当然，由于各地土地、耕作技术和收益情况不同，农民生活水平也不平衡。大致说来，自然条件较好的太湖平原和珠江三角洲地区的农民富裕些，而其他更广大地区特别是北方多数农民生活困苦不堪⑤。他们在饥饿、半饥饿状态下艰难度日。遇到荒年，"民食草根，木皮殆尽"⑥。卖儿典女，流离失所，饿殍遍地等惨剧，在不少地方和时段不断上演。

（九）农民权利状况更加恶化

从现代意义上说，处于专制制度下的古代中国社会，并不存在民主权

---

① ［英］约翰·巴罗，李国庆、欧阳少春译：《我看乾隆盛世》，国家图书馆出版社2007年版，第433~434页。
② 《洪北江诗文集》·《施阁文甲煲》。
③ 罗尔纲：《太平天国革命前的人口压迫问题》，《中国社会经济史集刊》1949年第1期。
④ 周源和：《清代人口研究》，《中国社会科学》1982年第2期。
⑤ 郭松义：《明清时期的粮食生产与农民生活水平》，《中国社会科学院历史研究所学刊》，社会科学文献出版社2001年版。
⑥ 嘉庆《寿光县志》卷9，《食货志》。

利或农民权利，但在一定意义上存在侯建新提出的"主体权利"。这种权利，是相对于国家、政府和社会权力而言的人的权利（准确的说法是不同等级人的权利即等级权利）。它"不仅包括原始的个人权利，还包括某一层次的团体或集体的权利。"①，无论在中国帝王的思想和国家制度安排中，还是在民众观念上，都可以隐约看到这种权利的历史存在。秦始皇提出的"使黔首自实田""民得买卖"②、农民起义中提出的"等贵贱、均贫富"口号、"家国同构"土地所有制中的地主与农民相对所有权等等，都是证明。只是这种权利不同于中世纪西欧那样由法律制度所规定，也不同于近代西方以个人为基础的所谓平等权利，更不同于当代中国以人民当家做主为实质的民主权利，而是一种由至高无上的王权所赋予，因而随时可能被王权收回或打碎的微弱、脆弱和没有保障的权利。如果说在各汉族王朝前期，由于"家国同构"制度的正面作用，农民的这些权利在一定领域和一定程度上，尚可得到体现和保护，那么到清代，由于清朝极端专制，使本支离破碎和毫无保障的农民权利变得更加恶化。

在政治上，农民在农村的自由活动空间被挤压。在整个中国古代社会的王权专制制度下，处于社会底层的农民，始终被排除于国家政治权利之外。农村管理完全是由官府支持的乡绅一手掌控，山野农夫则是无权参与的。但在18世纪中叶以前，皇权对农村的控制，毕竟是通过里甲、保甲等乡村社会组织间接实现的。这种"皇权不下县"制度与小农经济及乡村宗法制度相结合，给农民提供了相对自由的乡村活动空间。

然而，到18世纪中叶后，鉴于农民对清廷反抗情绪的日益增长，清政府打破了历代传统，开始对农村实行直接控制。其表现是以官府吏役为特征的地保制，代替了乡里职役为特征的里甲制和保甲制③，使"地保"成为官府的"驻乡代理人"④。这种乡村治理制度，包括清末所谓"城镇

---

① 侯建新：《从主体权利看中西传统政治制度之异同》，"社会转型时期经济、社会与文化国际研讨会"学术报告2000年7月；侯建新：《西欧与中国社会转型比较初论》，《史学理论研究》2001年第4期。
② 《史记·秦始皇本纪·集解》引徐广语。
③ 刘道胜：《清代基层社会的地保》，《中国农史》2009年第2期。
④ 瞿同祖：《清代地方政府》，法律出版社2003年版，第8页。

第六章　古代城乡关系和三农问题的演变与后果

乡地方自治"的新政，并非如有学者认为的是"现代性"的表现，而是封建腐朽政权由城镇延伸至乡村的产物。这种延伸，把封建国家政权与乡村族权、神权等实现了直接结合，把以前农民唯一相对自由的乡村空间，也置于皇权的监视和控制之下，剥夺了农民在农村活动的自由。在一定意义上说，18世纪中叶后农村发展起来的"秘密社会"，正是清王朝"皇权下乡"和农民对失去活动自由的反应。

在经济上，农民土地权利被剥夺或严重削弱。如前所述，在汉族王朝"家国同构"所有制下，农民在一定程度上享有相对的土地所有权，尽管这种权利是微弱、残缺和没有保障的。但到清代，农民的这种微弱的土地权利也被剥夺或严重削弱。清初，满洲贵族实行大规模"圈地运动"和由此刺激起来的汉族地主疯狂土地兼并，都是不争的事实。清中期的"摊丁入亩"改革，对土地兼并虽一时在一定程度上起了抑制作用，但即使在改革期间，大规模的土地兼并，仍时常发生。至于乾隆之后的土地兼并，更是风潮再起，变本加厉。

此外，由"滋生人口，不再加赋"政策造成的人口急剧膨胀，导致农民土地规模越来越小，意味着农民土地权利的萎缩。即使因田底权（土地所有权）与田面权（土地占有、收益和处置权）分割而被称为"新型农业生产关系"[①]的永佃权，也因人地矛盾尖锐、耕地少、求佃者多而发生"异化"：它不再是此前那样的防止地主"增租夺佃"，保护佃农土地经营的一种权利，而成为不少佃农和专门经营者，通过转租田面权而坐收田租的获利之道。这些承租户在田底租之上，层层加码，并频繁转租，成为"二地主""三地主"，甚至有地方出现"客佃只认招主，并不知地主为谁"[②]的情形。宋代辛弃疾《最高楼》中的诗句"千年田换八百主"所描写的境况，在清朝得到前所未有的展现。上述种种，都无不意味着农民土地权利被严重削弱。

在社会领域，农民权利受到肆意践踏和严格限制。清初"剃发易服"政策，强迫汉人改变发式和衣着。农民和其他群体包括汉族官僚在内，都

---

① 李三谋：《清代永佃权性质重探》，《中国农史》1999年第3期。
② 严如爆：《三省边防备览》卷一。

被满清贵族称为"奴才",这些都极大侵害和践踏了汉族及其他少数民族的人身权利与人格尊严。清朝法律强化了佃农对地主的依附关系。规定佃农对地主不论年龄大小,要"尽以少事长之礼"①。

(十) 农民素质降低到史上最低

秦汉唐时代的农民,是当时世界上形态最先进、品质最优秀的劳动群体。他们代表着当时世界最先进的生产方式,掌握着最先进的铁器牛耕工具和精耕细作技术,拥有较适宜的生产规模,充满主动性、创造性和多方面才能②。他们聚族而居,亦农亦军,入则强耕稼,出则善战阵,创造了当时世界上最先进、最发达的农业文明,支撑起了强大的秦汉唐盛世。然而,自宋之后,随着封建生产方式蜕变和封建阶级与生产、生活环境的挤压,农民素质越来越降低。到清近代,农民的生产、生活环境更加恶劣,农民素质也降到了史上最低点。

小农经济土地经营规模狭小,缺乏彼此间的内在联系,因而具有强烈的脆弱性和分散性。但在唐朝以前,他们聚族而居,土地、财产较多,使这种分散性和脆弱性不突出。而此后特别是到清近代,随着人地矛盾日益尖锐,土地兼并不断加剧,加上诸子析产制度的作用,使农村每时每刻都分裂出海量的细小农户。这些小农土地规模比以前更小,财产更少,抵御自然灾害和社会经济压力的能力更低。其中大量农户迫于生计,告别聚族而居生活,四散迁移。这些原因导致农民的分散性、脆弱性空前加强。中国农民不但成为名副其实的小农经济,而且成为散布于广袤大地、穷乡僻壤和林海深山的一盘散沙。

中国农民文化本有浓重的宗教迷信等神秘主义色彩。但在明时,农民神秘主义出现了退缩趋势③。明末李自成、张献忠起义,不像东汉时期的张角那样,以"苍天已死,黄天当立"为号召,而是直接以"均田""免粮"为旗帜。然而,到清朝,由于清王朝实行极端专制统治和缙绅阶层

---

① 《大清会典事例》卷809,《雍正五年诏令》。
② 贾俊民等:《全面转型中的中国当代农民》,新华出版社1998年版,第16~17页。
③ 赵俪生:《试略论清代农民起义中神秘主义的加重》,《文史哲》1955年第9期。

第六章　古代城乡关系和三农问题的演变与后果

对王权依附性加强，把农民驱入灾难深重而又孤立无援的境地，使得神秘主义在农民中重新泛滥，且对农民影响的深度和广度都超过了以前各代。无论是活跃在北方的以白莲教为主体的秘密教门，还是蔓延在南方的太平天国起义，都具有强烈的宗教色彩。近代义和团运动，更滑向了持符念咒，神灵附体等迷信"术法"。这些宗教迷信，虽曲折反映了农民的利益和愿望，并在组织农民参加反抗斗争中起了一定作用，但清近代农民神秘主义的空前盛行，突出反映了当时农民的愚昧落后一面。

与此同时，农民在政治上趋于麻木。如前所述，自进入私有制社会后，每一王朝都是在依靠或利用农民起义基础上，建立起以皇权为中心的"家国同构"国家政权的。但当王朝兴盛之后，处于最底层的农民，都无一例外地被逐步从这一"同构"格局中解构出去，被抛向无以为生的荒漠。即使是由农民起义领袖刘邦和朱元璋建立的汉、明王朝，也未逃脱这一魔咒。到清代，由于异族入主中原，实行"首推满洲"的极端专制统治，使清王朝始终未真正建立起汉族王朝那样的"家国同构"体制。在清朝统治下，农民连汉族王朝下的"子民"地位都没有，而只是供满清贵族驱使宰割的底层"奴才"。

经过历史上一轮接一轮的被愚弄、被抛弃的惨痛教训，面对残酷异族皇权压迫的清代农民，开始放弃对世俗皇权的幻想，转而把希望寄予宗教和迷信的神秘天国，从中寻找解救自身苦难的道路。白莲教不承认皇帝权威，而主张"无父无君"。太平天国的洪秀全，不像汉代刘邦、明代朱元璋和李自成那样信奉皇权主义，并将称帝当皇帝作为旗帜和目标，而是从西方借来基督教。他信上帝、称教主、封天王。但宗教迷信，毕竟是一副麻醉剂，是弱势群体精神的最后避难所。它带来的后果，往往是内部分裂、斗争失败和麻木民众的双重悲剧。当这些斗争失败后，面对国内外统治者的血腥镇压和强力压迫，力量微弱、文化低下而又孤苦无援的农民，就再也看不到摆脱自己悲惨境遇的期望，因而产生了政治上的冷漠和麻木。多数农民对戊戌变法和辛亥革命采取冷漠与观望态度，是众所周知的事实。

由上可见，中国古代三农问题，经过几千年演化、堆积，到清代呈现空前严重性、深刻性、激烈性和复杂性的特点，达到历史的最高峰。

三、清代三农问题与中国近代化转型机会的丧失

在清代以前各王朝后期，都曾造成了严重三农问题，给农民和中国社会带来严重灾难。但清代的三农问题与此前不同的是，它不但持续性严重化，而且处于与此前不同的世界历史时代，因而它带来的灾难和影响更加严重和深刻：造成了人民生活极度贫穷、社会动荡、经济社会发展的停滞乃至倒退；导致中国国际地位下降，使中国多次丧失实现近代化转型的机会；多次把中华民族推入屈辱、战乱，乃至亡国灭种的边缘等重重灾难。对此，前述已有论述，一些学者也有深入分析，毋需作过多阐释。这里只就清代三农问题何以导致多次丧失实现近代化转型机会问题，作一重点探讨。

众所周知，古代中国创造了世界上最发达的农业文明，支撑中国长期先进于西方国家。但 1840 年鸦片战争后，中国被推入半殖民地半封建社会，陷入被西方列强侵略、奴役，濒临亡国灭种危险的深重灾难之中。造成中西命运这种转换的原因何在？人们往往将其归因英国等西方国家在 18 世纪后半期到 19 世纪初，在世界上率先进行了工业革命，实现了从传统农业社会向近代工业社会的转型，而中国由于封建主义统治和帝国主义侵略，没有发生这样的革命和社会转型。

在一般意义上说，上述看法无疑是正确的。但如果进一步追问：在 18 世纪英国何以发生工业革命和社会转型，而中国则没有？在西方国家侵入东方后，与当时中国情况类似的日本通过改革，实现了向资本主义社会的转型，而中国虽发生过类似的运动、改革，但都归于失败？对这些问题，只要以长远眼光，把问题放在当时历史条件和环境下，并深入中英两国经济社会的深层，就会得出这样的答案：英国在工业革命前，以近代化的方式解决了它当时面临的三农问题，从而为工业革命与社会转型发生和完成提供了基础，而中国则由于本国封建主义和外国资本主义对华统治，不仅没有解决当时中国的三农问题，反而使之日益严重化，从而使中国不具备发生工业革命与社会转型的基础与条件，所以，一次次丧失了向近代化转型的机会。就是说，三农问题是导致近代中西不同命运的直接根源。

英国工业革命是在此之前农业革命和原始工业化基础上发生的，而英

第六章　古代城乡关系和三农问题的演变与后果

国农业革命和原始工业化，又是以非传统方式解决当时的三农问题，促进农业大发展为前提的。众所周知，在15世纪以前，英国处于被人们称谓的"黑暗中世纪"笼罩之下。其农业远落后于当时的中国，并存在与中国很相似的诸多三农问题。英国农民受着封建统治阶级的残酷剥削和压迫。这时虽自耕农人数虽有增加，但农奴仍占农民的多数。这些农奴没有自己的土地，在封建庄园制下进行奴隶般的无偿劳动，对领主存在严重人身依附关系，受着庄园主的残酷压榨，"农奴的生活水准，几乎就与动物差不多"①。同时，随着经济缓慢增长和人口增加，显露出人多地少的矛盾。

然而，16世纪英国爆发的农业革命，使上述问题得到暂时解决。这场革命是由14世纪中叶欧洲爆发的"黑死病"和1381年英国农民起义生成的机缘变化而引发的。"黑死病"吞噬了英格兰30%～40%人口的生命。这一方面给欧洲造成了巨大人口和生态灾难，把英国推入了世界末日的边缘；另一方面，又意外地给英国带来了新时代的曙光。它不但把灾前人多地少的矛盾，反转为人少地多的矛盾，为土地大规模经营提供了前提，而且促使欧洲人增长了对原前顶礼膜拜的宗教信仰发生怀疑，为人们形成理性精神，重视科学技术提供了条件。

但是，"黑死病"的作用是有限的，真正给英国带来社会转折意义的事件，是1381年农民起义。这场起义因封建王权征人头税和禁止增加雇工工资而爆发，规模波及25个郡，并冲入首都伦敦，是英国中世纪规模最大、反抗最激烈的一次农民起义。起义虽因查理二世的背信弃义和残酷镇压而失败，却严重冲击了教皇的精神权威，引发了英国经济社会一系列变化，它是英国社会转型的真正转折点。

第一，它沉重打击了英国的封建统治秩序，促使已开始没落的封建农奴制迅速走向衰亡。这次起义曾迫使理查二世作出废除农奴制的承诺。尽管后来理查二世背信弃义，放弃这一承诺，但起义的冲击，不但使不少庄园和法庭的档案被烧毁，乡村农民纷纷放弃对地方领主的服役，而且导致

---

① Philip Lindsay & Reg. Groves: *The Peasents' Revolt* 1381, London, Hutchinson. Co, 1950. p. 13.

中国"三农"发展规律与战略目标研究

封建领主越来越多地抛弃腐朽的奴役方式,让农奴赎买人身自由,而将土地出租给农民,以货币地租取代劳役地租。这些导致封建农奴制经济瓦解,促进了农民个体土地所有制经济的形成,促进了英国农奴制向封建制转变。

第二,它促进了农民财富积累和产品流通新机制的形成。这次起义给英国议会以巨大压力,并引发内部分化,迫使议会拒绝批准政府颁发的压制劳工增加工资的法令,导致人头税等税收被废止,加之封建领主被迫放弃劳役地租实行货币地租,从而减轻了农民负担,初步形成了农民财富积累和产品流通新机制。

第三,它与"黑死病"一起,促进了劳动节约型的技术变革。新的土地所有制激起了农民追求财富热情,而"黑死病"导致了人少地多矛盾突出、劳动力短缺和土地大规模经营。这些变化,必然造成雇工劳动强度大、薪酬高、生产成本上升的结果,从而促使生产和经营者为降低劳动成本,提高劳动生产率,而重视农业技术改进,出现了舒尔兹和速水佑次郎的诱致性技术创新理论所揭示的劳动节约型技术变革。

可见,15世纪的"黑死病"的客观作用与农民起义的"鳗鱼效应",共同引发了英国的农业革命。

在这场农业革命中,农业劳动工具得到明显改进,农业经营规模不断扩大,农业生产率获得极大提高。据侯建新推算,1700～1760年间,英国农业产出每十年的增长率不低于6%①。18世纪中期到19世纪中期,英国农业实现了4倍以上的惊人增长②。随着农业生产率提高,农民收入得到普遍增加,并必然的分化出富裕农民阶层,逐步产生了资本主义农场,诞生了农业资本主义和农业资产阶级③。农业发展和农业生产率的提高,还为商品经济和非农产业发展,提供了丰富的剩余产品与剩余劳动力,形成了日益兴盛的农村市场和乡村工业化,进而吸引受封建行会压制的城市资本向农村转移,诞生了新型工业化城市,促进了城乡交流与相对

---

① 刘金源:《农业革命与18世纪英国经济转型》,《中国农史》2014年第1期。
② 巴斯·范鲁文、张紫鹏:《农业革命的量化——评史志宏〈清代农业生产指标的估计〉》,《中国经济史研究》2015年第5期。
③ 侯建新、邹兆辰:《深入研究中西转型期的社会变迁——访侯建新教授》,《历史教学问题》2012年第4期;徐浩:《地主与英国农村现代化的启动》,《历史研究》1999年第1期。

第六章　古代城乡关系和三农问题的演变与后果

协调发展。但该过程绝不都是田园牧歌，它同时伴随着残酷的市场竞争，伴随着马克思描述的"圈地"运动"血与火"的征服和掠夺。

这场农业革命和原始工业化，直接推动了英国工业革命的发生与发展。作为工业革命兴起标志的珍妮纺织机和蒸汽机，就是在英国养羊业和乡村纺织业发展的直接推动下诞生的。英国工业革命发展和完成，也是在农业持续进步支撑下实现的。正如多数西方和不少中国经济史学家认为的那样，英国的工业革命首先应归功于英国工业革命之前的农业革命[1]。正是这场农业革命及其导致的原始工业化，以非传统方式解决了当时的三农问题，促进了农业大发展，英国工业革命，才得以发生和发展，从而使英国成为世界第一个原发性工业化国家。其他西欧国家受英国影响，也先后发生近代经济社会变迁，在经济上逐步超过中国，世界天平发生了向西方倾斜的转变。

当16~18世纪的英国发生深刻经济社会转型，加快发展步伐的时候，中国情况如何呢？历史表明，同时代的中国，并非没有类似英国那样的向近代社会转型的机会，相反，中国不但存在这样的机会，而且在事实上已启动了类似的转型。但其结果，却因不能解决周期性的严重三农问题而导致这一转型中断和机会一再丧失。

对这一问题的探讨，需要追溯到明朝中后期的三农问题对中国早期近代化转型造成的严重后果。中国早期近代化转型，始于明朝中后期的嘉靖到万历年间，即公元1522年至1620年。它几乎与英国的早期近代转型同时发生。在此期间，经济发达区比较普遍的出现了手工作坊、手工工场和雇佣劳动，即资本主义萌芽。而资本主义萌芽是"原始工业化"（资本主义前的工业化）的同义语，前者是"原始工业化"的性质，后者是前者的表现形式。因此，明朝中后期资本主义萌芽的产生，意味着开启了"原始工业化"[2]，也标志着中国早期社会转型进程的起步。

这里需要说明的是，目前国内外不少学者否定明代资本主义萌芽的存

---

[1] 侯建新、邹兆辰：《深入研究中西转型期的社会变迁——访侯建新教授》，《历史教学问题》2012年第4期；成德宁：《英国前工业化时期的农业革命及其在社会转型中的作用》，《安徽史学》2002年第3期。

[2] 陈支平：《明代后期社会经济变迁的历史思考》，《河北学刊》2008年第1期。

在，否定当时"原始工业化"和早期社会转型的发生。其主要原因，一是在分析问题时未确切把握资本主义萌芽的内涵，而将其混同于资本主义生产方式。二是离开中国国情，将中西方的资本主义萌芽作简单类比，把明代雇佣劳动混同于唐宋时代的雇佣劳动，从而否定其资本主义萌芽性质。

其实，资本主义萌芽只是资本主义生产的原始形态，是"正在历史地形成"[①] 于封建社会母腹中的"胚胎"，是正在孕育中的经济生命有机体。就其发展阶段而言，它处在资本主义"胚胎"的孕育期，还未到达诞生后谋求发展的资本积累阶段。就其存在形式而言，"处于前工场手工业即手工作坊时期，至多是工场手工业初期"[②]，因而不能将其混同于已形成了的资本主义生产方式，更不能视之为资本主义工业生产方式。同时，还要看到，中国明代的资本主义萌芽，与英国同时代的资本主义萌芽的表现形式有很大不同。英国长期停滞在农奴制阶段，其封建社会发展本不充分，到16世纪、17世纪这个社会又处于瓦解时期，因而英国资本主义萌芽是以相对单纯的面貌出现的。而中国封建社会发达而完备，即使到明朝中叶，这个社会的生命周期，虽在总体上步入了衰落阶段，但封建经济的发达程度和社会秩序的完备程度，并未明显降低。因而，在这个社会胎胞里孕育着的资本主义萌芽，不但其载体被包裹在封建的母腹当中，而且其载体本身，也夹杂着大量旧因素，处于占主导地位的封建秩序"普照之光"的强烈照射之下，很难清晰显露其本质的颜色。因此，如果戴着西方资本主义萌芽理论模式的眼镜，在中国明代的大地上寻找资本主义萌芽，是难觅其踪的；以西方资本主义萌芽理论逻辑，考察中国资本主义萌芽问题，也是不适用的。

要正确考察中国资本主义萌芽问题，需要冲破西方中心论的禁锢和静止、孤立的研究方法，根据中国国情，既要把握其资本主义新要素，也要将其与中国封建生产关系相对比，还要把它与当时中国社会其他方面的变

---

① 马克思：《资本主义生产以前的各种形式》，《马克思恩格斯全集》第46卷上，人民出版社1979年版，第506页。

② 何顺果：《资本主义萌芽问题新论》，《北京大学学报：哲社版》1998年第3期。

第六章 古代城乡关系和三农问题的演变与后果

化结合起来，才能得出可靠结论。

以这样的观点看问题就会发现，中国资本主义萌芽产生，呈现与英国很不同的道路。如上所述，英国资本主义萌芽和早期近代化，最早发生于农村，而不是城市。中国恰恰相反，中国资本主义萌芽，不是首先诞生在农村，而是诞生在城市。确切说，首先诞生在封建统治秩序比较薄弱，商品经济比较发达的新兴城市。这并不奇怪。中国封建制度要比英国坚固的多。尤其他的家国同构土地所有制结构根深蒂固。加之，中国农业与家庭手工业紧密结合的小农经济，具有很强的再生能力。其家产诸子分析制，也不利于农民家庭财富积累。这一切，都决定中国农村发生资本主义萌芽是十分困难的。因此，到"明后期，尚未发现商人租地经营农业的例子。"[①] 然而，在城市特别是新兴城市的手工业当中，却比较普遍存在雇佣劳动现象。这一点，即使中国资本主义萌芽的否定论者也不得不承认。只是他们把这些现象与春秋战国特别是唐宋时代工商业中的雇佣关系画了等号，从而将其打入了封建范畴[②]，否定了它的资本主义萌芽性质。因此，如何看待明中后期和唐宋时代工商业中的雇佣关系？它是封建范畴的雇佣关系，还是资本主义萌芽？成为讨论明朝中国资本主义萌芽问题的一个焦点。

事实上，两个时期的雇佣关系虽都存在于中国封建社会，因而有许多相似性，但两者分别处在这个社会发展的"最高"[③] 与趋于衰落的不同阶段与环境，从而决定了两者质的区别。

从两个时期雇佣主体和目的看，雇佣劳动主体分为雇佣者和被雇用者两个方面。宋朝王安石变法，把原先实行的差役法改为"使民出钱募役"[④] 的雇役法，这是中国劳动关系的重大变革。且莫说这一变法以失败告终，即使其成功了，也不能改变当时封建经济关系的本质。因为直到明朝中叶之前，城市官营工商业是中国工商业的主体，民营工商业占极小比

---

① 方卓芬、石奇：《农业中的资本主义萌芽——中国资本主义萌芽》，《中国经济史论坛》，http://economy.guoxue.com/? p = 4910。
② 见仲伟民：《资本主义萌芽问题研究的学术史回顾与反思》，《学术界》2003 年第 4 期。
③ 邓广铭：《谈谈有关宋史研究的几个问题》，《社会科学战线》1986 年第 2 期。
④ 白寿彝：《明代矿业的发展》，《北京师范大学学报》1956 年第 1 期。

重。此时的雇佣者主要是封建统治者,其进行雇佣活动的目的,不是为了取得利润,而是为封建统治服务。民营工商业基本上是手工作坊,本小利薄,又受"重农抑商"政策压迫。其经营目的,是为维持生活,而不是为赚取利润,扩大再生产。而到明中后期,城市官营工商业式微,民营工商业迅速发展,并在新兴工商业城市占据主体地位。此时的雇佣者尤其是新兴城市的雇佣者主要民营工商业,且在明中叶后的民矿中出现了工场手工业组织。他们进行雇佣活动的目的,主要不是为统治者服务,而是为赚取利润。

就被雇佣者而言。明代中期以前的农民和城市手工业者,都不是自由劳动者。在农村,唐中期前的赋税征收一直以实物为主。即使唐后期颁布并被沿用到明初的"两税法",其赋税仍包括钱和谷粟两大类。在城市,唐宋时期中国虽比较普遍的实行工匠雇募制,但手工业雇佣劳动者主要分布于官营手工业,对官府存在严重的依附性。民营手工业中的雇佣劳动者,虽不存在对官府的依附性,但其绝大多数工资低下,仅靠务工收入不能养家糊口,不得不依附于土地,成为亦工亦农的兼业者,并遭受封建剥削。同时,唐宋元代都在工商业中实行匠籍制度,工匠的人身自由受到不同程度的限制。可见,这个时期的被雇佣者都缺乏或在一定程度上缺乏人身自由。

到明中后期,被雇佣者转变为了自由劳动者。在农村,一条鞭法改革不仅实行役赋合并,而且取消了此前的谷粟征收,完全实现了实物税制向货币税制的转变。它"直接推动农民从纳粮当差到纳银不当差,农民与国家的关系从身份走向契约"①。在城市,明初沿用的匠籍制度逐步松动。1485 年后,在全国实行工匠征银制度,把徭役制变成了货币税制,且税率多次降低,使占全国官营工匠 80% 的轮班工匠,获得了人身自由②,成为相对自由的劳动者。

可见,两个时期雇佣主体和目的都发生了某些质的变化。由此把两者区别开来,前者属于封建雇佣关系,后者则属于萌芽中的资本主义雇佣

---

① 万明:《白银货币化视角下的明代赋役改革(下)》,《学术月刊》2007 年第 6 期。
② 于秋华:《明清时期政府政策对原始工业的积极效应》,《财经问题研究》2009 年第 6 期。

第六章　古代城乡关系和三农问题的演变与后果

关系。

从两个时期雇佣劳动的内容看。在明中叶以前，城市主要是政治文化和消费中心，城市居民结构中的主要成员是统治阶层。官营工商业生产和经营的产品，基本上是供统治阶层使用的奢侈品和政府用品。民营工商业虽生产和经营民生用品，但由于居民结构中平民人数少，决定使其产品占比也很小。明中叶后，诸如北京、南京等中心城市，在扮演政治、文化中心角色同时也变成了经济中心。统治阶层虽仍是居民和消费主体，但由于手艺人和加工铺坊，逐渐向小商品生产者转化[1]，形成了新的生产经营者和市民消费群体。在天津、上海、景德镇、汉口镇、佛山镇等星罗棋布的新兴市镇中，居民则以手工业者和商人为主。城市居民结构的重大变化，形成了生产经营结构的相应变化，并导致供统治使用的奢侈品和政府用品的生产经营下降，民生产品的生产经营上升。特别在新型城镇，后者占据主体地位。这说明，作为资本主义萌芽的商品生产诞生了。

从两个时期雇佣劳动品的消费性质看。在明中叶前，城市消费具有封建性。此时城市消费群体主要是统治阶层。他们的消费是"以公私收入来购买小生产者的产品"，而"这种收入又不外是地租的转化形态（赋税、转移到城市的地租、商业和高利贷资本的利润等）。"[2] 到明中叶后，由于城市主要消费群体转化为生产经营者和平民，他们主要不是以地租转化形式的收入，与商品生产经营者相交换，而是"以自己的产品或劳务与商品生产经营者相交换"[3]。这说明作为资本主义萌芽的市场形成了。

通过以上比较可见，明中后期和唐宋时代工商业中的雇佣关系在雇佣主体与目的、雇佣劳动内容和消费关系等方面都有质的区别：前者属于封建经济范畴；后者是资本主义萌芽的集中体现，不能以前者否定后者。就是说，明中后期，中国资本主义萌芽在城市特别是新兴城市中产生了，中国原始工业化开始了，随之，中国早期社会转型也启动了。

首先，在城市尤其是新兴城市，出现了一个从来未有过的市民阶层。

---

[1]　方行：《中国封建社会的经济结构与资本主义萌芽》，《历史研究》1981年第4期。
[2]　方行：《中国封建社会的经济结构与资本主义萌芽》，《历史研究》1981年第4期。
[3]　方行：《中国封建社会的经济结构与资本主义萌芽》，《历史研究》1981年第4期。

在这个阶级内部明显分化为雇主与雇工之间的初步对立和斗争，而且两者还共同开展反对封建政府压迫的斗争。

其次，统治阶级发生了明显变化。其一，封建统治集团内部出现分化。许多原鄙视商业的官僚、士子，乃至皇族成员、将军成为多种身份的商人。统治集团中包括李执、张居正等一些核心成员，基于挽救王朝统治的立场，也成为工商业者的代言人。其二，封建政府的政策由此前重农抑商，转变为惠商、恤商①。其三，王权统治方式出现调整。在一个很长时期内，实行皇帝、内阁、司礼监构成的三角权力体制。其中内阁有一定相对独立性②，并"对皇帝某些极端行为产生牵制作用"③。这种体制的出现，虽未动摇皇权的核心权力，但对皇帝高度专制的中国古代来说，是以前从未有过的新现象。

最后，在思想文化领域，由明初的保守、沉闷，转向革新、活跃。对皇帝专制和封建等级制度的质疑、痛斥声不断，主张自由、平等，甚至"君臣平等"④观念滋长。许多士大夫改变传统重义轻利观念，把"以货殖为急"⑤，即追求金钱、财富作为价值追求。儒学平民化、文化通俗化、教育通俗化与出版物商业化成为时尚。"以情反理"、追求个人情性，甚至及时行乐等行为及文学作品大行其道。这些"异端邪说"，冲击着统治中国2000年多年的传统理法和礼教。

以上情况表明，"明代社会与文化在正德前后呈现出两种迥然不同的特色"⑥。把这些特色看作中国近代社会转型的开端，恐有不妥，但将其视为中国早期社会转型则是符合实际的。

值得注意的是，此时中国启动的"原始工业化"和早期社会转型，并非不可能实现的"假问题"，而是存在经长期曲折发展得以逐步实现的

---

① 赵世明：《我国明朝中后期重商略论》，《商业研究》2012年第5期。
② 吴建军：《明代内阁与中央政权体制演变的互动》，《郑州大学学报》（哲学社会科学版）2006年第3期。
③ 方志远：《明代内阁的票拟制度》，《江西师范大学学报》1987年第4期。
④ 黄宗羲：《明夷待访录·原臣》。
⑤ 黄省曾：《吴风录》。
⑥ 陈宝良：《悄悄散去的幕纱——明代文化历程新说》，陕西人民教育出版社1988年版，第1~2页。

第六章　古代城乡关系和三农问题的演变与后果

可能性。这种可能性，不仅来自于生产力和商品经济发展的内在规律要求，而且来自于中国传统文化和体制的二重性特点。

明中后期的生产力和商品经济发展水平，绝不低于当时的英国，对此，众所周知，无需论证。关键的问题是，一些学着把中国传统社会和传统文化，看作是一个超稳定的结构，而否定它向新制度转变的内在可能性。其实，中国传统文化既有崇古守成、强调统一的保守性，又有与时俱进、包容并蓄的开放性；中国传统体制不仅存在消化异质制度，保持原制度表层结构不变的机能。无论如何改朝换代，包括异族入主，中国始终在不同程度上保持了家国同构的大一统国家结构；也具有适应新生产力和生产关系要求，消化吸收先进文化和制度，重构新的深层结构，实现社会制度性飞跃的创新机能。中国从五帝时代，到夏商周，再到秦汉以降的封建各朝代，虽延续了大一统的表层结构。但其深层结构即社会制度，却随新生产力发展，实现了多次制度创新，使中国社会从公有制为基础的原始社会，到以国王（奴隶主）为统治阶级的奴隶制社会，再到以皇帝（地主）为统治阶级的封建制社会，拾级而上。

因此，明朝中后期的"原始工业化"和早期社会转型，虽处在萌芽状态，尚未展示出资本主义前途，但是，如果中国传统文化的开放性得以弘扬，如果中国体制的创新机能得以持续或接续性发挥，如果当时有利的社会环境得以长期持续，如果没有外部因素的强力干扰，因而使新因素得以长期自主发展和提升，中国逐步实现从传统农业社会向近代工业化社会转变，是有可能的。正如毛泽东所指出："如果没有外国资本主义的影响，中国也将缓慢地发展到资本主义社会。"① 只是由于中国传统文化和体制二重性影响，中国不会完全重演英国资本主义发源的历史剧目，而可能形成"与西欧资本主义发展模式截然不同"的"'中国式'的'近代化'"②。

然而，历史已表明，这一"原始工业化"和早期社会转型进程，被明末清初的战乱所打断。何以出现这样的后果？根本原因在于，在这一转

---

① 《毛泽东选集》第2卷，人民出版社1991年版，第626页。
② 陈支平：《明代后期社会经济变迁的历史思考》，《河北学刊》2008年第1期。

中国"三农"发展规律与战略目标研究

型过程中,明王朝不但未能以新的方式解决三农问题,反而加剧和加深了三农问题。

与当时的英国不同,明代资本主义萌芽和原始工业,是在封建体制内形成的,受着封建体制和政策的强大羁绊。应当说,明中后期的改革,把明初重农抑商改变为惠商、恤商政策,对工商业倍加惠恤。不仅商税低于田赋,实行"十分抽一至三十抽二不等"[①],且税外负担极少。以致明代著名政治家丘濬谈及工商政策时自豪地说:"凡唐宋以来苛征酷敛,一切革之,其取于民也,可谓宽矣"[②]。这种惠商政策,在客观上促进资本主义萌芽和原始工业发展的作用,给医治"商不得通有无以利农"[③] 的顽疾,以新方式解决三农问题带来了曙光。

不幸的是,明朝统治集团走向了苛农重商的另一极端。明代中后期,工商业发达,但明政府"对生产要素之控制",依然"主要是在土地方面",其赋税仍"以农业田赋税为主"[④]。据黄仁宇估计,田赋税约占全部财政收入的5/6[⑤]。这些巨额税收,都来自对农民的苛重征收。明中后期的田赋正税不高,未超过甚至低于明初"十取其一"[⑥]。但在正税之外,中央政府另行加征、加派,使农民负担数倍于正税。尤其地方贪官污吏对农民横征暴敛,使农民不堪重负,大量逃亡。"十一在家,身无完衣,腹无饱食,贫困日甚"[⑦]。明末的辽饷、练饷、剿饷三征,更造成"民力竭矣,司农告匮"[⑧] 的惨象。这种苛农政策,不仅造成日益严重三农问题,更使工商业者不愿投资于农业,并患上了张居正在《赠水部周汉浦榷竣还朝序》中诊断的"农不得力本穑以资商"的"商病",导致工商业和蕴

---

① 李华瑞:《宋、明税源与财政供养人员规模比较》,《中国经济史研究》2016年第1期。
② 丘濬:《大学衍义补》卷三。
③ 张居正:《张太岳集·赠水部周汉浦榷竣还朝序》,上海古籍出版社1984年版,第99页。
④ 李华瑞:《宋、明税源与财政供养人员规模比较》,《中国经济史研究》2016年第1期。
⑤ 黄仁宇、阿风等译:《十六世纪明代中国之财政与税收》,"生活·读书·新知"三联书店2001年版,第337页。
⑥ 《清朝续文献通考·田赋考二》。
⑦ 何良俊:《四有斋丛说》卷13《史九》,中华书局1959年版,第110~112页。
⑧ 计六奇:《明季北略》卷4《刘宗周论近功小利》,中华书局1984年版,第91页;《崇祯实录》卷2,崇祯二年九月辛亥。

第六章　古代城乡关系和三农问题的演变与后果

含其中的资本主义萌芽发展，因缺乏农业的有力支撑而萎缩。

张居正死后，他主持的改革新政悉被废除，皇帝官员腐败重新泛滥，对农民横征暴敛变本加厉，农民起义此伏彼起。满清军队则乘虚而入，实行残酷掠夺和屠杀，中原被推入了长期危机、战乱和血泊之中。"原始工业化"和早期社会转型的所有成果，遭到毁灭性打击与摧残。到17世纪中叶，当与中国变迁同时起步的英国，到达资产阶级革命新时期，正迎接工业革命新时代到来的时候，中国却以经济崩溃、血腥战乱和明清易代，宣告第一次"原始工业化"和早期社会转型势头的中断。

如果说，中国原始工业化的第一次机会，被明晚期王朝腐败及其造成的三农问题所打断，那么，自明清易代到鸦片战争前的三农问题，使中国丧失了向近代化自主转型的最后机会。

应当看到，在明清易代后的17世纪中期，到18世纪中期英国发生工业革命之前的100多年间，甚至在19世纪初英国完成工业革命之前，中国仍有实现自主社会转型的机会和某些条件。

从国际看，存在中国自主转型的时机与外部环境。当时英国农业革命和农村工业化虽已展开，1640年资产阶级革命也已发生，但工业革命尚在酝酿过程之中，在总体实力上中强西弱的格局尚未根本改观。西班牙、葡萄牙和荷兰对中国海盗式侵袭时有发生，但构不成对中国的整体性威胁。更重要的是，轰轰烈烈的英国资产阶级革命，比此前单纯的静悄悄的农业革命和农村工业化，更能引起人们关注，在客观上有助于中国统治者产生危机感。此外，在这一时期，大批西方宗教人士访问中国，欧洲各国派遣的使团或使节频繁来华，西学东渐步伐加快，给中国了解西方、借鉴西方提供了外部条件。这种国际环境，是给中国实现自主发展与变革、追赶西方留下的最后机会。因为西方工业革命一旦发生并完成，就会像马克思描述的那样，它会凭借机器工业的强大能量，在不到100年时间里，创造出比以往一切世代所创造的全部生产力还要多、还要大的新生产力，且以资本的强大扩张力，"使未开化和半开化的国家从属于文明的国家，使农民的民族从属于资产阶级的民族，使东方从属于西方"[①]。

---

① 《马克思恩格斯选集》第1卷，人民出版社1995年版，第276~277页。

中国"三农"发展规律与战略目标研究

从国内看,中国具备实行自主转型的某些条件。其一,明朝中后期开启的"原始工业化"进程①,虽遭到毁灭性摧残,但并非如有学者认为的已被泯灭,而是直到清道光末年仍艰难生存着②。这在一定程度上为后来实行这种转型提供了基础。其二,中国的科学技术早在 17 世纪就已处于近代化的前沿③,农业技术更明显先进于西方。就是说,中国依然存在发生农业革命的技术基础。其三,在清朝前期,中国出现了与英国农业革命前同样的人口大幅度下降局面。由于明末战乱和清王朝屠杀,中国人口从明崇祯元年(1628 年)的近 2 亿人,下降到顺治十二年(1655 年)的 1.2 亿人,下降了 40%④。对中国来说,这虽是巨大灾难,但在客观上缓解了明末人多地少的矛盾,给实行土地规模经营,改变生产方式变革提供了可能。

可见,在这个时期,中国既有实行社会自主转型的国际环境和条件,也有实现这种变革的国内有利因素。如果明后中国的统治者,能够秉承中华文化的精髓,发挥中国传统制度中的制度创新功能,利用长达 100 多年的时间和国内外的各种有利条件,接续明代已开启的"原始工业化"进程,促进经济持续发展,保持中国的优势地位,从而使中国避免后来发生的历史劫难,并非没有可能。对此,同属东方且与中国社会制度及历史遭遇有相似之处的邻国——俄国和日本,在 19 世纪通过自上而下改革,各自走上资本主义发展道路的事实提供了佐证。

遗憾的是,当时统治中国的清王朝没有也不可能抓住这一国际环境和条件。满清王朝的历史特点,决定其妄自尊大,闭目不看世界;决定其腐朽保守,拒绝任何改革;决定其不仅没有也不可能领会中国传统文化的精髓,反而将其阉割为奴役人们思想的工具;决定其不但没有也不可能发挥中国传统制度中的创新功能,反而把专制制度推向了顶峰。在 18 世纪,中国虽爆发了白莲教起义,并沉重打击了清王朝统治,成为清王朝由盛而衰的转折点,但由于这次起义单纯农民运动的局限性和当时中国的社会环

---

① 陈支平:《明代后期社会经济变迁的历史思考》,《河北学刊》2008 年第 1 期。
② 李伯重:《江南早期工业化(1550—1850 年)》,社会科学文献出版社 2000 年版,第 24 页。
③ 毛佩琦:《明清易代与中国近代化的迟滞》,《河北学刊》2008 年第 1 期。
④ 葛剑雄:《中国人口发展史》,福建人民出版社 1991 年版,第 250 页。

第六章　古代城乡关系和三农问题的演变与后果

境，使它未起到像英国农业革命前农民起义那样的瓦解旧秩序，推动社会转型的作用，因而未能阻止中国在传统社会中徘徊沉沦、江河日下的趋势。这一切导致鸦片战争前的中国，不但未利用这些环境与条件，反而把这些有利因素拉向反面，从而丧失了中国实现向近代化自主转型的最后机会。

舒尔兹和速水佑次郎的诱致性技术创新理论认为，只有通过技术变革，才能促进农业增长，实现传统农业向现代农业的转变。而资源禀赋状况是诱致农业技术变迁的极为重要的因素。一般说来，在土地资源丰富、地多人少的国家，会导致劳动节约型技术变革；在土地资源紧缺，会导致土地节约型技术变革。16~18 世纪的英国劳动节约型技术变革，就是基于当时丰富的土地资源条件而发生的。然而，18 世纪的中国，实行上述两种变革的条件与要求，都先后出现过，但同样被清王朝造成的三农问题一一断送。

清朝前期出现的地多人少局面，给劳动节约型技术变革提供了契机。但清朝中期的"滋生人口，永不加赋"政策，造成的人口过快增长，使地多人少矛盾很快转变为人多地少的尖锐矛盾，导致农户经营规模日益缩小。到 18 世纪，长江三角洲人均土地仅为 0.92~1.58 英亩（简单人均数为 1.25 英亩），华北平原人均土地为 3 英亩，分别是英国农场平均面积 125 英亩的 100∶1 和 42∶1[①]。由此，断送了中国劳动节约型技术变革的机会，把中国农业推入了黄宗智提出的"过密化"泥泽。

18 世纪中国人口过度增长和土地资源紧缺，要求进行土地节约型技术变革。但清王朝重农抑商政策又把亿万农民困堵在土地上。在人口压力之下，农民为维持生计，不得不在狭小的地块上增加单位土地面积上的劳动力投入，提高农业集约化程度。这导致中国技术发明停滞和一些地区工具使用的倒退，断送了中国实行土地节约型技术变革的机会，使中国农业在"过密化"泥泽中难以自拔。农业的"过密化"，虽增加了粮食单产和总产量，但不可避免地导致劳动生产率降低。据郭松义统计，在嘉庆中

---

① 黄宗智：《发展还是内卷？十八世纪英国与中国——评彭慕兰〈大分岔：欧洲，中国及现代世界经济的发展〉》，《历史研究》2002 年第 4 期。

中国"三农"发展规律与战略目标研究

期,平均每个粮农能养活人口5.4人,而至清末降至4.6人①。即使被认为18世纪世界最富庶的江南地区,也未逃脱这种"过密化"命运,到19世纪后出现了发展停滞的局面②。

面对18世纪人口急剧增长和农业劳动生产率下降的局势,清朝统治者奉行祖宗之法不可变的僵化理念,没有采取任何降低人口出生率措施,为农业休养生息和向可持续发展转化提供条件。相反,在清代,中国专制社会存在的正税轻,暗税、附税重,横征杂派无底洞的农村财富汲取机制,不但未被减弱,反而得到空前加强。这种机制把农民本来收获很少的财富的大部分剥夺而去,使农民没有多少剩余用于扩大再生产,甚至连简单再生产也难以维持。因而,不可能改变小农经济生产方式,更无力为工商业发展提供剩余。而"没有农产剩余的增长,也就没有农耕世界的工业发展,这是经济史上一个平凡而又无可置疑的道理"③。

由上可见,由于清王朝造成的三农问题,使中国在英国工业革命前的100多年间,丧失了实行农业技术革新和农业革命的机会,不但未能接续明朝开启的原始工业化进程,反而使残存下来的资本主义萌芽,因缺乏农业支撑而不断枯萎。既然中国不能自主实现原始工业化,其工业革命也就无从发生。

正因为如此,有关近代中西社会转型比较研究中一些具有重要影响的理论,包括伊懋可"高水平均衡陷阱"说、黄宗智过密化理论等著名学者的相关成果,虽未使用三农概念,这些理论之间也存在分歧,但都聚焦于农业经济或农村社会,实际上都把三农状况看作是否发生工业革命的主要原因。

这些年来为国内外学术界的广泛关注的彭慕兰"大分流"说,试图以中英两国煤炭分布的不同位置、有无海外殖民地等偶然和外部因素,来解释"为什么英格兰没有成为中国的江南"的问题。这种独特提问方式,

---

① 郭松义:《明清时期的粮食生产与农民生活水平》,《中国社会科学院历史研究所学刊》,社会科学文献出版社,2001,http://economy.guoxue.com/? p=5300。
② 陈晓律:《对"大分流"源头的追索——读彭慕兰〈大分流:欧洲、中国及现代世界经济的发展〉》,《北京大学学报》(哲学社会科学版) 1913年第2期。
③ 吴于廑:《历史上农耕世界对工业世界的孕育》,《世界历史》1987年第9期。

第六章　古代城乡关系和三农问题的演变与后果

虽令人耳目一新，但其结论是缺乏说服力的。关于中国江南及其附近没有煤矿的说法，已为确凿事实所证伪：在苏州、杭州、南京、常州等江南本地及其附近地区，不仅与英国一样具有丰富的煤炭资源，而且在18世纪前就已有一定程度的开发和贸易①；关于开发美洲新大陆，才使英国得以突破生态压力限制的说法，也难以立足。因为西班牙和葡萄牙比英国更早进行了大规模海外殖民掠夺，但并未因此发生工业革命②，所以以某种偶然和外部因素，是不能解释工业革命何以发生在英国而非中国这个重大问题的。

　　能够解释这一问题的答案，只能从两国社会内部变迁的必然性中去寻找。在工业革命前，中英两国都处于农业社会晚期，农业、农村和农民是两国产业、地域和居民的主体。这些主体的状况如何，是否能以新的方式解决三农问题，从而发生具有近代意义的农业革命和原始工业化，才是决定工业革命能否发生的关键所在。事实正如上述，工业革命前的英国以新的方式解决三农问题，实现了这种变革，因而决定英国成为工业革命的故乡，使"英格兰没有成为中国的江南"；而中国没有发生这种变革，导致中国与工业革命失之交臂，使中国的江南没有成为英格兰。就是说，是否以近代化方式解决三农问题，才是解释工业革命在中英两国不同命运的正确答案。换言之，17~18世纪的中国未能以近代化方式解决三农问题，是当时中国未能发生向工业化转型，而使中国从世界强国地位上跌落下来，开始落伍于世界历史时代，并遭受落后挨打，陷入为半殖民地半封建社会悲惨命运的主要直接原因。

　　上述原因，导致中国丧失了在鸦片战争之前实现自主工业化转型的机会。但鸦片战争发生后，中国的新型力量并没有放弃进行被动型工业化的努力。地主阶级改革派，几乎与日本明治维新同时开展了洋务运动；资产阶级改良派以日本明治维新为范本，发动了戊戌变法运动，并且在19世纪末之前，中日两国所处的国际环境大体相似。但两国的改革却出现了迥

---

① 裴广强：《想象的偶然——从近代早期中英煤炭业比较研究看"加州学派"的"分流"观》，《清史研究》2014年第3期。

② 侯建新：《西欧与中国社会转型比较初论》，《史学理论研究》2001年第4期。

中国"三农"发展规律与战略目标研究

然不同的结果：日本明治维新取得了成功，中国的洋务运动和戊戌变法却先后失败。其根源何在？同样在于两国不同的三农状况和改革派对三农问题采取的不同政策。

日本在改革前，在农业资本主义发展基础上，形成了经济上有一定实力并主导这场变革的资产阶级。改革初期，维新势力组织农民为主体的民众进行了长期武装斗争，保证了倒幕运动的胜利。倒幕后，日本新政府改革了土地制度，建立了地租制度，促进了日本农业资本主义的发展。这为工业化发展提供了物质基础，保障了其工业化的完成。可见，日本明治维新的成功，是以依靠农民和解决三农问题为前提的。

中国与日本有很大不同。由于三农问题长期严重化的制约，中国直到洋务运动之前也未形成资产阶级。洋务运动发生后，虽逐步演化出了官僚买办资产阶级和民族资产阶级，但前者是靠镇压农民起义起家，因而其政治立场始终站在农民的对立面，而依附于清王朝；后者因中国传统自然经济与外资压制而力量十分软弱，且同样都把自己置于与农民对立地位。因此，不管洋务运动，还是戊戌变法，都未把推翻封建专制统治为其目标，更不敢触动作为皇帝专制根基的封建土地制度，没有也不敢发动农民群众参与，在改革过程中亦未采取任何支持农业发展，解决当时三农问题的实际措施。

这一根本缺陷，导致洋务运动因缺乏农业资源和农村市场的支持，而难以达"求强求富"的目的，并经甲午海战宣告失败；导致戊戌变法成为帝党和少数士大夫小圈子中的宫廷政治，使改革派在守旧派反扑时，孤立无援，只能引颈就戮或逃亡，使改革夭折。毛泽东在分析辛亥革命失败原因时指出，"国民革命需要一个大的农村变动。辛亥革命没有这个变动，所以失败了"[①]。其实，这一论断不但适用于辛亥革命，也适用于洋务运动和戊戌变法。可见，鸦片战争后，中国历次近代化努力失败的关键，也在这些新兴力量未能提出和实践解决三农问题的正确主张。

或许有人对三农问题导致鸦片战争前后中国悲惨命运的观点提出异议：近代中国贫穷落后和受尽欺凌的根源，是帝国主义侵略和封建主义剥

---

① 《毛泽东选集》第1卷，人民出版社1991年版，第16页。

第六章 古代城乡关系和三农问题的演变与后果

削压迫,而不能将其归因于三农问题。实际上,正像马克思把分工和私有制看作是"同一件事情,一个是就活动而言,另一个是就活动的产品而言"① 一样,帝国主义侵略和封建主义压迫与近代三农问题,也是同一件事情:前者,是就帝国主义侵略和封建主义压迫的活动而言;后者,是就这种活动的结果而言。其中的关键在于,近代中国不是资本主义社会,而是传统农业占主体、农民为主要社会社会成员的半殖民地半封建国家,帝国主义对中国的侵略和封建主义对中国的压迫的恶果,必然产生并主要表现为三农问题。其侵略、剥削、压迫的程度越高,三农问题也就越严重。因此,近代中国社会的主要矛盾,实际上是帝国主义和以农民为主体的中华民族的矛盾,封建主义和以农民为主体的人民大众的矛盾,成为近代中国一切矛盾和发生革命的根源。正因如此,毛泽东提出了农民问题是近代中国革命的中心问题、中国革命实质上是农民革命等著名论断。所以,三农问题是导致近代中国悲惨命运根源的观点,是对帝国主义侵略和封建主义剥削压迫结果的表述,它与帝国主义侵略和封建主义剥削压迫是近代中国贫穷、落后,遭受屈辱的根源的观点,是完全一致的。

综上所述,从明中后期中国原始近代化起步,到鸦片战争之前,由明清王朝造成的三农问题,使中国从世界强国地位上逐步跌落下来,先后痛失原发性工业化和后发性自主型两次机会,导致中国在传统农业社会停滞长达近200年之久,并把中国推入了半殖民地半封建社会的深渊。鸦片战争后的近百年间,中国开始了被动型近代化进程。但中国统治者与外国侵略势力相结合造成的近代三农问题,造成中国近代化步履艰难,导致两次推进近代化进程的努力失败,导致近代中国遭受西方军事侵略、经济掠夺、政治压迫的重重灾难。

---

① 《马克思恩格斯选集》第1卷,人民出版社1995年版,第84页。

第四节
辛亥革命前解决三农问题努力的失败与谜团破解

一、辛亥革命前解决三农问题的努力与失败

从原始社会末期到封建制社会末期,中国的城乡对立和由此造成的三农问题,虽在不同时期的严重程度不同,但始终没有得到解决,一直持续存在于中国6000多年的漫长历史之中,并造成了上述种种严重灾难和后果。在如此漫长岁月里,难道没有人或集团,试图解决这一问题吗?答案是否定的。古代中国是一个农业社会,城乡对立和三农问题带来一幕幕文明崩溃、社会动荡、战争浩劫、王朝更替和民生倒悬的种种惨象和后果。面对这些惨象,中国历代有为帝王和政治家、少数忧国忧民的知识分子、农民自己和进步的政治力量,都曾为解决这一问题付出过巨大努力,并在一定时期和程度上周期性地缓解了当时的三农问题,推动了三农的曲折发展。但是,无论哪一王朝、哪一个群体和政治力量都未曾从根本上解决三农问题。

在中国,最早有理性地避免和解决三农问题的主体,当属距今四五千年的中原龙山文化的首领。他们从自身所处的自然条件出发,接受了红山文化沉迷宗教祭祀,忽视农业生产,畸形发展手工业导致自身崩溃的教训,奉行"人之本在地"的"人本"和"农本"理念,重视农业生产,实行"节赋敛""节民力"[①] 政策。这些理念和政策,将城乡对立限制在一定范围内,使中原文化避免了周边其他文化的历史悲剧,把中国原始农业推向了最发达阶段。

然而,随着龙山晚期铜的产生,并逐步转化为生产力,建筑在石木工

---
① 《黄帝经·经法》。

第六章　古代城乡关系和三农问题的演变与后果

具基础上的古老生产资料原始公有制，已不符合新生产力要求。新生产力的发展，决定原始社会不可避免地向私有制社会过渡。这种过渡不但强化了造成此前城乡对立和三农问题的生活资料私有制，而且促进了生产资料私有制的形成，并成为新社会形态的物质基础。生产资料私有制的产生，一方面为三农发展提供了新基础和新动力；另一方面使城乡对立由非对抗性质转化为对抗性质，成为新条件下三农问题的根源。因此，中原龙山文化首领不可能解决三农问题。

进入私有制社会后，新兴奴隶主和地主阶级统治集团，作为新生产关系的代表，都曾先后改革旧生产关系，建立适应当时生产力要求的新生产关系。同时，古代统治集团中也出现过一些竭力促进三农发展的明君贤臣，如周文王、汉文帝、汉景帝、隋文帝、唐太宗、魏征等，尽管他们在漫长的历史长河中，如凤毛麟角，屈指可数。不说他们是否如一些典籍所言"文王贤矣，泽及髊骨"[①]、唐太宗为免"害于百姓"而"吞蝗虫"[②]那样爱民如子，即使从他们要建立自己一家一姓万世传承的江山社稷的政治愿望角度看，也需要稳定农村这个国家中最大的区域，需要发展农业这个财政收入的主要来源，需要安抚农民这个在国家人口中占90%以上的最大子民群体。因此，各主要王朝，尤其是各主要汉族王朝，都曾制定并实行奖励农耕政策。而且有的王朝在这些政策执行受阻或出现新问题时，还曾毅然进行了改革。如唐朝杨炎改革、北宋王安石变法、明朝张居正改革等，以求重振朝纲，再造盛世。

应当肯定，这些生产关系变革，这些明君贤臣的农业政策与改革，虽在一定时期和一定程度上缓解了当时的城乡关系，促进了农业发展，但他们都无法、也无一逃脱黄炎培提出的"治乱循环"的历史周期率，无一跳出"积累莫返之害"的黄宗羲定律，因而不可能解决三农问题。

古代儒家和法家的一些优秀知识分子，也提出了许多解决三农问题的可贵思想。如主张民本，注重民生；反对重敛，主张轻税；主张量入为出，反对奢华挥霍，乃至适当限制或削弱君权等。其中，有些主张虽曾在

---

① 《吕氏春秋·孟冬纪·异用》。
② 吴兢：《贞观政要》。

中国"三农"发展规律与战略目标研究

一定时期和程度上直接影响过统治集团的政策,但不能决定或改变统治者基本制度与政策,因而,他们都坠入空怀济民壮志,最终抱恨终天的宿命。

身受三农问题之害的农民,发动了无数次包括大规模起义等形式在内的殊死抗争自救。这些斗争虽导致改朝换代,在一定程度上周期性地缓解了自身的痛苦,但未能找到解自身于倒悬的出路。鸦片战争以后,农民反抗更加激烈。然而,到中共诞生之前的所有旧式农民战争,都同样惨遭失败。其中,史上最大规模、持续时间最长的太平天国农民战争,不仅与古代许多农民起义一样被残酷镇压,而且连古代王朝末期农民起义导致改朝换代、农民得以暂时休养生息的机会也未能得到,成为中国旧式大规模农民起义的最后一战。

如果说上层统治集团中有为的皇帝、大臣及其知识分子和农民的上述努力,是在其不可能脱离的旧制度框架内,以传统方式解决三农问题,那么如上所述,明中叶后出现的原始工业化和近代洋务运动及戊戌变法,则是给中国以非传统的新方式解决三农问题带来了机遇和可能。但其结果,同样无一逃脱失败的结局。

总之,从三农问题产生到辛亥革命前漫长历史中,上至有为的皇帝,中有忧国忧民的仁人志士,下有广大农民,都曾为解决三农问题做了艰辛努力,但问题始终未得到根本解决,使这一制约中国发展的最大、最古老的问题,成了延续几千年的"天下第一难"题。

二、三农问题千年无解谜团的破解

在中国古代几千年间,不同集团、仁人志士和广大农民,何以都未根本解决三农问题?原因在于,他们的阶级和历史局限性决定其不能认识和根除产生三农问题的根源——"家国同构"土地所有权制。这一制度,是古代中国社会的经济基础,是该社会经济社会发展与演化的关键,因而成为破解古代中国三农问题千年未解之谜的一把钥匙。不仅如此,"家国同构"相对土地所有权制度,还是破解长期争论不休的"其兴也勃焉,其亡也忽焉"的黄炎培"历史周期率""积重难返之害"的"黄宗羲定律"和科技革命何以未发生在中国的"李约瑟之问"等历史谜团的一把

第六章　古代城乡关系和三农问题的演变与后果

钥匙。

在这里探讨上述谜团中后三个谜团问题，似乎有超越本书主题之嫌，但实际并非如此。因为在一定意义上看，这些争论问题，在本质上是对三农问题严重化在不同方面所导致的不同后果的争论，是对古代中国何以始终未打破三农问题魔咒在不同角度的追问："历史周期率"是对中国古代统治阶级何以未能解决三农问题的追问；"黄宗羲定律"之谜，是对古代统治集团何以未能通过税制改革解决三农问题的追问；"李约瑟之问"是传统科技发达的中国，何以未发生近代科技革命和工业革命，从而以新的方式解决三农问题的追问。总之，古代中国历史上的这些难解之谜，甚至其他任何重大问题，都离不开对三农问题的思考。这里把这三大谜团纳入考察范围，不仅可以给认识这些争论问题提供新角度，而且有利于深化对"三农问题千年无解"之谜的研究。

如前所述，"家国同构"相对土地所有权制度，是古代中国专制统治的经济基础，没有这一制度，就不可能形成中国古代高度集中的王（皇）权专制主义统治。因此，不论汉族政权，还是少数民族政权，都无一例外的延续了这一制度。正是这一制度的二重性演化，决定了"历史周期率"。在王朝前中期，该制度整合不同土地所有制权能主体，实现利益分享、控制和调节功能占主导地位，起着束缚王权，协调城乡和各主体关系的作用。因而，能够把皇家与国家、地主与国家、农民与国家等不同主体及其在一起，形成帝王进取、政治清明、臣子勤廉、城乡协调、百姓敬业、农民力耕，举国上下、奋发图强的合力，从而使社会稳定，农业和其他各业得到发展，形成马端林所说的"民众则国强"[①]效应，于是，"其兴也勃焉"的盛景便喷薄而出。

到王朝中后期，随着政权稳固和经济发展，该制度的王权膨胀和肆意聚敛财富的制度与现实保障功能，逐渐占主导地位。前一阶段的主体"同构"和利益包容格局，逐渐被"绝对权力"所侵蚀、异化和解构，走向反面。这必然导致王朝腐败，从而加剧城乡对立，引发日趋严重的三农问题，导致官逼民反。于是，"其亡也忽焉"的惨象便瞬间降临。

---

① 马端林：《文献通考·自序》。

中国"三农"发展规律与战略目标研究

一些古代思想家曾对这种王朝生生灭灭循环往复的现象,作出过种种解释。《三国演义》开篇那样的"天下大势,分久必合,合久必分"的感叹,并试图作出解释。在战国时期,邹衍提出了"五德终始说"、孔子提出了"天命"观、孟子提出了"五百年必有王者兴"学说,汉朝董仲舒提出了所谓"正黑统、正白统、正赤统"的"三统三正"理论。元末明初的罗贯中在《三国演义》里发出了"天下大势,分久必合,合久必分"的感叹。显然,这些唯心主义学说,都不能合理的解释这一复杂现象。直到20世纪,人们将这一周期律的原因归结于王朝腐败。这一结论固然没错,但它不能回答造成王朝腐败的根源问题。而如前书论述的,造成各王朝难逃腐败魔咒的根源,就在于"家国同构"土地所有权制度。这才是黄炎培"历史周期率"的真正根源。而中国历代王朝都不能改变"家国同构"土地所有权制度,也就不可能走不出周期腐败的"历史周期率",当然也就不可能根本解决三农问题。

需要补充说明的是,20世纪40年代黄炎培提出王朝兴衰"历史周期率",是基于他"耳闻"和"眼看"的中国古代王朝周期性更替现象重复出现的经验观察,因而以"历史周期率"加以概括是准确的。但通过对"家国同构"土地所有制的深度考察,使对这种现象的认识,超越了经验观察的范畴,而使之建立在中国古代王朝周期性更替的内在的必然性理论分析的基础上,将其上升到了科学规律的高度。因此,概括这一必然性的"历史周期率",应改称为"历史周期律"。

"黄宗羲定律"的根源同样如此。历代王朝的税制改革,都仅限于并税范围①,而未触动产生杂税丛生的成因—王朝腐败,更未触及产生王朝腐败的根源——"家国同构"土地所有制,因而不可能逃脱"积重难返之害"的劫数,也就不可能根本解决三农问题。有学者强调"不完全的财政"制度对"黄宗羲定律"的作用,但它只是其中重要原因之一,而非根本原因,其根本原因,仍是"家国同构"土地所有制。在"普天之下,莫非王土;率土之滨,莫非王臣"的"家国同构"土地所有制下,

---

① 秦晖:《并税式改革与"黄宗羲定律"》,《农村合作经济经营管理》2002年第3期;黄宗羲:《明夷待访录田制三》。

第六章　古代城乡关系和三农问题的演变与后果

把社会有限的财富最大限度的集中于朝廷,被视为理所当然,但君王同时又要扮演福泽天下的明君形象,避免承担掠夺过重的恶名。因而,帝王对地方政府采取"不完全财政"制度,在中央政府的财政安排中,不满足地方财政所需,迫使或允许地方政府通过巧立名目方式来解决其官僚体制运行的基本所需①。同时,地方官吏在收缴国税过程中,在正税之外巧立名目,搭车加码,私派捐税,横征暴敛,中饱私囊,也是以王家的名义实现并被允许或默许的,是"家国同构"土地所有制中不受约束的王权,给他们肆意掠夺民财提供了条件。

可见,无论是"历史周期率",还是"黄宗羲定律"发生的真正根源,是"家国同构"土地所有制。只有认识这一点,才能找到王朝和官员腐败的症结,才能弄清古代王朝由"其兴也勃焉"转到"其亡也忽焉"和"积重难返"的内在机制,并为从当代反腐败斗争提供启示。

古代知识分子提出的解决三农问题思想,虽与王朝统治集团的政策有所不同,但他们的学说,也是建立在"家国同构"所有制基础之上,都未超出王权主义范畴。即使被统治者视为"异端"的黄宗羲,虽基于民本观念和明朝覆亡的刺激,对封建社会的土地赋税制度,乃至其根本政治制度和政治理念,提出了深刻反省②和有力鞭挞,但他同样不主张废除君主专制,反认为"天之生斯民也,以教养托之于君"③;其学说也是为开明君主们奉上"思复三代(尧舜禹)之治"④的治国之术,而不是要改变君主专制政权。他不懂得在生产力有所发展而又发展不充分的农业社会,以私有制为基础的"私天下",代替原始公有制基础上的"公天下"是历史的必然;不懂得开明王权走向绝对王权,掌握绝对权力的君主走上自身腐败和荼毒天下的道路,是"家国同构"土地所有制内在逻辑演化的必然结果。因而注定他的学说是不可能实现的空想。

---

① 周雪光:《从"黄宗羲定律"到帝国的逻辑:中国国家治理逻辑的历史线索》,《开放时代》2014年第4期;何平:《清代赋税政策研究:1644—1840年》,中国社会科学出版社1998年版,第109页。
② 陈来:《黄宗羲的民本思想和民生思想仍有意义》,《光明日报》,2005年8月18日。
③ 黄宗羲:《黄宗羲全集》第1册,浙江古籍出版社1985年版,第10页。
④ 黄宗羲:《黄宗羲全集》第1册,浙江古籍出版社1985年版,第192页。

中国"三农"发展规律与战略目标研究

更关键的是,知识分子从来都不是一支独立的力量,也不是政权的主体力量,而是依附于一定的阶级或经济政治集团。两者之间的关系,正如毛泽东形象比喻的那样,是"毛"与"皮"的关系。其作用的发挥不取决于他们自身,而是取决于他所依附的那个阶级或经济政治集团的政权性质与状况。这些知识分子,所依附的是封建专制政权,并且这种专制到王朝后期不可避免地走向绝对专制主义。因而,不论他们的主张有多少"合理"成分,但至多在被统治者视为对自身有利的前提下,在一定程度上被接受,而不可能按照这些学者们提出的蓝图和规则治国律己。如儒家主张的"什一之税",为汉后多数王朝所尊崇。但各中晚期王朝却都在这个"正税"之外,实行名目繁多的加征,而使儒家主张的轻税之说沦于空谈。至于黄宗羲对封建制度的反省和批判,不但未被统治者接受,连集中反映他这些思想的专著《明夷待访录》,也被清政府视为"邪说"而遭查禁。可见,古代优秀知识分子的主张,不但本身有历史局限性,而且在实践上是无法得到施行的。所以,古代知识分子不可能根本解决三农问题。

农民抗争之所以找不到解自身于倒悬的出路,其根源同样在于"家国同构"土地所有制。在论述这个问题之前,有必要对古代农民的地位、中国封建制社会的主要矛盾和农民起义的根源问题,作一简略探讨。因为,一些人对农民的偏见由来已久,近些年一些学者更对农民与农民起义大加攻击和诋毁。不澄清这些问题,就缺乏说明农民抗争合理性的前提。

第一个问题:农民在中国古代历史发展居于何种地位?

一些学者从自身偏见出发,认定农民是小生产者,具有分散性和保守性等弱点,天生就是落后的一群,始终不是先进生产力代表。一些学者引用马克思和恩格斯有关农民缺点的分析、批评和小农经济要被大生产所取代的一些论述,认定马克思主义创始人一贯认为农民是"反动的""非革命的"力量[①]。其实,在马克思、恩格斯等经典作家的有关论述中,在尖锐指出农民局限性的同时,也指出了农民阶级存在革命性与保守性的二重

---

① 参见周凡:《马克思恩格斯关于农业农民问题的理论探索》,中央编译局网站,http://www.cctb.net/zjxz/expertarticle1/201008/t20100825_288497.htm。

第六章　古代城乡关系和三农问题的演变与后果

性特点。他们关于小农经济要被大生产所取代的观点，也是针对近代工业生产力和资产阶级及无产阶级产生之后的特定历史条件和语言环境下使用的，而非对该阶级的一般定性。因为，在马克思主义看来，先进生产力不是一个永恒的存在，而是一个历史的动态的和相对的概念，不同时代的新生产力，有不同的内容和要求。一种生产力在一定社会历史条件下，可能是新生产力，但随着历史的发展，当新的生产力形成，原先处于先进地位的生产力，可能转变为落后的生产力，但不能因为新生产力的诞生，否定现实中的旧生产力曾充当过先进生产力的角色。

历史证明，在工业生产力及其主体无产阶级诞生之前的传统农业社会不同社会发展阶段的漫长历史中，农民始终是先进生产力的主体。在传统农业社会，农业是人类的主要产业，农民是最主要的劳动者。作为生产力水平标志的生产工具，无论原始社会后期的新石器，还是奴隶社会的铜器，抑或封建社会的铁器，都掌握在农民手里。因此，在传统农业社会及其每一社会形态的绝大部分时间里，只有农民才是新生产力的主体，而不是其他的任何阶级或集团。这一点，为中外古代历史所证明。

在中国原始社会的晚期，正是农民广泛运用铜器工具，生产出剩余产品，使华夏民族进入奴隶制社会；在奴隶制社会晚期，正是农民广泛运用的铁器工具，使"废井田，开阡陌"，实行农民个体生产成为可能，中国由此进入封建制社会。在中国封建制社会，农民不仅驾驭着当时世界上最先进的铁器牛耕生产力，运用世界上效益最高的精耕细作生产技艺，促进了中国经济的发展，使中国"在18世纪西方工业革命以前的一千多年的时间里，一直是世界上科技最先进、经济最繁荣的国家"[①]。即使在奴隶制和封建制社会后期，他们原所代表的生产力逐步趋于落后，但农民又成为新生产力诞生的主动力。因为，先进生产力的诞生是以先进科技发明与运用为先导的。中国农民以其丰富的生产经验，为新工具为标志的新生产力诞生提供了主要源泉和动力。而在工业革命以前，技术发明不是发明者有意识的、具有经济动机的活动的结果，而是以工匠和农民的经验为主要

[①] 林毅夫：《李约瑟之谜、韦伯疑问和中国的奇迹——自宋以来的长期经济发展》，《北京大学学报》（哲学社会科学版）2007年第4期。

来源的，只是生产过程的副产品①。当新的生产力诞生，旧的生产关系阻碍生产力发展时，又是农民起义导致和推动改朝换代，迫使统治阶级改革和调整生产关系，使中国重新走上新一轮发展周期，避免了5世纪至十二三世纪欧洲在黑暗中徘徊至少七八百年之久的悲惨命运。

可见，只要不曲解马克思恩格斯有关论述并尊重历史，就会看到，农民绝非如被一些人诋毁的天生落后群体，相反，他们在古代历史发展中具有极其重要的地位。他们是传统农业社会的先进生产力主体，是经济、社会发展、社会形态演进和科学技术进步的主要动力。这一点，中国农民表现尤为出色，因而成为中国古代社会能够取得长期处于世界前列辉煌成就的最大贡献者。

第二个问题：地主阶级与农民阶级的矛盾是否中国封建制社会的主要矛盾。

有人认为，庶族地主不像权贵地主那样靠权力剥削农民，反受官府的剥削，因而也属于"民"的范畴，据此认为中国古代社会的主要矛盾，不是地主阶级与农民阶级的矛盾，而是官僚阶级和民众之间的矛盾②。这种说法，否定了地主阶级与农民阶级之间矛盾是中国封建制社会主要矛盾的传统观点，实质在于否定唯物史观在研究中的指导地位，否定农民反抗地主阶级剥削压迫的合理性与必然性。然而，只要全面理解地主阶级的内涵，从本质上认识庶族地主与农民阶级之间矛盾的性质，就会看到这一说法是不符合逻辑和史实的，地主阶级与农民阶级之间矛盾是中国封建制社会主要矛盾的观点，也是不能否定的。

毛泽东在《中国革命和中国共产党》一文中深刻指出，中国封建社会的主要矛盾是地主阶级与农民阶级之间矛盾。作为该矛盾一方的地主阶级，指包括地主阶级、贵族和皇帝在内的封建统治阶级。毛泽东之所以以地主阶级概括这个封建统治阶级，是因为地主是中国封建生产关系的代表，是全部封建统治的基础，封建国家则是这个阶级的政权，皇帝既是最

---

① Mathias, Peter. "Who Unbound Prometheus? Science and Technical Change, 1600 – 1800". In A. E. Mussoned. *Science, Technology and Economic Growth in the Eleventh Century*. London: Methuent, 1972, p. 58.

② 叶林生：《对"农民起义"认识的多重误会》，《炎黄春秋》2014年第8期。

第六章 古代城乡关系和三农问题的演变与后果

大的地主,也是整个地主阶级的总代表①。正如李根蟠指出的,皇帝(国家)凭借最高土地所有权征收的赋役,"不但是地租的分割和集中化,而且它本身就带有某种地租的性质,在一定程度上是国家土地权力的经济实现"②。因此,地主阶级与农民阶级之间矛盾是中国封建制社会主要矛盾的论断,准确反映了问题的本质。

一些学者把庶民地主排除于地主阶级而列于"民"的范畴,混淆了剥削阶级与被剥削阶级之间的界限。从土地主要来源看,庶族地主和权贵地主虽有不同,前者主要以资购买,后者多为赏赐和强占,但在本质上两者并无区别,都是对农民实行田租剥削。从对农民的剥削率来看,两者相差不大,从秦后各代都"见税什五"大体维持不变③。当然,有的时期和地区的地租率远远高于这个比例,如明代江南地区达到60%至70%④,甚至80%至90%,个别的竟达100%⑤,但同一地区的庶族地主和权贵地主地的地租率相差不大。

在这个问题上,有人强调庶民地主购买土地垫付了资金,并无权享受复免"优待",还必须向国家缴纳赋税,所以使其收租收入比权贵地主低⑥,换言之,是庶民地主对农民的地租剥削率低。这种说法的根据大体符合事实,但得出的结论却悖于事实。其一,庶族地主购买土地垫付资本,往往成为其在定额租之外加收地租的理由,因而庶族地主的实际剥削率并不低。其二,假设庶民地主与权贵地主实行同一剥削率。其购买土地垫付资本,只能导致其在一定时间内比权贵地主的地租收入低,而当其购地成本收回之后,两者的剥削率便趋同了。但事实上在其收回购地成本之后,并未降低剥削率。其三,有的王朝或时期,权贵地主享有赋税"复免优待",但有的王朝或时期,无论权贵地主庶民地主,都无赋税优免权;只是前者享有免役特权。对此,看看唐《两税法》和《大明会典》

---

① 参见《毛泽东选集》第2卷,人民出版社1991年版,第623~625页。
② 李根蟠:《官田民田并立公权私权叠压——简论秦汉以后封建土地制度的形成及特点》,《中国经济史研究》2014年第2期。
③ 方行:《中国封建经济发展阶段述略》,《中国经济史研究》2000年第4期。
④ 顾炎武:《日知录》卷一〇,《苏松二府田赋之重》。
⑤ 嘉靖:《吴江县志》卷一三《典礼志·风俗》;叶梦珠:《阅世编》卷一《田产》。
⑥ 黄今言:《汉代庶民地主经济的形成及其历史地位》,《中国经济史研究》1999年第3期。

就清楚了。可见，把庶民地主列之于"民"的范畴，抹煞了剥削阶级与被剥削阶级的界限，是站不住脚的。

在封建统治阶级营垒中，皇帝（国家）与庶族地主，虽有矛盾的一面，两者围绕赋役征收相互博弈，但他们的根本利益是一致的。皇帝（国家）是地主阶级包括庶族地主利益的总代表，地主阶级是这个国家的阶级与统治基础。前者保障了后者凭借土地所有权，对农民收取高额地租并将其赋役负担转嫁到农民身上的权利；后者则"依靠士绅地主和宗族制度"① 实现对乡村基层的统治，形成两者共同剥削、压迫农民的社会制度。对封建国家与庶族地主之间的这种关系，即使是封建皇帝和官僚也毫不掩饰②。洪武三年（1370年）朱元璋召富民入京谕训说："今朕为尔主，法定制，使富者得以保其富，贫者得以全其生"③。被后世誉为"宰相之杰"的张居正，更把皇帝与地主之间关系比喻为"慈母之于爱子"。富民向国家所纳赋税，只是付"出其百一之蓄"的之小苦，而换"金粟如山"，"终身乘坚策肥"之大快④。

当然，封建国家和地主对农民的剥削，在主体和形式上是不同的，前者是赋役剥削，后者是田租剥削，但两者的剥削对象是一致的，都是封建统治阶级对农民的残酷剥削。这两种剥削形式，并不像一些人断言的农民的深重负担，主要来自于国家赋税特别是苛捐杂税，而不是地主的地租剥削。事实上，两者中哪种剥削程度更重，是因时因地不断变化的。方行认为，"秦汉至唐中叶以前，君主是国内剩余产品的主要所有者"；此后"地主的地租收入大大高于国家的田赋收入"，"有时田租高于赋税"⑤。当然，这只是大体说来，并不排除在上述两个阶段中，个别时期和地区出现于此相反的情形。如三国时私租高于官税10倍，甚至20倍⑥。明朝崇祯年间，田租为赋税的20余倍⑦。其原因正如嘉靖《增城县志》的编者

---

① 武力：《试论近代以来国家与农民关系的演变》，《武陵学刊》2011年第1期。
② 栾成显：《论封建国家、地主、农民三者之间的关系》，《史学理论研究》1997年第4期。
③ 《明太祖实录》卷四九，洪武三年二月庚午条。
④ 《张太岳文集》卷二九，《答应天巡抚胡雅斋言严治为善爱》。
⑤ 方行：《中国封建经济发展阶段述略》，《中国经济史研究》2000年第4期。
⑥ 徐干：《中论·论兼并之家私敛重于公赋》。
⑦ 栾成显：《论封建国家、地主、农民三者之间的关系》，《史学理论研究》1997年第4期。

第六章　古代城乡关系和三农问题的演变与后果

解释的那样:"公赋上之所制,而私赋民之所主也。民之有田者,以其田佃之无田之民,而约使出租,比公家之赋率增十之八九。"[1] 而明后期赋税则高于田租。古代不少地区发生大量个体农民为逃避苛重赋役,携田投献、投靠官绅现象,是其现实反映。同时,两者是相互联系的,赋税剥削加重,必然导致田租剥削的加重,但最终都把负担落在农民身上。因此,不能以封建国家和地主在不同时期对农民剥削严重程度的变化,否定整个统治阶级对农民阶级的压迫严重性,进而否定中国古代社会的主要矛盾是地主阶级与农民阶级的矛盾的论断。

第三个问题:农民起义是否具有必然性和合理性?

一些学者以农民起义中一些领袖不是农民身份为依据否定存在农民起义[2],认为即使农民参加起义,也不是自愿的,而是被"乱局裹挟"起义的[3]。因而,农民起义的结果只起破坏作用,不能带来社会进步。对此,不少学者从多方面进行了批驳,兹不赘述。下面暂时舍去"家国同构"土地所有制在一定时期的积极性作用,通过其制度安排及其演化的内在逻辑,粗略勾画这种制度把农民逼向揭竿造反境地的内在机制,以新的角度说明农民起义的必然性、合理性和历史进步性。

"家国同构"土地所有制赋予国家(王家)全国土地的最高所有权,并藉此掌握了分配全国土地资源、合法征收赋役,无限制地掠夺了农民财富的权利。在分配土地资源过程中,国家(王家)实行森严的等级原则。如商鞅变法时的授田制,按军功、爵者到庶人共分20个等级;所授田亩数从最高爵位的95顷到庶民的1顷[4]。大土地占有者与一般农民占有土地相差近百倍。这种等级授田制,授予皇亲、官僚等高等级阶层以大量土地,直接扶植了权贵地主,也从中逐步产生了租种其土地的佃农。这种授田制,还授予一般农民小块土地,并且实行"诸子析产"继承制,造就

---

[1] 嘉靖《增城县志》卷九,《政事志·民赋类》。
[2] 叶林生:《对"农民起义"认识的多重误会》,《炎黄春秋》2014年第8期;安立志:《宋江一伙并非农民起义》,《同舟共进》2012年第8期。
[3] 佚名:《中国历史上不存在所谓"农民起义"》,腾讯网2013年12月20日,http://view.news.qq.com/a/20131220/000890.htm。
[4] 张家山二四七号汉墓竹简整理小组:《张家山汉墓竹简(二四七号)》,文物出版社2001年版,第176页。

中国"三农"发展规律与战略目标研究

了经济实力软弱、经营越来越趋于分散的个体小农。这种小农经济的私有性和脆弱性,使之无时无刻不处于分化当中,从而衍生出最初的统治者始料未及的庶族地主阶层。这样,"家国同构"土地所有制造成了国家(王家)、权贵地主与庶族地主剥削、压迫自耕农和佃农的经济格局。国家(王家)为保护这一制度,采取重农抑商和抑(土地)兼并政策,但最终结果如晁错所言"法律贱商人,商人已富贵矣;尊农夫,农夫已贫贱矣"①;抑兼并,兼并益疯狂,到宋后干脆宣布"不抑兼并"。统治者对社会阶层的排位是"士农工商"②,而实际却是"士商工农",农民被压在社会最底层。尽管如此,由于农民受其生产和生活方式以及传统农业文化的影响,只要能够生存,哪怕如董仲舒描述得"常衣牛马之衣,而食犬彘之食"③,他们仍安贫乐道,而不会轻易走上暴力反抗的道路。

然而,随着"家国同构"土地所有制的蜕化,官府的苛重赋税和地主的残酷剥削及疯狂土地兼并,导致大批农民濒于和陷于破产。这不但使他们在王朝前中期的温饱生活不在,即使其安稳的贫困生活也被打碎。于是,他们便"献投"或"投靠"于地主,以租佃土地为生。但租佃土地的结果,却落得"竭一岁之力,粪壅工作,一亩之费可一缗,而收成之日,所得不过数斗,至有今日完租而明日乞贷"④。即使接受高利贷盘剥,若能吃糠咽草,得以苟活,农民仍安土重迁,依旧躬耕田畴,而不愿"背井离乡"。但农民借高利贷的结果,又大都逃不掉倾家荡产的结局。特别是小农细小、脆弱、抗灾能力低。一旦遇到天灾人祸,他们便陷于破产,被迫走上悲惨的逃亡之路。

在农村哀鸿遍野的条件下,他们也试图把进入城市或在本地从事手工业,作为摆脱死亡命运的出路。然而,在"家国同构"土地所有制的"重农抑商"政策下,城市主要是为统治阶级服务的消费场合,城市和工商业不发达且被统治者所控制,这里没有农民的立锥之地。他们进入城市所遭遇和看到的景象,是杜甫诗句描述的"朱门酒肉臭,路有冻死骨";

---

① 《汉书·食货志》。
② 《管子·小匡》。
③ 《汉书·食货志》。
④ 顾炎武:《日知录》卷一〇《苏松二府田赋之重》。

第六章　古代城乡关系和三农问题的演变与后果

他们从事手工业也逃不掉破产的命运。至此，农民求生的所有努力全告失败。这个被压在"金字塔"最底层的庞大群体，被从原来的"家国同构"制度中"解构"出来，变成了社会的弃儿，并被逼入走投无路的绝境。农民为求得一线生机，才不得不铤而走险，发动起义。

由上可见，农民起义的发生不是农民愿不愿意的问题，而是以私有制为基础的"家国同构"土地所有制演化的必然结果；农民参加起义也不是被"乱局裹挟"，而是他们绝境求生的唯一而理性的选择，具有被迫性和正义性。尽管在农民起义领袖中有些非农民成员，其中也不乏怀揣个人目的，利用农民起义，达到其飞黄腾达目的的人，但他们并不能决定农民起义性质。决定其性质的，是起义的主体和起义提出的根本要求。历史证明，农民起义的主体是广大农民，而且往往由地区甚至全国性的千千万万农民参加；农民起义提出的以"平均"为共同特征的要求，正是农民要求改变封建统治者造成的贫富悬殊状况的集中反映。

的确，在农民起义过程中，曾发生某些过火甚至暴烈的行为，在一定程度上反映了农民愚昧落后的一面。但有的论著根据一些充满偏见和刻意渲染的官方史书否定农民起义，把他们说成是"强盗""盗贼"，甚至"杀人成性"，也是不符合事实和极不公正的。中国农民具有安分守己，忍耐性极强的显著特征。他们走上反抗的道路，说明其遭受的剥削、压迫已达到使之生命倒悬，走投无路，忍无可忍的极限。在此情形下，农民除了反抗没有别的出路。如按农民起义否定论者的逻辑，农民只能任人宰割，不能反抗，这岂非"只许州官放火，不许百姓点灯"的强盗逻辑！至于在农民起义中发生的一些暴烈行为，应分析其背景作出客观评价，而不能一概否定，一味指责。事实上，这些行为在更大程度上是农民对统治者残暴镇压的反击。

的确，古代农民起义的结果都是以失败而告终的。但这种失败，是相对于没有改变其被压迫、被剥削的地位的最终目标而言。而就其暂时改变起义前水深火热、无以为生的状况来说，不少农民起义往往是成功的。因为，农民起义实现了改朝换代，打断了"家国同构"土地所有制幅面作用的进程，推动了该制度新循环周期的到来，并使新的统治集团明白"民可载舟，亦可覆舟"的道理，而对其形成巨大约束，从而使该制度的

中国"三农"发展规律与战略目标研究

正面功能得以周期性发挥,迫使新王朝采取轻徭薄赋政策,使农业生产和农民生活状况逐步改善。

历史证明,中国古代经济社会的发展,都是在农民起义后的新王朝前中期实现的。而且,除清朝以外,农民起义规模愈大、斗争愈剧烈、对前统治者打击愈沉重、起义领袖特别是核心领袖的农民属性愈突出,起义后建立的王朝所采取的政策就愈有利于农民,这个王朝的生命也愈长久。如把中国封建制社会各王朝加以对比就可发现,在持续时间较长的几个封建王朝中,减轻农民负担力度最大的是汉朝和明朝。汉初田租为"十五税一",即税率6.7%,文帝时还降低至"三十税一",即税率3.3%。明朝的农业税率,根据唐文基《明代赋役制度史》一书统计,除苏松等地外,大多数地区都在7%以下[①],两者都明显低于其他一般王朝的"见什税一"税率。同时,这两个王朝初期,都曾强力打击大量兼并农民土地的豪强地主,大力扶持自耕农[②]。何以在汉、明初期出现上述情况?恐怕与这两大王朝都建立在农民起义基础上、两个王朝初期的皇帝都曾是农民起义领袖不无关系。

通过对以上三个问题的考察可见,农民长期是中国社会的先进生产力,是中国古代历史发展的主要推动者。但不合理的社会制度,使他们处于被统治、被剥削地位,使农民阶级与地主(奴隶主)统治阶级的矛盾,成为中国封建制(奴隶制)社会的主要矛盾。这种矛盾的周期性激化,必然导致农民起义等反抗斗争的周期性爆发,并推动了生产关系的周期性调整,推动了中国社会的曲折发展。因而,农民起义具有必然性与合理性。

然而,农民这种自发的抗争自救,同样不可能根本解决三农问题。因为,农民虽是或曾是新生产力代表者,但这种生产力是传统小农经济的生产力。不管这种生产力在封建制中国的发展水平有多高,建筑其上的生产关系也只能是封建土地所有制和封建皇帝专制统治。正像马克思在《波

---

① 唐文基:《明代赋役制度史》,中国社会科学出版社1991年版;宋元强:《明代赋役制度总体研究的力作》,《中国社会科学》1993年第3期。

② 盛邦和:《中国土地权演化及地主租佃、小农自耕模式形成》,《中州学刊》2009年第1期。

第六章 古代城乡关系和三农问题的演变与后果

拿巴雾月十八日》中评价法国农民时所说：小农阶级"不能代表自己，一定要别人来代表他们。他们的代表一定要同时是他们的主宰，是高高站在他们上面的权威，是不受限制的政府权力，这种权力保护他们不受其他阶级侵犯，并从上面赐给他们雨水和阳光"①。由此决定，农民不可能摆脱其固有历史局限性，不可能摆脱对皇权的崇拜，也就不可能打破"家国同构"土地所有制及其演化规律。这就是中国古代农民起义不可能解决三农问题的根本原因。

由上可见，古代的封建国家（王家）、少数知识分子和农民，出于各自目的，都曾为解决当时面临的三农问题做过重要探索，做出过巨大、艰辛的努力。然而，这些探索和努力，都是在建立和重建封建"家国同构"土地所有制框架内进行的，因而各朝代的三农和社会发展，就不能不在该制度内在逻辑的支配下发展演化，就不可能逃脱黄炎培提出的历史周期律和"黄宗羲定律"的魔咒，也就不可能从根本上解决三农问题。

如果说这些集团和群体均为传统社会中人，使其不能摆脱"家国同构"土地所有制的局限，因而决定他们不能以近代化方式解决三农问题。那么，何以在明中叶以后，中国如同中世纪末期的英国那样，出现了不同于传统社会的新因素的萌芽，不仅长期领先于世界的领先水平的古代科学技术"已经发展到了面临转型的边缘"②，而且开启了原始工业化，但却没有发生西方那样的科技革命和工业革命，从而像英国那样，以近代化方式解决三农问题。鸦片战争后，中国甚至先后发生了洋务运动和戊戌变法等新式运动，但同样未解决三农问题？答案也是同一个："家国同构"土地所有制。

"家国同构"土地所有制，对科技发展和经济（包括手工业）发展，既有有利的一面，也有不利的一面。其中，君主以天下为己任的价值取向、该制度中整合各主体权益功能和协调城乡的作用，有利于调动农民和社会各界发展农业生产，也有利于整合民间经验与工匠及知识分子创造发展科技文化，并使中国具有汲取不同文化包括科学技术的内在动力与胸襟。尤

---

① 《马克思恩格斯选集》第 1 卷，人民出版社 1995 年版，第 677~678 页。
② 毛佩琦：《明清易代与中国近代化的迟滞》，《河北学刊》2008 年第 1 期。

中国"三农"发展规律与战略目标研究

其在王朝前期,经过上朝末期的战乱,人少地多,农户土地经营规模相对较大,国家重视农业发展,社会稳定,经济得到恢复和发展,从而产生对农业及相关科技的需求。因此,中国经济和传统科学技术在曲折发展中达到很高水平。在此基础上,明朝中叶发生了资本主义因素,开启了原始工业化进程。中国的科学技术也处于向近代转型的边缘,并开始了中西方交流。英国科学技术史学者李约瑟指出:"当16世纪末,利玛窦到中国同中国学者讨论天文学时,中国天文学家的思想,今天从各方面看来,都比利玛窦自己的托勒密—亚里士多德式的世界观更为近代化一些。"①

但是,"家国同构"土地所有制,也存在抑制科技发展和经济新因素诞生的功能与作用。这一制度是构建在农耕文化基础上的。如前所述,农耕文化生成了中国的人本理性。这种理性,形成了中国的入世哲学和以"形而下"的实用主义为特征的文化形态,缺少"形而上"的理想主义思索,造成古代中国注重经验,缺乏实验;注重技术,轻视科学的倾向。如果说在中世纪的欧洲,科学是神学的婢女,那么,在古代中国,科学则是皇权和技术的婢女。"家国同构"土地所有制,赋予了王(皇)权无所不制的强大能量,科学技术也往往为皇家所垄断,缺乏独立发展的广阔空间。因此,如若科学技术革命在中国发生并与生产结合而形成近代生产方式,不仅取决于能否实现科学技术由传统向近代的革命性转变,出现社会产生对科学技术的强大需求和资金支持,而且取决于中国王朝的状况。

然而,"家国同构"土地所有制,缺乏对科学技术的持续性需求,更缺乏科学技术发展与社会转型所需要的财富、资金的可持续性积累机制。该制度是以小农经济为基础,并周期性的复制出同样的生产方式。而这种生产方式,阻碍着科学技术的发展。正如马克思指出的"他们进行生产的地盘,即小块土地,不容许在耕作时进行任何分工,应用任何科学。"②尤其是在世界科技革命发生时的清中后期,人地矛盾造成的土地细碎化趋势空前加剧,许多农民连已有的大型农具,都弃而不用,甚至由牛耕退回人工,就更谈不上对科技创新的需求了。

---

① [英]李约瑟:《中国科学技术史》第4卷,科学出版社1992年版,第640页。
② 《马克思恩格斯选集》第1卷,人民出版社1975年版,第693页。

第六章 古代城乡关系和三农问题的演变与后果

同时，与该制度紧密联系的"诸子分析制"，使农民家庭的土地、财产不断被分割，不利于农民家庭财富与资金积累。特别是到王朝中后期，"家国同构"土地所有制聚敛社会财富的功能占据支配地位。但其聚敛地财富，不是用于发展农业和手工业，更不是用于发展科学技术，而是用于皇帝和王公大臣们的极度糜烂奢侈生活。如清朝贪官和珅聚敛的财富，超过了清政府15年财政收入的总和。这种财富聚敛，不能不加剧城乡对立，导致农民大量财富被掠夺，造成农业衰退和周期性社会动荡，形成社会财富周期性的大破坏，从而泯灭科技发展和社会转型的动力，吞噬了科技发展所需要的资金，造成中国传统科技和社会在破坏和重建中周期性循环，使传统科技和社会的转型极其困难。

事实正是如此。到明朝中叶，在传统科技发展及其经验总结的基础上，中国出现了近代科技的萌动，并开始与西方交流，发生了资本主义萌芽，开启了原始工业化进程。然而，这些纤弱的新因素，不能阻止"家国同构"土地所有制内在逻辑演变的步伐。正当这些新因素萌生的同时，"家国同构"土地所有制的负面功能也轰然启动，导致科学技术转型胎死腹中，资本主义萌芽横遭摧残，原始工业化被社会动荡所打断。至于清朝，其"以后制先"和绝对王权的特点，导致其模仿建立的"家国同构"土地所有制品质低下，使之不具有汉族王朝"家国同构"土地所有制的正面功能，造成清一代持续严重的城乡对立和三农问题，不但造成科技发展的停滞和倒退，还葬送了明中后期以来的资本主义萌芽和原始工业化。

可见，"家国同构"土地所有制的正面功能，推动了中国科技发展达到发达水平，并在明中叶推动了原始工业化进程，从而给以近代化方式解决三农问题带来了某些机遇。但其负面效应，又阻碍了科学技术的发展与转型，断送了原始工业化进程。因此，"家国同构"土地所有制，是科技革命未发生在中国、中国资本主义萌芽和原始近代化进程被葬送的根源，也是鸦片战争前，中国不能以近代化方式解决三农问题的根源。

鸦片战争后发生的洋务运动和戊戌变法运动，之所以陷于失败的根源，同样在于"家国同构"土地所有制。上述变革运动，虽发自于早期官僚买办资产阶级和民族资产阶级两个不同主体，两者的政治态度与对三农问题的立场、主张也有明显区别，但他们有着鲜明的共同点，即维护皇权和封建统治基本制度及其经济基础。由此决定其不能摆脱"家国同构"土地所有制的制约。这一根本缺陷,使他们既不可能改变封建王权对其排斥或压迫,也不能改变小农经济对他们及其所代表的经济形势发展的制约,从而不能发展为独立、强大的新型经济与政治力量,而在不同程度上具有对本国封建势力和外国资本主义的依附性。这注定洋务派不但不能解决三农问题,相反却站在农民的对立面,成为镇压农民运动的主要力量,不能实现其标榜的"求强、求富"的目标,最后丧师黄海,使洋务运动曲终幕落。资产阶级维新派也由于其先天软弱性和革命不彻底性,不能提出解决三农问题所要求的反帝反封建的任务,因而不能得到农民的支持,使之在封建顽固派反击面前,孤立无援而告失败。

综上所述,自公元前 21 世纪中国进入私有制社会,到 20 世纪辛亥革命之前,"家国同构"土地所有制,既周期性地促进了三农和社会发展,又周期性的造成了严重三农问题和社会灾难,成为中国三农问题的根源。为解决三农问题,从有为帝王和官僚,到有担当的知识分子和身受三农问题之害的广大农民,再到近代中国资产阶级各阶层,都在不同历史阶段、以不同形式,在不同程度上做出了艰辛努力。但由于时代和阶级的局限性,他们都未认识并打破"家国同构"土地所有制,因而没有也不可能根本解决三农问题,使这一给古代和近代中国带来一次次深重灾难的"第一难题"延续、挤压下来,并在新的历史条件下日趋尖锐,成为 20 世纪中国的根本问题,使解决这一难题成为民主革命的首要任务。

第七章
三农三步走规律与战略目标

进入20世纪后,随着社会历史条件的变化,在中国生成了三农三步走规律:第一步,实现耕者有其田;第二步,实现耕者有其权;第三步,实现耕者有其富。这一规律既是三农发展基本规律在近当代的实现规律,又是该规律规定的三农发展在近当代不同阶段的战略目标。该规律反映了农业发展的内在要求,是近当代中国历史条件及其演化的结果,反映了近当代中国的客观历史进程,也体现了历史唯物主义基本原理。

第一节
三农三步走规律与战略目标的内涵

一、"耕者"释义

在阐述该规律与战略目标含义之前,有必要对其中的"耕者"这个主题词的含义,做一简略说明。"耕者",有广义和狭义之分。在广义上,"耕者"包括从事生产植物性食物的种植业、生产动物性食物的畜牧业、

中国"三农"发展规律与战略目标研究

渔业以及其他养殖业①,亦即通常所说的农林牧副渔各业的生产者。当然,就经营现代农业的"耕者",亦即新型农民而言,应有明确的确认标准。一是在固定地点从事农业生产②。二是参加一定时间的农业生产。三是主要以经营农业为主要收入来源。四是在条件成熟时取得农业专业证书。

狭义的"耕者",主要指植物生产者特别是指粮食生产者。按马克思的看法,植物性食物生产是动物性食物生产的基础,也是广义的农业生产的基础。植物是第一性生产,动物是第二性生产③。因此马克思把植物性产品的生产界定为"真正的农业"④。而在植物生产中,粮食生产具有基础意义。因而粮食生产是基础的基础。同时,粮食是所有城乡居民与国民经济的生命线,对城乡居民和国民经济的影响最大、最深,牵涉面最广。但在农业各业中,粮食生产的比较效益最低,自然和市场的风险最大,三农问题表现最突出,解决这方面问题的难度也最大。所以,本章考察的内容虽包括广义上的"耕者",但在讨论问题的基本指向上,主要是狭义的"耕者",特别是粮食生产的"耕者"。

二、三农三步走规律与战略目标的内涵

三农三步走规律是指近当代中国三农问题的根本性解决,必然经历长期的历史过程。在此过程中,要经历相互区别又相互联系的三个步骤或阶段:第一步,实现耕者有其田;第二步,实现耕者有其权;第三步,实现耕者有其富。它既是中国近现代三农发展规律,又是在不同阶段的战略目标。

这三个步骤或目标具有特定的含义。耕者有其田是根据中国不同发展阶段的国情和农情,以革命或改革方式,消灭封建地主土地所有制,改造土地私有的小农经济,彻底改变耕者无其田、有田无保障状况,通过合理的制度安排,实现和保障土地资源直接掌握在农业生产和经营者手里,真

---

① 《马克思恩格斯全集》第35卷,人民出版社1971年版,第130页。
② 徐祥临:《"耕者有其田"制度背后的隐性危机》,《学术前沿》2012年第10期上。
③ 许经勇:《〈资本论〉与农业是国民经济的基础》,《贵州社会科学》1986年第1期。
④ 马克思:《资本论》第3卷,人民出版社1975年版,第697页。

第七章 三农三步走规律与战略目标

正实现和保障耕者有其田。耕者有其权是改变农民无权或权利严重缺失的状况，不但实现和保障农民享有与其他社会成员平等的经济、政治、文化和社会权利，而且赋予和保障因其特殊职业身份应享有的特殊权利。耕者有其富是通过农民的专业生产经营和国家补贴，逐步改变农民最贫困社会群体的不利地位，实现和保障农民获得与其他社会成员大体相当的劳动和经营收益，达到与其他社会成员同等富裕的程度。

上述三个步骤或目标，既存在不同阶段历时性顺序转换和前后递进，其中某一目标成为不同阶段的主题或重点，又表现为三者同时存在，紧密联系，相互影响，并贯穿始终的共时性特点，从而构成近代以来中国三农发展的连续性与阶段性相统一的内在逻辑关系和顺序。在其中的第三个阶段，则围绕耕者有其富目标，不但保障耕者够其田（土地规模经营），而且要全面实现农民权利，逐步推进并实现三个目标的共时性统一。

三、三农三步走规律与三农发展基本规律的关系

三农三步走规律与三农发展基本规律既有联系又有区别。两者的主要区别在于：一是地位不同。前者是三农发展的基本规律，它派生并决定了后者；后者中虽包括耕者有其田、有其权、有其利的要求，但当时历史条件决定它不能成为基本规律的实现规律，这些要求只能通过王朝更替，在一定时期、一定程度上实现。而辛亥革命后，由于历史条件变化，它跃升为后者在中国近当的实现规律，并被赋予新的内容。尤其是耕者有其富，不仅包含耕者有其利的意义，更主要的是实现农民致富的崇高愿望。二是作用不同。前者主要反映三农发展对城乡协调发展的本质要求；后者主要反映在半殖民地半封建社会及在此基础上建立的新社会从根本上解决三农问题必须经历的不同阶段和目标。三是存在时限不同。前者存在于城市产生后三农发展的全过程，只要存在城乡与工农之间的不同分工，这一规律就始终存在并发挥作用；后者只存在于辛亥革命后的近代和当代中国的一定历史阶段。一旦实现三个目标的共时性统一和城乡关系实现长期协调发展状态，三步走规律便在历史进程中消失，而为新的实现形式所取代。

两者的联系主要表现在两个方面：一是后者包括耕者有其田、有其权、有其利要求，只是前者被赋予新内容。二是三步走规律虽在不同阶段

有不同重点和目标，但都受三农发展基本规律的制约，沿着基本规律规定的总方向前进。就是说，其中每一阶段性目标的实现，都必须遵循城乡协调发展规律的要求，违背这一要求，就不能实现其中任何一项阶段性目标。只有遵循这一基本规律，不断解决历史遗留下来的三农问题，不断解决在发展过程中出现的新三农问题，逐步实现不同阶段目标，最后实现三个目标的共时性统一，达到城乡协调与和谐一体，使三农问题得到根本解决。三个不同阶段目标的实现过程，就是三农发展基本规律的实现过程。

第二节
三农三步走规律与战略目标的依据

一、反映了农业正常发展的内在要求

在农业生产过程中，劳动者拥有土地这一基本生产资料，具有对该土地经营的自主权利，并获得合理的劳动收益，即实现耕者田、权、利（富）结合，是农业生产得以正常发展的基本要求。三农三步走规律，正是这些基本要求的理论反映。

耕者的田、权、利（富）是农业生产经营过程中，缺一不可的三个要素。"田"是耕者基本生产资料，"权"是耕者自主进行生产经营活动的基本条件，"富（利）"是产品分配的结果和农业经营的主要动力。三者缺少哪一项，都不能保证农业生产经营的正常开展，因而具有共时性关系。

但是，在农业生产经营的不同阶段，三者顺序发生历时性重点转换。如以春种、夏管、秋收、冬藏的民谚为依据，以传统农业生产经营为对象，假设以一年为一个完整生产周期，可将该周期分为三个阶段或时段，其中每一阶段的重点各有不同。春播前获得土地，是这个周期的起点。此时的重点是"田"，即以怎样的关系获得土地，是自家土地，还是租佃他

第七章　三农三步走规律与战略目标

人土地；春种、夏管、秋收是生产过程。此时的重点是"权"，即农民有无自主经营和劳动的权利；当秋收完成，一个生产周期结束，重点则转移到"利"，即农民在产品分配和交换中获得多大利益。可见，在一定意义上，传统农业就是以年为周期，"田""权""利（富）"三者顺序递进，重点转换的循环往复的过程。即使现代农业在总体上也难以摆脱这一周期的影响。这种源自于自然节拍的顺序，在微观上体现了农业发展的阶段性。

然而，农业生产经营的不同阶段之间存在着紧密联系。耕者有其田构成后两者的前提条件，决定和影响着后两者的过程、效果和收益。耕者的土地所有权状况，既决定耕者的权利状况，也决定着收益的多少；耕者的权利状况，决定着耕者能否自主安排生产、以怎样的热情投入劳动以及生产成本高低，从而决定着收益多寡和产品分配的结果，进而影响下一生产周期农民土地投入与生产经营的选择。在一般和抽象意义上，土地产权与经营主体同属一个主体，是农业资源配置的最佳方式①。它不但使耕者不必承担租佃他人土地而产生的地租负担，使收成除合理缴纳给社会的剩余外，全部归耕者所有，最能激发耕者的劳动热情和智慧，实现利益的最大化，而且使耕者有足够权利，实现自主生产经营，提高劳动生产率。如果在土地产权范畴内，出现了两个以上利益主体，不管农民以佃农身份，还是以雇佣工人身份参加生产，都会削弱其生产经营积极性②。

总之，耕者有其田、有其权、有其富（利），相互联系又相互区别，共同构成三农发展的连续性与时段性相统一的内在要求。因而，要促进三农的正常进行和发展，必须适应农业发展的内在要求，实现耕者的田、权、利的紧密结合和平衡，否则，就会造成生产的低效率乃至中断与危机。

二、由近当代历史条件及其演化所决定

"社会规律是一定条件下社会现象之间的本质的必然的联系。"③ 三农

---

① 徐祥临：《"耕者有其田"制度背后的隐性危机》，《学术前沿》2012年第10期上。
② 徐祥临：《"耕者有其田"制度背后的隐性危机》，《学术前沿》2012年第10期上。
③ 陈先达：《社会规律的特点和主体的选择》，《高校理论战线》1996年第8期。

中国"三农"发展规律与战略目标研究

三步走规律与其他社会历史规律一样,存在和运行于生成该规律的经济社会条件当中。如前所述,在古代以至辛亥革命前,中国未形成以现代化方式解决三农问题的经济条件与主体力量,因而不能形成根本解决三农问题、促进三农发展的客观规律,也不可能根本解决三农问题。到19世纪末20世纪初,中国社会经济条件发生了深刻变化。随着中国民族资本主义发展,形成了与封建势力和帝国主义联系减少的中下层民族资产阶级,并出现了反映这个阶层利益与愿望、主张推翻皇帝专制制度,建立资本主义政治和经济制度的资产阶级革命派。特别是到20世纪20年代,随着第一次世界大战期间中国现代工业新发展和代表这一新生产方式的工人阶级队伍壮大,诞生了中国共产党。这些新的历史条件,使中国开始形成以现代化新方式,改变"家国同构"土地所有制及其上层建筑,解决古代积压下来并在近代被激化的三农问题的生产力基础和主体力量,从而使三农发展基本规律中耕者有其田、有其权、有其利要求,转化生成为近现代中国根本解决近现代三农问题的规律,即循序解决耕者有其田、有其权和有其富的"三步走"规律。

土地问题是近代三农最突出的问题,也是近代中国的中心问题和近代社会演化的内在逻辑起点和第一个战略目标。近代土地问题的实质,是土地所有制问题。中国占主导地位的封建地主土地所有制,导致农村土地占有的极端不合理状况,造成极其严重、持续恶化的三农危机。这不但使近代农民面临生存危机,而且导致中国工商业发展落后,成为中国经济不能发展,政治不能进步,国家受尽列强侵略、控制与欺凌的根源。在这种条件下,农民土地问题虽也是农民权利问题,但更大程度上是农民和中华民族的生存问题。因此,废除不合理的封建土地所有制,解决农民土地问题,实现和保障耕者有其田,成为近代中国破解三农问题的最紧迫、最核心的问题,也是中国人民和中华民族对内求生、对外图存的中心问题。同时,在半殖民地半封建社会的中国,要解决农民土地问题,必须以推翻维护封建土地制度的腐朽国家政权和帝国主义在华统治为前提。要具备这一前提,必须围绕土地问题,发动和武装广大农民,展开长期的革命战争。在这个过程中,夺取国家政权是中心目标,而土地问题之外的农民其他权利问题和发展生产、增加收入等问题虽很重要,但毕竟暂时居于次要和服

第七章 三农三步走规律与战略目标

从地位。

当耕者有其田目标得到实现与保障之后,耕者有其权、有其富目标,上升到解决三农问题,促进三农发展问题的主要位置。然而,这两个目标的实现,也不能齐头并进,而是在重点上有先后之分。因为"权利一般是指法律赋予人实现其利益的一种力量。"[①] 耕者有其富与耕者有其权,是紧密联系在一起的。农民若不能得到与其他群体同等权利,就不可能实现与其他群体同等利益;若不能获得充分而有保障的权利,就不可能达到与其他群体同等的富裕程度。然而,正如马克思所说:"权利永远不能超出社会的经济结构以及由经济结构所制约的社会的文化发展。"[②] 因而,农民权利的全面实现,既要以相应的经济社会和文化发展为支撑,又要农民政治与文化素质提高为条件。但旧中国200年的贫穷、落后,决定新中国长期处于经济落后状态,农民的经济、文化和自身素质也处于十分落后状态。这两个"落后"状态,严重制约着农民权利的全面实现。而且这种状况不可能随着新中国成立在短期内改变,而是要经历很长时间才能根本改观。这决定农民要实现全面而真实的权利,必然经历一个逐步改善和长期发展的过程。何况在20世纪50年代,在险峻国际环境下,中国实行了优先发展工业化战略,并随之形成了城乡二元经济社会体制。这使农民权利受历史经济文化因素制约之外,又增加了新体制加给他们的重重限制。因此,在耕者有其田目标之后的相当长的时期内,农民权利问题成为三农的核心问题。只有随着中国经济社会的发展,农民权利的全面提升,即耕者有其权目标的实现,才能真正实现这些权利赋予他们的全面利益,实现耕者有其富目标。

总之,近当代的历史条件与环境,决定耕者有其田、有其权、有其富三个目标,不可能一步解决,而必须经历一个长期的、有重点的、分步骤的历史过程才能实现。

[①] 舒新城:《辞海》(第6版),上海辞书出版社2009年版,第1857页。
[②] 《马克思恩格斯选集》第3卷,人民出版社1995年版,第305页。

三、体现了历史唯物主义基本原理

历史唯物主义认为，不同生产资料所有制决定了人们在生产过程和社会中的不同地位与相互关系，也决定了资源和产品分配的不同关系。正如马克思恩格斯所说："分工发展的各个不同阶段，同时也就是所有制的各种不同形式，这就是说，分工的每一个阶段还根据个人与劳动的材料、工具和产品的关系决定他们相互之间的关系。"[①]"所有制是对他人劳动力的支配"[②]。因此，无产阶级在建立自己的统治之后，要"一步一步地夺取资产阶级的全部资本"[③]，取消剥削阶级压榨人民的手段，实现生产资料的社会所有。可见，把改变封建土地制度，实现耕者有其田，作为解决中国三农问题的第一步目标，体现了历史唯物主义生产资料所有制理论。

历史唯物主义认为，权利不能超出一定社会发展阶段的经济文化制约，因而权利的实现是一个长期的历史过程。权利的本性在于使用同一尺度衡量不同的事物，因而存在形式上的平等和事实上的不平等。即便社会主义社会实行的以劳动为同一尺度分配生活资料的原则，即按劳分配原则，相对于资本主义的"按资分配"虽是一种进步，但"它像一切权利一样是一种不平等的权利"[④]，不能体现不同劳动者因劳动能力和家庭人口等方面的差异给他们带来的权利上的实际差别。因此，在进入新社会后的一定阶段上存在城乡、工农和脑力与体力劳动的三大差别。

中国情况正是如此。新中国成立后，虽改变了农民在旧社会被压迫的地位，但由于受经济社会和文化条件的多种制约，使其文化程度、劳动能力较之其他群体相对较低。加上人地矛盾和农业比较效益低下等原因，即使城乡之间实行"按劳分配"的平等权利，农民也处在不利地位。何况城乡二元经济社会体制，在资源分配等方面，把农民置于不平等地位。因此，在实现耕者有其田之后，中国城乡居民必然要经历一个实际权利不平等的过程。在这个过程终结之前，农村居民收入和生活水平与城市居民相

---

① 《马克思恩格斯选集》第1卷，人民出版社1995年版，第68页。
② 《马克思恩格斯选集》第1卷，人民出版社1995年版，第84页。
③ 《马克思恩格斯选集》第1卷，人民出版社1995年版，第293页。
④ 《马克思恩格斯全集》第25卷，人民出版社2001年版，第19页。

第七章　三农三步走规律与战略目标

比处于较低水平，是一个必然经历的过程。只有经历这一过程，使农民权利不但在形式上，而且在实际上都实现真正平等之后，农民收入和生活水平，才能达到与城市居民同样的水平。只要承认这个客观过程，就不能不承认在实现耕者有其田之后，农民只有经历并完成权利由不平等到平等的转变过程，才能实现耕者有其富目标。可见，三农三步走规律，体现了历史唯物主义的社会权利理论。

历史唯物主义还认为，社会规律本质上是人的实践规律。它必须通过人们的社会实践，把社会规律反映的条件的普遍性与人们实践条件的特殊性相互结合，才能将其必然性转化为现实性，因此，社会规律都有其实现形式。1868年7月马克思在给路·库格曼的信中，把按一定比例分配社会总劳动归结为适用于各社会形态的总规律，但同时认为该规律在不同社会形态有其不同的表现形式①。在资本主义社会它是通过市场竞争和周期性经济危机实现的；在未来社会它是通过有计划的社会生产来实现的。列宁在《论我国革命》一文中把在社会主义在一国的首先胜利，看作社会主义代替资本主义规律的实现形式②。

值得强调的是，社会规律的实现形式不是任意选择的，而是由它所反映的社会规律内容和历史条件决定的，因而其实现形式实际上也是规律。马克思指出：价值规律"这个规律只有在包含另二个规律时才能实现"③。"科学的任务正是在于阐明价值规律是如何实现的。"④ 那么，什么是价值规律的实现规律呢？恩格斯指出："只有通过竞争的波动，从而通过商品价格的波动，商品生产的价值规律才能得到贯彻，社会必要劳动时间决定商品价值这一点才能成为现实。"⑤ 也就是说，价格和竞争规律是价值规律的实现规律。

可见，在马克思恩格斯看来，社会规律是由两层规律构成的。其中，第一层规律不能直接实现自身，而必须通过包含其中的"第二规律"的

---

① 参见《马克思恩格斯选集》第4卷，人民出版社1995年版，第580页。
② 参见《列宁选集》第4卷，人民出版社1995年版，第776页。
③ 《马克思恩格斯全集》第49卷，人民出版社1985年，第98页。
④ 同上第580页。
⑤ 《马克思恩格斯全集》，第21卷，人民出版社1965年版，第215页。

作用，才能为第一层次规律开辟道路使之得以实现。既然马克思和恩格斯把包含于规律之中的"实现形式"或"规律的实现"，称作"规律"，那么，本书把这种"实现形式"或"规律的实现"，称作"实现规律"更能体现马克思恩格斯的原意。这种实现规律，实际上是反映普遍规律内容和要求并使之在一定条件下得以实现的特殊规律。实际上，长期以来不少论著早已把市场竞争及周期性经济危机与有计划的社会生产，分别看作按一定比例分配社会总劳动规律，在资本主义和社会主义社会不同阶段的实现规律；把在一国或几个经济不够发达国家首先胜利，看作是社会主义代替资本主义规律在20世纪的实现规律。

　　三农发展的基本规律，也有其实现规律。城乡协调发展是三农发展的基本规律。但在不同的历史条件下，该规律的实现规律是不同的。在清以前的中国古代社会，由于"家国同构"土地所有制的二重性，使该规律是通过农民起义和改朝换代而得以周期性相对实现的。在清以后特别是近代后，由于中国统治者的特点和西方国家的侵略与控制，使"家国同构"土地所有制的正面功能丧失，该规律原先实现形式的存在条件被破坏，因而在该时期即使周期性实现城乡相对协调发展也成为不可能的事情。要实现三农发展基本规律的要求，必须彻底推翻封建主义和帝国主义在中国的统治。因此，实现耕者有其田，以发动占人口绝大多数的农民完成反帝反封建任务，是近代中国革命的首要目标。只有实现了这一目标，才能为实现耕者有其权和耕者有其富目标提供必要条件。

　　由上可见，中国三农三步走规律，不是臆想的结果，而是对农业发展内在要求的反映，是近当代中国经济社会发展内在逻辑演化的结果，深刻地体现了历史唯物主义基本原理。与毛泽东揭示的中国革命必须遵循民主革命和社会主义革命两步走规律一样，解决近当代中国三农问题，促进农业发展，必须遵循三农三步走规律，它是不以人的意志为转移的客观规律。

上篇
实现耕者有其田：
三农发展第一步

解决农民土地问题，实现耕者有其田，是近代中国革命的中心问题和解决三农问题第一步战略目标，也是彻底打破封建"家国同构"土地所有制内在逻辑制约，实现生产方式变革的必然要求。但历届国民政府都未改变地主土地所有制这一"家国同构"土地所有制赖以存在的重要基础，因而不可能实现耕者有其田的目标。中共通过革命战争，推翻了国民党统治，建立了人民政权，并经过土地改革，彻底消灭了地主阶级，消除了对抗性城乡对立的根源，实现了小农经济基础上的耕者有其田目标。而后，通过农业社会主义改造，把延续几千年的农民个体经济，改造为农村集体经济，彻底割断了"家国同构"封建土地所有制脐带，消除了私有小农因分化而丧失土地的根源，实现了有保障的耕者有其田目标，标志着三步走规律第一个战略目标实现。继而又通过"权能合一"的集体土地经营权改革，建立了以"两权分置"为特征，以家庭承包制为基础的耕者有其田制度。目前正稳步推进以"三权分置"为特征的新型耕者有其田制度改革。以家庭农场为主要载体的耕者营其田，是实行土地适度规模经营，实现田、权、富三个目标共时性统一的新型耕者有其田制度的基本形式。

第八章
耕者有其田的内涵及其地位

耕者有其田是中国进入私有制社会后几千年来农民不懈追求的古老梦想。20世纪前后，孙中山明确提出了这一目标。该目标在三农发展的不同阶段有不同内容，在中国三农发展史上具有十分重要的地位。

第一节
耕者有其田概念的提出与内涵阐释

一、古代农民的耕者有其田梦想追求

土地是农业最基本的生产资料，是农民安身立命之本，是农民的命根子。因此，"耕者有其田"，自古就是农民向往和追求的理想。战国末期的《礼记·礼运》对"大道之行"，"天下为公"理想社会的描述，是这一理想最早的朦胧反映。此后，随着土地不均状况逐步突出，这一思想成为农民起义纲领的首要目标。从唐末王仙芝、黄巢，到宋代王小波、方腊、杨么，再到元末红巾军，历次农民起义的"平均"口号中，都包含

着平均地权思想。到明末,李自成提出"均田""免粮"口号,是对封建地主土地所有制的明确否定和对"耕者有其田"思想的高调张扬。清代太平天国运动制定的《天朝田亩制度》,响亮地提出了"有田同耕"的口号,规划了"有田同耕,有饭同食,有衣同穿,有钱同使,无处不均匀,无人不保暖"的理想社会蓝图,并提出了平均分配土地,实现耕者有其田的具体办法,是该思想在农民起义中最突出和最系统的反映。

古代农民对耕者有其田理想的追求,虽由于阶级和时代的局限性而带有空想成分,但它是对封建地主土地所有制的否定,是对合理土地制度的呼唤和可贵努力,是符合农业和社会发展要求的。尽管他们的呼唤和斗争,未能从根本上实现和保障耕者有其田,却沉重打击了封建统治者和地主阶级,抑制和打击了封建官僚和豪绅地主的土地兼并,迫使新统治者作出让步,实行不同形式的均田制,在一定程度上采取扶持自耕农政策,使"耕者有其田"现象得以周期性出现,成为古代三农周期性发展的根本动力。同时,古代农民的这一不懈追求,还成为孙中山明确提出耕者有其田目标,提供了思想渊源和历史依据。

二、耕者有其田思想与概念的提出

耕者有其田作为一种土地思想,在战国时代已有萌芽。如孟子关于"有恒产者有恒心"[①]"以制民恒产为王政之本"[②]等论述,包含了这一思想。该思想被明确提出,则是晚至清初的事情。清朝学者王源在他的《平书》中提出:"惟农为有田耳""不为农则无田"。他主张"有田者必自耕""毋募人以代耕,自耕者为农"。为实现这一主张,王源还提出废除封建地主土地所有制,并通过清官地、辟旷土、收闲田、献私田、官以爵禄换田或以资买田等"收田六策",把田地收归"官有",即封建国家所有,再由国家把土地租佃给农民[③]。可见王源提出的土地官有、农民自耕主张,已明确提出了耕者有其田思想。这一主张尽管在封建时代只是一

[①] 《孟子·滕文公上》。
[②] 见李堆订:《平书订》第7卷,中华书局1985年版,第54页。
[③] 见李堆订:《平书订》第7卷,中华书局1985年版,第54页。

第八章 耕者有其田的内涵及其地位

个幻想，但该思想本身的价值应予肯定，是中国耕者有其田思想的先河。

耕者有其田，作为一个明确概念和解决农民土地问题的目标，是孙中山最早提出的。1899年，他在与梁启超讨论土地问题时提出："必能耕者而后授其田"①。1906~1907年，在胡汉民等在与立宪党人的论战中，根据孙中山口授意见指出，要使"劳动者有田可耕"，"能耕者，得租可以躬耕之地"，"非能耕者不得赁田"②。1912年4月，孙中山同袁世凯交换政见时又指出，"欲求解决农民自身问题，非耕者有其田不可。"③ 可见，在19世纪末20世纪初，孙中山明确提出了耕者有其田概念和初步思想。只是他因忌惮于有人对该思想过于激烈的质疑，而将其包裹在"平均地权"民生主义纲领之中，并未作为独立口号正式公开宣布。

1924年国共合作实现后，在十月革命启发和农民运动推动下，孙中山实行联俄、联共、扶助农工政策，把旧三民主义发展为新三民主义。他的耕者有其田思想不但趋于系统，而且成为实现平均地权的明确目标。1924年8月，他在《三民主义第三讲》中指出："农民问题真是完全解决，是要'耕者有其田'，那才算是我们对于农民问题的最终结果。"④ 这标志着孙中山把"耕者有其田"，作为政治主张和旗帜公诸于世。

三、耕者有其田内涵的当代阐释

简单说来，孙中山提出的耕者有其田思想，就是将所有土地收归国有，国家再将土地租给农民耕种。然而，那时的农业结构和农民构成都极为简单。随着后来尤其当代农业和社会发展，情况发生了翻天覆地的深刻变化。孙中山当年确定的内涵，已远不能涵盖当今的复杂现象。因而，这里有必要首先对该命题的现代内涵作一阐释，而把孙中山本人有关思想和评价放到下书说明。

耕者有其田这一术语，看似十分简单，实则相当复杂，必须在相对性与绝对性的统一中，加以界定和把握。

---

① 梁启超：《社会革命果为今日中国所必要乎》，《新民丛报》，1906年9月3日第86号。
② 胡汉民：《告非难民生主义者》，《民报》第412号。
③ 凤冈及门弟子编：《三水梁燕孙先生年谱》上，上海联合书局1946年版，第123页。
④ 《孙中山全集》第9卷，中华书局1986年版，第399页。

耕者有其田是一个具有强烈相对性的命题。其中的"耕者""田"和"有"都有其相对性已如上述"耕者"有广义和狭义的相对性之分。因而，他们所"耕"之"田"，也就有了相应区分。狭义上"耕者有其田"中的"田"，是指进行植物生产的耕地；广义上"耕者有其田"中的"田"，则指包括动植物生产者在内的所有农业生产者最基本的生产资料。如种植业的农场、林业上的林场、牧业的牧场、渔业中的渔场等。

耕者有其田中的"有"，反映的是劳动主体与客体之间的关系，它本质是一个土地资源配置问题。但土地资源配置，不仅仅涉及土地和劳动者两个要素，还涉及生产力和农业技术水平，涉及生产关系和自然环境。而这些要素和环境，都不是固定不变的。生产力和生产关系的不同发展阶段、人地关系的宽紧、技术水平的高低和自然环境的优劣、农业劳动者的流动状况等多种因素，都会导致土地资源配置方式的变化。尤其是在传统农业社会和现代农业两种农业形态下，土地资源的配置方式更有根本性区别。

因此，耕者有其田中的"有"，在不同条件下有不同含义。它可以是一个把各种土地权能结合为一的完整权利束，包括土地所有权及其衍生出来的占有权、使用权、收益权、处分权、转让权、抵押权等。比如在实行绝对所有权的国家和时代，所有权及其他权能被不可分割的捆绑在一起。同时，它也可以是包含土地所有权与其他权能适当分离的不同形式。比如在相对所有权的国家和时代，所有权与使用权等其他权能往往是相互分离的。因此，不能僵化地把它理解为只有所有权与其他产权完全同属一个主体，才是"耕者有其田"。

耕者有其田也是一个具有强烈绝对性的命题。主要含义有三：一是时代条件的确定性。在一定历史阶段土地资源配置采取哪种方式，是所有权与其他权能相互结合，还是两者相互分离，不是人们任意选择的，而是由当时的生产力水平、生产方式、人地关系状况和社会环境决定的。尤其在传统农业和现代农业的不同时代，土地资源的配置方式更有质的区别。不能脱离当时的客观条件，抽象的评判其合理性。二是经营主体的确定性。无论处于何种时代，也不论土地所有权与其他权能存在何种关系，但土地由耕者直接经营，是耕者有其田的最佳模式。当然，这种模式在不同历史

第八章 耕者有其田的内涵及其地位

条件下，有不同的实现形式。下书将会看到，这些不同实现形式，是随着时代和实践的发展而逐渐形成和展开的。三是经营客体的确定性。它不仅要求耕者有其田，而且要求有保障的耕者有其田，即通过制度、法律等刚性约束机制，使土地掌握在一定的耕者手里。就是说，一定的经营主体和客体具有较长期的确定关系，使耕者有其田成为一种正常的经济秩序。否则，今日有田，明日因各种因素被迫失田，"千年田换八百主"[1]，经营客体与主体经常处于变动不居状态，不是真正的耕者有其田。

总之，对耕者有其田的内涵，不能进行简单化和僵化的理解，而应在相对性与绝对性的辩证统一中加以界定和把握，才能正确认识它在不同历史条件下的确切内涵及其合理性。

第二节 耕者有其田目标的地位与意义

一、目前关于耕者有其田问题的争论

就中共而言，耕者有其田，作为其在民主革命时期土地纲领的一种概括，居于当时党的农村政策的核心地位，并受到当时社会和农民群众的竭诚拥护，在民主革命时期历史研究领域，也受到大多数学者的高度评价。到新中国成立初期土地改革完成后，这个目标似乎被认为其历史任务已经完结，而越来越淡出人们的视线。然而，自进入21世纪以来，随着新的土地改革成为农村改革的着力点，这一历史命题，重新受到学界和社会的关注，并出现肯定和否定不同看法的争论。

一些学者对其持肯定态度，认为它是农业经营领域最佳的资源配置模

---

[1] 辛弃疾：《稼轩集》卷三。

式①,是最合理的耕地制度②。近年关于土地制度改革的讨论,虽非对耕者有其田的直接探讨,但也反映出一些学者对该问题的态度。如温铁军、陈锡文、韩俊、贺雪峰等,主张坚持和完善家庭承包制度,实际是对耕者有其田的肯定。温锐、周林彬等主张的国家与农民二元产权制度③,在一定意义上也是对耕者有其田制度的肯定。

另一些人对耕者有其田持否定态度。认为它"是一个逻辑悖论、一个乌托邦式的理想、一种过时的价值观。"理由是:如果耕者有了田,他就可以将田卖掉,而变回"耕者无其田";如果禁止流转,土地就不算属于农民④。一些学者主张的农地私有化观点,表面是对耕者有其田的肯定,实际上是对它的否定。因为他们清楚并且倾向于通过自由土地市场,把农民的土地集中到一些工商企业家手中,而这些企业家并非真正的"耕者"。

二、耕者有其田的地位与意义

面对众说纷纭的不同观点,应如何评价耕者有其田?它在中国三农三步走规律中占有何种地位?在目前是否坚持这一制度?这些问题既关系到对历史上农民和仁人志士对耕者有其田追求的评价,包括中共为这个目标奋斗历史的评价,也关系到对三农三步走规律与战略目标的理解,更关系到当今农村土地改革中的制度选择与设计等一系列重要问题,很有必要讨论清楚。

对这一问题的探讨,首先需要取得三个基本共识。一是界定出耕者有其田的本真含义。如前所述,"耕者有其田"中的"有"包含不同含义。它既可以是所有权与其他产权同属一个主体的绝对所有制形态,又可以是

---

① 徐祥临:《"耕者有其田"制度背后的隐性危机》,《学术前沿》2012年第10期(上)。
② 张路雄:《耕地制度:如何实现"耕者有其田"》,《经济导刊》2015年第2期。
③ 温锐:《农村土地产权制度创新的认识障碍》,《福建师范大学学报》2006年第2期。周林彬:《人物权法新论——一种法律经济分析的观点》,北京大学出版社2002年版,第168页。慈鸿飞:《农地产权制度选择的历史和逻辑——论国家与农民二元产权》,《江海学刊》2007年第4期。
④ 冯学荣:《为什么说追求"耕者有其田"反而是害了农民?》,中国乡村发现,http://www.zgxcfx.com/sannonglunjian/82527.html,2016年3月14日。

第八章　耕者有其田的内涵及其地位

土地所有权与其他产权分离的相对所有制形态,不能僵化的只把前者看作是耕者有其田。二要秉持正确立场和价值观。农村土地问题,既是三农发展的根基,又与社会公共利益紧密联系。因此,对该问题的认识和评价,应坚持"耕者"利益与社会公共利益的一致性原则。否则,偏向其中哪一方,都会发生认识和实践上的偏颇,不符合城乡协调发展规律,引发三农和社会问题。三要符合中国国情。中国国土广大但可耕地相对缺乏、人口众多但农民占比重大、农业具有农户经营传统,是清近代以来中国国情的三个主要特征,且在可预见的未来,这些特征是不会改变的。在取得这三个共识基础上,讨论耕者有其田问题,才能做出客观和科学结论。

第一,耕者有其田在三农三步走规律中居于核心地位,是三个目标中的第一个目标,也是实现其他目标的基础。只有首先实现这一步,解决和保障了农民的生存问题,并使农民成为农业生产资料的主人,才能谈得上实现农民各项权利问题,也才能保障农业生产的发展,为实现农民富裕提供基础。因而,耕者有其田在三农三步走规律和战略目标中具有核心与基础的重要地位。需要说明的是,在解决了农民由无地少地产生的生存问题,并实现有保障的耕者有其田目标之后,耕者有其田就不简单是土地问题,而是转化为农民土地权利问题。但这种权利是农民权利中最重要的权利,是耕者能否实现有其富的关键。

第二,耕者有其田并非"逻辑悖论"。那种可买田必变为耕者无其田;不可买田则非耕者有其田的所谓"逻辑悖论"(下称"悖论"),虽在一定程度上反映了土地私有和土地自由买卖条件下农民土地的命运,但由此得出否定耕者有其田的结论,却是不成立的。因为耕者有其田标所表明的,是主体对客体的法定保有关系。而如果耕者卖掉土地,则是主体与客体原有法定关系的解除,与耕者有其田不是一回事。即使农民个体把土地暂时流转给他人,也不能改变耕者有其田制度的总体状况。更何况耕者有其田所要求的,不是转瞬即逝的耕者权利,而是耕者在较长时间内拥有的有保障的土地权利。所以,耕者有其田制度本身,并不存在"逻辑悖论",而是"悖论"论者,混淆了权利与权利丧失或转让之间的区别,以部分农民转让土地的局部现象,代替耕者有其田的整体制度,而陷入了自我编织的"逻辑悖论"迷雾。可见,这种否定耕者有其田观点,像以个体人的死亡否定人类存在一样,是难以立足的。

第三,耕者有其田是目前农村土地改革必须坚持的基本制度。其一,耕者有其田体现了社会公平正义。无论传统农业社会,还是现代工业社会,少数人垄断大部分土地,都是不合理的土地制度。它导致农业劳动者不得不以缴纳沉重地租为代价租种他人土地,或者到他人土地上出卖劳动力,而成为土地所有者榨取剩余价值的对象,造成土地资源和产品分配的不合理。而耕者有其田是对这种不合理制度的否定,意味着土地掌握在劳动者手里,给农民通过自己的劳动获取收益提供了根本条件。因而,古代中国农业和社会发展的"盛世",都出现在地权分配比较平均的时期。当代中国农业的发展也是因为保障了耕者有其田。因此,它"是中国古代农耕文明的理想制度安排"[①],也是现代中国最理想的制度安排。

其二,耕者有其田是农业资源配置的最佳模式[②]。能否形成土地、劳动、资本等生产要素的优化配置,并促进技术进步的农业发展模式,是农业发展的关键。耕者有其田正是农业资源配置的最佳模式。耕者有其田有要求一定的经营主体和客体具有较长期的确定关系。这符合农业生产和资本回收周期长的特点,有利于提高耕者的收益预期,从而促进耕者合理利用和保护土地,增加资本和科技投入。同时,它能够最大限度地调动生产者的积极性。与工业活动主要由企业家,按市场指令组织生产不同,农业活动要求主体在服从市场指令的同时,要根据生物体的不可逆性所内含的极强时间性,或生命节律变化的指令,及时作出有效反应[③],这决定了土地由耕者直接经营的天然合理性。至于其经营效率的高低,则取决于耕者在生产经营中投入多大热情(包括劳动、资金、科技等投入)。而其热情投入的多少,在很大程度上取决于耕者与土地的关系。因为这种关系,决定了劳动的边际产量归谁或在多大程度上归谁所有。所以,耕者有其田的实现程度,直接决定了耕者的热情投入程度。

赵冈通过对中国历史上不同土地和经营制度比较后认为,在奴隶经营

---

① 徐祥临:《"耕者有其田"制度背后的隐性危机》,《学术前沿》2012 年第 10 期(上)。
② 徐祥临:《"耕者有其田"制度背后的隐性危机》,《学术前沿》2012 年第 10 期(上)。
③ 罗必良:《家庭经营仍是新型农业经营体系基础》,《中国合作经济》2014 年第 3 期。

第八章　耕者有其田的内涵及其地位

制下，劳动者工作意愿是负的，交易费用奇高。在雇工经营制下，劳动者工作意愿近乎零，因为边际产量全归地主拿去，雇农得不到。在分成租佃制下，边际产量由地主与农民共享，风险共担，佃农有相当的工作意愿。而定额租佃制与自耕农，劳动的边际产量全归农户所有，故工作意愿最高[1]。这说明，耕者有其田的实现程度，与劳动者的热情投入成正比，耕者有其田实现程度越高，劳动者的热情和生产效率也就越高，反之，则越低。耕者有其田把土地所有权与其他产能结合为同一主体，耕者既有自主经营的全部权利，收成除合理的扣除之后，全部归己所有，从而最大限度地激发生产者的劳动热情。

可见，耕者有其田能够最有利于实现土地、劳动、资本和技术等生产要素的优化配置，因而是农业资源最佳的配置模式。

其三，耕者有其田为形成农业经营的最佳形式提供了基础。耕者有其田制度要求以农户为其微观经营组织形式。这一经营形式，对于生命再生产过程的农业而言，具有"天然合理性"[2]。它不但在历史上适合传统农业要求，创造了世界最发达的中国古代农业，而且也可经过改造成为适合当代中国国情、适应中国新型农业发展道路要求的现代农业经营形式。因为以农户为经营单位，决定中国的农户不能像西方国家那样，实行土地大规模和资本、技术密集型经营方式，而是实行土地适度规模和重视人力、资金、技术综合投入的集约化经营方式。而这种经营方式，正适合中国耕地相对匮乏、农业人口过多、具有精耕细作传统的国情。它不但有利于节约土地，有利于把精耕细作传统与现代科学技术相结合，而且有利于把农业这个被看作就业包袱的行业，转化为吸引和创造就业岗位的行业。由此，推动中国农业走出一条低消耗、高效益、生态型的可持续发展道路。

其四，耕者有其田是解决"谁来务农"问题的根本途径，是粮食安全的可靠保障。农业是农民之本，也是国家之基。特别是粮食数量供应与质量保障，更直接关系社会稳定、国家和人民生命安全。因此，拥有一支致力于农业生产，合格而稳定的农民队伍，是国家和社会正常发展的必然

---

[1] 赵冈：《历史上农地经营方式的选择》，《中国经济史研究》2000年第2期。
[2] 罗必良：《家庭经营仍是新型农业经营体系基础》，《中国合作经济》2014年第3期。

要求。然而，目前严酷事实是，因农业比较效益低，农民务农的动力不足，导致大量中青年农民弃农从"非"，以致整个社会为10年后"谁来种田"和未来粮食安全问题忧心忡忡。

解铃还需系铃人。虽然，不能把农业问题看做是农民一个群体的问题，它是一个社会问题，需要社会各方面的大力支持与帮助，但农业问题的最终解决要靠农民，"谁来种田"问题的最终解决也要靠农民。农民在农业中的主体地位，谁也别试图加以取代，也取代不了。近几年来，一些城市资本投资农业的报道，频频见诸报端。据农业部统计，近3年来，流入企业的承包地面积年均增速超过20%。截至2014年年底，已达3882.5万亩，约占全国农户承包地流转总面积的10%①。一些人趁势热炒要以现代工业企业经营方式取代农业经营方式，以城市工商业资本取代农民经营主体地位。这是根本行不通的。第一，"农业生产是一种非常特殊的产业，有自身的规律和自身的一套办法。在这里，任何工业标准，适用于工业生产管理的激励、约束制度机制，都是不适用的。因而，农业生产要靠最熟悉农业的农民的自觉性，农民的地还是农民自己种。而试图以农业企业代替农民，实行公司规模化既无效率又无条件"②。第二，农业企业的逐利本质，决定其不可能经营比较效益低下的粮食生产。这些年下乡资本屡屡出现的"毁约弃耕"和"跑路"事件③，一再证明了这一点。第三，国外经验证明，土地资源稀缺的国家和地区，必须对工商资本进入农业加以严格限制，否则，就给农业造成严重后果。如日本、韩国严格限制工商资本进入农业，从而保障了农业发展，而菲律宾鼓励和扶持资本下乡，导致农业被有西方国家背景的大公司控制，仅有少数农民被吸收为农业工人，而绝大多数农民则流离失所，造成农业落后，社会动荡④。可见，不

---

① 徐刚：《切实加强对工商资本租赁农地的监管和风险防范——访农业部副部长陈晓华》，《农村经营管理》2015年第5期。
② 陈锡文：《让农民种自己的地》，《改革内参》2012年第38期；贺雪峰：《小农立场》，中国政法大学出版社2013年6月版，第10页。
③ 朱隽：《"毁约弃耕"当警惕》，《人民日报》，2015年6月7日第9版。
④ 蔡晶晶、唐浩：《工商资本经营农业的国际经验及启示》，《农村经济与科技》2015年第8期。

第八章 耕者有其田的内涵及其地位

能试图以资本动摇和代替农民的主体地位①。

真正能够承担农业重任的只有农民。农民具有深沉的农本情结,能够毕生致力于农业,最熟悉农业的规律和耕作与经营方式。而且只有农民才能提供中国农业所需要的庞大的劳动力。因为中国这个土地资源贫乏的国家,不可能像土地资源广大的国家那样,实行大规模土地经营,只能实行适度规模经营,这就需要庞大的农业劳动力。有学者推算,到2020年农业实际需求1.2亿~1.4亿人的劳动力。如此数量庞大农业劳动力,只有农民才能提供,其他任何群体都没有如此众多的人力资源。

因此,农民不仅是传统农业的主体,而且随着农民素质的不断提高,他们也将是中国现代农业的唯一合格主体。虽然,目前存在农民务农动力不足和部分中青年农民弃农从"非"问题,但这不意味着农民都不愿务农。2016年4月中国社会科学院发布的"中西部农民向城镇转移意愿分布"调查显示,约一半农民工不想进城,另外66.1%的农民工认为到了一定年龄就想回乡②。这说明有相当大比例的农民具有长期务农的意愿。目前存在的农民务农动力不足和部分中青年农民弃农从"非"现象,既反映了城市化发展的趋势,又反映了农业比较效益低及其他问题对农民就业意愿的影响。要把适量的农民留在农村务农,关键是解决他们面临的问题,增加农业就业吸引力。

耕者有其田为解决这些问题提供了最佳选择。通过土地流转,把没有农业经营意愿的农民承包地,依法流转到有经营意愿并有经营能力的农民手里,满足其适度规模经营所需要耕地数量,实现相对所有制意义上的"耕者有其田",将为提高农民收入,解决"谁来种地"问题和保障国家粮食安全提供可靠保障。

因为它明确规定农业经营主体是农民而非其他什么人。而这样的农民,不是土地规模狭小,效益低下的小农,而是耕耘着适度规模土地,具有较高的比较效益,得到逐步增多的国家补贴,拥有不错收入,过着体面

---

① 贺雪峰:《小农立场》,中国政法大学出版社2013年6月版,第10页。
② 中国社会科学院:《城市难留 近7成农民工希望到年龄就回乡》,《中国青年报》2016年4月26日。

生活的职业农民。这将增加农业就业吸引力。这样的土地规模和经营形式，对农民来说，就不再是食之无味的"鸡肋"，而是他们发家致富的财源，成为农民世代传承的产业。"民之为道也，有恒产者有恒心"[①]。因此，不仅家中成年人会精心料理农事，还会改变非成年人对农业的观感，产生对农业的感情。农民家庭为使这份产业世代传承，也会自动给后代传授农业技术，甚至在子女中自主选择继承人。所以，耕者有其田是化解目前"谁来种地"难题和农民务农动力不足问题，从而保障农业生产发展和粮食安全的对症良方。当然，要解决"谁来务农"与粮食安全问题，需要目前改革深入发展和多方面配套保障制度、措施。但只要把握耕者有其田这一中心，就会找到根本解决问题的内生动力。这种动力，要比任何外部推动都强大得多、牢靠得多。

可见，耕者有其田之所以成为几千年农民追求的理想，之所以成为近代中国几乎所有政治力量在不同程度上不得不接受的土地纲领，必有其内在价值。这种价值不仅在于它合乎传统农业的要求和发展的规律，而且在于它承载了社会公平的追求与愿望，更在于它与时代条件相结合，可以转变为现代土地制度的最佳选择。

---

① 《孟子·滕文公上》。

第九章

城乡对立格局下的近代土地问题与不同主张

在近代中国，城乡关系处于尖锐对抗状态，存在着极其严重的农民土地问题。为解决这一问题，中国各主要党派都提出了自己的主张。历史证明，中国共产党的土地革命主张和实践是唯一正确的。

第一节

城乡对立格局下的近代土地问题

一、近代城乡关系的尖锐对立

近代中国城乡关系的尖锐对立，是由中国近代化模式和中国国情决定的。仅就经济意义而言，近代化就是由传统农业社会向近代工业社会的转变贯彻过程。换言之，就是生产要素，从传统部门向近代部门的转移过程。鸦片战争后，中国因受西方列强侵略和刺激，开始了"后发外生型近代化"① 进程。这种近代化进程，不像英国"原发性内生型"模式那样，先从农业和农村开启近代化脚步，而是先在城市特别是口岸城市启动的。同时，自洋务运动特别是辛亥革命后中国的近代化，是以移植18世纪西方近代化模式为特征的。这种移植，不但引进了西方的机器设备和国家制度的某些形式，同时也引进了西方弱肉强食、城市统治与剥削农村的理念和制度，因而决定中国近代"后发外生型近代化"进程，必然始终伴随城乡对立。

中国的近代化不是在一个独立国家中展开的，而是在一个被帝国主义侵略势力控制和本国封建主义统治下的半殖民地半封建国家中进行的。这种国情条件，决定近代中国的城乡关系比古代中国和其他类型国家更加尖锐。因为在这样的国家里，几乎所有统治者和剥削者，都把农村和农民作为统治和剥削的主要对象，并且在近代特别是辛亥革命后，除小地主外，几乎所有统治者和剥削者都集中到了城市。外国侵略者依仗其在华特权，以征服者的凶残，对中国农村进行敲骨吸髓地剥削和明火执仗地军事掠夺。大地主和买办资产阶级统治集团，利用国家政权和工商业实力，对农村实行极其残酷的经济剥削和政治压迫。中国的民族资本主义，主要是轻工业，其原料来源和产品市场主要在农村。但它在资金和技术上无力与外国资本和本国买办资本竞争。因而，为维持生存，民族资本主要靠压低农产品收购价格、抬高工业品销售价格获得利润，所以，它对农村的剥削程度，不亚于外国资本和买办资本。古代生活在乡村的地主，在近代十分普遍地移居到城市。他们通过地租方式，把大量农村资金带到城市，加剧了"农村金融枯竭之状况"②。正如近代经济学者王文均所指出："乡村富裕之家，亦以治安不佳，携资挈眷，避居都市，结果为资金之加速度的集中都市而农村金融更形枯竭"③。上述原因加上近代新型城市比传统城市有更强的辐射力和影响力，决定城市把更多的农村人力、物力和财力攫取到城市，从而造成尖锐的城乡对立。

---

① 孙占元：《中国近代化问题研究述评》，《史学理论研究》2000年第4期。
② 何梦雷：《苏州、无锡、常熟三县租佃制度之调查》，载萧铮主编：《民国二十年代中国大陆土地问题资料》（第63辑），（台湾）成文出版社1977年版，第33238~33239页。
③ 王文均：《中国农村金融之现状》（续），《益世报》，1934年6月20日。

第九章　城乡对立格局下的近代土地问题与不同主张

近代城乡之间的尖锐对立主要表现在以下几个方面：一是城乡二元两极结构。一极是以小农经济为基础的传统农业和农村，另一极是以新式工业为基础的城市①。二是经济上城市残酷掠夺农村。这造成物质财富单向流到城市，形成极少数城市的畸形膨胀，而乡村则处于长期停滞、经济凋敝和破产的局面。三是城市政治上整体统治农村。在近代国家政权对农村的统治呈现逐步加强的趋势。南京国民政府时期，虽存在一些统治势力难以达到的边远地区，但总体上看，国民党政权通过建立由县而区、由区而乡，层层向下的农村权力机构②，并依靠土豪劣绅，实现了对广大农村的整体性直接统治。四是农村人力资源单向流向城市。这不仅表现在掌握巨大财富的在乡地主城居化的普遍化，而且表现在清末科举制度废除所导致的乡村读书人流向城市③，更表现在大量农民因不堪农村压迫，而大规模离村入城，成为无业流民现象的普遍发生。五是城乡长期处于对抗和对立状态。这不仅表现在农民以各种形式进行持续不断地反抗斗争，更突出表现是中国共产党领导的农村革命根据地，与国民党统治的城市之间的军事对抗，以至于在解放战争后期，形成农村包围城市态势。根据对当时城乡关系事实的全面分析，毛泽东明确指出："在中国的国民党统治区域里面（那里外国帝国主义和本国买办大资产阶级所统治的城市极野蛮地掠夺乡村）那是极其对抗的矛盾"④。这种尖锐对立，造成农村破产，也使城市陷入困境，严重阻碍了中国城市化和近代化进程。

二、近代农村土地所有制

辛亥革命后，北洋军阀政府和南京国民政府，先后制定相关法律，形成了各自的土地制度。在这些土地制度中，古代"家国同构"土地制度中的皇权所有制已不复存在，但都未根本触动封建地主土地私有制，使

---

① 腾建华、刘美平：《近代中国城乡经济结构失衡的历史原因》，《北方论丛》2003年第1期。

② 王奇生：《民国时期乡村权力结构的演变》，见周积明、宋德金主编：《中国社会史论》下卷，湖北教育出版社2005年版，第549~590页。

③ 梁敏玲：《近代城乡关系的大致走向》，《中山大学研究生学刊》（社会科学版）2008年第2期。

④ 《毛泽东选集》第1卷，人民出版社1991年版，第335页。

中国"三农"发展规律与战略目标研究

"封建剥削制度的根基——地主阶级对农民的剥削,不但依旧保持着,而且同买办资本和高利贷资本的剥削结合在一起,在中国的社会经济生活中,占着显然的优势"①,因而总体上都是封建和半封建土地所有制。然而,两者在结构上又有不同特点。

1912年2月,南京临时政府通过的《中华民国临时约法》,确认了人民对土地的私有权以及包括占有、使用、收益和处分权在内的全部权能,实行绝对土地私有制。这对废除延续几千年的以皇权为中心的"家国同构"土地所有制,具有进步意义,直接导致被满洲贵族占有的官田、公田民田化。据统计,在1887年,各种官田、屯田占全国耕地面积的18.8%,到1929～1933年间已减至3.3%②。

但是这些法律既放弃了孙中山的土地国有主张,又未对改变当时严重土地分配不均问题,作出具有实际意义的规定,而是强调土地私有权,忽视社会整体利益③。这虽在形式上赋予农民自由支配土地的权利,但同时不但维护了封建土地所有制,而且有利于地主、军阀和官僚,利用其掌握的政治、军事和经济资源,在土地自由买卖的名义下兼并农民土地,导致大量农民土地被疯狂鲸吞。其结果,不但造成地主、军阀和官僚结合为一体,使北洋军阀政府成为代表地主阶级利益的国家政权,而且也削弱了中央政府对地方政权的控制,各地方军阀政府的官僚,凭借对大量土地的占有,各霸一方,拥兵自重,形成这一时期政治动荡,军阀混战的局面。因而,在北洋军阀政府时期,没有打破"家国同构"土地所有制的根基,也就不可能改变农民被压迫、被剥削的命运。

南京国民政府成立后,鉴于北洋军阀政权实行绝对土地私有制带来的恶果,也为表明继承孙中山的土地国有政策,实质上是为维护其专制政权,对土地所有制关系做了调整。1930年《中华民国土地法》和1946年《中华民国宪法》都规定中华民国领土内之土地,属于国民全体,人民依法取得之土地所有权者,应受法律之保障与限制。私有土地应照价纳税,

---

① 《毛泽东选集》第2卷,人民出版社1991年版,第630页。
② 严中平:《中国近代经济史统计资料选辑》,科学出版社1955年版,第275页。
③ 杨士泰:《试论民国初期的土地私有权法律制度》,《河北法学》2009年第6期。

第九章　城乡对立格局下的近代土地问题与不同主张

政府并得照价收买。私有土地之所有权覆灭者，为国有土地。在这一规定中，土地所有权的主体，既是"国民全体"，又是个人，有学者称之为"双层土地所有权"[①]。

在这种"双层土地所有权"内部关系中，国家所有权高于私人所有权。按当时的宪法解释，私人土地所有权是从代表"人民"的政府手里依法取得的，因而政府有权要求土地私有者"照价纳税"，有权"照价收买"私人土地；对不服政府管制者，政府有权覆灭其私人所有权，将土地收归国有。通过这种"双层土地所有权"的制度安排，国民党及其各级政府，不但在保护土地私有权的名义下，把封建半封建的土地所有制保护了起来，而且在"国民全体"的名义下，取得了高于私有土地的"上级权"[②]，从而获得了对土地所有者高额征税和名义上"照价收买"，实际强力掠夺农民土地的权利。

南京国民政府还试图以西方个人所有制模式，改造中国古代社会农村土地"家产制"，实行土地私人所有。尽管南京国民政府一些法律条文中，在一定程度上"体现了孙中山平均地权学说的精神"[③]，也曾颁布和采取了限制土地规模、地租率和扶植自耕农的一些法令及措施，但国民党及其政权的代表大地主、大资产阶级利益的性质，决定了这些规定和措施，都无法或根本不想真正付诸实施，即使实施，也收效甚微。至于其法律文本规定的土地私人所有制，在实践上也始终未行通。

值得注意的是，在国民党土地法中抽象的"国民全体"，只不过是"国家"的代名词，实际是南京国民政府代表"国民全体"，行使所有权主体的权利。而国民政府实质上是国民党一党专政，国民党又为以蒋介石为代表的四大家族控制，蒋介石更是要建立世代世袭的蒋家王朝。因此，南京国民政府统治时期的土地制度，虽有近代土地的形式，但实际上古代"家国同构"土地制度在近代的变种。对此，1934年出版的《地政月刊》指出：这些法律"规例大都有利于地主。今之新土地法，仍未完全脱离

[①] 俞江：《中国民法典诞生百年祭——以财产制为中心考察民法移植的两条主线》，《政法论坛》2011年第4期。
[②] 孟普庆：《中国土地法论》，南京市救济院1933年，第45页。
[③] 郭德宏：《南京政府时期国民党的土地政策与实践》，《近代史研究》1991年第5期。

旧时形态。"① 只是由于南京国民政府代表腐朽的大地主阶级和外国侵华势力的利益，使这一所有制不具有中国古代社会"家国同构"土地制在王朝前期的积极作用。因而，在南京国民政府时期，也没有打破"家国同构"土地所有制的基础，农民依然处于被压迫、被剥削的地位。

另需说明的是，南京国民政府的土地制度所维护的大地主，与封建社会的地主相比，已发生了巨大变化。他们绝大多数不生活在乡村，而是移居到了城市；其身份已不是完全以收租为生的完全意义上的古代乡绅地主，而是有了地主、官僚、买办、军阀或工商业主等多重身份的地主。1930年春，江苏省民政"调查全省514个占有土地千亩至6万亩的大地主，其中374人均有主要职业，其余140人，虽未确知其所操职业，但纯粹以收租生活者为数不多。在374个地主中，44.39%为各级军政官吏，34.49%为当铺及钱庄之老板或为放高利贷者"②，充分说明了这一点。因此，南京国民政府对大地主阶级的保护，不但是出于维护其统治基础的需要，也意味着城市对农村剥削加剧，意味着城乡对立和由此产生的土地不合理状况加深。

三、近代土地的不合理状况

近代农村土地占有不合理状况空前严重。土地越来越集中到地主，特别是集中到兼大官僚或兼军阀、工商业主的大地主手里，而占农村人口大部分的贫农和雇农只占极少部分③。在20世纪20年代，有30%～40%的农民完全没有土地，60%～70%的有地农户占有全国40%～50%的土地，其余50%～60%的土地为地主、富农所垄断④，一些大官僚、大军阀抢占大片土地。如袁世凯占有田产4万亩、徐世昌占有土地5000多亩、张作霖圈地150万亩、四川大邑的军阀地主占全县耕地66%。这说明土地高度集中在极少数人手里。

---

① 邓杨：《从平均地权论中国的土地法》，《地政月刊》1934年第2卷第4期。
② 萧铮主编：《民国二十年代中国大陆土地问题资料》，（台湾）成文出版社，美国中文资料中心1966年版，第46155页。
③ 赵晓耕、何莉萍：《试述民国初年的土地政策与立法》，《政治与法律》2006年第1期。
④ 汪敬虞：《中国近代经济史，1895—1927》，经济管理出版社2012年版，第783页。

第九章　城乡对立格局下的近代土地问题与不同主张

到 20 世纪 30 年代，中国更出现了自耕农加速破产和无地化、中小地主没落、大地主膨胀，地权恶性集中的趋势。就全国而言，占中国人口 11.8% 的地主富农，垄断了全国 61.7% 的土地，而占人口 88.2% 的中农和贫雇农，却只有 38.3% 的土地。其中占人口 66% 的贫雇农，仅占 17.2% 微小比重①。当然，中国南北方土地集中程度不同，南方集中程度高，北方相对低些。但即使在土地占有相对分散、自耕农占比居全国前三位的山东、河北、山西三省②，其地权分配基尼系数③也在 0.5 以上，处在很不平均的状态④。

以梁漱溟在 20 世纪 30 年代主持的对山东邹平县一项调查为例。该项调查涉及的 1434 农户中，自耕农占 86.36%，高于山东、河北、山西三省自耕农所占比重，但土地不均问题也相当突出。在被调查农户户均土地面积为 22 亩。其中，无地户占调查总农户的 5.30%，占地 10 亩以下和 19 亩以下的占 58.2%，两者合计占 63.5%，但他们共占耕地面积仅为 24.76%。而占地 50 亩以上农户占到总农户的 11.78%，占有总面积却达 40%。其中有 2 家地主占地高达 200 亩⑤。胡英泽根据上述状况，计算出该调查地区的基尼系数为 0.501，即土地占有处于很不平均状态。同时，该调查认为山东邹平县农民要养家糊口，占地规模至少应在 20 亩左右⑥。就是说占户数近 60% 的农户，虽是自耕农，但其占有的土地仍不能养家糊口。可见，以北方农村自耕农占比高于南方为由，否定其土地占有不合理状况的观点是站不住脚的。

土地是农业和农民的最主要生产资料。近代农村土地占有的不合理状

---

① 刘克祥：《20 世纪 30 年代土地阶级分配状况的整体考察和数量估计——20 世纪 30 年代土地问题研究之三》，《中国经济史研究》2002 年第 1 期。
② 1932 年三省自耕农所占比重分别为山东 68%、河北 67%、山西 61%。见《民国二十二年农情报告汇编》，《实业部中央农业实验所特刊》1934 年第 1 期。
③ 基尼系数或称吉尼系数，是国际通用的测量收入分配差异的指标。基尼系数为 0.2 表示绝对平均；0.3~0.4 表示相对合理；0.4~0.5 表示很不平均；0.6 以上表示非常不均。
④ 胡英泽：《近代华北乡村地权分配再研究》，《文化纵横》2013 年第 6 期。
⑤ 乡村建设研究院调查部：《邹平一四三四农家田产权之分配及耕地状况调查》，《乡村建设》1935 年第 5 卷第 3 期。
⑥ 胡英泽：《近代华北乡村地权分配再研究——基于晋冀鲁三省的分析》，《历史研究》2013 年第 4 期。

况，直接导致农民贫困和被剥削、被压迫的地位，是造成近代农民贫困、破产，造成农业停滞，乃至到 20 世纪 30 年代农村经济崩溃的根源。

第二节 近代解决土地问题的不同主张与实践

一、孙中山的耕者有其田主张与实践

如前所述，孙中山是近代中国最早关注三农问题的资产阶级革命家。辛亥革命前后，他就对如何解决农民土地问题作了深入思索。1912 年 4 月他同袁世凯交换政见时指出，"欲求解决农民自身问题，非耕者有其田不可"①，表明他此时已初步形成"耕者有其田"思想。1924 年 8 月 17 日，他在《三民主义第三讲》中，公开提出了这一主张，指出："农民问题真是完全解决，是要'耕者有其田'，那才算是我们对于农民问题的最终结果。"② 同年 8 月 23 日，孙中山在农民运动讲习所第一期学员结业典礼上的演说，详细阐述了这一思想的主要内容。

一是说明了"耕者有其田"的合理性。他认为，"中国以农立国，而全国各阶级所受痛苦，以农民为尤甚。"③ "一般农民，有九成都是没有田的"。他们不得不租种地主的土地，而使他们生产的粮食"十分之六是归地主，农民自己所得不过十分之四，这是很不公平的"④。因此，要实行"农民耕者有其田，耕者有了田，只对于国家纳税，另外，便没有地主来收租钱，这是一种最公平的办法"⑤。

---

① 风冈及门弟子：《三水梁燕孙先生年谱》上，上海联合书局 1946 年版，第 123 页。
② 《孙中山全集》第 9 卷，中华书局 1986 年版，第 399 页。
③ 《孙中山全集》第 9 卷，中华书局 1986 年版，第 120 页。
④ 同上。
⑤ 《孙中山全集》第 9 卷，中华书局 1986 年版，第 867 页。

第九章　城乡对立格局下的近代土地问题与不同主张

二是阐明了"耕者有其田"的内涵。就是在土地国有基础上，把全国田地分给农民耕种，"不躬耕者，无得有露田。"① 农民对分得的土地，只有使用权，而无所有权。孙中山指出，平均地权后："国家为唯一之地主，而国内人人皆为租地者，他们只对国家纳税，不需再向地主交租。"②

三是阐述了实现"耕者有其田"的途径和方式。他主张主要以和平方式，通过"核定地价"、土地国有和平均地权途径，逐步实现"耕者有其田"。他认为，"耕者有其田"虽是解决农民痛苦的最终办法，但目前还不能马上实行。因为中国人民士农工商四种人中，除农民以外，都是小地主。如果以急进办法，马上把所有田地充公，就会引起这些小地主的反抗。而农民虽人数众多，但没有组织，并且一般农民全无觉悟。如果地主和农民发生冲突，农民便不能抵抗。就是革命一时成功了，将来那些小地主，还免不了再来革命。为避免这种反抗和革命，就要实行"核定地价"，即先由地主向政府申报地价，国家照地价去抽重税。当地价上涨时，国家以低价收买地主土地，实现土地国有，再把土地分给农民，实现耕者有其田③。在他看来，这种既让受地的农民得利益，也让失地的田主不受损失的和平解决方法，是实现"耕者有其田"的主要途径和方式。而且他认为这种方式是行得通的。在他眼里，"受损失的地主，现在都是稍微明白事体的人，对于国家大事都很有觉悟"，更何况"核定地价"办法还保障地主不受损失④。因此，不是目前就实行耕者有其田，而是应教育启发农民觉悟，促进农民联合，实现农民与政府之间的合作。政府便可以靠农民作基础，慢慢协商解决农民同地主的土地矛盾，实现农民土地问题的和平解决⑤。

在主张以和平方式解决农民土地问题的同时，孙中山也认识到发生以暴力方式，强迫地主交出土地，实现"耕者有其田"的可能性。这种可能性主要来自两个方面：一个是农民与地主之间的矛盾。他认为，地主

---

① 《章太炎全集》第 1 集，上海人民出版社 1984 年版，第 273 页。
② 胡汉民：《告非难民生主义者》，《民报》第 412 号。
③ 《孙中山全集》第 10 卷，中华书局 1986 版，第 557～558 页。
④ 《孙中山全集》第 10 卷，中华书局 1986 年版，第 558 页。
⑤ 同上。

中国"三农"发展规律与战略目标研究

"对于国家大事都很有觉悟,而一般农民全无觉悟",因而随着矛盾的发展,两者可能发生冲突。另一个是政府与地主之间的矛盾。他认为,政府为解决农民问题,会照地价向地主抽重税,这就可能发生地主不纳税的情况。面对这两种可能发生的情况。孙中山认为,首要的是把农民组织起来,成为地方乃至全国性的团体,以便"农民将来能够抵抗"地主。有了农民团结这个作基础,政府便可以照地价向地主抽重税。"如果地主不纳税,便可以把他的田地拿来充公,令耕者有其田"①。孙中山在这里所说的"把他的田地拿来充公",显然不是和平的,而是强制性的,其中包含着暴力剥夺的意思。但在孙中山看来,这种强制充公,不是农民起来推翻地主,而是由政府以法律的形式,自上而下的实现。

由上可见,孙中山在如何实现"耕者有其田"问题上,既非以往人们评价的单纯以和平方式解决,也非近年来有学者认为的"采取农民革命的方法""以暴力的方式实现"②,而是主张对一般地主,通过"核定地价"方法,调和地主与农民之间的矛盾,以和平方式解决;对少数反抗纳税政策的地主,则实行国家强制剥夺的方式。如果说前者说明孙中山依然延续其旧民主主义立场,那么,后者则体现了国共合作后,他在农民土地问题认识上的进步。

孙中山"耕者有其田"思想,抓住了农民土地这个近代中国的根本问题,反映了几千年来中国农民的愿望,明确否定了封建地主土地所有制,是一个具有革命性的民族资产阶级的土地纲领。它不仅对后来国民党土地政策的制定,特别是对败退台湾后的土地改革发生了重要影响。而且这一目标接近于中共土地革命纲领。中共在继承这一思想的基础上,加以革命性改造,成为中国土地革命首要目标。

但孙中山这一思想的局限性,也是显而易见的。其一,解决土地的方法是脱离中国实际的幻想。他寄希望于地主明白事体,对国家大事有觉悟,试图以"核定地价"办法调和阶级矛盾,主要以和平方式实现"耕

---

① 《孙中山全集》第 10 卷,中华书局 1986 年版,第 558 页。
② 卢孔德:《"耕者有其田":孙中山的土地革命纲领》,《云南师范大学学报》(哲学社会科学版)2002 年第 3 期。

第九章　城乡对立格局下的近代土地问题与不同主张

者有其田"目标。这在事实上是做不到的。其二，他夸大了地主阶级的力量，低估了农民的力量，因而不支持农民的现实斗争，存在着目标的革命性与行动滞后性的矛盾，使他在世时未能付诸实施。其三，存在不彻底性。他试图解决农民土地问题，并标榜自己的土地思想是社会主义，但实际是在中国建立资本主义，反对实现社会主义。这难以避免农民破产的命运，不可能彻底解决农民土地问题。孙中山耕者有其田思想的这些局限性，是孙中山所代表的中国民族资产阶级的弱性的反映。

二、各民主党派解决土地问题的主张与实践

近代土地问题的严重性，引起社会有识之士的广泛关注。各民主党派和一些社会团体纷纷从不同角度，提出解决土地所有权的主张，并在不同范围和程度上展开了实践活动。这些主张与实践的共同特点，是以改良的方式，实现"耕者有其田"的土地目标。其中，影响较大的，是邓演达领导之第三党"计口授田"、乡村建设派的合作化主张和农村派的农民土地所有制主张。

大革命失败后，以谭平山、章伯钧等为代表的国民党左派，于1928年成立中华革命党。1930年8月，邓演达在上海创建中国国民党临时行动委员会，即农工党的前身，当时被称为第三党。该党坚持孙中山之民主革命旗帜，反对蒋介石独裁统治。其对于土地问题态度，"在原则上主张土地国有，而用耕者有其田这过渡的办法"[①]。具体方案包括：（1）宣布耕者有其田的法令，不耕作的人不能有耕地。（2）免纳佃租。（3）制定土地法，限定农户占有耕地的最高额与最低额，以及国家收买土地定价法。（4）农民土地最高限额之外的多余土地，由国家以发行长期土地公债方式，收买归国家所有。国家以外的公共团体所有土地亦由国家收买为国有。（5）所有国有土地，由土地管理机关按照土地分配原则及各地方标准，分配于耕作的农民，但只限于使用权与收益权。领用土地而不行耕作，或怠工、耕作不力的农民，应被剥夺其土地使用权与收益权。（6）禁止私

[①] 邓演达：《邓演达文集》，人民出版社1981年版，第308页。

自买卖土地①。但第三党反对共产党以革命方式改变土地制度，主张通过"平民革命"建立民主政权，然后，以国家和平收买方式，完成土地制度变革。这种主张，一方面触及蒋介石独裁政权的安全；另一方面也触及地主阶级根本利益，这注定第三党试图通过和平改良办法达到"耕者有其田"的愿望，是不可能实现的。1933年以后，福建省政府推行"计口授田"分配土地办法，实质是第三党土地主张的实践。这一实践，由于遭到地主阶级强烈反对，在短时间即告失败，说明第三党的土地主张是行不通的。

乡村建设派与平民教育会，均为知识分子倡导与组织，以探讨解决农村问题为宗旨的民间团体。这些组织的共同特点，是主张以平民教育、乡村建设办法解决农村危机，缓解社会矛盾，试图走出国共之外的第三条道路。梁漱溟认为，中国土地问题主要在于三个方面：第一，人多地少，耕地不足。第二，土地使用不经济。认为中国分散小农经营模式，导致农业生产的低效率，阻碍农业进步。第三，土地分配不均。少数有资本者垄断土地所有权，而耕者不能有其田②。因此，他们主张实行土地公有，实现耕者有其田，以解决土地分配不均问题。但他们试图保存现行土地制度下，通过合作社方式，实现土地大规模集中经营，以解决小农分散经营之弊端，提高农业生产效率。这是乡村建设运动失败的根本原因。

20世纪三四十年代，由农村经济学者陈翰笙等人发起成立了"中国农村经济研究会"。该会在全国范围组织农村经济学者，深入调查研究中国农村问题，以刊物《中国农村》为阵地，时称"中国农村派"。其代表人物，主要是陈翰笙、薛暮桥、孙冶方、钱俊瑞、千家驹、冯和法、骆耕漠、姜君辰、孙晓村、狄超白等马克思主义经济学家。该学派注重对中国农村土地问题进行深入考察。通过调查，他们认为土地关系问题为中国农村所有问题的根源，并以此为出发点，提出系列改革土地关系的主张建议，产生了很大影响。

中国农村派认为，中国土地关系存在所有权集中与经营权分散并存现

---

① 邓演达：《邓演达文集》，人民出版社1981年版，第307页。
② 中国文化书院学术委员会编：《梁漱溟全集2》，山东人民出版社2005年版，第530页。

第九章　城乡对立格局下的近代土地问题与不同主张

象，即土地所有权集中于少数地主阶层，而以租佃方式由占人口多数的贫雇农经营，单个家庭耕地面积狭小，空间分布散乱。由于土地租佃市场供小于求，导致地租过高，侵占雇农必要劳动。这阻碍了农业技术改良与投资的增加。因此，他们主张彻底革除租佃制度，根本解决地权矛盾，实行农民土地所有，耕者有其田的土地制度。同时，他们强调土地改革，应以促进农业生产为目标，故必须做好经济政治体制的配套改革。比如主张协助农民获得农业生产资料，并对地主阶级加以改造，使其成为自食其力的劳动者；彻底铲除农村封建组织及势力，建立民主政权；指出如没有配套的政治制度改革，土地改革只能是徒有其表。但农民土地所有制易引发土地兼并，会重新出现地主与无地农民的阶级分化。为防止此历史重演，中国农村派主张在国家引导下，逐步实行农业合作化、集体化。

中国农村派从改变土地关系入手，研究中国土地与农村问题，较同时期其他学派有先进之处。同时，他们主张以发展生产力，提高农业生产为标准，衡量土地制度改革的效率，亦为其具有时代先进性的标志。中国农村派的土地主张，与中共领导在革命根据地的土地政策有很强的互动关系，在一定程度上为中共土地改革实践提供了理论依据。

由上可见，近代以来各党派、各团体对中国农村土地问题的思考与解决方案，在原则与目标上有高度一致性，均认为中国土地问题的症结为土地占有的不均，少数地主阶层对土地所有权的垄断，均主张以实现"耕者有其田"的农民土地所有制为目标。各派别不同之处，在于实现目标的具体路径不同。中国资产阶级各党派、团体，都主张通过改良主义道路，以和平赎买方式，实现土地改革。实践证明，无论孙中山的国家赎买政策，抑或第三党以及乡村建设派等民主人士的和平改良方案，均先后归于失败，甚或未能推行，这证明改良主义不具可行性。

三、中国共产党共解决土地问题的主张与实践

没收地主土地归农民所有，消灭不合理的封建土地制度，是中共在新民主主义革命时期的基本主张和中心任务。这一主张实际上就是在小农经济基础上实现耕者有其田。该主张与孙中山提出的耕者有其田思想相比，既具有一致性，又存在原则区别。两者的一致性在于都主张耕者有其田；

中国"三农"发展规律与战略目标研究

两者的区别在于中共主张通过无偿没收地主土地办法,实现土地无偿归农民所有;孙中山主张通过有偿收买办法,实现土地国有基础上,让农民有偿得到土地。需要注意的是,在国民革命时期,中国共产党领导的土地革命尚未展开;国民革命失败后,由于蒋介石国民党打着孙中山"耕者有其田"旗号,抵抗中国共产党土地革命主张,因而在土地革命战争时期,中国共产党不是以"耕者有其田",而是以"土地农有"为口号开展土地革命的。

1927年召开的党的"八七会议",明确提出"土地革命问题是中国的资产阶级民权革命中的中心问题"①,要运用"平民式的革命手段",发动"几千百万农民自己自下而上的解决土地问题。会议同时提出没收大地主和中地主及公产等土地,分给佃农及无地的农民。对小地主则实行减租政策"②。但正如毛泽东在会议上指出的:"中国大地主少,小地主多,……单只没收大地主的土地,不能满足农民的要求和需要。"③

正因为如此,在同年9月通过的中共中央《中共中央关于"左派国民党"及苏维埃口号问题决议案》中纠正了这一错误。该决议案提出了"对于小地主的土地必须全部没收,实现'耕者有其田'的原则。"④毛泽东在领导井冈山和赣南闽西革命根据地土地革命斗争中,通过《井冈山土地法》《兴国土地法》以及深入的调查研究,在实践上形成了一整套土地革命主张、政策和办法。后经1928年7月召开的中国共产党六大对各革命根据地经验的总结,逐步形成了依靠贫雇农、联合中农、限制富农、保护中小工商业者,消灭地主阶级,变封建半封建的土地所有制为农民的土地所有制的土地革命路线。同时,在革命根据地形成了以乡为单位,按人口平均分配土地,在原耕基础上,实行抽多补少,抽肥补瘦的分

---

① 《中共"八七"会议告全党党员书》(1927年8月7日),《中共党史教学参考资料》(一),人民出版社1978年版,第95页。
② 《最近农民斗争的决议案》,中共中央党校党史教研室资料组编:《中国共产党历次重要会议集》(上),上海人民出版社1982年版,第86~87页。
③ 中央档案馆编:《秋收起义》(资料选辑),中共中央党校出版社1982年版,第111~112页。
④ 《中共中央关于"左派国民党"及苏维埃口号问题决议案》,《中共中央文件选集》(3),第370、372页。

第九章　城乡对立格局下的近代土地问题与不同主张

配土地办法。这条土地革命路线和分配土地办法，符合中国革命实际和马克思主义基本原则，对土地革命战争的发展起了重要作用。

抗战开始后，为建立最广泛的抗日统一战线，中国共产党把没收地主土地，改变为减租减息，作为党在抗日战争时期解决农民土地问题的基本政策。该政策，一方面规定地主实行减租减息，以减轻地租和高利贷对农民的剥削程度，改善农民生活；另一方面，承认地主对其土地和财产的所有权，规定农民要交租交息。减租的具体办法，是不论任何租佃形式，一般均按抗战前的租额，减少25%，故称"二五减租"；减息的具体办法，是在处理抗战前的借贷关系时，规定年利最高不得超过一分至一分半（10%~15%），故称"一分减息"或"分半减息"。当然，在实际过程中，各抗日根据地根据各地不同情况，对该政策灵活掌握，执行标准也很不一致。中国共产党减租减息政策，对形成和巩固抗日民族统一战线，促进和坚持全民抗战起了重大作用。

值得注意的是，在抗日战争时期，中国共产党彻底摆脱了教条主义束缚，充分肯定了孙中山"耕者有其田"与中国共产党土地革命主张的一致性，并对其内涵进行了新民主主义改造，正式确立了"耕者有其田"的土地改革目标。1940年，毛泽东在《新民主主义论》指出："这个共和国将采取某种必要的方法，没收地主的土地，分配给无地和少地的农民，实行孙中山先生'耕者有其田'的口号"，但在"耕者有其田"的基础上所发展起来的各种合作经济，也具有社会主义的因素。[1] 尽管如此，在整个抗战期间，乃至抗战胜利后的一年间，中共始终实行减租减息政策。

抗战结束后，民族矛盾退居次要位置，阶级矛盾上升为主要矛盾，而阶级矛盾的核心问题，仍是解决土地所有制度问题。为此，中共中央在1946年5月发出了《关于土地问题的指示》，即"五四指示"，重新提出"没收分配汉奸、豪绅、恶霸等的土地"；保护中农土地，将没收之地主土地分配给无地或少地农民的土地政策。在"五四指示"精神指引下，各解放区领导群众展开了土地改革运动。1947年7~9月，中共中央在河北西柏坡召开全国土地会议，制定了《中国土地法大纲》，明确提出"废

---

[1] 毛泽东：《毛泽东选集》第2卷，人民出版社1991年版，第678页。

除封建及半封建性土地制度，实行耕者有其田的土地制度。乡村一切地主的土地及公地由乡村农会接收，连同乡村中其他一切土地，按乡村中全部人口，统一平均分配。在土地数量上抽多补少，质量上抽肥补瘦。没收地主的牲畜、农具、房屋、粮食及其他财产，并征收富农多余的土地、财产，分给农民及其他贫民，并分给地主同样的一份。"① 这是中共经过二十多年摸索实践，总结形成的成熟的土地政策。《中国土地法大纲》颁布后，土地改革在解放区全面展开。至1948年秋，全部解放区彻底消灭了地主土地所有制，完成了土地改革。解放区土地革命的完成，结束了在这里延续几千年的地主土地所有制，结束了地主剥削农民的不合理经济制度，确立了以小农经济基础上的"耕者有其田"制度。

中国共产党从国民革命失败后，就走上了通过土地革命，实现改革中国不合理的土地制度的道路在历史证明，这是一条正确的土地改革道路。解放区进行的土地改革，正是通过这条道路完成。但是，这不意味着中国共产党完全放弃对和平道路的探索和努力。

事实上，中国共产党曾于1946～1947年间，鉴于当时出现了国内和平发展的可能性，曾尝试按照孙中山"耕者有其田"思想中的"照价收购"的办法，以和平有偿方式，实现耕者有其田目的，并在陕甘宁边区进行试点。陕甘宁边区试点的具体政策是：（1）征购地主多余的土地，但地主可保留一定数额的土地免于征购。地主多余的农具、牲畜、房屋等也在征购之列。中农和富农的土地免于征购。（2）由政府以半价或低于半价的递减价格征购地主土地。（3）地价由当地乡政府、乡农会和地主三方具体确定，但最高不超过该地平年两年收获量的总和，最低不能低于该地平年一年的收获量。（4）征购款项主要由政府发行长期土地公债，或是全部由政府承担，或由获得土地的农民在10～20年时间中交付一部分地价，其余的部分由政府承担。（5）征购后地主保留的土地及其财权和人权受法律保护。经一年多试验，这些做法受到陕甘宁边区农民欢迎，取得了显著成效。在展开试点的三个县五个乡中，农民共承购土地2.6万

---

① 中央档案馆：《中共中央文件选集》（1945—1947）第13册，中共中央党校出版社1987年版，第723～724页。

第九章 城乡对立格局下的近代土地问题与不同主张

亩,对地主每人留地至少超过中农 50%①。

然而,这一试点在陕甘宁根据地展开后不久,便由于国民党发动全面内战而被迫停止。这表明,中共根据当时的历史环境与条件,曾真诚地探索过以和平赎买地主土地的方式完成土地改革的道路,只是在这条道路被国民党堵死之后,才被迫放弃了这一探索,实行新解放区土地改革,重新选择了以无偿没收地主土地办法,实现耕者有其田目标的道路。

---

① 参见任晓伟:《1946—1947 年中国共产党对和平土改政策的尝试及其放弃》,《陕西师范大学学报》(哲学社会科学版) 2010 年第 4 期。

第十章

当代土地改革与耕者有其田目标与时递进

新中国的成立,从根本上消除了城乡对立的根源,为实现耕者有其田目标提供了政治条件。中国共产党遵循城乡协调发展规律,根据不同阶段历史条件和农业生产力发展的要求,不断实行土地制度改革与创新,先后实现了小农经济基础上耕者有其田目标、传统农村集体经济基础上的耕者有其田目标和家庭承包制下的耕者有其田目标。目前,正探索和实现"三权分置"基础上的新型耕者有其田目标。考察耕者有其田目标与时递进的过程,对正确评价不同阶段土地制度,总结历史经验教训,深化当前的土地改革具有重要意义。

第一节 小农经济基础上耕者有其田目标的实现

一、新中国成立与城乡对立的消除

1949年南京国民政府被推翻和中华人民共和国的建立,标志着中国

第十章　当代土地改革与耕者有其田目标与时递进

共产党在中国执政党地位和人民民主政权的确立。这个执政党和国家政权，根本不同于中国历史上代表极少数统治阶级利益的统治者。中国共产党是以马克思主义为指导的新型政党，是工人阶级先锋队，同时也是中国人民和中华民族的先锋队，是代表中国城乡绝大多数人民利益的执政党。因此，中国共产党能够按城乡协调发展规律的要求，协调城乡各方面的利益。中国共产党领导的人民民主专政，是以工农联盟为基础，由社会各阶级、各阶层人民和各民主党派及无党派人士共同参加的具有广泛代表性的国家政权，是为人民谋利益的公共权利。因此，中华人民共和国的建立，从根本上消除了旧中国城乡对立的根源，"标志着旧中国'城乡对立'、'城市剥削乡村'关系的结束"[①] 和中国新型城乡关系的开始。

事实正是如此。在新中国成立前夕召开的中共七届二中全会上，毛泽东、刘少奇就分别提出"城乡必须兼顾"[②] 和"城乡一体"[③] 思想。1949年9月召开的中国人民政治协商会议又把"城乡互助"作为城乡关系的根本方针写进了《中国人民政治协商会议共同纲领》[④] 根据上述思想和方针，中国共产党采取了一系列政策、措施，系统地扭转几千年来特别是近代形成的城市控制、剥削农村的旧格局，开始建立城乡平等互助的新型城乡关系。

（一）实现了城乡之间人口双向自由流动

在近代，大量农村人口迫于战乱、灾荒和农村凋敝而流入城市，但城市工商业落后，能够提供的就业机会极少，使流入的农村人口很难在城市安身立命，只得辗转于城乡之间，彷徨失所[⑤]。新中国成立后，这种状况发生了极大变化。1951年7月，公安部颁布了新中国第一个全国性户口法规《城市户口管理暂行条例》，但其目的是为了维护社会治安，而未对

---

① 武力：《1949—2006年城乡关系演变的历史分析》，《中国经济史研究》2007年第1期。
② 毛泽东：《毛泽东选集》第4卷，人民出版社1991年版，第1427页。
③ 刘少奇：《刘少奇选集》上卷，人民出版社1981年版，第419页。
④ 中共中央文献研究室编：《建国以来重要文献选编》第1册，中央文献出版社1992年版，第7页。
⑤ 戴鞍钢：《中国近代工业与城乡人口流动》，《经济史》2011年第4期。

人们迁徙自由加以限制。相反,包括该法规在内的各种法律文件,都规定了人民迁徙自由的条款。尤其是新中国建设的蓬勃发展,为城乡居民自由迁徙,特别是农民进入城市并稳定就业提供了机遇和条件。据统计,1949年全国仅有城镇人口5700多万人,而在1951年至1953年间,城市人口平均每年迁入率104.2%,迁出率71.1%,净迁入率每年为33.1%。到1952年全国城市人口达到7000万人,1957年增至9949万人①。

(二) 初步实现了城乡产品的平等交换

新中国成立后,针对旧中国遗留下来的工农业产品价格剪刀差问题,中央政府主动提高了农副产品的收购价格。如以1950年农副产品收购价格和农村工业品零售价格指数为100,到1952年农副产品收购价格上升到121.6,1957年又上升为146.2;农村工业品零售价格指数,到1952年上升到109.7,至1957年上升为112.1②。就是说,8年间农副产品收购价格上升了46.2%,而农村工业品零售价格只上升了12.1%。这说明,旧中国存在的工农产品的剪刀差得到明显缩小,工农业产品交换呈现平等态势。同时,国家积极领导和推动城市工商业以收购推销农民剩余产品、组织工业品下乡等形式,面向农村发展,开展城乡交流。

(三) 减轻农民负担,增加农业投入

新中国成立伊始,1950年1月30日政务院即发布《全国税政实施要则》,指出目前农民负担远超过工商业者的负担,应依据合理负担的原则,适当平衡城乡负担。为此,国家采取了一系列减轻农民负担,平衡城乡负担的政策、措施。如减少农业税种。实行凡有碍发展农业、农村副业和牲畜的杂税,概不征收原则。因此,新中国成立初期农民承担的税只有农业税、屠宰税、交易税、牧业税4种,而且其中的交易税,也"只是

---

① 邹农俭:《中国农村城市化研究》,广西人民出版社2002年版,第84~85页。
② 苟颖萍等:《新中国成立初期城乡关系的变迁与思考》,《商业时代》2010年第26期。

第十章 当代土地改革与耕者有其田目标与时递进

对于比较大量的货物交易采取征税"①。再如降低农业税率。新中国成立初期，农村各阶层农业税负担，贫农一般为8%左右；中农一般为13%左右；富农一般为20%左右；地主一般为30%左右，最高不超过50%，特殊户不超过80%。此外，还对一些特殊人口免征农业税。1950年9月公布的《新解放区农业税暂行条例》规定，年平均农业收入不超过75公斤主粮者，遭受水、旱、虫、雹等自然灾害者，革命烈士家属、革命军人家属、供给制工作人员家属、残疾等特别贫困者，经批准可以减征、免征农业税。这些政策、措施，明显改善了农民的负担状况，促进了农业发展。1950年至1952年全国农民负担占农副业净产值的比例大体在10%上下。1953～1957年平均农业税实际负担率为11.67%。农业其他税收和摊派负担由1953年的65302万元，下降到1957年的35836万元，减幅达45.2%②。同时，国家在经济和财政十分困难情况下，增加农业投入，支持农业发展。1952年国家对农业生产投资为6.46亿元，1953年至1957年每年平均8.598亿元③。

由上可见，新中国成立后，消除了旧中国城乡根本对立的根源，初步形成了城乡平等、开放、互动、互利的新型城乡关系格局，为中共继解放战争时期完成土地改革，在老解放区实现耕者有其田目标之后，在全国范围实现这一目标提供了政治条件和社会环境。

二、小农经济基础上耕者有其田目标的实现

在新中国成立后，新解放区的土地改革尚未进行。在这块拥有2.9亿农民的广大区域，仍保持着旧中国极不合理的封建土地所有制。完成新解放区的土地改革，既是完成中国新民主主义革命的任务，也是巩固新生人民政权，解放农村生产力，迅速恢复国民经济的需要，更是在全国范围实

---

① 中共中央党校党史教研室编：《中共党史参考资料》，（七）人民出版社1980年版，第74页。
② 张富良：《改革开放前中国共产党农业税政策的历史考察》，《中共党史研究》2006年第4期。
③ 陈廷煊：《1953—1957年农村经济体制的变革和农业生产的发展》，《中国经济史研究》2001年第1期。

中国"三农"发展规律与战略目标研究

现耕者有其田目标的客观要求。因此，从 1950 年到 1952 年年底，在新解放区开始了土地改革运动。到 1952 年年底，新解放区 3 亿多无地、少地的农民无偿得到 7 亿多亩土地，标志着除少数民族聚居区外全国土地改革的基本完成。

通过解放战争时期和建国初期的两次土地改革，在全国范围内实现了耕者有其田。据 1954 年统计，从全国范围看，占农村人口不到 10% 的地主占有耕地，从土改前的 70% 以上下降到 8% 左右；占农村人口 90% 以上的贫雇农和中农，从土改前占有耕地不到 30%，上升到 90% 以上[1]。这说明延续 2000 多年的封建土地所有制被彻底摧毁，土地高度集中状况得到了根本改变，农村土地实现了大体平均，旧中国无地和少地的农民，得到了他们梦寐以求的土地，在中国历史上第一次实现了耕者有其田。

对包括新老解放区的这两次土地改革，新中国成立以来的绝大多数国内学者和不少国外学者，都持肯定态度，给予了积极的评价。叶明勇在评价新解放区的土地改革时说，对它"无论怎么褒扬都不为过"[2]。其一，它摧毁了地主阶级对农村的统治，废除了封建土地所有制，使农民第一次成为土地和农村的主人，实现了小农经济基础上耕者有其田目标。正如亨廷顿所说，中国这场土地改革"涉及一场根本性的权利和地位的再分配，以及原先存在于地主和农民之间的基本社会关系的重新安排。"[3] 其二，它解放了农村生产力，促进了激发了农民的生产热情，改善了农民生活，促进了农村各方面事业发展。其三，它巩固了新生人民政权，实现了"重组基层，使上层和下层、中央和地方整合在一起，使中央政府获得巨大的组织动员能力，实现了政令统一，改变了旧中国'一盘散沙'的局面"[4]。因此，被誉为"中国农村改革之父"的杜润生，站在历史与现实相结合高度，对这场运动作出高度评价："中国共产党领导的土地改革是

---

[1] 国家统计局：《关于一九五三年国民经济和文化教育恢复与发展情况的公报》，《新华月报》1954 年第 10 期。
[2] 叶明勇：《新中国成立后的土地改革运动研究述评》，《北京党史》2008 年第 5 期。
[3] 亨廷顿著，王冠华译：《变化社会中的政治秩序》，三联书店 1989 年版，第 273 页。
[4] 杜润生：《杜润生自述：中国农村体制变革重大决策纪实》，人民出版社 2005 年版，第 20 页。

第十章 当代土地改革与耕者有其田目标与时递进

农村进入全面性大革命的最初一役",是中国"由半封建、半殖民地社会向现代社会转化的一个必经步骤"①。

三、小农经济基础上耕者有其田的特征

新中国成立初期小农经济基础上的耕者有其田制度,是特定历史条件下的产物,因而具有其独有特征。

(一)它是以个体农民私有制基础上的耕者有其田

它既不同于中国古代社会以王(皇)权为最高所有权的相对土地所有制,也不同于孙中山主张的土地国有基础上的耕者有其田,还不同于苏联建立初期以土地国有基础上建立的小农经济,而是由个体农民家庭独立私有的绝对土地所有权制度。对农民分得的土地,人民政府依法颁发土地所有证,承认一切土地所有者自由经营、买卖及出租其土地的权利,个体农民家庭独立享有土地占有、使用、收益和处分权能。

(二)它是小土地私有制基础上的耕者有其田

人多地少是自清至近代中国人地关系的突出特征。解放战争时期和解放初期的两次土地改革,都按公平的原则,采取按人均分配土地的办法,使当时的耕者有其田,具有小土地私有制的显著特征。土地改革完成时,农民人均占耕地 2.5 亩,中国农村有 1 亿多农户,户均占有耕地 12.4 亩。建立在小块土地私有基础上的农民经济成为典型的一家一户的小农经济,中国成为真正的小农经济汪洋大海。

(三)它是通过农民无偿得到土地途径实现的

如前所述,中共曾试图通过有偿征购的办法,废除地主土地所有制,实现耕者有其田,但因国民党进攻转而实行无偿没收政策,并将土地分配给农民,使农民无偿得到土地,实现了耕者有其田。这不同于 20 世纪 50 年代国民党在中国台湾进行的土地改革。后者是按孙中山耕者有其田思

---

① 马国川:《杜润生访谈录:伟大的创造》,《经济观察报》,2008 年 12 月 1 日。

想，通过政府有偿征购地主土地，农民用实物分期偿付地价的办法，有偿得到土地而实现耕者有其田的。

由上可见，把土地无偿平均分配给农民，实现几乎无差别的小块土地农民私有为基础的耕者有其田，是新中国成立初期中国土地制度的显著特征。这种耕者有其田制度，不但决定了当时中国农村的面貌，也决定了该制度本身的历史走向。

四、小农经济基础上耕者有其田的评价

土地改革完成后实现的以小农经济为基础的耕者有其田，既有其当时的积极作用，又有其内在和历史局限性。

小农经济是自秦汉以来中国农业的基本经济形式。它既是一种农业生产方式，也是一种农业经营形式。作为生产方式，它是以私有制为基础，以家庭为单位，由家庭成员参加劳动的自给自足的小规模个体农业自然经济，其主体是自耕农。作为农业经营形式，它包括个体农民土地所有基础上的家庭小规模经营，即自耕农，也包括租种地主土地的个体家庭经营，即佃农，在两者中自耕农是小农经济的典型形态。撤除外在影响因素，仅从小农经济内部而言，自耕农拥有自家土地，不必付出地租，因而劳动收益较多；佃农为换取土地经营权须付出地租，因而收益比自耕农少。中国小农经济既有一般小农经济的自给自足的农业自然经济特征和分散性、保守性和脆弱性的缺陷，也有精耕细作传统和较大家庭自主经营的优点①。小农经济"从资本利润率角度看也许不合算，但从效果看，它可使土地得到充分的利用，使人民得到足够的食物，对小农经济养家糊口来说，仍是可行的。"而且"从理论上说，这种生产（传统农业小生产——作者注）要待到边际产量等于零时，总产量才达到最高峰。"②

土地改革完成后的耕者有其田制度，使无地的雇农得到土地，少地的半自耕补充了土地，所有农民都成了典型的自耕农经济。同时，由于旧中

---

① 李根蟠：《中国古代农业》，商务印书馆1998年版，第173页。
② 许涤新、吴承明：《新民主主义革命时期的中国资本主义》，《中国资本主义发展史》第3卷，人民出版社1993年版，第283~284页。

第十章　当代土地改革与耕者有其田目标与时递进

国压迫、剥削农民的社会制度和地主阶级被推翻,也由于国内处于长期和平局面,使农民获得了稳定的生产和生存环境,因而在新中国成立初期,小农经济的内在功能,得到了空前未有的发挥。一是所有农户都拥有自己的小块土地,且对土地具有完全支配权,能够按照自己意志对土地进行自主经营。二是农民具有土地收益的充分分配权。除向国家缴税外,没有其他利益主体占有农民的劳动成果,消除了旧社会的沉重赋税和地租剥削,使农民劳动付出与土地收益之间形成了相对对称关系。三是由于土地私有,农民具有进行长期投资的愿望,并尽力避免耗竭性的掠夺式开发。四是继承了古代精耕细作传统和劳动高度集约化经营方式。

小农经济的内在功能的充分发挥,加上国家采取推动农业生产发展的措施,激发了小农经济的内在活力,使这一古老经济形式"古树开花",把当时农业生产推向了近代从未达到的新水平。1952 年粮食产量比 1949 年增加了 44.8%,比历史最高水平增加了 9.3%。棉花产量 1952 年比 1949 年增加 193.7%,比历史最高水平增加 53%。1952 年农民的货币收入和消费品购买力比 1949 年分别增长了 86.7% 和 79.9%[①],出现了农村中农化的基本趋势[②]。这些成就,虽不意味着当时小农经济已达到边际产量等于零的总产最高峰,但足以说明这种耕者有其田制度对当时农业发展起了巨大作用。

然而,新中国成立初期小农经济为基础的耕者有其田制度,没有改变旧中国小农经济的内在结构,因而在其合理功能得到充分发挥的同时,也存在内在和历史的局限性。

首先,它仍是以一家一户为单位的传统农业经营形式。据国家统计局的调查,土地改革结束后,农村各阶层户均拥有耕地 15.25 亩,每个劳动力平均耕作土地 7 亩左右[③]。由于土地规模狭小,农民不能进行专业化、产业化经营,生产增长能力不强,财富积累速度也很慢。土地改革虽使农民有了土地这一基本生产资料,但工具十分缺乏,当时农户平均有耕畜

---

① 董辅礽:《中华人民共和国经济史》,经济科学出版社 1999 年版,第 95~111 页。
② 苏少之:《论我国农村土地改革后的"两极分化"问题》,《中国经济史研究》1989 年第 3 期。
③ 国家统计局:《1954 年我国农家收支调查报告》,中国统计出版社 1957 年版,第 2 页。

0.64 头，犁 0.54 部，水车 0.1 部。同时，农民的资金极为短缺。小农经济的这些局限性，决定当时农业虽得到发展，农民生活也得到了改善，但农业生产重重困难，不能解决农民的富裕问题。

其次，它不能满足发展工业化和城乡协调发展的要求。小农经济基础上耕者有其田的实现，虽使新中国成立初期的农业发展水平，达到了古代农业社会不可能达到的境界，但当时中国已不是完全的传统农业社会，而是迈进了从传统农业社会向现代工业社会的全面转型时期。特别是从1953年起，中国开始全面实施"一五"计划，实现国家工业化成了经济建设的中心任务。而小农经济作为自给自足的传统农业社会的经济形式，既不能提供工业化所要求的丰富的剩余农产品需求，也不能提供广大的工业品销售市场，显然不适应以工业经济占主导的新时代和蓬勃发展的工业化建设的需要。因而，尽管1952年的农业生产超过了历史最高水平，但到1953年，粮食等农产品供应出现了紧张局面。这说明，小农经济基础上耕者有其田制度与现代工业和城市发展之间存在尖锐矛盾，不适应新时代城乡协调发展的要求。

再次，私有小农经济是一种极易分化的经济形式。一些土地和工具、资金较多的自耕农，可能上升为富农；另一些自耕农可能因遭天灾人祸而陷于破产，生活境遇下降到贫农、佃农甚至流浪者。这是小农经济的土地私有和孤立、分散、经营规模狭小的特性决定的。在这种情况下，土地私有和自由买卖的权利，就变成把贫苦农民推向破产的推手。恰如马克思所说："正是以个人占有为条件的个体经济，使农民走向灭亡"[1]。

事实上，从土改结束后，到农业社会主义改造高潮出现前，中国农村阶级结构已悄然发生着变动。一方面呈现"中农化"趋势，另一方面存在农民内部贫富分化趋势。后者的主要表现是少数生产条件的农民上升为新富农，而一部分贫苦农民则因生产条件差或遇天灾人祸，而被迫出卖土地、借债，有的重新成为雇农。诚然，当时新富农占农村总户数比重极小。据1955年春国家统计局对21省、自治区进行的1954年农家收支调查结果，1954年新富农占农村总户数的比重为0.57%。新富农户中的

---

[1] 《马克思恩格斯选集》第4卷，人民出版社1995年版，第500页。

第十章 当代土地改革与耕者有其田目标与时递进

81.5%是土地改革结束时的中农户上升而来①。新富农买地、雇工、放债、扩大经营,成为农村中的上等阶层,但他们都有超过其总收入25%剥削分量②。

与这些中农上升为富农现象相伴随的,是一些农户却因贫穷和灾难不得不卖出自己的土地。据1954年山东一项调查,上高乡有出卖土地者112户。其中,因丧事者14户,因病灾者32户,因劳力缺乏者11户,因房屋倒塌者13户,为还债者42户③。在上述五种情况中,如果说因劳力缺乏而出卖土地是一种正常现象的话,那么,其他四种都是因灾难和还债而导致的。而后者在该乡出卖土地的112个农户中占90.17%。尽管当时的土地买卖,总体数量不多,据国家统计局对万余农户的典型调查,1954年出卖土地数仅占土地总数的0.33%④。当然,不能不承认土地买卖在小农经济中有其自发调节作用。也要肯定就全国说来,因土地买卖而导致经济成分上升或下降的农户所占比重很小,估计不到1%,分化严重地区也不超过5%⑤,但也不能否定它同时也是小农经济内部发生两极分化的机制。而且,从下文会看到,这种机制在事实上正使越来越多的农民处于两极分化的过程当中。这说明,在私有化小农经济基础上可以在一定时期内实现耕者有其田,但却不能保障耕者有其田及其相关权利。

总之,新中国成立初期小农经济基础上的耕者有其田,对当时农业发展和农民生活改善以及国家建设起了积极而重要的作用,但其土地私有、自由买卖和小规模经营等局限性,又使它不能保障耕者有其田,不能实现农民共同富裕,也不能适应新中国工业化建设和城乡协调发展和需要,从而决定它必然随着历史发展而向新形式转变。

---

① 中华人民共和国统计局编:《一九五四年全国农家收支调查资料》(1956年5月),广东省档案馆WA07-61·222。
② 中央人民政府财政部农业税司:《农村经济与农民负担调查资料》第2集,第68页。
③ 《泰安二区上高乡土改后经济情况变化的调查》(1954年7月),山东省档案馆藏,档案号A001 02 0231 002。
④ 农业部农村经济研究中心当代农业史研究室:《中国土地改革研究》,中国农业出版社2000年版,第296页。
⑤ 武岩等著:《中国农民的变迁》,广东人民出版社1999年版,第245页。

第二节
传统集体经济基础上耕者有其田目标的实现

一、集体经济的本质与实现形式再认识

集体经济作为一个科学概念，是马克思最早提出的。1891年，马克思在给《维查苏里奇的复信草稿》中分析俄国农业公社时指出："俄国农民习惯于劳动组合关系，这便于它从小土地经济过渡到集体经济。"[①] 在这封信和后来的其他著作中，马克思恩格斯还指出了集体经济具有生产资料集体占有、集体经营、集体生产的特征。

值得注意的是，在马克思恩格斯的语境里，集体经济是与社会所有制、国家所有制等同且交叉使用的一个概念[②]，而非与合作经济相等同的概念。他们认为无产阶级在经济不够发达国家夺取政权后，不能剥夺农民的土地，直接建立国家或社会所有制，而须通过"合作生产"这个"中间环节"，逐步引导小农经济实现"向完全的共产主义经济过渡"[③]。就是说，马克思所说的集体经济，是对未来完全共产主义经济中一种经济成分的表述形式，是作为资本主义对立物的共产主义（社会主义）社会理想目标提出的。而合作经济是在承认生产资料私有制前提下个体农民之间的合作经营、合作生产，是由"小土地经济过渡到集体经济"的"中间环节"[④]或桥梁，是未来目标的实现过程。两者虽有联系，但性质不完全相同：前者属于共产主义（社会主义）性质，后者具有私有制和社会主义

---

① 《马克思恩格斯全集》第19卷，人民出版社1972年版，第438页。
② 苑鹏：《对马克思恩格斯有关合作制与集体所有制关系的再认识》，《中国农村观察》2015年第5期。
③ 《马克思恩格斯选集》第4卷，人民出版社2012年版，第581页。
④ 《马克思恩格斯全集》第19卷，人民出版社1972年版，第438页。

第十章　当代土地改革与耕者有其田目标与时递进

的二重性。

另值得注意的是,在科学社会主义发展进程中,马克思恩格斯的时代使命,在于揭示社会主义代替资本主义的必然性和未来共产主义社会的前景。同时,他们是在社会主义在发达国家首先取得胜利的设想下,勾画未来社会前景的。但后来的历史发展,超出了他们的预料。社会主义不是在发达国家首先取得胜利,而是在俄国、中国这样的不发达国家率先进入了社会主义。在这样的基础上实现的社会主义,与马克思恩格斯所说的共产主义包括其中的第一阶段,即当今所说的社会主义有很大不同。

由上可见,马克思提出的集体经济概念,并非指现实社会主义中的集体经济,而是指社会主义在发达国家首先取得胜利的前提下,不发达国家的小农经济通过并完成合作经济过渡之后,而实现的"完全的共产主义"或高级阶段社会主义的农业经济形式。至于现实社会主义中的集体经济采取怎样的形式,需要后人在继承马克思恩格斯的集体经济思想基础上,根据不发达社会主义面临的现实历史条件加以探索。

遗憾的是,在社会主义国家建立后的长期内,人们误读和教条式地理解了马克思恩格斯的集体经济思想,把两位导师在发达生产力基础上的"完全的共产主义"的集体经济理想,照搬到了经济不发达的社会主义现实当中。在苏联的"战时共产主义"时期,实行土地国家所有基础上的农业集体共同耕作,集中经营,统一分配的"共耕制"。在这一制度受挫后的"新经济政策"时期,列宁在一定程度上认识到这种教条主义错误,在继承马克思恩格斯合作经济思想基础上,提出了"合作制"思想。他认为,"在生产资料公有制的条件下,在无产阶级对资产阶级取得了阶级胜利的条件下",个体农民家庭生产和经营基础上的"文明的合作社工作者制度就是社会主义制度"[①]。尽管列宁的"合作制"思想着重强调流通领域的合作,但该思想的价值在于,开始摆脱对马克思恩格斯集体经济思想的教条式理解,主张根据生产力状况,探索符合现实社会主义集体经济及其实现形式。而且列宁"合作制"思想的核心是肯定生产资料公有制基础上的农民家庭经营。这是列宁对现实社会主义集体经济的一次可贵

---

① 《列宁全集》第4卷,人民出版社1995年版,第771页。

探索。

但是，列宁逝世后，斯大林逐步改变了列宁的"合作制"思想，通过全盘集体化，完全消灭了农民家庭生产和经营，在全国范围内实现了生产资料公有制，实行集体统一经营、集体劳动，统一分配的集体农庄制度，并把它被定义为社会主义集体经济。第二次世界大战后，斯大林把这种模式教条化、神圣化，将其作为社会主义的一个标志，移植到包括中国在内的各社会主义国家。而这些国家由于对马克思恩格斯有关思想的教条化理解，并鉴于苏联整体发展的巨大成功，也欣然接受这一模式，致使其在各社会主义国家长期存在。时至今日，仍有不少学者将这些特征当作中国社区性集体经济的内涵①而加以肯定或者批评。鉴于这一模式是最早的社会主义农村集体经济模式，本书将其称为传统农村集体经济。

如何看待这种现象？应当说，这种传统的以生产资料公有制，实行集体统一经营、集体劳动和统一分配的农村经济制度，是现实社会主义国家在特定条件下，对农村集体经济的一种探索，也是社会主义农村集体经济的一种模式。作为农村集体经济的一种模式，它必须反映该经济制度的本质，但又不完全等同于后者。农村集体经济制度的本质，是通过农民在集体占有的生产资料上的辛勤劳动，达到和保障共同富裕。而作为模式，则是一定生产力和自然条件下，土地等生产要素与农业劳动者结合的具体方式或结构，属于农村集体经济的实现形式和具体体制。这种结合方式和具体体制，是由不同国家及其不同时期的不同生产力与自然条件所决定并不断变化的。因此，不能把苏联集体农庄或改革开放前中国照搬苏联模式形成的传统集体经济模式，等同于农村集体经济制度。相反，应在把握农村集体经济制度本质的前提下，随着不同阶段的变化，不断探索和实现适应不同阶段实际的集体经济的实现形式。

过去和当前一些人，之所以把传统集体经济模式完全等同于农村集体经济，是对马克思恩格斯集体经济思想误读和教条化理解的结果，是对集体经济认识不够深刻的表现。20世纪90年代初，邓小平关于"计划经济

---

① 黄延信：《发展农村集体经济的几个问题》，《毛泽东邓小平理论研究》2015年第2期；韩松：《论农村集体经济内涵的法律界定》，《暨南学报》（哲学社会科学版）2011年第5期。

第十章　当代土地改革与耕者有其田目标与时递进

不等于社会主义,资本主义也有计划;市场经济不等于资本主义,社会主义也有市场。计划和市场都是经济手段"①的论断,振聋发聩。它把中国对社会主义的认识提升到新高度,从而打破了把计划经济体制等同于社会主义的思想束缚,成功实现了中国特色社会主义的历史性突破。而今不断深化的农村改革,也要求人们从传统的集体经济模式束缚下解放出来,正确认识和科学把握传统集体经济模式与集体经济本质的联系与区别,认识传统集体经济模式不等于集体经济。只有以这样的观点看问题,才能正确认识和评价当代中国农村集体经济的演变,才能探索到适合现阶段实际并反映集体经济本质的新型集体经济模式或体制。

二、传统集体经济基础上耕者有其田目标的实现

在20世纪中期,由于历史条件和认识程度的制约,特别是苏联集体农庄模式的影响,中国共产党也曾把马克思恩格斯的集体经济理想和依此构建的苏联集体农庄模式照搬到中国,建立了传统集体经济基础上耕者有其田制度。

早在抗日战争时期,毛泽东就开始思考民主革命胜利后中国农村经济制度问题。他在1942年发表的《组织起来》一文中指出:中国"几千年都是个体经济,一家一户就是一个生产单位,这种分散的个体生产,就是封建统治的经济基础,而使农民自己陷于永远的穷苦。克服这种状况的唯一办法,就是逐渐地集体化。而达到集体化的唯一道路,依据列宁所说,就是经过合作社"。不过在边区我们所组织的"许多合作社","还是一种初级形式的合作社",在将来要"发展为苏联式的被称为集体农庄的那种合作社"②。可见,这时毛泽东已选定苏联集体农庄为中国民主革命胜利后的农村集体经济模式。

毛泽东的这一选择,成为新中国成立后中国农业社会主义改造和变革的基本目标。对此,在从1951年年底到1953年年底通过的中共中央《关于农业生产互助合作的决议(草案)》《关于党在过渡时期总路线的学习

---

① 《邓小平文选》第3卷,人民出版社1993年版,第373页。
② 《马克思恩格斯选集》第4卷,人民出版社1972年版,第315页。

中国"三农"发展规律与战略目标研究

和宣传提纲》《关于发展农业生产合作社的决议》等重要文件，都有明确说明。如在《关于发展农业生产合作社的决议》中指出：根据我国经验，农民这种在生产上逐步联合起来的具体道路，就是经过互助组、初级社，"到实行完全的社会主义的集体农民公有制的更高级的农业生产合作社（也就是集体农庄）"。1955年毛泽东在"关于农业合作化问题"报告中，更明确地指出："苏联所走过的这一条道路，正是我们的榜样"[①]。

在这一目标指引下，经历20世纪50年代中期的农业社会主义改造、50年代后期的人民公社化运动和60年代初期的生产关系调整，中国逐步建立了类似于苏联集体农庄而又有中国特色的以土地集体所有、统一经营和集体劳动为特征的人民公社体制下的耕者有其田制度。

20世纪50年代中期的农业社会主义改造，是中国构建这一制度的初始阶段。农业社会主义改造经历了从以换工互助为特征的具有社会主义萌芽性质的互助组，到以土地入股、统一经营，实行按劳分配和土地分红分配原则为特征的半社会主义性质的初级农业合作社，再到以土地集体所有、统一经营、集体劳动，实行完全"按劳分配"原则为特征的完全社会主义性质高级农业合作社三个阶段。到1956年年底，参加初级社的农户占总农户的96.3%，参加高级社的农户达总农户数的87.8%。至此，农业社会主义改造任务基本完成，农民集体土地所有制和农村集体经济随之建立。这标志着新中国成立初期小农经济基础上的耕者有其田，转变为了以高级社为主体的农村集体经济基础上的耕者有其田。

然而，这种农村集体经济形式并没有稳定下来。高级社成立不久，随着生产关系急于过渡"左倾"思想的发展，以高级社为主体的农村集体土地所有制的公有化程度不断升级，小社变大社，风起云涌。到1958年9月，经过"大跃进"浪潮推动下的人民公社化运动，人民公社代替高级社成为农村集体经济基本形式。在该时期人民公社体制下，土地所有制被提高到人民公社。公社规模宏大，每社平均达4600多户，有的甚至达万

---

① 薄一波：《若干重大决策与事件的回顾》上卷，中共中央党校出版社1991年版，第363页。

第十章　当代土地改革与耕者有其田目标与时递进

户或两万户以上①；实行公社范围"政社合一"的高度集中统一经营管理制度和"一平（贫富拉平）二调（公社范围内资源无偿调拨）"政策；实行大规模集体劳动与完全按劳分配原则。

由于"大跃进"的瞎指挥、大浪费和人民公社化运动"一平二调"错误，尤其是公社土地所有制和高度集中管理制度，严重脱离生产力水平，直接导致1960~1962年的严重经济困难。在严峻形势下，中共在一定程度上汲取了经验教训，对人民公社化运动时期的农村集体所有制主体进行了较大幅度调整。1962年9月颁布的《农村人民公社工作条例修正草案》（简称《农业六十条》），改变了人民公社化时期单一公社或大队土地所有制，确立了三级所有（人民公社、生产大队、生产队）、队（生产队）为基础的农村土地制度，形成了以生产队为主要主体的土地三级所有，以生产队为基本核算单位，实行统一经营、集体劳动和按劳分配为特征的农村集体经济体制。至此，形成了以人民公社体制为特征的传统集体经济基础上耕者有其田制度。这一制度一直持续存在到改革开放之前。其中，三级所有的农民集体土地所有制延续至今。

从以上过程可见，农业社会主义改造后的高级社和"大跃进"时期的人民公社，虽具有集体经济的本质，属于集体经济，但都是中国农村集体经济的早期探索时期集体经济的具体形式，且都不稳定，存续时间也不长，因而是农村集体经济的初始形态。而1962年依据被称为"农业宪法"的《农业六十条》构建的人民公社制度，占据了改革开放前集体经济26年当中的20年时间，是中国传统农村集体经济的基本和典型形态。因此，该时期的人民公社制度，是考察中国传统农村集体经济制度的主要对象。

三、传统农村集体经济基础上耕者有其田的特征

中国共产党在探索中国农村集体经济制度过程中，无疑受到了对马克思恩格斯集体经济思想教条式理解和苏联集体农庄模式的影响。但中国共产党绝不是盲目照搬经典作家思想和苏联模式的教条主义政党。她在效仿

---

① 中华人民共和国国家农业委员会办公厅：《农业集体化重要文件汇编》下，中共中央党校出版社1981年版，第69~70页。

苏联集体农庄模式的同时,又发扬自己把马克思主义与中国实际相结合的优秀传统,注重从中国实际出发,探索适合中国情况的具体道路。不论在中国社会主义改造过程中,还是在后来探索农村集体经济不同实现形式过程中,始终坚持了农民集体土地所有制,都未照搬苏联的土地国有化制度。在具体体制上,不仅提出"以苏为鉴"思想,汲取苏联在全盘集体化和处理城乡关系过程中所犯的一些教训,而且在一定程度上汲取自己实践中的教训。因此,在中国农村集体经济体制中,既可看到苏联集体农庄模板的影子,又具有自己的鲜明特点。由此决定,建立在这种集体经济基础上的耕者有其田制度,表现出如下特征:

(一) 它是以农民集体土地所有制为基础的耕者有其田

在人民公社体制下,实行土地三级所有、队为基础的农村集体土地所有制。这种所有制仍是农民土地所有,但不是旧中国和新中国成立初期的个体农民所有,也不同于苏联集体农庄的土地国有,而是本社区的农民集体所有。2007年颁布的《中华人民共和国物权法》第五十九条将农民集体所有准确解释为"本集体成员农民集体土地所有制"。在此制度下,每一单个集体成员或农民家庭,不具有土地所有权,他们只能与本集体内部的其他成员一起,共同成为本集体土地的所有者主体。因而它实质上是农民土地所有制的一种形式。正如马克思所说:"生产资料属于生产者阶级,不是采取个体形式,就是采取集体形式"①。

这种土地制度虽是一种"相对所有权"②,但它与古代中国的相对土地所有制决然不同。在古代相对土地所有制结构中,王(皇)权占据中心地位,地主占主导地位,农民处于最底层,因而,它本质上是奴隶主(封建主)土地所有制。而人民公社时期的相对土地所有制,不但国家性质与其决然不同,而且国家不是所有者,其所有者主体是农村本集体成员,因而它本质上是农民集体相对土地所有制。其相对性的主要表现,一

---

① 《马克思恩格斯选集》第3卷,人民出版社2012年版,第818页。
② 李国强:《相对所有权观念在所有权平等保护中的解释论应用》,《法制与社会发展》2009年第3期。

第十章 当代土地改革与耕者有其田目标与时递进

是所有权的分层性。一个区域内的农村集体土地,属于公社、大队和生产队三级所有。二是主体二元性。集体土地所有权的主体是农民集体成员,而行使所有权的代表,则是相应的集体经济组织或村民委员会(村民小组)。三是所有权能的一体性与二元性同时存在。在1962年9月《农村人民公社工作条例修正草案》规定:"生产队范围内的土地,都归生产队所有"。生产队是人民公社中的基本核算单位。生产队实行独立核算,自负盈亏,直接组织生产,组织收益的分配。自此时到改革开放前,生产队的土地所有权、经营权、使用权和收益权是一体的。但大队所有的土地,一般固定给生产队使用;村民家庭享有自留地的使用权和收益权。可见,农村集体土地所有权能既有一体性,又有二元性。

(二)生产队保证劳动者的劳动权和收益权

《农业六十条》规定:生产队不但"应该组织一切有劳动能力的人,参加劳动",而且"还要组织一切能够从事辅助劳动的人,参加适合他们情况的劳动",并执行按劳分配、同工同酬、多劳多得原则,从而保障了耕者在集体土地上劳动并取得低水平报酬的权利。

(三)集体土地所有权能既受到限制又受到保护

在农村集体经济中,本集体成员共同成为土地所有者主体,任何农民个体都不拥有土地所有权。这从集体经济内部的制度安排上,消除了土地私有制下农民个人自由出卖土地的可能。同时,《农业六十条》和后来的《中华人民共和国宪法》《中华人民共和国土地法》《中华人民共和国物权法》都规定,不经县级以上人民委员会审查和批准,任何单位和个人不得侵占、买卖或者以其他形式非法转让土地。这些规定一方面限制了农民集体和个体自由处置土地的权利;另一方面以法律的权威性,保护了农村集体土地不受侵犯,从而为保障耕者有其田提供了基础。在土地经营权上,《农业六十条》明确规定了生产队的权利,但同时规定了人民公社"政社合一"的性质,因而在事实上不可能消除来自公社的干预。更重要的是,当时的集体经济的经营特别是粮食经营,是严格按国家计划要求进行的。所以,生产队的土地所有权既受到保护,又存在所有权能和经营权能的残缺性。

四、传统农村集体经济基础上耕者有其田的评价

以传统农村集体经济为基础的耕者有其田，是中国在经历半殖民地半封建社会之后，在经济落后的历史条件下，在全面建立社会主义制度和全面展开工业化建设的进程中建立和演变的。因而，既要将其放在近代中国的背景下，置于当时历史条件和环境中，又要站在当今的历史高度，以现代理念加以理性审视，才能对其必然性和深远意义做出全面、客观和公正的评价。

（一）以集体经济代替小农经济具有深刻的历史必然性

1. 以集体经济代替小农经济是耕者有其田规律的客观要求

耕者有其田规律，不但要求耕者获得土地，而且要求耕者有保障地占有和使用土地。新中国成立初期的土地改革，使农民得到了土地，实现了耕者有其田，但未改变小土地私有制的性质，未从根本上消除农民失去土地、陷入贫穷和破产的根源，不能保障耕者有其田。这是因为贫富分化是私有化小农经济运行的内在逻辑和孪生兄弟。这种分化曾在旧中国一直重复上演，如上所述，在新中国成立初期又重新出现。值得重视的是，这种分化并非有学者认为的，大多是正常分化和地权转移。据当时中南区35个乡的调查报告，全区有1%～2%的农户出卖土地。其中因疾病、自然灾害、负债等严重困难而卖地的占56%；因调剂、地多、职业变动等卖地的占40%[①]。就是说，因小农生产、生活困难而卖出土地的比例，远高于正常的地权转移。还应肯定，到农业社会主义改造之前，从整体看农村贫富分化并不严重，真正因买卖土地导致经济成分上升或下降的农户所占比重很小，全国平均估计不到1%，严重的地区也不超过5%[②]。但值得思考的是，这种分化在新中国成立前完成土改的老解放区较明显，而在新解放区则相对较低。这说明小土地私有制持续时间越长，分化就越重。如任其长期发展，新老解放区的农民贫富分化也将日趋严重。在这个意义

---

① 高化民：《买卖土地的数据不等于就是两极分化》，《党史研究》1982年第1期。
② 高化民：《买卖土地的数据不等于就是两极分化》，《党史研究》1982年第1期。

第十章 当代土地改革与耕者有其田目标与时递进

上,毛泽东关于"这种情况如果让它发展下去,农村中向两极分化的现象必然一天一天地严重起来,失去土地的农民和继续处于贫困地位的农民将要埋怨我们,他们将说我们见死不救",将危及"工人和农民的同盟"①的担心,不是没有道理的。

2. 以集体经济代替小农经济,才能彻底摆脱古代"家国同构"所有制的影响,建立新型的城乡关系,根除城乡对抗这一产生三农问题的根源

如前所述,马克思恩格斯把生产资料私有制看作造成城乡对立的根源,认为要消灭城乡对立,必须消灭生产资料私有制。在中国,要打破生产资料私有制,是一个极其艰难的任务。因为在古代中国不同于西方一些国家实行土地私人所有的绝对私有制,而是建立在"家国同构"基础上的相对土地私有制。这一土地制度,不但以王(皇)家的最终所有权为中心、以地主所有权为基础,还以农民个体小土地私有为支撑,形成上下结合,盘根错节,根深蒂固的复杂结构。要彻底打破这一盘根错节的封建土地私有制,不但要打破皇帝专制制度,打破封建地主土地所有制,还要改变小农土地私有制,因而必然经历一个长期且极其艰难的过程。历史证明,该制度被彻底打破,是不同的新型力量通过半个世纪自上而下的多次武装革命和社会改革逐步实现的。在一定意义上说,从孙中山领导的辛亥革命,到中共领导的民主革命,再到农业社会主义改造,就是一个以现代方式,从推翻封建专制制度,到推翻整个地主阶级及其政权,再到改造私有小农经济,最终彻底打破存在几千年的"家国同构"土地所有制的过程。

中国资产阶级革命派发动的辛亥革命,推翻了清王朝,打碎了居于这个所有制结构中心的皇权,把皇帝对土地的最终所有权送进了坟墓,给"家国同构"土地所有权制度以沉重打击,这是孙中山最大功劳。在这个意义上认识孙中山和辛亥革命,其意义更显深远。但由于中国民族资产阶级的局限性,决定其不可能彻底完成这一深刻而艰巨的社会变革。辛亥革命赶跑了皇帝,打碎了皇权,但丝毫未触动"家国同构"土地所有权制存在的基础——地主土地所有制和个体农民土地私有制。由此导致近代后

---

① 《毛泽东文集》第6卷,人民出版社1999年版,第437页。

来的统治者，把皇帝专制变成了北洋军阀专制和国民党"一党"、蒋介石"一个领袖"的专制，因而没有也不可能消除古代"家国同构"土地所有制的基础，也就不可能消除城乡对立和三农问题的根源，导致城乡对立和三农问题日趋尖锐。

历史表明，只有在中共领导下，不仅通过属于民主革命性质的土地改革，彻底消灭了地主阶级和地主土地所有制，而且通过社会主义革命性质的农业社会主义改造，消除了私有小农经济，根除了以专制主义为核心的"家国同构"土地所有制的阶级和经济基础，使这一影响极其深远的土地制度，丧失了在中国复辟的基础。这是一条不存在西方那样个人私有制的中国，遵循自身历史发展的内在逻辑，跨越资本主义土地私有制长期发展阶段，通过农业合作化道路，彻底剪断"中国式私有制"的根源，使农民既摆脱封建主义带给世代农民的痛苦，又避免资本主义发展加给他们的痛苦，跨越资本主义充分发展的卡夫丁峡谷，实现有保障的耕者有其田目标的独特的农村社会主义道路。正是这条道路，使中国彻底根除了私有制这一产生城乡对抗性对立及其造成的三农问题的根源，并为在此后不同阶段实行土地制度创新提供了基础。

尽管"家国同构"土地制度及基于其上的文化体系和社会结构，已作为古代社会遗产，被送入了历史博物馆，但对这一制度的历史作用应给予辨证评价；对该制度对当代经济、社会和文化根深蒂固的影响不能低估；对古代"家国同构"制度和文化体系中包含的合理成分应加以批判地继承，如"家产制""家国情怀"等观念是中国优秀传统文化的重要内容。即便是"家国同构"的国家结构，如加以现代化改造，并赋予现代意义，也会具有重要现代价值，因为任何国家都是以家庭为细胞的。"家"是"国"之基，"国"乃"家"之合。家庭是"小家"，"国家"是"大家"，"国"与"家"的统一，才能称为"国家"。因此，建立和发展现代"家国"关系，是世界各国面对的永恒课题。尤其在具有悠久"家国同构"历史传统的中国更是如此。因此，研究和构建当代的"家国"关系，应成为中国现代化建设和学术研究的重要课题。当然，对这一个宏大、复杂的课题，本书不可能作出系统论述，只能结合主题就其某些方面作些探讨。

第十章 当代土地改革与耕者有其田目标与时递进

3. 以集体经济代替小农经济，适应了工业化发展的要求，适应了发展现代农业的需要

对此，许多论著已有论述，下书还将涉及，在此恕不赘言。

可见，只要摆脱以静止和孤立眼光的局限，而将问题放在农村分化的发展趋势，放在中国历史发展要求和当时中国发展的战略大局中审视，就会认识到20世纪中期进行农业社会主义改造，建立社会主义集体经济是必然、必要和正确的。它的问题不是应否对小农经济进行改造，而是在改造过程中要求过急、工作过粗，改变过快，形式过于简单划一[①]，更重要的是在当时和其后的相当长时期内，未找到适合中国国情和农业特点的农业经营形式。

（二）农村集体经济具有不可取代的巨大优越性

中国之所以不把合作经济作为农村基本经济制度，也不像苏联和其他一些发展中国家那样实行土地国有制，更不像西方国家和中国台湾那样以资本主义私有制代替小农私有制，而是以社会主义集体经济代替小农经济。这是因为社会主义集体经济不但有不可取代的巨大优越性，而且符合中国国情。

1. 农村集体经济是实现和保障农民平等主体地位的基础

马克思主义认为，生产资料所有制，决定着人们在生产和分配当中的关系与地位。集体经济是以土地等生产资料农民集体成员所有为基础的，这使每个集体成员都具有平等地位，并获得公平收入。此外，在集体经济发展和制度健全的条件下，可以通过集体提取公积金形式，在初次分配注重效率的基础上，通过二次分配帮扶弱者，从而有利于最大限度避免"弱者更弱、贫者更贫、富者更富"的两极分化问题。在这一点上，它比合作经济有更大优越性。合作经济虽也按社员对合作组织贡献大小，实行按劳分配原则和"一人一票"的公平民主制，但同时借助于股份制确定成员份额，实行按股分配。这自然导致一些入股土地、资金多的成员获得

[①] 中共中央：《关于建国以来党的若干历史问题的决议》，1981年6月27日中国共产党第十一届中央委员会第六次全体会议一致通过。

更多收益，不但形成同等劳动贡献农民之间的收入差距，也可能形成单凭土地、资金入股而不参加劳动的食利者阶层，因而存在发生"弱者更弱、贫者更贫、富者更富"的两极分化的可能。尽管在建立农村集体经济后的长时期内，农民收入处在低水平状态，但这是由生产力水平、城乡二元经济社会体制与集体经济不完善造成的。随着生产力发展、体制改革和集体经济的改革完善，农民收入将得到提高。

2. 农村集体经济有利于形成农民之间的互帮互助关系

亚当·斯密提出了"经济人"与"道德人"两种人性假设。认为"经济人"是自私自利的人，而"道德人"则是"利他"的人，这两个概念反映了人的不同方面需求。但他没有科学解决两者之间的内在关系，因而形成了所谓"斯密难题"[1]。而集体经济在实践上解决这个难题提供可能。集体成员具有理性人和道德人的二重特点。作为理性人，每个成员都有自身利益最大化的倾向；作为道德人，每个成员都会在不同程度上表现出利他倾向。集体经济提供的制度安排，有利于实现集体成员理性人和道德人二重性的统一。每个组织成员在利他行为中会给其他成员带来利益，并将这种行为反馈给自己，于是在集体经济中就会形成利他链条。在这个链条中，虽然成员间会存在基于利益的博弈，但最终都会选择让渡部分自身利益，而在展示利他行为中谋求未来长期合作。因而集体经济的制度安排，有利于在村民中形成互帮互助的良好社会关系，使他们通过以强扶弱，实现共同发展。当然，在这种集体经济制度安排中，如对不同利益协调不够，在一定程度上也会发生挫伤优秀成员劳动积极性的问题，发生"弱者"搭"强者"便车，从而产生"强者不强""弱者不弱"问题，但随着集体经济制度的完善，这些问题是可以避免的。

3. 农村集体经济有利于公共事业的发展

在集体经济的制度安排下，村集体可通过其掌控的公共资源，建设各种公共福利设施，如养老院、文化娱乐场馆、村民游乐园、图书室、中小

---

[1] 陈太福：《论经济人与道德人的统一——从亚当·斯密"难题"说起》，《广西大学学报》（哲学社会科学版）2002年第4期。

第十章　当代土地改革与耕者有其田目标与时递进

学等，让所有村民享受更好的生活水平。村集体还可以集体力量修建农田水利设施，实现农具更新换代，开展农民技术培训，改善村民生产条件，提高生产能力。合作制虽兼有社会、文化功能，但这些功能不是刚性的制度安排，在很大程度上是作为义务而体现的。

4. 农村集体经济代表本社区全体成员的共同的根本利益

集体经济是基于改变生产资料私有制而建立的社会主义公有制的一种形式。它不像合作经济那样，由具有联合意愿的部分农民自愿参加，而是以本社区全体居民为其成员，代表本社区全体成员的共同的根本利益。因而，它是协调本社区各种组织，包括各种合作经济组织的核心组织，是其他由部分村民参加的各种组织不可代替的。

5. 农村集体经济为正确处理农民个体、农村集体与国家之间的利益关系，提供了内在机制与制度保障

中国农村集体经济的最突出特色，在于它是以农村集体土地所有制为基础的经济形式。这使它成为中国在长期内至少在社会主义初级阶段内，正确处理农民、集体与国家之间利益关系的最佳形式。在农村集体土地所有制下，农村土地不属于任何个体家庭，作为个体农民也不构成对土地的所有权，但作为集体成员的每个农民又都具有特定的权利与义务。同时，它是社会主义公有制的一种形式，但又与全民所有制存在重大而严格的区别。按法律规定，农村土地的所有权和支配权，属于本集体所有，任何其他个人、农村集体，都不具有这些权利，即使国家也无权像对全民所有制财产那样，直接支配和管理农村集体的土地。

这种土地制度不但消除了土地个体私有制下，因经济分化而导致部分农民丧失土地，陷入破产的根源，克服了古代和国民党统治下"家国同构"土地所有制中，国家凭借其最终所有权剥夺农民土地和财富的弊端，而且严格划分了社会主义初级阶段两种不同所有制之间的界限，确立了不同村集体之间、两种所有制之间的平等互利的交换关系。此外，还有利于防止个人垄断土地稀缺资源情况的发生。因而，这一制度为协调农民个体、农村集体和国家之间的利益关系，既保障农民个体和集体的利益，保障不同村集体的利益，又保障国家、社会发展所需要的空间，提供了界限分明、又协调统一的内在机制和制度保障。这是中国共产党的一项伟大创造。

历史证明，遵循或违反这一制度，必然带来十分不同的结果。20世纪人民公社运动中发生的侵害农民利益的"一平二调"错误，正是破坏这种平等互利关系造成的恶果。20世纪60年代初对上述错误的纠正，也是从严格区分两种不同所有制、遵循平等交换的价值规律开始的。遗憾的是，这一原则未贯彻到底，导致"一平二调"错误未彻底纠正。至于城乡二元结构体制，以过度汲取农村资源包括土地资源来发展工业化的弊端，同样是违反两种所有制平等互利关系的结果，而不能归咎于该制度本身。

正基于上述优越性，中国从最大多数农民根本利益出发，在改造小农经济过程中，选择了能够引导农民走向共同富裕前景的社会主义集体经济制度。

（三）传统农村集体经济反映了集体经济的本质，在历史上起了多方面重大作用

20世纪60年代初到80年代初的中国农村土地制度和集体经济的实现形式，反映了社会主义集体经济的本质和基本制度的内容。主要表现是，坚持了农民集体土地所有制的根本制度和按劳分配基本原则，坚持了中共对集体经济的领导。这些内容，不仅使之与土地农民私有制和资本主义私有制从根本上区别开来，从而决定它属于社会主义集体经济的性质，而且使之区别于苏联在土地国有基础上建立集体经济，成为建立在农民集体土地所有制基础上的具有鲜明中国特色的集体经济，从而具有鲜明的中国特色。这是中共的独特创造，是中共对世界社会主义事业的一大贡献。这一创造，使中国的农村制度比苏联更符合集体经济内涵的要求，更有利于反映和维护农民利益。正因为如此，中国传统农村集体经济上的耕者有其田制度，对农业发展和中国工业化建设起到了巨大的历史作用。

1. 保障了耕者有其田

如前所述，农村集体经济从制度设计、法律规定等方面，保护了集体土地和农民劳动的权利。因而，在人民公社存在的20年间，中国虽发生了多种三农问题，但除城市化进程中发生的"失地农民"问题之外，在广大农村基本不存在农民丧失土地问题。"失地农民"问题，主要是政府为扩大城市规模需要，"强行"征用农民土地造成的，这是学术界的普遍

第十章 当代土地改革与耕者有其田目标与时递进

看法。而导致政府"强行"征用农民土地行为的原因,也多与混淆两种所有制界限,不尊重农村集体经济权益有着直接或间接的关系。

2. 促进了农业发展,为国家工业化作出了巨大贡献

集体经济基础上的耕者有其田具有极大的劳动力容纳功能。它保障了每个成年劳动力乃至少年和老年等辅助劳动力的劳动权利,并将他们集中到生产劳动过程。这种功能,虽造成了黄宗智指出的生产的"内卷型的过密化",没有带来"每劳动日生产率和报酬"的发展,但却以"劳动力投入增加三至四倍"的代价,换取了农业总产量提高约三倍的了不起的成绩[①]。据统计,到1982年粮食产量由1958年的2亿吨增至3.5亿吨,增长了近75%。1951~1980年,中国农业产值年均递增3.2%,比同期美国高一倍[②]。人民公社时期,国家通过农业税、征购和工农业产品"剪刀差"等形式,从农村为国家工业化建设筹集资金约5400多亿元,年均达210多亿元[③]。正因为这些资金,使中国在"一穷二白"基础上完成了工业化的资本积累,奠定了中国工业化基础,形成了比较完整的工业体系。

3. 保障了农村和整个社会的长期基本稳定

在20世纪50年代中期到80年代初的20多年间,中国各种政治运动接连不断,但农村始终处于基本稳定状态。即便"文革"时期全国城市陷入大动乱,而农村维持了基本正常的生产和生活秩序,使中国没有因发生长达10年的大动乱而陷于崩溃。中国农村和社会之所以能够长期保持大体稳定,主要原因在于人民公社体制下耕者有其田制度,保证了农业的发展,从而保证了农村和城市居民生活的低水平需求。在1959年、1960年虽连续两年出现农业产值负增长,并导致三年经济困难,但其主要原因在于"大跃进"和人民公社化的"左倾"错误。而当1962年《农业六十条》使人民公社体制得到完善后,该制度的作用得到发挥,农业便顺利得到恢复与发展。古代和近代中国与新旧中国的一个最显著区别,在于新中国彻底摆脱了古代周期性的农民起义和近代的军阀混战。两者之所以形

[①] 〔美〕黄宗智:《中国农村的过密化与现代化:规范认识危机及出路》,上海社会科学出版社1992年版,第3页。
[②] 辛逸:《试论人民公社的历史地位》,《当代中国史研究》2001年第3期。
[③] 辛逸:《试论人民公社的历史地位》,《当代中国史研究》2001年第3期。

成这样的显著区别，根源在于古代和近代中国不能实现和保障耕者有其田；而新中国通过集体经济，不但实现而且保障了耕者有其田，并以此为基础，通过行政的和意识形态的手段与渠道，把由上百万个自然村落和上千万个核心农户构成的传统农村社会，统一于一个有序和高效的行政系统之中①，从而保障了中国农村的长期稳定。

总之，传统农村集体经济为基础的耕者有其田制度，体现了集体经济的本质，在保证农民生产、生活的基本条件，促进农业发展和社会稳定方面起了巨大历史作用，为国家工业化作出了巨大贡献。这些都是不可否定的。

（四）传统农村集体经济基础上耕者有其田制度存在严重缺陷

传统农村集体经济基础上的耕者有其田制度，是在中共对马克思主义农村经济思想缺乏准确理解，对什么是初级阶段的社会主义、如何建设初级阶段的社会主义这一根本问题缺乏准确把握，对中国社会主义建设特别是城乡协调发展规律、农业发展规律缺乏深刻认识的条件下建立的。同时，在探索和设计该制度的20世纪50年代末和60年代初，中国正面临"乱云飞渡"的严峻国际局势，导致实现工业化的要求极为迫切。因而，该制度是在"以农补工"方式实现工业化的战略指导下，按农业服从并服务于工业化需求的要求而设计的。这些复杂条件和背景以及工业化方式，导致该制度在许多方面脱离三农发展规律和中国实际，从而存在严重缺陷，产生了一系列问题。

1. 不符合农业生产特性，造成劳动效率低问题

农产品是一个活的生命体，农业生产是一个按时间顺序展开的连续过程，具有整体性。这种特性，使劳动者在生产过程中各环节的劳动效果，只能体现在最终产品，而无法衡量在某一单独时间段劳动的质和量。因此，农业作业大都由同一劳动者连续完成。由此，决定农业生产不能像工业生产那样，实行统一经营和集体劳动制度②。而在传统农村集体经济基础上的耕者有其田制度下，实行高度统一经营和集体劳动制度，违反了农

---

① 辛逸：《试论人民公社的历史地位》，《当代中国史研究》2001年第8期。
② 刘奇：《家庭经营是新型农业经营体系的主体》，《农民日报》，2013年6月1日第3版。

第十章　当代土地改革与耕者有其田目标与时递进

业规律，导致劳动生产效率低。据统计，中国农业劳动生产率按不变价格计算，1975年比1957年还低11.6%。到1980年也不过提高了15.8%①。1978年平均每一个劳力创造的农业总产值为636.2元，与1952年的506.3元相比仅增长25.7%，平均每年递增为0.9%②。

2. 平均主义的分配政策，挫伤了农民劳动积极性

在人民公社时期，试图以"评工记分"方式激励劳动者的生产热情。这一办法虽在早期曾发挥了激励作用，但违反农业生产的连续性和整体性特点，无法与产品最终成果挂钩而准确衡量某一时段劳动的质和量。加上当时人口政策的失误和城乡二元体制把农村人口固化在农村，造成了农村人口和劳动力剧增与人均耕地面积递减的尖锐矛盾。为保证每个人都有活干、有饭吃，人民公社不得不采取"三个人的田五个人种""三个人的活五个人干"的办法。由此，造成了分配上平均主义。这种办法与分配政策，虽实现了低水平的公平，但带来了黄宗智指出的生产的"内卷型的过密化"，而没有得到"每劳动日生产率和报酬"③，极大地挫伤了农民劳动积极性，导致"搭便车"、磨洋工和隐性失业现象普遍存在。据统计，到20世纪80年代初，农村剩余劳动力或曰隐性失业农民，约占总劳动力的30%~40%，约1亿人左右④。

3. 农村集体和农民让渡权利过多，损害了农民集体和个人权益

相对土地所有制是对不同主体的所有权能的分割。它的存在是以不同主体让渡某种或某些所有权能为前提的。这种让渡有利于结成不同主体利益共同体，实现共同发展，但也容易发生权利让渡过多而损害一定让渡主体权益的问题。在人民公社时期，这种让渡保障了耕者有其田和农民的劳动权利，但同时也因农民和农村集体权利让渡过多，而损害了让渡主体的权益。如在人民公社三级所有、队为基础体制中，《农业六十条》虽规定

---

① 国家计委经济研究所课题组：《二元结构矛盾与90年代的经济发展》，《经济研究》1993年第7期。
② 《中国统计年鉴（1986年）》，中国统计出版社1987年版，第180页。
③ 〔美〕黄宗智：《中国农村的过密化与现代化：规范认识危机及出路》，上海社会科学出版社1992年版，第3页。
④ 段文宝：《农村剩余劳动力的产生与解决》，《人口研究》1985年第2期。

了生产队的自主权,但由于生产大队和公社都有对生产队的管理权,特别是具有"政社合一"性质的公社,担负着落实国家计划和为国家征购农产品的职能,因而导致生产大队和公社对生产队经营上干预过多、在分配上注重完成国家任务而削弱农民在收入中的比重等问题。这使生产队实际上失去了自主权利,也严重损害了生产队集体和农民个人利益。同时,该体制中虽在一定程度上存在集体土地所有权与使用权的分离,但除农民极少量的自留地外,都发生在大集体与小集体之间,而未按农业特性要求,发挥农民家庭在生产中的主体作用,压抑了农民生产积极性。这是农民集体经济基础上耕者有其田制度的制度性缺陷,也是产生上述多方面问题主要原因之一。

4. 具有为城市汲取农村资源的强大功能且汲取过多,削弱了农业发展能力

传统集体经济实行人民公社体制。而建立这一体制的直接动因,是以"以农补工"方式,为快速实现中国工业化战略目标提供资源。事实上,以"政社合一""一大二公"为特征的人民公社,"全面掌握了它管辖范围内的政治、经济、文化、军事等权力"[1],形成了为工业化发展汲取农村资源的强大功能。因而,传统集体经济虽保障了耕者有其田,促进了农业生产发展,但从农村汲取的资源过多。

在人民公社时期,国家通过农业税、征购和工农业产品"剪刀差"等形式,从农村为国家工业化建设筹集资金约5400多亿元,年均达210多亿元[2]。每位劳力年均向国家提供的剩余多达80余元。每个农民50%以上的收入,被作为"剩余"转移为工业资金[3]。因而,在国民收入积累中,大约有1/3来自农业[4]。正因为大量农村资源被汲取到城市,造成农业发展能力降低,导致农民生活提高速度缓慢。1957年至1977年的20

---

[1] 陈吉元等:《中国农村社会经济变迁(1949—1989)》,山西经济出版社1993年版,第317页。
[2] 辛逸:《试论人民公社的历史地位》,《当代中国史研究》2001年第3期。
[3] 张素群:《中国农业现代化重大关系研究》,中国人民公安大学出版社2002年版,第163页。
[4] 冯海发、李准:《我国农业为工业化提供资金积累的数量研究》,《经济研究》1993年第9期。

第十章　当代土地改革与耕者有其田目标与时递进

年间，农民人均年收入从40.5元增至64.98元，平均每人每年只增加1.2元；同期，人均占用粮食每人每年只增加0.5公斤①。在1980年全国农村504万个核算单位中，人均收入超过100元的不到25%，50元以下的占27.3%，其余年均收入在50元到100元之间②。这是人民公社时期农民对中国工业化作出的巨大贡献和牺牲。

总之，以人民公社为主要标志的传统集体经济基础上的耕者有其田制度，反映了集体经济代替小农经济的必然性和优越性，是当时农村集体经济的实现形式，本质上属于中国社会主义农村集体经济。它发挥了保障农民土地、劳动和收益权益的内在功能，使人民公社体制能够存在20多年，并促进了农业生产发展，为中国工业化建设实现作出了不可抹煞的贡献。因此，不能对其全盘否定。但同时它又是以工业化为中心的城乡二元结构体制的一部分，在一些重要制度安排上，违反了城乡协调和农业发展规律，不符合农村发展与农民致富的要求，造成农业生产率低和农民收入缓慢等一系列问题。这些缺陷和问题，是由该体制本身决定的，是自身无法克服的，从而决定了它被新的耕者有其田制度代替的必然性，也应从中汲取经验教训，以利于当前新型农村集体土地制度的构建。

第三节

家庭承包制基础上耕者有其田目标的实现

一、家庭承包制基础上耕者有其田目标的实现

家庭承包制是20世纪80年代初，通过农村改革而建立的新的农业经营

---

① 黄道霞：《取消人民公社的前前后后》，《中共党史资料》第67辑，第73页。
② 吴象：《阳关道与独木桥——谈谈包产到户的由来、利弊、性质和前景》，《人民日报》，1980年11月5日。

体制，也是改革开放以来中国农村的一项基本经济制度。该制度的建立，实现了人民公社体制下的耕者有其田，向家庭承包制基础上的耕者有其田的转变。这一转变过程，经历了酝酿、突破、自由发展和全面推广与完成四个阶段。

（一）酝酿阶段（1956～1977年）

由于人民公社实行的统一经营、集体劳动的方式，不适合农业特性和农民生产习惯，损害了部分农民权益，压抑了部分农民生产积极性，因而早在20世纪五六十年代，一些地方的农民就自发要求，并在局部地区短时间内实行了"包产到户"做法。第一次发生在1956年和1957年间的四川、安徽、山西、广东、江苏的小部分农村。第二次发生在1959年的甘肃、江苏、湖南、湖北、陕西、河南等省区。第三次发生在1960年到1962年的三年困难时期。但这些做法，都被看作"单干"和资本主义被压制下去。

（二）农民自发突破阶段（1978～1980年）

1978年，随着"文革"结束后人们思想的解放和党的十一届三中全会决定工作重点的转移方针的提出，安徽小岗村等地的农民，自发地冲破了旧体制的束缚，率先实行"家庭联产承包"。其主要形式是包产到户和包干到户，被简称为"双包"。到1980年秋，全国实行"双包"的生产队，发展到占全国生产队20%，约有2亿人口的广大农村地区。正如邓小平所说："农村搞家庭联产承包，这个发明权是农民的。"① 这时，这种实际为家庭联产承包制的大包干做法，受到来自上层的"左倾"思想的责难和压制。

（三）自由发展阶段（1980～1981年）

在这个阶段，家庭联产承包制受到邓小平和中央的肯定，给家庭联产承包制的发展提供了较宽松环境，因而大包干如燎原之势，在全国更广大地区发展起来。到1981年年底，全国实行"双包"的生产队占到了全部

---

① 《邓小平文选》第3卷，人民出版社1993年版，第382页。

第十章　当代土地改革与耕者有其田目标与时递进

核算单位的 50%。

（四）全面推广和完成阶段（1982~1983 年）

1982 年，在前一时期调查和认识基础上，中央对包干到户等责任制形式的社会主义性质和实行的必要性，有了比较深刻和基本统一的认识。1982 年 1 月，中共中央以"中央一号文件"形式转发的《全国农村工作会议纪要》，明确指出目前实行的各种责任制形式的社会主义集体经济性质。同年 2 月，全国五届人民代表大会第五次会议通过了新《宪法》，明确规定改变农村人民公社体制，设立乡、镇政权和村民委员会，标志人民公社制度退出历史舞台。1983 年 1 月，中共中央颁布"中央一号文件"，高度评价这些责任制是中国农民在党领导下的伟大创造，是马克思主义农业合作化理论在中国的实践中的发展。在中央大力推动下，"双包"制得到更大发展，到 1983 年年底 95% 以上的生产队实行了"双包"，说明农村家庭承包制改革已在全国完成。

农村家庭承包制改革在全国的完成，标志着实现了人民公社体制下的耕者有其田，向家庭承包制基础上耕者有其田新制度的转换。据调查，1986 年全国 2 亿多农户平均承包土地 9.2 亩[①]。在土地承包过程中，由村集体经济组织或者村民委员会作为发包方，承包户作为承包方签订土地承包合同，合同明确规定了双方的权利与义务。为稳定这一新制度，1984年，"中央一号文件"提出第一轮土地承包土地的承包期延长到 15 年，即从 1984 年到 1997 年。1997 年第一轮承包到期后，中央决定耕地承包期再延长 30 年。截至 2010 年年底，全国 2.29 亿农户承包了耕地，签订承包合同 2.2 亿份，颁发土地承包经营权证书 2.06 亿份[②]。按照 2002 年 8 月颁布的《中华人民共和国农村土地承包法》规定，农村土地承包后的土地所有权性质不变，承包地不得买卖。国家保护集体土地所有者的合法

---

① 国务院发展研究中心土地课题组：《农地规模与农业发展》，南海出版公司 1992 年版，第 89 页。

② 乌云其木格：《全国人民代表大会常务委员会执法检查组关于检查〈中华人民共和国农村土地承包法〉实施情况的报告——2011 年 12 月 28 日在第十一届全国人民代表大会常务委员会第二十四次会议上》，《中华人民共和国全国人民代表大会常务委员会公报》2012 年第 1 期。

权益，保护承包方的土地承包经营权，任何组织和个人不得侵犯。这就以法律权威，确立了家庭承包制基础上耕者有其田制度。

二、家庭承包制基础上耕者有其田的特征

家庭承包制的全称是家庭联产承包责任制。它是指农户以家庭为单位，向集体组织承包土地等生产资料和生产任务的农业生产责任制形式。1991年召开的中共十三届八中全会将其基本内涵，正式表述为统分结合的双层经营体制，并被确立为现阶段农村集体经济的基本经营制度。建立在这一制度基础上的耕者有其田制度有如下特征：

（一）实行土地所有权与经营使用权"两权分离"

在家庭承包制度下，依然实行土地集体所有制，但与人民公社时期的土地集体所有、集体统一经营不同，它是以农户为承包方，向集体组织申请承包，由集体向农户发包，农民在属于集体所有的土地上进行生产经营，实现了土地所有权与土地经营使用权的"两权分离"。如果说人民公社时期只是为解决农民吃菜问题，在占耕地极小部分的自留地上实现的"两权分离"，那么，家庭承包制则是为发展生产和改善农民生活，在绝大部分集体土地上全面实行的"两权分离"，实现了以土地农民集体所有，农民家庭经营为特征的耕者有其田。

（二）实行统分结合的双层经营

按改革初期的制度设计，家庭承包制是集体统一经营与家庭分散经营相结合的双层经营体制。即对一家一户办不了、办不好、办起来不合算的事，由农村集体经济组织，根据群众要求努力去办；农业生产环节的事，主要由农民家庭经营。这两个经营层次是相互依存、相互补充、相互促进的，不能忽视其中任何一个方面[①]。按照这种制度设计，农村集体经济组织是双层经营的宏观主体，农民家庭是双层经营中的微观或基础主体，具

[①] 《中共中央关于进一步加强农业和农村工作的决定》，中国共产党第十三届中央委员会第八次全体会议1991年11月29日通过。

第十章 当代土地改革与耕者有其田目标与时递进

有双重主体的特征。

（三）实行农民家庭小规模经营和自主劳动

家庭承包制是按本集体农户人口平均原则和土地肥瘦程度分块调剂方法实现承包的，形成了土地小规模和分散经营。据1986年国务院农村研究中心对全国280个村（固定观察点）的调查结果，平均每个农户土地规模为9.2亩，分为8.99块，平均每块面积为1.02亩。其中经营10亩以下土地的农户占调查户数的68.82%[①]。同时，家庭承包制改变了人民公社时期按国家计划生产，由生产队在大队与公社的指导下经营的局面，农民对自己承包土地的经营具有充分的自主权。2002年《中华人民共和国农村土地承包法》规定，要尊重承包方的生产经营自主权，不得干涉承包方依法进行正常的生产经营活动。农民家庭小规模经营和自主劳动的特征说明，家庭承包制基础上的耕者有其田，在经营方式上是小农经济在新历史条件下的再现。

（四）实行劳动成果与报酬直接挂钩的分配原则

家庭承包制改变了人民公社体制下，通过"工分制"间接形式计算劳动报酬的做法，实行把农民劳动成果与报酬直接挂钩的做法。用当时农村流行语来说，就是"交足国家的，留够集体的，剩下的都是自己的"。这种分配原则，体现了家庭承包制下国家、集体和农民家庭之间的互利关系。

总之，家庭承包制下的耕者有其田，是在土地农民集体所有制基础上，以农民家庭土地小规模自主经营为主要特征的耕者有其田制度。

三、家庭承包制基础上耕者有其田制度的评价

家庭承包制基础上的耕者有其田制度是在人民公社体制遭到重大挫折之后，探索实行的新型耕者有其田形式。它既继承了人民公社体制中的农

---

① 国务院发展研究中心土地课题组：《农地规模与农业发展》，南海出版公司1992年版，第89页。

中国"三农"发展规律与战略目标研究

民集体土地所有制的根本制度,又克服了旧体制中实行统一管理、集体劳动和分配上的平均主义弊端,把农户作为生产的微观组织,把农民的劳动与最终收获直接挂钩,适合了农业生产特性和规律,适合了当时农村生产力水平和中国农民家庭经营的习惯。这一制度在改革开放后30年间,对三农发展发挥巨大作用,而且至今仍发挥重要作用,同时,也有其内在的局限性。

(一) 家庭承包制基础上的耕者有其田制度的历史作用

1. 保障了耕者有其田

家庭承包制在第一轮承包时是在全国按人均承包土地办法进行的。这种办法尽管因各地各村原有耕地面积不同,各户承包耕地面积大小不同,但每个农民不论男女老少,都按户得到了可供耕耘的土地。第二轮承包是在第一轮承包基础上调整实现的,使全国2.3亿农户都拥有或获得了耕地。当然,不少农民乃至学术界对第二轮承包提倡的"增人不增地、减人不减地"制度存有争议,但这一制度对稳定土地承包制具有重要意义,而且可以通过"家庭内部调剂使无地人口与劳动力获得土地耕种权"[①]。还要看到,保障耕者有其田不意味着把所有农民都捆绑在土地上。在此意义上说,"增人不增地、减人不减地"制度有利于农民向非农产业流动,保障在村村民耕者有其田。

2. 保障了农民经营自主权的充分发挥

在人民公社体制下,生产队按公社和大队按国家计划下达的种植种类和面积指标,安排生产,农民对生产经营缺乏发言权,更无自主权。家庭承包制从根本上消除了人民公社化时期统一经营,集中劳动的弊端,使农民获得了充分的自主权。农民种什么、种多少,都由农民按市场行情和自己意愿决定,从而获得了土地经营的自主权。同时,农民获得了劳动支配权。在人民公社化时期,农民劳动的地点、方式和劳动时间长短等,都由生产队长说了算,村民的劳动完全在领导的安排下完成。农民只是在被动

---

① 邵夏珍:《"增人不增地、减人不减地"与"长久不变"》,《光明日报》,2015年12月16日第13版。

第十章 当代土地改革与耕者有其田目标与时递进

状态下接受集体的安排,不能发挥其主动性和自主性,严重压抑了农民劳动积极性。而在家庭承包制下,农民按照生产规律,按照自己的意愿,自主安排生产经营的所有环节,激发了他们的劳动热情。

3. 提高了劳动生产率

在人民公社时期,社员的劳动报酬实行"工分制",即以劳动工分作为计量劳动和分配个人消费品的尺度。这种制度以天为计量单位,只要社员出一天工,就会得到一天的工分。但它缺乏严格的劳动监督和质量评价,导致村民把挣工分作为劳动的目的,而不是把劳动效率和效益作为目的,逐渐形成普遍存在的"出工一窝蜂,干活乱哄哄,好坏缺标准,都在磨洋工"现象,成为该时期农业劳动生产率低下的重要原因之一。而家庭承包制实行劳动成果与报酬直接挂钩,把劳动的数量、质量与收益紧密结合,从而使农民劳动注重效益,使农民的活劳动(劳动者在劳动过程中的体力与脑力耗费)大量节约,以最少的活劳动做更多的事情。这一新制度明显提高了农民的劳动效率,为他们提供了更多剩余时间和劳动力,从事非农就业,不但促进了生产发展,增加了农民收入,也为农民大规模向非农产业和城市转移提供了条件。

同时,在家庭承包制下,农业生产中的物化劳动投入也相对降低。在人民公社时期,农业生产成本由集体承担,成本节约的收益不被农民个人享用。因此,农民缺乏成本节约意识和责任感,使田间投入几乎不计成本。而在家庭承包制下,责任主体明确。农民作为理性"经济人",会自发地倾向于以相同成本获得较大收益,或者为获得相同收益而垫付较低成本。因此,村民在使用农机、农具以及油、电、水等资源的过程中,都尽量做到节约成本,使资源的利用效率大幅提升。这在一定程度上避免了人民公社化时期的高投入、低产出、低经济效益的问题,降低了农业生产中的物化劳动投入,提高了劳动效率。

4. 按劳分配原则得到落实

按劳分配是社会按照劳动者提供的劳动的数量与质量,分配个人消费品,实行多劳者多得,少劳者少得,不劳动者不得食的分配原则。在人民公社时期,农村集体经济中表面上实行的按劳分配,但实际上变成了"平均主义"。在该时期,社员的个人收入分配分为实物和现金两部分。

现金分配，是生产队对现金总收入做必要扣除之后的现金剩余进行的分配。按人民公社体制的基本设想，这部分分配是按劳动者提供的劳动数量与质量进行分配，是体现按劳分配原则的主要部分。但由于作为此项分配依据的工分，在很大程度上难以真实反映劳动者在集体劳动中作出的实际努力和贡献的大小，也由于生产队的现金收入很少，使这部分收入在社员总收入中占比极小，因而现金分配不能真正体现按劳分配原则。实物分配是生产队在完成国家征购任务和集体提留之后的实物剩余进行的分配，其主要形式是口粮。这部分收入占社员总收入的绝大部分，但对其实行按人均分配为主的原则。从全国总体情况看，从1962年到1975年，实物分配中的人均分配比重达80%[①]。因此，在人民公社时期的农村，实际形成了"干多干少一个样，干好干坏一个样"的平均主义，极大地挫伤了农民劳动积极性。家庭承包制从根本上改变了人民公社时期的平均主义分配方式，打破了评工计分的旧做法。它通过联系产量计算报酬的方式真正能够体现"多劳多得"。农民责任田中产量越高，"剩下的"部分就会越多，"多劳"与"多得"之间实现了对称。因而，农民的劳动热情自然会得以充分调动。新的分配方式，实际上重新理顺了国家、集体与个人间的关系，实现了三者受益、同步增长，保证农民收入不断提升，这是在人民公社体制下不能达到的目标。

5. 促进了农业发展和农民增收

改革开放后，家庭承包制基础上的耕者有其田极大地调动了农民积极性，促进了农业的空前发展，农民收入得到了较快增长。特别是2004年以来，国家采取"少取、多予、搞活"方针，不但取消了农业税和其他各种负担，而且给予种粮农民以各种补贴。可以说，这种社会环境与家庭承包制下的耕者有其田，从外部条件和微观基础两方面结合上，给中国农业发展创造了史上从未有过的良好机制与环境，使存在几千年的小农经济经营方式的功能发挥到了极致，创造了世界农业发展的奇迹。

6. 为耕者有其田制度再创新提供了基础和条件

---

① 参见梅德平：《60年代调整后农村人民公社个人收入分配制度》，《西南师范大学学报》（人文社会科学版）2005年第1期。

第十章　当代土地改革与耕者有其田目标与时递进

家庭承包制是通过集体土地所有权与家庭承包经营使用权"两权分离"实现的。在此基础上,通过落实集体土地所有权,稳定农户土地承包权,并把土地经营权从土地承包经营使用权中分离出来,通过土地向新型经营主体流转,实现适度规模经营,即可建立以"三权分立"为特征的新型耕者有其田制度。目前中国的土地改革,就是在家庭承包制"两权分离"基础上实行的土地制度再创新。

总之,家庭承包制基础上的耕者有其田,是中国改革开放后中国农村的一次伟大土地制度创新。它保障了农民最基本的生产条件,促进了农业发展和农民生活提高,不但使中国古老的小农经济在新的历史条件下"古树开花",将其内在价值得到淋漓尽致的发挥,而且为现代农业发展和土地制度再创新奠定了基础。

(二) 家庭承包制基础上的耕者有其田制度的局限性

家庭承包制基础上的耕者有其田制度虽发挥了巨大历史作用,但它毕竟是一种小农经济的生产方式。随着农业生产力发展,特别是随着中国社会主义市场经济体制的建立和工业化、城市化的发展,其内在局限性也逐步凸显出来。

1. 耕地规模狭小,土地分散、细碎

1997 年全国第一次农业普查结果表明:中国 90% 以上的农户的农地经营规模在 1 公顷以下。2006 年全国第二次农业普查表明,农地经营面积不足 1 公顷的农户占比高达 92%。这些农户土地的分布极为分散、细碎。2011 年国务院发展研究中心一则对全国范围的农户调查显示,受访者承包耕地平均为 4.82 块,其中地块最多的竟达 10 块及以上[1]。耕地规模狭小和土地细碎化,"阻碍了农业生产规模效益和粮食产量的提高,降低了农户收入水平,浪费了农村劳动力。"[2]

2. 双层经营体制中集体统一经营职能和集体经济被严重弱化

---

[1] 孔祥智、刘同山:《论我国农村基本经营制度、历史、挑战与选择》,《政治经济学评论》2013 年第 4 期。

[2] 万广华、程恩富:《规模经济、土地细碎化与我国的粮食生产》,《中国农村观察》1996 年第 3 期。

按照家庭承包制的最初设计,在土地家庭承包的同时,对农户不能或不宜承担的水利、交通等村基本公共设施以及产前、产后、产中的社会化服务,要由集体经济组织实行统一经营,这是生产顺利开展的必不可少的条件。但实行家庭承包制后,不少村庄的集体经济组织的财产被分掉,经济实力被严重削弱,集体经济组织被边缘化。据国务院发展研究中心2006年对17省(市、区)2749个村庄的调查,其中多数村庄的集体经济收入微薄,近一半村庄集体经济组织收入不到5万元,资不抵债村庄占比为32.9%,净资产在0~10万之间村庄占比为21.9%[①]。这些村庄的集体经济被严重削弱,直接导致双层经营中集体统一经营职能严重弱化,造成农村水利、交通等基本农业生产设施建设年久失修,农业社会化服务缺乏等问题长期难以解决。这些问题增加了农民的生产成本,也加剧了农民"卖粮难"困境,给农业生产和农民增收造成了不利影响。这种状况直到党的十七大后国家加大投入后,才有所改观。

值得注意的是,农村统分结合的双层经营之所以未在大部分农村得到实现、农村集体经济之所以受到削弱,固有多种原因,但归根结底是由集体承包制本身造成的。土地细小零碎的农户微小规模经营,是一种糊口经济或温饱经济,农户收入原本不多,拿不出多少剩余缴纳给集体。再加上不管是村集体统筹提留,还是农业税收及行政事业性收费,都是从收入不多且极其分散的农户手里直接征收,导致征收困难,成本高昂。由此,造成实行家庭承包制后,凡乡镇企业欠发达的村庄,都存在集体提留和农业税征收难的普遍现象。这说明细小微弱的土地规模下的农户经济,不足以支撑农村集体经济的发展。

3. 未解决农业比较效益低问题

与工业和商业等非农产业相比,农业长期被认为是一个经济效益较低的产业,因而提高农业比较效益是各国,也是中国农业改革的一个重要目标。但家庭承包制,未给解决这一问题提供出路。因为在家庭承包制下,农民土地经营规模狭小、细碎,不能进行农业规模经营,也不利于技术投入和提高

---

① 国务院发展研究中心课题组:《中国新农村建设推进情况总报告——对17个省(市、区)2749个村庄的调查》,《改革》2007年第6期。

第十章 当代土地改革与耕者有其田目标与时递进

劳动者素质。因此,农业比较效益低问题,并未因家庭承包制实行而解决。加上二元城乡结构体制因素,造成城乡居民收入差距越来越大。

4. 农民组织化程度低

家庭承包制的实行,改变了人民公社制度下的高度组织化的经营与劳动方式,实现了农民家庭自主经营。这虽有利于调动农民劳动积极性,但以一家一户为单位的分散经营,导致农民组织化程度降低。据 2009 年 1 月一则对十省市农村调查结果,农民在参与各类社会组织中,除宗族组织比例较高(22.6%)之外,参与有关农业生产生活及维权方面组织的比例都极低。如公共事务管理监督组织的参与率为 13.0%、劳务输出组织参与率为 5.4%、权益维护组织参与率为 3.3%、公司加农户组织参与率为 3.3%、股份合作经营、行业协会、专业合作社、经纪人中介组织等几类经济组织的参与率均为 2.0% 左右①。农民组织化程度的低下,导致农民在市场竞争和自身权益维护方面处于弱者地位。

5. 不适应社会主义市场经济新体制

如前所述,家庭承包制在经营方式上是小农经济在新历史条件下的再现,它可以适应自然经济条件下的简单商品经济,但不能适应现代市场经济。因此,随着 20 世纪 90 年代中国进入社会主义市场经济发展阶段,家庭承包制下的小农户与大市场之间的矛盾逐步显露出来,并出现了 1996 年到 2002 年农业增长与农民增收持续下降②局面。这是家庭承包制不适应社会主义市场经济体制的一个重要表现。

6. 不符合现代农业发展要求,造成青壮年劳动力大量外流

家庭承包制在实现农民土地自主经营权的同时,也给予了农民劳动力的自由支配权。由此,基于利益最大化原则配置劳动力,成为农民家庭最优分工模式。这种分工模式,在中国工业化和城市化迅速发展、农业比较效益低的条件下,造成了大量青壮年劳动力向非农产业和城市转移浪潮的持续发展。统计结果显示,到 2006 年末,农村劳动力中离开本乡镇外出

---

① 谭江蓉、乐章:《社会管理视角下的农民组织化问题研究——基于十省市千户农民调查数据的实证分析》,《农村经济》2012 年第 10 期。
② 乔榛等:《中国农村经济制度变迁与农业增长:对 1978—2004 年中国农业增长的实证分析》,《经济研究》2006 年第 7 期。

务工人员达1.3亿人①。农村剩余劳动力向城市和非农产业转移，有利于城市化和工业化发展，也对促进土地规模化经营和农民增收有积极意义。但问题是转移出去的劳动力，基本上是青壮年和文化素质较高的劳动力。据统计，2006年末，农村外出务工人员中，男性占64%，40岁以下的占82.1%，初中及以上文化程度的占80.1%②。这导致文化程度比较低的妇女和老人，成为在农村粮食生产的主要劳动力，从而大大降低了农业劳动力的科技素质，明显减弱粮食生产能力，甚至造成有些地区粮食生产从精耕细作倒退为粗放种植③，乃至大量耕地撂荒。这不仅阻碍了现代农业的发展，从长远看，也不利于城市与工业的可持续发展。

家庭承包制基础上的耕者有其田制度的上述局限性，说明这一曾在改革开放后起了巨大作用的土地制度和生产方式，越来越不适应中国工业化、城市化特别是农业现代化发展的要求，时代呼唤进一步探索适应21世纪新形势的新型耕者有其田制度。

第四节

21世纪农村土地制度再创新

一、21世纪土地改革大争论

20世纪90年代后期，随着家庭承包制对社会主义市场经济的不适应性逐步显露，国内发生了如何完善和改革家庭承包制的讨论。进入21世纪后，这一讨论持续成为学术界一大热点，观点纷呈，交锋激烈。党的十八大后，中共土地改革的顶层设计已明确建立健全符合社会主义市场经济

---

① 《统计结果显示农村从业人员结构发生变化》，《21世纪经济报道》，2008年2月21日。
② 《统计结果显示农村从业人员结构发生变化》，《21世纪经济报道》，2008年2月21日。
③ 黄柯淇、苏春江：《农村劳动力转移对粮食产量影响的实证研究——基于1978—2007年数据》，《陕西师范大学学报》（哲学社会科学版）2009年第1期。

第十章 当代土地改革与耕者有其田目标与时递进

体制要求和社会主义初级阶段实际的农村集体产权制度的目标,并在实践中促进了农业发展,但出于对该目标的不同理解和不同背景,学术界和社会上对当前土地改革的方向和制度设计,仍存在不同看法和争论。这些观点可大体归纳如下:

第一种,农村土地私有化论。认为集体土地所有制不能做到农地产权清晰化,不能兼顾公平与效率,不符合市场经济规律。因此,主张把土地所有权"还"给农民,实行土地私有制[①]。一些学者还认为,农村集体经济剥夺了农民土地,只有实行土地私有化,才能实现耕者有其田。

第二种,集体土地所有制完善论。这是学术界多数学者的主流观点。认为土地改革要在坚持、完善集体土地所有制基础上,通过土地承包权物权化、长期化和市场化改革,探索集体土地所有制的实现形式。但不同学者在如何实现这种改革问题上,提出了不同主张。如"按份共有制"[②]、"农地股份合作制"[③]、"弱化集体所有制,强化农民集体承包权"[④] 等等。

第三种,土地国有民营论。认为土地具有特殊重要性且在中国具有极端稀缺性,为便于国家对土地资源的高效管理,应将集体土地归为国有,由民私营。在实现形式上存在两种看法:一种是农民对土地享有经营、转让和处置权,但不得出卖和赠送外国人[⑤];另一种主张通过法律形式把国有土地"永佃化"或永续化,由农民永久使用,农民享有除所有权之外的所有权能,包括土地自由买卖[⑥]。

第四种,公有制为主导的多元所有制论。主张按土地的公共性程度,实行不同所有制形式。对具有公共性、私人不便拥有的土地实行国民公有

---

① 文贯中:《市场畸形发育、社会冲突与现行的土地制度》,《经济社会体制比较》2008年第2期;黄少安,刘明宇:《公平与效率的冲突:承包制的困境与出路——〈农村土地承包法〉的法经济学解释》,《经济社会体制比较》2008年第2期。
② 韩俊:《土地农民集体所有应界定为按份共有制》,《政策瞭望》2003年第12期。
③ 王天义:《土地股份合作制是中国农村土地产权制度改革的选择》,《中国特色社会主义研究》2004年第5期。
④ 邓大才:《新一轮农地制度变迁的路向选择——弱化所有权》,《财经研究》2001年第9期。
⑤ 杨勋:《国有私营:中国农村土地制度改革的现实选择》,《中国农村经济》1989年第5期。
⑥ 陆学艺:《永佃制是最好的形式》,《新财经》2001年第9期;柏晶伟:《周天勇:变革土地双轨制 推行"国有民用"》,《中国经济时报》,2014年4月3日。

制；对有较强社区公共性的土地，实行社区或者是集体公有产权制度；对公共性很弱、私人性比较强的土地（包括农地）实行私有制。这样，形成以国民和集体公有制为主导的，也存在一定比例的私有土地的多元土地制度①。

第五种，土地复合所有制。主张实行国家与农民"二级多元"所有制。认为国家拥有国土资源所有权或终极所有权，农民拥有农地财产所有权或具体使用权，形成国家与农民平行的所有权制②。

农村土地制度问题是中国一个根本性问题，也是一个极其复杂的问题，因而在土地改革过程中，发生分歧和争论是正常的。但这种争论特别是对关系改革方向性问题的讨论，应有正确判断取向。否则，这种争论就失去意义，也难实现正常交流、对话，更不能达成共识。这种判断取向，就是符合当代中国国情，坚持社会主义土地公有制，适应社会主义市场经济需要，有利于农业现代化发展，有利于保障农民利益。采取这样的判断取向，不仅是因中央关于农村土地改革刚性"四条底线"所限定的实践空间，最重要的在于这些原则反映了中国国情和人民的根本利益。根据这样的判断取向，考察上述不同观点，就会看到，不论土地私有化论，还是土地国有民营论，抑或混合及复合所有制论，都不符合当代中国国情，是行不通的，也将在各方面造成严重不良后果。只有坚持和改革农村集体土地所有制，构建中国特色社会主义新型农村集体土地制度，才是现阶段农村土地制度改革应走的光明大道。

许多学者对这一土地私有化论观点作了批评，认为它是"以西方的理论逻辑"，推导中国农村土地制度改革，不适合中国国情③。它不但不能从根本上解决农业、农村和农民面临的基本问题，相反，它必然导致土地兼并，导致大多数农民失去土地，陷入贫困，更不利于维持社会稳定和

---

① 党国英：《六个中国与土地制度改革》，《学习月刊》2013 年第 4 期上半月。
② 钱忠好：《土地所有制功能与农村土地所有制创新——再论农村土地的复合所有制》，《扬州大学学报（人文社科版）》1998 年第 3 期；温锐：《农地产权变革与社会生态的互动》，中国社会科学出版社 2012 年版，第 292 页。
③ 温铁军：《我国为什么不能实行农村土地私有化》，《红旗文稿》2009 年第 2 期。

第十章 当代土地改革与耕者有其田目标与时递进

坚持社会主义方向①。土地私有化所导致的这些严重灾难,不是耸人听闻,而是在中国国情条件下,按资本本性的逻辑推导出的必然结论。

假若土地私有化在中国发生,首先出现的是农村的激烈社会动荡。土地私有化,意味着对现有土地制度的颠覆和土地全面再调整,这就必然发生把土地分给谁的问题。在土地不断升值和发生土地私有化情境下,已承包土地的农民将极力维护自己的既有土地。但第二轮承包后出生未承包土地的农民和已离村退出土地的农民,将要求得到土地。即使在新中国成立初期被平分土地的原地主及其后裔,也可能要求收回土改前的土地。这势必使目前本来土地狭小的承包户拿出相当部分土地,从而引发农村剧烈的对抗性矛盾冲突。

假设中国经受住了这一动荡,实现了这种"改革",其结果将会怎样呢?中国将退回一家一户的私有小农时代。因为为减少冲突,重分土地只能采取平均主义办法。如按城乡建设部统计,2014年村镇户籍总人口为9.52亿人②,超过改革开放初期农村人口1.5亿人。这势必导致土地规模比原先户均9.2亩更加细碎。这样的结果,是与发展现代农业和社会主义市场经济繁荣要求背道而驰的,将导致中国改革开放30多年农业现代化努力的所有成果,付之东流。在改革开放初期,曾流行"辛辛苦苦30年,一觉睡到解放前"的说法。如果说这是因不清楚家庭承包制与私有小农经济的本质区别而产生的一种误解,那么,土地私有化将真的把中国拉回60多年前,这将是中国历史的一次大倒退。

接下来发生的情形,便是那些分得小块土地的小农很快被摧毁。土地私有化可能使小农获得小块的土地完整产权和土地自由买卖的权利,但同时也意味着他们被赋予了土地被剥夺的权利。但在中国人地关系高度紧张、国内贫富分化严重存在、国际上中国复兴与美国维护霸权激烈较量的严峻局势下,这些独立的小农不可避免地走上被侵吞的不归路。

目前,西方和中国的一些手握巨额资金的资本大鳄,正游走世界,寻

---

① 简新华:《中国土地私有化辨析》,《当代经济研究》2013年第3期。
② 住房和城乡建设部:《2014年城乡建设统计公报》,住房和城乡建设部网站,http://mohurd.gov.cn/wjfb/201507/t20150703_222769.html。

找商机。一旦中国真的发生土地私有化,这些资本大鳄将立刻以巨资收买大量土地。那些力量微弱,又丧失集体经济抵抗力的小农,将会因难受利诱而卖出土地。他们虽因此一时得到可观的收入,但将从此失去其安身立命的依靠和未来发展的支撑。等待失地农民的命运,或成为农业资本的雇工,或进城成为市民。然而,即使改革开放以来在土地有保障的情况下,农民市民化的进程尚且如此艰难,那么,在大量失地农民蜂拥进城的情况下,其命运更可想而知了。因此,土地私有化的结果,将成为资本大鳄的饕餮盛宴,成为农民历史悲剧的重演,农民在土地集体所有制下已保持60多年的"耕者有其田"局面将不复存在。这是土地私有化导致的必然结果之一。对此,即使国外一些学者也看得很清楚。英国著名农村土地问题专家卢克·埃里克森指出,中国若实行土地私有化"将会导致'耕者无其田'的最终结果。"①

与农民破产惨象同时发生的,将是国家经济、金融陷入动荡,甚至导致整个中国经济社会危机,乃至世界性灾难。资本大鳄为购买土地,将把大量资金从实业和股市中转移出来,从而诱发金融和经济动荡,造成社会危机。资本对农业的控制,也将导致农民雇农化、农业非农化、非粮化和土地掠夺性经营。发生这些后果毫不奇怪,是由资本的逐利本性决定的,并被近年资本下乡的大量事实所证明。如果说在中国目前条件下,所谓资本下乡是把"双刃剑",那么,在土地私有化条件下,对其控制将难度更大,其负面影响将大肆泛滥。这一切,将不可避免导致农业衰退,从而形成对国家粮食安全的严重威胁,使中国在决定国计民生和国家命运的世界粮食战争中,处于极其被动的地位乃至败北。如若这种悲剧果真发生,中国将从目前实现民族复兴中国梦的门槛上,被打落下来,坠落到万劫不复之地。由此造成的中国贫民和环境灾难,也将使"整个世界都无法幸免。"② 如若这种情况出现,将是一种何等可怕的情景,但绝非耸人听闻!

至于那种实行土地私有化才能实现"耕者有其田"的主张,似乎是

---

① [英]卢克·埃里克森:《土地私有化必然导致耕者无其田》,《中国房地产业》2014年第7期。
② [英]卢克·埃里克森:《土地私有化必然导致耕者无其田》,《中国房地产业》2014年第7期。

第十章 当代土地改革与耕者有其田目标与时递进

为农民代言,实际是根本违反农民利益与意愿的。正如前文述及的,真正能够保障耕者有其田的不是私有化,而是农民集体经济。他们主张的土地私有化,恰恰是导致耕者无其田的祸根。国内有的学者和国外有些媒体,极力放大前几年农民围绕土地问题的一些抗争行动,并把这些行动说成是反映农民反对集体土地所有制,要求实行土地私有制的意愿,但事实恰恰相反。在"这些抗议活动中,农民并不是认为私有制优于公有制,而实质上他们想把集体土地从腐败的官员手中夺回,以阻止官商勾结侵吞集体资产"①。2013年本课题组对河北、山西、湖北、山东、湖北四省农村做了实地调查,回收问卷1046份。在问及"您认为以下哪种土地所有权和经营形式最有利于农民根本利益"选项中,赞成"农民集体所有,农民家庭承包经营"的占45.9%;赞成"收为国家所有,农民永佃经营"的占5.59%;赞成"农户私有,农民自由经营"的占31.7%;回答"说不清"的占16.8%。这说明多数农民赞成土地公有制,赞成土地私有制的只占少数,不能把少数农民的意愿强加于多数农民。

一些学者往往以美国、加拿大等西方国家农业发达为例,断言土地私有化是中国农业发展的灵丹妙药。有学者还以"俄罗斯农业在推行土地全面私有化后,从粮食进口大国变成了世界主要粮食出口大国"的事实,"期望国人对它们的成就不要置若罔闻。"② 其实,这些国外的事实都不能说明中国问题,因为这些国家与中国国情根本不同。中国国土面积虽为世界第三位,但人均面积少得可怜。中国人均占有土地面积仅是世界人均的29%,分别是美国、加拿大、澳大利亚、俄罗斯人均面积的21.0%、2.4%、1.8%、7.0%。这些国家实行土地私有制,可以利用其宽裕的土地条件,发挥土地大规模经营效益优势,抵消其亩产低下的劣势,而获得高或较高的劳动生产率与粮食总产量。然而,这种办法在人口众多、土地资源奇缺的中国行得通吗?! 只要有些许尊重事实的意识,就会对此作出否定的回答。因此,希望这些土地私有化论者,不要对两者迥然不同的国

---

① [英]卢克·埃里克森:《土地私有化必然导致耕者无其田》,《中国房地产业》2014年第7期。

② 文贯中:《中国的市场化不是过了,而是十分不足》,《第一财经日报》,2016年10月26日。

中国"三农"发展规律与战略目标研究

情"视而不见",也不要对许多发展中国家搞土地私有化"失败的经验比比皆是"①的事实熟视无睹,"置若罔闻"。

总之,如实行土地私有化,不但不会解决中国的农业现代化和农民问题,而且将给中国乃至世界,带来多方面的不堪承受的灾难。因此,土地私有化是不可接受的改革方案。在新中国成立前夕,毛泽东针对一些人中国走资本主义道路的幻想指出:"资产阶级的共和国,外国有过的,中国不能有。"② 同样道理,土地私有化,外国搞过的,中国不能搞。

实行土地私有化和土地国有化以及复合所有制的改革主张,在内容上虽各有不同,但在否定现行农民集体土地所有制上却是一致的。按照马克思主义理论,集体所有制是公有制的低级形式,它将随着农业生产力和城乡一体化发展,上升到统一的国家所有制,乃至社会所有制。马克思指出:权利不平等的农民初级合作社,将逐步过渡到"与整个社会权利和义务相平等"的"更高级合作社"③。因而,以土地国有和社会所有代替农民集体所有,是符合马克思主义指出的未来发展趋势的。同时,据本课题组四省调查问卷,有47.9%的农民,认为目前农村土地属于国家所有。这种认知虽是一种误解,但也说明国家土地所有制在农民中的确存在一定基础。

但问题的焦点不在这里,而在于这些观点否定农民集体土地所有制,主张在目前阶段即以土地国有制或包含土地国有的复合所有制取而待之。这些方案虽包含某些合理成分,但却是脱离中国现实基础的。如若实行,将不可避免地带来一系列问题,并造成严重后果而难以实现。

第一,农村管理问题。中国是农业大国,农村人口众多,聚村而居,而且分布范围广大,不少村落相当偏僻。这种状况将在中国长期存在。到2030年,中国人口大约达到15亿人。按城镇化率达到70%计,农村人口仍有4.5亿人,与新中国成立初期农村人口大体相当④。如此庞大人口所带来农业和农村公共设施、农村社会、农民组织等等方面的管理问题,仍

---

① 温铁军:《我国为什么不能实行农村土地私有化》,《红旗文稿》2009年第2期。
② 《毛泽东选集》第4卷,人民出版社1991年版,第1471页。
③ 《马克思恩格斯选集》第4卷,人民出版社2012年版,第371页。
④ 陈锡文:《中国农业发展形势及面临的挑战》,《农村经济》2015年第1期。

第十章　当代土地改革与耕者有其田目标与时递进

将是一个大难题。众所周知,世界农村都有"主要依靠其内部性力量进行自我治理"①的特点,中国农民更有实行自治的历史传统和当代的长期经历。如实行土地国有,农村集体组织将被废除,只能由国家派出机构,靠外部行政力量管理农村。显然,这种管理方式是脱离中国农村传统和农民特点的,也是难以管好的。

第二,转变基础问题。不管实行土地国有制,还是实行国有与农民复合所有制,都意味着把目前作为公有制低级形式的集体经济,升级为与城市公有制高级形式一样的全民所有制。这不符合目前和今后长期存在的城乡经济差距巨大的现实,因而缺乏这种转变的物质基础。

第三,转变条件问题。土地农村集体所有制虽非农民个体私有,但同样是农民所有制的一种形式。这种形式不仅保障了农民的土地和生计,而且保障了农民实现富裕的基本条件。因此,把土地农民集体制转变为土地国有制,对多数农民来说是不赞成的。目前相当比例的农民虽认为农村土地属国家所有,但这是他们误解。一旦清楚事实,他们恐怕会持与前不同的态度。在多数农民不赞成的条件下,即使采取赎买的办法实现这种转变,也是对农民的剥夺,是不该行、行不通的,也是违反马克思主义要求的。何况土地国有"实际操作成本很高"②,目前国家远不具备这样的财力。

第四,导致严重后果。主要是造成农村及整个社会动荡并增加社会不堪承受的成本,不利于中国现代化包括农业现代化的发展。对此,无须赘述。但这里有必要对一些学者颇为赞赏的永佃制稍作评论。这种观点虽在形式上不主张土地私有,但实际上正如有学者指出的那样,它不过是为避免与"社会主义制度刚性发生碰撞"而采取的一种柔性策略。在这种制度下,国家在名义上拥有土地最终所有权,但农民拥有接近于一种所有权的用益物权,包括土地自由处置权,并永久保持这种权利③。这"实质上

---

① [法]托克维尔:《论美国的民主》,商务印书馆1996年版,第66页。
② 陈吉元等:《中国农村经济发展与改革所面临的问题及对策思路》,《经济研究》1989年第10期。
③ 曾祥炎:《略论农地国有永佃》,《调研世界》2006年第6期。

是一种'准私有制'"①，必然导致与土地私有化同样的严重后果。至于不允许土地自由买卖的国有民营形式，甚至包括家庭承包制"永久不变"主张②，因佃者具有土地永久转让和处置权（流转权），或者导致"过密型生产"，并把"过剩的人口拴牢在狭小的农场上"③，或者导致"一田多主"，收益多重分割，增加经营者生产成本，造成食利者阶层。这些都是不利于现代农业发展和社会公平的。

可见，土地国有化和包含土地国有化的复合所有制的不同改革主张，也是行不通和有害的。

私有化论、土地国有论和土地所有权"复合论"者，何以主张不同，却殊途同归，都否定农村集体土地所有制？据称它存在主体虚无、产权残缺等一系列问题，不适应市场经济需要，且被认定是不可克服的缺陷。这些看法，虽反映了部分事实，但据此否定农村集体土地所有制是站不住脚的。对此，不少学者已作了多方面批驳，此不赘言。但这里还需强调两个问题：

一是不能把目前的农村集体土地所有制形式等同于农村集体土地所有制。如同社会主义根本制度与社会主义模式、集体经济与集体经济模式一样，农村集体土地所有制与农村集体土地所有制形式之间，也既有本质联系又有明显区别。前者，反映的是土地归农民集体所有的内在的本质的联系，它不依条件的某些变化而变化，是一种比较稳定的关系；后者，反映的是这种本质联系的外在实现形式，它是随某些条件的变化而不断变化的。在社会主义初级阶段，农村集体土地所有制将始终存在，但其实现形式则在不同时期不断变化。人民公社时的集体所有，统一经营，集体劳动、改革开放后的家庭承包制和目前正展开的"三权分置"改革，都是不同时期的农村集体土地所有制实现形式。之所以出现这些变化，是因为一定的农村集体土地所有制形式，是建立在和运行于与其相适应的生产力基础之上和社会环境当中。一旦原来的生产力基础和社会环境发生变化，

---

① 石霞、张燕喜：《我国农村土地制度改革思路的评析与思考》，《中共中央党校学报》2003年第1期。
② 廖洪乐：《农地承包还是"永久不变"好》，《中国经济报告》2016年第10期。
③ 赵冈：《永佃制与过密型生产》，《中国史研究》2006年第3期。

第十章　当代土地改革与耕者有其田目标与时递进

一定的农村集体土地所有制形式，就会变得不适应，因而需要经过改革为新的形式所代替。但这种代替，只是改换了农村集体土地所有制的实现形式，而不是改变农村集体土地所有制本身。因此，不能因目前的农村集体土地所有制形式存在对新条件的不适应情况，而否定农村集体土地所有制。

二是要实事求是地看待和评价目前农村集体土地所有制形式的所谓"缺陷"，不能将其本不存在的东西强加给它，更不能以西方某种模式或偏见为尺度对其横加指责。

第一，农民集体土地所有制主体并非虚无。该制度是由计划经济时期的集体经济发展而来。在计划经济条件下，农村土地农民集体所有，集体使用，不存在主体虚无问题。改革开放后，针对日益复杂的情况，国家通过多项法律，明确界定了不同集体范围的土地主体。《中华人民共和国民法》（简称《民法》）第五十五条第一款统一规定了农村集体土地的主体："农民集体所有的不动产和动产，属于本集体的成员集体所有。"第五十六条则分别规定了不同范围的集体土地主体：（1）分别属于村内两个以上农村集体所有的，由该村内各经济组织或者村民小组代表集体行使所有权；（2）属于农村集体所有的，由该村集体经济组织或者村民小组代表集体行使所有权；（3）属于乡（镇）农村集体所有的，由该乡（镇）集体经济组织代表集体行使所有权。可见，《民法》对不同范围集体土地所有权主体及其行使主体的界定都是清楚的，并无模糊之处。

近几年开展的农村集体土地确权，就是按上述三类农村集体经济组织，分别对其所属土地进行确认的。值得注意的是，这次确权从 2011 年全面开始，到 2013 年年底基本完成，期间虽有些操作上的难度，也有面积不准、四至不清问题，但对土地所有权问题整体上未发生多大争议。到 2015 年年初，土地承包经营权确权登记颁证，已在 19.5 万个村，约占全国 60 万个村的三分之一范围内开展。但到目前为止，还没有一个村、一个县因为此项工作引发社会冲突[①]。这说明农民对土地集体所有权包括不

---

① 农业部：《用 5 年左右完成土地承包经营权确权登记颁证》，《人民日报》，2015 年 2 月 27 日第 2 版。

同范围的所有权以及与其承包权的关系都是清楚的。当然，在改革开放后的新形势下，原先的农村集体经济所有权的实现形式和行使机制表现出很大的不适用性，致使在这方面上存在不少问题，但不能将其归于所有权主体问题。

第二，正确认识地权残缺问题。在一些学者看来，农民或集体占有包括土地所有权和自由处置权在内的全部权利，其产权才是完整的。据此，一些人把1956年以来中国法律规定的集体土地不得非法买卖、家庭承包制下农民仅有土地经营使用权而无所有权，指责为集体土地所有权和农民地权残缺。显然，这种看法是以"不可分割的、排他的权利"[1]的绝对所有权理论看待问题。但只要有些法学常识的人都知道，这种理论在世界上早"已经失去了基本原则地位"[2]了。而按当今世界上愈来愈流行的"同一物权客体上可以存在两个或两个以上相容的物权"权能的新观念[3]看问题，这种现象不仅毫不奇怪，相反是适应了现代法学发展的潮流。有人指责集体土地不得非法买卖的法律规定，是目前土地制度"与生俱来的残缺性"[4]。其实，这是新中国在总结几千年历史教训基础上，为保障耕者有其田而作出的正确的制度性安排。历史证明，它是中国农业发展和农村稳定的根基，是当代农村土地制度的一大特色。它与农村土地集体所有制一起，构成中国稳定的压舱石。没有这一法律规定，就没有农业社会主义改造以来中国土地制度的稳定，因而就没有60多年以来的中国社会稳定和经济发展。

第三，目前人们所谈论的农村集体土地所有制缺陷，可以通过统一认识和深化改革得到解决。这里的关键是以相对所有权新观念，如实地把这些缺陷看作当前农村集体土地所有制实现形式存在的问题，而非农村集体土地所有制的固有问题。只要如此，就会看到在绝对所有权观念下所谓农

---

[1] ［美］伯尔曼、贺卫方、高鸿钧、张志铭等译：《法律与革命》，中国大百科全书出版社1993年版，第381页。
[2] 李国强：《绝对所有权观念的检讨——以不动产所有权的观念变迁为视角》，《吉林大学社会科学学报》2007年第3期。
[3] 李国强：《相对所有权观念的形成》，《金陵法律评论》2009年春季卷。
[4] 陈明：《农地产权制度创新与农民土地财产权利保护》，湖北人民出版社2006年版，第85~86页。

第十章　当代土地改革与耕者有其田目标与时递进

村集体土地所有制的缺陷，其实并非缺陷，而是农村相对集体土地所有制的合理制度安排。如在土地集体所有权能在集体、土地承包户和土地经营者之间的适当分离。家庭承包制是一种"两权分离"体制，它适应了当初在所谓"计划经济"条件下普遍的家庭经营的需要，但不符合市场经济条件下的土地资源市场配置的新要求。村集体虽为农村土地所有者，但无法将其所有的土地通过市场实现直接占有、使用、收益、处分，因而无法享有其应得权益；农民虽是土地的承包经营者，但不能实现承包经营权的合法流转，其土地价值不能得到合理体现。在这个意义上，农村集体土地所有制的家庭承包制形式，的确存在缺陷，它已不适应现代农业和市场经济发展需要。

然而，这一缺陷并非是不可克服的，只要通过"三权分置"改革，在保持农村集体土地所有制和农户土地承包权基础上，实现经营权流转，使土地集体所有权在更大程度上实现分离，就能形成适应现阶段的有效实现形式，使农村土地集体所有制适应市场经济机制的需要，从而克服家庭承包制存在的缺陷。而这种土地所有权能的改革，是集体经济相对所有权的应有之义。

总之，只要以实事求是的态度，以相对所有制观念看待和对待农村土地集体所有制及其实现形式，就不会因后者存在缺陷而否定前者，而应以改革的精神，寻找其适应现阶段要求的有效实现形式。

在如何改革农村集体土地所有制实现形式问题上，目前学术界形成的基本共识，是把土地股份制作为主要途径。在土地股份制中，有市场化经营为特点的公司形式，也有兼有合作制和股份制特点的土地股份合作制。目前大部分学者认为，土地股份合作制在"所有土地制度创新中最具有创新意义"[①]，是新形势下土地集体所有制实现形式的最佳选择[②]。

土地股份合作制的一般做法，是在集体所有制基础上，把土地分解为价值资产和实体资产两种形态；进而将本集体土地产权分解为土地股权、经营权和使用权，实现"三权分立"；再把土地量化为股权，均等

---

① 朱先凤：《农村新型土地股份合作制研究进展评述》，《天津农业科学》2015 第 9 期。
② 李艳、汤雯：《土地股份制是农村土地制度改革的最佳选择》，《理论参考》2013 年第 6 期。

中国"三农"发展规律与战略目标研究

分给农民，使农民拥有土地股权，集体经济组织掌握土地经营权，土地租佃者享有土地使用权。农民股权既可在本集体农户租佃，也可以引进外部租赁者进行规模经营，但后者须有符合法定股东数量同意与授权。这样，农民股份化形式实现了农民土地权利的确认，强化了土地的共占属性，并实现了土地权利的平等享用。但是，学术界对农民入股土地产权，应是所有权，还是承包权问题上，有不同看法，有的人认为是承包权①，有的人认为是所有权②。

笔者认为，在目前条件下，以土地承包权入股形式，实行土地股份合作制，是实现农村集体土地所有制实现形式最适宜的形式。其一，以土地承包权入股，不会动摇农村集体土地所有制这个根基。其二，它既以集体经济组织成员个人股为主导，体现劳动者联合的根本属性③，达到增加农民财产性收入的目的，也可设置集体股权，有利于集体经济组织的积累，发挥集体经济组织公共服务与社会管理的功能。其三，采取劳动合作和资本合作有机结合方式，实行按股分红与按劳分红相结合分配原则④，有利于农民取得劳动和财产双重收入。其四，实行个人股份在集体经济组织内部转让、继承和赠与他人，对外不得转让的原则，有利于在目前阶段保护农民利益。其五，有利于农民市民化发展。因为，那些实现向非农产业特别是城市转移的农民，亦可获得土地分红收益，以减轻其市民化成本。因此，土地股份合作制，应成为在较适宜地区积极推进的农村集体土地所有制实现形式。

总之、进入21世纪后学术界围绕农村土地制度改革的争论，虽存在某些学者照搬西方模式倾向或结合实际不够，存在研究视野较窄，就土地制度谈土地制度等问题，然而，讨论所取得的丰硕成果是有目共睹的。这些成果角度不同，观点各异，但多在不同程度和某种意义上，深化了对这一复杂问题的研究。其中，不少成果具有重大价值，成为党和国家决策的

---

① 方志权：《农村集体经济组织产权制度改革若干问题》，《中国农村经济》2016年第7期。
② 解安：《农村土地股份合作制：市场化进程中的制度创新》，《甘肃社会科学》2002年第7期。
③ 方志权：《农村集体经济组织产权制度改革若干问题》，《中国农村经济》2016年第7期。
④ 方志权：《农村集体经济组织产权制度改革若干问题》，《中国农村经济》2016年第7期。

第十章 当代土地改革与耕者有其田目标与时递进

参考,推动了土地改革实践的发展和制度创新。

二、21世纪农村土地制度再创新

进入21世纪后,随着党的十六大和十八大的召开,中共中央在城乡统筹一体化发展的方针指导下,针对家庭承包制的局限性和存在的问题,在坚持家庭承包制这一基本经营制度的同时,不断深化土地制度改革,并取得了可喜进展。这个过程,目前已经历以下两个阶段。

(一) 第一阶段:改革准备和启动阶段(2002年11月~2012年11月)

该阶段的突出特点是,实行严格土地保护制度,稳定家庭承包制,并开始启动农村土地改革进程。

1. 确定实行最严格的耕地保护制度

针对当时耕地急剧减少,农业生产条件受到严重威胁的情况,2006年召开的全国十届人民代表大会第四次会议明确提出:18亿亩耕地是未来五年中具有法律效力的约束性指标,是不可逾越的一道红线[1],并实行法定性和强制性保护。这为土地制度改革创造了前提条件。

2. 确定现有土地承包关系保持长久不变方针

2008年10月召开的党的十七届三中全会明确提出,现有土地承包关系保持稳定并长久不变。这消除了农民的"怕变"心理,给农民吃下"定心丸",也为土地流转和土地制度创新提供了基础。

3. 把农民土地承包经营权确定为用益物权

党的十七届三中全会明确指出:"按照依法自愿有偿原则,允许农民以转包、出租、互换、转让、股份合作等形式流转土地承包经营权,发展多种形式的适度规模经营"[2]。这就明细了土地承包权的边界,有利于保护农民利益,促进土地流转和实现规模经营。为此,加强了土地承包经营权流转管理和服务工作,着手建立健全土地承包经营权流转市场。

---

[1] 《中华人民共和国国民经济和社会发展第十一个五年规划纲要》,2006年3月14日第十届全国人民代表大会第四次会议批准。

[2] 《中共中央关于推进农村改革发展若干重大问题的决定》,2008年10月12日中国共产党第十七届中央委员会第三次全体会议通过。

4. 确定了土地承包经营权流转的底线

党的十七届三中全会针对当时土地流转中存在的问题,明确指出土地流转"不得改变土地集体所有性质,不得改变土地用途,不得损害农民土地承包权益。"① 这"三个不得"保证了土地流转的底线和正确方向。

5. 初步明确了新型农业经营主体

党的十七届三中全会明确把发展专业大户、家庭农场、农民专业合作社等规模经营主体,作为创新农业经营体制机制的重要内容。同时,把农民合作社确定为带动农户进入市场的基本主体。农民合作是发展农村集体经济的新型实体,是创新农村社会管理的有效载体②。此外还指出,不提倡工商企业长时间、大面积租赁和经营农户承包地③,这有利于保护农民的主体地位。

6. 开展土地产权确权登记试点

根据中央要求,2009年后在全国陆续开展农民土地承包经营权和农村集体土地权确权登记试点工作。开展这一工作,有利于巩固土地集体所有权、稳定农民土地承包权、夯实农民土地承包关系长久不变的基础,为赋予农民更多土地财产权,搞活土地经营权探索有效路径。

7. 强化了农民土地权益的法律制度保障

党的十六大后,为推进农地村土产权改革,全国人民代表大会制定和修订一系列法律制度。2006年10月颁布的《中华人民共和国农民专业合作社法》,对规范农民专业合作社的组织与行为、保护农民专业合作社及其成员的合法权益作了系统规定。2007年颁布的《中华人民共和国物权法》,规定了农民农地经营以及宅基地相关权益,并明确将这些权利定位为"用益物权"。此外,2004年分别对《中华人民共和国宪法》和《中华人民共和国土地管理法》中不适应新形势的内容作了相应修改。这些

---

① 《中共中央关于推进农村改革发展若干重大问题的决定》,2008年10月12日中国共产党第十七届中央委员会第三次全体会议通过。
② 中共中央《关于加快发展现代农业 进一步增强农村发展活力的若干意见》,中发〔2013〕1号。
③ 《中共中央关于做好农户承包地使用权流转工作的通知》,《人民日报》,2002年1月10日第2版。

第十章 当代土地改革与耕者有其田目标与时递进

新法律和法律条文,把农民财产权保障,由政策层面上升到法制化层面,增强了中国法律制度对新形势的适应性,为开展土地产权改革提供了法律支持。

上述政策和措施的出台,不仅为新一轮改革作了初步准备,而且促进了新型农业经营主体的培育和发展,标志着新时期土地改革的起步。新时期土地改革和一系列减负强农惠农政策的实施,极大地调动了农民积极性,使中国农业较快摆脱了前些年农业和农民收入持续下滑局面,出现了历史上少有的持续发展的黄金期。2004~2011年粮食总产量实现连续八年增产,2007~2011年粮食总产量连续5年超5亿吨,标志着我国粮食综合生产能力稳定跃上新台阶。粮食劳动生产率也得到快速提高。2011年平均每个农业劳动力的粮食产量为2148公斤,比2002年增长72.2%,年均增幅为6.2%。2011年,农民人均纯收入6977元,比2002年增长1.8倍,年均实际增长8.1%,其中2010、2011年连续2年收入增速超过城镇①。

(二) 第二阶段:农村土地改革展开并取得初步实质性突破阶段(2012年11月至今)

党的十八大在继承党的十六大、十七大有关政策方针与成就基础上,把农村土地制度改革推向了新阶段。该阶段的鲜明特点,是在农村改革总体设计下,把农村土地特别是耕地产权制度改革,作为首位和具有基础性意义的改革②,全面、系统推进和深化,并取得一系列突破性进展。

1. 提出了土地制度改革的顶层设计

根据党的十八大和十八届三中全会精神,2015年11月,中共中央办公厅、国务院办公厅印发的《深化农村改革综合性实施方案》,提出了农村改革顶层设计,而土地制度改革顶层设计是其核心内容。该方案指出:

---

① 国家统计局农村司:《从十六大到十八大经济社会发展成就系列报告之七》,国家统计局网站,http://www.stats.gov.cn/ztjc/ztfx/kxfzcjhh/201208/t20120824_72843.html,2012年8月24日。

② 中农办有关负责人:《做好农村改革的综合性顶层设计》,《人民日报》,2015年11月5日第6版。

建立健全符合社会主义市场经济体制要求和社会主义初级阶段实际的农村集体产权制度，必须以保护农民集体经济组织成员权利为核心，以明晰农村集体产权归属、赋予农民更多财产权利为重点，探索社会主义市场经济条件下农村集体所有制经济的有效组织形式和经营方式，确保集体经济发展成果惠及本集体所有成员，进一步发挥集体经济优越性，进一步调动集体经济组织成员积极性①。这是改革开放以来首次把"摸着石头过河"与"顶层设计"结合起来②，给改革提供了新的指导思想。

2. 进一步明确了土地制度改革的方针与底线

中共中央办公厅、国务院办公厅发布的《深化农村改革综合性实施方案》指出，目前阶段土地改革的目的，就是要健全符合社会主义市场经济体制要求和社会主义初级阶段实际的农村集体产权制度。习近平总书记在2014年9月中央全面深化改革领导小组第五次会议上指出："现阶段深化农村土地制度改革，要更多考虑推进中国农业现代化问题，既要解决好农业问题，也要解决好农民问题，走出一条中国特色农业现代化道路"③。这些实际上明确了土地制度改革的方针。同时，《深化农村改革综合性实施方案》明确提出土地改革必须坚持的三条底线，即坚守土地公有性质不改变、耕地红线不突破、农民利益不受损。2016年5月习近平在视察安徽小岗村时指出："不管怎么改，都不能把农村土地集体所有制改垮了，不能把耕地改少了，不能把粮食生产能力改弱了，不能把农民利益损害了。"④把土地改革的三条底线，发展为四条底线。

3. 实行"三权分置"改革，扩展农民土地产权范围

家庭承包制下的土地产权结构，是土地所有权与承包经营权"两权分置"。党的十八大后将其发展为"三权分置"，即落实集体所有权，稳

---

① 中共中央办公厅、国务院办公厅：《深化农村改革综合性实施方案》，《人民日报》，2015年11月3日第6版。
② 刘福垣：《改革的指导思想有进步　不再只摸石头过河》，网易财经，http://money.163.com/13/1112/20/9DGOJM0700254V00.html，2013年11月12日。
③ 习近平：《在2014年9月中央全面深化改革领导小组第五次会议上的讲话》，《人民日报海外版》，2014年9月30日第2版。
④ 习近平：《农村改革要坚守"四个不能"底线》，《人民日报》，2016年5月25日第2版。

第十章　当代土地改革与耕者有其田目标与时递进

定农户承包权,放活土地经营权。"三权分置","既可以维护集体土地所有者权益,保护农户的承包权益,又能够放活土地经营权,解决土地要素优化配置的问题;既可以适应第二、第三产业快速发展的需要,让农村劳动力放心转移就业、放心流转土地,又能够促进土地规模经营的形成",是一次"巨大的政策飞跃。"① 与此同时,在此前赋予农民土地转包、出租、互换、转让、股份合作等权利之外,还赋予农民承包经营权抵押、担保权能,允许承包土地的经营权向金融机构抵押融资②。

4. 扎实推进农村集体土地确权和土地承包经营权确权登记颁证试点工作

党的十八大后,继续推进农村集体土地所有权确权颁证工作并已于2013年完成。农村土地承包经营权确权登记颁证试点工作,目前正在28个省整体推进。土地确权将对实现"三权分置"的土地改革提供重要保障。

5. 启动并推进农村土地制度改革试点和农村土地股份制改革

党的十八届三中全会《关于全面深化改革若干重大问题的决定》,明确提出了土地制度改革试点任务。2015年7月,33个试点地区全面启动。其中,对农村土地等资源性资产改革试点,重点是在充分尊重承包农户意愿的前提下,探索发展土地股份合作等多种形式③。

6. 明确了不同新型农业主体的功能定位

2015年"中央一号文件"指出:鼓励发展规模适度的农户家庭农场,完善对粮食生产规模经营主体的支持服务体系;引导农民专业合作社拓宽服务领域,促进规范发展;推进农业产业化示范基地建设和龙头企业转型升级,引导农民以土地经营权入股合作社和龙头企业;鼓励工商资本发展

---

① 韩长赋:《"三权分置"改革是重大制度创新》,《人民日报》,2014年12月22日第2版。
② 中共中央办公厅、国务院办公厅:《关于引导农村土地经营权有序流转发展农业适度规模经营的意见》,中办发〔2014〕61号。
③ 农业部副部长:《2017年完成农村集体产权改革试点》,新华网,http://news.xinhuanet.com/fortune/2014-10/19/c_127113543.htm,2014年10月19日。

中国"三农"发展规律与战略目标研究

适合企业化经营的现代种养业、农产品加工流通和农业社会化服务①。2016年"中央一号文件"还提出"新型农业服务主体"概念,指出"支持多种类型的,开展代耕代种、联耕联种、土地托管等专业化规模化服务"②。

党的十八大以来土地改革的推进和一系列突破,推进了农村土地制度创新,为农业和农村发展注入了强大活力,加之各项强农惠农政策实施,极大促进了农业生产和农民增收。粮食生产延续2004年以来的增产势头,到2015年实现了"十二连增",并连续登上了6000亿公斤新台阶。2016年全国粮食总产虽稍有下降,但仍达到6162.4亿公斤。农民人均可支配收入2015年超过万元,达到11422元。2016年延续上升势头,仅上半年即达到6050元。各种新型农业主体快速发展。到2016年6月底,家庭农场、农民合作社、农业产业化龙头企业等新型主体的数量已超过270万家。截至2016年6月底,全国承包耕地流转面积已达4.6亿亩,超过承包耕地总面积1/3,在一些东部沿海地区,流转比例超过了1/2。

由上可见,党的十六大特别是十八大以来,中国农村土地制度改革不断深入,已成功进入攻坚阶段的深水区,并取得了可喜成就和突破性进展。但要清醒地认识到,农村土地制度是国家一种的根本性制度,牵一发而动全身,不可能一蹴而就,而需要一个长期的过程。而且,目前土地改革试点刚展开不久,全面改革只有在试点完成并取得可操作性经验之后方能展开。因此,已取得的成就,只表明农村土地制度改革总战役的前哨战告捷,以后的改革任重道远,面临极其艰巨和复杂的任务与多方面挑战。要完成这些任务,赢得挑战,需要深入实践探索、理论思索和制度创新。

---

① 中共中央、国务院:《关于加大改革创新力度 加快农业现代化建设的若干意见》,2015年"中央一号文件"。
② 中共中央国务院:《关于落实发展新理念 加快农业现代化实现全面小康目标的若干意见》,2016年"中央一号文件"。

第十一章 新型耕者有其田制度及其实现路径

2017年10月召开的党的十九大,宣布中国特色社会主义进入新时代,提出了实施乡村振兴战略,为土地改革进一步指明了方向,提出了新要求。目前正在推进的农村承包地确权登记颁证和农村土地改革试点,也将在2018年年底基本完成。由此,土地制度改革将进入全面总结经验和全面实施的新阶段。面对新形势和新要求,面对在土地改革问题上的不同主张和实践探索,需要按照党的十九大确定的方针,遵循城乡协调发展规律,根据中国农村土地制度演进的内在逻辑和当代中国国情进行土地制度创新。耕者营其田,就是符合这种规律、逻辑和国情的新型土地制度,是适合社会主义市场经济时代条件的新型耕者有其田制度。要建立这一新制度,需要探索切实可行的路径,创造适宜的各方面条件。

第一节 耕者营其田制度构想

一、耕者营其田制度的构想

要构建中国新型农村土地制度,解决现阶段农村土地集体所有制实现形式问题，必须适应城乡协调发展规律要求，克服现行体制中不适应该规律要求的缺陷与不足，构建既适应工业化、城市化和社会主义市场经济发展要求，又能解决三农问题、促进三农现代化发展的具有中国特色的新型农村土地制度。要构建适应这些要求的新型农村土地制度，必须摆脱目前存在的就土地制度谈土地制度的狭隘视野，把问题置于农业生产方式框架中进行探讨，并把这种探讨放在中国历史背景和现阶段现代化发展的进程之中，遵循中国农村土地制度发展演进的内在逻辑，才能得出科学结论。

耕者有其田就是农业生产方式的简洁而准确的表述。它既包含作为农业生产关系核心的土地所有制问题，即谁的土地问题，也包含农业生产力最根本因素劳动者，即谁来耕种问题，还包含生产资料（土地）与劳动者结合的形式，即怎样耕种问题。就是说耕者有其田既体现了生产关系与生产力的统一，又体现了农业客体与农民主体的统一，因而成为中国农村土地制度演进的内在逻辑。

农村土地制度演进逻辑，在不同生产力和时代条件下有不同的表现形式。前书说明的不同耕者有其田形式，正是该逻辑演进在不同阶段上的具体形式。值得注意的是，其中每一形式，都不是凭空出现的，而是历史继承性与现实创新性相统一的客观规律，对农村土地制度改革的必然要求。新型农村土地制度的构建，必须同样遵循这一客观规律和演进逻辑。一方面，继承和汲取现行集体土地所有制有价值的内容和功能；另一方面，针对目前集体土地所有制对城乡协调发展不适应方面，实行改革创新。在现阶段最能体现这种历史继承性与时代创新性相统一的土地制度，就是耕者营其田制度。

耕者营其田制度，是耕者有其田制度的现代形式。其基本涵义，是在集体土地所有权、农民土地承包权和农民土地经营权"三权分置"基础上，实现土地逐步向新型农业主体集中，开展农业适度规模经营，实行农地农有、农用、农营、农耕。其具体内容主要有如下几个方面：

（一）坚持现行根本土地制度是耕者营其田制度的前提

中国现行的根本土地制度，主要体现在农村集体土地所有制和不得非

第十一章 新型耕者有其田制度及其实现路径

法买卖土地的法律制度。这两项制度克服了历史上土地私有制和土地自由买卖的根本缺陷,从农村内部和国家制度两个层面,保障了耕者有其田,也保障了农村集体对承包地发包、调整、监督、收回等各项权能[①],是农民根本利益和农业生产发展的可靠保障,因而成为耕者营其田制度不可动摇的前提和根基。

(二) 耕者"够"其田是耕者营其田制度的内在要求

如前所述,耕者有其田是一个既有绝对性又有相对性的概念,随着历史条件变化,其内涵也在变化。这种变化的依据,在于不同时期、不同形态农业发展的内在需要。如果说在改革开放初期及此后长期内,以小规模分散经营为特征的家庭承包制,适应了当时人地关系紧张、生产工具落后、大量农民被积压在农村且处于普遍贫困状态的条件,成为耕者有其田的基本形式,促进了农业发展,那么,在目前阶段,随着现代农业和城市化发展,以家庭承包制为基础的耕者有其田形式,已不适应农业生产发展,且不能做到耕者有其田了。

因为家庭承包制下的土地细小、零碎状况,不仅不适应现代农业土地规模经营的要求,而且造成"耕者无其田"现象的大量发生。目前,中国有2.6亿~2.7亿农民工。他们在非农部门就业,已非真正的"耕者",但仍占有大量土地,且许多因无暇料理而使大片土地撂荒。许多传统小农户虽是耕者并经营承包地,但因种地收益低将土地视为"鸡肋",既不愿流转土地,又无热情经营土地,形成农业低效率经营。而那些具有经营现代农业能力的农民,却不能满足其增加土地、扩大生产、实行规模经营的需要。由此,形成目前比较普遍存在的进城农民"不耕者有其田"、小农户"有田地无热情"、有经营现代农业能力的农民"无田扩大经营"的现象。这种状况严重地阻碍着现代农业发展。须知,中国农业的希望在于现代农业的发展。而新型农业经营主体是现代农业的合格的"耕者"。因此,逐步满足那些具有经营现代农业能力的农民对土地适度规模的需求,

---

① 中共中央办公厅、国务院办公厅:《关于完善农村土地所有权承包权经营权分置办法的意见》,《人民日报》,2016年10月31日第1版。

实现现代耕者"够"其田，是现代农业发展，对耕者有其田制度的客观要求，是该制度的应有之义，是耕者有其田制度由传统形态向现代形态的转型与升华。

耕者"够"其田要求的适度土地规模，以多少为"适度"？这个"适度"，各地因土地禀赋、自然条件、经济条件与农村剩余劳动力转移状况、生产成本、机械化水平，特别是种植品种结构不同而各有差别。从农业部调查看，"以家庭为单位，以粮食生产为例，一年两熟地区户均耕种50~60亩，一年一熟地区100~120亩，各种资源配置效率最高，也适合现阶段我国的国情和农情①。"实现耕者"够"其田的土地适度规模经营，将打破几千年小生产的传统经营方式，使当代中国的农村土地制度，适应现代农业发展的要求，为培育现代农业经营主体提供丰壤沃土。

（三）"耕者营其田"是基本生产方式和核心内容

这种"耕者营其田"，不是王源提出的在私有制基础上的"私有自耕"，也不是固化当前集体土地制下的"承包者自耕"，而是当代新型农民在"三权分置"基础上形成的适度规模土地上的"自营自耕"。其核心是尊重农业劳动者的生产主体地位，耕地由直接从事种植业的农民经营使用，实行现代意义上的"不为农则无田""有田者必自耕"②。这些新型农民既有土地完全经营权，是自主的经营者，同时又是直接农业劳动者，即真正的"耕者"；其劳动收益除给付必要的土地租金外完全归己，成为一种崭新的农业生产方式。

（四）家庭农场是耕者营其田主要实现形式

耕者营其田制度作为一种新型土地制度安排，只有具备反映其本质的实现形式，形成适合该制度要求，并能将其转化为实践形态的新型主体力量，才能有效运行起来而释放出巨大能量。在目前中国农村存在的普通农

---

① 《农业部农村经济体制与经营管理司司长张红宇就引导农村土地有序流转答记者问》，人民网，http://politics.people.com.cn/n/2014/0223/c70731-24438668.html，2014年2月23日。

② （清）王源：《平书》。

第十一章　新型耕者有其田制度及其实现路径

户、农民专业合作社、种粮大户、农业企业和家庭农场等各农业主体中，家庭农场是其主要实现形式。

对家庭农场的内涵国内外有多种解释。美国农业部《1998年农业年鉴》认为，一个家庭农场应满足以下条件：（1）生产一定数量用来出售的农产品。（2）有足够的收入（包括非农收入）支付家庭和农场的运营、支付债务、保持所有物。（3）由农场主自行管理。（4）由农场主及其家庭提供足够的劳动力。（5）农忙时可使用季节工，也可雇佣少量长期农工[①]。

中国农业部对现阶段家庭农场的界定有以内容：（1）经营者主要是农民或其他长期从事农业生产的人员；（2）主要依靠家庭成员，而不是依靠雇工从事生产经营活动；（3）主要进行种养业专业化生产，经营管理水平较高，具有商品农产品的生产能力；（4）经营规模适度，种养规模与家庭成员的劳动生产能力和经营管理能力相适应；（5）收入水平能与当地城镇居民相当[②]。

国内学者对家庭农场的内涵作出了多种界定。这些界定虽因角度不同而各有差别，但总体上是对农业部关于家庭农场界定内容的归纳和丰富。值得注意的是，一些学者把具有农村户籍，作为家庭农场的判断标准之一[③]，还有学者把进行工商注册，也作为家庭农场的一个特征[④]。这些看法是有道理的。随着户籍制度改革，农业与非农业户口的性质区别已被取消，但居民登记常住户口的居住地，仍有农村与城市的区分。一般来说，家庭农场是家庭承包制基础上的农地规模扩大与经营方式的升级，因而往往与其居住的村庄户籍有着紧密联系。而且家庭农场设立在本居住地，以便随时观察、照料农作物生长，是农业经营的必然要求。家庭农场经过注册，则"便于识别和政府管理与政策支持"[⑤]。此外，从家庭农场产生和发展历程看，其成员一般是农村集体经济组织成员。承认和巩固农村集体

---

① USDA. *Agriculture Fact Book*. Hallberg, 1998.6.
② 农业部：《关于促进家庭农场发展的指导意见》，农经发〔2014〕1号。
③ 刘文勇、张悦：《家庭农场的学术论争》，《改革》2014年第1期；党国英：《家庭农场应避免急于求成》，《人民日报》，2013年2月19日第5版。
④ 朱启臻等：《论家庭农场优势、条件与规模》，《农业经济问题》2014年第7期。
⑤ 朱启臻等：《论家庭农场优势、条件与规模》，《农业经济问题》2014年第7期。

经济组织成员为家庭农场的主体,不仅是尊重农民在农业生产中的主体地位的要求,也是巩固和发展农村集体经济的需要。因此,家庭农场成员一般为农村集体经济组织成员,也应成为家庭农场的一个特征和标准。

根据以上特征和解释,本书把现阶段家庭农场的基本内涵概括为:家庭农场一般是以户籍在农村,具有本集体经济组织成员资格的农民或其他长期从事农业生产的人员为主要经营者,以家庭为单位,以农业为主要收入来源;具有比较稳定的适度规模土地和足够支撑这种经营的收入,专门从事农业生产经营,并经工商注册的新型农业生产经营形态。显然,这种家庭农场与目前农村其他经营主体有着明显区别。

1. 它是实行适度规模经营的新型农业主体

与家庭承包制下的传统农户相比。这些农户也是以家庭成员劳动为主,实行自主经营方式,也是"耕者营其田"的一种形式。但其土地规模狭小,以传统方式从事耕作和经营,是传统意义上的"耕者营其田",不符合现代农业和市场经济要求。而家庭农场,则克服了传统农户的上述局限性,是实行适度土地规模和产业化经营的新型农业主体。

2. 它是适合在广大农村推广发展的经济形式

与江苏华西村、河南南街村等极少数传统农村集体经济相比,这些农村实行土地集体所有、统一经营、共同劳动,亦属耕者营其田的一种形式。但他们是以发达的传统农村集体经济和村办企业为背景和条件的。因而这种耕者营其田形式,很难在不具备这些条件的广大农村中得到推广。而家庭农场,则主要以适度土地规模和相应的家庭生产与管理能力为条件,因而适合在广大农村推广发展。

3. 它是目前新型农业经营主体中唯一真正的"耕者"

与目前其他新型农业经营主体相比。目前农民专业合作社虽充当着生产与服务双重角色,但从农民合作社的内在功能看,其发展前景应是为家庭农场这一生产主体,提供产前、产中、产后的专业服务组织[①],因而其成员也主要是从事第三产业的服务人员,而非直接从事农业生产的农民。

---

① 张红宇:《新型农业经营主体发展趋势研究》,《农业经济研究》2015年第1期;孟丽等:《我国新型农业经营主体功能定位及结构演变研究》,《农业现代化研究》2015年第1期。

第十一章　新型耕者有其田制度及其实现路径

农业大户和种植业农业企业虽也经营农业，但其生产方式是通过大规模雇工进行生产，经营者一般不直接从事农业生产劳动，不是真正的"耕者"。即使农业大户的家庭成员参加一些生产劳动，但也不是生产的主体。因而，这三种新型农业主体都不符合现代耕者营其田制度的要求。而家庭农场以家庭主要成员为主要劳动力，专门从事农业生产中环节的劳动和经营，是目前中国农业新型经营主体中的唯一真正的"耕者"。而家庭农场则专门从事农业生产环节中的劳动和经营，其经营者从事直接农业生产劳动，是真正的"耕者"。

可见，在目前农村各农业主体中，只有家庭农场，既适应现代农业和市场经济发展的要求，又符合耕者营其田制度的要求，并对全国农村具有普遍意义，因而成为当代耕者营其田制度的主要形式。

（五）实行土地市场化配置是耕者营其田制度的重要特征

该制度是社会主义市场经济条件下的新型农村土地制度，因而必须适应时代要求，实现农地市场化流转。由于实行农村集体土地所有制，这种土地流转不是土地所有权流转，而是土地经营权流转。同时，由于中国农业现代化尚处初期阶段，农村市场经济具有不成熟性，因而在一个相当长的时期内，土地流转不能在整个社会展开，而主要在本集体内部实行。即以村为单位，在本村集体成员之间流转，以保障"耕者营其田"。当然，随着农田水利设施建设发展，尤其是现代农业功能分区的需要，土地流转势必突破村庄的狭小范围，向更大范围拓展。这需要在改革农村集体经济基础上，实现乡镇乃至更大范围内的市场化流转，使其市场化属性逐步增强。

有人可能认为"耕者营其田"制度，把工商资本企业排斥于农业生产领域之外，是否与市场经济原则相悖？答案是否定的。该制度之所以主张非直接农业劳动者不能拥有土地使用权，是因为耕地乃关系国计民生且具有不可再生性的特殊资源，尤其在中国土地具有极端稀缺性。对这种特殊资源加以保护，不仅不与市场经济原则相悖，相反它是许多实行市场经济国家和地区的通行做法。

在美国，以农场规模大而著称的中西部地区的九个农业州规定：禁止

中国"三农"发展规律与战略目标研究

非家庭性公司拥有农地和经营农业的直接生产领域。在日本，自第二次世界大战后实行土改一直到 1961 年长达 15 年的时间中，法律不仅严格禁止法人进入直接的农业生产领域，还规定非农业生产者不得拥有农地①。此后虽有某些变化，但 1993 年颁布的《农业经营基础强化法》仍规定，农地流动向"认定农业者"集中。直到 2009 年修改的《农地法》也规定，将土地集中到具有企业家精神的专职农民手中。在中国台湾，20 世纪 50 年代的第一次改革，秉承孙中山"耕者有其田"思想，实现了"使耕者人人有田耕种"②的目标，并不允许土地自由流转。20 世纪七八十年代的第二次改革，虽允许土地自由流转，但仍规定只有"自耕农才可购买农地③。"美国发展经济学家托达罗总结发展中国家的经验认为：实现耕者有其田是农业现代化的三大条件之一④。由此可见，把土地资源集中掌握在直接的农业劳动者手里，且在农业劳动者之间实行流转，并不违背市场经济原则，而是一定条件下土地市场的重要特征。

概而言之，耕者营其田制度是通过"三权分置"，实行以新型农民为主要主体，以家庭农场为实现形式，以土地适度规模经营为经营方式，以"耕者营其田"为生产方式的新型农村集体土地制度。

二、实行耕者营其田制度的意义

耕者营其田制度，是把中国古老农业经营传统与当代中国国情、当今时代要求紧密结合而实现的根本性农村土地制度创新，对深化当前土地制度改革，实现城乡协调发展，实现城乡现代化和社会稳定，具有重要而深远意义。

（一）适合当代中国国情，有利于农村人口就业

人口众多尤其农民人口众多，耕地极端贫乏，是当代中国的基本国

---

① 刘玉荣：《美国、日本农地流转制度比较及对我国的启示》，《农村经济与科技》2008 年第 11 期。
② 陈诚：《台湾土地改革纪要》，中华书局 1961 年版，第 192 页。
③ 丁长发：《台湾土地制度变迁及其启示》，《台海研究》2014 年第 4 期。
④ ［美］M.P. 托达罗：《经济发展与第三世界》，中国经济出版社 1992 年版，第 271 页。

第十一章 新型耕者有其田制度及其实现路径

情。2014 年末大陆总人口为 13.7 亿人,其中城镇常住人口为 7.5 亿人,占总人口比重为 54.77%[①]。按此计算,农村常住人口约 6.2 亿人,占 45.33%。以全国第二次土地调查公布的耕地保有量 20.27 亿亩计算,农村人均耕地只有 3.27 亩。这样的人地比例关系,将保持很长时间。如前所述,到 2030 年,中国城镇化率达到 70%,农村人口仍有 4.5 亿人。即使中国在未来实现了城市化和农业现代化,农村常住人口降至 10%,其人口绝对数仍在 1.3 亿人左右。按耕地 20.27 亿亩计算,届时农村人均耕地也只有不到 15 亩。这种紧张的人地关系,决定中国既要坚定不移地实行充分利用和保护土地的国策,又要在很长时期内依靠农业消化现有庞大农村人口的就业问题,以减轻城市就业的压力,如此才能实现城乡协调发展对中国庞大人口就业的要求。

耕者营其田制度,恰恰适应了这一国情要求。该制度以家庭农场为实现形式,要求实行"与家庭成员的劳动生产能力和经营管理能力相适应"[②] 的"耕者够其田"原则。这有利于避免照搬西方一些国家土地大规模经营模式,实现土地适度规模经营,给更多农民提供就业机会。同时,该制度把土地集中到有志于农业,具有浓厚土地情结并善于经营的新型农民手里,有利于避免不耕者占有土地、荒废土地或非农占地现象发生,也有利于提高土地亩产,保障耕地的高效利用与充分保护。特别是在近年来农村承包地以年均增速超过 20% 的速度,流入工商资本企业,且这些企业多数搞"非粮化"生产,甚至进行"非农化"建设[③]的严峻情况下,更显示实行耕者营其田制度的必要性。

(二)符合农业经济发展规律,有利于农业现代化发展

如前所述,农业生产是一个自然再生产的过程,具有不可分割的连续性、顺序性和整体性。农业要取得良好最终产品,需要同一直接劳动者,

---

[①] 国家统计局:《2014 年国民经济和社会发展统计公报》,2015 年 2 月 26 日。
[②] 农业部:《关于促进家庭农场发展的指导意见》,农经发〔2014〕1 号。
[③] 乔金亮:《遏止工商资本下乡"圈地"》,《经济日报》,2015 年 4 月 28 日第 9 版。

以强烈责任心和艰辛努力,对作物生长的全过程进行连续看管和照料①。农业生产的这种特性,要求实行家庭经营形式,而不适宜雇工经营。雇工经营不能保证同一直接劳动者对作物进行全程精心照料,即使付出高昂的监督成本,也做不到使劳动者为取得最终产品负责的责任心,因而使其效果大打折扣。而"耕者营其田"制度实行家庭农场的"自耕自营",能够实现整个生产过程与劳动者最终收益的紧密结合,有利于调动生产者的积极性,增强降低生产人力、物力成本的自觉性,无需付出雇工经营必须付出的高昂而无效的监督成本,是最合理、效率最高的农业经营形式。正如陈锡文在分析农业家庭经营的必然性时指出的,"农业一定是家庭经营,无非是规模大小问题",这是被已实现农业现代化国家证明了的"普遍性的规律②。"

(三) 最容易被农民接受,有利于降低改革成本

中国农民在农户经营方式下生活了两千年。耕者有其田自古是他们可望而不可即的社会理想。但包括家庭承包制在内的小规模农户经营的最高效能,只能把农民带入温饱有余的境地,不能将其引向富裕的天堂。而耕者营其田制度,是耕者有其田制度在当代的升华版,作为其实现形式的家庭农场,正是"扩大的农户家庭经营模式"③。它既继承了传统农户经营的优势,又克服了传统耕者有其田制度和农户小规模经营的局限,适度扩大了土地规模,这使家庭农场能够获得传统农户不可能获得的规模效益,走向以农致富的道路。因此,耕者营其田制度是农民最熟悉、最易接受的新型土地制度,能够最大限度地节约农村土地改革的成本。

(四) 具有农民多向发展的内在功能,有利于农民共同富裕和农民市民化

首先,它是农民走向富裕的最佳途径。一是实行适度规模经营,使农

---

① 张进选:《家庭经营制:农业生产制度长期的必然选择》,《农业经济问题》2003 年第 5 期。
② 陈锡文:《在 2012 年中国农业发展高层论坛上的演讲》,新浪网,http://finance.sina.com.cn/focus/2012nyfzgl/,2012 年 5 月 23 日。
③ 朱启臻等:《论家庭农场优势、条件与规模》,《农业经济问题》2014 年第 7 期。

第十一章　新型耕者有其田制度及其实现路径

民能够获得可观的规模效益。二是其土地承租于集体，并无需或极少雇工，有利于大大降低生产成本。三是除支付必要的成本之外，其收入完全归家庭农场所有，有利于充分调动农民生产积极性。这些因素都将大大增加经营者的收入，使之走上富裕之路。其次，有利于本集体农民走向共同富裕。该制度借以实现的土地股份合作制具有利益共享机制。这使本集体中所有农民，包括不经营农业的农民，都可从集体收入包括来自地租的收入中得到分红，增加农民的财产性收入。最后，有利于剩余劳动力向非农产业和城市转移。对土地流出的农民而言，通过集体经济组织和合法程序，把土地出租给有本地户口的农村农民，比把土地出租给工商企业风险要低。因而，有利于那些无意愿或无条件从事农业的农民向非农产业和城市转移。

目前不少农民把土地流转给农业企业或专业大户，自己到这些企业或大户打工，从而得到租金和工资两份收入。这种做法，固然是农民在一定条件下的一种理性选择，也在一定时期和一定程度上提高了农民收入，甚至不乏某些企业或大户厚待农民的例子，但这并非农民致富之路。从理论和本质上看，这些农民与农业企业和大户之间，是一种剥削与被剥削关系。这些企业或大户获得的利润，主要来自于农民的剩余劳动，形成农民在自己的承包地上付出辛勤劳动和汗水，但绝大部分收益被农业企业与大户所占有的尴尬局面。另外，资本本身是排斥劳动的。一旦有条件和可能，资本会尽量选择机械生产代替人工劳动，以降低劳动力成本和监管成本[1]，因而，从长远看，农民试图以在农业企业打工实现致富目的是没有保障的。

虽然，目前中国家庭农场处在发展初期，其盈利水平相比其他新型农业主体弱些，家庭农场的总体收入还不够高。但随着它的发展和国家支持力度不断加大，农民必将通过家庭农场这座金桥，超越"温饱陷阱"，跨入富裕天堂。正因为家庭农场的光明前景，多数普通农户存在向家庭农场转化的积极性。据对川渝地区的调查，有 67.4% 的农村经营型农户有向

---

[1] 赵祥云、赵晓峰：《资本下乡真的能促进"三农"发展吗?》，《西北农林科技大学学报》（社会科学版）2016 年第 4 期。

家庭农场转化的意愿①。可见，家庭农场不仅是实现绝大多数农民劳动致富的最佳实现形式，也是农民所向往的自主生产、生活方式，它会生发出孟德拉斯所说的"不必服从雇主""不必受人监视"的自豪感②，过上富裕、体面而自由的生活，从而成为破解"谁来种地"难题的一把钥匙。

（五）把土地掌握在农民手里，有利于保障农业发展和国家粮食安全

农业发展的关键，在于最大限度地利用和保护土地，并实现土地等生产资料与劳动者的最佳结合方式，最大限度地调动农民生产积极性。而农业企业和专业大户不能体现这一要求。其一，土地规模过大，导致边际效应递减。其二，大规模使用雇工生产，增加了雇工与监督成本。其三，它虽提高了劳动生产率，但不能实现集约化经营，降低了土地生产率，更不利于农业可持续发展。其四，容易产生粮食安全风险。资本的逐利本性，驱使许多农业企业在获得规模土地后，以变通之术，将农业用地转为非农、非粮用地。即使有些企业种植粮食作物，但"醉翁之意不在酒"，其目的不在于获得农业收益，而在于套取国家资金，或是获取优惠政策来支持其他投资项目，把农业作为公共产品的属性异化为资本逐利的手段③。这不仅不能发展农业生产，而是构成了对国家粮食安全的极大威胁。

家庭农场是实现土地与劳动者结合的最佳方式，是农业发展和国家粮食安全的可靠保障。其一，它拥有与其生产、管理能力相适应的适度规模，能够获得规模边际效应。其二，它主要以自家劳动力为主，把雇工与监督成本降到最低，从而将适度规模经营与集约经营有机结合，实现了农地资源的有效配置④，不但有利于提高劳动生产率，也有利于提高土地生产率。其三，家庭农场的经营主体和规模，决定其不像农业企业那样以利

---

① 张林、冉光和：《经营型农户向家庭农场转化的意愿及影响因素研究——基于川渝地区876户农户的调查》，《财贸研究》2016年第4期。
② [法]孟德拉斯著，李培林译：《农民的终结》，社会科学文献出版社2010年版，第182页。
③ 赵祥云、赵晓峰：《资本下乡真的能促进"三农"发展吗？》，《西北农林科技大学学报》（社会科学版）2016年第41期。
④ 郭熙保、郑淇泽：《确立家庭农场在新型农业经营主体中的主导地位》，《光明日报》，2014年4月23日第15版。

第十一章　新型耕者有其田制度及其实现路径

益最大化为追求,而是以生活富裕为唯一依归。同时,他们对土地和农业有世代传承的深厚感情,并长期甚至终身经营自己租种的土地。这有利于把土地特别是用于粮食种植的土地,主要掌握在农民手里,避免非农化、非粮化和掠夺性经营等短期行为,从而为农业发展和国家粮食安全提供可靠保障。

当然,把家庭农场看作土地等生产资料与劳动者的最佳结合方式,并不意味着否定其他新型农业主体在促进农业发展中的作用,而是认为应如2015年"中央一号文件"指出的那样,按各新型农业主体内在的不同功能,实行分工定位:家庭是生产主体,主要从事粮食生产与经营;农民专业合作社为服务主体,主要担负农业产前、产中和产后服务;农业工商资本则主要从事现代种养业、农产品加工流通和农业社会化服务[①]。不同农业主体在不同环节充分发挥作用,形成相互支撑,互动共赢,共同发展的农业经营体系。当然,在这个农业经营体系中,担负农业生产特别是粮食生产环节的家庭农场居于核心地位。只有生产发展了,围绕它的各种产业才能获得蓬勃发展的源头活水。

(六) 形成新型农村"中等阶层",有利于农村和整个社会稳定

国家和社会的稳定,关键取决于农业发展和农村稳定。而农业发展和农村稳定的关键,形成比较稳定的农村中等收入阶层,并且这个阶层是受惠于国家农业政策而具有较强的国家认同感。耕者营其田正提供了构筑这样的农村阶层的制度保障。目前,有学者把由小规模家庭农场构成的"中等农户阶层"看作目前乡村治理、农村阶层结构和维护村庄秩序的主导阶层。认为这个阶层"拥有15~40亩不等土地","家庭收入在1.5万~3万元之间",生活比较殷实、从容,并受益于党的土地流转和惠农政策[②]。这种说法,对此前阶段而言是正确的。

然而,就目前和今后发展趋势看,该说法或许过时了。随着新型农业

[①] 中共中央、国务院:《关于加大改革创新力度加快农业现代化建设的若干意见》,2015年"中央一号文件"。

[②] 杨华:《"中农"阶层:当前农村社会的中间阶层》,《开放时代》2012年第3期。

主体崛起。随着国家农业财政支持政策，由普惠制向普惠制加特惠制转变，国家支持的重点向达到规模的新型农业主体倾斜。从目前国家特惠制支持的各地农业主体看，种植面积至少达到 50 亩以上。2015 年年底，全国县级以上纳入名录的家庭农场平均经营规模为 150 亩左右①。而那些 15~40 亩的小规模家庭农场，只能享受国家普惠制支持政策。这种变化，导致家庭农场的经营规模、资金实力和家庭收入明显高于普通农户和小规模家庭农场，使原处于"中农"水平的农户地位相对下移，其原来的"中坚"地位可能被边缘化，并由此使该阶层与国家之间的关系发生微妙变化。就是说在新形势下，维系乡村治理和农村稳定的中等阶层已开始重新洗牌。因而，对农村的中等阶层需要重新认定。在新形势下，对农村稳定起关键作用的"中等阶层"，将不再是过去的"中等农户阶层"，而是家庭农场阶层。

1. 家庭农场将是农村人口最多、居住最稳定的阶层

随着农村土地改革和现代农业发展，传统农户将逐步退出历史舞台而被新型农业主体所代替。同时，由于人多地少的基本国情，决定中国不可能过多发展农业大户和大规模农业企业，而是以适度规模经营的家庭农场为农业生产的主体。因而，家庭农场主及其家庭成员将成为农村居民中人口最多的阶层。同时，家庭农场是直接与土地打交道的农业主体，而土地具有不可移动性。这决定家庭农场居住农村的稳定系数，要比在农村从事服务业的农民专业合作社成员和其他兼业农民更高。因此，家庭农场将成为农村人口的主体，成为农村居住最稳定的阶层。

2. 家庭农场有更强的实力和职业稳定性

家庭农场主比传统"中农"有更多土地及其他经济资源，有更高的素质，并且有终生乃至世代在本地从事农业的志愿。因而，他们对本村的发展"具有高度的社会责任感和现代观念"②，参与农村事务的积极性更高、能力更强，因而成为农村凝聚力最强的阶层。

---

① 高云才：《全国农民合作社知多少 家庭农场经营规模有多大》，《大学生村官报》，2016 年 12 月 9 日。

② 朱启臻等：《论家庭农场优势、条件与规模》，《农业经济问题》2014 年第 7 期。

第十一章　新型耕者有其田制度及其实现路径

3. 家庭农场是农村家庭最稳定的阶层

农村的稳定和发展是建立在农村家庭稳定与发展基础上的。家庭农场与普通农户和小规模家庭农场相比，都具有以家庭成员为主要劳动力的共同特点，但两者的不同点在于前者比后两者有大得多的经营规模。这给家庭农场的家庭成员，提供了更大发展空间、更多样化的劳动机会和更长远发展的期望，使家庭成员能够获得施展个人才华，实现远大抱负的广大平台。因此，家庭农场不但更有利于家庭稳定，而且有利于家庭成员的个性与长远发展，可能成为某个家庭世代经营的事业。家庭农场这种有利于家庭稳定和发展的机能，使之更期望并致力于农村稳定。

4. 家庭农场是维护社会稳定的主导力量

家庭农场享受国家更多的支持、更直接的引导，与国家利益和国家发展战略形成更紧密的联系，因而在国家与农民的关系上持更积极、更正面的态度，更有利于新型"家国"关系的建立。所以，家庭农场是目前农村中最支持党和国家农村政策，维护农村稳定和国家发展的主导力量，成为保障农村和整个社会长治久安的压舱石。

可见，耕者营其田制度是适合中国国情和农民意愿的。它符合城乡协调规律和农业经济发展规律，既能解决农业问题，促进农业发展，保障国家粮食安全和社会稳定，又能解决农民问题，促进农民增收致富和农村稳定的根本性制度创新。

第二节　耕者营其田制度的实现路径

一、耕者营其田制度的实现路径

如何建立耕者营其田制度？只要从当代中国国情出发，遵循城乡协调发展规律要求，吸收历史和当代尤其是21世纪中国土地改革的丰富经验，汲取农民群众的智慧与学界成果，并加以创新，就不难找到耕者营其田制度的实现路径。

耕者营其田制度的实现路径主要有两条：一条是家庭农场与普通农户之间通过多种形式的土地流转，诸如转包、借用、出租、互换、转让等，把土地向家庭农场适度集中经营。另一条是在坚持农村土地集体所有制和家庭承包制基础上，通过土地股份合作制，把土地租赁给家庭农场经营。前一路径已成为目前全国广大地区的实践形态，当下已成立的家庭农场绝大部分是通过这一路径建立的。后一路径，也已实际寓于集体土地所有制和集体经济现阶段实现形式的探索之中，因而需略作说明。

改革开放以来特别是党的十八大以来，党中央和各地都十分重视集体土地所有制和集体经济在现阶段有效实现形式的探索。党的十八大召开后的第一个"中央一号文件"，即 2013 年"一号文件"明确提出："因地制宜探索集体经济多种有效实现形式，鼓励具备条件的地方推进农村集体产权股份合作制改革。财政部 2015 年印发的《扶持村级集体经济发展试点的指导意见》更明确指出，支持村集体领办土地股份合作社，按照入社自愿、退社自由、利益共享、风险共担的原则，鼓励和引导村集体成员以土地承包经营权折股入社，采取村集体成员认可的经营方式，发展农业适度规模经营，并确定 2016 年在 13 个省份开展试点[①]。可以说，包括土地股份合作社在内的股份合作制，已成为中央探索现阶段集体经济有效实现形式的基本取向。

在目前各地对集体经济实现形式的实践探索中，虽有土地股份合作和社区股份合作等不同类型，但其共同目标，都是建立了归属清晰、权责明确、保护严格、流转顺畅的现代产权制度和利益分配共享、要素配置优化机制。这不仅为巩固农村集体土地所有制和壮大集体经济，也为建立新型耕者有其田制度提供了可行的路径。通过土地股份合作制，将分散在农户中的小块土地，集中到农村集体经济组织领办的土地股份合作社手里，并经农村集体经济组织等发包方同意，通过严格程序，采取出租（转包）或者其他方式，将这些土地的经营权集中到家庭农场，就可实现新型集体

---

① 财政部：关于印发《扶持村级集体经济发展试点的指导意见》的通知，（财农〔2015〕第 197 号），2015 年 10 月 12 日。

第十一章 新型耕者有其田制度及其实现路径

经济基础上的耕者营其田。这比家庭农场与农户之间进行转包、借用、出租、互换、转让等分散方式流转相比,既降低了双方交易成本,又有利于家庭农场连片整理,实现适度规模经营,也有利于增加集体收入,使农户收益更有保障,是集体、农户和经营者三方互利之举,因而是实现耕者营其田制度的最佳途径。

二、实行耕者营其田制度的保障条件

耕者营其田制度的实现并充分发挥其促进三农发展的功能和作用,需要多方面的保障条件。

(一) 深化土地制度改革,推进城市化和农民市民化进程

耕者营其田制度的实现,是以实行土地适度规模经营的家庭农场成为农业生产主体为前提条件的。为创造这一条件,需要按"三权分置"原则,深化土地改革,通过多种形式逐步把农村土地向家庭农场集中。但进入21世纪的土地改革,不同于新中国成立初期的土改,不能实行疾风暴雨、"一刀切"的运动形式,而应遵循城乡协调发展规律,采取既积极又审慎的态度,使土地改革进程与城市发展和农民市民化发展程度相互适应,做到从农村转移到城市的农民就业有保障,收入不降低,真正融入城市,成为真正的市民。通过土地改革和农民市民化的衔接发展,为顺利实现家庭农场土地适度规模经营提供前提。

(二) 坚持农村土地集体所有制,完善最严格耕地保护制度

耕者营其田制度,是建立在农村土地集体所有制和耕者经营适度规模土地基础上的,前者是耕者营其田的制度保障,后者是耕者营其田的物质保障,两者缺一不可。但是,新时期的土地改革,不是在风平浪静的港湾中进行的,因而这两大保障时常受到多方面的干扰和威胁。其中,否定农村土地集体所有制思潮的干扰和后果已如上述,兹不赘言;对耕者营其田制度赖以实行的农村土地的威胁也极为严峻。这些威胁除自然条件外,主要来自于四个方面:一是国家城市化、工业化迅速发展对土地需求的增长。二是少数农民在某种利益引诱下,试图变土地为资产的短视行为。三

是一些城市资本觊觎农地财富的强烈牟利冲动。四是一些地方政府及其官员为获得政绩或利益而对国家制度采取变通策略，借用政权力量，与下乡工商资本合谋圈占土地①。在这种严峻情况下，业已形成的农村集体土地所有制、不得非法买卖土地的法律制度和最严格耕地保护制度，就成为阻挡来自各方面觊觎者的三道坚固防线。三道防线中任何一道失守，中国本来稀缺的土地资源将被大量吞噬，农民的命根就会动摇，耕者营其田制度就不可能实现。因此，坚持、完善和强化这些制度就成为实现耕者营其田制度的根本保障。

为强化和完善这些制度，必须遵循城乡协调发展规律。一方面，继续执行最严格耕地保护制度，坚守耕地红线，保护土地质量，确保耕地量不减少、质不下降，维护好耕者营其田制度的物质基础。另一方面，完善耕地占补平衡制度，保障城市扩展和工业发展对土地的合理需求。在这个过程中特别是土地规划、征地、拆迁等问题上，只有自觉遵循城乡协调发展和耕者田、权、富（利）相统一的规律，树立城乡一体、平等互利、共同发展理念，才能正确看待和处理城乡之间的复杂的利益关系，制定和落实好有关制度和政策，使有限的土地成为城乡协调、共同繁荣，造福全体人民的黄金空间。

（三）分清"体""用"关系，把握集体经济改革正确方向

引入土地股份合作制，是现阶段农村集体土地所有制和农村集体经济实现形式创新的基本途径，但这不意味着原封不动地搬用这种经济形式，而是在保持农村土地集体所有制和集体经济的性质、宗旨和功能，特别是坚持农民集体土地所有制和公平正义、共同富裕原则下的条件借鉴。为此，在农村集体经济实现形式探索中，要分清"体"与"用"的关系。所谓"体"，就是土地集体所有制和集体经济；所谓"用"，就是把股份合作制引进新制度、新体制，以达到改革、完善和壮大土地集体所有制和集体经济的目的。

---

① 赵祥云、赵晓峰：《资本下乡真的能促进"三农"发展吗？》，《西北农林科技大学学报》（社会科学版）2006年第4期。

第十一章　新型耕者有其田制度及其实现路径

因此，在改革中既要汲取股份合作制的优点，如合作制中的土地、工具和劳力的多种合作形式、按劳分配原则及"一人一票"的民主管理制度，以及股份制中的产权清晰、风险共担机制等，也要避免和控制其对集体经济的侵蚀作用，如合作制中除实行按劳分配之外，还实行按股分红；股份制则完全实行按股分红，并实行"一股一票"制度。这些新机制，一方面有增强农村集体经济活力的正面作用；另一方面，如不加限制有可能造成集体经济被资本控制甚至异化的严重后果。如果按股分红过度膨胀，将挤压按劳分配的比例，造成农村劳动者与资本投入者的收入悬殊；股份制中的完全按股分红和"一股一票"制度，将剥夺农民群众在集体中的权利。因此，在改革过程中，既要吸收新因素的积极成分，以改革传统，实现创新，又要准确把握改革的正确方向。

（四）重建乡镇农民集体组织，拓展土地配置空间

目前，农村土地流转和资源配置主要限于村集体内部，这个过程中出现的问题也主要由村集体经济组织协调。这是因为在当下的改革时期，人们关注的重点是土地流转和土地权益的归属问题，而不是农业发展及其条件问题。但随着改革任务基本完成，随着现代农业发展、农业水利设施的建设、土地资源的市场配置和土地整合与利用大规模展开，土地流转将不可避免地突破村集体的狭小范围，而在更大范围内扩展。在此过程中的矛盾与利益冲突，也将随之在更大范围内发生。一旦这些矛盾与冲突，超出目前行政村范围，村集体组织将无力协调，而县政府不可能、更做不好直接担负对数量众多、情况各异的各村事务的协调工作。这种协调工作，需要由适应拓展土地配置空间需要的农民集体组织承担。在可预见的未来发展看，能够肩负这一职能的最佳集体组织，就是乡（镇）集体经济组织。

然而，人民公社废除后，乡（镇）农民集体经济组织已基本不存在了[①]。原属乡镇所有的集体土地和资产，或由乡镇集体所有制企业占有，或由乡镇人民政府代行所有权。显然，乡镇集体所有制企业，不能被看作乡镇集体经济组织，不能起协调所在乡镇事务的作用；目前的乡镇人民政

---

① 李宴：《集体土地三级所有制度的应然法解读》，《南京大学法律评论》2011 年第 2 期。

府,是国家基层政权。如由其代行乡镇集体经济组织职能,是不符合现行"政社分开"原则的。这些情况表明目前大多数乡镇集体经济组织处于虚空状态。因此,要使乡镇肩负起协调土地资源的职能,必须重铸新型的乡镇集体组织。

这种新型乡镇集体组织,不是改变现行组(原小队)、村(大队)、乡镇(公社)三级土地所有的生态,以"大集体"吞并"小集体",而是在集体产权权利和经济关系上,实行三级集体的平等关系与对等地位[1];也不是恢复人民公社时期"政社合一"的基层政权,而是在坚持三级土地所有现状和"政社分开"原则下,在乡镇人民政府之外,重新设立新型乡镇集体经济组织,并赋予其在乡镇范围内统筹协调集体土地流转,保障全乡镇集体组织成员合法土地收益的职能。

事实上,目前一些地方已发生因村集体范围狭小而产生的土地资源利用问题,并对如何解决这些问题进行了有益探索。如北京郊区村与村之间,由于土地规划利用性质不同,导致经济利益的不平衡,致使一些地方土地利用规划无法真正落实。为解决这些问题,该地组建了乡级土地资源股份合作联社等新型乡镇集体经济组织,起到了统筹运营各村集体土地,促进土地流转与确保集体组织成员合法收益的作用[2]。这些做法和组织形式或可为其他地区提供借鉴。

当然,土地资源的流转与协调,由村集体扩大到乡镇集体范围,是一个长期的渐进过程,而且从下书会看到,这个过程将因伴随乡镇管理体制改革而呈现极为复杂状态。因此,各地何时进行,要由各地根据情况自主决定,不可强求一致;各乡镇集体经济组织采取何种形式,也要由各地根据自身条件自主探索,不可强求划一。但重铸新型乡镇集体经济组织是必要的,它不仅将改变乡镇集体经济组织虚空状态,使乡镇成为农村集体经济的高级单位,为实现土地在乡镇范围优化配置提供组织保障,而且有利于使乡镇真正成为连接城市与乡村、国家与农民的桥梁和纽带,成为促进农村城市化、工业化、信息化和农业现代化"四化同步"发展的桥头堡。

---

[1] 张云华:《农村三级集体所有制亟须改革探索》,《山东经济战略研究》2015年第4期。
[2] 黄中廷:《新型乡镇集体经济组织的功能》,《北京农村经济》2015年第12期。

第十一章　新型耕者有其田制度及其实现路径

（五）严格确认耕者资格，构建农民退出与准入制度

目前，国家对落户城市的农民，采取无需退出土地的政策。这一"带地进城"政策，对补充农民进城成本，推进城市化和农民市民化有其现实必要性和合理性。但有学者呼吁使农民"经济身份永久化"，即让进城门农民永久享有农村土地承包权，"以消除其进城农民的后顾之忧。"① 这种看法夸大了"带地进城"政策的现实合理性，如付诸实施，将造成大规模出现"新型地主"现象。

据保守估计，目前居住在农村并有农村集体成员身份的农民占全国总人口的65%。如果将来保留10%的农民种田，将有55%转移到城镇的农民仍拥有农村土地承包权。就是说，在村耕地的10%的农民，要向占总人口一半以上的进城人口缴纳地租，这势必使中国农业"退回到佃农经济"②，严重挫伤在乡种田农民的积极性，不利于农业现代化发展，是对种田农民的不公，也违反耕者营其田制度的要求。

因此，应逐步构建土地承包权退出与职业农民准入制度。土地承包权的退出，要遵循农民自愿和有偿原则。这是马克思主义对待农民的一条基本原则，也是农民顺利实现市民化的必然要求。要把农民市民化看作一个自然的发展进程，只能因势利导，不可急于求成，强行推动。其中的关键：一是他们在城市能否有稳定就业和与其他市民同等的社会保障；二是他们的土地能否得到可以接受的偿付额度。而这两方面问题，都是农村难以解决的，需要国家更大力度的支持。经过城乡长期的共同努力，最终把进城农民原有承包地有偿交还于本集体，村集体再合理流转给本集体务农的农民。只有这样，才能避免出现对种田农民的不公，实现耕者营其田制度的要求，保护种田农民的积极性。

同时，构建职业农民准入制度。这一制度不仅包括通过考核和颁证使目前在村从事农业的农民获得职业农民资格，也可通过同样程序，把中等

---

① 见薛翠翠等：《农村集体土地股份制改革的实践价值与路径选择——"农村集体土地股份制改革研讨会"综述》，《中国土地科学》2013年第9期。

② 邵海鹏访谈樊明，见《土改纲领正式出台 三权分置加快放活经营权》，《第一财经日报》，2016年10月31日。

高等农业院校毕业生、城市落户回乡者、农村退伍军人等有志于农业经营、有农业与农业专业背景的人员，认定为职业农民并取得农村集体成员和经营农业生产的资格。职业农民准入制度，将为实行耕者营其田制度和现代农业发展提供高素质人力资源保障。总之，构建农民资格逐步退出机制和新型农民准入制度，是实现耕者营其田制度内在要求和必要条件，也是维护社会公平的必然要求。

（六）大力培养职业农民，提供人力资源支撑

耕者营其田制度是一种现代新型土地制度，也是现代农业的生产方式。它要求有大批掌握较高现代农业技术、有较强市场经营能力、有文化，并将农业作为自己终身职业的新型农民。但由于目前的家庭农场大多从普通农户脱胎而来，其劳动者的素质，远不能适应发展现代农业的需要。据经济日报中国经济趋势研究院对全国26个省（自治区/直辖市）的调查结果，在农民专业合作社、家庭农场、专业大户以及农业产业化龙头企业三类新型农业经营主体的负责人中，家庭农场负责人受教育水平最低，拥有大专及以上学历者占比为7.29%，比农民专业合作社负责人中拥有同等学历者占比低6个百分点，比龙头企业低31个百分点[①]。因此，要将家庭农场劳动者的培养，作为目前新型农民培养工程的重中之重，以洪荒之力，将其打造成为合格的职业农民。

对耕者营其田制度下新型农民的培养，不但要针对其从事现代种植业的特点，重点培养与其生产和经营的技能，而且要根据目前青年农民大都外出务工，在村从事种植业农民年龄偏大的情况，注重对其后续力量的培养。一方面，要重视对有志于农业的返乡青年和复员军人的培养；另一方面，高等和中等农业院校要注重对学生在农业战线，施展才华，建功立业教育，培养出高素质的新型知识型的"回得去、留得住、用得上、干得好"的"高端新型职业农民"[②]。这些人才的绝大多数来自农民家庭，经

---

① 经济日报中国经济趋势研究院新型农业经营主体调研组：《新型农业经营主体调研发布：新型农业经营主体盈利状况趋好》，《经济日报》，2016年8月22日。
② 许皡委员建议，见张番：《土地流转 如何唤醒"沉睡的资本"？》，《中华合作时报》，2015年3月13日第2版。

第十一章　新型耕者有其田制度及其实现路径

过系统的农业专业教育之后，回到家乡或经过招聘等方式到其他农村或基地，将成为发展现代农业和农民致富的领头羊。当然，这需要国家在其工资待遇和工作条件上出台具有吸引力的支持政策。

（七）构建以生产为核心功能互补的经营体系，实行功能性支持政策

如上所述，当前不同新型农业主体具有不同功能与优势。家庭农场等家庭型生产主体，在生产环节和大田作物上有比较优势；农民专业合作社等服务组织，具有为农民提供产前、产中、产后各环节服务有比较优势；农业企业类组织具有产前种苗供给、农资产销，产后农产品加工、流通等环节有比较优势。要发展现代农业，建设农业强国，必须整合各不相同的农业主体功能，根据"不同类型新型农业经营主体的组织特征"，"引导和调控好新型农业经营主体的发展方向"[1]，发挥其各自优势，建立功能和优势互动互补的产业化经营体系。这种功能互补的经营体系，将使农业产业链得以延伸，使农业功能得以充分扩展，为不同农业经营主体开辟适合自身优势的发展空间，促进农村第一、第二、第三产业的融合发展，也是实现耕者营其田的必要条件。

国家应在实行支农普惠性政策的同时，还要根据不同新型农业主体在农业经营体系中的功能定位和不同需求，出台特惠性扶持政策。对家庭农场，应作为农业生产主体，重点帮助其解决土地流转、设施用地、流动资金、风险保障、新型农民培养等突出问题。同时，针对合作社和农业加工企业及其他服务组织的不同功能，给予规范和扶持，使之能更好地为家庭农场等生产主体提供服务，使耕者营其田制度获得良好外部环境与条件。

（八）完善土地法律法规，强化法律制度保障

建立和实行耕者营其田制度，关系到方方面面的利益调整，必须有完善的法律法规为保障。但现行许多法律法规，明显落后于日益深化的改革进程，更不适应构建和实行该制度的要求。这主要体现在现行政策和法

---

[1] 张红宇：《应该赋予新型农业经营主体平等市场主体地位》，新浪网，http://finance.sina.com.cn/chanjing/cyxw/20140925/193320414676.shtml.，2014年9月25日。

律，比较重视对土地承包经营权的保护。如 2002 年出台的《中华人民共和国农村土地承包法》中"土地承包经营权的保护"一节，实质是保护农户的土地承包权①。然而，目前随着土地流转大范围展开，土地承包权和经营权在实践上发生分离，土地经营权日益向新型农业经营主体流转。特别是"三权分置"，已被中央正式确立为中国农村的基本经营制度②，将成为未来土地制度的基本形态。在新形势下，如仍沿用保护土地承包经营权一体的现行法律法规，不利于土地改革的深入，也不利于新型农业经营主体对农业的长期投入，容易助长其在农业生产经营中"捞一把就走"的心态，极大地影响着农业生产经营的稳定性③。

而耕者营其田制度的核心，恰恰是"三权分置"基础上农民自主行使土地经营权。因而，在以保护土地承包权为重点的现行法律法规下，耕者营其田制度是无法实现和得到保障的。因此，要实现耕者营其田制度，必须修改和完善土地法律法规。应像出台《中华人民共和国农民专业合作社法》一样，出台集中反映耕者营其田制度的专门"家庭农场法"，同时相应修改其他法律中的有关条文。这些法律或法律条文，应根据耕者营其田制度的要求和现阶段中国国情，借鉴国外有关法律，明确规定非职业农民不得直接经营农地，并对农民经营土地的权利与规范、职业农民的认定、退出、培养和其他经营主体在农业经营体系中的功能定位与规范等，作出明确规定，从而确保耕者营其田制度的实现和实施。

---

① 姜长云：《支持新型农业经营主体要有新思路》，《中国发展观察》2014 年第 9 期。
② 中共中央办公厅、国务院办公厅：《关于完善农村土地所有权承包权经营权分置办法的意见》，见《人民日报》，2016 年 10 月 31 日第 1 版。
③ 姜长云：《支持新型农业经营主体要有新思路》，《中国发展观察》2014 年第 9 期。

中篇
实现耕者有其权：
三农发展第二步

农民权利包括公民权利、职业权利和村民自治权利。在古代尤其是近代中国，农民处于完全无权的悲惨地位。新中国的成立虽确立了农民的国家主人公地位，但由于农村经济文化发展程度制约尤其城乡二元体制的作用，造成农民权利多方面缺失，成为制约三农发展的主要根源。因而，实现耕者有其权成为三农问题的核心问题，也成为三农三步走规律的第二步战略目标。

20世纪80年代的家庭承包制改革，保障了农户经营自主权和自主择业权，迎来了三农大发展。然而，同世纪90年代城乡二元体制的重新强化，使农民权利严重削弱，造成新中国成立后最突出的三农问题和悬殊的城乡差距。党的十六大特别是党的十八大以来，党和政府遵循城乡协调发展规律，致力于二元体制改革，实行城乡统筹和一体化发展新方针，使农民权利正逐步得到系统性回归与重构，不但大大缓解了三农问题，而且开辟了三农持续发展和城乡差距逐步缩小的新时代。

第十二章 耕者有其权目标的内涵与地位

自进入私有制社会以来,权利平等就是中国农民的不懈追求。而耕者有其权作为一个明确术语,则晚至 21 世纪之交才提出。耕者有其权包含农民的公民权利、村民权利和职业权利三个方面的丰富内涵。实现耕者有其权目标,是当代中国解决三农问题,促进三农发展的核心问题之一,是三农三步走规律和进程的重要内容与阶段,是实现公平正义,构建社会主义和谐社会,实现中国梦的重要标志。

第一节 耕者有其权术语的提出

一、古代农民对平等权利的追求

马克思主义认为,在人类进入私有制社会之后,就产生了权利的不平等和追求平等权利的斗争。权利不是来自先验的"天赋"或"神授",而是人的劳动本质决定的,是随着人的本质形成而产生的。这一本质,规定了劳动主体享有劳动和由此占有劳动条件、占有劳动成果的应然权利。在获得这些权利的同时，劳动主体也就相应承担起通过自主自觉的劳动，创造社会产品的义务。这种本质要求每一个社会成员都有平等的生命、经济、政治和文化权利。正如恩格斯所说："一切人，或至少是一个国家的一切公民，或一个社会的一切成员，都应当有平等的政治地位和社会地位。"① 只是在原始社会的"野蛮人中间，像我们已经看到的那样，不大能够区别权利和义务"②，因而那时尚未形成相对独立的权利观念。

进入私有制社会后，这种观念则逐渐明确起来，并成为支配人们行为的原则和相应的制度和法律。恩格斯在分析统治阶级与被统治阶级区别时指出："文明时代，却使这两者之间的区别和对立连最愚蠢的人都能看得出来，因为它几乎把一切权利赋予一个阶级，另一方面却几乎把一切义务推给另一个阶级。"③ 就是说，私有制使统治阶级垄断了支配劳动、支配劳动资料和劳动成果的权利，而将劳动者变成了被支配者和义务的贡献者。由此，造成了权利与义务的不平等：统治者无需尽劳动的义务，却能支配劳动者并占有劳动条件和产品；劳动者只有劳动并提供产品的义务，而失去了占有劳动条件和产品权利。

权利与义务的不平等，必然造成社会疏离与分裂，造成统治阶级与被统治阶级在社会地位、财富和生活状况等方面的巨大差别，造成两者之间的对立。所以，自人类进入私有制之后，就产生了权利的不平等和追求平等权利的斗争。当然，由于东西方社会私有制形式的不同特点，决定了东西方不同的权利观念。在西方，权利更多表现为个人权利；在东方尤其在中国，权利更多表现为集体尤其是家庭权利，但这只是形式上的不同而已，并无本质的区别。

中国进入私有制社会后，社会被分裂为统治阶级和被统治阶级。国家权力（王权）拥有至高无上的绝对统治权。这种权利，虽不能达到每一

---

① 《马克思恩格斯选集》第3卷，人民出版社1995年版，第444页。
② 《马克思恩格斯文集》第4卷，人民出版社2009年版，第196页。
③ 《马克思恩格斯文集》第4卷，人民出版社2009年版，第196页。

第十二章　耕者有其权目标的内涵与地位

个乡村，但它借助农村的宗族和乡绅，支配和消解着农民权利①，从而构筑了统治阶级对农民实施统治和剥削的基础。因而，农民在政治上毫无权利，经济上也基本处于无权地位。即使在"家国同构"相对土地所有制中，农民享有的小块土地所有权或经营权，也常常被"普天之下，莫非王土"的王（皇权）和统治阶级及工商业者的土地兼并所打碎。

权利的极端不平等，不能不激起被压迫农民对不平等制度的反抗和对平等权利的追求。《礼记·礼运》描述的"选贤与能""使老有所终，壮有所用，幼有所长，鳏寡孤独废疾者，皆有所养。男有分，女有归"的"大同"理想，在一定程度上反映了人民追求社会平等的愿望。随着社会不平等的加剧，追求平等和公平，就成为农民起义纲领的基本内容。秦末陈胜、吴广起义提出"王侯将相宁有种乎？"，第一次公开亮出农民追求公平平等的旗帜。唐末农民起义领袖王仙芝、黄巢，自封"天补平均大将军"和"冲天均平大将军"。宋代王小波、李顺起义，以"吾疾贫富不均，今为汝等均之"为号召。宋代钟相、杨么起义，提出"等贵贱，均贫富"口号。宋代方腊起义张扬"是法平等，无有高下"的理念。明末李自成起义，以"等贵贱，均田免粮"为旗帜。清代太平天国的《天朝田亩制度》，更是一个集旧式农民运动平等思想之大成，系统阐述"无处不均匀，无人不饱暖"的平均主义宏伟纲领。历史表明，追求平等是历次农民起义最响亮、对农民号召力最大的口号。

古代农民对平等权利的追求，是对不公正的古代等级制度的否定，是对公平合理的经济社会制度的憧憬和追求，是符合社会发展规律和要求的。这些斗争虽没有逃脱最后失败的命运，没有改变当时不公正的社会制度和他们受压迫的地位，但每一次斗争，都沉重打击了当时的专制统治。特别是王朝末期的农民起义，直接或间接地导致改朝更换代，使统治者明白"民可载舟，亦可覆舟"的道理，迫使新统治者做出某种让步，使农民权利状况得到周期性的些许改善，从而推动了社会进步。

古代农民对平等权利的追求，又有不可避免的阶级与时代局限性。他

---

① 杨郁、刘彤：《农村权力结构嬗变与农民权利实现的互动关联》，《东北师大学报》（哲学社会科学版）2004年第3期。

们反对不平等特权和等级压迫，但又不能摆脱对皇权主义的影响；他们追求的平等，往往缺乏科学内容，而与绝对平均主义混淆在一起；他们不懂得追求平等合法性的客观依据，而将其归之于宗教迷信。这些局限性是由他们所处的小生产的生产方式决定的。这种小生产细小、脆弱，力量软弱，决定"他们自己不能代表自己，一定要别人来代表他们。他们的代表一定要同时是他们的主宰……是不受限制的政府权力……小农的政治影响表现为行政权力支配社会。"① 因此，他们虽前赴后继，举行一轮又一轮的苦斗，但都未改变自己被压迫的命运，反而往往被利用而成为统治集团改朝换代的工具。

二、耕者有其权术语提出与目标凸显

自古代到近代，中国农民争取自身权利的斗争虽始终未曾中断过，但耕者有其权，作为反映这种斗争要求具有特定内涵的术语，在古代、近代以至20世纪90年代之前，却始终未明确提出。直到改革开放后的20世纪90年代，亦即"耕者有其田"术语提出约100年的时候才逐步提出。20世纪90年代上半叶，一些学者撰文指出在实现耕者有其田之后，解决三农问题的下一个目标，就是实现"耕者有其权"。尽管这些文章把这一术语的内涵作了简单化的理解，它被局限于土地经营制度方面，认为当时家庭联产承包责任制的建立，标志着"耕者有其权"的实现②，而未将其置于农民权利的体系整体框架之下加以考察，也未对其涵义作出系统阐述。

到21世纪初，一些论著对耕者有其权问题及其内涵作了进一步研究③。其中，曾业松在"让农民有其田、有其利、有其权、有其教"观点的论述中，克服了此前对该术语简单化理解的局限，而将其农民的全面权

---

① 《马克思恩格斯全集》第8卷，人民出版社1995年版，第217~218页。
② 参见阮方确等：《七十年来党领导的农村土地制度变革的思考》，《求实》1991年第6期；谷文晓：《关于发展我国农村经济根本出路的思考》，《河北学刊》1994年第4期。
③ 参见张少春：《扎实推进农村综合改革，促进社会主义新农村建设》，《财政研究》2007年第7期；王巨祥：《推进农村集体土地收益分配制度改革》，《江苏农村经济》2009年第4期；汪冰：《新中国60年农村经济发展轨迹》，《管理学刊》2009年6期。

第十二章　耕者有其权目标的内涵与地位

利纳入该术语内涵，并把农民有其权问题，提高到解决三农问题重要途径之一的高度，作了多方面论述①。"耕者有其权"术语的提出，以人们熟悉而简洁的语言形式，明确表达了农民权利的内涵与诉求，对进一步探讨和解决农民权利问题具有重要学术和实践意义。

理论是实践的反映。正如马克思所说："人类始终只提出自己能够解决的任务，因为只要仔细考察就可以发现，任务本身，只有在解决它的物质条件已经存在或者至少是在生成过程中的时候，才会产生。"② "耕者有其权"术语之所以在迟至20世纪末、21世纪初才提出，是因为此前中国不具备实现该目标的条件，而到此时该目标的实现条件正在生成并逐步凸显出来。

在以王（皇）权专制统治下的古代中国社会、农民权利问题不可能受到社会的重视。农民不但被统治者看作"贱民"，农民也把自己看作"草民"或"贱民"，权利观念淡薄。他们虽提出了"等贵贱，均贫富"等口号，但这只是农民追求平等权利愿望的朴素表达，并未提出耕者有其权术语。

在近代，无论资产阶级改良派，还是资产阶级革命派，都看不起农民。因此，戊戌变法和辛亥革命，都没有提出农民问题包括农民权利问题。孙中山的民权主义，主张"主权在民"，农民也被涵盖于"民"中，但他的唯心史观，使之既同情农民，又看不起农民，把农民看作文化低下，不懂民主又无能力行使民主权利的非理性的力量。因而，他主张在革命时期不能赋予他们权利，只在革命胜利后，经过长期间的"训政"之后，才能逐渐让人民行使权利。因此，孙中山虽在民生主义范畴下，提出了"平均地权"思想和"耕者有其田"术语，但未在民权主义中提出"耕者有其权"命题。孙中山的民主程序思想，在他逝世后也被国民党变为实行压制民主，实行独裁统治的工具。

中国共产党始终重视农民权利，并在其领导的根据地中，尽力实现和保障这种权利。然而在民主革命时期，她的主要任务是开展革命战争，推

---

① 曾业松：《以"四有"解决"三农"问题》，《中国合作经济》2004年第8期。
② 《马克思恩格斯选集》第2卷，人民出版社1995年版，第32页。

中国"三农"发展规律与战略目标研究

翻帝国主义和封建主义对中国的统治,为真正和全面实现人民权利创造政治条件,因而实现农民权利问题不可能占据主要地位。新中国成立后,人民彻底改变了旧社会被压迫的地位,农民与其他公民成为国家的主人,农民权利在本质上得以确立并在多方面得到改善。但是,由于经济文化发展程度的制约,更由于不得不实行的以农补工政策为特征的工业化道路和为此而建立的城乡二元经济社会结构体制,使农民权利在许多方面受到限制,因而农民权利不可能得到高度重视和实现。

这种状况到20世纪80年代初开始改变。此时进行的家庭联产承包责任制改革,实际是围绕农民权利展开的,并且基本解决了农民经营自主权问题。但该时期的改革,"还没有把农民权利的确立作为出发点,作为全部改革的核心。"[①] 然而,到20世纪90年代后期和21世纪初,农民权利问题凸现出来。一方面,当时的城乡二元经济社会结构体制得到强化,农民的许多权利被进一步削弱,引发了尖锐的三农问题,使一些学者认识到城乡权利不平等的二元经济社会体制,是造成三农问题的重要根源,使党和国家认识到"现阶段农民增收困难是城乡二元结构长期积累的各种深层次矛盾的集中反映"[②]。另一方面,到20世纪末21世纪初,中国工业化进程进入了工业化的中期阶段[③],国家经济实力大大增强,使国家改变以农补工政策,实行以工补农方针,逐步恢复和实现农民权利,获得了物质基础。因而,到21世纪初,农民权利问题开始受到党和国家以及全社会的高度重视。

因此,2002年11月召开的中共十六大,首次确立了统筹城乡经济社会发展的方针,开启了破除城乡二元体制的进程。这实际上把恢复和尊重农民权利,作为农民增收、促进三农发展的一条红线确立了起来,实现耕者有其权,成为党和国家解决三农问题的重要战略目标。党的十八大以来,中共进一步确立了以城乡一体化发展,作为解决三农问题的根本途径

---

① 党国英:《以确立和保护农民权利为核心改革农村社会》,《领导决策信息》2002年第47期。
② 中共中央、国务院:《关于促进农民增加收入若干政策的意见》,2003年12月31日。
③ 陈佳贵、黄群慧:《工业发展、国情变化与经济现代化战略》,《中国社会科学》2005年第4期。

第十二章 耕者有其权目标的内涵与地位

的方针,把实现城乡均等发展,让农民享受与市民同样权利,公平分享经济社会发展成果,确定为目前改革和发展的目标,表明党和国家把全面实现耕者有其权的战略目标,放在了更加突出的位置。

第二节 耕者有其权目标的内涵与地位

一、揭示耕者有其权内涵的依据

(一) 依据权利本质的规定性逻辑

范进学认为,权利最本质的特征是"正当性"("正当"或"正当的"),其他要素如利益、自由、意志、要求或主张、可能性等,不过是基于这一母体性概念,在不同方面、不同层次上的具体表现和派生的次概念①。因此,"正当性"是考察权利的根本依据。只是这种权利的"正当性",不是根源于理性的"契约",更不是源于先验的"天赋"或"神授",而是由人的劳动本质决定的。财富是劳动者创造的,因而他天经地义地应享有对劳动资料、劳动产品的占有、支配和消费的权力及以此为基础的其他一系列权利,包括经济、政治、社会和文化权利。因此,人的劳动本质是权利"正当性"的本源,也是界定农民权利的根本依据。

(二) 区别权利的普遍性与特殊性

在现代社会,公民权利是共性与个性、普遍性与特殊性的统一。其普遍性主要表现为所有公民均享有宪法规定的一般权利;其特殊性主要表现为不同权利主体,因劳动分工和实际状况不同,而享有的不同权利。如少

---

① 范进学:《权利概念论》,《中国法学》2003年第2期。

数民族权利、残障人群权利等。农民因其在分工体系中的弱势性,也享有基于其职业身份的特殊权利。

(三) 区别权利的不同类型

根据法学理论,权利区分为应然权利、法律权利、实然权利和理想权利等不同类型。应然权利是权利主体基于"正当性"而拥有的对某些东西和做某事的自然权利,它因其"正当性"而具有合理性,甚至得到或部分得到社会承认。法律权利是在法律上得到认可与保证的应然权利[①]。实然权利是权利主体在事实上享有的权利,这些权利也许被纳入或部分纳入法律权利,也许并未纳入法律权利。理想权利是应然权利为社会承认,并由国家法律加以维护,且被权利主体实际享有的权利。在实践上,上述四种权利中的前三种权利并非都是一致的。应然权利不一定都成为或立即成为法律权利;法律权利不一定成为实然权利;实然权利不一定成为法律权利。只有把应然权利、法律保护和实然权利三者完全重合为一体的权利,才能进入理想权利的境界。区别权利的不同类型,有利于识别和判断农民权利的状况和实现程度。

(四) 坚持以价值尺度与历史尺度的统一

既然人的劳动本质是权利的本源,那么,所有作为劳动者或曾经的劳动者的社会成员,都应享有平等的权利,这是社会公正性,亦即社会进步价值尺度的必然要求。这种社会公正性,不但表现在所有社会成员应享有平等的权利,而且表现他们在权利和义务上的统一,而非一部分人只享有权利,另一部分人只承担义务。但是,权利不是孤立和抽象的存在物,而是与一定时期经济、社会和文化的发展紧密联系的。正如马克思所说:"权利永远不能超出社会的经济结构以及由经济结构所制约的社会的文化发展。"[②] 因而,权利的不同表现形态和实现程度,都由当时的历史条件所决定,超出这些条件的要求和主张,也许从价值尺度看有其合理性,但

---

① 范进学:《权利概念论》,《中国法学》2003年第2期。
② 《马克思恩格斯选集》第3卷,人民出版社1995年版,第12页。

第十二章 耕者有其权目标的内涵与地位

不被认为有现实的正当性,因而权利有着强烈的历史性。这种历史性,要求人们把不同历史阶段的权利,放在不同的历史条件下加以考察和评价。

总之,历史地辩证地把握权利的本质与不同类型,历史地辩证地认识权力的普遍性与特殊性以及权利与义务的关系,是揭示耕者有其权内涵的主要依据。

二、耕者有其权内涵界定

按以上依据,应将耕者有其权的基本内涵,界定为农业劳动者应享有的占有、使用劳动资料与分配劳动产品,以及以此为基础的经济、政治、文化和社会权利。这一内涵是基于农民作为农业劳动者权利的"正当性"确定的。但是,权利又是一个历史的范畴,它是随着历史条件变化以及人们认识的深化,逐步生成并发展的。由于历史条件不同,不同时期耕者有其权的具体内涵,也大相径庭或有明显差别。

在21世纪之前,中国先后经历了不同社会形态及其发展阶段,农民权利也随之不断丰富并不断变化。总体说来,在这一漫长历史中,耕者有其权的内涵,被局限在农民普遍权利中的应然权利、法律权利和实然权利及其差别的范围,诸如农民对土地等劳动资料的占有权、使用权、收获物的分配权和他们在不同阶段的社会经济、政治和文化权利。而农民的特殊权利和理想权利,还不可能被纳入耕者有其权内涵当中。这不仅因为在这个漫长历史时期的绝大部分时间里,农民处于被压迫地位,也因为中国农业处在或基本处在传统阶段,中国工业和城市发展落后,尚不具备实现其特殊性权利和理想权利的基本条件,因而农民权利还不能获得完整的意义。只有到21世纪之后,随着中国工业化发展到中后期阶段,国家具备了工业和城市反哺农业与农村的能力,具备了逐步消除法律权利与农民实然性权利之间差距的条件,耕者有其权才可能获得其比较完整和现代意义的内涵。

作为比较完整和现代意义的耕者有其权,主要包括农民作为一般劳动者和国民(公民)应享有的平等权利和作为农业劳动者特殊群体应享有的特殊权利。

农民作为国民(公民),应享有与其他国民(公民)一样的平等权利。这是由劳动者权利"正当性"的本质决定的,也是辛亥革命以来中国宪法规定的"法律面前一律平等"原则的内在要求。张英柱在其《农民权利论》一书中,列举并论述了当代中国农民此方面的14种权利,包括农民平等权、生命权、人身权、迁徙自由权、结社权、参政权、自治权、信访权、土地财产权、受教育权、社会保障权、健康权、文化权、环境权等①。赵万一把农民基本权利区分为生存型、保障型和发展型三种类型:生存型权利包括平等对待权、财产权、迁徙自由权和政治参与权;保障型权利包括社会保障权和司法救济权;发展型权利包括就业权、受教育权和结社权②。上述所列未必是农民作为公民的全部权利,但是农民的主要权利。

农民作为农业生产者,应享有其担负的劳动分工所赋予的特殊权利。这种特殊权利,主要包括农民职业权利和村民自治权利。

农民应享有职业权利。农业作为唯一的经济再生产与自然再生产相交织的产业,具有天然弱质性。尤其是粮食种植,不但生长周期长、自然与市场风险大,而且其劳动时间和生产时间差最大,分工经济最难展开,由此导致其比较效益最低。同时,农民经济力量微弱而脆弱,文化程度低,居住分散且远离政治经济文化权利中心的城市,因而从事种植业生产的农民特别粮食生产的农民,成为天然的弱势群体。

按照美国学者约翰·罗尔斯的正义理论,弱势群体是由他们担负的社会分工的不利地位造成的。不利的社会分工,导致他们与其他社会群体相比,在社会地位、知识能力与社会机遇等方面的存在重大差异。因此,在经济与社会竞争中,即使弱势群体有与常势群体相同的政治权利和机会,也不能使自己都获得与常势群体平等的地位、平等的财富和平等份额的收入。故而,具有真正社会正义意义上的平等,要求在实行平等自由的一般原则的同时,实行"差别原则",即给那些因自然差异所造成的最少受惠社会弱者以补偿利益,从而改善这些"最不利者"的处境,缩小他们与

---

① 张英柱:《农民权利论》,中国经济出版社2007年7月版。
② 赵万一:《中国农民权利的制度重构及其实现途径》,《中国法学》2012年第3期。

第十二章　耕者有其权目标的内涵与地位

其他人的差距①。因此，保护农民这个弱势群体是政府和社会实现公平正义的一种责任。

不仅如此，农民还不同于一般的弱势群体，而是一个特殊的弱势群体。他们的弱势性，主要是由他们承担的社会分工，即农业本身的天然弱势性造成的。但农业是国民经济的基础产业，不仅有经济功能，同时有社会功能、生态功能和文化功能等多重功能。这些功能使之"带有很大的公共性、社会性②，"关系到国家和人民的粮食安全、生态安全和社会稳定。因此，农民尤其种植业农民，具有产业劳动的弱质性和产业功能的崇高性特点。

正因为农民处于弱势地位又承担着崇高的产业使命，因而赋予农民尤其是种植业农民享有特殊保护和支持的特殊的职业权利，这不但是国际通例，而且是目前中国的现实。欧美和日韩等发达国家和地区分别于20世纪30年代和六七十年代开始，通过宏观调控、价格支持与补贴、农民收入补贴、要素补贴和政府救济等形式，对农业实行系统保护与支持，并成为WTO允许的通行规则。进入21世纪以后，中国也开始实行农业支持保护制度，且支持保护力度在逐步加大。因此，农民享有这些非农群体所没有的职业权利，成为耕者有其权的应有之义。

农民还应享有自治权利。中国农民是中国也是世界上历史最悠久、人数最多、居住最广泛、最分散并担负唯一与土地打交道的农业产业分工的特殊群体，因而中国农民有其的特殊的文化、特殊的生活方式、特殊的行为方式和聚族而居，分布广泛的特点，加之18世纪前的中国实行"皇权不下县"治理结构③，形成了中国农村悠久的自治传统。辛亥革命后，这种传统演变为一种农村制度。20世纪80年代以来，农村自治更成为中国农村的一项直接民主制度，也是中国农村集体经济成员享有的一项基本民

---

① [美]约翰·罗尔斯，何怀宏、何钢、廖申白译：《正义论》，中国社会科学出版社1988年版，第234页。
② 韩长赋：《中国补贴只占农民收入3% 欧美有40%》，人民网，http://lianghui.people.com.cn/2014npc/n/2014/0306/c380010-24546518.html，2014年3月6日。
③ 胡恒：《"皇权不下县"的由来及其反思》，《中华读书报》，2015年11月4日第5版。

主权利①。因此，村民自治权利也成为农民特殊权利中的重要内容。

当然，耕者有其权的上述内涵，是基于农民应然权利和目前历史背景而提出的比较完整意义上的农民权利。至于此前不同阶段的农民权利，由于历史条件局限，不可能是完整的。但是，这不意味着上述内容只适用于对现阶段农民权利问题的考察，而对古代和近代不具参照价值。只要将其中的相应内容，放在不同历史条件下，把农民的应然权利，与法律权利和实然权利状况相对照，即可对当时农民权利状况作出合理判断，因而可以作为考察中国不同时期农民权利问题的基本参照。

三、实现耕者有其权战略目标的地位

（一）实现耕者有其权是三农三步走规律承上启下的关键阶段

三农三步走规律第一步目标即实现耕者有其田的实现，对农民获得生存与发展的基本条件具有根本性意义。但土地等生产资料必须与农民结合，才能进入生产过程。而这种结合的实质，是农民权利问题。如果说，在三农三步走规律第一步战略目标中，土地是农民的生存问题，那么，在该规律的第二步战略目标中的土地，则是农民权利问题。能否按农业生产特性的要求，让农民获得充分的土地经营权，并从农业劳动中获得合理收益，关系到土地利用的效益和农民生产积极性能否得到充分发挥，直接决定着能否促进农业发展和农民增收，从而不断接近该规律第三步战略目标——耕者有其富。可见，耕者有其权是实现耕者有其富目标的必要条件，在三农三步走的三个目标中，起着承上启下的关键作用。

（二）耕者有其权是当代三农的核心问题

当代三问题中有许多问题，诸如农业发展落后、农村基础设施与科技水平低、农民收入低等等。造成这些问题的原因也是复杂的，但根本原因，是城乡分割、对立的权利结构，是农民权利的缺失。这为大量实际材料和研究成果所证实。如20世纪50年代到21世纪初，城市和工业偏向的城乡二元体制，通过剪刀差把大量农业剩余汲取到城市和工业，成为农

---

① 吴家清：《宪法与社会主义新农村建设》，山东人民出版社2007年版，第384页。

第十二章 耕者有其权目标的内涵与地位

业长期落后的重要原因。城乡二元体制和农民权利的缺失,也是造成农民收入低下的决定因素。2002年中国社会科学院根据三次全国范围的住户调查撰写的《中国城乡收入差距调查》报告认为,城乡收入差距迅速拉大的原因有很多,根子却在城乡分割的管理体制[①]。2006年中国农业大学一则对华北、华中、华南6省,24个乡的调查也认为城乡二元结构导致农民权益受损,是农民收入低下,并且抵消国家补贴作用的主要原因[②]。赵德起、姚明明根据1994~2011年农民权利配置和农民收入的相关变量面板数据的实证分析认为,农民收入各相关变量的变化规律,与农民权利配置的规律,基本上保持了一致。1994~2003年间,农民权利配置少,因而农民收入增长缓慢,2004~2011年间,农民权利配置较多,因而农民收入增长较快[③]。这些材料,有力地证明了农民权利与农民增收之间的关系,说明耕者有其权是当代三农问题与三农发展的核心问题。当然,主张农民权利缺失是当前三农问题根源,并非降低对农民增收的重视程度,而是强调在重视农民增收同时,更要重视解决制约农民增收的二元体制矛盾。不解决这一矛盾不恢复和完善农民权利,就不可能实现农民增收致富。

(三) 耕者有其权是构建社会主义和谐社会的重要标志

实现权利平等、社会公平与和谐发展,是社会主义核心价值观的重要内容,也是社会主义本质的体现。对农民而言,实现权利平等,就是不但享有与其他国民平等的公民权利,而且享有农民自治和国家支持保护农业的特殊权利。这些权利的获得,不但会实现农民与其他群体形式上和事实上的平等,实现社会公平,推进农民增收致富的步伐,而且将对中国整个社会和谐发展,产生深刻而深远的影响。

[①] 李实、岳希明:《中国城乡收入差距调查》,《乡镇论坛》2004年第8期。
[②] 李健:《城乡二元结构是农民权益受损的制度根源》,《中国青年报》,2006年7月14日第3版。
[③] 赵德起、姚明明:《农民权利配置与收入增长关系研究》,《经济理论与经济管理》2014年第11期。

中国"三农"发展规律与战略目标研究

1. 耕者享有平等公民权将给农民状况和社会地位带来根本性变化

这体现在各个方面。如实现农民平等选举权,将实现城乡居民按相同人口比例选举人民代表大会代表,从而保障农民对国家和社会事务的参与权、表达权及监督权;实现农民医疗、养老等各项社会保障权利的平等权,将减少农民的生活成本;实现城乡户籍身份的平等,将消除由此带来的种种歧视和限制,使之获得自由就业、平等的工资待遇,使农民获得更多发展机遇和合理收入,为实现剩余劳动力转移和农业规模经营,从而为种植业农民获得规模效益提供条件;实现教育基础设施的城乡平等,将大大提高农民接受教育、增强能力的机会和质量,大大改善农业生产和农民生活条件与环境,促进农业生产发展和农民生活质量的提高;土地是农民最大的财富和财富来源。农民土地权利的实现,将使他们在拥有土地集体所有权基础上,获得土地承包权、经营权、使用权、流转权、抵押权等所有用益物权,从而使之在土地经营和流转中获得农业和财产性收入。总而言之,全面实现农民的公民权利,将改变过去农民承担义务多、享有权利少的"二等公民"地位,而转变为义务与权利相一致的平等公民,从而获得与这些权利相联系的各方面经济利益与社会权利,从根本上改善农民生产和生活状况及社会地位,实现城乡社会的和谐发展。

2. 耕者享有村民权利将是其在本村自治组织内部的平等政治和经济权利

耕者的村民权利,不但赋予他们作为本自治组织成员,平等参与本村的民主选举、民主决策、民主管理、民主监督的权利,而且赋予他们在村集体经济发展中获得平等经济收益的权利。这些权利的获得,将使他们以主人翁精神和高度热情投身于乡村建设,成为农村和谐发展的巨大动力。

3. 粮食种植业农民享有的特殊权利,将使之获得国家格外保护

粮食种植业是中国农业中最弱质的产业,却是国计民生最主要、最基础的产业;从事粮食生产的农民,是最弱势的群体,却是担负最崇高职任的群体。因而,解决粮食种植业的三农问题,对解决整个三农问题具有决定意义。而且对于粮食种植业及其从业者来说,无论来自自然界的风险,还是来自市场的风险,都不是它(他们)本身力量所能够抵御的。因而保障粮食种植业农民享有国家对农业保护和支持的特殊权利,是国家和社

第十二章　耕者有其权目标的内涵与地位

会的责任，也是解决粮食种植业三农问题关键所在。

从发达国家经验看，国家对农业保护和支持的重点，主要是与国计民生关系最大的大宗农产品，特别是粮食作物，而且其农业补贴在农民收入中占很大比重。目前，欧美国家政府补贴占农民收入达40%以上[1]。中国农业经济结构具有以种植业为主的特点，因而，支持种植业特别是粮食种植业，是中国政府农业保护与补贴政策的重点。但由于中国发展程度的限制，目前政府的各项农业补贴只占农民收入的3%，存在继续增加对农业补贴的巨大空间。随着经济发展，国家对农业的支持与保护力度将进一步加大，农业将获得更多生产要素的支持，农民获得更多、更稳定的收入。这将逐步缩小直至最后消除其因分工不利地位而导致的实质上的不平等，使其收入将达到不低于，甚至高于其他产业从业者的收入水平，让农民成为令人羡慕的职业。

总之，耕者有其权将使农民享有与其他国民平等的公民权利，使种植业农民享有农业保护和支持的特殊权利。这些权利的获得，将会重塑农民尊严，不仅使之获得与其他公民的平等权益，而且会消除其因处于分工不利地位而导致的实质上的不平等。这将彻底改变二元体制下城乡居民权利不平等格局造成的城乡分割、撕裂与对立，形成城乡融合一体，和谐发展的新局面，使农民和所有中国人几千年不懈追求的公平正义、社会和谐的"中国梦"理想得以实现。

---

[1]　参见韩长赋：《中国补贴只占农民收入3% 欧美有40%》，人民网，http：//lianghui.people.com.cn/2014npc/n/2014/0306/c380010-24546518.html，2014年3月6日。

第十三章

近当代农民权利状况与三农曲折发展

在近代中国,农民处于完全无权的状态,三农问题不断深化和尖锐化。新中国的成立,为从根本确立农民权利提供了政治保证,并在事实上使农民权利状况在多方面得到了改善。但由于经济文化落后等原因特别是城乡二元经济社会体制的形成,又使农民权利在许多方面受到限制,三农发展也经历了一个曲折的过程。改革开放后,特别是进入21世纪后,随着城乡二元经济社会体制被逐步打破,农民的权利得到了逐步恢复和保障,三农也进入持续发展时期。

第一节

近代农民的无权状况与三农问题尖锐化

一、近代宪法对公民权利规定

在奴隶制社会,作为奴隶的农民毫无权利,他们不被看作人,只是奴隶主任意支配的私有物。在封建制社会,帝王拥有绝对权力,农民只是被

第十三章　近当代农民权利状况与三农曲折发展

压在王权之下的"草民"。正如列宁指出的：农民虽已不算是地主的直接私有物了，他们可以用一部分时间在自己那块土地上工作，在某种程度上是自由支配自己了，但地主仍是统治阶级①。农民不但毫无政治权利，经济上也没有多少权利。即使在中国封建制社会"家国同构"土地所有制下农民的少量土地权力，也周期性的被打碎，或被随时剥夺，毫无保障可言。1911年的辛亥革命，推翻了延续两千多年的皇帝专制制度，建立了民主共和政体。南京临时政府颁布《中华民国临时约法》，明确规定了人民享有财产、言论、迁徙、教育及政治等各方面的自由平等权。此后，在1932年、1947年颁布的《中华民国宪法》中，也将平等权列为公民最基本的权利。在这些法律条文中规定的权利，主要表现为平等权和自由权。

平等权。平等权指公民平等享受权利并承担义务，这是公民最基本的权利。《中华民国临时约法》第五条规定：中华民国人民一律平等，无种族阶级宗教之区别。1947年《中华民国宪法》关于平等权的规定更为详细具体，"中华民国人民，无分男女、宗教、种族、阶级、党派，在法律上一律平等。"人民应平等享受之权利包括生存权、工作权及财产权；受教育权，应试权，诉讼权考试权，选举权和被选举权，并对行政机关拥有监督权。同时，公民因公务员过错行为受到损伤时，拥有请求国家赔偿的权利。公民平等负有纳税、服兵役、教育等方面义务。

自由权。自由指与人身和财产相关的公民依法自主决定的个人精神和行为空间的权利。自由与平等同为民主社会公民最基本的权利。辛亥革命后，历届政府均将自由权作为公民基本权利列入宪法。主要包括：身体不受非法逮捕、拘禁、审问与刑罚的权利；住宅不受侵犯；隐私权；保有财产及营业自由权；居住、迁徙自由权；言论、著作、刊行及集会、结社自由；宗教信仰自由等。

近代中国虽在法律形式上以民权代替了皇权，以民法代替了王法，并规定了人民权力平等条款，在一定意义上有进步性，但在大地主、大资产阶级专制统治下，这些法律权利与人民实然权力之间，却有天壤之别。农民虽然也被涵盖于公民范畴，但依然被压在社会最底层，其实然权利状况

---

① 《列宁选集》第4卷，人民出版社1972年版，第50页。

甚至比封建制社会王朝前中期更悲惨。

二、近代农民的权利状况

（一）土地兼并对农民土地权利的剥夺

土地为农民生存之本。农民的财产权，主要通过土地所有或占有来体现。晚清时期，存在大量国有土地，如官庄旗地、官田、屯田等。对这些国有土地，清律明确规定禁止买卖。到清朝末期，随着商品经济的发展，禁止国有土地买卖的规定逐渐松弛。1907年，清政府明确批准除奉天以外的旗地可以自由买卖，国有土地开始进入市场，这从制度上为特权阶层买卖土地提供了便利。

进入民国以后，中国虽从政治上推翻了封建帝制，建立了民主共和政体，但作为中国经济基础的封建地主所有制，非但丝毫没有被触动，反成为近代军阀政权统治的基础。大地主与军阀政权相结合，形成了地主军阀官僚特权阶层。正如李立三当时所评论："几乎在有名的大地主中，找不出几个不是出身于军阀、官僚的。"① 地主军阀官僚特权阶层，利用政权和军队，大肆剥夺农民土地，使土地兼并程度比民国前更加严重，导致农民土地权利被剥夺。

以东北为例。民国初年，北洋政府继承清末的"边地放荒"政策，开放蒙古、东北三省的荒地，允许移民开垦。然而，军阀官僚借此机会大肆吞并土地。1916年，张作霖强迫开放达尔汉亲王旗辽河南北土地4000余方（每方45垧，约计18万垧（1垧≈6666平方米）），张作霖及其岳母、鲍贵卿、冯麟阁等各分割千余方。1922年，张作霖又霸占通辽以西土地2800余亩。张作霖主政东北期间，在东北霸占土地共计达15万多垧（一垧合十亩）②。奉系军阀吴俊升任黑龙江省长期间，攫取土地几遍全省。1924年，吴俊升强迫向博德勒格台旗将租借斯卜海的土地2000垧，

---

① 李立三：《中国的封建势力与封建制度》，转自朱新繁：《中国农村经济关系及其特质》，新生命书局1930年版，第174页。

② 满铁：《东三省官宪之施政内情》附录，见章有义：中国科学院经济研究所《中国近代经济史参考资料丛刊第三种中国近代农业史资料第二辑 1912—1927》，生活·读书·新知三联书店1957年版，第18页。

第十三章　近当代农民权利状况与三农曲折发展

期限长达 99 年。这些土地名为租借，实为霸占。1925 年，按每垧奉票 50 元强迫租借博旗阿林塔拉最上等耕地 5000 垧。同年，又与杨宇霆同时强占博旗松林哈塔耕地二千二三百垧①。吴俊升还在洮南拥有田地 20000 亩②。

上行下效，其他各级军阀官僚，均在自己势力范围之内，尽最大所能圈占土地。为达到土地升值的目的，军阀官僚甚至以自占土地位置决定车站位置③，因而抢占铁路沿线土地现象在奉系军阀中普遍存在。当时日本人在考察中东铁路沿线土地情况后指出，"此种地主，不乏达官显宦，如现任或退职之各部总长、国会议员以及各省督军、省长也。此项人员，向与各界极有关联，易由公家以贱值购得大宗地亩。……故不惟东省铁路势力范围内寂无人烟之地亩，几垂属此类地主之业，即黑龙江沿岸一带，迄今未垦之荒地，亦大都为彼等之置产。但彼等经营此种业务，悉用公司或堂号名义；属于个人者，殊鲜闻焉。"④

特权阶层兼并土地的情况，在其他省份同样普遍存在。如曾任民国总统的黎元洪在 1903 年（清光绪二十九年）到 1917 年间，在湖北、直隶等地大量购进土地、水塘、草场等地产。粗略统计，他仅在武昌五里界、纸坊地区的东西两路经租处，每年收租钱 15000～20000 串文、谷约 3500 石到 5000 石。另外，他还在河北省宁河县（今属天津市管辖），购进土地 4 顷又 80 亩；在丰润县购进土地 500 亩⑤。皖系军阀倪嗣冲，在安徽任督军时，低价购进津浦路蚌埠站一带荒地 500 余顷，另以其子倪道杰名义购进 200 顷，成为当地最大地主。张敬尧在其家乡安徽霍邱拥有土地达七八

---

① 蒙古自治筹备委员会"国联调查委员团陈情书"。满铁经济调查会：《满洲经济年报》，1934 年，第 43 页。
② 陈翰笙：《现代中国的土地问题》，见冯和法编：《中国农村经济论》，黎明书局 1934 年版，第 220 页。
③ 长野郎著，强我译：《中国土地制度的研究》1930 年版，第 177 页。编者注：长野郎原著出版于 1930 年，所用材料大致都是 1928 年以前的。
④ 东省铁路经济调查局：《北满农业》1928 年版，第 81 页，1922～1924 年间调查。载章有义主编：《中国科学院经济研究所中国近代经济史参考资料丛刊第三种中国近代农业史资料第 2 辑 1912—1927》，生活·读书·新知三联书店 1957 年版，第 16 页。
⑤ 中国人民政治协商会议天津市委员会文史资料委员会：《近代天津十大寓公》，天津人民出版社 1999 年版，第 43 页。

万亩以上，李厚基在江苏徐海占地200多顷①。

（二）农民土地权利的严重缺失

特权地主阶层对土地的大肆掠夺，使得土地集中空前加剧，形成农民地权的严重缺失。据1927年《中国国民党中央执行委员会农民部土地委员会报告》记载，除去无地佃雇农外，仅按有地者计算，占全国人数5%的大地主（占地100亩以上），占有全国43%的土地。如将中小地主纳入在内，则人口占14%的地主阶层，占有全国62%的土地。而占人口总数44%的贫农，仅占有6%的土地（见表13-1）。此外，尚有1.86亿无地的佃农、雇农与游民。② 可见，当时农民地权缺失是非常严重的。

表13-1　　　　　　　　中国不同阶层土地占有状况

成分	占有土地（亩）	人数占比（%）	占地比率（%）
贫农	1~10	44	6
中农	1~30	24	13
富农	3~50	18	19
中小地主	50~100	9	19
大地主	100以上	5	43

资料来源：于建嵘：《中国农民问题研究资料汇编第一卷（1912-1949）》（下册），中国农业出版社2007年版，第526页。

随着土地兼并日益严重，农村经济日趋破产，农民贫困程度日益深化，农民自耕农不断沦为佃农或半佃农，农民无地化倾向越来越明显。主要表现是自耕农比率减低，佃农比率上升。据国民政府对全国22省统计，自1912~1947年，自耕农占比从49%下降至42%，佃农与半佃农占比则从51%上升至58%，农民无地化趋势越来越严重（见表13-2）。

---

① 黄征、陈长征、马烈：《段祺瑞与皖系军阀》，河南人民出版社1990年版，第163页。
② 于建嵘：《中国农民问题研究资料汇编第一卷（1912—1949）》（下册），中国农业出版社2007年版，第526页。

第十三章　近当代农民权利状况与三农曲折发展

表 13-2　　　　　省农民无地化趋势（1912~1947 年）

年份	合计	自耕农（%）	半佃农（%）	佃农（%）
1912	100	49	23	28
1931	100	46	23	31
1936	100	46	24	30
1947	100	42	25	33

注：22 省系：江苏、浙江、江西、安徽、河南、湖北、湖南、四川、云南、贵州、福建、广东、广西、陕西、河北、山东、山西、甘肃、绥远、宁夏、察哈尔、青海。1931 年缺宁夏。

资料来源：严中平等主编：《中国近代经济史统计资料选辑》第一种，科学出版社 1955 年版，第 276 页。

（三）租税和借贷负担对农民生存权的侵蚀

近代农民地权的严重缺失，导致大量农民不得不依靠租种地主土地为生，长期遭受苛重的田租剥削。随着土地兼并程度越来越高，农民对地主阶级依赖程度也愈益加深，这为地租率的提高以及押租、预租的推行提供了前提，使高地租率成为近代地主经济的显著特点。据 1934 年国民政府的调查，在土地兼并严重的江苏、浙江两省契约租佃几乎为 100%；安徽、河南两省为 80%；山东约为 71%。即使地权相对分散的山西、甘肃两省，也达 60% 左右①。整个民国时期，地租与农产量比率始终保持在 50% 左右。1927 年江西 60 县调查结果显示，该省占全收入之 50% 以下者 12 县，占比 20%；田租占全收入 50% 者 22 县，占比 36.7%；田租占全收入 55% 者 4 县，占比 6.7%；田租占全收入 60% 以上者 22 县，占比 36.7%②。国民政府主计处 1930 年全国调查，地租占农产量比率普遍在接近 50% 的水平③。

土地集中引发押租与预租制盛行。押租，即要求佃农在租地时交付高额押金，于退租时退还。押租多存在于中部和南部交通阻塞地区，因为这

---

① 实业部中国经济年鉴编纂委员会：《中国经济年鉴》（1935 年）续编，商务印书馆 1935 年版，第 71~75 页。
② 陈伯达：《近代中国地租概况》，新华书店出版社 1949 年版，第 36 页。
③ 实业部中国经济年鉴编纂委员会：《中国经济年鉴》（1934 年），商务印书馆 1934 年版，第 64~66 页。

里的农民没有其他谋生手段，地主借此推行苛刻的押租制。在 20 世纪 30 年代，除去地权较分散的华北地区以外，其他各区盛行押租的县数占比普遍在 50% 左右，南方各省多在 60% 以上，最高的西南地区近 85% 的县都有押租现象①。押租水平各地因土地集中情况程度而不同，但普遍高于正租 1 倍以上，最高的江西省甚至达到正租额的 7 倍②。商品经济比较发达的地区，则普遍盛行预租，典型的如江苏、浙江、广东、河北等地。预租即在订立租约时就要预先支付地租，或者在租佃过程中，提前 1 年甚至更长时间交付地租。预租额占正租 10% ~100% 不等，且随着时间推移，土地兼并加重，预租额呈上升趋势③。

（四）赋税负担对农民生存权的侵蚀

近代农民的赋税负担，主要来自于国家的田赋和税收。田赋为国家农业正税。中国传统田赋征收额度以不超过地价 1% 为原则，但在民国时期，由于军阀割据，战乱不断，政府财政困难，田赋征收比率均远超 1% 的比率。民国元年，各省田赋与地价比率普遍在 2% 以下，超过 2.5% 的数量极少。但至 20 世纪 30 年代以后，则普遍在 3% 以上，且呈逐年上升趋势④。此外，政府和军队还通过田赋预征及征收附加税方式，加重对农民剥夺，且后者因无制度约束，更具随意性。在田赋预征最严重的四川省，在 1932 年二十四军已预征到 1958 年，超征 26 年；二十八军预征到 1978 年，超征 46 年。至抗战时期，预征田赋的省份有 12 省，分别为河北、山东、四川、河南、湖北、广东、福建、贵州、安徽、陕西等。除正赋之外，政府和军队以各种名目征收田赋附加税，如教育附加税、水利专款、交通专款、党政民众捐、农业改良捐等。至抗战前，全国征收附加税省份有 12 省，征收名目繁多，不胜枚举。全国各类附加税多达 673 种，最多的江苏省一省即有 173 项。征收额度均由地方政府自定，多数地方超

---

① 严中平等编：《中国近代经济史统计资料选辑》，科学出版社 1955 年版，第 292 页。
② 严中平等编：《中国近代经济史统计资料选辑》，科学出版社 1955 年版，第 292 页。
③ 严中平等编：《中国近代经济史统计资料选辑》，科学出版社 1955 年版，第 293 页。
④ 安宝：《离乡不离土——二十世纪前期华北不在地主与乡村变迁》，山西人民出版社、山西经济出版社 2013 年版，第 37 页。

第十三章　近当代农民权利状况与三农曲折发展

过正税数倍。1932年，河北省沧县、南皮、盐山等41个县都超过正税1~3倍不等①。湖南省附加税普遍在正税之3倍以上，战乱频繁的四川省则多在4~5倍之间②。上述情况在其他各省普遍存在，根据有关资料估算，抗日战争前，各类地租与赋税负担约占农业总收入的37%③。抗日战争时期，军费开支庞大，经费主要出自农民田赋，国统区农民负担更加沉重，1937~1941年，田赋征收额度普遍增长4倍以上（见表13-3）。

表13-3　国统区各省田赋预算征收数（1937~1941年）　　　　单位：元

省名	1937年	1938年（1~6月）	1939年	1940年	1941年
贵州	409757	204878	691118	1260327	1645394
河南	10224820	5112410	3481915	4428366	5283813
福建	5393540	12722067	4233482	4607106	23724601
湖北	2603200	1301600	3654538	3235900	6940694
陕西	5993114	2996557	5083086	5481360	11450000
宁夏	1797895	898947	2157156	2157156	1093655
广东	5286700	2643350	3829120	4185810	6255210
四川	19500000	31643470	30204828	27506347	53882564

资料来源：中华人民共和国财政部《中国农民负担史》编辑委员会编著：《中国农民负担史》，中国财政经济出版社1994年版，第406页。

1941年以后，因物价飞涨，国民政府决定田赋改征实物，即田赋征实。之后，又以收购余粮名义，陆续实行征购、征借政策，即所谓"三征"。1941~1945年间，各省"三征"在农民收入中普遍在三分之一以上④。

日益沉重的租税负担，导致农村经济日趋衰退，农民生活状况不断恶化，大量农民不得不依赖借债维持生存，遭受高利贷剥削。1934年，全

---

① 李鸿毅：《河北田赋之研究》，成文出版社有限公司（中文）资料中心1977年版，第100页。
② 程滨遗等编：《田赋会要》上册，正中书局1943年版，第97~98页、279~280页。转自朱玉湘：《中国近代农民问题与农村社会》，人民出版社2004年版，第164页。
③ 李成瑞：《中华人民共和国农业税史稿》，中国财政经济出版社1962年版，第44页。
④ 中国第二历史档案馆：《中华民国史档案资料汇编》第五辑第一编"财政经济"（七），江苏古籍出版社1994年版，第37页。

国土地委员会对华北四省农民经济状况调查后说："农家经济困难，收不敷支，或虽平时收支勉可相抵，设遇意外势必出于借贷。"[1] 据当时李景汉等人在河北定县所做调查，1929 年到 1931 年，农户负债率从 33% 升至 58%，增加 78%；借贷规模上涨更快，以 1929 年为 100，1931 年增至 233，三年期间增加 1 倍以上（见表 13 - 4）。

表 13 - 4　　河北定县农村负债情况的变动（1929～1931 年）

年份	负债户数占比	负债户数指数	借款总次数	借款总次数指数	借款总额（元）	借款总额指数
1929	33	100	335	100	21026	100
1930	44	135	466	139	34401	164
1931	58	178	726	217	48944	233

资料来源：李景汉：《定县农村借贷调查》，《中国农村》第 1 卷第 6 期。

另据国民政府的农村调查，1934～1935 年间，河南、湖北、安徽、江西四省农户平均负债率为 71%，而其中佃农高于半佃农，半佃农又高于自耕农[2]。这不但说明农民总体处于贫困状态，而且说明其贫困化与无地化程度有直接关系。另据李景汉、陈翰笙等乡村建设派对农村各阶层调查，抗战前后富农负债率均在 13% 以下，中农在 10%～24% 之间，而贫农负债率则在 68%～85% 之间（见表 13 - 5）。

表 13 - 5　　　　　　　各地负债农户阶层分配

地区	资料日期	合计	富农	中农	贫农
河北定县	1933	100	13.0	24.0	63.0
广东番禺	1933	100	11.0	21.6	67.4
广西苍梧	1934	100	1.7	8.7	89.6
广西思恩	1934	100	4.6	10.6	84.8
四川璧山	1944	100	4.0	29.2	66.8

资料来源：严中平等编：《中国近代经济史统计资料选辑》，科学出版社 1955 年版，第 343 页。

---

[1] 中国第二历史档案馆：《中华民国史档案资料汇编》第五辑第一编"财政经济"（七），江苏古籍出版社 1991 年版，第 36～37 页。

[2] 严中平等编：《中国近代经济史统计资料选辑》，科学出版社 1955 年版，第 343 页。

第十三章 近当代农民权利状况与三农曲折发展

农户负债率上升,加剧了农村资金紧张,其结果导致农村贷款利率快速上涨。从清末至20年代初期,东北地区利率增长幅度在4倍左右,20世纪30年代初期,农村经济破产,各地借贷利率普遍上涨1倍以上①。这表明农民负债除在广度发展之外,更向深度发展,农民遭受的高利贷剥削程度不断加重(见表13-6),造成农民贫困的恶性循环,挣扎在死亡线上。这是近代中国统治阶级剥夺农民生存权,肆意加重对农民剥削造成的恶果。

表 13-6 各地农村借贷利率增长情况 (1909~1934 年)

地 区	时期	本期内利率增长百分率
东北扶馀、宁安、伊兰	1909~1916	100~170
松花江流域	1909~1922	350
黑龙江流域五常、巴彦呼兰、扶馀等	1909~1924	400
东北长春的货币借贷	1929~1931	40
四川泸县农村的现金借贷	1932~1933	100
广东电白、茂名、新兴、信宜、英德、梅县	1929~1934	10~40
广东台山的广海附近农村	1929~1934	119

资料来源:严中平:《中国近代经济史统计资料选辑》,科学出版社1955年版,第349页。

(五) 近代农民政治与社会权利的缺失

辛亥革命失败后,中国虽先后经历了北洋军阀政府和南京国民政府两个政权的统治,但两者在依靠地主阶级、实行专制独裁统治方面并无二致。因此,尽管这两个政权都颁布了一些平等公民权的法律条款,但事实上没有也不可能实行,农民与其他劳动群众一样,在国家政治层面都处于完全无权的地位。北洋军阀政府和南京国民政府为标榜秉承孙中山地方自治思想,在一些地方推行过地方机构乃至乡镇机构的村民选举,但结果或行不通,或权力为地方绅士把持。南京国民政府推行的保甲制,更是对农民权利的摧残和践踏。正如当时有人揭露的那样:"保甲的基础是建立在户长的上面,亦即建立在家长的上面,这和旧式代表封建政治的保甲制

---

① 严中平等编:《中国近代经济史统计资料选辑》,科学出版社1955年版,第349页。

度,并没有本质的差别。""所谓公民却依然无行使四权的机会"①。国民党也曾组织了一些农会,甚至建立了全国性的农会组织体系。但其目的在于和共产党争夺农民,而不是保护农民权利,因而,在这些农会中,"以保甲长、乡村知识精英及基层党政人员在农会中占据着主导权,半自耕农、佃雇农在农会中并无话语权的。"②

三、近代农民处于无权状态的根源

近代农民处于全面无权状态的根源,在于中国近代化进程中形成的代表外国在华势力和中国少数人利益的国家政权和根本对立的城乡二元经济结构。中国的近代化,不是在国家主权独立的条件下发生的,而是在变成半殖民地半封建社会的条件下,"实质上是在殖民主义者的控制和影响下进行的"③。外国资本主义的侵入,虽然在客观上促进了中国资本主义的产生与发展,但其目的不是在中国发展资本主义,建立资本主义民主制度,而是在中国掠夺廉价原料特别是农产品,把中国变为榨取超额利润的商品销售市场和资本积累的来源,因而极力把中国的近代化控制在适应他们需要的范围内。为此,他们极力维护中国落后的经济与政治秩序,极力扶植中国腐朽的封建地主阶级和官僚买办资产阶级,在中国建立了依附于他们的大地主大资产阶级政权。这个政权虽在形式上建立了共和政体和民主制度,但由于其代表的狭隘利益,不可能把权力真正交给广大人民,因而使人民包括农民实际上仍处于无权状态。这是近代农民处于全面无权状态的政治根源。

在经济上,中国近代城市和近代工商业虽有所发展,但由于外国侵略势力和本国地主阶级的竭力维护,封建和半封建经济依然仍占据优势地位,因而形成了近代城乡二元经济结构。在这一经济结构下,城乡之间的

---

① 冬青:《新县制的实施与民权主义的推行》,《大众生活》,1941年。其中的"四权",又称"民权",是指孙中山政治学说中人民享有的四种权利:选举、罢免、创制、复决权。——作者注。
② 魏文享:《农会组织与国民党党农关系的重建(1927—1949)》,《江汉论坛》2008年第6期。
③ 虞和平:《试论中国近代化的概念涵义》,《社会学研究》1991年第2期。

第十三章　近当代农民权利状况与三农曲折发展

根本对立较之古代更为深刻和尖锐。这不仅在于近代中国统治者对农民的剥削更加残酷，还在于增加了外国资本对农村的大肆掠夺，增加了有更强汲取能量的近代城市对农村资源的巧取豪夺，更在于城居地主现象越来越普遍，"城居地主对乡村的控制和压榨越来越强化"①。这些形成了盘踞城市的外国资本、中国官僚买办资本、民族资本和居城地主共同压迫、剥削农村的尖锐对立的城乡二元经济结构，成为近代农民处于全面无权状态的经济根源。

近代城市依靠其高度组织化的商业模式与近代化的生产力，形成对市场、金融以及其他资源的垄断，并主要通过工农产品剪刀差形成的城乡不平等交换，对农村进行经济掠夺与剥削。而农村则在市场化过程中，因缺乏组织与经营优势，在与城市经济交易中，处于极为不利的地位。尤其到20世纪以后，随着国内市场规模逐渐扩大，传统自给自足小农经济被卷入近代化市场体系。一方面，近代工商业发展需要棉花等其他农产品作原材料。如20世纪初期，中外棉纺业迅速发展，诱发多省份棉花种植区域带的形成。又如英美烟公司对烟草的大量需求，也导致北方山东等省烟叶种植面积的扩大。另一方面，现代城市聚集大量非农从业人群，需要农业供应生活资料，也促使了农业商品化发展。据调查，至20世纪20年代，河北、安徽、山西、浙江、福建、江苏等6省的农产品商品化率平均为52.6%，农民生活资料中购买部分也达到了34.1%②，表明农村经济市场化已达较高程度。同时，口岸城市进口的大量洋货，因城市消费能力有限，主要销往内陆腹地乡镇及农村，民族工业企业生产之工业品，也以农村为主要销售市场。由此形成城乡工业品与农产品的商品大对流。

但在近代城乡交换中，城市销往农村的工业品价格，是由城市工商业者确定的，再经中间商人层层加价，最终以高价销往农村市场。而农民由于其小农经济的分散性和无组织性，不但没有对农产品的定价权，还不得不受中间商人的盘剥。在农产品收获季节，商人故意压低价格，农民被迫

---

① 吕新雨：《近代以来中国的土地问题与城乡关系再认识》，《开放时代》2012年第7期。
② [美]卜凯著，张履鸾译：《中国农家经济》，上海商务印书馆1936年版，第275、525页。

贱价出售。由此，形成工农产品剪刀差，造成城乡之间的不平等交换。据近代经济学家调查，中国南北各地农产品市场中，农民所得价格占最终销售市场价格比例在50%~70%之间，这中间刨去生产成本，农民所得仅约相当于农产品售价的1/3左右①。同时，西方国家大肆向中国销售农产品，更使中国农产品价格雪上加霜。如在20世纪30年代世界资本主义经济危机期间，西方列强向中国市场大量低价倾销过剩农产品，造成国内市场粮价大幅下跌。1930年以前，国内市场米价每担约7.09元，1931年以后跌至5.43元，下跌23.4%②。近代城乡二元经济结构和工农产品剪刀差，把农民置于城乡关系和城乡交换的不平等地位，是导致近代农民权利缺失的重要经济原因。

近代城乡二元经济结构还表现城居地主对农村控制的强化。20世纪20年代后，由于农村破败和动荡，越来越多的地主迁居城市。据统计，1927年前后，江南很多县份一半到90%都是在外绅商地主。在20世纪30年代，一田二主在吴县达到90%，常熟达80%，无锡达50%③。但城居地主并未放弃对土地的占有，而是凭借土地所有权，通过其在农村的代理人，代替在乡地主成为控制、剥削农村的主角。据黄宗智的研究，长江三角洲地区几乎所有的村民，都向城居地主租佃田底④。据杜赞奇对华北农村的研究，20世纪20年代不仅自耕农陷入土地抵押给城居地主、终年借贷无法偿还的恶劣境地，即使富人的部分田亩往往也不得不转给或者抵押给城居地主。这导致乡村精英被迫退出乡村政治，而由恶霸无赖填补空缺，成为欺上瞒下的赢利型"土豪劣绅"⑤。国民党虽认识到这种状况对其统治的不利影响而试图改变加以改变，但城居地主是其统治农村的阶级基础，决定它不可能真正改变城居地主及其代理人对农村的控制，因而使

---

① 严中平等编：《中国近代经济史统计资料选辑》，科学出版社1955年版，第335页。
② 陈争平、兰日旭：《中国近现代经济史教程》，清华大学出版社2009年版，第135页。
③ 白凯著、林枫译：《长江下游地区的地租、赋税与农民的反抗斗争1840—1950》，上海书店出版社2005年版，第231页、第235页，脚注2。
④ [美] 黄宗智：《长江三角洲小农家庭与乡村发展》，中华书局1992年版，第167~171页。
⑤ [美] 杜赞奇著，王福明译：《文化、权力与国家：1900—1942年的华北农村》，江苏人民出版社2003年版，第126页。

第十三章　近当代农民权利状况与三农曲折发展

这些土豪劣绅成为把持农村，横行乡里的实际统治者，农民的几乎所有权力，乃至原先存在的乡村共同体权力悉被剥夺。

四、近代争取农民权利的斗争

面对农民权利被全面剥夺和由此导致的农民极端贫困状况，不仅农民自己起来进行了激烈反抗，到20世纪二三十年代，随着农村危机日益深化和由此引起的全面社会危机，中国社会各政治势力、党派，社会团体，知识分子等各种力量，主动或被迫做出解救农村与争取农民权利的努力。

（一）近代农民的反抗斗争

北洋军阀和国民党政府以及地主阶级对农民权利的全面剥夺与残酷剥削，必然引起农民各种形式的反抗斗争，导致农民暴动此起彼伏，连绵不断。1912年，北洋政府刚成立不久，河南便爆发了白朗起义，并坚持3年之久。1920年后，民间结成了各种秘密社团组织，以杀富济贫、抗粮抗捐相号召，广泛吸纳农民参加，渐成燎原之势，活动范围遍及冀、鲁、豫、皖、鄂、陕等多省区。其中著名组织有哥老会、大刀会、红枪会等。此外，各地各种形式的抗捐抗税斗争此起彼伏，风起云涌。影响较大的有东北抗清丈斗争，山东莱阳、海阳抗盐税斗争和江西马家村村民行刺县知事等事件。但上述斗争因没有科学理论指导，统一组织，均被镇压下去，未能对封建土地制度与不合理的社会秩序形成根本触动。1927年后中共领导的土地革命战争，更"是半殖民地中国在无产阶级领导之下的农民斗争的最高形式和半殖民地农民斗争发展的必然结果。"[①]

（二）乡村建设派争取农民权利的主张

20世纪30年代，深重的农村危机引发大批知识分子对农村与农民的关注，一时，形成了"到民间去"，从事"乡村建设"的热潮。1935年前后，全国成立各类救济乡村社会团体100多个。他们比较深刻地认识到城乡二元结构下农村问题的严重性，但与共产党倡导的土地革命不同，

[①] 《毛泽东选集》第一卷，人民出版社1991年版，第98页。

他们反对用革命手段推翻旧秩序,希望通过改良主义方式解决农村问题。其中影响较大的,是梁漱溟等人在山东领导的"乡村建设运动"与晏阳初在河北定县推行的"平民教育运动"。

梁漱溟认为,英国宪政之所以获得成功,是因为英国人民争取并实行了公民权利。而在中国,民国宪法虽规定了公民的一些权利,但广大民众既不懂也不去用这些权力,导致中国落后,受帝国主义侵略欺负。要改变中国现状,必须从政治入手,搞最基层的乡村建设,一乡一村的自治搞好了,宪政也就有了基础①。这种乡村建设主要包括:(1) 组织合作社,以增加农业生产,提高农民生活水平;(2) 建立乡村自卫组织,以改善农村治安;(3) 建立"乡农学校",以改善农民教育,并通过政校合一,促使农民参与公共事业管理;(4) 成立"乡村改进会"等民间社团组织,以帮助农民提高道德,改良民风。晏阳初领导的平民教育派,将农村问题归结为愚、穷、弱、私四大病患,而其根源在于农民教育权的缺失。因此,主张通过普及文艺、生计、卫生、公民四个方面的平民教育,以文艺教育救愚,以生计教育救穷,以卫生教育救弱,以公民教育救私,从而根治弊端,复兴农村。

乡村建设运动与平民教育运动比较深刻认识到了近代三农问题与农民财产、教育与政治参与等方面权利全面缺失之间的关系,并主张通过改善以上几方面的权利状况,达到复兴农村的目的。但没有认识到造成农民全面无权状况的根本原因在于不合理的土地所有制,以及建立其上的国家政治与经济制度,其改良方式亦难以完成对社会制度的根本变革,因此收效甚微,其复兴农村的目的也无法实现。梁漱溟在晚年回顾乡村建设运动时承认:"我诚然错了"②。

(三) 国民党平均地权思想与实践

国民党关于农民权利的努力,主要围绕土地问题展开。1905 年发表的同盟会宣言中,即提出"驱除鞑虏、恢复中华、创立民国、平均地权"

---

① 梁漱溟:《我从事的乡村建设运动》,社会学视野网,http://www.cssn.cn/shx/shx_bjtj/201403/t20140325_1042273.shtml,2014 年 3 月 25 日。

② 梁漱溟:《我致力乡村运动的会议和反省》,《梁漱溟全集》第 7 卷,山东人民出版社 1993 版,第 428 页。

第十三章　近当代农民权利状况与三农曲折发展

主张，将土地问题列入其中，指出："文明之福祉，国民平等以享之。当改良社会经济组织，核定天下地价。"① 在孙中山提出的"三民主义"之民生主义中，系统论述了平均地权。他认为平均地权要经历三个步骤，第一步是核实地价。由地主自报土地数量，并用税收和收买两头制约办法，约束其如实申报。多报则照价征税，少报则照价收买。"两者相权，遂不得不出于平。"② 第二步是照价收税。"贵地收税多，贱地收税少。"③ 第三步是照价收买。采用"土地涨价归公"办法，土地原有价值归地主所有，涨价部分则归国家所有。孙中山"平均地权"思想是正确的，但实现的办法具有空想性，未能满足农民对土地的要求，因而成为辛亥革命未能吸引农民参加的主要原因。孙中山在其晚年提出了"耕者有其田"主张，但他不久便因病去世，未能参与实施。

孙中山去世后，南京国民政府为表示继承孙中山"平均地权"遗愿，在法律上规定了土地国有和限制私有土地的一些条款，并在局部地区试行土地改革。但是，此时的国民党已蜕变为代表大地主大资产阶级利益的政党。据有关资料统计，国民党县以下行政官吏，90%以上先后成为官僚地主④。加之，地主豪绅阶级的抗拒和国民党妥协，使国民党在统治大陆期间，始终未实现平均地权。南京国民政府为巩固其统治，并抵御中共土地革命的影响，也曾试图以减租为主要方式，减轻农民负担。1926年国民党第二次全国代表大会通过的农民问题决议中，规定了最高租额及最低谷价。会后国民党于同年10月发布《中国国民党最近政纲》，规定"减轻佃农佃租百分之二五"，禁止征收预租，禁止包佃制。此政策曾在南方各省公布施行，但旋即因国民党右派背叛革命和地主阶级的激烈反对而终止。1930年南京国民政府颁布的《土地法》中，包括鼓励土地所有者自己耕种土地；限制出租，出租额不能干过收获总量之37.5%；禁止预租和押租；对土地增值部分课税1%。但由于其代表的阶级利益，未能也不

---

① 孙中山：《中国同盟会革命方略》，《孙中山全集》第一卷，中华书局1981年版，第297页。
② 孙中山：《孙中山选集》上卷，人民出版社1981年版，第62页。
③ 孙中山：《孙中山选集》上卷，人民出版社1981年版，第62页。
④ 李衍：《中国农村政治结构的研究》，《中国农村》第1卷第10期，第35页。

可能得到实现。

从国民党分裂出来的民主党派,也提出过改善农民权利特别是"平均地权"的主张,但其结果,或失败或根本不能实行。1933年11月,国民党左派成立的福建人民政府在《人民权利宣言》和《人民政纲》中,提出"实行计口授田以达到农业共营国营"①,主张以各种方式解决土地问题,并曾在龙岩、上杭、永定、漳平等县进行推广,但因受到地主富农反对而失败。以邓演达为首的中国国民党临时行动委员会,即"第三党",倡导"平民革命",提出了一系列试图改善平民权利,尤其是农民土地权利的主张,但其试图在国共之间走第三条道路的根本缺陷,决定这些主张是不可能行通的。

(四) 共产党改善农民权利的巨大努力

在近代,中共作为真正代表工农根本利益的政党,不仅带领农民为最终推翻压迫人民的国民党政权,建立人民真正当家做主的民主政权进行了长期武装斗争,同时,即使激烈的战争环境下,仍在自己领导的根据地建设中,为保障和改善农民各方面权利做出了巨大努力,收到了明显效果。

经济上保障农民的生存权。在土地革命战争时期,中共在根据地颁布宪法、土地法、劳动法等法律文件,明确规定了农民群众生存所享有的各项基本权利。其中的没收地主土地,无偿分配给无地少地农民的政策主张,使农民获得了生存的基本条件。这些法律文件还废除了农民过去的一切卖契典契,取消一切苛捐杂税。在抗战期间,为建立最广泛的抗日统一战线,将没收地主土地政策改为减租减息,一方面保证地主一定利益,另一方面减轻农民负担。上述政策,有效保障了农民的财产权,使边区土地关系明显改善。1942~1944年,晋冀鲁豫边区地主和经营地主占有土地比例由24.63%下降至4.22%,而中农拥有土地则从37.02%上升至60.85%(见表13-7)。抗战胜利后,随着主要矛盾由民族矛盾转变为阶级矛盾和解放战争的发展,中共在解放区开展了土地改革,消灭了地主阶

---

① 《福州人民临时代表大会人民权利宣言》(1933年11月20日),福建省档案馆编:《福建事变档案资料》,福建人民出版社1984年版,第13页。

第十三章　近当代农民权利状况与三农曲折发展

级,真正实现了孙中山"平均地权"和"耕者有其田"主张。

表 13-7　晋冀鲁豫太行区 12 个县 15 个典型村各阶层土地占比变化情况

	地主	经营地主	富农	中农	贫农	雇农
1942 年 5 月前	23.04	1.59	18.68	37.02	18.98	0.25
1944 年查减后	3.64	0.58	17.18	60.85	17.01	0.18

资料来源:齐武:《一个革命根据地的成长　抗日战争和解放战争时期的晋冀鲁豫辖区概况》,人民出版社 1957 年版,第 127 页。

政治上实现和保护农民选举权和参政权。在革命根据地,"苏维埃给予一切过去被剥削被压迫的民众以完全的选举权和被选举权,使女子的权利和男子同等"[①]。乡镇苏维埃政权通过选举产生,主要成员为贫农与中农。如 1931 年江西兴国县第一乡政府 11 名干部中,贫农 6 人,中农 2 人,而富农只有 1 人;1932 年福建上杭县才溪乡 53 名代表中,农民就有 40 人,占比近 80%[②]。抗战期间,抗日根据地民主政权均设有完善的农村基层政权组织,乡、村一级均有议会。这些乡村的政权也均由选举产生。虽然为广泛团结各界力量统一抗日,未对被选举人的身份提出要求,但从实践看,主要力量仍为农民。1942 年陕甘宁边区吴堡县选举的县参议员中,中农占到 16%,贫农占 64%,雇农占 14%,富农仅占 8%[③]。同年晋西北抗日根据地 11 个县 65 个行政村选举的村主任中,中农以下成分占到 82%,其中中农占 44%,贫雇农占 38%[④]。这表明,边区政府真正保证了农民的政治参与权。

教育文化上保障和保护农民及其子女受教育的权利。抗战期间,边区政府在极端困难的条件下,恢复和发展教育事业,尤其注重贫困农民子女教育权利的保护,发出"不使一户一人被抛弃在学校大门之外"的口号,大力发展中小学基础教育。至 1941 年,晋察冀边区冀南地区入学儿童达 587000

[①] 毛泽东:《中华苏维埃共和国中央执行委员会与人民委员会关于对第二次苏维埃代表大会的报告》,载《红色中华》1934 年第 3 期。
[②] 毛泽东:《毛泽东农村调查文集》,人民出版社 1982 年版,第 244、234 页。
[③] 朱玉湘:《中国近代农民问题与农村社会》,山东大学出版社 1997 年版,第 424 页。
[④] 朱玉湘:《中国近代农民问题与农村社会》,山东大学出版社 1997 年版,第 424 页。

人，入学比率约84%①。在经济文化落后的太岳区，抗战结束时实现了村村建小学，农民教育权利较之前明显改观。边区农民教育权利的改善还可从入学学生阶级成分变化得以体现。1945年太行区25个县54个高小4346个学生中，中贫农以下子女占比76%，地主与富农子女占比24%②，基本与各阶级户数占比持平，说明农民获得与地主平等的教育权。

上述情况表明，中共即使在战争时期，仍把实现和保障农民权利作为重要任务，并使革命根据地的农民权利得到切实显著改善。

第二节 新中国成立初期农民权利改善与三农发展

一、新中国成立初期农民权利的改善

新中国的成立，标志着中共在中国执政党地位的确立，标志着工人阶级领导的以工农联盟为基础的人民民主专政的建立，也标志着包括农民在内的中国广大人民第一次成为国家的主人。中共作为代表人民根本利益的执政党，新中国作为人民国家的根本使命，就是让人民尤其是占人口大多数的农民获得并保障各种民主权利。因此，在新中国成立初期，党和政府在政治、经济、教育、文化等领域进行全面的制度重建，赋予农民政治、经济、教育等各方面的平等权。

（一）赋予农民平等的经济权利

新中国成立伊始，党和政府即在广大新解放区开展了旨在废除封建土

---

① 齐武编著：《一个革命根据地的成长 抗日战争和解放战争时期的晋冀鲁豫辖区概况》，人民出版社1957年版，第221页。
② 齐武编著：《一个革命根据地的成长 抗日战争和解放战争时期的晋冀鲁豫辖区概况》，人民出版社1957年版，第223页。

第十三章　近当代农民权利状况与三农曲折发展

地所有制，使更多农民获得土地权利的土地改革。1950年6月中央政府通过的《中华人民共和国中国土地改革法》，明确地提出了"废除地主阶级封建剥削的土地所有制，实行农民的土地所有制"。其中第三十条规定："土地改革完成后，由人民政府发给土地所有证，并承认一切土地所有者自由经营、买卖及出租土地的权利。土地制度改革以前的土地契约，一律作废"，首次以法律形式明确农民的土地所有权。同时，新中国政府保证农民对其他生产资料的所有权。1954年《中华人民共和国宪法》第八条明确规定："国家依照法律保护农民的土地所有权和其他生产资料的所有权。"这里所说的"其他生产资料所有权"，是指农民所拥有的（包括从地主那里分来的）耕畜和农具等生产资料。在党中央领导下，土地改革迅速在全国开展。在新解放区开展。从1950～1952年年底土地改革完成时，全国总计约3亿人无地或少地农民分到约7亿亩土地。土改完成以后，占农村人口90%以上的贫雇农和中农占有耕地在90%以上，而旧式地主富农所占土地8%左右的较为平均的土地占有格局，把孙中山提出的"平均地权"主张变为活生生的现实，从根本上改变了旧社会不合理的经济权利状况。

除土地，农民的其他生产资料占有量也得到较快增加。据国家统计局对18个省12175户农民的调查显示，1954年与土地改革结束时相比，农民占有的耕地、耕畜、犁、水车、胶轮车、大车和船分别增加了6.5%、49.9%、15.3%、10.6%、129.6%、50.6%和17.4%，详细情况可见表13-8。尤其突出的是，贫农生产资料占有增长速度高于平均水平。

表13-8　1954年与土地改革结束时相比农村各阶层占有生产资料的增长情况

	耕地	耕畜	犁	水车	胶轮车	大车	船
平均	106.5	149.9	115.3	110.6	229.6	150.6	117.4
贫雇农	110.3	169.4	124.0	114.4	243.8	190.4	120.2
中农	102.8	132.1	107.0	107.0	206.9	124.5	103.6
富农	102.0	145.4	107.7	106.0	1060.6	137.4	147.8
地主	108.1	263.6	158.1	176.8		263.9	250.0
其他	106.7	135.3	120.7	94.2		117.8	

注：表中各阶级成人都是土地改革时划定的成分，并且以土地改革结束时各阶层农户占有生产资料为100。

资料来源：中华人民共和国统计局：《1954年我国农家收支调查报告》，统计出版社1957年版，第19～20页。转引自苏少之：《论我国农村土地改革后的"两极分化"问题》，载《中国经济史研究》1989年第3期。

(二) 赋予农民接受教育的权利

民国时期，由于农民教育权的缺失，导致农民受教育率极低。新中国成立时，全国文盲率在 80% 以上，其中大部分是工农及其子女。1949 年《中国人民政治协商会议共同纲领》规定，"中华人民共和国的文化教育为新民主主义的，即民族的、科学的、大众的文化教育。"此规定首次将文化教育的大众性质列入国家根本法。据此，中共中央确定了"为工农服务，为生产建设服务"的新民主主义教育方针[①]，即各级学校向工农及其子女开门，确保劳动人民的受教育权。为保障工农教育平等权，国家规定中等学校招生按地区分别规定吸收工农子女的名额比例。1952 年，教育部进一步规定中等学校学生人数中，工农子女应占到 60%～70%，新区争取达 30%～50%。同时通过设立人民助学金，减轻工农家庭负担，保证工农子女入学比率[②]。在各种政府保障之下，到 1953 年，工农子女在全国小学中占比达到 80%；普通中学中占比约 71%[③]。此外，针对当时文盲率过高，文化水平普遍偏低状况，在全国农村开展扫盲运动。此项运动获得很大成就，到 1954 年为止，在农村中扫盲 850 多万人，农民参加业余学校学习的有 2330 多万人。

(三) 赋予农民政治社会权利

民国时期的法律，虽明确规定国民包括农民享有平等的政治选举权与被选举权等政治权利，但这些权利实际上只是城市剥削阶级和农村地主极少数人的特权，与广大贫困农民毫无关系。新中国的成立，从根本上改变了农民几千年来受压迫、被忽视的无权地位，农民被赋予了旧社会从未有过的各项政治权利，以主人公身份，参与了农村和国家政治社会民主建设。

---

① 钱俊瑞：《当前教育建设的方针》，《人民教育》1950 年创刊号。
② 中国教育年鉴编辑部编：《中国教育年鉴 (1949—1981)》，中国大百科全书出版社 1984 年版，第 683 页。
③ 中国教育年鉴编辑部编：《中国教育年鉴 (1949—1981)》，中国大百科全书出版社 1984 年版，第 148 页。

第十三章　近当代农民权利状况与三农曲折发展

1949年9月通过的《中国人民政治协商会议共同纲领》的总纲第四条规定："中华人民共和国人民依法有选举权和被选举权。"其中第五条规定，"中华人民共和国人民有思想、言论、出版、集会、结社、通讯、人身、居住、迁徙、宗教信仰及示威游行的自由权。"1954年颁布的《中华人民共和国宪法》，进一步明确了所有年满18周岁的公民，都有选举权和被选举权，以及言论、出版、集会、结社、游行、示威的自由。此外，新宪法还赋予人民以各项社会权利，如婚姻自由权，妇女在政治、经济、教育、文化等方面的平等权。农民占当时人口的绝大多数，是中国人民最主要构成部分，因而农民与其他群体一起成为国家公民，获得了宪法公民权，在实质上成了国家的主人，成为农村和各级政治与社会民主建设的积极参与者。

新中国成立后，即废除了旧社会的农村保甲制，普遍建立了由广大农民参加的农民协会组织。按1950年7月政务院公布的《农民协会组织通则》，农民协会会员在会内有如下权利：（甲）发言权，表决权，选举权，被选举权，并有建议撤换农民协会工作人员的权利。（乙）有取得农民协会各项合法利益并取得农民协会合法保护的权利。（丙）有享受农民协会所举办的文化、教育及经济事业的优先权。这时的农会实际上起到了基层政权的作用，成为农村土地改革的权力中心。各级农会行使权力的机关是各级农民代表大会。而农民代表大会代表由全乡农民直接选举产生，比较充分地体现了农民的农村基层民主权利。

1954年《中华人民共和国宪法》颁布后，广大农民及其代表，积极而广泛地参与了各级人民代表选举和其他各项政治社会民主建设。到1954年6月，全国进行基层选举的单位214798个，参加投票的选民占登记选民总数的85.88%，共选出5669144名基层人民代表大会代表①。农民不但选出自己的代表，参加县、区、省乃至全国的人民代表大会，代表农民参与各级权力机构行使权利，而且可以在乡镇政府中担任职务，可以参加青年组织、妇女组织等各种群众性组织，还可以按照法定程序随时撤

---

① 邓小平：《邓小平同志向中央人民政府委员会报告全国基层选举胜利完成》，《人民日报》，1954年6月20日第1版。

换自己选出的代表，并通过社会团体和各种会议等形式，指出政府机关工作中的缺点，提出改进意见①。

当然，在新中国成立初期，由于经济、政治、文化条件和民主建设进程的制约，农民政治社会权利的改善是初步的，还有许多方面不够充分、不够完善，但仍然具有重大而深远的历史意义。至于近些年为不少人诟病的 1953 年《中华人民共和国全国人民代表大会和地方各级人民代表大会选举法》（以下简称《选举法》）中城乡代表名额不平等问题②，要放在当时条件和中心任务下，进行历史地考察和辩证认识。

其一，既要看到其与宪法规定的法律面前一律平等原则有不小的距离，确实存在法律意义上的城乡居民权利不平等问题，也要看到在当时农村人口占绝对优势（城镇居民占全国人口 13.3%，农业人口占 86.7%）条件下推进工业化这一中心任务，对人民代表大会代表构成的客观要求。从长远看，如在那种条件下实行城乡人口按相同比例选举人民代表大会代表原则，未必真正有利于实现农民民主权利。

其二，既要看到这种不平等对当时和后来三农问题带来的严重不利影响，也要看到加速工业化发展对推动三农长远发展和解决三农问题的巨大作用。

其三，既要看到该比例的不合理性，也要看到这一比例与旧中国农民无权状况相比的历史进步性，更要看到农民在其他方面获得的多方面民主权利。这些权利，不但赋予农民全面参与农村民主的权利，而且被赋予了不同程度参与包括国家在内的各级民主的权利。而这些权利的获得，对中国农民来说都是破天荒的。

总之，只要全面、历史和辩证地看问题，就会认识到 1953 年颁布《选举法》中的城乡代表名额问题，具有合理性与不合理性并存的二重性，不能只看到其中一方面，无视另一方面，更不能抓住这一点，不计其

---

① 参见江燕：《新中国农村基层政权初创时期的历史考察》，《当代中国史研究》2009 年第 4 期。
② 该《选举法》对农村与城市每一代表所代表的人口数作了不同规定：自治州、县为 4∶1；省、自治区为 5∶1；全国为 8∶1。

第十三章　近当代农民权利状况与三农曲折发展

余，否定农民权利在本质和整体上取得的巨大历史进步。

二、新中国三农的初步发展

新中国对农民各项权利的保障，极大地激发了广大农民的生产热情，加之国家在多方面的支持，使被长期战争摧残的中国农业在短短三年之内，得到迅速恢复与发展，农民生活水平得到明显提高。1949年到1952年三年间，农业总产值由326亿元增至461亿元，增长41.4%。其中粮食产量从11318万吨增加到16392万吨，3年增加了5074万吨，增长了44.8%；棉花产量从44.4万吨增加到130.4万吨，3年增长了193.7%，年均增长43.1%；油料产量从256.4万吨增加到419.3万吨，3年增长63.5%，年均增长17.8%；其他如黄麻、糖料作物、桑蚕茧、茶叶、烤烟、水果、大牲畜、生猪、羊、水产品等农林畜产品的产量也都增长了百分之几十甚至成倍地增长。到1952年，粮食、棉花、黄红麻、甘蔗、甜菜、烤烟、大牲畜、生猪、水产品的产量都已超过历史最高水平[①]。

随着农村经济的恢复和发展，农民收入增加，生活得到初步改善。1952年与1949年相比，农民家庭人均收入从44元增加到57元，增加了近30%，消费水平提高20%左右；农业人口平均的粮食产量从209公斤增加到288公斤，农民留用的粮食增长26.4%；食油、肉、棉布的消费量提高50%左右[②]。1953年以后，社会形势日趋稳定，国家制定更合理的农业政策，农民生活水平进一步上升。1954年全国农户平均年总收入692.9元，人均144.4元；户均年支出667.7元，人均支出141.8元，收支略有节余[③]。随着生活状况的改善，农村阶级结构有明显变化，中农化趋势明显。据国家统计局对21个省1433户的调查，与土改结束时相比，1954年贫雇农占农户总数的比例从57.1%下降到29%，中农占总户数的

[①] 苏少之：《中国经济通史》第十卷上册，湖南人民出版社2002年版，第89页。

[②] 宋士云：《中国农村社会保障制度结构与变迁（1949—2002）》，人民出版社2006年版，第38页。

[③] 中华人民共和国统计局：《1954年我国农家收支调查报告》，统计出版社1957年版，第26~29页。

比例从 35.8% 上升到 62.2%，成为农村的主要阶级构成。与此相对应，农村严重贫困户数量大大减少，1953 年仅占 10% 左右，且多为孤寡老人或军烈属等特殊家庭①。因此，有学者把该时期称作新中国三农发展的"第一个黄金时代"②。

第三节 二元体制下农民权利缺失与当代三农问题

一、二元体制下农民权利的缺失

新中国成立后，面临着十分严峻的国际环境。为彻底摆脱旧中国经济落后、受人侵略欺凌的命运，迫切需要尽快实现工业化，达到赶超西方发达国家的目标。同时，受当时苏联重点发展重工业模式的影响，中共中央确立了优先发展重工业的发展战略。在工业极其落后，农业经济占主体地位的社会主义中国，要实现重工业的优先和快速发展，其需要的大量资本积累和物质资源，不可能来自对外掠夺，只能主要来自本国的农业和农村。正如毛泽东在 1955 年 7 月在省委、市委、自治区党委书记会议上指出的："为了完成国家工业化和农业技术改造所需要的大量资金，其中有一个相当大的部分是要从农业方面积累起来的。"③

为把大量农村资源汲取到城市，集中用于重工业建设，中国在 20 世纪 50 年代后期，逐步建立了由粮食统购统销制度、城乡户籍制度和人民

---

① 宋士云：《中国农村社会保障制度结构与变迁（1949—2002）》，人民出版社 2006 年版，第 39 页。

② 陆学艺：《农村发展的三个"黄金时代"和粮食安全问题》，《中国社会科学报》2010 年第 112 期。

③ 毛泽东：《关于农业合作化问题》，《毛泽东选集》第 5 卷，人民出版社 1977 年横排本，第 182~183 页。

第十三章　近当代农民权利状况与三农曲折发展

公社制度等一系列制度构成的城乡二元经济社会体制。该体制的这种以农补工功能，决定其具有明显的城市（工业）偏向，实行不平等的城乡分割、分治制度与政策，并为此对农民权利进行了多方面限制，造成农民多方面权利的严重缺失。张英柱在其《农民权利论》一书中，已列举并论述了农民14种公民权利缺失的状况，包括农民平等权、生命权、人身权、迁徙自由权、结社权、参政权、自治权、信访权、土地财产权、受教育权、社会保障权、健康权、文化权、环境权等。无需全面论述，这里只就其中几个方面不平等权利谈些看法。

（一）农民公民选举权被限制

新中国成立后的历部宪法都规定公民有平等的选举和被选举权。然而，农村居民与城市居民在选举权上长期存在巨大差别。1953年《选举法》规定各级人民代表选举中，农村与城市每一代表所代表的人口数，自治州、县为4∶1；省、自治区为5∶1；全国为8∶1。1994年《选举法》将选举全国人民代表大会代表的这一比例改为4∶1。直到2010年修改后的《选举法》，才明确了城乡按相同人口比例选举人民代表大会代表的原则。就是说，在长达半个多世纪中农村与城乡代表所代表的人口比例存在严重不平等。当然如上所述，尽管对1953年《选举法》关于城乡居民代表人数规定的差别，不能一概否定，但该比例对农民代表限制过大、持续时间过长。这不能不造成人民代表中农民代表过少，造成国家权力机关和国家政治生活中反映农民利益诉求的声音过弱、农民利益表达机制不畅的后果，使农民权利不能得到及时反映和有效实现与保护。

（二）农民迁徙与择业自由权被剥夺

1954年，中国颁布实施的第一部宪法规定公民有迁徙和居住自由。但1957年中共中央、国务院联合发出的《关于制止农村人口盲目外流的指示》，要求城乡户口管理部门相互配合，制止农村人口盲目外流。次年1月全国人民代表大会常务委员会通过的《中华人民共和国户口登记条例》，更明确地把城乡居民分为"农业户口"和"非农业户口"两种不同户籍，而且规定公民由农村迁往城市，须持有城市部门或学校录用、录取证明，持有城市户口登记机关的准迁证明，全面开始对人口自由流动的严格限制。这意味着农民被固定在农村和农业，丧失了自由迁徙和自由选择工作的权利，造成大量农民被禁锢在农业和农村。

（三）农村社会保障与公共产品供给严重缺乏

在城市，市民的绝大多数都享有医疗、养老、失业、生育、工伤和最低生活等社会保障，而农民的这些保障主要靠家庭或农民集体，只有"五保户"等少数贫困人口，才能得到微薄的社会救济与最低生活保障。城市公共设施，完全由城市政府提供，而农村设施却基本由农民自己解决。在20世纪90年代到21世纪初，政府对农村水利、教育、医疗原本不多的投入也被取消，而全部由农民负担。据统计，城乡人均社会保障费比例为24:1，城乡社会保障覆盖率比例为22:1[①]。这种社会保障与公共产品供给政策的严重失衡，导致农民负担过重，农村面貌落后。

（四）农民经济权利严重缺失

在计划经济时期，城市居民是不缴税的，即使在1987年1月以前，工资收入人群月收入只有达到800元以上时，才缴纳收入调节税。而农民不但长期缴纳农业税，而且受到工农业产品价格剪刀差的不公正待遇。此外，在20世纪90年代，农民还要缴纳诸如教育附加、民兵训练、道路建设等各种费用。在这些缺失的经济权利当中，对农民影响最直接、最严重的是生产经营自主权的丧失。

在人民公社体制下，农业生产实行"统一领导，分级管理"的运作模式。人民公社内部的工、农、兵、学、商各方面事务均由人民公社统一指挥，分设公社管理委员会、生产大队和生产队三级管理，三级管理机构各有分工。公社管理委员会主要管理生产建设、财政、贸易、民政、文教卫生、治安、民兵和民事纠纷调解等乡政府职权，同时具有督促生产，协调生产队之间的横向关系，兴办公社范围内的水利建设、植树造林、农田基本建设等职能。

---

① 李永宁：《统筹城乡公共产品供给的财政政策思考》，《理论导刊》2008年第11期。

第十三章　近当代农民权利状况与三农曲折发展

生产大队负责本大队范围内各生产队的行政和生产工作，在农业生产方面主要负责指导、检查和帮助生产队改善经营管理。而生产队因其"基本核算单位"性质，主要是执行公社按国家计划下达的各项任务指标，直接组织生产与分配，对生产品种、数量等基本无自主权。而社员作为主要劳动者，则完全听从集体分工安排，从事各项农业劳动。按照当时文件规定，公社、生产大队与生产队管理委员会均由社员大会选举产生。但在实际执行中，公社一级管理人员（书记、社长、副社长等）为国家干部身份，由上级政府任命；生产大队一级管理者为党支部，大队长和管理委员会亦由公社提名候选人，且多为等额选举，实际为上级任命产生。生产队队长等其他管理人员由社员选举，但没有决策权，只是执行上级命令，负责派工，进行结算。所以，人民公社管理模式下，真正在一线从事生产的生产队和社员完全丧失自主权，没有自主空间，变异为农业生产流水线的一个环节，其劳动的自主自觉受到严重压抑。

在机械化程度极低的情况下，农业生产效率的高低，主要取决于农业生产者的勤勉程度。而在集体经济体制下，农民丧失了土地和其他生产资料的经营自主权，最终丧失从事农业生产的兴趣与积极性，完全变异为被动执行命令与安排。这种体制之下，要保持农民对农业生产的勤勉，只有依靠外部监督。但对农民态度与勤勉程度的监督又因成本极高而难以实行，最终人民公社能做到的，只能是通过记工分的办法对农民进行劳动时间上的约束，完全忽视了农民田间劳动的强度与效率，进而形成平均主义的分配制度。这种单纯约束时间的监督体制与过度平均的分配制度，导致农民对农业生产懈怠，积极性进一步下降，干活"磨洋工"现象长期存在。

由上可见，在城乡二元经济社会体制下，国家为实现工业化目标，不仅限制了农民的一般公民权利，也限制了农民的职业权利，使农民权利处于与其他公民严重不平等和缺失状态。

二、二元体制下三农问题的不断严重

城乡二元经济社会体下农民权利的严重缺失，极大地挫伤了农民生产积极性，损害了三农多方面利益和发展条件，造成不断严重的三农问题。

(一) 农业发展能力降低

据有关资料研究计算,1952～1978年26年间,国家通过工农业产品不等价交换形式从农业转移出资金3917亿元,以税收等形式转移出资金935亿元,两项合计4850多亿元。扣除同期财政返还给农业的各项支出,农业向外净流出资金为3120亿元,同等于同期全民所有制非农企业固定资产原值的73.2%[①]。农村巨额资金被汲取到工业和城市,不能不严重影响农业的发展能力。

(二) 造成农业生产率和生产效益低下

由于农业资源被过度抽取,加之农民自主权丧失及过度平均的分配制度,挫伤了农民生产积极性,导致农业生产率和生产效益长期呈下降趋势。1952～1978年间,农业产值累计增长99.8%,年均增长仅2.7%,累计增长率与年均增长率分别仅为工业产值的约1/15和1/4;农业产值在社会总产值中所占份额45.42%持续下降至20.41%,平均每年下降近1个百分点[②]。农产品产出长期维持在极低水平。1959年受"大跃进"影响,1960年粮食产量只有1435亿公斤,回降至1951年水平。在经过三年调整整顿后,至1965年才恢复到1957年水平。但由于人口上涨,人均粮食仅272公斤。直到1976年,人均粮食产量才基本恢复到1956年水平[③]。

该时期农业生产率的持续走低,还可通过比较劳动生产率得以详细了解。由表13-9可见,1952～1978年26年间,除少数年份略有反弹外,农业部门劳动生产率几乎直线下降,1952年比较劳动生产率为60.5%,至1978年降至39.9%,仅为前者之2/3。其与非农部门的二元对比系数在1970年以前几乎直线下降,表明农业与非农业部门比较劳动生产率差

[①] 王积业:《我国二元结构矛盾与工业化战略选择》,中国计划出版社1996年版,第33页。

[②] 王积业:《我国二元结构矛盾与工业化战略选择》,中国计划出版社1996年版,第35页。

[③] 陈迪平:《中国二元经济结构问题研究》,湖南人民出版社2000年版,第82页。

第十三章　近当代农民权利状况与三农曲折发展

异在扩大。1971年以后，二元对比系数有反弹，但这主要源于非农部门比较劳动生产率下降。这也从另一个侧面说明，在农业落后背景下，以牺牲农业支持工业发展的道路是不可持续的。

表 13-9　1952~1978年农业与非农劳动生产率对比差异

年份	农业比较劳动生产率（%）	非农业比较劳动生产率（%）	比较劳动生产率差异（%）	二元对比系数	年份	农业比较劳动生产率（%）	非农业比较劳动生产率（%）	比较劳动生产率差异（%）	二元对比系数
1952	60.5	300.7	239.6	0.201	1965	46.5	337.3	291.1	0.137
1953	55.2	319.7	264.9	0.172	1966	46.1	337.7	291.2	0.137
1954	54.9	322.5	267.0	0.17	1967	49.1	331.7	276.9	0.151
1955	55.6	321.2	266.7	0.172	1968	51.6	315.4	264.8	0.163
1956	53.6	292.3	239.1	0.183	1969	46.5	337.4	290.4	0.138
1957	49.6	318.3	267.9	0.156	1970	43.6	336.9	294.0	0.129
1958	58.6	157.8	99.1	0.371	1971	42.7	325.2	281.9	0.132
1959	42.9	193.9	151.0	0.221	1972	41.6	317.9	276.3	0.131
1960	35.6	223.7	187.7	0.159	1973	42.4	313.3	270.2	0.136
1961	46.9	279.7	233.0	0.167	1974	43.2	307.0	259.9	0.143
1962	48.0	338.6	290.6	0.142	1975	42.0	295.7	254.5	0.141
1963	48.9	340.0	292.3	0.143	1976	43.3	277.7	234.4	0.156
1964	46.8	346.0	299.3	0.135	1977	39.5	276.9	237.4	0.142
					1978	39.9	244.0	203.9	0.163

资料来源：杨德平：《农村金融发展与中国二元经济转换　兼论农村金融新范式》，人民出版社2012年版，第106页。

农业生产率持续走低必然导致生产效益下降。在1957~1977年20年间，虽然人民公社总收入的绝对数量上升的，但这种上升主要是靠投入增加实现的，生产费用在总收入中占比呈上升趋势。由于生产成本的居高不下，人民公社依靠高积累维持生产，公积金提取比率逐年提高，相应地分配给社员的收入比重则逐年下降。具体情况如表13-10所示。

中国"三农"发展规律与战略目标研究

表 13-10　　　　　　　人民公社农业收入与分配概况　　　　　　单位：亿元

年份	可支配总收入	生产费用		公积金		社员分配	
		总计	占比	总计	占比	总计	占比
1957	367.52	92.35	25.1	18.02	5	211.48	57.5%
1974（缺西藏）	911.37	267.17	29.5	65.22	7.15	492.04	53.98%
1975（缺西藏）	941.69	316.15	33.6	73.8	7.8	482.71	51.3%
1976（新疆、西藏为部分县）	963.59	315.53	32.7	68.60	7.1	485.37	50.4%

注：1975年为总费用，即除生产费用外，还包括其他杂项开支，通常在2%~3%之间，故略高于1976年数字。

资料来源：根据农业部政策研究室编：《农业经济概要》，农业出版社1982年版，第199~200页资料整理。

（三）农民生活贫困

农业低生产率与生产效益，导致农民收入水平长期偏低，增长缓慢。在集体经济时期，农业人口劳动日均工资保持在0.2~0.3元之间，最低的仅0.08元[①]，与城市收入差距长期保持在4倍到5倍之间。1977年农业人均口粮207公斤，低于全国平均水平92公斤（全国为299公斤），比1957年（203公斤）仅增长4公斤，18年间平均每年增加仅0.22公斤[②]。农民收入低下且增长缓慢。社员人均集体分配收入，从1965年的52.3元（其中现金14.5元），增加到1976年的62.8元（其中现金12元），11年间增加了10.5元，平均每年仅增加0.95元。1977年全国农业人口月均收入不到6元钱。其中集体分配的现金，还下降了17.2%。

农民收入低和增长缓慢，造成大量农民长期处于贫困状态。从消费结构看，农民所需生活用品以自给为主，商品性消费增长迟缓。自给性、商品性及文化住房消费三者之比，1952年为66.5:32.1:1.4，到1978年仅调整到49.5:47.9:2.6。农民储蓄增长则更低，1957~1978年21年间，农民人均储蓄由1.3元仅提高到7元，年平均递增仅0.27元。此外，低

[①] 陈迪平：《中国二元经济结构问题研究》，湖南人民出版社2000年版，第98页。
[②] 农业部政策研究室编：《中国农业经济概要》，农业出版社1982年版，第204页。

第十三章　近当代农民权利状况与三农曲折发展

消费水平导致消费结构序列变化不明显。1954年农民消费结构中，食品消费、衣着消费位居主要地位，到1978年这种位置排列仍无变化。1954~1978年，恩格尔系数只从68.59下降到67.71，24年间仅减少0.88个百分点，几乎无变化①。当时大部分农民生活在贫困线以下，达不到温饱水平，贫困群体规模庞大。直到1978年全国有1.5亿人口口粮低于150公斤，低于生存需要②。三年困难时期，曾发生因粮食严重缺乏，导致非正常死亡人数大大增加的现象。

三、近代与当代两种城乡二元结构比较

综观近当代中国历史，会发现其中曾存在过两种城乡二元经济。一种是前文所述的从辛亥革命后到新中国成立前的城乡二元经济结构；另一种是1958年后直到21世纪初的城乡二元经济社会结构体制。通过比较可以发现，两者在城乡具有二元经济特征上存在一致性，在一定意义上说，它们在城乡关系对立方面也具有相似点，但是两者在形成的原因、对立的性质和发展的后果上，却有本质区别，不可同日而语。

（一）两者形成原因不同

近代城乡二元经济结构，既与几千年传统农业经济延续相联系，更是辛亥革命后中国资本主义发展特别是外国资本主义侵略加深造成的城市和工商业畸形发展的结果。这两方面原因，导致近代城乡两种不同经济结构同时存在。当代中国的城乡二元经济体制，既有近代城乡二元经济社会结构自然延续的结果，因为近代中国严重的自然经济不可能在短期内被改变，也是国家在原始积累不足条件下，为实现优先发展重工业战略而作出的制度安排。因为当时中国经济落后，工业基础极端薄弱，缺乏重工业发展所必需的资金。同时，中国不能像西方国家那样通过发动对外侵略战争掠夺原料和资金，进行资本积累，而只能从国内农业中索取。为此，国家不得不通过制度安排，把农村居民固定在农村从事农业，生产工业化所需

---

① 张红宇：《中国农民与农村经济发展》，贵州人民出版社1994年版，第18页。
② 农业部政策研究室编：《中国农业经济概要》，农业出版社1982年版，第202页。

的原料，同时对农产品实行统购统销制度和剪刀差政策，通过低价收购农产品和高价售出工业品，把农业剩余集中到城市，以取得工业化所需要的资金，从而形成以城乡分割和城市（工业）偏向的二元经济社会结构体制。

对上述两种不同经济结构，不少学者把前者看作市场经济自发作用的结果，把后者说成人为因素的造物。其实，如同其他重大经济社会现象一样，人类社会的任何一种长期存在的经济社会结构与体制，既不可能完全自然生成，也不可能完全人为造就，而是两者共同作用的结果，中国近代和当代的两种不同经济结构（体制）同样如此。就近代中国二元经济结构形成而言，除资本主义发展生成的畸形市场经济的自发作用之外，更有中国统治集团和外国统治势力对传统自然经济的强力维护作用。这毫不奇怪，因为封建地主阶级是帝国主义和近代中国统治集团的主要社会基础①。帝国主义为使中国成为其农业原料供应地和商品销售市场，中国统治集团为维护自身统治的阶级基础，采取政治和军事等各种超经济手段，破坏中国有利于经济进步的任何改革，人为保存封建地主经济和传统自然经济形态。显然，不能把这种作用归之于市场经济的自发作用。当代中国的二元经济社会结构体制的形成，固然有中共和国家依靠政治优势和行政手段强力推动的作用，但同时也应看到当时国际形势和中国国内条件的影响，不能将其看作是人为强加于中国的。

（二）两者性质不同

前者是中国统治集团和外国资本主义为自身统治与利益而维护自然经济，并将其统治与利益建立在对广大人民特别是农民进行残酷剥削基础之上，因而属于根本利益对立性质的对抗性矛盾。后者在一定意义上也具有城乡对立的性质。因为它是以牺牲农村和农民大量利益和权利为代价，来换取工业化的快速发展，并造成城乡权益和资源之间的矛盾和城乡发展严重失衡。然而，这种矛盾并非根本利益的对立，而是在根本利益一致基础上的非对抗性矛盾。

---

① 《毛泽东选集》第二卷，人民出版社1991年版，第637页。

第十三章　近当代农民权利状况与三农曲折发展

其一，实行该体制的最终目的，是为实现中国工业化目标。而实现工业化，是维护民族独立，实现国家现代化包括农业现代化的必然要求，这是包括农民在内的全体中国人民的长远和根本利益所在。

其二，该体制不仅仅聚集农村资源，同时也聚集城市资源。它从农村聚集工业化原料和资金，并非如近代中国那样被统治集团和国内外资本家占有，而是被集中用于国家工业化投资。为此，在城市它通过低薪制度和消费品限量供给的票证制度，控制市民的收入和消费；通过城市就业和教育制度，保证工业所需人力资源，从而集中城乡人力、物力和财力，以保证工业化战略目标的实现。

其三，城乡居民收入和生活水平处于大体平等状态。该体制不但把农村居民收入和生活水平限制在最低限度，同时，也把城市居民包括国家干部的收入和生活限制在低水平。当然，城乡居民生活水平存在一些差距，城市居民生活比农村好些，且城乡差距在缓慢扩大，但绝非有论著误导的那样，似乎市民生活在九天之上、农民挣扎在九天之下的贫富悬殊状况。事实上，计划经济时期的中国，总体上是一个平均主义社会，其基尼系数介乎 0.2~0.3 之间，属于世界上收入分配最平等的国家[①]。因而，除"文革"动乱外，全社会呈现农民低收入，市民低工资，国家高积累，工业特别是重工业高投入、重工业发展高速度，全国上下节衣缩食，为实现国家工业化目标共同艰苦奋斗的局面。

以上说明新旧中国城乡结构虽都有二元经济特征，但性质却决然不同。当然，优先发展重工业战略和二元经济体制，违背城乡协调发展规律，造成城乡发展特别是工业（重工业）与农业发展严重失衡是不可回避也无需回避的问题，但这一结构体制具有与近代中国二元经济结构的根本不同性质，是不可混淆的。

（三）两者结果不同

近代城乡对立二元经济体制发展的结果，是城市经济的无限膨胀与农

[①] 岳经纶：《建构"社会中国"：中国社会政策的发展与挑战》，《探索与争鸣》2010 年第 10 期。

村经济的完全破产,最终形成严重阶级矛盾的尖锐,并进而演化为全社会的经济、社会危机。当代城乡二元经济体制,虽导致农村经济长期发展缓慢,农民生活改善不快,相当多农民仍处贫困状态,成为那时三农问题的根源,但如前述,除三年国民经济困难的特殊时期以外,中国农业有所发展。1980 年与 1952 年相比,粮食增长近一倍,棉花增长一倍多,耕作条件发生历史性变化①,农民生活总体上也有所改善。更重要的是,该体制推动中国在较短时期内建立了比较完整的工业体系与国民经济体系,为中国后来发展奠定了基础。改革开放以来中国工业化的快速发展和工业反哺农业、城市支持农村政策的实行,都是在这一基础上发生的。因此,对当代城乡二元经济体制,既要看到其严重弊端和不良后果,也要承认其历史作用,加以历史的全面的评价。

第四节

改革开放后农民权利回归与三农曲折发展

一、党的十一届三中全会后农民权利初步回归与三农发展高潮

以 1978 年 12 月召开的十一届三中全会为标志,中国进入了改革开放新时期。在改革初期,主要针对计划经济时期的经营体制弊端,而且以农村为突破口,率先对束缚农业生产力发展的人民公社体制进行改革,实行以家庭联产承包为核心的新农业经营体制。这意味着城乡二元经济社会体制首先在农村发生松动,意味着城乡二元结构的利益重心,开始向农村倾斜②,从而为农民以农业经营自主权为中心的权利回归提供了条件。

---

① 参见《三中全会以来重要文献选编》,中央文献出版社 2011 年版,第 130~131 页。
② 蓝海涛:《改革开放以来我国城乡二元结构的演变路径》,《经济研究参考》2005 年第 17 期。

第十三章　近当代农民权利状况与三农曲折发展

家庭联产承包责任制，是以集体经济组织作为发包方，以家庭为承包主体，以承包合同为载体而形成的统分结合的双层农业经营体制。这一改革，实现了农民经营自主权和社会权利的回归。一是农民生产自主权回归。在该制度下，农业生产不再由集体统一规划和组织，而是以家庭为单位，由农户根据土地和生产状况及农户家庭情况，自主决定生产行为。二是农民对剩余产品支配权的回归。农户生产的产品除向国家缴纳农业税、向集体缴纳公共提留以外，完全归己所有，即"缴够国家的，留够集体的，剩下都是自己的"。在20世纪90年代以前，国家虽仍实行统购统销，但农民在完成国家征购计划之外的余粮，可以自行到市场销售或自主决定其他用途。三是农民劳动力支配权的回归。农民可以按农业生产季节性特点，灵活安排劳动时间，从而可以在农闲时间从事非农经营活动，有利于劳动力价值的最大化。四是在20世纪80年代初建立了村民自治制度。该制度经1982年12月和1987年11月先后颁布的《中华人民共和国宪法》、《村民委员会组织法（试行）》，被提升到法律层面。从此，中国亿万农民拥有了对本村事务自我管理、自我教育和自我服务的民主权利。

上述权利的回归，极大激发了农民的生产积极性，使三农发展出现了新中国成立以来最富活力的态势。

（一）农业产量迅速增加，农业结构向均衡化方向发展

家庭联产承包制推行以后，农民生产积极性空前高涨，加之此时期化肥、农药等新式生产技术的广泛运用，农业产量迅速增加。按可比价格计算，1978~1990年农业总产值增长102.6%，年均增长6.06%，比1953~1977年的平均增长率高出3.6个百分点[①]。粮食总产量先后迈上3500亿公斤和4000亿公斤两个台阶，1990年达到4350亿公斤。人均粮食产量由1978年的316.6公斤，增长到1990年的393.1公斤，使中国粮食供应越过了长期短缺阶段。棉花、油料等农副产品产量也大幅度增加。其中棉花产量达到451万吨，比1978年增加了1倍。油料产量达到1613万吨，

[①] 方虹宇、刘汝淖：《小康工程——中国农村的振兴之路》，改革出版社1992年版，第29页。

比1978年增加了2倍。

（二）非农产业迅速发展，农村经济呈现多元化态势

集体经济时期，国家采取行政手段禁止农民离开土地。联产承包制实行后，农民获得劳动力支配权，使农村剩余劳动力向第二、第三产业转移成为可能。这时农村剩余劳动力的转移，主要有家庭副业专业户和乡镇企业三个方向。

家庭副业是农民在农业之外，以家庭为单位从事的加工、养殖、服务等其他附属事业。其特点是规模小、投入低、形式灵活，方便农民利用闲暇时间经营，符合中国小农经济素有的"耕织结合，以工补农"传统。20世纪80年代初期，家庭副业几乎与联产承包制同时起步，并很快呈现蓬勃发展之势，并开始向专业化方向迈进。至1983年年初，全国28个省区已有9.4%的农户成为各类专业户。至1984年，专业户占比进一步增加至14%，主要从事食品加工、建筑运输及个体工商等行业。随着家庭副业的蓬勃发展，非农产业产值在农村社会总产值中比重迅速上升，成为重要组成部分，农村经济呈现多元化发展趋势（见表13-11）。

表13-11　　　　农村社会总产值构成（1980~1990年）　　　　单位：%

年份	农业	农村工业	农村建筑业	农村运输业	农村商业
1980	68.9	19.5	6.4	1.7	3.5
1983	66.7	20.0	7.8	2.0	3.5
1984	63.3	22.9	7.3	2.6	3.7
1985	57.1	27.6	8.1	3.0	4.2
1986	53.1	31.5	7.8	3.3	4.3
1987	49.6	34.8	7.7	3.5	4.4
1988	46.8	38.1	7.1	3.5	4.5
1989	45.1	40.7	6.3	3.6	4.3
1990	46.1	40.4	5.9	3.5	4.1

资料来源：《中国统计年鉴1990》《中国统计提要1991》，中国统计出版社1990年版。

相比于家庭副业和专业户小规模分散式经营，乡镇企业则是由乡镇、村、村民联合组建的具有一定规模的企业组织。由于农业劳动生产率提高

第十三章 近当代农民权利状况与三农曲折发展

和农业产值增加,农村出现了大量剩余劳动力向非农产业转移的现象,在城市经济体制改革刚刚起步,城市非公产业尚未大发展之前,农村剩余劳动力主要通过兴办乡镇企业就地消化,这促进了乡镇企业的发展与繁荣。乡镇企业发展还有另外两个原因:一是农业发展为乡镇企业投资积累了必要的资本;二为国家政策的鼓励与支持。在多种有利因素促动之下,中国乡镇企业开始突飞猛进地发展。1984年,乡镇工业产值增加额已占全国工农总产值增加额的24%,成为国民生产的重要力量。之后,乡镇企业不论从企业数量、规模、从业人数抑或产值方面,均直线上升,从1984~1990年,乡镇企业总产值从1420亿元上升至9780亿元,增幅达558%;利润总额从155亿元增至683亿余元,增幅340.8%。至1991年,全国乡镇企业已达1908.88万家,就业人数9609.11万人,总产值达11621.69亿元,占全国社会总产值的26.5%,乡镇工业产值8708.61亿元,占全国工业产值的30.8%[1](见表13-12)。

表13-12　　　中国乡镇企业发展概况(1984~1990年)　　　单位:万元

年份	增加值	总产值	利润总额	净利润
1984	6332106	14208425	1550183	1287175
1985	7723100	27284000	2470500	2174000
1986	8731627	37170474	3289113	3023838
1987	14164273	50549782	3811042	3452662
1988	17420465	75024393	6497191	5500182
1989	20831625	84018182	6750876	5697786
1990	25043188	97803459	6834558	5824275

资料来源:《中国乡镇企业统计年鉴2003》,中国统计出版社2003年版。

(三)农民收入快速上升,生活水平得到提高

农业生产增长与农村经济多元发展,直接促使农民收入增加,生活水平提高。党的十一届三中全会后,农民收入直线上升。1978~1990年,农民人均纯收入从133.57元增加到629.79元,增长3.7倍,半数以上年

---

[1]　《中国统计年鉴1992》,中国统计出版社1992年版。

份较上年增长率在10%以上,远快于改革之前2.2%的增长率。详细情况可见表13-13。

表13-13　　　农民人均收入增长表(1978~1990年)　　　单位:元、%

年份	1978	1979	1980	1985	1986	1987	1988	1989	1990
绝对数	133.57	160.17	191.33	397.60	423.76	462.55	544.94	601.51	629.79
增长率%		19.9	19.5	11.9	6.6	9.2	17.8	10.4	4.7

资料来源:郭书田:《变革中的农村与农业——中国农村经济改革实证研究》,中国财政经济出版社1993年版,第83页。

随着农村家庭副业与乡镇企业等其他非农经济的迅速发展,农民收入构成由单纯依靠农业收入逐渐转向非农收入。以构成农民收入主要来源的生产性收入结构看,1980年以前,农业收入占比在90%左右,而自1985年以后,非农收入占比迅速上升至30%左右,农业收入则降至70%左右,这表明农业虽仍为农民收入的主要来源,但其重要程度在降低。1978~1985年,农民人均收入中来自第二产业部分数额由10.58元增加到29.47元,1990年又增到287.24元,1997年达到437.78元,在19年间增加了40多倍,来自第二产业的收入在农民人均纯收入中的比重由原来的7.9%增加到20.9%。1985年,农民人均收入中从第三产业中获得的收入只有39.95元,1990年增加到70.68元,1997年达到281.28元,12年中增加了6倍。

伴随收入水平提高,便是农民消费结构发生变化。1978~1990年,农民生活消费支出中,食物支出一直为主要构成,但其所占比例逐年下降,从67.7%降低到54.9%,其他支出项目中,住的比重迅速由第5位调整至第2位(见表13-14),说明农民在解决温饱问题以后,开始有能力改善住房条件。

表13-14　　　农户家庭消费结构(1978~1990年)　　　单位:元、%

年份	生活消费支出(元)	1(%)	2(%)	3(%)	4(%)	5(%)	6(%)
1978	116.06	吃67.7	12.7	烧7.11	用6.57	住3.16	文2.72

第十三章　近当代农民权利状况与三农曲折发展

续表

年份	生活消费支出（元）	1（%）	2（%）	3（%）	4（%）	5（%）	6（%）
1980	162.21	吃61.8	穿12.3	用9.44	住7.89	烧5.96	文2.63
1985	317.42	吃57.7	住12.4	用11.36	穿10.35	烧5.72	文2.86
1989	535.37	吃54.1	住14.1	用12.2	穿8.3	文6.6	烧4.4
1990	538.05	吃54.9	住12.9	用11.9	穿8.4	文7.5	烧4.5

注：消费结构序列即按各项支出在生活费用总额中所占比重大小排列的顺序。

资料来源：郭书田：《变革中的农村与农业——中国农村经济改革实证研究》，中国财政经济出版社1993年版，第83页。

从总的支出项目看，1980年以后，农民在经营和生产方面支出增长明显快于生活支出。1980~1989年间，经营性支出年均增长率为27.5%，生活支出为14.2%，仅约为经营支出的半数。反映农民在收入提高以后，开始有意识并有能力增加农业与非农业的生产性投入，这反过来促进了农村产出的增长，形成农村经济的良性循环（见表13-15）。

表13-15　　　农民家庭抽样调查人均全年总支出结构　　　单位：元、%

项目		1978年	1985年	1986年	1987年	1988年	1989年	1990年
总支出		195.52	485.51	535.82	603.99	737.26	830.74	840.06
家庭经营费用支出	绝对量	24.89	121.39	132.65	150.59	194.57	221.91	224.78
	占比	12.7	25	24.8	24.9	26.4	26.7	26.8
生活消费支出	绝对量	162.21	317.42	356.95	398.29	476.66	535.37	538.05
	占比	83	65.4	66.6	65.9	64.7	64.5	64.1
其他非生产性支出	绝对量	8.42	9.57	9.69	11.90	14.98	17.71	18.75
	占比	4.3	9.6	8.6	9.2	8.9	8.8	9.1

资料来源：《中国统计年鉴1991》，中国统计出版社1991年版，第264页。

随着农村自主性经营成为主要经营形式，农民收入高度平均状况有所改变。1978~1987年，农民收入基尼系数由0.2124扩张到0.2916，高低倍数扩大到4.16倍。1988年以后，基尼系数进一步达到0.3014，高低倍数扩大到4.68倍。体现出农民自主经营中因勤懒、个人能力等因素在收入方面的差异①。如果将各省区农民家庭人均纯收入与全国农民家庭人均纯收入之差的加权平均数称为全国农民人均收入的平均绝对差距,再将平均绝对差距与全国农民家庭人均纯收入之比称为平均相对差距,则通过这两项指标就可看出农民收入区域差距的概貌。1980年,全国农民人均纯收入的平均绝对差距只有28.2元,1985年扩大到61.2元,1990年为142.9元。从全国农民人均纯收入的平均相对差距来看,1980年为14.8%,1985年为15.4%,1990年为20.8%,10年间增加了6个百分点。

总之,20世纪80年代的家庭联产承包责任制改革,实现了农民经营自主权等多项权利的回归,极大地调动了农民生产积极性,促进了农业发展、农民增收和农村各项事业的发展。因此,有学者把该时期称作继新中国建立初期之后三农发展的"第二个黄金时代"②。

二、世纪之交农民权利被压缩与三农问题恶化

遗憾的是,改革开放初期农村经济繁荣局面,并未持续太长时间。1985年后尤其20世纪90年代,随着经济改革重点转向城市,"城乡二元结构的利益重心也由第一阶段向农村倾斜,转为向城市倾斜",造成城乡二元结构体制被重新"强化"③的倾向。随之,前些年农民恢复的农民权利被侵蚀、压缩,城乡权利的不平等重新凸显,由此引发三农问题日益严重恶化。

(一) 农民经营权和财产权被压缩,造成农民负担沉重

主要表现在侵犯农民土地承包经营权和农民负担过重两个方面。家庭联产承包制实行后,农民获得了土地承包经营权,但农民这种权利时常被

---

① 国务院农研中心:《生存与发展》,中国展望出版社1989年版,第165页;郭书田:《变革中的农村与农业——中国农村经济改革实证研究》,中国财政经济出版社1993年版,第86页。
② 陆学艺:《农村发展的三个"黄金时代"和粮食安全问题》,《中国社会科学报》2010年第112期。
③ 蓝海涛:《改革开放以来我国城乡二元结构的演变路径》,《经济研究参考》2005年第17期。

第十三章　近当代农民权利状况与三农曲折发展

各种形式所挤压或剥夺。其中土地被强行征用问题十分突出。20世纪90年代后特别是1999年1月《中华人民共和国土地管理法》出台后,国家完全垄断了农村集体土地转用权,使土地征用有了浓厚的强制色彩。该法规定"土地补偿费和安置补助费的总和不得超过土地被征用前三年平均年产值的三十倍"补偿上限标准。一些地方政府或为公益或出于商业目的,依据此法强制以低价征用了大量土地。1996~2010年,全国建设用地增加7410万亩,造成3000多万农民失去土地。这种以牺牲农民土地财产权利为代价,降低工业化、城镇化成本的做法,严重侵犯了农民的土地承包经营权和土地财产权。农业部农村经济研究中心研究员廖洪乐2008年的一项研究显示,1995年全国每公顷土地出让金纯收益为66.1万元,其中政府获得47.2万元,集体和农民获得18.9万元,政府与集体和农民的土地增值收益分配比为2.5:1。到了2005年,这个比例扩大到了9.7:1[①]。

同时,政府不但增加了农业特产税,国家还减少了对农村的财政投入,实行"农民的事情农民办"的办法,许多开支改由农民自筹经费解决,大大加重了农民的税费负担。加之财权上收、事权下放的财政分灶和分税制改革,导致乡政府开支紧张,乡政府机构膨胀,形成乡、村政权向农民摊派之风日甚,更加重了农民负担。具体来讲,当时农民负担有以下几项:

农业税。即农民必须完成的国家对粮食、棉花等主要农产品的征购任务,按农业户口人数缴纳。1989年后又在全国增加了"特产税"。

村提留和乡统筹。即农民向村委会与乡政府缴纳的农村建设所需各项费用。包括村基本建设费用、农村教育村提留是指本村成员向村集体经济组织提供的一部分收入,由村集体经济组织掌握,主要使用于公基金、公益金和管理费三项。乡统筹是乡(镇)政府向所辖范围内的农民收取的费用,主要使用范围包括乡村两级办学、计划生育、优抚、民兵训练和乡村道路建设等五项。村提留和乡统筹合称为"三提五统",依据农户承包的土地面积缴纳。

---

① 见刘展超:《土地增值收益分配尚不合理 农民所得比例偏低》,《第一财经日报》,2012年11月30日。

劳动积累工和义务工。这是农民承担的劳务负担。前者是农民为集体经济组织提供的一种劳动积累，实际也是农民的一种社会负担；后者是农民无偿承担的一种劳动，是农民为村公益事业所尽的义务。

上述税费负担，除农业税由国家统一制定标准外，村乡提留费用往往由各地自行制定，容易形成乱摊派、乱收费，从而造成农民负担加重。据当时相关部门估计，1996年全国的农村税费总额为880亿元，而各种"社会负担"三乱收费及以资代劳的总金额估计为1000亿元，各项实际总负担金额为1880亿元，农民人均负担达210元之多[①]。2000年，农民承担的各项税费达到1359亿元，比1990年累计增长189.7%。其中农业税增长428.4%，村提留增长62.9%，乡统筹费增长129.1%，其他收费增长470.8%。如果按耕地面积19.5亿亩计算，每亩耕地平均负担69.7元；如果按2000年9.28亿乡村人口计算，乡村人口人均负担146.4元[②]。农民承担的各项税费负担占农民人均纯收入的比重为7.6%，最严重的1994年，这一比重甚至高达12.2%[③]。

不仅如此，原已存在的工农产品剪刀差，也呈现逐年扩大趋势。自1986年废除统购统销制度后，人为构建的工农业产品价格剪刀差虽然消除了，但由于农产品价格需求刚性等原因，工农产品剪刀差在市场机制作用下依然长期存在，并且长期呈扩大趋势。1990年中国工农业产品价格"剪刀差"为727亿元，1998年达到3591亿元，8年增长了大约5倍（见图13-1）。工农产品剪刀差扩大，加速资源向城市集中，但使农民剩余财产支配权被大量侵蚀，农民的各种负担极其沉重。

（二）农民劳动力支配权萎缩，把农民推入尴尬境地

到20世纪90年代，原来在80年代发展起来的乡镇企业，大多因经营落后和资金技术缺乏等原因陷入破产倒闭境地，难以继续吸纳更多农村剩余劳动力，加之城市就业岗位有限等原因，造成农村大量隐性失业人

[①] 张遂、马慧琴：《中国三农问题研究》，中国财政经济出版社2003年版，第224页。
[②] 陈锡文：《中国农村公共财政制度》，中国发展出版社2005年版，第99页。
[③] 陈桂棣、春桃：《中国农民调查》，人民文学出版社2004年版，第191页。转自孟翠莲：《后农业税时代中国农村经济社会问题》，中国财政经济出版社2010年版，第11页。

第十三章　近当代农民权利状况与三农曲折发展

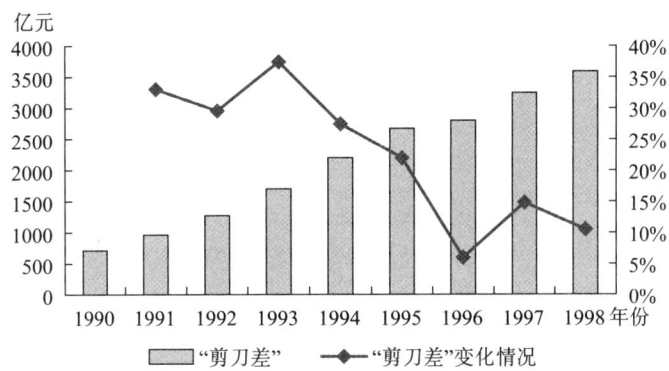

图 13-1　1990~1998 年中国工农业产品价格剪刀差

资料来源：陈桂棣、春桃：《中国农民调查》，人民文学出版社 2004 年版，第 191 页。转自孟翠莲：《后农业税时代中国农村经济社会问题》，中国财政经济出版社 2010 年版，第 11 页。

口。当时有专家估计，1997 年中国农村隐性失业人口有 1.3 亿人，且每年在以 400 多万人的速度增加。另有专家测算农村剩余劳动力在 1.5 亿人左右①。为寻找就业门路和增加收入，大批农民选择进城打工。据统计，2000 年进城农民工规模达到 9948 万人②。但由于二元经济体制造成的城乡不平等，进城农民工在择业、住房、待遇、教育、社会福利等多方面遭受歧视与不公正待遇。

1. 农民工平等劳动权难以保障

《中华人民共和国宪法》第四十二条规定，"中华人民共和国公民有劳动的权利和义务。""国家通过各种途径，创造劳动就业条件，加强劳动保护，改善劳动条件，并在发展生产的基础上，提高劳动报酬和福利待遇。"但该条第三款同时规定，劳动者范围限于"国有企业和城乡集体经济组织的劳动者。"而进城农民工既不被看作国有企业工作人员，又不被看作城市集体经济组织的劳动者。这意味着进入城镇打工的农民不在国家法律保护范围之内，不具有平等的就业权、失业保险权、培训权以及其他的福利待遇。

2. 农民工平等就业权缺失

作为农民工身份，在择业方面难以获得与城市市民同等的就业机会，

---

① 牛若峰：《中国发展报告：农业与发展》，浙江人民出版社 2000 年版，第 117 页。
② 许经勇：《论我国农民进城方式与条件》，《江海学刊》2003 年第 2 期。

因此其择业范围被局限于城市居民不愿从事的低工资、高强度、高风险行业,如建筑业、餐饮业、服务业等城市市民不愿进入的行业,工作性质也多为临时工,很少签订正式用工合同。因不拥有城市户口,农民工长期被作为"流动人口"加以管理。1995年后还推行暂住证、就业证等制度,实质是针对进城务工人员的监督管理。农民工在城镇就业,除身份证外,还需办理就业证、务工证、流动人员婚育证明等,其中大部分证件均需一年一办,给进城务工人员造成经济与精神等多方面压力。

3. 农民工社会福利与保障权缺失

20世纪中期中国开始医疗、养老制度改革,废除了计划经济体制下由单位负责发放退休金与医药费报销制度,实行医疗与养老社会保险制度。1995年《中华人民共和国劳动法》第七十二条规定,"用人单位和劳动者必须依法参加社会保险,缴纳社会保险费";第七十三条规定,职工在退休、患病、负伤、因工伤残或者患职业病、失业、生育等情形下,可以享受社会保险待遇。但实际上能够享受到社会保险福利的仅限于国家与集体所有制企事业单位以及规模较大之中外资私营企业,涵盖人群基本限于有城镇户口的职工,而大部分农民工难以平等享受这些社会福利与保障权利。因为进城农民工多在小型私企或个体店就业,而且多数无正式用工合同。据各地调查,这些企业为农民工缴纳的主要为工伤保险,其他保险基本为空白。即使是工伤保险,所占比重也非常小。据2004年山西调查,全省农民工参加工伤保险的比重仅为30%,其他险种比例更低,医疗和养老保险分别为13.94%和10.45%。半数以上农民工未享受任何保险[1]。辽宁省在鞍山、阜新、丹东三市调查显示,直到2006年,三市餐饮业参加社会保险的职工人数仅为13%,其中主要还是城镇户口职工[2]。其他各省情况相似。此外,在住房、工伤赔偿、社区管理等福利体制中,农民工也均未被纳入在内。

4. 农民工子女受教育权不平等

---

[1] 山西省总工会:《山西省农民工的结构情况及权益保险总体状况》,《工会研究》2006年第11期。

[2] 辽宁省总工会:《农民工权益维护问题的调查报告》,《工运研究》2006年第9期。

第十三章　近当代农民权利状况与三农曲折发展

由于当时中国教育体制严格遵循户籍地管理原则，导致大批农民工子女进城之后，难以在从业城市享受义务教育并参加高考，造成农村庞大留守儿童群体的形成。20世纪90年代后期，多个城市虽允许农民工子女凭暂住证就近入学，但多数需缴纳借读费、择校费或者捐资助学及其他摊派费用。农民工子女大多被安排在质量较差学校读书，难以进入重点中小学，在教育资源获得方面仍遭受歧视。

总之，这一时期农民虽拥有对自身劳动力的自由支配权，但他们在农村务农面临隐性失业的威胁，进城打工又面临就业与多重制度性歧视，处于两难选择的尴尬境地。

（三）农村资金向城市转移，农业产量持续下降

农民权利被侵蚀和压缩，导致大量资金从农村外流到城市。大体而言，农村资金外流主要通过三种渠道：国家税费征收、工农业产品价格剪刀差与城市金融机构对农村资金的吸纳。据统计，1991～1998年，从金融渠道净流出的农村资金共计2841亿元，平均每年高达358亿元[1]。有学者统计，1995年后通过国家税费、农产品价格剪刀差及金融等途径，农村向城市流失资金年均达2000亿元以上[2]。

大量资金外流造成农村资金匮乏，极大削弱了农业发展能力，加之其他原因，造成农业种植面积减少和农业产量的持续下降。1997～2003年多数年份粮食播种面积减少或只有微量增加，弃地抛荒现象更在各地普遍存在。同期粮食产量除两年有微量增长外，其他年份呈现绝对下降，最严重的2000年竟下降9.09%（见表13-16）。

表13-16　　　　　1996～2003年粮食播种
面积与产量变动情况　　　　单位：万吨、千公顷

年份	粮食产量	粮食播种面积	粮食产量增减%	粮食播种面积增减%
1996	50454	152380.60		
1997	49417	153969.20	-2.06	1.04

---

[1] 谢元态：《中国特色的农村改革与发展之路》，江西出版集团2007年版，第390页。
[2] 同上。

续表

年份	粮食产量	粮食播种面积	粮食产量增减%	粮食播种面积增减%
1998	51230	155705.70	3.67	1.13
1999	50839	156372.81	-0.76	0.43
2000	46218	156299.85	-9.09	-0.17
2001	45264	155707.86	-2.06	-0.38
2002	45706	154635.51	0.98	-0.69
2003	43070	152414.96	-5.77	-1.44

资料来源：《中国统计年鉴2007》，中国统计局网站。

（四）农民增收停滞不前，城乡收入差距逐年扩大

20世纪70年代末至80年代初，国家允许农民自由出售定额之外的农产品，并逐步提高农产品收购价格，农民由此取得剩余产品支配权并促进了农民增收。1978~1985年农村居民人均总收入年均增长高达20.11%。1985~1996年年均增长虽有下降，但也达到16.02%的增幅。但到1997~1999年年均增长只有2.17%，1998年下降0.1%，1999年又下降了0.3%[①]。1997~2003年农村居民人均家庭收入增长率为5.16%，而同期城镇居民家庭人均收入增长率10.73%，农村家庭人均收入增长率不到城镇居民家庭的一半，也不足国民生产总值增长率的一半，导致城乡收入差距逐年扩大（见表13-17）。

表13-17　1996~2003年中国城乡居民家庭人均收入及恩格尔系数表

年份	城镇居民家庭人均可支配收入		农村居民家庭人均纯收入		城镇居民家庭	农村居民家庭
	绝对数（元）	较上年增长%	绝对数（元）	较上年增长%	恩格尔系数（%）	恩格尔系数（%）
1996	4838.9	12	1926.1	22.1	48.8	56.3
1997	5160.3	6.6	2090.1	8.5	46.6	55.1

① 徐连仲：《农村居民收入变化及影响因素分析》，《农业经济问题》2001年第5期。

第十三章　近当代农民权利状况与三农曲折发展

续表

年份	城镇居民家庭人均可支配收入		农村居民家庭人均纯收入		城镇居民家庭恩格尔系数（%）	农村居民家庭恩格尔系数（%）
	绝对数（元）	较上年增长%	绝对数（元）	较上年增长%		
1998	5425.1	5.1	2162.0	3.4	44.7	53.4
1999	5854.0	7.9	2210.3	2.2	42.1	52.6
2000	6280.0	7.2	2253.4	1.9	39.4	49.1
2001	6859.6	9.2	2366.4	5.0	38.2	47.7
2002	7702.8	12.3	2475.6	4.6	37.7	46.2
2003	8472.2	10.0	2622.2	5.9	37.1	45.6

资料来源：《中国统计年鉴2004》，国家统计局网站。

当然也要看到，在这个阶段村民自治制度在国家立法方面有长足进步。主要是1998年全国人民代表大会常务委员会对《中华人民共和国村民委员会组织法（试行）》进行了重要修订，并正式实施使之具有强烈的现代民主理念和严格的民主程序蕴含，被一些学者看作中国民主政治发展的新的突破点。然而，在实践上并不令人乐观。一些县乡地方政府以多种形式控制农村人、财、物，使村民自治有形式而无内容，实际沦为空壳化①。

综上所述，在20世纪50年代后期到21世纪初的近半个世纪里，中国三农问题几经曲折，但始终未能得到根本解决。究其原因，是城乡二元经济社会体制造成的农民权利缺失。人民公社时期农民权利的缺失，导致农民生产积极性长期低下，造成农业生产与农村经济的全面衰退。20世纪80年代的农村改革时期，城乡二元经济社会体制有所松动，农民土地经营自主权与劳动力自主支配权得以回归，带来了三农大发展局面。20世纪90年代后期到21世纪初，由于城乡二元经济社会体制重新被强化，农民权利重遭挤压，造成三农问题日益严重。由此可见，造成当代中国三

---

① 徐勇：《村民自治的成长：行政放权与社会发育——1990年代后期以来中国村民自治发展进程的反思》，《华中师范大学学报》（人文社会科学版）2005年第2期。

农问题的根本原因,在于城乡对立的二元经济结构体制。因此,打破城乡分割对立的二元体制,实现农民政治经济和社会权利的回归与重构,实现"耕者有其权",是 20 世纪 50 年代后期以来解决三农问题的关键,也是促进三农发展的根本动力。

三、党的十六大后农民权利多方面改善与三农巨大发展

(一) 党的十六大后农民权利的多方面改善

针对二元经济社会体制造成的严重三农问题,2002 年召开的中共中央十六次代表大会提出了统筹城乡经济社会发展新方针。2003 年 1 月召开的中央农村工作会议,提出重点解决农村、农业、农民问题,加快农业、农村经济发展,全面建设小康社会的改革方向,提出要深化农村税费改革,加大对农业与农民补贴力度,改善农村教育、医疗等意见。按照新方针和新政策,中国开始了破除二元经济社会体制机制障碍,改善和完善农民权利的制度创新与实践创新。

1. 稳定土地承包关系,实行税费改革,保护农民土地承包经营权和财产权

党的十六大后,针对当时侵犯农民土地承包经营权和财产权问题,中央从政策和法律不同层面稳定土地承包关系。特别是 2008 年 10 月中共十七届三中全会通过的《中共中央关于推进农村改革发展若干重大问题的决定》明确规定:"赋予农民更加充分而有保障的土地承包经营权,现有土地承包关系要保持稳定并长久不变。"2011 年 12 月,时任总理温家宝在中央农村工作会议上更指出:土地承包经营权、宅基地使用权、集体收益分配权等,是法律赋予农民的合法财产权利,任何人都无权剥夺①。

根据以上决定与要求,国家出台了《关于深化改革严格土地管理的决定》等一系列文件,修改了有关法律条款,积极推进集体土地征收制度改革,在保障农民土地财产权方面取得了明显进展。不仅突破了征地补偿安置标准的上限,允许被征地农民直接参与分享土地增值收益,而且规定依法征收农村集体土地,按照同地同价原则及时足额给农村集体组织和

---

① 《中央农村工作会议在京举行　温家宝讲话》,《人民日报》,2011 年 12 月 28 日。

第十三章 近当代农民权利状况与三农曲折发展

农民以合理补偿，提出要解决好被征地农民的就业、住房、社会保障等问题。同时，规定区片综合地价应考虑地类、产值、土地区位、农用地等级、土地供求关系和当地经济发展水平等因素，引入了市场化因素。这些新政策和法律条款，使土地的资产功能和保障功能得到双重体现和强化，对改变以前侵犯农民土地权利，保护农民土地权益起了重大作用。

针对农民负担过重，侵犯农民财产权问题，从2004年起中央开始了卓有成效的农业税费改革。其步骤大体为：2004年取消农业特产税，且在黑龙江、吉林两省开展免征农业税改革试点；2005年将免征范围扩大至28个省；2006年1月正式废除《农业税条例》，全面取消了农业税。农业税的免除，每年可减轻农民负担1250亿元，农民人均减负140元，大大降低了农业经营成本，减轻了农民负担。从国家层面保障了农民农业经营的财产权。与此同时，相继对农业实行良种补贴、种粮农民直接补贴、农机购置补贴和农资综合补贴，简称"四补贴"，并且这些补贴的力度逐年加大（见表13-18）。

表13-18　　　　　2002~2012年农业四补贴表　　　　　单位：亿元

年份	合计金额	种粮直补	农资综合补贴	良种补贴	农机购置补贴
2002	1			1	
2003	3			3	
2004	145	116		28.35	1
2005	173	131		38.7	3
2006	310	142	120	41.53	6
2007	514	151	276	66.63	20
年份	合计金额	种粮直补	农资综合补贴	良种补贴	农机购置补贴
2008	1030	151	716	123.4	40
2009	1275	151	795	198.5	130
2010	1345	151	835	204	155
2011	1406	151	860	220	175
2012	1653	151	1078	224	200

资料来源：《欧美农业补贴政策改革的新动态及其对我国的启示（中）》，《中国软科学》2015年第8期。

中国"三农"发展规律与战略目标研究

此外,国家通过固定资产投资、价格补贴等形式,不断加大农业财政资金投入。"三农"财政支出由 2003 年的 1755 亿元增长至 2012 年的 12388 亿元,9 年间增长近 8 倍。同期占财政支出比重由 7.1% 上升至 9.8%(见图 13-2)。农业补贴总额,由 2011 年的 2115.2 亿元,增长至 2012 年的 2503.7 亿元。

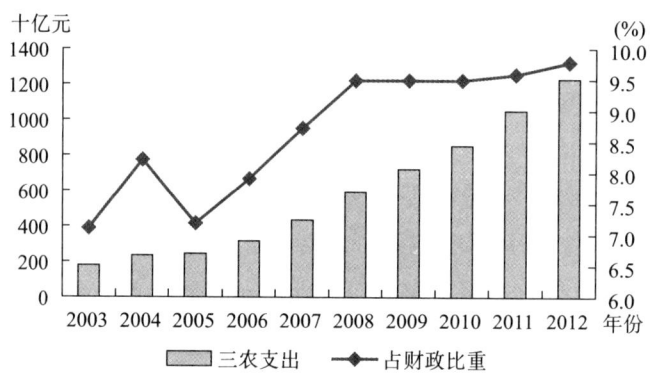

图 13-2 三农支出占财政比重(2003~2012 年)

资料来源:《欧美农业补贴政策改革的新动态及其对我国的启示(中)》,《中国软科学》2015 年第 8 期。

2. 实行农村合作医疗改革,改善农民健康保障权

2002 年 11 月,国务院发布《关于进一步加强农村卫生工作的决定》,提出建立农村卫生服务体系和新型农村合作医疗制度。从 2003 年起,全国农村合作医疗制度开始起步。新型农村合作医疗制度实行由个人、集体、政府多方筹资,以大病统筹为主的互助共济制度。与传统的民间互助组织相比,其主要特点凸显在政府财政补贴。至 2003 年年底,29 个省、自治区、直辖市以及新疆生产建设兵团确定了 294 个新型农村合作医疗试点①。新农村合作医疗覆盖范围迅速扩大,2004 年全国开展新农合县数仅 333 个,至 2012 年增至 2566 个,增加约 8 倍;参合人数迅速增加,2004 年参合人数不足 1 亿人,至 2012 年增至 8 亿人有余,参合率 98.3%,基

---

① 陈佳贵、王延中:《中国社会保障发展报告(2001—2004)》,社会科学文献出版社 2004 年版,第 51~52 页。

第十三章 近当代农民权利状况与三农曲折发展

本实现了农村合作医疗的全覆盖。保障程度逐年提高，2010年政策范围内住院补偿比达到60%左右，最高支付限额提高到全国农民人均纯收入的6倍左右，基金使用率超过90%。2004年至2012年间，年基金支出增加90倍，受益人次增加20余倍。信息化建设快速推进，到2010年，95%的统筹地区实现了医疗费用即时结报，超过30%的统筹地区开展了门诊总额预付、按病种付费等支付方式改革[①]。

此外，对农村贫困家庭，在合作医疗之外还通过其他渠道给予救助。救助对象主要是农村五保户和贫困农民家庭。救助形式或者是对患大病者直接给予费用补助，或者资助其参加合作医疗。到2006年，全国所有含农业人口的县（市、区）基本建立了农村医疗救助制度。新型合作医疗保险制度的建立，使中国农民有史以来第一次享受国家医疗补贴，对改变农民看病难，看病贵状况，减轻农民负担，增加农民福利，提高生活水平具有非常重要意义。

3. 建立新型农村最低生活保障制度，保护农民生存权

2007年7月，国务院下发《关于在全国建立农村最低生活保障制度的通知》，提出要建立农村最低生活保障制度，明确了农村最低生活保障标准和对象范围，以使农村贫困人口生活得到切实保障。农村最低生活保障制度的建立，标志着农村人口享受与城市市民平等的生存权，是为二元经济体制改革向一元化迈进的关键步骤。农村低保补助标准逐渐提高，2008年按每人每月10元的标准提高农村低保对象补助水平，月人均财政补助标准由30元提高到50元。截至2012年年底，全国有农村低保对象2814.9万户、5344.5万人，全国农村低保平均标准2067.8元/人、年，农村低保月人均补助水平104.0元。

4. 建立新型农村养老保险制度，推进公民权利平等

2007年，中共十七大报告提出建立覆盖城乡居民的社会保障体系，要求探索建立农村养老保险制度。2008年党的十七届三中全会第一次提出"新型养老保险"概念，要求按照个人缴费、集体补助、政府补贴相

[①] 宋士云：《新中国社会保障制度结构与变迁》，中国社会科学出版社2011年版，第302页。

结合的原则，建立新型农村社会养老保险制度，简称"新农保"。这一制度自2009年开始实施，到2012年年底的4.6亿人，领取养老金人数达1.31亿人，全国平均参保率接近90%，实现农村居民养老保险制度全覆盖。农村60岁以上老人每月可领到由国家财政提供的不低于55元的基础养老金，虽然金额很少，但农民毕竟开始享受历史上从未享受过的"退休金"待遇了。

5. 重构农民教育权，扩展村民自治权利

在文明社会尤其在信息化、市场化的现代社会，教育权为公民最基本的权利之一。但在20世纪90年代中期以后，随着二元经济结构体制的强化，农村中小学建设经费主要依靠农民自筹，形成农民重要负担之一。进入21世纪以后，随着所谓"教育产业化"改革推进，学费昂贵，对于收入普遍偏低的农村人口，其教育权往往难以保障。进城务工农民子女在城市入学也受到严重歧视。党的十六大后，党和政府不但取消了这些削弱农民教育权的政策，而且以国家财政大力支持农村教育。2005年国家开始对农村义务教育阶段贫困家庭学生，实行"免杂费、免书本费、补助寄宿生生活费"的"两免一补"政策。2006年国家免除了西部地区农村义务教育阶段学生学杂费，2007年将这一政策扩大到全国范围，进城务工农民子女也享受与所在城市义务教育阶段学生同等政策。这些新政策，从根本上解除了农民义务教育的学杂费负担，使农民子女受教育权得到切实改善。与此同时，党的十六大后针对当时村民自治中存在的问题，突出强调健全党领导下充满活力的村民自治机制，突出强调农民直接行使民主权利，完善村民民主决策、民主管理、民主监督制度，依法保障农民知情权、参与权、表达权、监督权，充分发挥农民群村级治理中的主体作用。这些新思路和新实践，对切实保障农民的民主权利起了重要作用。

（二）三农发展进入第三个黄金时代

党的十六大后随着各项改革的推行和农民多项权利得到初步保障，农民生产积极性重新高涨，农村经济活力重新焕发，农业生产一改多年的停滞局面，迅速恢复并持续增长。据国家统计局对全国31个省（自治区、直辖市）6.8万个农村住户的抽样调查，2005年上半年，农户生产投入

第十三章　近当代农民权利状况与三农曲折发展

人均531元，比上年同期增加122元，实际增长17.6%，比上年同期提高10个百分点。其中农业生产投入人均411元，增加97元，增长30.8%，比上年同期提高13.3个百分点。2004年，早稻面积比上年增加800万亩，扭转连续7年下滑局面；全年粮食播种面积比上年增加4000多万亩，达到15.24亿亩，扭转连续5年下降的局面。粮食产量迅速增加，2004~2006年间，在徘徊近20年之后，首次实现连续3年增产，2006年粮食产量达到49746万吨[1]，粮食综合生产能力接近历史最高水平；粮食单产达到314公斤[2]，创历史最好水平。之后，农业继续保持增加态势，至2012年粮食总产量达58957万吨，较2003年的43070万吨增加15900余万吨，增加约37%（见表13-19）。

表13-19　　　　　　　　2002~2012年粮食产量　　　　　　　单位：万吨

年份	2002	2003	2004	2005	2006	2007	2008	2009	2010	2011	2012
产量	45706	43070	46947	48402	49804	50160	52871	53082	54648	57121	58957
增加%		-5.8	9.0	3.1	2.9	0.7	5.4	0.4	2.9	4.5	3.2

资料来源：《中国统计年鉴》，见中国国家统计局网站。

其他经济作物同样获得较快发展。2006年棉花产量达到675万吨，比2002年增长37.2%；油料产量达到3059万吨，增长5.6%；糖料产量达到11032万吨，增长7.2%；园林水果产量达到9599万吨，增长38.1%。2006年棉花、油料、糖料单产均创历史最高纪录。牧业与渔业产量亦有大幅度增加，2006年肉类总产量达到8051万吨，比2002年增长22.2%；牛奶产量达到3193万吨，增长145.7%；水产品产量达到5250万吨，增长15.0%[3]。党的十六大召开后几年之内，农村产业结构迅速优化。农业内部看，种植业产值比重进一步降低，林业与畜牧业比重上升，2006年种植业、林业、畜牧业、渔业在农业总产值（不含农林牧

---

[1] 国家统计局：《中华人民共和国2006年国民经济和社会发展统计公报》，见国家统计局网站。

[2] 中华人民共和国国家统计局编：《大发展 大跨越：从十六大到十七大》，中国统计出版社2007年版，第61页。

[3] 中华人民共和国国家统计局编：《大发展 大跨越：从十六大到十七大》，中国统计出版社2007年版，第61~62页。

渔服务业）中的比重分别为 52.3%、3.9%、33.1%、10.8%，与 2002 年相比，种植业所占比重下降了 2.2 个百分点，林业、畜牧业则分别上升了 0.1 和 2.2 个百分点。农村非农产业快速发展，工业化、城镇化水平稳步提高。

农村经济结构中的非农产业重现发展活力。2006 年乡镇企业实现营业收入 246810 亿元，比 2002 年增长 90.2%；实现利润总额 14735 亿元，比 2002 年增长 95.0%。农村非农产业的发展，优化了农村就业结构。2006 年，全国乡镇企业从业人员近 14680 万人，占全国农村劳动力的比重达到 30.5%[①]。

农民生产条件改善，生产方式现代化步伐加快。2004 年国家开始实施农机购置补贴，农户大型农用机械拥有量迅速上升，平均每百户农户汽车拥有量，从 2003 年的 1.40 辆上升至 2011 年的 3.78 辆，增加 1.7 倍；大中型农用拖拉机 2003 年每百户拥有量为 1.79，2011 年增至 3.98，增加 1.2 倍。传统的胶轮车、牲畜等非机动工具拥有量则迅速下降（见表 13-20），表明农业耕作在以机械化替代落后的人力畜力，现代化程度得到明显提高。

表 13-20　　　2001~2011 年农村居民家庭平均每百户
拥有生产性固定资产数量（年底数）

年份	汽车	大中型农用拖拉机	小型和手扶拖拉机	机动脱粒机	胶轮大车	水泵	役畜
2001	1.20	1.50	17.41	9.28	14.52	19.92	39.67
2002	1.29	1.53	18.48	9.62	14.31	21.53	39.38
2003	1.40	1.79	18.93	10.06	13.71	21.12	35.52
2004	1.43	2.24	18.78	10.12	12.88	22.06	34.83
2005	1.76	2.13	20.24	8.69	9.85	21.03	29.33
2006	1.83	2.39	21.06	9.44	9.49	22.12	28.75
2007	1.91	2.85	19.10	9.76	8.86	23.35	27.50

① 中华人民共和国国家统计局编：《大发展 大跨越：从十六大到十七大》，中国统计出版社 2007 年版，第 65 页。

第十三章 近当代农民权利状况与三农曲折发展

续表

年份	汽车	大中型农用拖拉机	小型和手扶拖拉机	机动脱粒机	胶轮大车	水泵	役畜
2008	2.03	3.12	18.99	10.26	8.73	24.10	26.00
2009	2.29	3.37	19.39	10.48	8.64	25.12	25.39
2010	2.40	3.36	19.45	10.62	8.42	25.88	23.42
2011	3.78	3.98	19.85	10.43	4.32	23.61	26.48

资料来源：《中国统计年鉴》，见中国国家统计局网站。

随着农业生产的恢复与农村经济良性运行，自2004年后，农民收入改变了此前的停滞甚或下降的局面，出现快速增长态势。从2004年到2012年，去除价格因素大部分年份实际增长率均在8.0%以上，最快的2007年实际增长率达12.2%。2010年农村居民人均收入较上年实际增长10.9%，同期城镇居民人均可支配收入实际增长7.8%[1]，农村居民收入增长首次超过城镇，且这一态势之后几年基本得以保持，城乡收入差距缩小（表13-21）。

表13-21　　　2002~2012年农村居民家庭人均纯收入　　　单位：元、%

年份	2002	2003	2004	2005	2006	2007	2008	2009	2010	2011	2012
收入	2476	2622	2936	3255	3587	4140	4761	5153	5919	6977	7917
实际增长	4.8	4.3	7.7	9.6	10.4	12.2	8.0	8.5	10.9	11.4	10.7

注：指数以上一年为100；实际增长比例为刨除价格因素值。
资料来源：根据国家统计局历年统计公告整理计算。

随着收入水平提高，农村居民生活水平上升，消费结构优化，2002至2012年间，农村居民家庭恩格尔系数从46.2%降至39.3%，下降6.9个百分点，达到富裕水平。而同期城镇居民恩格尔系数从37.7%降至36.2%，下降1.9个百分点[2]。城乡恩格尔系数差距从9.5%减至3.1，城乡差距大幅缩小（见表13-22）。

---

[1] 根据国家统计局历年统计公告整理计算。
[2] 《2002—2012国民经济和社会发展统计公报》，见中华人民共和国国家统计局网站。

表 13-22　　2002~2012 年中国农村居民家庭消费恩格尔系数表　　单位:%

年份	2002	2003	2004	2005	2006	2007	2008	2009	2010	2011	2012
恩格尔系数	46.2	45.6	47.2	45.5	43	43.1	43.7	41.0	41.1	40.4	39.3
变化	-0.2	-0.6	1.6	-1.7	-2.5	0.1	0.6	2.7	0.1	-0.6	-1.1

资料来源:国家统计局网站统计公告。

农民消费结构优化,消费层次提高。从 2000 年以后,农村家庭食品类消费占比从 49.13% 降至 39.33%,交通通信类消费则上升一倍左右,医疗保健上升约 60%,其他衣着、居住等消费占比均有不同程度上升,标志农民生活水平已从温饱向富裕转变。因此,有学者把该时期称作新中国三农发展的"第三个黄金时代"[①]。

第五节

农民权利系统提升与三农发展新飞跃

一、党的十八大城乡发展一体化方针的确立

21 世纪初期开启的城乡统筹改革,使得二元经济体制逐渐松动,城乡差距逐渐缩小。但党的十八大召开以前,城乡一体的各种制度体系尚未建立,户籍制度、就业制度、土地利用制度、社会保障制度依然采取城乡不同的管理办法,在教育文化体系、卫生医疗体系、公共财政政策、金融体系等管理方面也存在较大城乡差异。2012 年 11 月召开的党的第十八次代表大会,明确提出把打破城乡二元经济社会体制,推动城乡发展一体

---

① 陆学艺:《农村发展的三个"黄金时代"和粮食安全问题》,《中国社会科学报》2010 年第 112 期。

第十三章 近当代农民权利状况与三农曲折发展

化,作为解决三农问题的根本途径,确立了促进工业化、信息化、城镇化和农业现代化"四化"同步发展的指导思想。按照这一方针和指导思想,党的十八大确定了统筹城乡改革,加大统筹城乡发展力度,完善城乡发展一体化体制机制的目标任务。这一任务主要包括以下四方面内容:

第一,统筹城乡规划建设。统筹城乡产业发展规划,统筹城乡基础设施建设规划,构建完善的基础设施网络体系。尤其要在农村地区缺乏基础设施建设资金的情况下,政府要调动和引导各方面的力量着力加强对农村道路、交通运输、电力、电信、商业网点设施等基础设施的投入。

第二,统筹城乡产业发展。促进农村劳动力向第二、第三产业转移,农村人口向城镇集聚。建立以城带乡、以工促农的发展机制,加快现代农业和现代农村建设,促进农村工业向城镇工业园区集中,促进农村人口向城镇集中,促进土地向规模农户集中,促进城市基础设施向农村延伸,促进城市社会服务事业向农村覆盖,促进城市文明向农村辐射,提升农村经济社会发展的水平。

第三,统筹城乡管理制度。突破城乡二元经济社会结构,纠正体制上和政策上的城市偏向,消除计划经济体制的残留影响,保护农民利益,建立城乡一体的劳动力就业制度、户籍管理制度、教育制度、土地征用制度、社会保障制度等,给农村居民平等的发展机会、完整的财产权利和自由的发展空间,遵循市场经济规律和社会发展规律,促进城乡要素自由流动和资源优化配置。

第四,统筹城乡收入分配。改变国民收入分配中的城市偏向,进一步完善农村税费改革,降低农业税负,创造条件尽快取消农业税,加大对"三农"的财政支持力度,加快农村公益事业建设,建立城乡一体的财政支出体制,将农村交通、环保、生态等公益性基础设施建设都列入政府财政支出范围。

党的十八大确立的城乡统筹,实现城乡一体化发展的方针和目标,为在党的十六大以来工作基础上,进一步深化城乡二元经济社会体制改革,系统改善农民权利,促进三农发展的新飞跃指明了道路。值得说明的是,党的十八大城乡一体化方针及其建立的体制机制,与西方国家的城乡融合一体有根本区别。它是在由代表城乡居民共同利益的中国共产党和人民政府主导下展开的,是在建立于公有制主体基础上的社会主义市场经济体制中运行的,因而是社会主义性质的城乡一体化。同时,这一方针和新体制机制的确立,一方面是由于此时中国工业化达到了中后期阶段,具备了实行新机制的物质条件;另一方面,该方针的确立的直接目标,就是克服二元结构体制的弊端,从根本上解决三农问题,补上三农发展短板,实现城乡协调发展。中国城乡一体化的这种性质和宗旨,决定它能够避免资本主义城乡融合一体的种种弊端,成为三农发展的根本动力。

二、城乡一体改革下农民权利的系统提升

党的十八大后,党和国家不仅对前一阶段虽已触及但尚未解决的城乡户籍制度、城乡养老保险制度、城乡医疗保险制度等进行深入改革,而且对阻碍三农发展和造成农民权利缺失的城乡二元经济社会体制机制的所有方面,攻坚克难,实行全面改革。值得注意的是,党的十八大后的改革,不再沿用此前城乡不同管理办法,而是在城乡一体化方针、新思路下进行的,因而这些改革促进了农民权利的系统改善和提升。

(一) 土地制度改革,赋予农民更多土地权能

党的十一届三中全会确立的家庭联产承包制,赋予了农民土地承包权和自主经营权,但集体土地经营权流转权等其他权能仍受到限制。为明晰土地产权关系,赋予农民更多土地权能,更好维护农民集体、承包农户、经营主体的权益,并为农业实现规模经营提供条件,党的十八大后开展了以"三权分置"为核心的土地制度改革。2014年11月,中共中央办公厅、国务院办公厅印发《关于引导农村土地经营权有序流转发展农业适度规模经营的意见》,提出在坚持农村土地集体所有前提下,实现所有权、承包权、经营权"三权分置"。2016年10月,中共中央办公厅、国务院办公厅印发《关于完善农村土地所有权承包权经营权分置办法的意见》,正式公布了这一原则。

"三权分置"原则的主要涵义,是坚持农村土地集体所有权,严格保护农户承包权,放活土地经营权。坚持集体所有权,就是要坚持农民集体所有的不动产和动产属于本集体成员集体所有,明确界定农民的集体成员

第十三章　近当代农民权利状况与三农曲折发展

权,明晰集体土地产权归属,实现集体产权主体清晰。保护农户承包权,就是要依法将集体土地的承包经营权落实到本集体组织的每个农户,土地承包权人对承包土地依法享有占有、使用和收益的权利。放活土地经营权,就是允许承包农户将土地经营权依法自愿配置给有经营意愿和经营能力的主体,发展多种形式的适度规模经营。鼓励承包农户依法采取转包、出租、互换、转让及入股等方式流转承包地。鼓励有条件的地方制定扶持政策,引导农户长期流转承包地并促进其转移就业。鼓励农民在自愿前提下采取互换并地方式解决承包地细碎化问题,其中"放活土地经营权"为这次改革的重点①。党的十八大后以"三权分置"为特征的土地制度改革,是在耕者有其田基础上,在城市化和农业现代化发展新形势下,实现耕者有其权目标的重大制度创新和实践创新。

(二) 农业投资加大,增强农民财产权保障

党的十八大以后,中央财政继续推行农业补贴政策,财政支农资金继续保持快速增长趋势。2013 年财政支农资金为 13799 亿元,2014 年达 1.41 万亿元,2016 年农业补贴资金进一步达到 1.8 万亿元。除了直接资金支持外,还进一步推进农村服务体系的全方位改革,实现农村全面脱贫目标。2015 年中国启动了对农作物良种补贴、种粮农民直接补贴和农资综合补贴三项农业补贴政策改革试点。2016 年,财政部、农业部联合出台《关于调整完善农业三项补贴政策的指导意见》,确定把农业"三项补贴"合并为"农业支持保护补贴",政策目标是将原先农业补贴的"普惠制",调整为支持耕地地力保护和粮食适度规模经营。具体要求是在全国范围内,调整 20% 的农资综合补贴资金,用于支持主要粮食作物的适度规模生产经营者,并重点向种粮大户、家庭农场、农民合作社、农业社会化服务组织等新型经营主体倾斜。另外 80% 加上农民直接补贴和农作物良种补贴资金,用于耕地地力保护,补贴对象为所有拥有耕地承包权的种地农民,真正体现"谁种粮谁受益"。这一政策调整,对改变一些农民即

---

① 中共中央办公厅、国务院办公厅印发《关于完善农村土地所有权承包权经营权分置办法的意见》,《人民日报》,2016 年 10 月 31 日第 1 版。

使不种粮或不种地也能得到补贴,而真正从事粮食生产的种粮大户、家庭农场、农民合作社等新型经营主体,却很难得到除自己承包耕地之外的补贴支持①的现象,对保障"耕者"享有国家农业补贴权,调动种地农民积极性具有重要意义。

(三) 户籍制度改革,实现城乡居民身份统一

20世纪50年代形成的城乡二元户籍制度,长期成为农民权利缺失的核心环节和主要根源。改革开放后,各地政府均曾尝试对户籍制度进行局部性改革,但均未取得实质性突破。党的十八大以后,国家启动户籍制度城乡一体化改革进程,连续出台一系列措施,推进户籍制度改革。2013年国家发展和改革委员会在第十二届全国人民代表大会常务委员会报告中,将有序推进农业转移人口市民化,作为促进城镇化健康发展的首要战略,提出要"全面放开小城镇和小城市落户限制,有序放开中等城市落户限制,逐步放宽大城市落户条件,合理设定特大城市落户条件,逐步把符合条件的农业转移人口转为城镇居民。"②

2014年7月国务院颁布的《关于进一步推进户籍制度改革的意见》,明确提出要建立城乡统一的户口登记制度,取消农业户口与非农业户口性质区分和由此衍生的蓝印户口等户口类型,统一登记为居民户口,体现户籍制度的人口登记管理功能。此后,国家陆续出台相关政策,在体现以人为核心的新型城镇化战略、保障基本公共服务均等化权益、保护农村转移人口市民化过程中的土地权利、支持和鼓励家庭整体迁移以及政府财政支持等方面取得了较大突破。在党的十八大统筹城乡发展精神指导下,各省市纷纷根据本地具体情况,出台地区性改革措施。截至2016年10月,全国至少30个省份出台了户籍改革具体方案。这意味着1958年以来在中国存在半个多世纪的"城里人"和"乡下人"的户口身份识别成为历史,为打破对农民自由迁徙权的限制,清除附着在户籍制度之上的城乡种种不

---

① 财政部、农业部:《关于调整完善农业三项补贴政策的指导意见》,2015年5月13日,财农〔2015〕31号。

② 徐绍史:《国务院关于城镇化建设工作情况的报告》,《新京报》,2013年6月27日。

第十三章 近当代农民权利状况与三农曲折发展

平等权利,实现社会公平,打下了基础,对具有促进农村剩余劳动力向城镇流动,加快城镇化和农民市民化具有重要意义。

(四)医疗保险制度改革,实现城乡医疗保险公平

2015年12月和2016年1月,中央全面深化改革领导小组和国务院先后发布关于整合城乡居民基本医疗保险制度的意见,提出整合城镇居民基本医疗保险和新型农村合作医疗保险两项制度,建立统一的城乡居民基本医疗保险制度。新制度要求城乡居民基本医疗保险,要实行统一覆盖范围、统一筹资政策、统一保障待遇、统一医保目录、统一定点管理、统一基金管理等六个方面的统一。中央文件出台后,各省市按中央要求迅速出台"二合一"方案。截至9月底,全国已有三分之二的省份出台并轨总体规划部署或已全面实现整合。2017年开始在全国建立了统一的城乡居民医保制度。这意味着农村居民不再受原先城乡身份的限制,逐步实现按统一政策参保缴费和享受统一待遇,使城乡居民享有更公平的基本医疗保障权益。

(五)深化养老保险制度改革,实现"新农保"与"城居保"合并

在户籍制度和医疗保险制度改革推进的同时,国务院根据党的十八届三中全会关于整合城乡居民基本养老保险制度的要求,2004年2月发布《关于建立统一的城乡居民基本养老保险制度的意见》,提出将"新农保"和"城居保"两项制度合并实施,在全国范围内建立统一的城乡居民基本养老保险制度,要求在2020年前全面建成公平、统一、规范的城乡居民养老保险制度。截至2015年2月底,全国31个省份实现了城乡居民基本养老保险并轨,标志着城乡统一的居民基本养老保险制度在全国初步建立。尽管由于农民收入和农村集体经济发展落后等原因,目前农村居民养老水平仍很低,距离城乡居民实际享受基本均等化的养老保险与服务的目标尚有不小距离,但在中央财政基础养老金标准和各地基础养老金标准方面,实现了城乡居民补贴的起点公平,这是打破城乡分立的二元养老体制的关键步骤。随着农民收入和农村集体经济发展以及资金统筹层次的提升,城乡居民享受基本均等化养老保险与服务的结果公平目标将逐步实现,农民权利也将实现更全面的回归。

三、党的十八大后三农发展新飞跃

党的十八大后农民权利有了系统性改善和提升,极大地激发了农民生产积极性,推动三农发展实现了新飞跃。

(一)农业生产总值平稳增长

2013~2015年,农业生产总值年均增长率在4%以上。由于农业结构调整和自然灾害的影响,2016年农业生产总值增长率比上年虽有所下降,但仍增长3.3%。其中粮食总产2013年为60194万吨,比上年增加1236万吨,增产2.1%;2014年为60710万吨,比上年增加516万吨,增产0.9%;2015年为62143.5万吨,比上年增加1440.8万吨,增长2.4%[①]。2016年,全国粮食总产量虽比2015年减少520.1万吨,减少了0.8%,仍达到了61623.9万吨取得了丰收[②],是历史第二高产年。

(二)农民收入增速继续领先城镇居民

2013~2015年,农村村民可支配收入从2012年人均纯收入7917元,增长到2015年人均可支配收入11422元,年均增长率均快于城镇居民1~2个百分点(见表13-23)。2016年,农村居民人均可支配收入增幅比上年有所下降,达到12363元,增长8.2%,扣除价格因素实际增长6.2%,但仍比城镇居民可支配收入实际增幅(5.6%)高0.6个百分点。由于农民收入增速领先于城镇居民,城乡居民收入差距进一步缩小。城乡居民人均收入倍差从2012年的3.10:1,下降到2016年的2.72:1。

表13-23 城乡居民可支配收入状况表(2011~2015年)

年份	城镇居民人均可支配收入		农村居民人均可支配收入	
	绝对数(元)	较上年增长(%)	绝对数(元)	较上年增长(%)
2011	21809.8		6977.3	

---

① 资料来源:《国家统计局关于2015年粮食产量的公告》,国家统计局网站。
② 邱海峰:《今年中国粮食产量同比下降0.8%》,《人民日报海外版》,2016年12月9日第3版。

第十三章　近当代农民权利状况与三农曲折发展

续表

年份	城镇居民人均可支配收入		农村居民人均可支配收入	
	绝对数（元）	较上年增长（%）	绝对数（元）	较上年增长（%）
2012	24564.7	12.6	7916.6	13.5
2013	26955.1	9.7	8895.9	12.4
2014	29381.0	10.9	9892.0	11.2
2015	31194.8	10.6	11421.7	11.5

资料来源：根据国家统计局网站：《中国统计年鉴》《国民经济与社会发展统计公报》数据计算。

（三）贫困人口占比继续下降，农村贫困发生率持续减低

按 2011 年提高后年人均纯收入 2300 元（2010 年不变价）的农村扶贫标准计算，2013~2016 年，农村贫困人口每年减少 1000 万人以上，4 年累计脱贫 5564 万人。贫困发生率从 2012 年年底的 10.2%，下降到 2016 年年底的 4.5%，下降了 5.7 个百分点，贫困群众生活水平明显提高[1]。

（四）农民社会保障状况进一步改善

党的十八大后，随着"新农保"发展和城乡统一的城养老保险制度的建立，参加养老保险的农民人数不断上升。中国人民大学 2016 年 3 月发布的《中国老年社会追踪调查》研究报告显示，2014 年 70.79% 的农村老年人领取养老金[2]。2013~2015 年新型农村合作医疗参合率分别为 97%、99.0%、98.8%，基本实现新型合作医疗体系全覆盖。截至 2015 年 5 月初，新型农村养老保险试点已有 5199 万人参保，占试点地区 16 周岁以上农村人口总数的 78%。随着城乡养老制度合并，全国实行统一的社会保障卡制度。截至 2016 年年底，农村持卡居民达到 3.96

---

[1] 牙韩彰等：《脱贫攻坚战正酣》，《当代广西》2016 年第 15 期。
[2] 杜鹏等：《中国老年人的养老需求及家庭和社会养老资源现状——基于 2014 年中国老年社会追踪调查的分析》，《人口研究》2016 年第 6 期。

亿人①。

可见，党的十八大后不仅延续了党的十六大以来农民权利持续改善的势头，而且在彻底打破二元经济社会结构体制机制、实现城乡一体化方面取得了整体性突破。这种突破，不但为三农新飞跃的实现提供了动力和保障，而且将为中国现代农业的腾飞提供坚实基础。

---

① 《2016年全国社会保障卡发行与应用大数据报告》，中国社保网，http://www.spicezee.com/xinwen/143489.html，2017年3月24日。

第十四章 全面实现耕者有其权目标的基本路径

党的十六大特别是党的十八大以来，中国在废除城乡二元体制，实现农民权利方面，取得了显著成就，同时也存在一系列问题，距离全面实现耕者有其权目标还有很长的路要走。要全面实现这一目标，需要国家、社会和农民共同努力，找到符合中国实际的路径，创造一系列保障条件。

第一节 当前农民权利基本状况的评估

一、农民权利得到系统改善与提升

经过党的十六大特别是党的十八大以来党和国家的巨大而艰辛的努力，目前农民权利已得到了系统改善和巨大提升。主要表现在以下三个方面：

(一) 农民的权利主体地位和应然权利得到确立

充分尊重和发挥农民的主体地位与作用,实现城乡公民权利平等;农业是弱势产业、农民是弱势群体、农村是发展短板,应得到国家社会的特殊保护与支持,实行工业反哺农业,城市支持乡村;解决三农问题,促进三农发展,是各项工作的重中之重,已长期成为党和国家、学术界以及社会各界的基本共识。农民自身的权利主体意识,也茁壮成长起来。这些都是农民权利状况得到系统改善与提升的突出表现。

(二) 农民的平等公民权得到法律、法规系统确认

党的十六大以来,对二元结构时期法律、法规上对农民的歧视条款陆续被撤销,农村居民享有与城市居民同样的法律权利在几乎所有方面得到体现并在不同程度上得到实现。如在选举权上,通过2010年新修改的选举法,实现了城乡居民的"同票同权";在公共资源和基本公共服务配置上,实行城乡均等化原则并在实际上向三农倾斜,成为国家公共政策的基本取向,并被规定到了国民经济和社会发展的"十三五"规划;在户籍制度上取消农业与非农区分,实行城乡统一的户口登记制度;在教育、医疗、养老等方面开始建立城乡统一的保障制度;《中华人民共和国物权法》(以下简称《物权法》)基于"物权平等保护"理念,明确规定了农村集体(土地)所有权、土地承包经营权和宅基地使用权等一系列的农民土地权利,并设立了特别的保护机制;农村集体建设用地也实现了与国有土地同等入市,实行同权同价原则。

(三) 农民的特殊权利得到多方面实现

这不仅体现在取消农业税,体现在国家惠农、强农各种补贴、保护和支持的范围和力度逐年加大,而且还体现在村民自治制度的不断完善,体现在对农民市民化实行的各种优惠政策等方面。

农民权利的系统改善和提升表明,农民不再被看作"二等公民",而成为享有平等法律权利的公民和享有职业特殊权利的光荣群体,农民由此获得了前所未有的尊严,并展现了让农民成为令人羡慕职业的光明前景。

第十四章　全面实现耕者有其权目标的基本路径

二、农民权利全面实现仍任重道远

目前农民权利虽得到巨大改善和提升，但与城市居民相比，农民在实现应然权利方面仍存在很大距离；距实现应然权利、法律权利和实然权利的统一，而臻于农民权利全面实现的理想权利的境界，还有更长的路要走。

第一，尊重农民权利主体地位虽已成为党、国家和社会各界的基本共识，但也存在一些人的低估农民地位，不尊重农民权利的现象。特别是农业占国民经济和国民生产总值比例的逐渐降低、农民占人口比例的逐步下降，似乎给这些观点提供了依据，因而贬低农业重要地位、质疑党和国家三农政策的声音不时见诸媒体，侵犯农民权利的事件也时有发生。

第二，在法律权利上，农民获得了与城市居民平等的公民权利，但其实现程度较低。在公民政治权利方面，农民参与的水平不高。如在选举权上实现了城乡居民的"同票用权"，但农民在各级人民代表大会机构尤其是省级以上人民代表大会机构的代表人数偏少，农民代表的参政议政能力偏低，难以在高层决策机关充分表达他们所代表的庞大群体的诉求。即使在基层民主政治生活中，也存在参与需求高但参与渠道少、参与意识强但参与能力弱、参与热情与参与冷漠并存、制度性参与与非制度性参与同在的现象。这些说明，目前农民政治参与的程度和质量都处在较低水平。

在公民社会权利方面，城乡在户籍、教育、医疗、养老等制度层面虽实现了一体化，但与城市居民相比，农村的实现程度存在着巨大差距。城乡统一的户籍登记制度，消除了农民进入城市，成为市民的制度障碍，但进城所需的巨大成本，却阻挡着他们前进的脚步。农村尤其是经济落后地区的农村教育经费短缺、教育手段落后、教师数量严重不足、教师待遇水平低、教师流失仍是普遍性问题。农村医疗与社会保障也明显落后于城市，尤其是养老金差距更加巨大。中国人民大学老年学研究所和中国人民大学中国调查与数据中心提交的《中国老年社会追踪调查报告》显示，2016年，机关事业单位离退休金平均每月3174.69元，城镇职工基本养老金为2400.22元，城镇居民基本养老金为1387.2元，农村社会养老保险金为141.21元。其中，机关事业单位离退休金是农村社会养老保险金平均水平的22.5倍①。这些情况说明，目前农民的法律权利与实然权利之间存在很大差距。

第三，农民的特殊权利虽得到了多方面实现，但实现的程度较低。其突出表现是目前国家对农业的补贴较低。以2014年为例，当年国家财政用于三农总支出为1.4万亿元左右。扣除农业固定资产投资等不属于WTO界定的农业补贴项目，实际用于农业补贴（含"四项补贴"、农业保险补贴和价格支持）为3170亿元左右，农民人均从中获得农业补贴500元左右，占同年农民人均纯收入的5%。而美国、日本、欧盟等发达国家和地区的农业补贴占农民收入一般在20%以上，高的达到40%~50%②。虽然中国不必走西方国家农业高补贴的道路，且我国农业补贴达到目前水平也尽了最大努力，但这种补贴过低是不争的事实。

由于农业补贴过低，使农民应享有的特殊权利，不足以抵消农民从事弱势产业带来的不利影响，成为目前农民收入偏低，城乡绝对差距拉大的重要原因之一。党的十六大以来，农村居民人均可支配收入增长速度快于城镇居民，但城乡居民收入的绝对差距仍不断拉大。2011年，城镇居民人均可支配收入为21810元，农村居民人均纯收入6977元，两者绝对差距为14833元。2015年，城乡居民人均可支配收入分别为31195元和11422元，两者绝对差距为19773元。2016年，城乡居民人均可支配收入分别为33616元和12363元，两者绝对差距为21253元。5年间，农民收入增加了5386元，是农民收入增长最快的时期之一，但城乡居民人均可支配收入绝对差距也扩大了6420元。农民收入的增加，促进了农业发展，明显提高了农民生活水平，但城乡居民收入绝对差距的扩大，反映了目前农民实际权利仍存在不平等问题。

总之，目前农民权利虽有巨大改善与提升，但农民权利还远未得到全面实现。造成这种状况的原因，是深刻和复杂的。其中，既有中国几千年

---

① 《中国正面临养老困局　政府该如何迎接老龄化挑战》，《第一财经日报》，2016年3月17日。
② 黄汉权等：《我国农业补贴政策改革思路研究》，《宏观经济研究》2016年第8期。

第十四章　全面实现耕者有其权目标的基本路径

专制制度造成的农民缺乏民主传统的无形羁绊，也有新中国成立后根深蒂固的城乡二元经济社会体制的深刻影响，又有目前国家经济社会文化不够发达，农村发展滞后、农民素质较低等多方面因素的现实制约，还有目前多项改革措施尚未到位，其功能与作用尚未得到充分发挥和显现等因素的作用。此外，更要看到，它与下文将阐述的城乡一体化发展中存在的一些问题有紧密联系。如果说自20世纪80年代至今的中国改革，是"中国的第二次革命"①，那么，全面实现耕者有其权，则是这场革命中意义最深刻、内容最广泛、关系最复杂、工作难度最大的部分。它意味着要在中国建立一整套崭新的农民权利体系。从表面看，这个体系是农民一个群体的权利问题，但实质上是构建一种社会主义崭新的城乡关系体系。它不仅需要打破新中国成立后计划经济时期形成的农村各种制度，也涉及该时期延续下来的整个中国社会政治经济和文化体制与法律制度，是城乡关系的一次大调整和重建；不仅涉及当今城乡社会生活的各个方面，而且涉及中国几千年人们思想观念和行为方式的深刻变革与重塑，是一场史无前例、影响深远的巨大工程。完成这一工程，是一项极其繁重艰巨的任务，需要克服多重阻碍，因而需要经历一个较长的过程。

第二节
全面实现耕者有其权战略目标的基本路径

全面实现耕者有其权的战略目标，是中国也是世界前无古人的崭新事业，而且它是在国情复杂和社会转型时期实施的一项宏伟工程。要达到这一目标，没有现成经验可资借鉴，只有在实践中艰苦探索、在理论上深入研究，才能找到适合中国国情的正确路径。

---

① 《邓小平文选》第3卷，人民出版社1993年版，第113页。

中国"三农"发展规律与战略目标研究

一、构建耕者有其权的权利及其保障体系

全面实现耕者有其权,必须以立法先行,构建合理的耕者有其权的权利及其保障体系为前提。这样才能抓住立法质量这一关键,有利于形成农民和社会的认同,进而推进对农民权利的享有和保护。但是,在中国历史上从未形成过完整的农民权利。即使在新中国成立后,农民权利在本质上得到确立,而在法律形式上也严重缺乏完整性和系统性,并且以往对农民权利的制度设计,已在很大程度上不适应中国现实和未来发展的需要。因此,必须重构中国农民权利及其保障体系。

重构农民权利体系及其保障体系,是一个重大而复杂的课题,需要由法学领域专家学者深入探讨。这里仅就农民权利及其保障体系构建中,如何体现全面实现农民权利的原则和应包含的基本内容,谈一些粗浅看法。

目前,在学术界关于重构农民权利体系的讨论中,提出了四种理论构想:第一种主张以公民基本权利为核心建构农民权利体系。主要是把农民的职业身份转换为公民身份,并以《中华人民共和国宪法》(以下简称《宪法》)规定的公民权为模型,构建农民权利体系[1]。第二种主张以土地财产权或土地承包经营权为核心构建农民权利体系[2]。第三种主张以农民权利类型化思路构建农民权利体系。即把农民基本权利分为生存型权利、保障型权利和发展型权利三种类型,实行分类保护,分阶段实施[3]。第四种主张以农民权利体系化的综合性进路构建农民权利体系。提出综合运用权利的社会理论、规范理论和价值理论为基础,实现农民权利体系的社会基础、规范表达和价值基础的整合统一[4]。这些构想,各有独到之处,都在不同程度上对构建农民权利体系研究起了推动作用。但其中存在着共同的不足,一是偏重于对农民基本权利的思考和制度设计,而对农民特殊权

---

[1] 何柏生:《公理法:构建法学理论体系的重要方法》,《现代法学》2008年第3期。
[2] 高新军:《我国城市化进程中的农民权利及其保障》,《当代世界与社会主义》2012年第4期。
[3] 赵万一:《中国农民权利的制度重构及其实现途径》,《中国法学》2012年第3期。
[4] 牛玉兵:《农民权利体系化的功能与进路——基于农民权利发展的法理思考》,《理论与改革》2016年第4期。

第十四章　全面实现耕者有其权目标的基本路径

利关注不够；二是偏重于对农民权利的设计，而对农民的义务关注不足。这些不足势必导致农民权利体系完整性不足的缺陷。

目前关于重构农民权利体系的讨论，何以存在这些偏颇，关键在于对权利的本质及其基本规定性把握不够。如前所述，权利的本质在于它的正当性[①]。按照马克思主义权利观，这种正当性是对人的主体性价值的肯定，是权利与义务的统一，因而为社会所承认。只有准确把握这一本质及其基本规定性，把一定权利主体具有正当性的权利与义务要素，囊括到相应的权利内容当中，这样的体系才是完整的。

农民权利的正当性，来源于农民的主体性特征。如前所述，当代农民权利主体有三个特征：一是全民所有制财产的重要主体；二是农村集体财产的唯一主体；三是天然弱势又承担保障粮食安全"重中之重"使命的群体。但是长期以来，由于中国经济社会文化发展阶段制约和不平等的城乡二元结构体制，农民权利一直处于实然权利和法律权利阶段，没有也不可能建立全面体现农民权利正当性的农民权利体系。而在推进城乡一体化和全面依法治国的现阶段，党和国家对农民权利的尊重和保护，已进入全面实现农民权利的新阶段。2015年4月习近平同志提出把逐步实现"城乡居民基本权益平等化、城乡公共服务均等化、城乡居民收入均衡化、城乡要素配置合理化、城乡产业发展融合化"，作为建立新型城乡关系的目标[②]，标志着这一新阶段的到来。它表明目前中国已到了根本改变农民权利不公状况，以农民权利正当性为依据，按农民主体应然权利要求，全面设计完备的农民权利体系，并逐步全面实现农民理想权利的时候了。

完备的农民权利体系，由其规范体系及其实施保障体系所构成。按照农民主体应然权利的要求，农民权利的规范体系应包括如下几方面内容：第一，农民是中国公民的重要主体，应平等享有《宪法》规定的一般公民基本权利；第二，农民是农村集体财产的唯一主体，应享有全面的村民自治权利；第三，农民因是天然弱势群体并承担粮食安全的特殊使命，应

[①] 范进学：《权利概念论》，《中国法学》2003年第2期。
[②] 习近平：《健全城乡发展一体化体制机制让广大农民共享改革发展成果》，《人民日报》，2015年5月2日第1版。

享有国家对农业的支持和保护的特殊权利;第四,以上三方面中的每一方面,都是权利与义务的统一,其中,前者为农民一般权利,后两者为特殊权利。只有将农民的一般权利与义务、两方面的特殊权利与义务,都纳入现阶段农民权利规范体系,这种体系才是完整的。"徒法不足以自行"[①]。在构建完整的农民权利规范体系的同时,还要建立保障这一规范体系得以全面实现的一系列保障体系,包括高效的实施体系、严密的监督体系、有力的保障体系和党内法规体系。以上不同层次的农民权利规范体系和权利保障体系,共同构成完备的中国特色社会主义农民权利体系。

在上述体系构建中,核心是构建狭义上的耕者有其权,即种植业农民尤其是粮食种植业农民的权利体系。这一权利体系不仅包括传统土地承包户相关权利,而且包括新型农民的相关权利。

第一,要坚守土地公有制性质不改变、土地用途不改变、粮食产量不滑坡、农民利益不受损四条底线。这是当前农村土地改革的"红线",也是耕者有其权权利体系的根基、支柱和必须明确、切实落实的基本原则。

第二,要构建保障耕者有其权的规范体系。该体系应包含以下主要内容:一是明晰集体土地产权归属,完善保护农村土地集体所有权及其行使的法律制度;二是完善土地承包法,明确农村土地承包权登记颁证的法律效力,明确发包方与承包方的权利与义务。保护承包户的土地承包权、经营权和收益权,以保障普通农户"耕者有其田"的权利;三是明确土地所有权、承包权、经营权"三权分置"原则和承包地依法、自愿、有偿流转原则。严格规范双方流转行为与义务,维护各方面权益;四是明确农业经营以农民为主体原则。重点培育和发展以家庭成员为主要劳动力、以农业为主要收入来源,从事专业化、集约化农业生产的家庭农场,使之成为发展现代农业的有生力量[②]。为此,需进一步规范工商企业租赁农户承包地的准入和监管制度,同时,规范农村集体经济组织成员、新型农业经营主体和新型职业农民的资格认定及准入制度,完善新型农民培养机制,

---

① 《孟子·离娄上》。
② 中共中央办公厅、国务院办公厅:《关于引导农村土地经营权有序流转发展农业适度规模经营的意见》,中办发〔2014〕61号。

第十四章　全面实现耕者有其权目标的基本路径

构建农村土地承包经营权退出机制，确保土地经营以农民为主体；五是将国家的支农、惠农政策和法规上升为法律制度，构建适合中国国情和现实国力条件的农业支持和保护制度。

第三，构建和完善与耕者有其权的规范体系相适应的一系列保障制度机制。如耕者有其权的有力而严密的实施、监督和保障机制，完善村民自治制度、耕地保护制度、农产品质量安全保护制度和完善的农业服务体系等，使农民权利得到顺畅运用，农民利益得到切实保护。

总之，耕者有其权权利体系，是以地权为核心，由农民公民基本权利体系、农民特殊权利体系和这些权利保障体系共同构成的完整的农民权利体系。不论这个权利及其保障体系，采取怎样的文本表达形式，是出台专门的"农民权益保障法"，还是被包含在不同法律文本当中，但将这些内容或要素，全面纳入中国公民权利的法律体系，是实现全面农民权利的必然要求。特别是在当前实行全面依法治国，坚持立法先行[①]的当前阶段，尽快构建起符合《宪法》精神、符合现阶段国情条件、具有科学性和可操作性的农民权利体系，对发挥其引领、推动和保障作用，全面实现耕者有其权目标，有十分重要和紧迫的意义。

二、重构新型城乡关系

党的十六大尤其是党的十八大以来，党中央多次指出城乡二元结构体制是制约城乡发展的主要障碍；统筹城乡发展，实现城乡一体化，是解决三农问题的根本途径。同样，该体制也是当代农民权利缺失的根源，打破城乡二元体制，统筹城乡发展，推进城乡一体化进程，也是全面恢复和实现农民权利，全面实现耕者有其权的根本途径。这是城乡协调发展规律决定的。按照城乡发展规律要求，城乡是人类社会具有不同功能，但又相互依赖、互为补充、相互促进的统一体，两者是平等互利关系。按照这种关系要求，城与乡、市民与农民的权利与义务是平等的，没有高低贵贱之分。但城乡二元结构体制，为保证优先发展重工业战略需要，把农业和农

---

① 习近平：《中共中央关于全面推进依法治国若干重大问题的决定》，《人民日报》，2014年10月29日第2版。

村置于工业和城市的服从地位,把农业和农村的大量资源,转移到工业部门和城市。为此,国家通过一系列制度安排,限制和削弱农民的权利,在资源配置上也采取城市(工业)偏向政策。由此,必然打破城乡平等互利关系,造成农民权利缺失及其他一系列三农问题。要消除这一根源,必须遵循城乡协调发展规律的要求,破除城乡二元体制,重建平等互利的新型城乡关系,才能恢复和全面实现农民权利。

应充分肯定,党的十七大和十八大先后提出的城乡统筹与城乡一体化发展思路,在打破城乡二元结构体制,实现农民权利方面,取得了突破性成果,但也要看到其在城乡关系定位和政策重点上,存在不够精准之处。它有利于人们认识城乡发展一体性,而忽视城乡发展的差异性,未明确乡村与城市是相对独立、各具功能与特点的平等实体;其政策重点仍侧重于城市,期望通过以城带乡、以工促农,达到发展农村的目的。而把农村和农民放在了被动接受城市带动和辐射的地位,未把农民作为农村发展的主体和根本动力。这些政策,虽对促进农村发展起了重要作用,但实际上仍未彻底摆脱把农村放在城市从属地位的思维定式。这些问题,导致在建立农村内在发展机制和充分发挥农民主体性、创造性所需要的权利方面,难以得到应有重视和保障。

党的十九大在总结国内外城乡发展经验教训基础上,站在中国特色社会主义新时代高度,在党的历史上第一次提出了实施乡村振兴战略。这一新战略,在强调三农问题是关系国计民生根本性问题基础上,把实施乡村振兴战略作为决胜全面建成小康社会坚定实施党的七大战略之一,鲜明地确立和凸显出来,并把坚持农业农村优先发展、建立健全城乡融合发展体制机制和政策体系,作为实现乡村振兴的根本途径和战略方向。

乡村振兴战略,在发展思路上突破了以往围绕城市打转转的窠臼,是对新时代城乡关系的重构。其一,在城乡地位上,它既把城乡看作相互联系的有机整体,又将两者看作相互区别、地位平等的两个实体,而不是农村服从于城市。其二,在发展目标上,它把农村作为独立实体、把振兴乡村作为相对独立的目标,而不是农村服务于城市。其三,在实现途径上,它强调通过构建城乡融合的体制机制,实现城乡规划布局、资源配置、产业发展、公共服务、生态保护的相互融合和共同发展,形成平等、互利、

第十四章　全面实现耕者有其权目标的基本路径

互补、互动的城乡新格局,而不是农村资源单向流向城市。其四,在发展着力点和动力上,强调农民是乡村振兴的主体,是乡村振兴的受益者,把着力点主要放在调动亿万农民的积极性、主动性和创造性上①,而不是依靠外在的拉动。其五,在发展战略上,坚持农业农村优先发展,而不是城乡同等对待。

党的十九大构建的这种城乡关系新格局,符合城乡协调发展规律的客观要求,反映了改变目前城乡发展不平衡、乡村发展落后,甚至某些方面出现衰败趋势状况下加快乡村发展的战略选择。它既有利于农民分享中国改革发展的成果,也有利于实现建立农村内在发展机制和充分发挥农民主体性、创造性所需要的权利,还有利于享有农业农村优先发展的权利。因而,党的十九大乡村振兴战略的实施,将为全面实现和保障农民权利开辟更广阔的道路,提供强有力的保障。

三、充分发挥农民的主体性

农民的主体性是它作为主体,从自己的需要出发,按照自己的能力、方式和尺度,理解和改造客体②的社会实践中所体现出来的能动性、创造性和自主性。农民主体性的充分发挥,会确立和展现农民的人格、风貌和社会价值,树立和提升其社会主体地位,也会促进其自我肯定、自我身份认同,增强其争取与维护自我权利的自觉性,因而成为实现农民权利的基本路径之一。

改革开放以来,农民的能动性和创造性得到了前所未有的发挥。30多年来中国几乎所有农村重大改革,都来源于农民的能动性创造,中国创造的令世界惊羡的农业发展成就,更是他们的智慧和辛劳的硕果。进入21世纪以来,农民的权利认知和行使权利能力以及维权意识、维权诉求、维权行动和水平,较前虽有明显增强和提高,实现了由个别维权到集体维

---

①　刘璐:《中农办主任韩俊解读"实施乡村振兴战略"》,http://www.ndrc.gov.cn/fzggz/ncjj/zhdt/201710/t20171025_864829.html。

②　李德顺:《论马克思主义主体性原则及其现实意义》,《中州学刊》1988年第6期。

权、从"日常抵抗"到"依法抗争""以理性维权"的转变①。但是，不能由此把农民的独立性和权利的自觉性以及维权能力估计过高。

事实上，目前农民对自己权利的认知、维权的自觉性、维权的尺度和能力，与全面实现农民权利的要求存在不小距离。总体而言，由于历史和现实多种因素的影响和制约，相对于其他群体，农民能动性和创造性的发挥是不充分的。许多农民自卑心理依然浓重，自我肯定和身份认同度仍然较低，农民政治参与度不高。本书对5个省的调查显示，积极参与村干部选举的仅占36%，而基本不参与和没有参与过的竟高达41%。至于更高层次的政治参与度就更低了。正如有学者深刻指出的，绝大多数的农民维权抗争行动，是农民基于"过日子"深层逻辑，在诉求表达受阻情况下做出的"不情愿"和无奈的选择。其中，真正"拿起上访的武器"保护自己的底层民众毕竟是少数，大多数村民选择做明哲保身式的沉默者。即使他们在选择行动策略时，也采取有节制的"出气"与忍气吞声的"认命"行为②。

这说明目前大多数农民的独立意识和权利观念仍很淡薄，维权行动有明显的被动性，维权目标主要是具体的经济利益，而对自身公民平等权利，特别是政治和社会权利的诉求极少。21世纪以来，农民公民权利的改善，如城乡居民同票同权的实现、建立城乡居民统一的基本养老保险制度目标的提出、公共资源向农村倾斜政策等，基本上是党和国家基于实现城乡公民权利平等的执政理念推行的重大举措，而非农民直接诉求压力的结果。

可见，目前农民主体性中的能动性，尤其创造性发挥较充分，但独立性发挥不足，不能自觉、全面地争取和维护自身权利，更不能充分行使自己的权利。这是当前城乡居民权利失衡，农民权利缺失的一个重要原因。因此，要全面实现农民权利，就要在发挥其在农村改革的能动性和物质财富的创造性同时，更应重视培养农民的独立性和维护自身权利、行使自身

---

① 于建嵘：《当代中国农民的"以法抗争"——关于农民维权活动的一个解释框架》，《文史博览》2008年第12期。

② 何绍辉：《"过日子"：农民日常维权行动的分析框架——以湘中M村移民款事件为例》，《中国农村观察》2012年第6期。

第十四章　全面实现耕者有其权目标的基本路径

权利的素质和能力，建立和健全农民独立性发挥的运行和保障机制。农民主体性一旦得到全面和充分发挥，农民才能在成为社会财富能动的创造主体的同时，也成为能动的权利主体，从而全面实现农民权利，并达到义务与权利的平等。

四、充分发挥非政府组织的作用

全面实现农民权利，是一个极为复杂的工程，涉及农民、政府、市场和社会的方方面面。要完成这个巨大工程，不仅需要发挥好政府的主导作用和农民的主体性作用，还必须发挥好社会非政府组织的作用。尤其在目前中国社会多元化发展和政府职能转变的条件下，非政府组织作为一种非营利的社会中间组织或中间部门，在全面实现农民权利过程中，无论对于政府，还是农民来说，都具有不可替代的独特作用。第一，农民参加非政府组织，有利于培育农民的政治参与的主动性和积极性，并得到民主和维权技术的熏陶和训练，提高其主体性。第二，非政府组织是沟通政府与农民的桥梁。农民通过非政府组织表达自己的利益诉求，比较容易地把自己的诉求传递到政治系统，从而拓宽和畅通农民权利的表达渠道。第三，农民通过参加社会组织表达自己的诉求，有利于把个人的诉求转化为一个群体话语和压力，更容易受到政治系统的重视，有利于农民权利的实现。第四，通过非政府实现政府与农民之间的沟通和协调，有利于降低农民的维权成本，减少政府的政治成本[①]。非政府组织的上述独特作用，要求在全面实现农民权利过程中，把建立和引导农民参加各种非政府组织，并充分发挥这些组织的作用，作为一项重要工作抓紧抓好。

全面实现农民权利的以上路径虽包含不同方面，但它是一个相互联系的整体。其中，构建耕者有其权权利及其保障系统，是全面确认农民权利并提供制度保障，为全面实现农民权利提供法律依据；坚持统筹城乡一体化发展，才能在实际工作中，把握城乡权利平等原则，努力补齐农民权利的短板；深化农村基层政权改革，则是打破制约农民权利的地方权力制约，为全面实现农民权利提供良好的微观政治环境；充分发挥农民的主体

---

① 于淑清：《论非政府组织在当今我国社会中的作用》，《中国集体经济》2008年第21期。

性，才能把村民提升为公民，全面提升其素质和能力，为全面实现农民权利提供主体保障；而充分发挥非政府组织作用，则为多渠道、多形式的实现农民权利提供可供选择的社会助力。只有在这些不同方面一体推进，才能为全面实现农民权利开辟广阔道路。

第三节 全面实现耕者有其权战略目标的条件

全面实现农民权利具有复杂性、艰巨性和长期性的特点，这一工程的完成，需要国家、社会和农民共同努力，创造各方面条件。

一、进一步强化中共对三农工作的领导

农民权利问题，在很大程度上是农民与国家和农村基层政权的关系问题。中国共产党作为当代中国的执政党，在三者关系中起着决定作用。只有不断加强和改善党对三农工作的领导，加强和改善农村基层政权建设，才能为农民权利的全面实现提供可靠的政治条件。

当前正深入进行的破除城乡二元体制，全面实现农民权利改革，是一场空前深刻的社会变革。正如陆学艺所指出，城乡二元体制不但是计划经济体制在农村的最后一个堡垒，而且渗透在中国经济社会的方方面面，特别是还同城乡社会各阶层的利益关系纠结在一起，真可谓是根深蒂固、盘根错节。因而，改革的难度很大、阻力很大，但又非改不可[1]。要完成这一高难度改革，必须在中国共产党的领导下，才有可能实现。因为，她的科学指导思想，她的立党为公、执政为民宗旨，她的坚强领导和丰富的执政经验，不仅使之能够代表和协调城乡社会各阶层的利益，而且能够克服改革过程中遇到的各种困难、问题和挑战，引导形成全社会重视三农问题

---

[1] 陆学艺、杨桂宏：《破除城乡二元结构体制的当前对策》，《人民论坛》2013年第21期。

第十四章　全面实现耕者有其权目标的基本路径

的良好氛围,从而把改革引向成功。

农村乡镇基层政权(主要包括乡镇党委、政府、人民代表大会),是党执政和国家的根基,是党的路线、方针和国家政策的最终贯彻和具体执行者[①]在落实党和国家方针及法律制度,促进农村经济社会发展,推进村民自治,实行和保障农民民主权利过程中,肩负着重要角色。党的十六大和党的十八大以来,农村乡镇基层政权改变了20世纪90年代到21世纪头几年间与农民关系一度紧张的局面,各方面工作有明显改进。但面临城乡一体化快速发展和农村社会快速转型带来的一系列深刻变化,农村基层政权的运行和权力行使,出现了一系列新问题,对实现和保障农民权利带来了严重不利影响。

第一,功能定位偏重治理。长期以来,乡镇被定位为代表国家对农村进行治理的基层政权。这种功能定位,导致乡镇干部强调对上级指示的执行功能,忽视国家对农民权利保护的要求;强调治理农村,忽视服务农村。由此,导致一些乡镇政府官员为求得政绩,打着国家旗号,过多干预农村和农民的实际事务,特别是在推广项目、拆迁等问题上,严重缺乏对农民意愿的尊重和对农民利益的保护,成为多年来农村矛盾的爆发点。

第二,功能发挥弱化。21世纪初农村税费改革后,经济发展相对较差地区基层政权的收入,改由国家转移支付,这对减轻农民负担起了重要作用,但存在长期投入不足问题。这使一些地方的基层政权,把主要精力放在如何维持自身的生存运转,无动力也无能力,向农民提供公共产品和公共服务[②],更无力维护农民权利了。

第三,服务功能"异化"。作为国家代表的农村基层政权,本应以贯彻中央方针政策,以辖区内的民众利益为宗旨,促进辖区内经济、社会和民生发展。然而,一些乡镇和村基层政权在运作中却"与民争利"。尤其是一些基层政府通过土地征用和商业开发,获取巨额利润[③];在一些乡镇

---

① 侯长安:《推动全面从严治党向基层延伸》,《中国纪检监察报》,2016年3月9日第5版。
② 于建嵘:《我国农村基层政权建设亟需解决的几个问题》,《行政管理改革》2013年第9期。
③ 于建嵘:《我国农村基层政权建设亟需解决的几个问题》,《行政管理改革》2013年第9期。

和村干部中腐败现象严重，且对这些"老鼠"和"苍蝇"腐败治理的难度，比对"老虎"腐败治理的难度更大。这些乡镇和村基层政权服务功能"异化"，直接损害了农民权利，给农村集体经济和农民造成重大损失，是农民权利缺失的重要直接原因之一。

上述情况表明，目前农村基层政权体制机制和状况，是实现和保障农民权利的一个瓶颈。因此，只有进一步加强农村基层政权建设，实现基层管理体制和机制创新，才能为全面实现农民权利提供基层政治条件。

为打破这一瓶颈，必须对农村基层政权特别是乡镇政权进行改革。但在如何看待和改革乡镇政权问题上，目前社会实践和学术界探讨中存在三种不同做法和看法：撤销乡镇政权机构、弱化乡镇政权职能、通过改革，强化乡镇政权职责。笔者认为，无论从国外经验、中国历史与现实国情，还是从当前农村改革与未来发展看，撤销乡镇政权和削弱其职能的看法都是不可取的。农村基层政权是国家政权的根基。根基不牢，地动山摇。何况作为中国"未来几十年最大的发展潜力在城镇化"[1]，离不开乡镇政权的强有力领导与管理。因此，莫说撤销基层政权，哪怕它被削弱，也将给中国带来极其严重的后果。

因此，通过改革，强化农村基层政权职责，是唯一正确和可行的选择，各地也进行了有益探索，创造了多种模式。如乡镇撤并·机构调整模式；强镇扩权·权责强化模式；综合配套·集约行政模式；同类合并·大科制度模式等[2]。这些模式，对当地经济社会发展和保护农民权利起到的积极作用，也为其他各地进一步探索提供了可资借鉴的丰富经验，为学术界深化本问题研究提供了可贵的实践材料。当然，这些模式是以当地条件为前提的，不能照搬，各地应因地制宜，探索适宜本地区发展的转型路径。

然而，不论农村基层政权改革采取怎样的具体模式，都应把实现好、维护好、发展好广大农民的根本利益，切实保障农民合法经济利益，尊重

---

[1] 李克强：《十八大以来高密度提及城镇化引发高度关注》，《京华时报》，2013年3月16日。

[2] 孙召鹏：《新型城镇化背景下乡镇政府改革路径探析》，《当代世界与社会主义》2014年第3期。

第十四章　全面实现耕者有其权目标的基本路径

农民民主权利,作为深化农村改革的出发点和落脚点①。为此,需要深化对农村基层政权进行多方面配套改革。其中,关键的一点,就是要对乡镇政权的职能加以重新定位,即将目前的单一定位、单一职能,转变为双重定位和双重职能。一方面,它是代表国家治理农村的基层政权,是国家政权的一部分;另一方面,它是乡镇自治机构,属于农村自治组织的一部分。

实现农村基层政权的双重定位,必须建立与之相配套的乡镇管理体制机制。主要是把农村自治层次由村提升到乡镇、乡镇事务的公开透明、增加乡镇财政转移支付和发展乡镇集体经济等。农村基层政权的这种改革,涉及城乡布局和管理体制的各个方面,是一项十分复杂的工作,因而,需要将其放在城乡一体化发展进程的大局当中做出前瞻性筹划,并把握好改革时机,适时启动。需要说明的是,乡镇政权的这种新定位新职能,不是对人民公社"政社合一"体制的恢复。人民公社时期的"政社合一"的实质,是以政代社,过分强调政权职能而极大削弱了经济组织的职能②,把农村经济与农业生产和农民生活,完全纳入了国家计划经济体制,全然封闭了农村自治和自主的空间。而乡镇政权的这种新职能,则强调农村治理与农村自治两种职能的统一。

农村基层政权这一新定位,有三方面意义:

第一,有利于将农村基层政权职能与农村自治职能有机结合起来,实现乡镇政权职能的根本性转变。作为国家的最基层政权,乡镇政权担负着国家赋予的本辖区农村治理的职能。为此,乡镇政权要履行贯彻落实党和国家在农村的各项方针政策和法律法规,加强社会管理、强化公共服务、维护农村稳定的职责;作为农村自治组织的一部分,乡镇政权又肩负着代表本辖区利益,推进基层民主、维护农民权利,促进经济发展,改善民生,促进农村和谐的职责。这种新职责将向上负责与向下负责两种价值取向统一起来,形成对乡镇政权的内在压力与动力,促使其建立责任型和服

---

① 中共中央办公厅、国务院办公厅:《深化农村改革综合性实施方案》,新华网,http://news.ifeng.com/a/20151102/46083397_0.shtml,2015年11月2日。

② 陈文科:《"政社合一"的实质是以政代社》,《经济问题探索》1980年第5期。

务型的政府,从而把党和国家方针政策与本辖区农民群众利益有机统一起来,开展创造性工作。

第二,有利于有效治理农村基层腐败。乡镇政权的自治功能,把乡村治理与农民现实利益直接联系起来,有利于调动农民民主参与的积极性,完善农村基层民主制度,从而把乡镇和村事务的决策、权力行使的过程,置于农民直接参与和监督之下,杜绝腐败发生,强化腐败惩治。

第三,它是城乡一体化发展的客观要求。随着城乡一体化发展,原来行政村为单位的经济与居住布局,将逐步被城乡一体的新格局所代替,传统行政村的自治模式将越来越不适应新的形势。这在客观上要求把农村自治范围扩大并提升到乡镇一级,使乡镇肩负起农村治理与农村自治的双重职能。

总之,农村基层政权的这种新定位,把农村基层政权行政职能与农村自治职能有机结合为一体,有利于真正把本辖区群众的利益和权利实现好、发展好、维护好,从而克服实现农民权利的瓶颈,为全面实现农民权利,提供更良好基层政治保障。

二、农民主体地位的确认和确立

"人们自己创造自己的历史"[①]。同样,农民的历史也由农民自己创造。从根本上说,耕者有其权的实现,取决于农民自身和社会对农民主体地位的确认、确立和主体作用的充分发挥。这是实现耕者有其权的主观条件。

农民的主体地位,主要体现在农民作为建设者、参与者、利益者,在社会实践中所处的位置和作用状况[②]。就当代农民来说,其主体地位的具体表现主要有三个方面:

第一,农民是中国社会的主要主体之一。当代农民不仅是中国农业、农村建设的主体,而且是中国现代化建设的主体。农民以其艰辛劳动、巨大贡献和牺牲,促进了农业发展,保障了国家工业化、城市化对农产品、

---

① 《马克思恩格斯全集》第8卷,人民出版社1961年版,第121页。
② 蔡玲:《中国农民主体地位的转型与提升》,《湖北行政学院学报》2007年第3期。

第十四章　全面实现耕者有其权目标的基本路径

土地、资金、市场和劳动力的需求。没有他们的辛劳、贡献和牺牲,当代中国工业化、城市化取得的惊世成就,乃至今后成为发达国家目标的实现都是不可能的。即使在未来实现了农业现代化,农业和农民在国民经济结构及人口结构中所占比重,将变得更小,但农民的主体地位不会改变。这可从一些发达国家的状况得到说明。如在农业最发达的美国,其农业总产值和农民人数,均分别占国内生产总值与全国人口的2%,但农业的国民经济基础地位未变。何况中国人多地少的国情,决定中国不可能像美国那样实行大规模农业生产,而是实行农业适度规模经营,因而未来中国农业和农民所占比重,要明显比西方发达国家大。

第二,农民是中国生产资料全民所有制所有者的重要主体。《宪法》规定,中国社会主义经济主要分全民所有制和劳动群众集体所有制两种形式。其中全民所有制是指全社会成员作为一个共同体,共同占有生产资料,并由国家代表全体人民行使全民财产权。农民作为中国社会中人数最多的群体,自然成为全民所有制的主要主体之一。

第三,农民是以土地为基础的农村生产资料的唯一主体。中国《宪法》、《中华人民共和国土地法》(以下简称《土地法》)和《中华人民共和国物权法》(以下简称《物权法》)等法律,都明确规定农村集体所有的动产和不动产,属本集体成员集体共同所有。如果说全民所有制的财产权不排除农民,而农村集体所有制的财产权,却可以排除国家及其他任何非本集体单位和个人,本集体成员的农民是这些财产的唯一主体。

遗憾的是,在过去很长时期内,中国农民的主体地位被严重割裂、扭曲和忽视了。就农民作为中国社会主要主体来看,一方面,新中国成立后,农民在《宪法》中的主人翁地位规定从未改变过,农业是国民经济基础的理论共识从未动摇过,事实上农民是中国社会财富的主要创造者和贡献者,也为全国上下所公认。另一方面,城乡二元体制把农业摆在工业和城市发展的服从地位,将农民置于社会权利的参与、资源配置和社会财富分配的边缘,导致城乡居民权利严重不平等,造成工农业资源配置和社会财富分配严重不合理状况。

就农民作为农村集体资产主体来看。农民本是农村集体资产的唯一主体。但在现实中,社会上不少人甚至包括众多农民,对此在认识上存在严重混乱，他们将农村土地误认为是国有资产或农民个人所有。本课题组2013年调查问卷统计结果显示，在回答目前农村土地所有权主体问题的962人中，认为属农民集体所有的占23.37%；认为属农民个人所有的占25.57%；认为属于国家所有的占比高达41.04%。可见，农民中认为农村土地为国有的占最大比重。值得注意的是，在调查访谈中发现，在一些村支书中也有这样的认识。

这一调查结果，与中南财经政法大学中国农村土地制度研究中心对全国10省调研的结果惊人相似。该调查显示，农民认为自己耕种的承包地所有权属于国家的占41.91%；认为承包地所有权属于村集体的占29.57%；认为承包地所有权属于村小组的占6.23%；认为承包地所有权属于个人的占17.62%[1]。

这两次调查，相互印证，说明多数农民对农村土地所有权认识存在着极大错位。如此大比重的农民包括一些农村精英，对该问题的认识尚且如此，社会上乃至一些权力部门人员，对其认识的错位状况也许更加严重。一些地方政府部门和村干部侵犯农村集体权益现象之所以大量发生并屡禁不绝，恐在很大程度上与这种认识错位相联系。

因此，必须对农民主体地位给予重新确认，把被割裂、被扭曲、被错位的农民主体地位统一起来、矫正过来、还原回来，使农民本有的完整、独立和真实的主体地位得以彰显和确立，从而给全面实现农民权利提供法理和事实根据：农民既然是全民所有制财产的重要主体，是社会财富的主要创造者和贡献者，具有完全的公民权利主体资格，就意味着在全民财产和社会财富中，包含着农民的劳动和贡献，因而农民理应与其他公民一样，享有平等基本权利，成为社会权利平等参与者和社会利益的分享者；农民既然是农村集体财产的唯一主体，肩负着粮食安全"重中之重"的使命，而且是处于弱势地位的特殊主体，因而理应享有集体财产和权利不受侵犯的权利，理应得到国家特殊保护和支持的权利。

可见，农民主体地位的重新确认和确立，不仅有利于社会客观认识农

---

[1] 胡新桥、余飞：《权利主体迷失农地所有权急需立法厘清》，《法制日报》，2010年1月6日第4版。

第十四章　全面实现耕者有其权目标的基本路径

民的主体地位，推动对农民权利的尊重，也有利于农民全面认识自我，充分发挥其主体性，积极参与国家民主进程，自觉争取和维护自身的合法权利。重新确认和确立农民的主体地位，是实现耕者有其权的重要主观条件。

三、农村集体土地所有制的巩固

如前所述，权力发生异化的根源，在于生产资料私有制。而权利向人民群众的回归，则有赖于生产资料公有制代替生产资料私有制。在当代中国，农村集体土地所有制不但与全民所有制及其他集体所有制一起，构筑了公有制经济在中国的主体地位，成为中国共产党执政和人民民主专政的基础，而且成为克服权力异化，真正实现人民权利，保障农民权利的基石。

中国《宪法》和《物权法》都规定，农民集体所有的土地，属本集体成员集体共同所有，任何组织或个人不得侵占和非法转让土地。这一制度设计，赋予了农村集体土地所有制特有的双重特性。一方面，它不同于反映私有者个人利益的私有权利，而是体现本集体全体成员共同意志和公共利益的公有权利；另一方面，相对于国家利益、其他集体和私人利益而言，每一集体所有权主体享有土地所有权，是独立的民事主体，属于该集体的"私有权"[1]。而且，凡具有农村集体经济组织成员资格的村民，都有参与集体土地所有权权能和本集体经济组织内部各方面事务自主管理并享受利益的权利[2]。因此，农民土地集体所有制，既是社会主义公有制的一种形式，又是农民土地所有制的一种形式。它把农民集体的公有利益与集体成员的个人利益结合起来，不仅保障了农民土地所有权这一根本性权利，而且成为农民享有农村其他各种权利的根基。

第一，农民土地集体所有制是农民生存权的保障。因为它克服了农民个体私有制下可以自由买卖土地的弊端，使农民获得了安身立命的根基，从而消除了个体私有制下农民土地被大规模兼并的根源。新中国成立70

---

[1] 韩松：《农民集体土地所有权的权能》，《法学研究》2014年第6期。
[2] 郭继：《关注农村集体成员权》，《农村集体成员权制度的实践现状》2012年第12期。

中国"三农"发展规律与战略目标研究

多年来,除"文革"时期城市发生大规模内乱之外,中国农村和整个社会保持了长期稳定,而不像古代和近代那样战乱不断,动荡不宁,其根本原因就在于此。正因为中国社会和农村的稳定,才使中国人民包括农民获得了生存权。如前所言,在工业化和城市化快速发展,土地资源紧缺状况日趋严峻的当今中国,如果土地农民集体所有制被动摇,那些国内外的资本大鳄、金融和房地产巨擘,将轻易地把成批的小农吞噬,而直接或间接将其逼入或引入破产境地,农村和整个社会动荡将随之卷席而起,农民以至所有中国人的生存权,都将统统被打碎。因此,要珍惜和维护农民和中国人民的生存权,必须坚持农民土地集体所有制。

第二,农民土地集体所有制是农民享有其他土地权利的根据和保障。农民土地集体所有制,在计划经济和市场经济不同条件下有不同实现形式。在计划经济条件下,农民集体经济中的土地所有权、经营权和收益权等权能是重合为一体的,不存在土地所有权能分离问题。在市场经济条件下,土地所有权与承包权、经营权、收益权等权能是可以分离和分割的。但在这些权能分离和分割过程中,农民权利的实现和保护,都是以农村土地集体所有制为逻辑前提和基础的。由于农村土地集体所有制的存在,农民的承包权和经营权,才得以发生和稳定;流转土地的农户,才有权在经营权流转中获得合法收益权,土地流入方才能以比较适当的租金租赁到土地。如果说在本轮农村土地改革前,农村土地集体所有制保住了农民的命根子,那么经过本轮改革,将盘活农村土地资产,大幅度增加农民财产性收入,因而该制度不但是农民命根子的保护神,还将是农民钱袋子的保护神,是农民实现共同致富的广阔平台。所以,要真正保护农民的土地权益,就不能不坚持农民土地集体所有制。

第三,农民土地集体所有制是农民享有村民自治权利的根基与保障。村民自治是改革开放以来保障村民民主权利的重要制度,而"农村集体土地所有制是村民自治的经济基础。"[①] 如果这一根本制度被动摇,村民自治制度将随之瓦解,农村土地所有权和农村其他权利,将集中到极少数农村"能人"或工商企业主手里,农民在村民自治制度下得到的民主权

[①] 崔智友:《中国村民自治与农村土地问题》,《中国农村观察》2002年第3期。

第十四章　全面实现耕者有其权目标的基本路径

利也将随之丧失。因此，要坚持和完善村民自治制度，保障村民自治权利，必须坚持和巩固农民土地集体所有制这一农民权利的根基。

当然，在计划经济时期建立的农村土地集体所有制也存在不足，主要是不能适应市场经济条件下激发农业和农村发展活力的需要，因而实行农村集体产权制度改革势在必行。但是，不能由此否定和动摇农村土地集体所有制。动摇了它，就动摇了农民生存、发展的根基，会导致建于其上的农民其他一系列权利被剥夺的严重后果。因此，在农村改革过程中，农村集体产权中的其他权利都可依法流转，农户土地承包权亦可依法退出，但唯独农民集体所有权不能流转和退出。相反，只能通过改革使之具备适应新条件的新功能而得以加强。正如习近平同志强调的："农村改革不管怎么改，都不能把农村土地集体所有制改垮了"①。

四、国民经济的持续快速发展

权利不是一个空洞口号，而是与经济利益紧密联系在一起的，以致有人把权利与利益完全等同起来②，并称为"权益"。因此，公民权利具有受益权功能，即国家的"给付"义务。就是说国家要提供公民权利实现所需要的物质、程序或者服务③。农民权利的全面实现，同样意味着国家要支付给农民与其他国民同等的"给付"成本。中国农民人口众多，权利内容更加丰富，农村经济发展严重滞后，农民文化和法律素质较低，且目前与城镇居民权利相比差距悬殊。因此，要实现农民与市民同等受益权，国家需"给付"的成本是巨大的，但又是必须"给付"的。在一定意义上说，这些年来中央财政的"三农"支出资金，就是为实现农民平等受益权而做的可贵努力。2012 年以来，尽管全国财政（中央加地方）用于"三农"资金每年投入达 3 万亿元④，但依然处于低水平上，距离农

---

① 习近平：《农村土地集体所有制不能改垮了》，《京华日报》，2016 年 4 月 29 日。
② 范进学：《权利概念论》，《中国法学》2003 年第 2 期。
③ 张翔：《基本权利的受益权功能与国家的给付义务——从基本权利分析框架的革新开始》，《中国法学》2006 年第 1 期。
④ 王红茹：《全国财政每年三农投入 3 万亿元，2016 年农民实际增收却创新低》，《中国经济周刊》2017 年第 7 期。

民享有的特殊权利所需要资金有很大距离。如与发达国家的农业支持力度相比则差之更远。可想而知，要达到全面实现并可持续的保障农民权利目标，需要支付怎样巨大的成本。

还要看到，耕者有其权目标的实现，是以把几亿农民转移到城市并成为市民，从而使在乡农民形成农业适度规模经营，发展现代农业为前提的。国家为实现巨量农民的市民化，也要付出高昂的社会成本。根据牛文元2003年计算和预测，一个农民"进城"成为城市居民，平均需支付社会总成本25万元。在未来50年间，约增加6亿~7亿城市人口，平均每年需支付城市化成本约为3000亿元到3500亿元，相当于2000年全年GDP总量的4%左右①。

由上可见，全面实现农民权利必须支付巨额成本。这些成本，只能由国民经济持续快速发展和充足的国家财力来支撑。就是说国民经济的持续快速发展，是全面实现农民权利的物质基础。没有这一基础，全面实现农民权利，就成为一句空话。这要求国家和农民都要把农民权利的实现与国民经济的发展统一起来，使之互为条件，相互促进，不能脱离经济发展程度，空谈或要求尚无条件满足的权利。这也说明全面实现农民权利，不可能一蹴而就，而要经历一个很长的过程。政府与农民都要认识和理解这一个过程。否则，或导致农民权利有名无实，或陷入民粹主义泥坑，不仅不利于推进农民权利的切实实现，反而会迟滞乃至破坏这一进程。

五、全面依法治国进程不断推进

依法治国是1997年召开党的十五大确立的党领导人民治理国家的基本方针。其含义"是广大人民群众在党的领导下，依照《宪法》和法律规定，通过各种途径和形式管理国家事务，管理经济文化事业，管理社会事务，保证国家各项工作都依法进行，逐步实现社会主义民主的制度化、法律化"②。党的十八大以来，党和国家把这一方针提高到了新境界，提出了全面依法治国方略，要求把建设中国特色社会主义法治体系，建设社

---

① 中科院：《到2050年中国城市化成本为3000亿元》，《深圳商报》，2003年3月5日。
② 《江泽民文选》第2卷，人民出版社2006年版，第28~29页。

第十四章　全面实现耕者有其权目标的基本路径

会主义法治国家,实现科学立法、严格执法、公正司法、全民守法①,作为党和国家治国理政的基本目标。全面依法治国的提出和不断推进,将为全面实现农民权利提供前所未有机遇和良好条件。

第一,全面依法治国为全面实现农民权利提供了历史契机和强大动力。农民权利问题,不仅涉及农民本身,而且涉及社会的方方面面,尤其在城乡一体化发展的当今和未来发展中,农民权利问题将更成为城乡统一体中不可分割的组成部分。因此,农民权利的实现,不可能被限于农村范围,更不可能单由目前处在社会边缘和弱势群体的农民独自完成,而是需要全社会的支持、尊重和保护,需要党、国家、社会和农民的共同推动。全面依法治国战略,强调"以保障人民根本权益为出发点和落脚点"②,从而为作为人民最主要主体之一的农民获得平等权利提供了更充分的依据。同时,该战略把实现农民权利明确纳入党和国家的总体战略与布局,成为这一战略的重要组成部分和重点,并由党和国家统一部署和推动,这无疑为全面实现农民权利,提供了历史契机和强大动力。

第二,全面依法治国,为农民权利体系的构建提供有利条件。农民权利体系不仅涉及农业、农村和农民,而且涉及社会经济文化各个方面和相关部门;不仅包括农民权利的法律规范体系,而且包括相应的实施体系、监督体系和保障体系。可想而知,构建如此复杂、宏大的农民权利体系,是一个十分艰巨的系统工程。要完成这一工程,没有党中央的领导和支持,没有社会的全力配合是不可能的。而全面推进依法治国的总目标之一,就是建设中国特色社会主义法治体系,包括完备的法律规范体系、高效的法治实施体系、严密的法治监督体系、有力的法治保障体系。农民权利体系的构建,将作为建设中国特色社会主义法治体系的重要内容,被置于党和国家领导下,在建设中国特色社会主义法治体系总体框架下统一部署、统筹协调,从而使这一宏大工程的逐步完成具备了有利条件。

第三,全面依法治国,为全面实现农民权利提供根本保证。以往农民

---

① 李升泉:《四个全面:新时期治国理政总方略》,《人民日报》,2015年1月28日第7版。

② 习近平:《中共中央关于全面推进依法治国若干重大问题的决定》,《人民日报》,2014年10月29日第2版。

权利的缺失，是多种复杂因素相互作用的结果，其中，既有法制不健全因素，也有农村经济发展落后、国家和农村管理体制不健全以及党与政权建设存在的不足等因素。因此，要全面实现和保障农民权利，不能仅在法律方面单兵独进，需要在上述各方面采取综合治理方针，才能达到目标。全面依法治国，正是这样的综合治理、标本兼治之举。因为它不是一个局限于法律范畴的单项举措，而是作为实现中华民族伟大复兴的"四个全面"整体战略布局中的一个有机重要组成部分提出和实施的。

值得注意的是，"四个全面"的重点都在农村。因而，全面依法治国将与全面建成小康社会、全面深化改革和全面从严治党一起，形成四轮驱动，在将在法律、经济、体制和组织上，为全面实现农民权利提供多方面保障。一是农村是中国法制建设最薄弱部分。而全面依法治国方针的重点正是农村，所以全面依法治国将为全面实现农民权利提供法制保障。二是农村是中国经济发展最落后的区域。而全面建成小康社会的重点也是农村，所以全面建成小康社会将为全面实现农民权利提供经济基础。三是三农是受传统城乡二元体制之害最深、最久的领域。而全面深化改革的重点，正是改革阻碍三农发展，阻碍农民权利实现的体制、机制。所以全面深化改革为全面实现农民权利提供制度保障。四是农村基层党组织和政权建设，是党的建设和政权建设中最薄弱环节，而全面从严治党的重点同样在农村。所以，全面从严治党将为全面实现农民权利提供良好的微观环境和可靠的组织保障。

以上五个方面是全面实现农民权利不可缺少的重要条件。中共领导的加强与改善是其政治条件，农民主体地位的确认和确立是主观条件，国民经济的持续快速发展是经济条件，而全面依法治国是其社会条件。目前，上述条件有的已比较充分具备，有的尚不够充分，有的还相当缺乏，需要继续做出巨大而艰苦的努力。

2017年11月召开的党的十九大确立的新方针将有力促进上述条件全面具备和农民权利全面实现。大会确立坚持以人民为中心、坚持人民主体地位，坚持立党为公、执政为民的理念和宗旨，将为农民主体地位的确认和确立提供有力保障。大会确立的"两个一百年"奋斗目标及其包括实施乡村振兴战略在内各项战略，将为其提供经济条件。大会强调的坚持全

第十四章　全面实现耕者有其权目标的基本路径

面依法治国理念和健全人民当家做主制度体系,将为其提供更有力的政治保障和法治环境。大会提出的坚决打赢脱贫攻坚战,确保到2020年农村贫困人口实现脱贫,将改变农村弱势群体的命运。

需格外强调的是,大会确立的实施乡村振兴战略,将为农民权利全面实现提供具体保障和途径。大会提出的坚持农业农村优先发展原则,意味着国家将为加快农村发展提供更有力支持,这将使农民享有更多的职业权利;大会提出的建立自治、法治、德治相结合的乡村治理体系,不但将使农民享有充分的公民权利,而且享有充分的自治权利,并使两者建立在稳固的德治基础之上;大会提出的培养造就一支懂农业、爱农村、爱农民的三农工作队伍则更有利于农民主体性的培养和发挥。

可以相信,随着党的十九大各项战略的实施,随着中国向"两个一百年"目标迈进的步伐,城乡二元结构体制以及其他制约农民权利的所有障碍和瓶颈,都将被逐步打破,农民的公民权利、特殊权利、职业权利和自治权利都将逐步得到提升,"耕者有其权"目标,将在不太遥远的未来得以全面实现,这将为实现"耕者有其富"目标提供坚实保障。

下篇
实现耕者有其富：
三农发展第三步

过上宽裕的小康生活，自古都是农民的不懈追求，但除少数"盛世"外，古代农民始终处于贫困状态，近代农民更处于长期极端贫困的生存危机之中。新中国成立后，农民生活虽逐步得到改善，但因多种原因，改善的速度极为缓慢，直到20世纪80年代农民仍未摆脱总体贫困的境遇。改革开放后，农民终于逐步告别了贫困，实现了初步小康。21世纪初以来，随着中国工业化发展到中后期阶段和建设全面小康社会目标的确立，实现耕者有其富，成为三农发展的第三步战略目标。经过党的十六大特别是党的十八大以来的奋斗，目前农民正接近这一目标。而转变生产方式，走高效生态农业之路；实现主体转型，走多元致富之路；发展家庭农场，走自耕致富之路；加强农业社会化服务，走产业融合致富之路；壮大集体经济，走共同富裕之路；实施乡村振兴战略，走城乡融合致富之路，则是达到耕者有其富目标的主要途径和指路明灯。

第十五章 耕者有其富内涵及其意义

中国农民自古就有对小康生活的不懈追求。但这种小康生活，不过是对贫困而言的相对宽裕而已，求富只是一种奢望。即使这样的传统小康，也只是在鲜见几个朝代的盛世，似昙花一现般出现过，古代和近代农民总体始终处于贫困当中。经过新中国成立后的曲折发展，到改革开放后，农民不但整体迈入初步小康阶段，而且现代意义上的耕者有其富目标也在全面建设小康社会进程中逐步凸显出来，成为现阶段三农发展的主要目标。实现这一目标，意味着延续几千年的三农问题得到根本性解决。

第一节 耕者有其富内涵阐释

一、古代农民的小康梦

通过辛勤的劳动，创造出丰富的财富，以满足人不断发展的需要，是

中国"三农"发展规律与战略目标研究

人区别于其他动物的根本标志,是人的本质的体现和社会进步的杠杆。与其他劳动群体一样,农民自古也有通过自己的辛勤劳动,创造富裕美好的生活追求。但是,由于时代条件压抑了他们的这一本质,使之只能把自己的梦想与追求,寄托于对小康生活的向往。

"小康"一词,最早出自西周诗歌《诗经·大雅·民劳》。诗中提出"民亦劳止,汔可小康"。纵观全诗,作者对"小康"含义的说明十分简单:农民被强迫劳动,终日不得休息,实在太辛苦了。国王若能体恤百姓,给他们些许休息安宁(劳止)的机会,使之有劳有逸,就差不多(汔)是小康生活了。它反映了西周奴隶主剥削农民剩余劳动的残酷性,也反映了普通百姓对生活的可怜祈求。

孔子在《礼记·礼运》中描述了士大夫心目中的小康社会情景:"今大道既隐,天下为家,各亲其亲,各子其子,货力为己。大人世及以为礼,城郭沟池以为固,礼义以为纪,以正君臣,以笃父子,以睦兄弟,以和夫妇,以设制度,以立田里,以贤勇知,以功为己……是为'小康'。"在这里,孔子感慨自己未能赶上"大道之行""天下为公"的大同时代,认为现在的"大道"不行了,人们各自为自己的家庭,各亲自己的父母子女,货为己藏,力为己出。于是,圣人们建立了一套礼仪制度,以礼义为准则,来规范君臣、父子、兄弟、夫妇之间的关系,赏善罚恶。按这套制度办事,才能使社会安定,家庭和睦,上下有序,相安无事,这才是小康社会。从某种意义上来说,孔子描述的小康社会,代表了士大夫群体在"天下为公"的大同社会转变为"天下为家"的私有制社会之后的所谓社会理想模式。

孔子之后,一些士大夫还从经济宽裕程度具体说明小康状态。苏轼在《稼说送张琥》中说:"曷尝观于富人之稼乎?其田美而多,其食足而有余。"孟子主张"仁政",认为"明君制民之产,必是仰足以事父母,俯足以畜妻子;乐岁终身饱,凶年免于死亡。"为此,应给每户"五亩之宅,树之以桑,五十者可以衣帛矣。鸡豚狗彘之畜,无失其时,七十者可以食肉矣;百亩之田,勿夺其时,数口之家可以无饥矣。"[①] 意思是说,

---
① 孟子:《孟子卷一·惠梁王上》。

第十五章 耕者有其富内涵及其意义

开明的君主应给老百姓一定量的田产,五亩之宅供其居住和植桑养殖,百亩之田供其种植,并且官府不去妨碍他们的生产,即可上足以侍奉父母,下足以养活妻子儿女,平常年份可以吃饱饭,灾荒年不致饿死。人到五十岁可以穿上丝绸,七十岁可以吃到肉食。实际上,这种"小康"不过是对贫困而言的一种相对宽裕而已,正如宋朝洪迈在《夷坚志》中所说,"久困于穷,冀以小康"。

然而,这种小康境界,对古代农民来说,并非常态,而是特例,它只在几个大朝代的盛世中、在一定程度上出现过,而在中国古代几千年岁月的绝大部分时间里,农民生活通常是贫困的,并周期性出现经济破产、生命倒悬的生存危机。其根源在于当时的生产力水平和古代家国同构土地所有制。古代农业是在铁器牛耕基础上的个体家庭小生产的生产方式,是一种自给自足、简单再生产的农业自然经济,决定它生产不出多少剩余产品,如能维持农民正常生活和生产并有所剩余,已是农业个体小生产所能达到的最佳状态了。要实现这种状态,不仅需要风调雨顺的自然条件,更需要政治清廉、轻徭薄赋和国家稳定的社会条件。然而,这些条件往往只在王朝前中期,在家国同构土地所有制发挥正面作用时才能具备。一旦进入王朝中后期,当该土地所有制的负面功能占据主导地位,必然导致王朝腐败、农民负担沉重和社会动荡,农业生产条件和农民小康生活遭到破坏,形成中国古代社会小康即乱、乱而返贫的周期性循环。因而,小康境界只作为中国古代农民追求的最高理想为世代憧憬,也被史书作为国泰民安、百姓殷实的繁华盛世的一种表征,广为传颂,并对后世产生了深远影响。

二、耕者有其富内涵阐释

本书论述的耕者有其富目标,与古代小康愿望既有联系也有区别。其联系在于它反映了传统农民摆脱贫困,追求美好生活的愿望;其区别在于它不是传统意义的相对宽裕,也不是个别农家的发家致富,而是在现代意义上使整个农业劳动者群体,达到共同富裕和富足的境界。其中的"耕者",与耕者有其田、耕者有其权中的"耕者"一样,有广义与狭义之分,即分别指广泛意义上的农村居民和从事种植业尤其粮食种植业的农业劳动者。其中的"富",是按联合国划分世界各国生活水平的恩格尔系数(食品支出总额占个人消费支出总额的比重)标准加以确定。按此标准,一个国家平均家庭恩格尔系数大于60%为贫穷;50%～60%为温饱;40%～50%为小康;30%～40%为相对富裕;20%～30%为富裕;20%以下为极其富裕。因此,耕者有其富目标中"富"的标准,要达到恩格尔系数中相对富裕以上的生活水平。照此理解,耕者有其富包括以下三方面含义:

第一,广义的耕者有其富,即一般意义上实现农民富裕。目前,农民就业和收入来源的高度多元化是不争的事实,多数农民收入的主要来源不是农业,而是来自第二、第三产业,因而广义的耕者有其富目标,就是使收入多元化的农民,通过不同渠道增加收入,达到富裕水平。

第二,狭义上的耕者有其富,即使种植业农民尤其粮食种植业农民实现富裕。与广义的耕者有其富目标相比,它不是通过多元化尤其是非农收入实现富裕,而主要通过自己从事的种植尤其从事粮食种植业生产,达到富裕目标,实现本来意义上的耕者有其富。

第三,从长远看应达到和保持与城市居民基本相同的收入水平,并且达到与中国同等发展水平国家农民收入的中等水平。因为目前不少发达国家或地区,实现了其城乡居民收入和生活水平的均等化[①]。中国现代化虽是"中国式的"[②],但在制定三步走战略时,就把传统社会理想与现代社会价值观结合起来,采用了世界衡量一个国家或地区生产水平和生活水平的人均国民生产总值的通用标准[③]。

[①] 李明等:《城乡一体化的国际经验及其对中国的启示》,《中国农村经济》2014年第6期。
[②] 《邓小平年谱(1975—1997)》上,中央文献出版社2004年版,第497页。
[③] 中央文献研究室小康社会研究课题组:《小康目标的提出和小康社会理论的形成》,《党的文献》2010年第1期。

第十五章 耕者有其富内涵及其意义

第二节
耕者有其富目标凸显与实现的意义

一、耕者有其富目标的凸现

耕者有其富目标,不是在中国古代乃至近代能够提出的。因为"人类始终只提出自己能够解决的任务",这种任务"只有在解决它的物质条件已经存在或者至少是在生成过程中的时候,才会产生。"① 在古代中国,由于小生产生产方式和剥削阶级的专制主义统治,农民只能把自己的最高梦想,限定在获得相对宽裕的生活。在近代中国,由于落后的生产力,特别是帝国主义、封建主义压迫、剥削,使人民几乎丧失了生存条件。因此,解决农民和民族生存问题,是当时的主要目标。所以,孙中山的民生主义虽包含增加农民收益,改善农民生活的思想,并明确提出了"耕者有其田"目标,但未提出耕者有其富概念。中国共产党虽从建立起就把国家富强和人民富裕的使命扛在自己的肩上,但其首要任务是开展革命战争,推翻帝国主义和封建主义统治,为未来实现国家富强和人民富裕目标创造条件。因此,在中国古代和近代都未提出耕者有其富目标。

新中国成立后,中国共产党秉持自己的庄严承诺,把实现国家富强和人民(包括农民)富裕,作为党和国家现阶段的奋斗目标。在20世纪50年代,毛泽东就明确指出,"如果我们没有新东西给农民,不能帮助农民提高生产力,增加收入,共同富裕起来,那些穷的就不相信我们,他们会觉得跟共产党走没有意思。"要"使农民群众共同富裕起来,穷的要富

---

① 《马克思恩格斯选集》第2卷,人民出版社1995年版,第32页。

裕，所有农民都要富裕"①。显然，其中包含着耕者有其富思想。

然而，此时的这一目标，被包含在人民共同富裕的总体目标当中，而非一个相对独立目标。而且在这个阶段上，即使人民共同富裕还只是一个长期目标，而非现实目标。在改革开放前，由于中国工业基础极为薄弱，由于当时严峻的国际形势，更由于对城乡协调发展规律认识不足，中国工业化选择了优先发展重工业的战略。这一战略和当时经济落后状况，决定中国实行高积累、低消费的发展模式，实行"艰苦奋斗，勤俭建国"方针，把劳动剩余主要用于重工业化建设。这势必影响人民特别是农民收入的增加和生活的改善。如果说该阶段人民生活整体上处于温饱为主的生存型状态，那么，农民则总体上处于温饱不足状态。按当年农村贫困标准衡量，1978年农村居民贫困发生率为97.5%，农村贫困人口规模7.7亿②。可见在这一阶段，中国追求的直接目标是实现工业化，为强国富民奠定基础，人民富裕包括农民富裕，没有也不可能成为该阶段的现实任务。

耕者有其富目标，作为三农发展的一个相对独立的现实目标，是在中国改革开放后，随着现代化三步走战略的实施，特别是在全面建设小康社会发展过程中逐渐凸显出来，并被包含在全面小康社会的概念当中。众所周知，20世纪80年代，邓小平和党中央制定了中国现代化建设三步走战略：第一步，在20世纪80年代，解决人民温饱问题；第二步，到20世纪末，使人民生活达到小康；第三步，到21世纪中叶，基本实现现代化。其中第二步战略目标，是在"小康社会"概念下展开的。值得注意的是，这个概念既吸收了中国传统小康的社会理想，也借鉴了衡量当代社会发展程度的国际通行标准，更饱含着中国共产党对中国现代化进程的独特思考，是随着中国现代化发展，不断充实、不断提升的开放性概念，是"中国式的现代化"③的独特表达方式。由此决定，中国现代小康社会，必然是一个由初级到高级、由总体到全面、由低水平到较高水平和高水平的不断发展、不断充实、不断升华的过程。

---

① 《毛泽东选集》第5卷，人民出版社1977年版，第197页。
② 人民日报评论员：《论学习贯彻习近平总书记中央扶贫开发工作会议重要讲话》，央广网，http://news.cnr.cn/native/gd/20151130/t20151130_520639884.shtml，2015年11月30日。
③ 《邓小平文选》第3卷，人民出版社1993年版，第53~54页。

第十五章　耕者有其富内涵及其意义

迄今为止的实践表明，中国的"小康社会"，不仅不同于中国传统意义上的"小康"，也没有停留在恩格尔系数在40%~49%之间的小康水平，即中国总体小康目标，而是在这一基础上，提升到了全面小康社会的高度。这个全面小康社会，不仅包括全国恩格尔系数在30%~40%的相对富裕阶段，而且从2016年全国恩格尔系数达到30.1%，即接近20%~30%的富裕阶段的事实判断，它还将成为从2020年建成全面小康社会之后，到基本实现现代化目标之前，即全面小康社会阶段不断提升的奋斗目标和社会状态。

党的十九大根据中国现代化实际进程大大超出预期的科学判断，把从2020年实现全面小康社会，到21世纪中叶基本实现现代化的原定目标，调整为从2020~2035年基本实现现代化、2035~21世纪中叶实现社会主义现代化强国两个阶段。在前一阶段，中国人民共同富裕将迈出坚实步伐阶段；在后一阶段，全体中国人民共同富裕将基本实现。按照这一新目标，当代中国的小康社会，包括从2000年进入初步小康到2020年建成全面小康、从2020年进入全面小康到2035年基本实现现代化这样两个发展阶段。在这一长达35年的发展进程中，不断提升人民收入和生活水平，实现人民共同富裕，始终是中国现代化的一个中心目标。

中国建设全面小康社会的历史进程和实现人民共同富裕目标，为实现耕者有其富提供了时代背景和现实要求。同时，这一进程中出现的城乡收入差距不断扩大问题，又将耕者有其富目标日益逐渐凸显出来，成为全面建设小康社会中一个相对独立的目标。尽管直至目前，在党和国家文件、政策和社会上，尚未明确使用这一概念，但只要对党的十六大到党的十八大以来党和国家有关原则、政策取向稍加分析就会看到，该目标的要求不但被蕴涵在实现人民共同富裕、缩小城乡差别，城乡居民收入均衡化等基本原则和一系列富农、强农政策当中，而且在这些原则和政策的走向上，该目标不论在广义，还是在狭义上，都表现得越来越清晰。

在改革开放后的30余年间，中国经济以年均近10%的速度迅速发展。到1990年和2000年，先后实现了解决温饱和总体小康两个目标，进入了建设全面小康新征程。到2010年，工业化已到达中后期阶段，人均国民总收入达到了4300美元。GDP总量也超过日本，成为仅次于美国的世界第二大经济体。城乡居民生活水平都得到了巨大提高，2010年全国居民恩格尔系数，由2000

年的45.6%，下降到38.4%；2016年又下降到30.1%。就是说，2010年后，中国虽处于全面建设小康社会的进程当中，但整体已进入联合国划分的30%~40%的相对富裕水平，并已接近20%至30%的富裕标准。中国经济的巨大发展，为逐步实现耕者有其富目标提供了物质基础。

然而，在城乡居民收入都有极大提高的同时，城乡居民收入差距却越来越大。2000年的恩格尔系数，城市居民为37.4%，已进入富裕区间，但农村为49.1%，刚刚跨入小康的门槛，两者相差17个百分点。同年，反映贫富差距的基尼系数，由1980年的0.3左右上升到2000年的0.458，10年间上升了1.62倍，形成了城乡收入的巨大差距。2002年党的十六大后，由于采取了一系列卓有成效的政策措施，促进了农民收入的极大增长，但基尼系数仍在逐年上升，到2008年达到中国历史最高值0.491，城镇居民实际人均收入是农村的5倍。2009年后的城乡收入差距虽在逐步降低，但两者差距依然巨大。2010年基尼系数为0.481，城镇居民收入超过农村居民3倍。到2012年，基尼系数下降到0.474，但仍明显高于0.4的国际公认的警戒线。城乡居民收入的悬殊差距，说明这时中国虽总体进入了富裕阶段，但农民整体收入远未达到这个水平，城市和市民富了，但农村和农民还距之遥远。甚至在20世纪90年代后期和21世纪前期，在中国大地上呈现了城市像欧洲、农村像非洲的巨大反差。这种反差，把广义上的耕者有其富目标凸显出来，并成为党和国家三农政策取向的主要目标。从党的十六大到党的十八大前10年间实行的农业补贴"普惠制"，正是这一目标的直接体现。这种"普惠制"，以土地承包者收入支持为主，不管农民是否种地，都可以得到相应补贴。这些政策，显然是以普遍增加农民收入为主要取向的。

党的十八大后，耕者有其富目标更加紧迫地提到了党和国家面前。大会确立了到2020年全面建成小康社会的奋斗目标。党的十八届五中全会宣布如期实现这一"目标要求，是我们对人民立下的军令状，必须全力以赴去实现。"① 但如果从党的十八大算起，到全面建成小康社会的最后

---

① 习近平：《在党的十八届五中全会第二次全体会议上的讲话》（节选），《求是》2016年第1期。

第十五章　耕者有其富内涵及其意义

时限，只剩下短暂的 8 年；如果从党的十八届五中全会召开算起，这个期限只剩更加短暂的 5 年。这意味着全面小康社会建设已进入最后冲刺阶段。正如习近平同志强调的，这个必须在紧迫时间内如期实现的全面小康社会，"强调的不仅是'小康'，而且更重要的也是更难做到的是'全面'。"① 这个"全面"的重要内涵之一，就是覆盖人群的全面，是惠及全体人民的小康，是使农村和贫困地区尽快赶上来，让所有城乡居民达到共同富裕的小康。

但是，当时有两方面的突出问题摆在面前：一是城乡收入依然存在巨大差距，并存在近 1 亿农村贫困人口。这表明"全面建成小康社会，最艰巨最繁重的任务在农村、特别是在贫困地区。没有农村的小康，特别是没有贫困地区的小康，就没有全面建成小康社会。"② "中国要富，农民必须富"，"小康不小康，关键看老乡。"③ 二是"谁来种田"问题越来越严重。随着城镇化发展，数以亿计的适龄农民进入城市打工，导致农村劳动力老龄化日趋严重。这些适龄农民之所以跳"农门"、入"非门"，最主要原因是粮食生产比较效益长期偏低，耕者利薄，甚至亏本，严重挫伤了农民种田积极性。但农业的重要地位和现代农业发展，不能指望文化水平和体力低下的老龄农民承担，而且这些老龄农民随着年龄增长，将很快丧失劳动能力。由此解决"谁来种田"问题，成为农业能否持续增长，现代农业能否发展，农民能否持续增收而达到致富目标的关键。因此，如何发展农业特别是现代农业，提高农业比较效益，实现狭义上的耕者有其富目标，成为目前阶段解决"谁来种地"问题，保障现代农业发展，全面建设小康社会的迫切要求。

面对这些新问题，党的十八大对此前的农业补贴政策进行了调整，中央采取两方面重大措施。一方面深化土地制度改革，促进小块土地向新型农业主体的流转，推进农业适度规模经营，以提高农业规模效益，从生产

---

① 习近平:《在党的十八届五中全会第二次全体会议上的讲话》，《求是》2016 年第 1 期。
② 习近平:《在河北省阜平县考察扶贫开发工作时的讲话》（2012 年 12 月 29 日、30 日），《做焦裕禄式的县委书记》，中央文献出版社 2015 年版，第 16 页。
③ 人民日报评论员:《小康不小康，关键看老乡》，《人民日报》，2013 年 12 月 26 日第 1 版。

方式上为农民致富提供条件;另一方面,实行由普惠制向普惠制加特惠制支持转变,既注重千家万户普惠制支持,又注重新型农业经营主体的特惠制。这些新政策的特点,是新增农业补贴更多地向专业大户、家庭农场、农民合作社等新型农业主体倾斜,鼓励实行适度规模经营的"种地人"。党的十八大后历年的"中央一号文件",都出台多项有力措施,对新型农业主体支持力度逐年加大。正如中央农村工作领导小组副组长、中央农办主任唐仁健在解读2017年"中央一号文件"时指出的:这些政策旨在"让农村成为引人入胜的天地、农业成为令人向往的产业、农民成为令人羡慕的职业。"① 这意味着农民将不仅达到与自身相比前所未有的富裕程度,而且经过长期努力,将达到甚至超过城市居民收入与生活质量的一般水平。

可见,党的十六大以来中央文件上虽未出现耕者有其富概念,但实现农民富裕尤其是经营农业的农民富裕,始终是建设全面小康社会中的突出目标,是各项工作的重中之重,而这一目标实际上正是广义特别是狭义上的耕者有其富目标。

二、明确和实现耕者有其富目标的意义

耕者有其富是中国三农三步走发展进程的重要阶段,也是该规律作用的必然结果。明确和实现这一目标,对深化农村改革、根本解决三农问题、实现全面小康社会,乃至实现中国梦的宏伟目标,都具有十分深远的意义。

(一) 明确耕者有其富目标有利于深化农村改革

纵观党的十八届三中全会《中共中央关于全面深化改革若干重大问题的决定》对深化农村改革的部署、近几年的中央一号文件和中共中央办公厅、国务院办公厅印发的《深化农村改革综合性实施方案》,可以明晰看到,这些改革的出发点、落脚点和核心,都围绕着广义和狭义上的"耕者有其富":

---

① 唐仁健:《农村怎样留住年轻人》,《中国新闻周刊》2017年第19期。

第十五章　耕者有其富内涵及其意义

1. 农村改革的核心目标和理念围绕"耕者有其富"

上述文件都明确把实现农村全面小康作为农村改革的核心目标。2016年"中央一号文件",根据习近平提出的"创新、协调、绿色、开放、共享"理念,提出了指导农村改革的"创新强农""协调惠农""绿色兴农""开放助农"和"共享富农"新理念①。

2. 农村改革主线体现"耕者有其富"

赋予农民更多权利和利益、推进城乡发展一体化和促进现代农业发展是农村改革三条主线。三条主线虽各有重点,但"耕者有其富"却是三者共同核心目标。赋予农民更多权利和利益,就是让农村"一切劳动、知识、技术、管理、资本的活力竞相迸发,让一切创造社会财富的源泉充分涌流"②,让农民创造并享有更多财富;推进城乡发展一体化,就是打破制约农民致富的城乡二元结构的制约,建立城乡发展一体化体制机制,形成新型工农城乡关系,让广大农民平等参与现代化进程、共同分享现代化成果③;促进现代农业发展,就是探索适合中国特点的"现代高效农业"这样一条"农民致富的好路子"。而其中的关键在于"通过富裕农民、提高农民、扶持农民,让农业经营有效益,让农业成为有奔头的产业,让农民成为体面的职业"④,也就是实现狭义上的"耕者有其富"。

3. 土地制度改革的根本目的是实现"耕者有其富"

土地制度改革是目前农村改革最核心的内容。土地改革的方向是"三权分置",即在落实、稳定集体所有权和农民承包权基础上,搞活经营权,引导和促进土地经营权向新型农业主体流转。这种流转,对土地流出方的普通农户来说,既确保了农民安身立命的根基,又会大大增加农民财产性收入,从而推动广义上的"耕者有其富";对土地流入方的新型农

---

① 《全国农业工作会议在京召开》,《人民日报》,2015 年 12 月 26 日第 1 版。
② 《中共中央关于全面深化改革若干重大问题的决定》(2013 年 11 月 12 日中国共产党第十八届中央委员会第三次全体会议通过)。
③ 《中共中央关于全面深化改革若干重大问题的决定》(2013 年 11 月 12 日中国共产党第十八届中央委员会第三次全体会议通过)。
④ 戚伟:《习近平眼中的"三农短板"》,新华网,http://news.xinhuanet.com/fortune/2016-02/07/c_128709372,2016 年 2 月 7 日。

业主体而言，可实现农业适度规模经营，提高农业规模效益，从而实现狭义上的"耕者有其富"。

由上可见，"耕者有其富"是目前农村改革的出发点和落脚点，是各项改革的核心目标。明确了这一点，不但有利于更准确地把握改革的目的和实质，增强各级党政部门和干部落实改革政策的自觉性，而且有利于调动农民参与改革的积极性，从而推进改革的深入发展。

（二）实现耕者有其富目标，意味着中国三农问题的基本解决

自1921年起，中共就把根本解决三农问题作为自己的重大使命。若到2020年"耕者有其富"目标如期实现，就意味着这个困扰中国几千年、特别是近代100多年的"天下第一难题"得到基本解决。因为这一目标的实现，是经中国共产党领导人民90多年奋斗，特别是进入21世纪以来的发展和改革而创造出的丰硕成果。这一成果的出现，意味着制约当前三农发展的各种复杂因素得到了克服，意味着根本解决三农问题的路子已经找到，意味着相应的较为完整体制与机制业已形成。届时虽不能说三农问题将完全解决，不能说相关体制与机制达到完备，更不能说此后不会再出现新的三农问题，但只要在这一成果的基础上，沿着已开拓的成功之路，认真总结经验，形成新理论，并根据新情况不断完善、及时改革相关体制、机制，就一定在不断解决新问题中，把中国三农发展推向良性发展的新境界。

（三）实现耕者有其富目标是实现全面小康社会的必要条件和根本标志

对此，无须论述，习近平总书记关于"全面建成小康社会，难点在农村""小康不小康，关键看老乡""中国要强，农业必须强；中国要美，农村必须美；中国要富，农民必须富"[①] 等一系列深刻论述，都充分说明了这一点。

---

① 《"平语"近人——习近平的"三农观"》，新华网，http://news.xinhuanet.com/politics/2015-12/29/c_1117601781.htm，2015年12月29日。

第十五章　耕者有其富内涵及其意义

（四）实现耕者有其富目标是实现中华复兴中国梦的根基

习近平同志在庆祝中国共产党成立95周年大会上指出："现阶段，建设中国特色社会主义的主要任务，就是到2020年中国共产党成立100年时实现第一个百年奋斗目标、全面建成小康社会，为进而到21世纪中叶中华人民共和国成立100年时实现第二个百年奋斗目标、建成富强民主文明和谐的社会主义现代化国家打下坚实基础"①。这个基础是由多方面事业同构而成，而耕者有其富，则是支撑整个基础的根基。

这毫不奇怪。中国梦的核心，是实现国家现代化②，而国家现代化的基石在于农业现代化。因为食为民天，农乃国本。无论一个国家的发展程度如何，也无论其他产业和科学技术发达程度如何，都不能改变农业作为国民经济最基础产业的地位。世界现代化发展的历史证明，一个国家的现代化程度越高，人民生活和国家建设所需要的农产品数量和质量就越高，因而国家对粮食安全、食品安全、生态安全的要求也越高。而这些产品及其安全，无可替代的是由农业现代化、从根本上说是由农民，尤其是从事粮食种植业农民来保障的。如果进入全面小康社会，其他群体和产业的生产者过着富足生活，而从事粮食生产的农民，依然比较效益低下，不能实现"耕者有其富"，必然影响种田积极性，农业现代化发展和粮食安全、食品安全、生态安全，都将无从保障，实现国家现代化就要遇到波折，中国梦就难以实现。可见，"实现中国梦基础在'三农'"③。

三、化解"谁来种田"问题的对症良方

在这里有必要对实现狭义上的耕者有其富的意义作一专门阐述。21世纪以来，随着工业化和城镇化的快速发展，农村青壮劳力大都涌向城市，

---

①　习近平：《在庆祝中国共产党成立95周年大会上的讲话》（2016年7月1日），《人民日报》，2016年7月2日第2版。

②　杨君：《实现中国梦基础在"三农"——农业部部长韩长赋答记者问》，《光明日报》，2013年9月13日第10版。

③　韩长赋：《实现中国梦基础在"三农"——把农村建设成为农民幸福生活的美好家园》，《人民论坛》2013年。

中国"三农"发展规律与战略目标研究

农村空心化、务农老龄化、生产低效化现象严重。1996 年第一次农业普查时，50 岁以上农业从业人员比重仅为 18.1%，而目前农业从业人员中 50 岁以上的所占比重接近 50%。"70 后"不愿种地、"80 后"不会种地、"90 后"不提种地的现象比较普遍①。此类问题如不能得到及时解决，若干年后，因目前老龄农民丧失劳动能力而造成的农业劳动力短缺，极可能带来灾难性后果。这并非如有人认为的是杞人忧天的"假问题"，而是目前已经出现的现实问题。

"谁来种田"问题之所以发生，最直接的原因，在于粮食种植业比较效益低，农民种地不赚钱甚至赔钱。自古"天下攘攘，皆为利往；天下熙熙，皆为利来"②。在实行市场经济条件下，尤其在当前中国进入实现全面小康阶段，其他产业从业者实现富裕，城乡居民收入相差悬殊情景下，农民丧失了种粮的动力，因而弃田改业成为他们的理性选择。

如何化解"谁来种田"问题？需要对症下药。对此，不少学者提出了多种方案，也需要多方面条件的相配合，但其中最核心的，是实现耕者有其富。试图靠提高国家补贴，增加农民兼业收入的办法，不能真正解决这一问题。同时，该问题不但包含"谁来种田"问题，同时也包含"种好地"，保障粮食和食品安全问题。因此，实现耕者有其富，是化解"谁来种田"（包括"种好地"）问题的对症良方，就是通过多方面改革，采取多种政策举措，使农民从粮食经营中获得丰厚回报，达到全社会中等收入水平，至少不低于进城打工者的收入水平，使之"真正成为一个有吸引力的职业，让从事农业生产经营的人过上体面的生活"③。这将使种粮农民重新获得动力，推动其把全部精力投入于现代粮食种植业生产，不但"种田"而且"种好田"，不仅找到自己种田致富之路，也肩负起保障国家粮食安全的崇高责任。

---

① 张红宇：《做强做优中国特色现代农业》，《人民日报》，2017 年 3 月 19 日。
② 司马迁：《史记·货殖列传》。
③ 《陈锡文、韩俊谈如何逐步发展职业化农民》，中国经济网，http://finance.sina.com.cn/roll/20151104/112623674504.shtml，2015 年 11 月 4 日。

第十六章
近代城乡对立下的农民贫困状况与各党派增收主张

近代中国的城乡对立，比古代更加深刻和尖锐。农村大量财富被掠夺到城市统治者和农村剥削者手里，农民生活处于极端贫困状态。虽在当时历史条件下，还不可能提出耕者有其富目标，但中国各种政治势力，出于不同动机，仍对减轻农民负担，解决农民贫困问题提出了自己的主张并付诸实践。不过，这些主张与实践的结果，因各主张者的性质不同而导致了不同结果。

第一节 近代城乡对立下农民极端贫困状况

一、近代农民的沉重负担

鸦片战争后，西方殖民资本和中国官僚资本与民族资本，对中国农村的掠夺日趋严重。清政府不但把巨额战争赔款转嫁到广大农民身上。而且随着官僚机构不断膨胀，财政开支越来越大，对农民加征的赋役和苛捐杂税多如牛毛。这一切，造成农民负担不堪重负。

在名目繁多的苛捐杂税中，最为沉重的是田赋加派。清代田赋，自康熙时期"摊丁入亩"，形成制度，并声称"永不加赋"。但到清中后期，随着国库被掏空，清政府财政举步维艰，上下交困。为了维护其统治和奢侈糜烂的生活，清朝统治者借用各种名目，一次又一次地在原赋税的基础上加派加征。如光绪二十九年（1903）11月，光绪谕令自次年（1904）起，从全国16省加征320万两白银。其中，从广东、江苏两省加征最多，每年各加35万两[①]。对于处于极端贫困的广大农民来说，如此沉重的负担无异于雪上加霜。

在征收过程中，地方贪官污吏还巧设名目，层层加码，中饱私囊，更令百姓苦不堪言。当时的加征加派，名义上是为筹集军费及战争赔款，但实际名目之多，达到令人咋舌的程度。如江苏省，除百姓筹集军费及赔款所设名目外，又有所谓"自治费""规复银价""申捐""霜捐"等名号[②]。有的地方还征收所谓"修建费"，并纳入田赋征取之中。上海县在未加派前，每亩税钱13文，加派之后上涨到70文，税率增加了438%。再如山东莱阳县，除"地方自治捐"之外，还有所谓"麻地捐""花生地捐""沙参地捐"，其余种瓜、芋、菜等，也一律加征捐税，地亩加征的税额竟大于正税的十多倍[③]！其余如业捐、学霜、铁霜捐、律捐及各种杂派、浮收，名目层出不穷，农民的负担成倍地增加（如表16-1所示）。

表16-1 各省田赋增加百分比示例

年代	地区	田赋标准	未加派前赋额		加派后赋额		增加%
			单位	数量	单位	数量	
1868	江西南昌县	地丁银	银，两	1.0	银，两	1.5	50
1877	四川各大县	地丁银	银，两	1.0	银，两	10.5	900
	各小县	地丁银	银，两	1.0	银，两	5~6	400~500

① 光绪：《东华续录》，卷184。
② 黄炎培：《川沙县志》卷8，1937年铅印本。
③ 李文治：《中国近代农业史资料》第一辑，三联书店1957年版，第306页。

第十六章　近代城乡对立下的农民贫困状况与各党派增收主张

续表

年代	地区	田赋标准	未加派前赋额		加派后赋额		增加%
			单位	数量	单位	数量	
1906	福建莆田县	税银	银，两	1.0	钱，文	5000+	?
1908	江西南昌县	地丁银	银，两	1.0	银，两	1.8	80
	江西南昌县	地丁银	银，两	1.0	银，两	1.9	90
1908	江苏上海县	地每亩	钱，文	13	钱，文	70	438
1908	河南浚县	地每亩	银，两	0.037	银，两	0.096	159
1908	河南新乡县	地每亩	银，两	0.054	银，两	0.216	300

资料来源：李文治：《中国近代农业史资料》第一辑，第307页。

加征的田赋本应由土地所有者来负担，但实际情况并非如此。宣统二年（1910）4月1日的《国风报》刊载的一篇文章评论道："各国租税，务稍重富民负担而减轻贫民负担者。我国乃适与相反，惟敲削贫民，诛求到骨，而富者反毫无所出。试观今国中诸大宗之租税，莫如田赋、厘金、盐课三项，田赋虽征诸地主，而负担实转稼于佃丁也，……夫国中贫民，以农为唯一之职业，虽有永不加赋之祖训，而富吏相沿，巧设名目，十年以来，田赋之暗增于旧者，已不啻二三倍，故负担此赋之小农，前此仅足自供者，今则岁暖而号寒，年丰而啼饥矣。"[①]

辛亥革命后，北洋军阀和蒋介石采取各种政策，大幅增加农民的田赋负担。如以1931年的田赋税额为参考标准，1912年农村水田的田赋只相当于1931年的59%，而1934年则高达108%，山坡旱地的田赋则更高，同期分别为61%和111%[②]。就是说民国以来的田赋比清末翻了一番，且主要是蒋介石上台之后增加的。在增加的田赋负担中，主要是附加税和预征。

田赋附加税。按理田赋征收主要是正税，附加税少且其比例不超过正税。但是，近代各省的附加税不但种类繁多，而且几乎没有不超过正税的。如江苏有超过25倍的，湖北甚至有超过80多倍的。近代附加税超过

---

① 沧江：《湘乱感言》，《国风报》1910年第1卷第10期。
② 郑庆平、岳琛：《中国近代农业经济史概论》，中国人民大学出版社1987年版，第210页。

正税的主仆颠倒现象，创下中国租税史中前所未有的新纪录。对此，从孙晓村在《苛捐杂税报告》中提供的1933年各省最近田赋附加税比率材料（见表16-2、表16-3）可见一斑。

表16-2　　　　全国各省田赋附加税种类（1933年）

地区	田赋附加种数	地区	田赋附加种数	地区	田赋附加种数
黑龙江	15	四川	20	山西	30
辽宁	3	贵州	0	山东	11
察哈尔	8	西康	—	江苏	147
宁夏	4	福建	14	湖北	61
青海	1	内蒙古	—	江西	61
陕西	9	吉林	3	云南	17
河北	48	热河	—	广西	15
河南	42	绥远	—	浙江	73
安徽	25	新疆	5	广东	25
湖南	23	甘肃	13	西藏	—

资料来源：邹枋：《中国田赋附加的种类》，《东方杂志》31卷14号，1934年7月出版。

表16-3　　七省田赋附加税对正税的比率（1933年）（正税=100）

地区	最低比率	最高比率	备考
江苏	119.69	2603.45	
浙江	134.2	384.9	
安徽	48.1	287.2	大多数在一倍以上
江西	27.0	958.0	大多数在一倍以上
湖南	24.0	1280.4	一倍以下者仅5县
湖北	9.2	8600.0	一倍以下者仅1/6
河南	15.7	1019.4	一倍以下者仅1/6

资料来源：孙晓村编：《苛捐杂税报告》，《农村复兴委员会会报》12号，1934年5月。

田赋预征。近代不但田赋附加税大大超过正税，而且许多地方实行田赋预征。其中，四川军阀表现得最为疯狂，其预征年限有几年、十几年，有的二三十年不等，在温郫九县，竟在1937年预征到了1961年（见表16-4）。

第十六章 近代城乡对立下的农民贫困状况与各党派增收主张

表 16-4　　　　　四川省田赋预征举例（1931~1932 年）

地区	征收时间	所征田赋年份	预征年数	资料来源
江安	1931 年 1 月	1943	12	重庆商务日报 1931 年 10 月 25 日
荣昌	1931 年 1 月	1949	18	重庆商务日报 1931 年 2 月 9 日
巴县	1931 年 4 月	1936	5	重庆商务日报 1931 年 4 月 9 日
自贡	1931 年 6 月	1948	17	重庆商务日报 1931 年 6 月 20 日
顺庆	1931 年 7 月	1950	19	重庆商务日报 1931 年 8 月 1 日
温郫九县	1931 年 7 月	1961	30	重庆商务日报 1931 年 8 月 2 日
沪县	1931 年元旦	1943	12	重庆商务日报 1931 年 8 月 4 日
资中	1931 年 8 月	1951	20	重庆商务日报 1931 年 8 月 7 日
遂宁	1931 年 8 月	1950	19	重庆商务日报 1931 年 8 月 27 日
威远	1931 年 8 月	1946	15	重庆商务日报 1931 年 9 月 4 日
隆昌	1931 年元旦	1953	22	重庆商务日报 1931 年 1 月 6 日
资中	1932 年元旦	1953	21	重庆商务日报 1932 年 2 月 16 日
顺庆	1932 年 3 月	1953	21	重庆商务日报 1932 年 3 月 24 日
宜汉	1932 年 3 月	1954	22	重庆商务日报 1932 年 3 月 10 日

资料来源：李作周：《中国的田赋与农民》，《新创造》2 卷 1、2 期，1932 年 7 月出版。

近代对农民的各种形式的残酷剥削，造成农民不堪承受的负担。章有义以 1933 年为代表年份，对抗日战争前的农民负担作过一个粗略的估计（如表 16-5 所示）。他认为，1933 年农民负担约占农民总收入的 41.44%，即大约一半的农民收入都用来承担苛捐杂税。

表 16-5　　　1933 年全国农业收入和农民负担（不包括台湾）　　　单位：千元

项目	数　额	占农业收入%
农民收入	16066737	100.0
农民负担	6658380	41.44
田赋及附加	1613534	10.04
其他税捐	1037272	6.46
临时摊派	550000	3.42
地租	3457574	21.52

资料来源：章有义：《明清及近代农业史论集》，中国农业出版社 1997 年 10 月版，第 241 页。

中国"三农"发展规律与战略目标研究

近代中国农民的沉重负担,把农民本来少得可怜的收入几近榨干,直接导致农村社会经济的衰落和农民生活的极端贫困,使农民根本没有能力进行生产和创造其他收入,导致农民生活处于极端贫困状态,大量农民逃亡,造成农村一派破败景象。

二、农民极端贫困状况

为更客观、准确地反映近代中国农民的极端贫困状况,下面以当时实际的社会调查资料为基础,通过评估近代农民的生活程度,来揭示农民在沉重负担下的真实生活。

(一)家庭收支平衡情况调查反映的农民生活状况

1934年年初,全国土地委员会对华北4省55县60万农户进行了家庭收支情况的调查。该调查数据显示,只有28%的农户家庭的收支相抵是有余额的,34%的家庭收入和支出基本平衡;其余38%的农户则是收入不足以维系支出的。在农民家庭普遍经济困难情况下,一旦遇到意外变故,就不得不举债①。20世纪二三十年代全国各地调查表明,农民家庭入不敷出的比重相当高。如1922年河北唐县、遵化、高阳、祁州、邯郸等5县,以每年人均收入50元为贫困线,约62%的农民的收入是在贫困线以下的②。河南舞阳县,无衣无食、衣食不足者占全县总人口的40%,仅足自给者10%,衣食有余者仅10%③。类似调查数据与结果比比皆是,说明当时农民生活何等艰辛。

一些对维持最低限度生活标准的调查数据,也显示出相同结果。在河北定县,根据当时的经济情形,农民要想维持一年的生活,其收入不能低于250元④,但是调查数据显示,定县农民的年收入大都低于这个标准线,一般农户的年收入均在200元左右,除非遇到非常好的年成,很难超

---

① 中国第二历史档案馆编:《中华民国史档案资料汇编》第五辑第一编,财政经济(七),江苏古籍出版社1991年版,第36~37页。
② 冯和法:《中国农村经济资料》,黎明书局1933年版,第31~33页。
③ 赵质宸:《复兴河南舞阳农村》,《农村复兴委员会会报》第8号,1934年。
④ 涛鸣:《定县见闻录》,《独立评论》第4号,1932年6月。

第十六章　近代城乡对立下的农民贫困状况与各党派增收主张

过250元①。根据1931年3月到1932年6月对123家农户的统计调查，年收入低于250元的约占60%以上②。李宗黄在1934年对定县进行调查时发现，平均每家农作物、副产品以及副业收入总共才195元③。1928～1929年调查的34家收入相对较高的农户，年收入低于250元的占32%，并且这34家平均每家拥有31亩田地，比全县23亩的人均数字要多8亩，并且"记账的周年内，农作物的收获也比较稍好，又没有遭遇特别的天灾人祸，大致农家是比较的过太平日子"④。

20世纪30年代，农家的社会地位不断下降，贫困家庭的数量也越来越多。比如1930～1935年的河北临城县，中农的比重从65%下降到23%，小农的比重由20%上升至55%，无产农的比重由6%上升至17%⑤。1930～1936年的枣强县杜雅科村，自耕农比重由89.29%下降到88.78%，半自耕农的比重由5.95%上升到8.16%⑥。对1937年年初河北唐县的调查也表明，近十几年来，中农阶层的数量逐渐减少，"从事实上观察，似乎也只有走贫农群里去"，反之，贫农和雇农的数量则不断上升⑦。河间县也是雇农和半自耕农的数量越来越多，中农和富农的数量日益减少⑧。1929～1933年的河南许昌、辉县、镇平3县，中农户的比重从20.4%减少到18.7%，而贫农和雇农的比重则从59.76%上升到62.3%⑨。

（二）生活费用分配结构观察反映的农民生活状况

近代中国农民的生活费用，主要是用于食物、衣服、房屋、燃料及杂

---

① 李景汉：《华北农村人口之结构与问题》，《社会学术界》第8卷，1934年。
② 何延铮：《三十年代初期河北省定县123户生活水平调查》，《河北文史资料选辑》第11辑，1983年。
③ 李宗黄：《考察江宁、邹平、青岛、定县纪实》，第191～192页，南京中国第二历史档案馆藏，全宗号236。
④ 沈时可：《中美农民生活程度之比较》，《农业周报》第3卷第44期，1934年11月。
⑤ 薛郊人：《河北临城县农村概况》，天津《益世报》，1935年5月25日。
⑥ 杜连霄：《枣强杜雅科农村概况调查》，天津《益世报》，1937年1月23日。
⑦ 刘菊泉：《河北唐县的农村经济概况》，天津《益世报》，1937年1月30日。
⑧ 刘亚生：《外力侵略下的河北河间县农村经济》，天津《益世报》，1937年3月27日。
⑨ 行政院农村复兴委员会编：《河南省农村调查》，商务印书馆1934年版，第22～24页。

项（包括医药、教育、娱乐、婚丧、嗜好、器具、宗教、应酬等）的支出。19世纪德国著名的统计学家恩格尔提出的"恩格尔定律"（食物支出与消费支出之间的比例关系，也称恩格尔系数）指出，家庭越是贫穷，其用于食物的支出占总支出的比重越大，而其他杂项支出所占的比重也越小，从而家庭的生活水平也越低。因为食物的需求是人类生存的最基本需求，如果一个家庭的消费支出大都用于食物支出，说明它缺乏额外的能力来满足食物以外的其他需求，也就没有能力提高家庭的生活水平，这样的家庭必定是贫穷的。

近代中国20世纪二三十年代的乡村调查显示，食物支出在农民生活消费支出中的比重是最高的。20世纪20年代的河北平乡和盐山、河南新郑和开封以及山西武乡等5县的农户家庭，平均食物支出占消费总支出的63.3%，其中，河北平乡是66.4%、河北盐山是55.9%，河南新郑是75.1%、河南开封是76.7%、山西武乡是50%[1]。又根据李景汉在1928~1929年期间对河北定县34户农村家庭的调查，每户平均的全年消费总支出是242.6元，而食物支出达167.9元，占总消费支出的69.2%[2]。日本满铁调查部在1937年对中国河北的昌黎县及平谷县大北关村、前梁各庄村农户的调查也显示，其食物消费支出占消费总支出的比重分别为62.6%和72.2%[3]。山东《胶县志》（1931年版）也记载着："乡民终岁辛勤所得十之七八用之于食"[4]。

综上所述，在近代中国农村家庭的消费结构中，食物支出占有绝大部分的比重，并且越是贫穷的农民家庭，食物支出占消费总支出的比重也越大。而在同样是20世纪30年代初的日本、美国和丹麦等西方国家的农民消费结构中，食物支出占消费总支出的比重分别为42.8%、41.2%和33.0%[5]，平均比同期的中国农民食物消费支出比重低百分之二三十左

---

[1] 卜凯:《中国农家经济》，商务印书馆1936年版，第514页。
[2] 李景汉:《定县社会概况调查》，中华平民教育促进会1933年版，第305~306页整理计算。
[3] 南满铁道株式会社:《冀东农村实态调查报告书》平谷县统计篇、昌黎县统计篇，1937年、1938年发行。
[4] 《胶县志》卷52，1931年铅印本。
[5] 乔启明:《中国农民生活程度之研究》，《社会学刊》第1卷第3期，1930年5月。

第十六章　近代城乡对立下的农民贫困状况与各党派增收主张

右。按恩格尔系数（食物支出占消费总支出的比重）59%以上为绝对贫困的划分标准衡量，近代中国农民大都生活在绝对贫困线以下，堪称极端贫困，属于世界最贫困的农民。

（三）对衣食住行情况统计反映的农民生活状况

1. 食物短缺

中国近代农民最主要的食物是粮食。根据1936年中央农业实验所的统计数字（见表16-6）可以发现，1936年华北4省有相当多县的粮食产量远不能满足农民的消费需求，一半以上的地方都存在粮食不足的现状。上述调查数据也只代表平常年份的粮食不足情况，一旦遭遇天灾人祸等意外情形，粮食的短缺程度更是不堪想象。

表16-6　1936年华北4省乡村平常年主要食粮的不足状况

	河北		山西		山东		河南	
	报告县数	生产不足量占消费总量	报告县数	生产不足量占消费总量	报告县数	生产不足量占消费总量	报告县数	生产不足量占消费总量
小麦	42	40%	32	40%	16	32%	31	24%
大麦	14	36%	15	33%	7	37%	10	11%
玉米	44	41%	21	38%	35	28%	41	32%
高粱	70	38%	18	28%	32	26%	12	25%
小米	51	36%	23	39%	18	27%	17	29%
黍米	20	32%	11	19%	12	27%	6	25%
大豆	49	35%	20	43%	40	29%	35	30%
黑豆	54	41%	22	41%	27	32%	33	32%
绿豆	40	36%	16	40%	24	35%	33	28%
甘薯	31	57%	7	36%	10	44%	14	32%

资料来源：据《我国乡村人民常年食粮消费概况》，《农情报告》1937年第5卷第7期整理而成。

粮食的不足迫使农民把粮食消费水平降到最低程度。小麦作为华北地区主要的粮食作物，本来是营养较丰富的食物，但由于小麦价格比较昂贵，农民吃不起也舍不得吃它。20世纪30年代初，河北定县的小麦产量仅次于甘薯和小米，而农民每日的主食中却没有小麦[①]。20年代中期李景

[①] 曲直生：《华北民众食料的一个研究》，参谋本部国防设计委员会1934年版。

汉对北平郊外挂甲屯村 100 个农家的调查发现，全年吃白面（即小麦面）不足 5 次的家庭占一半以上，除非逢年过节或重大事情，农民平日根本吃不到白面。同期河北的沧县，其小麦产量占粮食产量的 40%，但农民吃白面的家庭不到 1%[1]。其他各地的情形也大致如此。

营养比白面差一些的杂粮，农民大多也吃不起，即使能吃上白面的人家，也多半是掺着野菜充饥。在 20 世纪 30 年代的华北地区，农民普遍都是吃着树叶和菜根，能吃上小米粥和玉米窝窝头的只是极少数家庭。一般的穷苦农民，吃糠咽菜的比比皆是。除了粮食，蔬菜等副食的消费就更稀缺了。李景汉在 20 世纪 20 年代中期对北平郊外挂甲屯村 100 户农家的调查显示，近 1/3 的家庭全年蔬菜的消费额不足 5 元，100 户农家平均每家用于蔬菜的费用约 10.8 元，只占食品总支出的 1/10[2]。20 世纪 30 年代，很多农家种不起蔬菜，更不用说肉、蛋等副食的消费了。农民能吃上肉的，也只有在春节的时候吃上一次，平常日子根本就不敢想。此外，调味品就更稀缺了。河北定县一户农家一年只用了 0.15 元买香油与花生油吃，以当时的价格连一斤香油都买不到。酱油、醋等调味品很多农民连见都没见过。而盐虽是人们的生活必需品，由于价格较高，很多农户都买不起，有的农民到潮湿的地皮上或者阴沟里挖硝盐吃，大多农民只能少吃或不吃盐[3]。

2. 衣服简陋

近代中国农民所穿的衣服极度简陋。20 世纪 20 年代北平郊外挂甲屯村，大多农民都没有能力买新衣服穿，只在北京或海淀买一些旧衣服和旧鞋来穿[4]。20 世纪 30 年代的河北南皮县，农民身上的衣服都是大人穿过了再改小给孩子穿，大孩子穿过的再给小孩子穿，一直穿到烂得没法再修补为止[5]。一项对河北定县 34 户农民的调查，这些农民全年的衣服被褥费用平均每家只有 14.86 元，其中 40.3% 用来买本地的土布，

---

[1] 张凤瑞等：《沧县志》卷 11，1933 年铅印本。
[2] 李景汉：《北平郊外之乡村家庭》，商务印书馆 1933 年版，第 47 页。
[3] 佛：《农民的伟大修养》，《民间》第 1 卷第 1 期，1934 年 5 月。
[4] 李景汉：《北平郊外之乡村家庭》，商务印书馆 1933 年版，第 51 页。
[5] 《南皮县志》，第 3 卷，1932 年铅印本。

第十六章　近代城乡对立下的农民贫困状况与各党派增收主张

7.4%用来买爱国布或洋布，12.2%用来买棉花，17.2%买鞋料，其他24.1%用来买一些杂料①。这样少的费用能够做出来的衣服连蔽体都不够，很多地方的小孩（尤其是男孩），从春天起便一丝不挂了。即便到霜降时节，当那些富有一些的人穿着厚皮衣的时候，大多穷户家的儿童仍然赤身裸体，那些老年人，衣服也只能蔽体而已②。逢年过节或者有重要喜事时，农民也很少有新衣服穿，最多在外边套一层不算太破的衣服而已。

3. 住房和燃料匮乏

近代中国农村的房屋主要有砖房、瓦房、草房、土房等类型，其中砖房、瓦房的造价较高，一般农民都是住在草房、土房里。河南省南阳县农民住房80%都是草房③。河北定县大多村庄连一间砖瓦房都看不到④。望都县农民的住房十之八九都是土房⑤。在河南省的灵宝县，只有中等以上的农家才有房屋可住，中等以下的农家大多住在地窖里。这些地窖是在平地上挖一个深坑，在坑里再挖几个窑洞，称为地阴院；还有的农家在平地上用土砌起窑的形状，称作锢窑，一遇阴天下雨，就会泄漏或倾塌，其贫困状况可见一斑⑥。一些没有房屋的农民只能靠借典房子来住。河北省遵化县的卢家寨村，32户农民居住的草房，其中10户都是借典来的⑦。北平郊外的挂甲屯村，100户农家中只有24家住的是自己的房子，其他都是租典或者挤住在亲友家里⑧。

近代农民燃料消费水平极低。20世纪20年代河北定县的34户农家，首先是平均燃料费用支出为19.56元，只占生活消费总支出的8.06%。农民的燃料主要是柴草，平均每家的费用15.16元，占燃料总支出的77.5%。其次是煤炭，平均每家的消费仅有2.26元，并且34户中有14

---

① 李景汉：《定县社会概况调查》，中华平民教育促进会1933年版，第318页。
② 李景汉：《华北农村人口之结构与问题》，《社会学术界》第8卷，1934年版。
③ 冯紫岗：《南阳农村社会调查报告》，上海黎明书局1934年版，第73页。
④ 《定县志》，第8卷，1934年刊本。
⑤ 《望都县志》，第10卷，1934年铅印本。
⑥ 《灵宝县志》，第2卷，1935年铅印本。
⑦ 伊藤武雄：《冀东地区25个村农村实态调查报告书》上卷，1936年版，第365页。
⑧ 李景汉：《北平郊外之乡村家庭》，商务印书馆1933年版，第51页。

家从未使用过煤炭。再次是煤油,平均每家的消费是 1.9 元,夏季几乎不用,一般都在冬天天短时才使用;洋火(火柴)的费用是最少的,平均每家只有 0.25 元①。20 世纪 30 年代的山东沾化县,农民的燃料都是秸秆、野草,能够用得起煤炭的寥寥无几②。

4. 杂项及交通支出简单

杂项支出主要是指用于家具、医药、教育以及走亲访友和婚丧嫁娶等应酬事务的支出,近代中国农民用于杂项支出的费用也是极其少的。上述河北定县的 34 户农家,每家平均每年的杂项支出只有 21.72 元,占消费总支出的 8.95%。其中应酬费用是最多的,每家平均的支出额为 4.49 元;而用家具、医药、教育等项目的支出,每家平均只有 1.62 元、1.22 元和 0.54 元③。如此低的生活消费水平,导致农民几乎没有什么娱乐生活,家庭用具极其简陋,身体素质和教育程度更低得可怜。当时中国农民的寿命平均只有 30 岁,而同期美英等国家的人均寿命已接近 60 岁④,差别之大显而易见。

此外,近代中国农民在交通方面更极其简单。农民外出都靠步行,条件好一点的骑着驴或其他牲畜,所以走访较远的亲戚有的需要步行一天甚至几天几夜。农村的路,也都是泥土路,到处都是坑洼,遇到雨天行路更为艰难。

综上所述,近代中国农民的生活水平连最低需求都不能满足,处于极端贫困状态。1936 年,著名社会学家费孝通根据对中国最富裕的苏州地区吴江县江村的调查指出:"中国农村的基本问题,简单地说,就是农民的收入降低到了不足以维持最低限度生活水平所需的程度"⑤。这一论断,准确概括了近代农民极端贫困的生活状况。

---

① 李景汉:《定县社会概况调查》,中华平民教育促进会 1933 年版,第 304、317 页。
② 《沾化县志》,第 1 卷,1935 年石印本。
③ 李景汉:《定县社会概况调查》,中华平民教育促进会 1933 年版,第 305、320~324 页。
④ 李景汉:《华北农村人口之结构与问题》,《社会学术界》第 8 卷,1938 年版。
⑤ 费孝通:《江村经济——中国农民的生活》,江苏人民出版社 1986 年版,第 200 页。

第十六章 近代城乡对立下的农民贫困状况与各党派增收主张

第二节
近代各党派农民的增收主张与实践

一、孙中山的农民增收主张

孙中山作为近代中国革命的先行者,是最早思考农民贫困根源、探索农民增收道路的资产阶级革命家之一。他的这些思想,主要体现在他的三民主义尤其是民生主义学说及其相关著作当中。其内容主要是:第一,揭示了农民经济贫困的原因。孙中山认为:"一般农民所处的境遇,都是最艰难和最痛苦的,没有幸福之可言"①。造成农民经济贫困的原因是什么呢?孙中山认为主要有三方面原因:一是清朝专制制度。他指出:"吾国土地如此之大,人民如此之多,物产如此之丰富,何至于如此之贫!推缘其由,实因前清专制政体。"② 二是地主土地所有制。他认为:"今之耕者,卑贡其所获之半于租主而未有已,农之所以困也。"③ 三是农民赋税负担沉重。他指出:"现在农民的劳动结果,在农民自己只能分四成,地主得了六成。政府所抽的捐,都是由农民出的,不是由地主出的。"④第二,指出了农民摆脱贫困、实现增收目标的基本道路。孙中山认为,西方国家存在严重贫富不均,其根源在于土地权之为少数人所操纵。他主张中国要防止贫富不均,必须打破土地私有制,像俄国那样实行土地国有和耕者有其田。但中国没有大地主,都是小地主,因而不能仿效俄国没收地主土地的急进办法,而必须采用和平改良的道路。具体办法是由国家核定地价,地主照价纳税,并逐步由国家照价收买,在"农民可以得利,地主

---

① 《孙中山全集》第10卷,中华书局1986年版,第463~464页。
② 《孙中山全集》第2卷,中华书局1982年版,第476页。
③ 梁启超:《杂答某报》,《新民丛报》1906年第14号。
④ 《孙中山全集》第10卷,中华书局1986年版,第558页。

中国"三农"发展规律与战略目标研究

不受损失"①的前提下,实现土地国有。而后国家土地租赁给农民耕种,实现平均地权和耕者有其田。这样,农民便不再给地主缴租,只向国家缴纳一定量的农业税,从而使农民摆脱过去的沉重负担,实现"俾家给人足,四海之内无一夫不获其所"②的均富国家。第三,较系统地论述了发展生产、增加农民收入的措施。主要是兴办农业教育,培养农业人才;发展农业机械化,改变传统生产方式;兴修水利设施,防治水旱和病虫害;增加农业信贷支持等。

孙中山增加农民收入思想,虽有强烈的现代化和社会主义诉求,但他毕竟是一位资产阶级革命家,试图将改善农民生活的诉求,建立在资本主义生产关系上,加之受他所代表的中国民族资产阶级软弱性的局限,使其实行改良主义主张,不能提出符合中国实际的根本方法,这些都注定孙中山的主张成为行不通的幻想。

二、国民政府增加农民收入的举措

北洋军阀统治时期,北京国民政府颁布和采取了一些有利于增加农民收入的政策措施,并在一定程度上得到实施。如清丈土地、引导和奖励内地农民开垦边疆、推进近代农业生产技术采用、鼓励多种经营、推动农产品专业化和商品化发展、开办近代农业试验场等。这些政策措施,虽对增加耕地面积、推进传统农业向近代农业转型方面取得某些成效,但对其增加农民收入的作用不能估计过高。根据当时对6省13处2370农家1922～1925年生活状况的调查显示,农民用于维持自己及家庭成员生存和繁衍的消费,占全部生活消费的83.8%。农家平均食物消费136.29元,占总生活消费的58.9%。根据恩格尔系数59%以上为绝对贫困型标准,当时中国农民仍处于绝对贫困状态③。

导致农民绝对贫困的根本原因,在于北京国民政府是代表大地主大资

---

① 《孙中山全集》第2卷,中华书局1982年版,第865~869页。
② 《孙中山全集》第1卷,中华书局1985年版,第29页。
③ 乔启明:《中国农民生活程度之研究》,《社会学刊》第1卷第3期。转引自潘桂仙:《20世纪二三十年代中国农民生活状况的探讨——以收入、支出、债务为例》,《湖北社会科学》2009年第5期。

第十六章　近代城乡对立下的农民贫困状况与各党派增收主张

产阶级利益的军阀政权。该政权的这种性质，决定它不但没有丝毫触动封建土地所有制，反而导致官僚、军人和豪强疯狂兼并土地，并实行苛重的封建租佃剥削；决定它不可能把足够的财力投入农业，而是肆意搜刮农村。加之北京政权更迭频繁，对全国统治力薄弱；各地军阀割据，战乱不断，缺乏发展经济、改善民生的社会环境。这些原因使其颁布的政策措施未能得到切实贯彻落实，导致农民负担空前严重，农民生活极端贫困。

南京国民政府面对严重农业危机制定了土地法，开展了农村复兴运动，制定并在一定程度上实行了救济农村金融，废除苛捐杂税，减轻农民负担，改良农业技术，进行水利建设等政策措施。这些政策措施，虽曾使农业出现过短暂复苏，乃至1936年的农业总产值曾一度达到旧中国最高水平，但农业总体处于缓慢发展和危机状态，农民负担没有减轻，农民生活依然极端贫困。费孝通在《江村经济》中说：近代"中国农村的基本问题，简单地说，就是农民的收入降到了不足以维持最低限度生活水平所需要的程度。"① 美国学者罗慈曼也认为，近代中国"绝大多数家庭把60%～80%的支出花在吃上"②。就是说南京国民政府统治时期的农民与北洋民国政府一样处于绝对贫困状态。

导致该时期农民绝对贫困的根本原因，在于"南京国民政府"与"北京国民政府"一样代表大地主大资产阶级利益。这一政权性质，决定它制定的振兴农业，减轻农民负担的各项政策措施，不能得到真正贯彻落实。"南京国民政府"的土地政策，背叛了孙中山的"耕者有其田"原则，不是从根本上改革封建土地制度，而是实行"二五减租"，并且即使这一调和农村阶级矛盾的政策，也由于地主、官僚的抵制而在抗战前未能实际执行。农村复兴运动的许多改良措施，不但脱离农民实际需要，而且其巨额经费一般以田赋附加形式转嫁于农民，使这些措施不但没减轻反而加重了农民负担。"南京国民政府"声称废除苛捐杂税，但因触动了地主、豪绅和官僚的利益而无法贯彻执行，使苛捐杂税未减反升，农民负担日益沉重，生活愈加贫困。

---

① 费孝通：《江村经济》，江苏人民出版社1986年版，第200页。
② ［美］吉尔伯特·罗慈曼：《中国的现代化》，上海人民出版社1989年版，第161页。

三、近代改良主义者的农民增收主张

在 20 世纪二三十年代,面对农民生活极端贫困和日益激化的阶级矛盾,近代改良主义者提出来了"复兴农村经济"主张。其中,比较典型的有梁漱溟领导的邹平"乡村建设运动"、晏阳初领导的"平民教育运动"、中华职业教育社和燕京大学、金陵大学等教会学校举办的乡村改良工作等。

这些改良主义者认为,中国近代农村贫困的病源,不是阶级和民族压迫,而是"愚""穷""弱""私"(定县平民教会主张),抑或把这四个字换换写法和顺序,称之为"贫""愚""弱""散"(中华职业职教社主张),或者说中国农民的贫困,是由于固有礼教精华之衰退(邹平乡村建设学院主张)。因此,他们的改良主义实践,也被局限在农民教育、改良农业技术和组织乡村自治的范围。不同改良主义者实践的内容和重点虽有不同,但有一个共同的特征,就是都反对革命,都以承认现存的社会制度为前提,力图恢复和巩固被破坏了的半殖民地半封建的社会秩序,而不是推翻封建势力的反动统治。因此,他们的改良主义没有取得任何实质性进展,他们所抱的"建设农村"的善良愿望,都被残酷的现实所粉碎。

四、中国共产党增加农民收入的艰辛努力

在新民主主义革命时期,中国共产党在领导革命战争的同时,根据当时的客观条件,采取多项政策、措施,尽一切努力,组织根据地人民恢复和发展农业生产,增加农民收入,改善农民生活。

(一)变革和调整农业生产关系

1. 开展土地改革,实行轻税政策

在土地革命战争时期,中国共产党在革命根据地开展了废除封建土地所有制的土地革命,使大量无地、少地的农民无偿得到了土地。同时,工农民主政府不但废除了一切苛捐杂税,还基本放弃了土地税征收,苏维埃政府的财政主要由打土豪来维持。即使征收土地税的根据地,按中央精神,征收额度较国民党统治时期也大为减少。闽西地区的征收分为三等:

第十六章　近代城乡对立下的农民贫困状况与各党派增收主张

最高等为15%，中等为10%，最低等只有5%或免税，由各地方酌情分别规定①。这些政策，使根据地的农民基本上实现了"田里的产出归自己"②。在抗日战争时期，中国共产党在抗日根据地实行减租减息政策，大大减轻了农民负担。土地革命和减租减息，通过土地制度变革和土地关系的调整，使农民获得了基本生产资料和生活来源，明显减轻了农民负担，使农民生活得到改善。

2. 开展互助合作运动

由于受到战争的影响，中国农村普遍存在劳力不足、耕畜和农具不足等问题。为克服这些困难，中共在农民土地私有制的基础上开展互助合作运动，有组织地调剂劳动力、耕畜、农具的使用。1928年，湘赣边界各级工农兵政府，动员和组织群众开展劳力换工和耕牛农具互助，对军烈属的土地组织劳力实行包耕代种。同时，有的地方还组织了耕田队、犁牛合作站（社）等劳动互助组织。这些建立在农民个体经济基础上的集体互助劳动组织，对于合理调剂劳力、畜力、农具使用，抵制牛租剥削和发挥劳动的协作力量，都起到了明显作用。抗日战争时期敌后根据地和解放战争时期解放区的互助合作运动开展得更为广泛。据不完全统计，到1944年，陕甘宁边区组织起来的劳动力已占全区劳动力总数的24%，晋绥组织起来的劳动力占37.4%，晋冀鲁豫区的太岳区占10%，山东占20%，各地平均组织起来的劳动力占总劳动力总数的20%以上③。实践证明，这些政策措施，保证了农业生产的发展，促进了农民生活的改善。

（二）改善农业生产条件

改善农业生产条件是发展农业生产的物质基础。为了振兴革命根据地的农业经济，中共在领导农业生产过程中，从实际情况出发，广泛发动群

---

① 中央档案馆、福建省档案馆：《福建革命历史文件汇集》（闽西特委文件）（1928~1936年）（内部发行），1984年，第75页。
② 黄馄：《中国共产党土地革命的政策与实践》（1927~1929），《长白学刊》2006年第4期。
③ 史敬棠等：《中国农业合作化史料》上册，生活·读书·新知三联书店1962年版，第708页。

众，采取一切可行的办法，加强和扩大发展农业生产的物质技术基础。主要措施包括如下几个方面：

1. 大力开垦荒地

土地是农业生产的基本生产资料。在民主革命时期，由于国民党和日本侵略者的破坏，各根据地和解放区经常出现不少荒地，使组织群众开垦荒田荒地，成为迅速恢复和发展农业生产、增加农民收入的迫切要求。为此，党和民主政府制定和实行了许多政策、措施。如对农民开垦的荒地免征土地税三年、新垦土地归垦殖者所有等。在人多地少的地方，政府根据自愿原则，帮助贫苦农民移民垦荒。这些措施使根据地和解放区的大量荒田荒地得到利用。据统计，在土地革命时期，仅中央苏区在1933年共消灭荒地荒田21万亩，与闽浙赣合计，共消灭32万亩[1]，到1934年，中央苏区的荒田荒地已渐被消灭。在抗日战争时期，陕甘宁边区1942年开垦的荒地面积为281413亩，1943年为770000亩，1944年增加到1203525亩。大规模开荒，使抗日根据地的耕地面积得到了迅速扩大。如陕甘宁边区从1936年的899万亩，扩大到1941年的1600万亩，1945年又扩大到1520万亩[2]。其他各根据地也开垦了许多荒地。1944年晋冀鲁豫的太行区六个分区，军民共垦了约33.5万亩荒地，相当于原耕地面积的13%。晋察冀根据地在全面抗战八年期间，共扩大耕地面积182万多亩。

2. 积极兴修水利

"水利是农业的命脉"[3]，发展水利事业是改变农业生产条件，促进农民增收的重要手段。中共在其领导的根据地内，大力组织广大农民开展水利建设，取得了很大成就。在土地革命战争时期的1934年春耕期间，仅福建长汀、宁化、汀东三县，不但修整陂圳2366座，而且新开了几十条陂圳。在粤赣两省，修整陂圳4100多座，新修陂圳20多座。江西反兴国一个县就修整陂圳820座、水塘184口，水车、筒车71乘，并新开陂圳

---

[1] 史敬棠等：《中国农业合作化资料》上册，生活·读书·新知三联书店1962年版，第99页。

[2] 史敬棠等：《中国农业合作化资料》上册，生活·读书·新知三联书店1962年版，第21、91、283页。

[3] 《毛泽东选集》第1卷，人民出版社1966年版，第118页。

第十六章　近代城乡对立下的农民贫困状况与各党派增收主张

49条、水塘49口。江西瑞金修整坡圳2300多座,修理筒车、水车515乘,并新开坡圳25条,新造筒车、水车30乘。这些水利设施的改善,提高了农田灌溉面积。如到1934年11月,瑞金县"水利的兴发,已达到了下列的程度,根据九个区的统计,田地总数341745担,灌得到水的有319938担,换句话说,94%的田受到水利的灌溉"①。

在抗日战争时期,陕甘宁边区1940年旱地改水田仅23558亩,到1944年达到41000多亩②。其他各根据地的水利事业也取得了很大成就。如晋察冀边区1941年成立了"冀南水利委员会",专门治理猪龙河系各河及漳、卫等河。截至1943年年底,用工259万多个,整修河岸渠系14万丈,既有效地减轻了敌人利用河水决堤淹没冀南所造成的危害,还增加了水田3万公顷③。在解放战争时期的1946年,晋察冀解放区民主政府领导农民修筑了大小渠道557条,使100万亩旱地变成水田,苏皖解放区浚河97条,使200万亩耕地受益。

3. 开展农业科学研究工作

在土地革命战争时期,苏区曾组织农事试验场,并设立了农业研究学校和农产品展览等,以推动农业生产。在八年抗战期间,边区农业科学工作者在残酷的环境下,仍然坚持农业科学研究和农业技术推广工作。虽然有时一场费尽千辛万苦的试验,片刻就被敌人的炮火毁灭。但由于工作人员的艰苦劳动,仍然取得了不少成就。在改良品种方面,曾培育成功有优良谷种燕京811号、15号、边区1号等,均能增产10%～25%;玉蜀黍优良品种有白马牙、蓝牙齿、大金黄等,均能增产15%～25%;小麦优良品种有燕京27号、1817号、曲阳2号等,均能增产10%～20%;这些新品种都得到了推广,深受农民欢迎。在防治病虫害方面,对大小麦的黑穗病、枣树的尺蠖,均研究出了有效的防治方法,受到农民群众的称

---

① 定一:《春耕运动在瑞金》,《斗争》1934年第54期。
② 中国科学院历史研究所第三所:《陕甘宁边区参议会文献汇编》,科学出版社1958年版,第285页。
③ 齐武:《一个革命根据地的成长》,人民出版社1957年版,第169页。

赞①。到解放战争时期，农业科学研究工作更有进一步发展。太行行署在1946年生产方针和计划中曾提出要"开展广泛的尊敬老农运动，使科学与经验相结合"的方针。据黎城、壶关、武乡、涉县、邢台、左权、潞城、平顺八个县的统计，共组织技术委员会600多个，其中黎城一个县就有技术委员会137个，参加研究与领导的人员达1050人②。同时大力组织农民群众积肥、造肥，改良土壤。1934年春耕中，在中央苏区，多数地方比1933年增加肥料10%~20%。

（三）组织各行各业支援农业

1. 通过国家财政、银行和信用社支援农业

在根据地和解放区，由于经受了长期的战乱破坏，广大农民经过土地改革虽然获得了土地，做了土地的主人，但家底还是很微薄的，在生产上缺乏必要的资金更是普遍现象。为了扶持农民发展生产，民主政府通过国家财政、银行和信用社向农民发放一定的信贷支持。1932年2月，中央工农民主政府在关于春耕问题的训令中指示："对于灾区应当在可能范围内，代其设法购牛，设立耕牛站，无代价或极低廉价租与无牛的农民使用，……亦可向信用合作社借贷"。1932年2月，赣东北苏维埃在《关于发展耕种运动的诀议》中决定，"……耕牛缺乏，……鼓动群众单独或合伙买牛，没有钱的可以向工农银行去借"。在抗日战争的极端困难条件下，陕甘宁边区仅1944年、1945年两年间，就由边区银行向农业贷款和投资达275亿元。从1942~1946年，经由边区银行和建设厅发放的农贷就达9亿9千多万元③。晋冀鲁豫根据地，仅1944年的农贷（包括水利和救济款）即达1亿7千多万元④。在解放战争时期，为了帮助获得土地的农民恢复和发展生产，党和政府同样十分注意从农贷方面来支援农业。

---

① 史敬棠：《中国合作化运动史料》（上），生活·读书·新知三联书店1962年版，第351、831页。

② 史敬棠：《中国合作化运动史料》（上），生活·读书·新知三联书店1962年版，第351、831页。

③ 中国科学院历史研究所第三所：《陕甘宁边区参议会文献汇编》，科学出版社1958年版，第285页。

④ 齐武：《一个革命根据地的成长》，人民出版社1957年版，第179页。

第十六章　近代城乡对立下的农民贫困状况与各党派增收主张

1946年10月，晋冀鲁豫解放区发放农贷8亿元。1947年1月，东北解放区发放了无息农贷5亿元，同年3月，晋绥边区发放农贷390亿元。

2. 大力发展农业生产资料生产与供应

从土地革命时期开始，各根据地和解放区的各级党和政府就十分重视领导群众搞好这一工作。早在苏区建立之初，中共积极领导群众开办了许多农具生产合作社和石灰厂。同时，有的地方的工会动员工人到各村去做农具，组织石灰工人建立石灰合作社。1933年6月中央工农民主政府在胜利县古龙岗，创办了中央农具生产合作社，在开办一个多月内，就有30多个工人参加，并生产了禾刀5000把、镰刀800把及其他一些农具①。

3. 组织国营商业和消费合作社支援农业

各根据地和解放区都十分注意搞活农村的商品流通。一方面，要求做好群众生产资料和生活资料的及时供应工作，如耕牛、种子、农具、肥料、食盐、布匹等；另一方面，又要求组织好粮食、家禽家畜、土特产的收购和出口工作。对于农产品的购销，党和政府特别注意加强地区间余缺的调剂和价格的平衡，以保护农民群众的利益。

4. 组织干部和军队参加农业生产劳动

中共在领导恢复和发展新民主主义农业经济过程中，一直高度重视组织干部和军队参加农业生产劳动工作。在土地革命时期，就组织干部和军队，支援农民群众的生产劳动。特别是在抗日战争时期，为克服严重经济困难，坚持抗战，中共向解放区军民发出了"自己动手，克服困难"的伟大号召，提出了"自力更生"的方针。毛泽东指出："我们希望有外援，但是我们不能依赖它，我们依靠自己的努力，依靠全体军民的创造力，那么，有些什么办法呢？我们就用军民两方同时发动大规模生产运动这一种办法"②。

1938年，陕甘宁边区军民响应党中央号召，率先开始了大生产运动。其他解放区也从1942年起，相继开展了这一运动。到1943年，大生产运

---

① 《中央农具生产合作社的第一个工厂设在胜利县古龙岗》，《苏区工人》第2期，1933年6月30日。

② 《毛泽东选集》第3卷，人民出版社1991年版，第1016页。

动在所有解放区普遍发展起来。经过几年的艰苦奋斗，各解放区的农业在大生产运动中都取得了巨大的成就。陕甘宁边区1942年全区生产的粮食从1938年的130万担增加到168万担。到1943年，全区生产的粮食已达到自给有余，棉花生产达到了半自给，畜牧业也得到了迅速发展。由于取得了这些丰硕的成绩，陕甘宁边区的军民从此不仅有效地克服了经济困难，保障了抗日经费的供给，而且还过上了丰衣足食的生活。

其他各解放区也通过大生产运动取得了类似的发展。如晋察冀解放区，1944年冀西、晋东北地区的产量比1943年增加了43%，不够吃的农户比1943年减少58%（38个村的统计数据）。部队、机关共开荒6万多亩，种地7万多亩，蔬菜差不多完全自给。在晋冀鲁豫解放区，1945年许多地方的粮食产量都比1944年有所增加，不少村庄已经开始超过战前的产量水平。在晋绥解放区，1941年和1942年，全区开荒60万亩，兴修水利、扩大灌溉面积6.9万多亩。到1945年，全区军民共开荒地195万亩，等于创造了一个兴县或三个保得的面积。其中部队开荒20万亩。在山东解放区，1944年胶东区开荒37万亩。

第三次革命战争时期，为恢复和发展农业生产，中国共产党继续领导人民开展大生产运动，取得了巨大成果。如山东解放区，仅鲁南、渤海、鲁中、胶东等四区，1945年共增产粮食6.8亿多斤，做到了粮食自给。晋冀鲁豫解放区，1946年共生产棉花2.5亿斤，相当于1945年全国棉花产量的50%以上。各解放区的机关、部队、学校也都利用空闲时间参加生产活动。有的单位达到了生产自给一半左右的要求，大大减轻了农民的负担。通过革命斗争，在根据地和解放区建立的新民主主义农业经济，是一种符合生产关系适应生产力发展的新型农业经济，具有强大的生命力。广大农民享受到了这一新制度的优越性，农业生产逐渐得以恢复，农民生活也得到了改善和提高。

第十七章 当代城乡关系演变与向耕者有其富目标迈进

新中国成立初期,城乡关系呈现协调发展局面,农民的收入和生活获得了初步提高与改善。但在 20 世纪 50 年代后期,随着城乡二元经济社会体制形成,农民的求富之路遭受波折。改革开放以来,随着城乡二元经济社会体制松动和改革深入,农民收入和生活水平得到快速提高,目前已跨过初步小康,正向全面小康目标迈进。

第一节 新中国成立初期城乡协调发展与农民收入初步增加

一、新中国成立初期的城乡协调发展

新中国的成立,为改变千百年来中国城乡对立格局,实现城乡平等交往、协调发展提供了政治社会条件。在新中国成立初期(1949~1957 年),党中央采取了一系列政策措施,初步建立了自由、开放、对等交流的新型城乡关系。尽管由于历史原因,城乡之间的经济差别不能很快消

除，但在此阶段呈现城乡和谐发展，农民收入初步增加的新局面。

（一）国民经济恢复时期新型城乡关系的建立

在新中国成立前夕，中国共产党已对彻底改变旧中国城乡对立关系，建立新型城乡关系有了深刻认识。在 1949 年 3 月召开的党的七届二中全会上毛泽东强调："城乡必须兼顾，必须使城市工作和乡村工作，使工人和农民，使工业和农业紧密联系起来，决不可以丢掉乡村仅顾城市，如果这样的话，那是完全错误的。"① 1949 年 4 月 2 日刘少奇在天津干部会议上又强调："必须切实地、快速地沟通城乡关系，城乡之间过去是对立的，今天要使之畅通，使货畅其流。城乡物资周转宜灵活，过去打断了，今后要改善这种状况，使城市工业品与乡村农业品相互交换的关系发达起来，灵活起来。"② 毛泽东、刘少奇等中央领导人提出的城乡兼顾和沟通城乡的主张，明确了新生人民政权处理城乡关系、工农关系的基本方向。

新中国成立初期，为扭转几千年来的"城市全面控制农村"的畸形城乡关系，建立城乡间交流和平等交往的平台，实现城乡关系的和谐发展，人民政府集中精力办了三件大事：一是没收官僚资本归人民所有，国家掌握了经济命脉，使生产关系发生了根本性变化。二是统一了金融和货币，取消了私人钱庄，将经济调控权掌握在国家手里。同时，建立和发展了国营商业和供销合作社，掌握了流通领域中的重要物资。三是中央政府针对因战争、交通运输设施被严重破坏、通货膨胀剧烈等造成城乡商品交流受阻的情况，大力开展城乡物资交流，发展集市贸易，打击不法资本家的非法活动。城乡经济交流的加强，密切了各地区之间的经济联系。

此外，党和政府对农副产品与工业产品比价问题给予了高度重视。陈云指出："工农业产品比价实质上是无产阶级领导的人民政权同农民的关系问题。"③ 所以，在国家经济十分困难的条件下，仍于 1951 年 11 月、1952 年 2 月、9 月和 12 月，四次提高农副产品价格，同时降低工业品的

---

① 毛泽东：《毛泽东选集》第 4 卷，人民出版社 1991 年版，第 1333 页。
② 刘少奇：《论新中国经济建设》，中央文献出版社 1993 年版，第 80 页。
③ 陈云：《陈云文选》，人民出版社 1984 年版，第 2 页。

第十七章 当代城乡关系演变与向耕者有其富目标迈进

价格,缩小了长期居高不下的工农业产品价格的剪刀差。据统计,在三年国民经济恢复时期,农产品采购价格提高了 21.6%,农村工业品零售价格提高 9.7%。工农业产品比价平均指数如以 1950 年为 100%,那么,1952 年则为 90.3%①,下降了近 10 个百分点。

中央政府在该时期采取的上述一系列措施,大大加强了城乡之间的经济联系,初步改变了旧中国对立、畸形的城乡关系,开始逐步向社会主义新型城乡关系转变,初步呈现人员、物资城乡相互交流的新面貌。主要表现是城乡人员和物资双向平等交流,有较多的农村人口迁入城市。城市人口比重从 1950 年 10.64%,上升到 1952 年的 12.46%。城市人口由 5765 万增加到 7163 万人,共增加 1398 万人②。城乡关系的改善,促进了国民经济的恢复和发展。1952 年年底,全国工农业总产值达到 827.2 亿元,比 1949 年增长了 77.5%,比历史最高水平的 1936 年增长了 20%。

(二)"一五"计划期间城乡关系的协调发展

"一五"(1953～1957 年)计划时期,国家开始了以重工业为中心的大规模工业建设,其重点是苏联援助的 156 个大中型工业项目。同时,国家兴建和发展了一批中小工矿企业,新建和扩建了部分城市。从 1952～1957 年,全国新增加城市 22 个。其中,拥有 100 万人口以上的特大城市 1 个,拥有 50 万～100 万人口的大城市 8 个,拥有 20 万～50 万人口的中等城市 13 个。城市的快速发展,增加了城市容纳就业的能力和机会,也促进了城乡人口之间的自由流动,使大量农村人口流进城市,城市人口呈现快速增长之势。

在该时期,全国城镇人口从 1952 年的 7163 万人,增加到 1957 年的 9949 万人,净增城镇人口 2786 万人。其中,从农村迁到城市的人口为 1500 万人左右,平均每年增加 300 万人左右。这一时期农村迁移到城市的人口,大部分在大城市落户③。城市人口比重由 1952 年的 12.5% 上升

---

① 陈明:《国民经济恢复时期的城乡关系研究》,《四川大学学报》2004 年第 1 期。
② 高佩义:《中外城市化比较研究》,南开大学出版社 1992 年版,第 88 页。
③ 陆学艺、李培林:《中国社会发展报告》,辽宁人民出版社 1991 年版,第 284 页。

到15.4%。与此同时，中共中央采取多种政策，鼓励城市人口流往农村就业，动员和组织城镇失业和无业人员下乡插队或去农场开荒生产。据北京、上海、天津、沈阳、旅大、重庆、浙江、黑龙江六市二省的统计，从1955~1956年，共有86万城镇失业、无业人员及其家属下乡插队和插场[①]。可见，"一五"计划时期，国家不是控制而是鼓励人口流动，城乡之间的人口流动呈现蓬勃发展局面。

"一五"计划时期，国家继续实行提高农产品收购价格，稳定农村工业品零售价格的政策，剪刀差比新中国成立初期进一步缩小。如果以1950年的价格指数为100，则农副产品收购价格从1952年的121.6上升到1957年的146.2；农村工业品零售价格指数则从1952年的109.7上升到1957年的112.1。就是说，5年间农副产品收购价格指数提高了24.6个百分点，而农村工业品销售价格指数，仅仅提高了2.4个百分点。这说明党中央和人民政府在逐步缩小工农业产品价格剪刀差方面的努力取得了明显成效，农民从农产品价格上得到了收益。这对调动广大农民的生产积极性，促进农业生产发展，稳定与改善人民生活，巩固工农联盟，都起了积极作用。可见，这一时期城乡关系是开放的，城乡之间生产要素的流动比较自由，呈现城乡相互对流的良好状态。

（三）工业化战略下阻碍城乡交流因素的增长

"一五"计划时期，在城乡交流过程中，也滋长着阻碍平等交流的因素。中国是在工业极其落后的基础上，在被西方国家包围和封锁的环境下开始大规模工业化建设的，并且采取了优先发展重工业的工业化战略。这种条件和环境与发展战略，决定中国不得不把农村和农业作为原始资本积累的主要来源。为了从农村取得发展工业化所需要的重要农产品，为减少农村人口流动给城市带来的巨大人口压力，在20世纪50年代到60年代初，中国逐步建立了统购统销和户籍制度，使城乡之间的关系从新中国成立初期和国民经济恢复时期的城乡开放和相互交流，逐渐走向分割与

[①] 《当代中国》编辑部：《当代中国的劳动力管理》，中国社会科学出版社1990年版，第47、61页。

第十七章　当代城乡关系演变与向耕者有其富目标迈进

封闭。

"一五"计划在全国展开之后，随着大规模经济特别是工业建设的开始，部分农村人口被吸纳到工业和城市就业。这一方面促进了城市和工业的发展，同时也导致城镇人口增长过快，享有商品粮待遇的人口不断增加。但由于当时农村的生产力水平很低下，粮食产量不高，供给城市的粮食有限，因而逐渐产生了城乡都急需粮食的局面。

为解决这一矛盾，中央政府逐步建立了统购统销制度。1953年10月，中共中央政治局做出关于粮食统购统销的决议。同年11月，政务院194次政务会议又通过了《关于实行粮食的计划收购和计划供应的命令》及《粮食市场暂行办法》，向全国宣布了粮食由国家统购统销的具体办法和一系列规定。规定所有的私商粮商，一律不准私自经营粮食，而由国家统购统销；在农村，由国家向余粮户实行粮食计划收购；在城市，所有机关、团体、学校、企业等人员，可通过购粮证凭证购买或暂凭户口簿购买粮食。粮食统购统销制度的确立，很快取得了显著成效，国家粮食库存周转增加，粮食市场价格很快得以稳定。

统购统销制度是中国在粮食分配和流通领域采取的一项具有深远影响的重大战略决策。这一制度后来发展成为包括粮食、油料、棉花、棉布等在内的一整套重要农产品统购统销制度体系。这一制度，一方面对迅速扭转当时粮食购销紧张的被动局面起到了重要作用；另一方面也奠定了后来城乡二元经济社会结构体制的重要基础，对城市化进程产生了不利的影响。

"一五"计划的实施，意味着国家工作的重心由农村和农业，转向城市特别是工业，城市得到了快速发展，并吸引大批农村人口流入城市，导致城市人口数量猛增，粮食供应紧张。为控制农民向城市进一步盲目流动，政务院于1953年4月发出了《关于劝止农民盲目流入城市的指示》，要求各地政府和农民组织劝止农民自行进城寻找工作，除有企业正式文件证明其预约工或合同工者外，均不得开介绍证件；现已进城而未被企业雇佣的农民，应由所在地的政府劳动部门及民政部门会同工会和其他有关机构动员其还乡，在处理过程中应采取慎重的态度，并酌情解决经济困难；未经政府劳动部门许可或介绍的企业，不得擅自到农村招收工人，更不得张贴布告乱招工人。

但是,这一文件并未得到切实执行。1956年又发生了全国范围的严重"盲流"问题,对城市造成了巨大冲击。1956年12月,周恩来总理签发了《国务院关于防止农村人口盲目外流的指示》,但盲流问题仍没有得到制止。为此,中共中央、国务院又于1957年3月、9月和12月连续下发通知和指示,要求各地采取坚决措施制止农民外流,开展生产自救战胜灾荒。同时,禁止城市粮食部门供应没有城市户口的人员粮食,禁止工矿企业私自招用农村劳动力。1958年1月,经第一届全国人民代表大会常务委员会第91次会议通过,公布实施了《中华人民共和国户口登记条例》。该文件明确了"农业户口"和"非农业户口"的区别划分,并以法律形式规定了控制人口迁徙的两项基本制度:一是户口迁移事先审批制度;二是凭证落户制度。其目的在于避免城市劳动力的盲目增加,控制农村劳动力盲目外流。该条例的颁布施行,标志着当代中国城乡二元户籍管理制度的正式建立[①],使城乡交流受到严重的体制性阻碍。

由上可见,"一五"期间,一些阻碍城乡交流因素在增长,城乡间直接的物资交流明显减少,但国家通过宏观的行政手段,仍使城乡之间的联系不断加强。总体看,城市和乡村基本上是两个平等的主体,城乡经济联系得到加强,城乡密切结合、相互支援,城乡关系比较协调。因而促进了国民经济的健康发展。国内生产总值以年均10%左右的速度增长,工业产值年均增长率为6%,农业产值年均增长率为5%,表明城乡发展比较协调。但到1958年后,由于国家采取的城市和工业偏向的工业化战略,逐步形成了统购统销和户口管理两项制度,形成了城乡分割的二元经济社会体制。这一体制,导致城乡关系从新中国成立初期和国民经济恢复时期的城乡开放和相互交流,逐渐走向分割与封闭,逐步成为制约和阻碍农业发展和农民生活提高的根源。

二、新中国成立初期农民收入的初步提高

新中国成立后,党和政府实行土地改革、兴修水利、组织农业合作社

---

① 王海光:《城乡二元户籍制度的形成》,《炎黄春秋》2011年第12期。

第十七章　当代城乡关系演变与向耕者有其富目标迈进

等一系列措施，使农业生产得以迅速恢复，农民收入不断增加，农民生活水平得到明显改善。

(一) 农民收入的逐步提高

新中国成立初期所开展的土改运动，使农村生产力获得解放，农业生产得到迅速恢复和发展，农民收入增长较快。1952年土地改革结束后，全国无地少地的农民无偿得到了7亿亩土地和其他生产资料，免除了每年向地主缴纳的苛重的地租，仅此每人每年可多收入200~300斤粮食。1952年与1949年相比，各地农民收入一般增长了30%以上[①]。从1953~1957年，通过对个体农业的社会主义改造，全国农村实现了农业集体化，走上了互助合作的道路，农业生产继续保持较快的增长势头。1957年农业总产值达537亿元，按可比价格计算，比1952年增长了24.8%，5年年均增长4.5%；农村居民家庭纯收入从57元增加到72.9元，按可比价格计算，增长了17.5%，5年年平均增长速度为3.3%。收入水平的提高增强了农村居民的购买能力和商品消费能力，若以1952年平均每人购买力为100%计算，那么1953年为115%，1954年为129%，1955年为128%，1956年为141%，1957年为139%。1957年比1952年平均每人购买力提高39%，平均每年增长速度则为6.8%。农民不仅有能力买各种生活用品，而且还有余钱存入银行。据统计，农民在信用社存款余额从1952年的11318万多元增长到1957年的64844万元，增长4.7倍[②]。

农民收入水平的提高，除了与农业生产的发展有关外，还与农民负担不断减轻有关。农业税政策，不仅可以增加财政收入，支援工业化建设，而且对于调节和发展农业生产、改善农民生活起着积极的推动作用。为鼓励和发展农业经济，国家对农民征收的农业税占农业产量的比例，从1951年的14.5%下调到1952年的12.2%，再下调到1956年的10.8%[③]。国家对农业生产实行增产不增税的政策，使农民的税收负担随着农业生产

---

① 国家统计局：《伟大的十年》，人民出版社1959年版，第188页。
② 金超民：《解放后中国农民的生活变化》，农业出版社1960年版，第19页。
③ 中华人民共和国财政部：《中国财政年鉴2002》，中国财政杂志社2002年。

的发展而减轻,把增加的农业收入尽可能多地留给农民,用于发展生产和改善生活。

表 17-1　　全国农业税负担情况　　单位:亿斤(细粮)

年份	农业实际产量	实征农业税			农业税占实际产量比例	
		合计	正税	附加	合计	其中:正税
1950	1097.7	134.86	117.27	17.59	12.3	10.7
1951	1246.7	180.78	150.65	30.13	14.5	12.1
1952	1462.1	178.90	175.96	2.94	12.2	12.0
1953	1445.8	171.97	163.79	8.18	11.9	11.3
1954	1494.0	185.73	171.30	14.43	12.4	11.5
1955	1648.7	191.98	175.36	16.62	11.6	10.6
1956	1704.4	183.47	159.48	23.99	10.8	9.4
1957	1724.9	200.06	177.52	22.54	11.6	10.3

资料来源:中华人民共和国财政部:《中国财政年鉴2000》,中国财政杂志社2002年,第427页。

农民收入增长,还与工农业产品比价"剪刀差"不断缩小有关。为了鼓励发展农业生产,国家采取了有利于发展农业生产的价格政策,有计划地逐渐缩小工农业产品的差价,逐步改变历史上形成的工农业产品差价扩大的局面,消除历史上"谷贱伤农,丰收成灾"的现象。从1950年开始,国家逐步提高农副产品收购价格,使农副产品收购价格指数不断上涨。如果以1950年为100,1951年为119.6,1956年为139.2。而同期农村工业品零售价格指数基本保持不变,如果以1950年为100,则1951年为110.2,1956年为110.8。一方面农产品收购价格在不断提高,另一方面农村工业品零售价格保持不变,使工农业产品价格"剪刀差"不断缩小,农民获得了更大收益。农民出卖与过去同样多的农产品可以换取更多的工业品。例如,1950年每百斤大米可以换盐34.66斤,而在1955年则可换盐53.06斤;1950年每百斤小麦可以换布26.26尺,1955年则可换布33.7尺;1950年每百斤皮棉可以换白布219.71尺,1955年则可换白布274.54尺①。工农业产品比价"剪刀差"的缩小,有利于农民收入的

---

① 中国青年出版社:《我国现代农业建设的道路》,中国青年出版社1958年版,第134页。

第十七章 当代城乡关系演变与向耕者有其富目标迈进

增加，促进了农业生产发展，与旧社会城市疯狂掠夺农村的情况形成鲜明对比。

（二）农民生活的初步改善

土改完成后，中国农民的生产生活有了一定改善。如薄一波1953年秋在华北地区调查发现："过去山区农民一年只吃上一顿白面，现在则每月可以吃四五顿、七八顿。"① 这在一定程度上反映出农民生活得到了一些改善。当然，这时农民生活的改善是初步的。1954年全国农户抽样调查显示，农民拥有的生产资料仍然很少，生活消费水平也很低。1954年年末，平均每个农户拥有耕地15.8亩、耕畜0.92头、犁0.62部、水车0.11部。由于农业生产条件差，平均每户的农业收入仅为420.6元，总收入为692.9元。再从农民的支出水平看，当年平均每户为667.7元，其中生活占68.0%，生产占23.4%，纳税占5.3%，其他占3.3%。每个农民的实物消费里，粮食373斤、肉类9.2斤、食油2.5斤、食糖0.8斤、棉布15.4尺、蔬菜141斤②。各类农户除富农（占农户数的2.1%）外，农业收入均不足以抵偿生活支出。如果在农业收入中除去生产费用，则连富农也不够抵偿生活支出。所以，各类农民都必须想方设法经营各种副业才能维持生计。

"一五"计划时期，随着农业发展，农民生活得到了进一步改善。农村居民人均消费水平由1952年的63.3元，提高到1957年的74.1元，实际增加17.1%，年均增长3.42%③。从消费的买物量上看，农民人均消费粮食由192公斤增加到205公斤，提高6.8%。1957年农村人均消费食油1.2公斤、食糖1.1公斤、棉布6米，也分别比1952年增长11.8%、79%和28.8%。大多数农村居民生活水平比国民经济恢复末期有了一定提高。到"一五"后期的1956年年底，国务院主管农业工作的副总理谭

---

① 薄一波：《若干重大决策与事件的回顾》上卷，中共中央党校出版社1991年版，第257页。

② 国家统计局：《1954年我国农家收支调查报告》，中国统计出版社1957年版，第34~35页。

③ 苏星、杨秋宝：《新中国经济史资料选编》，中共中央党校出版社2000年版，第444页。

震林给中央的报告中指出：当时农民在一年内的人均收入，各地存在着显著差别。如江苏省是35～120元，山东省是30～100元，陕西省是20～90元，湖南省是50～60元。按当时全国的生活水准来说，每个农民一年需要50～60元的现金收入（不包括禾秆柴草）、500～550斤的原粮，生活大体上就算过得去了①。

这个"过得去"的生活标准，是每天能吃两顿馍（面条、干饭）和少量的自产蔬菜、每人每年吃3斤油、用10～12尺布、全家有2～3条棉被，吃的问题解决了，穿的问题基本上解决了，但还有些困难，有时买日用品缺钱，给家人看病、交学费仍要犯难②。即便是这样的生活标准，也只能在农业生产条件比较好的平原产粮区才能达到。众所周知，中国国土广袤，各地自然条件和交通条件千差万别，地区之间农民收入和生活水平有很大差别。因此，就全国情况而言，1956年至少有接近一半的农民家庭达不到这个"过得去"的生活水准。由此可见，农民温饱问题还没有得到解决，贫困仍是大多数农民家庭的基本问题。

第二节

城乡二元体制下农民求富路上的波折

一、城乡分割体制下农民收入的缓慢增长

众所周知，1958年后，中国在重工业优先发展战略下，形成了以户籍制度为核心，以户籍、统购统销和人民公社三大制度为支柱，以城市（工业）偏向为特征的二元经济社会体制。在这一体制下，不但形成了脱离当时农村生产力水平的高度集中统一的农业经营方式和平均主义的分配

---

① 刘国光等：《1953—1957档案·综合卷》，中国物价出版社2000年版，第997～998页。
② 刘国光等：《1953—1957档案·综合卷》，中国物价出版社2000年版，第1003、1006页。

第十七章　当代城乡关系演变与向耕者有其富目标迈进

方式，使农民生产积极性长期受到抑制，而且为从农业汲取资金，以用于工业快速发展，人为扩大了城乡工农产品交换价格的"剪刀差"，导致农产品价格偏低，形成了城乡之间的不等价交换，严重影响了农业的发展能力。由此，打断了新中国成立初期农业较快发展，农民收入较快增长的势头，导致1958~1978年城乡分割的二元体制时期农业生产发展和农村居民收入增长及生活改善缓慢的状况。在这一时期，农村居民收入呈现如下特点。

（一）农民收入增长缓慢

1958~1978年农村居民人均纯收入增长47.6%，年均增长不到1.9%，其中1966~1978年，年均增长速度只有1.4%。全国有近1/4的生产队，每年每人分配不到40元，2.5亿农村人口吃不饱饭。1977年平均一个大队的公积金还不到1万元，买不起一部中型拖拉机，甚至连简单再生产都难以维持①。

（二）收入来源以农业收入为主

1978年以前，中国在农业发展战略上强调"以粮为纲"，导致农业生产以农作物种植为主，林业、牧业、渔业所占比重较小，农业（农作物种植）始终占农业总产值的2/3以上。农村中的非农业生产上升缓慢，农村经济始终未能改变单一经营、以农业生产收入为主的格局。农村集体经济组织生产经营范围基本上局限于第一产业，第二产业和第三产业很不发达。直到1978年，在农民纯收入中，来自农林牧副渔等农业生产性收入占85%，而来自农村工业、建筑、运输、商业、饮食业等非农业生产性收入只占7%②。

（三）收入渠道以集体收入为主

1956年对农业社会主义改造完成后，农业由个体经济转变为集体经

---

① 武力、郑有贵主编：《解决"三农"问题之路》，中国经济出版社2004年版，第347页。
② 国家统计局：《中国统计年鉴1985》，中国统计出版社1985年版，第571页。

济，两年之后的人民公社化运动使得广大农民变成农村人民公社的社员，从集体经济获得收入成为农民收入的主要来源。1957～1978年，平均每个农民从公社基本核算单位分得的收入由43.40元，增加到88.53元；集体收入占农民纯收入的比重从59.49%上升到66.28%。为了克服集体经济的不足，满足农民的各项需求，国家在强调发展集体经济的同时，在政策上允许农民拥有一定程度的"小自由"，由农民自行经营小私有的家庭副业，收入归己，成为农民收入的另一个来源。

家庭副业的发展与集体经济的发展，既有相互补充的一面，也有客观上相互矛盾的一面。因此，一些地方往往采用限制农民家庭副业发展的做法来巩固集体经济。特别是在"左倾"思潮泛滥的年代里，家庭副业被当作资本主义的自发势力倍受限制和严厉打击。从实现农业合作化到改革开放前夕，农村家庭副业由于其客观上的重要性而始终存在着，但因政策时松时紧，发展步履艰难。1978年与1957年相比，农民家庭人均副业收入从21.46元增加到35.79元，扣除物价因素，年均仅增长1.3%，家庭副业收入占农民纯收入的比重从1957年的29.42%，下降到1978年的26.79%（如表17-2所示）。虽然来自家庭副业的收入占据农民收入不小的部分，这恰恰证明农民获得的收入是很少的，农村家庭副业没有能很好地发挥补充集体经济、增加农民收入的作用。

表17-2　　　　1954～1978年农村社员人均纯收入及其构成

年份	人均纯收入（元）	从集体得到的收入	家庭副业收入	其他非借贷性收入	比重（%）	从集体得到的收入	家庭副业收入	其他非借贷性收入
1954	64.14	2.43	56.39	5.32	100	3.79	87.92	8.29
1957	72.95	43.40	21.46	8.09	100	59.49	29.42	11.09
1962	99.09	52.25	38.15	8.69	100	52.73	38.50	8.77
1963	101.32	54.59	35.65	11.08	100	53.88	35.19	10.94
1964	102.28	55.09	35.72	11.47	100	53.86	34.92	11.21
1965	107.20	63.17	33.29	10.74	100	58.93	31.05	10.02
1976	113.05	78.35	26.23	8.47	100	69.31	23.20	7.49

第十七章 当代城乡关系演变与向耕者有其富目标迈进

续表

年份	人均纯收入（元）	从集体得到的收入	家庭副业收入	其他非借贷性收入	比重（%）	从集体得到的收入	家庭副业收入	其他非借贷性收入
1977	117.09	76.05	32.75	8.29	100	64.95	27.97	7.08
1978	133.57	88.53	35.79	9.25	100	66.28	26.79	6.93

注：从集体得到的收入是指农民从集体得到的全部收入，包括从基本核算单位和从基本核算单位以外各级集体单位获得的收入，还包括承包集体生产属于个人所得的收入。其他非借贷性收入是指在外人口寄回和带回的现金和实物折价，从国家得到的生活困难补助，民工补贴，残废军人补助等其他非借贷性收入。

资料来源：1957 年、1962 年、1963 年、1964 年、1965 年来源于中国社会科学院、中央档案馆编《1958—1965 中华人民共和国经济档案资料选编农业卷》，第 1013 页。1954 年、1976 年、1978 年数据来源：程秀生主编：《2000 年中国的人民消费》，中国社会科学出版社、经济日报出版社、上海人民出版社 1988 年版，第 18 页。

（四）收入形态以实物收入为主

实物分配与生产力发展水平相关，同时又受社会制度的影响。生产力发展水平越落后，社会分工越不发达，商品经济发展越不充分，经济形态越以自给自足为主，实物收入就越成为收入形态的主体。农业合作化以前，个体农民的生产方式具有典型的自给自足的小农经济特征，农业生产主要是为了满足自身生活的需要，农产品商品率很低。由于农业生产力水平低下，这些特征不会随所有制关系的变更而自动消失。因此，农业合作化以后的中国农业依然带有明显的自然经济特征。当时实行的计划经济体制，从根本上否定价值规律和商品交换，使商品经济失去了生存的空间，加剧了农业生产的自给自足特征，因而使收入分配以实物收入为主成为必然。1957 年，农村社员从基本核算单位分得的收入中，实物收入所占比重为 75.3%，到 1978 年，实物收入所占比重仍保持在 73.8%。在家庭副业生产中，特别是自留地的生产中，满足自身消费的实物部分也占很大比重。

二、城乡分割下的城乡居民收入差距

在 1958~1978 年的城乡二元体制下，由于农业和农民收入增长缓慢，

特别是由于该体制的城市和工业偏向政策，导致城乡居民收入差距逐步拉大。到改革开放前，城乡居民收入差距始终保持在 2.5~3 之间，超过了合理的差距限度，远大于同时期亚洲其他低收入国家城乡差距水平（平均约为 1.5），也稍大于中等收入国家城乡差距水平（平均约为 2.2）[①]。这一时期的城乡收入状况有如下特点：

（一）城乡人均收入差距呈先缩小后扩大的趋势

不少学者根据《中国统计年鉴》公布的 1957 年和 1978 年城市职工家庭、农民家庭人均收入数据，从两者之间的收入比值由 3.22 降为 2.36，得出城乡居民收入差别趋于缩小的结论。这种根据只见两头、不见中间的统计数据得出的结论是很难令人信服的，可惜的是很难找到连续性的有关城乡居民收入水平的统计数据。美国学者艾尔玛·阿德尔曼通过《中国统计年鉴》公布的历年职工总数、职工平均工资和城市人口数，推算出城市居民年人均收入，又利用其他方法推算出中国农村居民人均收入。据其测算，1958~1977 年，中国城乡居民人均收入差距从 3.72:1 缩小到 1969 年的 2.53:1，随后扩大到 1977 年的 2.90:1（如表 17-3 所示）。城乡居民收入差距出现先缩小后扩大的特点，这与下面所提到的城乡从业人员所赡养人口，自 1969 年之后有所扩大的趋势相吻合。这种较大的收入差距，使中国居民形成截然不同的城乡两大阵营，呈现二元化的双层收入分配格局。在全国居民收入分布结构中，占总人口 40% 的最贫穷居民中一半是农村居民，而占总人口 20% 的最富裕居民中大约一半是城市居民[②]。

（二）城乡人均消费差距从缩小到缓慢扩大

1957~1978 年，中国居民消费水平都略有提高。全国居民平均每人每年消费额从 1957 年的 102 元增加到 1978 年的 175 元，其中农业居民从 79 元增加到 132 元，非农业居民从 205 元增加到 383 元。虽然城乡居民消

---

① 世界银行经济考察团：《中国：社会主义经济的发展》，中国财政经济出版社 1983 年版，第 57 页。
② 世界银行经济考察团：《中国：社会主义经济的发展》，中国财政经济出版社 1983 年版，第 62 页。

第十七章　当代城乡关系演变与向耕者有其富目标迈进

表 17-3　　　　1958~1977 年城乡居民人均收入比较　　　　单位：元

年份	城市	农村	差距	年份	城市	农村	差距
1958	280	75	3.73	1968	260	102	2.55
1959	235	69	3.41	1969	263	104	2.53
1960	254	76	3.34	1970	274	106	2.58
1961	232	90	2.58	1971	287	112	2.56
1962	237	87	2.72	1972	309	110	2.81
1963	261	86	3.03	1973	304	116	2.62
1964	254	91	2.79	1974	316	118	2.68
1965	264	99	2.67	1975	324	113	2.87
1966	263	96	2.74	1976	331	113	2.93
1967	261	99	2.64	1977	339	117	2.90

资料来源：艾尔玛·阿德尔曼、戴维·森丁《中国的经济政策和收入分配》，转载于雷朴实、吴敬琏主编《论中国经济体制改革的进程——美国阿登豪斯国际研讨会论文集》，经济科学出版社 1988 年版，第 216~242 页。

费水平在逐步提高，但农村居民消费水平的提高速度慢于非农业居民的提高速度。1957~1978 年，按可比价格计算，农民消费水平年均增长 0.7%，而非农业居民消费水平年均增长 1.4%，农民与非农业居民之间消费水平的差距不断扩大，从 1957 年的 2.59:1 扩大到 1978 年的 2.9:1。

与城乡居民收入水平差距发展态势相一致，城乡居民消费水平差距也可划分为两个阶段：1957~1970 年，农业居民与非农业居民消费水平指数差距相对稳定，名义消费差距从 1957 年的 2.59 倍缩小到 1970 年的 2.28 倍（除 1959 年、1960 年、1961 年有所上升）；1970 年之后，农业居民与非农业居民消费水平指数差距逐年扩大。这说明非农业居民消费水平提高幅度快于农民消费水平提高幅度，导致城乡居民消费水平名义差距从 1970 年的 2.28 倍扩大到 1978 年的 2.90 倍。

（三）城乡从业人员负担人口差距由缩小到扩大

根据《中国统计年鉴》公布的 1957 年、1978 年家庭人口就业数据，城市职工家庭就业面迅速扩大，平均每个职工赡养的人口由 1957 年的

3.29 人降为 1978 年的 2.06 人，而农业劳动者平均赡养人数却由 2.08 人升为 2.53 人，城市职工与农业劳动者赡养负担差距扩大。这一数据的弊端，是无从知晓两个端点之间的变化趋势。据 1983 年《中国统计年鉴》公布的中国城乡人口数量、城镇职工数量（包括全民和集体）、城镇个体劳动者数量、农村集体和个体劳动者数量等数据，计算出中国城镇从业人员平均每人赡养的人口自新中国成立以来一直呈下降趋势，从 1949 年的 3.76 人下降到 1978 年的 1.87 人；农村从业人员平均每人赡养的人口呈先下降后上升趋势，从 1949 年的 2.92 人下降到 1969 年的 2.42 人，然后再上升到 1978 年的 2.60 人。

由此推定，城乡居民因赡养人口不同造成的收入和消费水平差距应该从 1969 年之后开始扩大，之前应呈缩小之势。城镇就业率上升的原因，一方面是由于整个 20 世纪六七十年代严格实行禁止农村人口向城市流动的户籍政策；另一方面也是因为实行知识分子上山下乡运动，使上百万的城市青年被遣送到农村公社和国有农场，落户成为农民。据不完全统计，"文化大革命"期间，全国约有涉及 1/3 的城市家庭的 1600 万知识青年被遣往农村接受再教育[①]。而同期国家继续源源不断地对城市工业进行投资，造成对城市劳动力的需求仍在稳步增长。以上因素使城镇就业率上升，城镇从业人员负担系数下降。

从消费差距来看，在 1952～1978 年的 27 年间，除了 1959 年、1960 年两个特殊年份城乡居民消费比率超过 3 以外，其他年份均维持在 2～3 之间，其中有 16 个年份维持在 2.3～2.6 之间，只有 8 个年份维持在 2.7～3 之间。虽然 20 世纪 70 年代末期，城乡消费差距出现明显的扩大趋势，但排除 1959 年、1960 年这两个特殊年份，城乡居民消费比率超过 2.6 的 4 个年份全部在 20 世纪 70 年代中后期。这也反映了城乡从业人员负担人口差距由缩小到扩大的趋势。

当然，该时期不但农民收入长期增长缓慢，城市居民收入也处于大致相同的状态。为积累工业化资金，城市通过压低职工工资和限制消费的办法，降低企业生产成本，提高积累形成城市低工资、低消费、高积累的畸

---

① 董辅礽：《中华人民共和国经济史》（上卷），中国经济出版社 1999 年版，第 572 页。

形结构，导致城市职工20年不涨工资、30年工资变动很小。因此，1956年计划经济体制确立以后至1978年改革开放以前的20多年间，城乡虽存在不平等的因素，但总的看来，这一时期全国居民收入分配的主体特征是平均主义。

第三节
城乡二元体制松动与农民初步小康目标实现

一、党的十一届三中全会后农村改革与政策调整

党的十一届三中全会后的20年，是新中国成立以来农业和农村经济发展最具活力、增长最快、农民受益最多、生活水平改善最显著和农村各项建设发展最快的时期之一。这是党和国家高度重视三农工作，在农村实行一系列改革，并实行正确经济政策的结果。

（一）变革高度集中的人民公社体制，实行家庭承包经营为基础、统分结合的双层经营体制

20世纪70年代末和80年代初，中国实行农村改革，打破了持续20年的人民公社体制，形成了以家庭联产承包制为核心的新的农业经营体制。这是在党的领导下中国农民的伟大创造，是马克思主义农业合作化理论在中国实践中的新发展。这种在改革中不断完善的经营体制，彻底摒弃了人民公社"一大二公""政社合一"旧体制的弊端，在坚持土地集体所有的前提下，把土地使用权承包给农民家庭，实行土地所有权与使用权的分离，推行家庭承包责任制，确立了农民在农业生产经营中的主体地位。同时，集体经济组织为农业生产提供必要的产前、产中和产后服务。这种统分结合的双层经营体制，就其设计功能看，适应了农业生产自身的特点，既有利于发挥集体经济的优越性，又有利于调动家庭经营的积极性，

成为新时期中国农业的基本制度。

(二) 变革单一的集体所有制经济结构,形成以公有制经济为主体、多种所有制经济并存和共同发展的新格局

党的十一届三中全会后,中国从社会主义初级阶段的基本国情出发,鼓励各种经济成分、经营主体和经营形式共同发展,使农村所有制结构得到重大调整。乡镇企业异军突起,成为农村集体经济发展的主导力量;农村个体、私营经济等非公有制经济蓬勃发展,成为农村经济中增长最快的经济成分。股份制、股份合作制经济迅速发展,成为农村经济中最活跃的力量。乡村集体企业也通过股份制、股份合作制以及承包、租赁、兼并等多种形式的改革,形成农村集体经济的多种有效实现形式。

(三) 突破统购统销制度,搞活农产品市场流通

1985年1月1日,根据党的十二届三中全会关于经济体制改革决定的基本精神,中共中央、国务院制定了《关于进一步活跃农村经济的十项政策》。这十项政策中的第一项政策,就是改革农产品统购派购制度。按照这个文件要求,中国从1985年起,除个别品种外,国家不再向农民下达农产品统购派购任务,而是按照不同情况,分别试行合同定购(如粮食和棉花)和市场收购(生猪、水产品和蔬菜)。取消统购派购以后,国家实行多渠道直线流通。任何单位不再向农民下达指令性生产计划。农村市场的流通搞活了,广大农民真正成为市场的主体。

到20世纪80年代中期,中国开展以变革农产品流通体制为主要内容的改革,推动了农村经济的稳定增长。国家首先改农产品统购统销为合同定购与市场收购的"双轨制"。除棉花等4种产品外,其他各类农产品价格全部放开,任何单位不再向农民下达指令性生产计划,形成了以市场调节为主的农产品流通体制,广大农民成为自主经营、自负盈亏的市场主体。到1998年,除粮食实行部分定购,棉花统一由供销社经营和烤烟等少数农产品仍实行专营,蚕茧、糖料由国家定价外,大多数农产品价格和市场经营已经放开,其中肉类、水产品、水果、蔬菜生产已完全由市场进行调节。在农副产品收购总额中,国家定价的比重由1978年的94.4%下

第十七章 当代城乡关系演变与向耕者有其富目标迈进

降为1998年的15%以下。到20世纪90年代末,全国农产品综合商品率由20世纪80年代的40%左右,提高到60%以上,全国性、区域性的农产品市场体系初步形成,4500多家批发市场成为大流通的主渠道。

(四)变革农村分配形式,逐步实行按劳分配和按生产要素分配相结合的分配方式

家庭承包经营责任制的实施,摒弃了传统意义上的大锅饭式的平均主义分配方式,农民生产经营的好坏直接与其收入挂钩。这种生产方式被农民形象地称之为"缴够国家的,留足集体的,剩下都是自己的"。1997年9月召开的党的十五大报告明确提出,坚持按劳分配为主、多种分配方式并存的制度,把按劳分配和按生产要素分配结合起来,坚持效率优先、兼顾公平,依法保护合法收入,允许和鼓励一部分人通过诚实劳动和合法经营先富起来,允许和鼓励资本、技术等生产要素参与收入分配,调动了农民的生产积极性,促进了农业和农村经济的发展。

(五)变革农村经济宏观调控方式,初步形成经济、法律、行政等手段综合运用的农村经济宏观调控体系

改革开放以来,中国摒弃了传统计划经济体制下以计划为主的资源分配方式,注意发挥市场在资源配置中的基础性作用。随着农产品市场的逐步放开和市场机制的发育,国家加强了对农业的宏观调控,相继建立的粮食等重要农产品的专项储备制度、保护价收购制度和风险基金制度,颁布了《中华人民共和国农业法》、《中华人民共和国农业技术推广法》和《中华人民共和国乡镇企业法》等一系列农业法律法规。以此,国家对农村经济的宏观调控已由单一的行政指令性计划,转变为以市场调节为主,与行政手段、法律手段、经济手段相结合的方式。国家全部取消了农产品生产的指令性计划,只对9种主要农产品生产实行指导性计划管理。这些改革既充分发挥了农民的生产积极性,又使政府管理农业的职能主要转向加强引导、提供服务和支持上来,使农业和农村经济的发展更加符合市场的需要。

二、农村经济的快速发展

党的十一届三中全会后的农村改革，调整了农业和农村经济政策，充分调动了广大农民的积极性，极大地解放了农村生产力，有力地促进了农业和农村经济的全面发展，取得了举世瞩目的伟大成就。

（一）农村经济总体实力不断壮大，农村产业结构发生了历史性变化

农村经济发展逐步突破了传统农业社会的农村产业就是农业、农业就是种植业、种植业就是粮食生产的单一结构，在稳定粮食等种植业生产的同时，大力发展多种经营，发展高产优质高效农业和农村非农产业，特别是乡镇企业异军突起，推动了农村产业结构变革，实现了农村经济的全面振兴。1998年农林牧渔业总产值达25103.4亿元，比1978年增加2.52倍。其中，农业比重由1978年的80%下降到1998年的56.2%，而林牧渔业比重则上升到43.8%。在种植业内部，粮食播种面积占农作物总播种面积的比重由1978年的80.3%，下降到1998年的73.1%，经济作物比重明显提高。乡镇企业产值在整个国内生产总值近1/3，成了国民经济的重要支柱。农村非农产业的发展，不仅极大地活跃了农村经济，增加了农民收入，解决了1亿多农民的就业，而且带动了农村现代化的全面发展，初步探索出了一条适合中国国情的农村现代化道路。

（二）主要农产品产量连续登上新台阶，中国跃升为名副其实的农业大国

1998年全国粮食产量超过49000万吨，比1978年增加18523万吨以上，提前实现了"九五"计划目标。如果以5000万吨为一个台阶，20年间我国粮食生产已连续跃上了4个台阶。棉花、油料、糖产量稳定增长，1998年分别达到450万吨、2314万吨和9790万吨；"菜篮子"产品大幅度增长，1998年猪牛羊肉产量4355万吨；水产品3907万吨，比1978年增加7.27倍。中国农业在国际上的地位不断上升，粮食、棉花、油菜籽、烟叶、肉类、蛋类、水产品、蔬菜产量均跃居世界首位。农业的发展使中国成为平衡国际农产品供求关系的一个重要力量。

第十七章　当代城乡关系演变与向耕者有其富目标迈进

（三）人均农产品占有量大幅度增加，农产品市场供求关系实现历史性的转变

在这20年间，全国人口净增2.8亿多人，但农业发展速度大大超过人口增长速度，农产品人均占有量不仅没有降低，反而有了大幅提高。1998年与1978年相比，人均粮食、棉花、油料占有量分别由318.7千克、2.3千克和3.53千克增加到392.6千克、5.6千克和18.4千克，分别增长了23.2%、53.5%和228.6%；人均糖料、肉类、水产品的占有量由24.9千克、8.9千克、4.8千克增加到78.4千克、34.9千克和30.9千克，分别增长了214.9%、292.1%和543.8%；人均水果占有量由6.8千克增加到43.7千克，增长了542.6%。肉、蛋、奶和水产品的人均占有量超过了世界平均水平。正因为农业提供了丰富的农产品，使中国不仅在短时期内扭转了农产品长期短缺的被动局面，把过去排队购买和凭票供应送进历史博物馆，而且大多数农产品已由长期短缺，转变为总量基本平衡、丰年有余，有些农产品还出现了相对过剩，使农业和农村经济发展进入了新的历史阶段。立足自力更生，以占不到世界7%的耕地养活了占世界22%的人口，这是中国对世界农业的发展作出的又一伟大贡献。

（四）农村现代化建设步伐不断加快，农业生产和农民生活条件改善

在这20年间，以水、电、交通、通讯为重点的农村基础设施建设获得了突飞猛进的发展。1998年，全国已有90%以上的行政村实现了通路、通电和通邮；以乡镇企业为龙头的农村工业化进程大大加快；以农村小城镇建设为突破口的现代化建设取得长足发展，农村的教育、医疗、卫生、社会保障等各项事业都有新的发展。全国农业机械装备量稳定增长。1998年，全国农业机械总动力突破4亿千瓦，主要农田作业机械化水平显著提高。化肥施用量和农村用电量显著增加，1998年分别达4085.6万吨和2042.1亿千瓦时，分别比1978年增加3.62倍和7.07倍。

三、农民初步小康目标实现

党的十一届三中全会后，随着农村经济的快速发展，农村居民生活发

生了翻天覆地的变化。农民生活改变了过去温饱不足,甚至食不果腹、衣不蔽体到贫困状态,物质生活变得相对丰裕,消费质量明显提高,生活环境显著改善,全国农民的总体生活水平实现了由温饱向初步小康的历史性转变。

(一) 农民收入快速增加,收入结构实现转型

党的十一届三中全会后的农村改革和农业大发展,使农村居民收入得到持续快速增长。1998年农村居民人均纯收入达到了2162元,比1978年的134元增加2028元。扣除物价因素,农民实际纯收入增长3.4倍,年平均增长为6.3%。改革开放前,农村居民从集体所得的工分收入是最主要的来源,通常占70%以上。1978年后,农村居民收入来源和结构发生了三大变化:一是收入由以集体为主转变为家庭经营为主。农村居民全年纯收入中的集体收入份额由1978年的66%以上,下降到1985年后的不足10%。农村居民家庭经营纯收入份额,则由1978年的27%提高到81%以上。二是第一产业收入由以粮食生产为主转变为农、林、牧、副、渔多种经营。1978年改革初,农村居民生产结构主要是以单一搞饭吃的粮食生产为主,粮食收入是农村居民收入的主要来源。而在1998年农民全年总收入中,粮食收入份额只占27%,除粮食收入外的农、林、牧、副、渔多种经营份额则占到37%。三是从事第二、第三产业的非农收入增长迅速,并逐步成为农村居民收入增加的重要来源。1998年农村居民生产性纯收入中,从事第一产业的生产所得收入比重为60.7%,比1978年的91.5%下降30.8个百分点,从事第二、第三产业的生产所得收入比重为39.3%,比1978年提高30.8个百分点。

随着农村社会化、商品化进程逐步加快,改变了过去农村经济的自给、半自给状况和以农为主的单一生产结构,农村居民收入以实物为主状况,也逐步被货币收入的迅速提高所替代。1978年,农村居民出售农副产品收入人均只有27元,占总收入的17.6%;人均全部货币纯收入为56元,在全年纯收入中占41.9%。到1998年,农民全年出售产品收入提高到1029元,比1978年增长了38倍,占总收入比重提高到34%,提高了16.4个百分点。农民纯收入中,货币纯收入达到1400多元,增长24倍,

第十七章　当代城乡关系演变与向耕者有其富目标迈进

货币收入占比提高到了67%以上。这一系列的变化,标志着农村居民已突破了传统自然经济的藩篱,走上了商品经济发展的轨道。

(二) 消费质量明显提高,整体步入初步小康

改革开放以来,农村居民生活的最大变化在于彻底摆脱了贫困,物质产品日渐充裕,农村居民生活消费领域不断扩大,消费结构日趋合理,消费水平全面提高,生活质量显著改善,农村居民生活在整体上实现了初步小康。农村居民生活的这一划时代巨变,具体表现在以下六个方面:

1. 农民食品消费质量明显提升

农村不但彻底改变了改革前吃不饱的贫困状况,也超越了此前对温饱的低层次追求,在食品消费发生了讲究吃好、档次提高、营养丰富的三大变化。一是食物消费不但满足了吃饱,而且开始讲究吃好。1978年人均主食支出占食品支出的比重高达65.3%,1998年则下降到了35.5%,下降了29.8个百分点。与此相反,人均副食支出占食品支出的份额则由1978年的31.4%,上升到1998年的42.9%。二是食物消费中的细粮增加,粗粮减少。与1978年相比,1998年农村居民人均粮食消费总量只增加了1.65公斤,但其中细粮消费却由123公斤增加到了209公斤,细粮消费比重由49.4%提高到83.9%;粗粮消费则由125公斤,减少到40.5公斤,减少了67.6%。三是食物营养质量显著改善。主要表现在营养丰富的油脂类和享受性食物得到成倍增长。与1978年相比,1998年人均消费油脂类食物增长了2.1倍,消费肉禽类食物增长了1.6倍,消费蛋类增长了4倍,消费水产品增长了3.3倍。食品热量摄入达到了国家营养部门要求的标准;源于淀粉类食物的热量比重下降,而来源于水产品、禽蛋产品等高蛋白食物及其他精制食品的比重上升。

2. 农民穿着向舒适高档转换

衣着是人们对物质和精神生活的共同需要,也是生活质量高低的标志。改革开放后,随着农民收入提高和观念变化,他们的衣着消费也逐步改变。其突出变化是从买布制衣,向直接购买成衣转变。1998年人均购买各种布料1.97米,比1978年减少64.1%,但人均购买成衣服装1件,比1983年增长了1.2倍。同时,农村居民越来越讲究穿着的款式、花色、

质量、舒适和装饰,甚至不少农民开始追求高档化。由此带来了农村居民穿着支出加大。1998年农民人均衣着支出达到98元,比1978年增长5.6倍。

3. 农民居住条件与质量极大改善

过去绝大多数农村居民的住房条件较差,房屋简陋,土坯墙的草顶、瓦顶房居多。改革开放后,随着农民收入增加,他们的居住条件发生了巨大变化。一排排砖瓦房,甚至一幢幢新颖而别致的楼房拔地而起,成为农村最直观、最明显的变化。1998年,农村居民人均的居住支出为240元,比1978年增长19.1倍。户均使用住房面积由1978年的8.1平方米,增加到1998年的23.7平方米,增长1.9倍。在新建住房中,砖木结构和钢筋混凝土结构所占比例明显上升。1998年,人均住房砖木结构和钢筋混凝结构的面积,达到17.88平方米,占75.4%,比1981年的48.6%提高了26.8个百分点。新建房屋每平方米的价值,1985年仅有40元,到1998年提高到了227元,提高了4.7倍。在较为富裕农村地区,相当多家庭住房及内部装饰正向现代化生活方式发展。

4. 农民家庭耐用品消费成倍增加

1978年以前,农民把拥有自行车、缝纫机、电视机、收音机等作为自己生活用品的渴望。到1998年,这些耐用品在农村家庭拥有量已基本饱和,而对彩电、冰箱、洗衣机和摩托车等新型家用电器的需求快速增长。1998年年末,平均每百个农村住户年末拥有电视机96台,其中彩色电视机33台;拥有收录机32台、电风扇112台、洗衣机23台。一些农户还购买了照相机、录像机、电冰箱,甚至空调。电脑也已进入部分富裕农户家庭。农村居民购买耐用品数量成倍增加和档次提升,是这些年农村居民生活水平显著提高的重要标志。

5. 农民精神生活日益充实

随着农村社会经济逐步发展和繁荣,农村居民物质生活得到丰富的同时,精神生活成为他们的追求。不仅电视机越来越普及,很多农户还意识到知识和信息对自身发展的重要性,对文化教育的投入日渐增多。1998年农村居民人均文教娱乐用品及服务支出达到159元,占生活消费的10%。同时,由于农村基础设施的改善及社会经济生活的逐步一体化,农

第十七章　当代城乡关系演变与向耕者有其富目标迈进

村居民交通通信支出增加,1998年人均该项支出达到61元,占生活消费的3.8%。随着收入的提高,农村居民开始更多关注自己的身心健康,1998年,农村居民人均医疗保健支出达到68元,占其总收入的4.3%。

6. 农村生存环境得到改善

生存环境和社区环境是经济社会发展的重要条件。过去由于农村经济落后,社会发育程度较低,社区环境比较落后。1978年后,随着农村经济发展和国家对各种基础设施投入力度逐步加大,农村居民的生存环境和社区环境逐步改善。到1998年,全国农村有95%以上的行政村通了公路,70%左右的行政村通了电话,70%以上的行政村用上了安全卫生水,95%以上的行政村通了电。农村交通、邮电、电力事业的发展,改善了农村生活、生产条件,促进了城乡经济、文化交流,为农村经济持续稳定发展奠定了坚实基础。

第四节　城乡统筹发展方针与农民生活水平显著提高

一、党的十六大城乡统筹发展方针与惠农富农政策措施

2002年11月召开的党的十六大,把解决好三农问题放在全党工作重中之重位置,确立了统筹城乡经济社会发展的指导思想,形成了化解三农问题的新思路和新框架,以社会主义新农村建设为抓手,坚持"多予、少取、放活"的方针,提出和实行了一系列支农、惠农、强农政策,使三农工作进入了以工业反哺农业、城市反哺乡村,促进三农发展的新阶段。

(一) 实施农业生产补贴政策

党的十六大后党和政府针对当时严重的三农问题,根据三农工作的新要求,采取了一系列政策、措施,支持农业和农村发展。这些政策、措施

主要体现在全面取消农业税制度、"农业四项补贴"和对农村基础设施建设的支持。

农业税制度是旧中国几千年延续下来的农村制度。新中国成立后,这一制度也被延续下来,并成为积累工业化资金的重要来源之一。在取消农业税之前,当时农业税种主要包括农业税、牧业税、农业特产税、耕地占用税及屠宰税等。其中最为重要的是农业税。党的十六大后,根据党对农业"多予、少取、放活"的方针,开启了实施取消农业税的进程。其主要内容是"四取消":一是取消农业特产税。2004年,取消了除烟叶以外的农业所有特产税。二是取消牧业税。2005年国家全面取消了这一税种。三是取消屠宰税。2006年国务院正式废止了《屠宰税暂行条例》,标志着这项工作的完成。四是取消农业税。到2006年1月,在全国范围内全面取消了延续2600多年的农业税,结束了中国农民种田交税的历史,这是党的惠农政策的一个重要里程碑,也在中国农村发展史上具有十分重要的意义。

党的十六大后党和政府逐步实行了多项农业补贴政策。2002年开始实行良种补贴,2004年新增了种粮直补和农机购置补贴,2006年又增加了农资综合直补,这样形成了通常所说的"农业四项补贴"的农业生产补贴体系。农业补贴资金规模,从2002年的1亿元,增加到2012年的1653亿元。从党的十六大到党的十八大的10年间,累计安排资金总计7631亿元。这些政策极大调动了农民的积极性,对发展农业生产增加农民收入,改善农民生活起到重要作用。

(二) 社会保障的社会兜底工程

1. 实现了新型农村合作医疗实现全覆盖

2002年年底至2003年年初,随着党的惠农政策不断发展和完善,党中央对农民的健康保障问题,作出了重大政策调整,决定在全国范围建立新型农村合作医疗制度。2002年出台的《关于进一步加强农村卫生工作的决定》开始部署实施,这种制度是由政府组织引导,由农民自愿参加,实行个人、集体和政府多方筹资的办法,以大病统筹为主的农民医疗互助共济制度。到2011年,全国开展新农村合作医疗的县达到2637个,全国

第十七章　当代城乡关系演变与向耕者有其富目标迈进

有8.32亿多农民参加合作医疗，参合率达97.5%，基本覆盖全体农村居民。该制度的实施，是党和政府解决农民健康问题的重大举措，对减轻农民医疗负担，避免农民"小病不治，大病硬拖"现象，改善农民的健康状况起到了重要作用。

2. 实行农村最低生活保障制度

为贯彻落实党的十六届六中全会精神，切实解决农村贫困人口的生活困难，国务院于2007年7月发出《关于在全国建立农村最低生活保障制度的通知》，决定从2007年在全国建立农村最低生活保障制度。农村最低生活保障标准，由县级以上地方人民政府，按照能够维持当地农村居民全年基本生活所必需的吃饭、穿衣、用水、用电等费用确定，并报上一级地方人民政府备案后公布执行。保障标准随当地生活必需品价格变化和人民生活水平提高适时进行调整。农村最低生活保障的对象，是家庭年人均纯收入低于当地最低生活保障标准的农村居民，主要是因病残、年老体弱、丧失劳动能力以及生存条件恶劣等原因造成生活常年困难的农村居民。国家将符合条件的农村贫困人口全部纳入保障范围，可以稳定、持久、有效地解决全国农村贫困人口的温饱问题。在全国范围内建立最低生活保障制度，是继全面取消农业税后的又一重大惠农政策。全国有31个省、直辖市、自治区相继建立了农村最低生活保障制度，农村低保平均标准从2007年的每人840元上升到2012年的2067.8元。得到基本生活保障的困难群众，从2007年的3566.3万人，上升到2012年的5344.5万人，基本稳定在5300万人左右，真正实现了应保尽保。

3. 建立农村基本养老保险制度

进入21世纪，中国社会保障体系改革步伐明显加快，农村养老保障体系改革也迎来新的发展阶段。2002年年底，党的十六大明确提出在有条件的地方探索建立农村社会养老保险制度，随后被征地农民养老保险、农村部分计划生育家庭奖励扶助制度等也在试点推进。2007年劳动与社会保障等部门联合发文提出，要建立以个人账户为主、保障水平适度、缴费方式灵活、账户可随人转移的新型农村养老保险制度和参保补贴机制。"新农保"是中国历史上首次由政府为农村养老金计划直接提供支持的新制度。中央财政对中西部地区按中央确定的基础养老金标准给予全额补助,对东部地区给予50%的补助(另外50%由地方政府负担),地方政府应当对参保人缴费给予补贴,补贴标准不低于每人每年30元。

"新农保"建立后,中央财政不断加大财政补贴投入和覆盖面。财政补贴投入从2009年试点初期的10.8亿元增加到2011年的352亿元;覆盖面从2009年全国10%的县,扩大到2011年全国60%的县(2011年原计划覆盖面为40%)。根据人力资源与社会保障部公布的数据,截至2010年6月底,全国320个"新农保"试点县和4个直辖市参保人数为5965万人,参保人数占适龄农业人口的63.8%。2011年年底,实际参保人数已经从2009年的8700万人增加到3.3亿人,人员覆盖率相应地从11%大幅提高到65%左右。享受养老金待遇的农村居民已经接近9000万人,2011年基金支出588亿元,平均每人每年领取的养老金为660元,基金累计结余约1200亿元[①]。农村养老保险制度已从制度全覆盖逐渐走向人员全覆盖,为2020年实现人人享有基本养老保障的目标奠定了坚实基础。

(三) 实行教育"两免一补"和家电下乡政策

1. 实行义务教育"两免一补"政策

"两免一补"政策是中国政府对农村义务教育阶段贫困家庭学生就学实施的一项资助政策,其主要内容是对农村义务教育阶段贫困家庭学生免杂费、免书本费,逐步补助寄宿生生活费。其中,中央财政负责提供免费教科书,地方财政负责免杂费和补助寄宿生生活费。这项政策从2001年开始实施。2005年中央与地方财政加大投入力度,安排财政资金70多亿元,从而使中西部地区共有约3400万名中小学生享受到该政策。

此后,该政策在覆盖面、资助内涵和力度上不断扩展、提升。从2006年开始,西部地区农村义务教育阶段学生全部免除学杂费,并对其中的贫困家庭学生免费提供课本和补助寄宿生生活费;从2007年春季学期开始,全国农村义务教育阶段学生全部免除学杂费,并且为贫困家庭学生提供免费教科书、补助寄宿学生生活费;从2008年开始,对全部农村

---

① 蔡昉、高文书:《中国劳动与社会保障体制完善与发展道路》,经济管理出版社2013年版,第275页。

第十七章　当代城乡关系演变与向耕者有其富目标迈进

义务教育阶段学生免费提供教科书,并提高了农村义务教育阶段家庭经济困难寄宿生生活费补助标准。2009年进一步提高家庭经济困难寄宿生补助标准,并决定国家新增助学金向农村生源学生倾斜。农业部农村经济研究中心发布的《2010年中国农村政策执行报告》对12个省118个县的问卷调查结果显示,有91.8%的调查县对农村家庭经济困难寄宿生实行住宿补助,有85.6%的县减免了中等职业学校新招收农村家庭困难学生和涉农专业学生学杂费。"两免一补"政策体现了党中央、国务院对农村义务教育的高度重视和对农村困难群体的亲切关怀,它不仅有助于增加农村孩子受教育机会,提高农民整体文化水平,更有助于促进农村人力资本的积累和劳动生产率的提高,对于未来经济社会的发展起到深远的影响作用。

2. 实行"家电下乡"政策

"家电下乡"政策是国家运用财政政策,通过组织工商联手,运用科技开发生产适合农村消费特点、性能可靠以及物美价廉的农村家庭使用的家电产品,建立为农民群众提供方便的售后服务,并纳入国家补贴范围的惠农政策。国家农村人口购买的彩电、冰箱、手机三类产品给予销售价格13%的财政资金直补。该政策的目的,是减轻农民的日常生活消费开支负担,同时提高农民购买家电的热情,扩大国内消费,促进农村消费的增长和内需发展。这项工作从2007年12月后在部分省区试点,而后扩大到全国14个省、自治区、直辖市,受到农民的广泛欢迎。可以说是,农民得实惠、企业得市场、政府得民心、经济得发展的多赢之举。

二、农业经济的持续快速发展

党的十六大后党中央坚持以科学发展观为统领,全面落实各项惠农富民政策,不断优化农业和农村经济结构,加强农业综合生产能力建设,扎实推进社会主义新农村建设,促进了农村经济持续快速发展,使这一阶段成为中国历史上农业发展最快的时期之一。

(一) 农业产量稳步增长

党的十六大后各项政策的实施,迅速扭转了此前粮食产量一度下滑的局面，实现了"八连增"。

8年累计增产1405亿公斤，年均增产175亿公斤，是新中国成立以来增产幅度最大的时期之一。8年单产提高55.6公斤，年均提高7公斤，也是新中国成立以来单产提高最快的时期之一。特别是2011年粮食生产实现了"四个首次"：即首次迈上5500亿公斤的新台阶、首次连续5年稳定在5000亿公斤以上、半个世纪以来首次实现连续8年增产、粮食人均占有量首次达到425公斤的新水平。棉花生产再上一个台阶。棉花产量2007年达到改革开放以来历史最高产量，为762.4万吨。油料生产实现恢复性增长，2008年扭转前两年生产下滑的趋势，2010年达到历史最高水平3230万吨。糖料生产实现较快发展，一举打破了"十五"徘徊的局面。"菜篮子"产品稳定发展。2010年，肉类、禽蛋、奶类总产量分别达到7850万吨、2760万吨和3740万吨，比2009年增长2.6%、1.5%和0.2%；水产品5350万吨，增长4.6%；水果达到21.4亿吨，比2009年增长4.9%。同时，由于国家加大了对农产品质量的监管力度，农产品质量安全水平得到明显提高。2010年，蔬菜、畜产品、水产品监测合格率分别为96.8%、99.6%和96.7%，全年未发生重大农产品质量安全事件；新制定发布农业行业标准400项。无公害农产品、绿色食品、有机农产品比重提高。

（二）农业产业结构进一步优化

党的十六大后，中国农业经济结构改变了以往以粮食为主单一发展模式，积极发展多种经营，在粮食稳定发展的同时，高效经济作物和园艺作物都得到稳步发展，打破了过去"粮上经下、粮下经上"的怪圈初步实现了农、牧、渔内部良性循环。农业种植业、畜牧业和渔业三者的产值比由2002年的5.02∶2.85∶1变为2006年的4.86∶3.08∶1。2006年，水稻、小麦、玉米、大豆四大粮食品种优质率分别达到69.1%、55.2%、42%、65.7%。主要农产品向优势产区集中，优势农业产业带基本形成。2003年《优势农产品区域布局规划》发布以来，我国农产品日益向优势区域集聚，初步形成14个主要粮食品种优势产业带。2010年，水稻、小麦、玉米、大豆四大粮食作物形成14个产业带，生产集中度分别达到98%、

第十七章　当代城乡关系演变与向耕者有其富目标迈进

88%、99%和81%。长江流域、黄河流域和西北内陆三大优势棉区生产集中度达到99%,长江流域油菜优势产区生产集中度达到85%以上,桂中南、滇西南、粤西琼北甘蔗优势产区生产集中度达到93%以上,渤海湾和西北黄土高原两大苹果优势产区生产集中度达到87%以上。长江上中游、赣南—湘南—桂北、浙—闽—粤、鄂西—湘西四个柑橘产业带和一批特色柑橘基地发展强劲,长江上中游与华南冬春蔬菜基地、黄土高原与云贵高原夏秋蔬菜基地、沿海与沿边地区出口蔬菜生产基地、黄淮海与环渤海设施蔬菜基地迅速发展①。

(三)农业基础设施建设取得新进展

农田水利建设取得新进展。根据水利部统计,2008年,大中型灌区比2005年新增554处,其中新增大型灌区160处,新增有效灌溉面积2414千公顷;新增中型灌区394处,新增有效灌溉面积607千公顷。我国节水灌溉面积逐年递增,2010年达到3333万公顷,较2005年增加了1200万公顷。退耕还林工程稳步推进。退耕还林工程于2002年1月1日在全国范围内正式启动以来,截至2009年年底,累计完成退耕地造林906.26万公顷,配套荒山荒地造林1413.72万公顷,新封山育林193.32万公顷。工程实施10年来,工程区森林覆盖率平均提高3个百分点以上,风沙危害、水土流失减轻②。草原生态建设稳步推进。据农业部对内蒙古、四川、西藏、甘肃、青海、宁夏、新疆等7省(自治区)和新疆生产建设兵团的退牧还草工程地面监测的结果显示,2011退牧还草工程区内的平均植被盖度、高度、鲜草产量和可食鲜草产量,与非工程区相比,分别提高10%、42.8%、49.9%、54.3%,草原生态建设成效显著③。土壤肥力得到增强。我国自2005年实施测土配方施肥项目,5年来中央财政累计投入40亿元,地方配套4亿元,项目县(场)从2005年的200个扩大到2010年的2498个。2006年国家启动实施的土壤有机质提升试点

---

① 本社:《农业部发布〈全国种植业发展第十二个五年规划〉》,《中国棉花》2011年第10期。
② 谢晨:《退耕还林政策十年评价》,社会科学文献出版社2011年版。
③ 《2011年全国草原监测报告:草原政策实现新突破》,《农民日报》,2013年12月20日。

补贴项目，投入规模从 1700 万元扩大到 2010 年的 5.5 亿元，实施面积从 85 万亩增加到 2750 万亩，北京、上海、江苏等 10 多个省（直辖市）出台商品有机肥补贴、鼓励利用冬闲田恢复绿肥种植的政策，形式多样开展耕地质量建设工作，土壤肥力得到增强，农业生产后劲提升。

（四）农业科技实力和机械化水平显著增强

科技兴农是关系到农村经济发展特别是粮食生产稳定增长的一项重大战略措施。党的十六大以来，党和政府高度重视科技在建设现代农业中的重要作用，在生物育种、粮食丰产、节水农业、数字农业、循环农业、动植物疾病防治等领域开展科技攻关，取得了一系列重大科技成果，增加了中国农业技术储备，显著提高了农业生产技术水平和综合生产能力。据科技部统计，2011 年全国农作物良种覆盖率达到 95% 以上，良种对粮食作物增产的贡献率超过 40%，农业科技贡献率达到 53.5%。农业机械化是农业现代化的重要标志，是改善农业生产条件、农民生活水平、农村生态环境的重要途径。

2004 年，国家出台了农机具购置补贴政策以后，农民购置农机具热情十分踊跃。据统计，2004～2012 年全国农业机械购置费 730 亿元，农民成为购置农机具主体，土壤深松机械、精少量播种、化肥深施等一大批技术含量高、经济效益和社会效益显著的农机化新技术得到农民的认可并迅速推广应用。据农业部统计，2011 年全国农用机械总动力 97735 万千瓦，比 2002 年增长 68.7%，年均增长 6%；大中型拖拉机 441 万台，比 2002 增长 3.8 倍，年均增长 19.1%；小型拖拉机 1811 万台，比 2002 年增长 35.2%，年均增长 3.4%；联合收割机 111 万台，比 2002 年增长 2.6 倍，年均增长 15.3%。2011 年全国农作物耕种收综合机械化率达到 54.5%，比 2005 年提高 18.6 个百分点。农机化装备和农机化生产水平大幅提升，减轻了农民的劳动强度，提高了农业生产效率。

三、农民生活水平的显著提高

党的十六大后中央为三农发展提供了强大的宏观政策支持，调结构、扩就业、增投入、减负担等一系列强农惠农富农措施，极大地调动了农民

第十七章　当代城乡关系演变与向耕者有其富目标迈进

生产积极性和切实减轻了农民负担，促进了农业大发展，使这一时期成为中国历史上农民收入和生活水平提高最快的时期之一。

（一）农民收入的快速增长

1. 农村居民收入呈加速增长态势

2002年以来我国居民实际收入增长速度从2002~2004年的5%左右，增长到2005~2009年的8%左右，再到2010~2011年的10%以上，农村居民收入增长在不断加速。农村居民人均纯收入从2000元突破3000元用了9年时间，从3000元突破4000元用了3年时间，从4000元突破5000元用了3年时间，从5000元突破6000元用了3年时间，从6000元突破7000元用了2年时间，到2012年已经到达7916.6元，有望用2~3年时间突破万元大关。2008年、2009年农村居民收入增速开始实现与城镇居民同步，从2010年开始超出城镇居民，呈现城乡居民收入差继续缩小趋势（见表17-4）。进入2010年之后，我国农村居民收入增速开始超出GDP增长速度，说明国民经济发展的成果在不断向农村居民倾斜。

表17-4　2002~2012年城乡居民收入增速与GDP增速比较

年份	2002	2003	2004	2005	2006	2007	2008	2009	2010	2011	2012
城镇增速	113.4	109	107.7	109.6	110.4	112.2	108.4	109.8	107.8	108.4	109.6
农村增速	104.8	104.3	106.8	106.2	107.4	109.5	108	108.5	110.9	111.4	110.7
GDP增速	109.1	110	110.1	111.3	112.7	114.2	109.6	109.2	110.6	109.5	107.7

资料来源：国家统计局《中国统计摘要2015》，中国统计出版社，2015年版。

2. 农村居民收入结构发生巨大变化

2011年农村居民人均纯收入达到6977元。按2002年的2475.63元计算，到2011年共增加4501.37元，增长181.83%，年均递增12.20%。其中工资性收入、家庭经营纯收入、财产性收入和转移性收入等各分项收入均保持快速增长势头（见表17-5）。

表 17-5　　　2002~2012 年农村居民人均纯收入及构成　　　单位：元

年份	人均纯收入	工资性收入	家庭经营纯收入	财产性收入	转移性收入	工资性收入	家庭经营纯收入	财产性收入	转移性收入
2002	2475.63	840.22	1486.54	50.68	98.19	33.94%	60.05%	2.05%	3.97%
2003	2622.24	918.38	1541.28	65.75	96.83	35.02%	58.78%	2.51%	3.69%
2004	2936.40	998.46	1745.79	76.61	115.54	34.00%	59.45%	2.61%	3.93%
2005	3254.93	1174.53	1844.53	88.45	147.42	36.08%	56.67%	2.72%	4.53%
2006	3587.04	1374.80	1930.96	100.50	180.78	38.33%	53.83%	2.80%	5.04%
2007	4140.36	1596.22	2193.67	128.22	222.25	38.55%	52.98%	3.10%	5.37%
2008	4760.61	1853.73	2435.56	148.08	323.24	38.94%	51.16%	3.11%	6.79%
2009	5153.18	2061.25	2526.78	167.20	397.95	40.00%	49.03%	3.24%	7.72%
2010	5919.02	2431.05	2832.80	202.25	452.92	41.07%	47.86%	3.42%	7.65%
2011	6977.30	2963.43	3221.98	228.57	563.32	42.47%	46.18%	3.28%	8.07%
2012	7916.58	3447.46	3533.37	249.05	686.70	43.55%	44.63%	3.15%	8.67%

资料来源：国家统计局《中国统计年鉴 2003—2013》，中国统计出版社。

（1）工资性收入持续较快增长，占比迅速上升。工资性收入是指农民在乡镇企业劳动而获取的工资报酬，或是外出打工获取的收入。随着农村经济结构的变化和城乡之间壁垒的逐步消失，在乡镇企业工作或外出打工的农村劳动者越来越多，工资性收入增长成为农民收入的重要来源。农村居民工资性收入从 2002 年的 840.22 元增加到 2010 年的 2431.05 元，增加 1590.83 元，年均增长 14.20%，工资性收入占农村居民全年纯收入从 2002 年的 33.94% 上升到 2010 年的 41.07%，提高了 7.13 个百分点。

（2）家庭经营纯收入稳定增长，占比持续下降。农村居民家庭生产经营纯收入从 2002 年的 1486.54 元增加到 2010 年的 2832.80 元，年均递增 8.39%。虽然家庭经营收入在农民纯收入中仍然占有较高的比重，仍是目前我国农民收入的主体项目，但在农民人均纯收入构成中，家庭经营收入占农民纯收入的比重基本上逐年下降。家庭经营收入占农民纯收入比重由 2002 年的 60.05% 下降到 2010 年的 47.86%。

（3）财产性收入增长迅速，但占比微乎其微。财产性收入来自于收入的存量积累。由于农村居民收入偏低，农民的财产性收入也较少，只能

第十七章　当代城乡关系演变与向耕者有其富目标迈进

起补充性作用。2010年农村居民的财产性收入人均202.25元，比2002年的50.68元增加151.57元，增长3倍，年均增长18.9%，所占比重从2.1%增加到2010年的3.2%，增长1个百分点。

（4）转移性收入快速增长。2010年农村居民转移性收入人均为452.92元，比2005年的147.42元增加305.50元，增长了207.23%，年均增长25.17%，对收入增加的贡献率为11.50%。同时期，农民从"三补贴、两减免"等政策性转移收入中受益颇多，其中2010年各级政府给予的四项农业生产补贴收入（粮食直补、良种补贴、农机具购置补贴、农资综合补贴）人均118元，在近5年中，年均增长45.3%；2010年农村居民领取的离退休金、养老金人均113元，在近5年中，年均增长29.8%；2010年农村居民报销医疗费人均27元，在近5年中，年均增长57.7%。

3. 城乡和东西部之间农村居民收入差距缩小

一是农村居民收入增长幅度超过城镇居民，城乡居民收入差距止升回落。随着国家对三农支持力度的不断加大，农村综合生产能力得到提高，农村居民收入能力不断增强，城乡收入差距逐步缩小。自2002年后到党的十八大前，中国城乡收入差距一直在3倍以上，2007年和2009年高达3.33∶1，是改革开放以来的最高水平。但自2010年开始，由于农村居民收入增速连续多年超过城镇居民收入，使城乡收入差距首次由2009年的3.33倍，下降到3.23倍，2011年再次下降到3.13倍，2012年继续下降到3.10倍。二是西部地区农村居民收入增长幅度超过东部地区，东西部农村居民收入差距不断缩小。中国区域经济发展差距一直很大，导致东部地区居民收入增长速度一直高于西部地区。但从2007年开始，这一现象开始改变，东西部居民收入增长速度出现反转，西部地区居民收入增长速度超过东部地区。从2007~2012年，西部地区农村人均纯收入增长率分别为17.0%、16.2%、8.5%、15.8%、18.8%、14.9%，东部地区增长率分别为12.9%、12.7%、8.4%、13.8%、17.7%、12.9%。东西部地区农民居民收入差距，由2007年的1.93∶1，缩小到2012年的1.79∶1。这些都显示东西部农村居民收入差距呈不断缩小趋势。

(二) 农民生活水平显著提高

1. 食品消费质量提高

农村居民食品消费水平不断提高,消费质量改善,对粮食、蔬菜、食用油、食糖消费量下降,肉、蛋、奶、水产品等消费量增多,膳食结构向营养、科学型发展。农村居民人均粮食、蔬菜、食用油、食糖的消费量由2002年的236.50公斤、110.55公斤、7.53公斤、1.64公斤下降到2010年的181.44公斤、93.28公斤、6.31公斤、1.03公斤,分别减少55.06公斤、17.27公斤、1.22公斤、0.61公斤,但农村居民对肉、蛋、奶、水产品等具有较高营养的食品消费数量全面增加。2010年与2002年相比,农村居民人均对猪牛羊肉、家禽、蛋类和水产品的消费量分别增加了1.43公斤、1.36公斤、0.35公斤、1.23公斤。居民饮食社会化、便捷化程度提高,外出饮食从过去只有与亲戚朋友聚会时才肯外出饱吃一顿的"奢侈行为",逐渐变成了日常行为。农村居民人均在外饮食支出由2002年的90元提高到2010年的240元,增长1.67倍。农村居民营养更加均衡,结构趋于合理。根据营养部门推荐,中国成年居民平均需求量为每人每天2400千卡热量、70克蛋白质、65克脂肪。2010年农村居民人均摄入2483千卡热量、70克蛋白质、61克脂肪,基本达到推荐标准。

2. 衣着消费成衣化趋势明显

市场的繁荣、衣着消费品的日益丰富多彩以及农村居民生活节奏的加快、消费观念的变化等多种因素,使农村居民衣着消费从过去低档、耐用型向高档、时尚和成衣化转变。农村居民衣着消费支出不断增加。2002年为105元,2010年增加到264元,但在其整个消费支出中的比重却趋于稳定,甚至下降,从2002年的5.7%下降到2004年的5.5%,此后略有上升,稳定在5.8%左右。

随着生活节奏的加快和人们生活观念的变化,农村居民衣着消费由过去的量体裁衣为主转变为成衣消费为主,服装消费在衣着消费中的比重不断提高。2004年的年农村居民人均服装支出76元,占衣着比重为63.33%。到2010年,人均购买服装支出增长到180元,占衣着消费比重增加到68.19%。随着审美观念的变化,农村居民不再满足于衣着保暖御

第十七章 当代城乡关系演变与向耕者有其富目标迈进

寒的基本功能，而是把其作为体现自身魅力的重要标志。衣着面料也以舒适为主，追求高级纯棉或混纺、麻、丝、毛等材料。面料颜色由追求单一转向五颜六色，衣着款式也越来越以彰显个性为主。

3. 家庭耐用消费品普及率和档次明显上升

20世纪末追求的彩电、冰箱、洗衣机和摩托车等家用电器已成为家庭普通消费品。2010年农村居民平均每百户拥有洗衣机57.32台，比2002年的31.80台增加25.52台，增长80.25%；彩色电视机111.79台，比2002年的60.45台增加51.34台，增长84.93%；电冰箱45.19台，比2002年的14.83台增加30.36台，增长204.72%。许多现代耐用消费品，如电话、移动电话、空调、电脑等开始进入农民家庭，并很快普及。据统计，2010年农民每百户拥有移动电话136.54部，比2002年的13.67部增加122.87部，增长898.83%；空调机16.00台，比2002年的2.29台增加13.71台，增长598.69%；摩托车59.02辆，比2002年的28.07辆增加30.95辆，增长110.26%。

4. 住房面积与质量有很大改观

2002年人均居住面积为26.53平方米，至2010年增加到34.08平方米，增加了7.55平方米，增长率为28.46%。其中钢筋混凝土结构住房面积，2002年人均为7.69平方米，至2010年增长到15.10平方米，增加7.41平方米，增长率为96.36%。砖木结构住房面积，2002年人均13.88平方米，至2010年增长到15.24平方米，增加了1.36平方米，增长率为9.80%。

同时，居住条件有很大改善。一是卫生条件改善。2010年有93.8%的农户居住的住房拥有卫生设备，其中住房有水冲式卫生厕所的农户占21.0%，比2002年的8.40%，提高12.6个百分点，无厕所农户占6.2%，比2002年的11.96%减少5.76个百分点。二是供暖条件改善。2010年安装取暖设备的农户住房占43.8%，比2002年有所提高。其中使用空调和暖气的占18.7%，比2002年提高约10个百分点。三是使用清洁能源的农户增加。2010年使用清洁燃料如沼气、燃气、燃油、电、太阳能的农户占31.1%，比2002年的9.25%，提高了21.85个百分点。四是饮用水的安全卫生程度提高。2010年有78.0%的农户饮用安全卫生水。其中饮用自来水的农户占48.9%，比2002年的30.58%提高了18.32个百分点；饮用浅井水、江河湖泊塘等非卫生水的农户则进一步减少。

5. 交通通讯消费得到快速增长

随着农村经济的快速发展和农民生活节奏加快，尤其是农民与市场的联系越来越紧密、广泛以及农业生产运用科技越来越多，农民对信息的重要性和及时性的认知程度也越来越高。因而，现代化的交通通信工具迅速进入了农村居民消费领域。固定电话和移动电话普及千家万户。每百户农村居民移动电话和固定电话拥有量，从2002年的13.67部、40.77部，增长到2010年的136.54部、60.76部；过去农村家庭出行仅靠自行车，摩托车十分稀少，更别提家庭汽车。2002年每百户农村居民家庭拥有摩托车22.19辆，到2010年农村居民有摩托车非常普遍，每百户农村居民拥有摩托车59.02辆；以往很少有客车通行的农村变得四通八达，公路客车、乡村班车穿行在乡间公路上，整个农村融入千变万化的外部世界。

6. 文教娱乐支出比重下降

20世纪90年代以来，农村居民文化娱乐教育支出持续上升，所占消费支出的比重，从1995年的7.81%上升到2003年的11.33%，一度成为仅次于食品、住房的第三大支出项目。2005年之后，随着我国城乡义务教育阶段学生学杂费逐步免除，城乡居民用于子女教育支出费用减少，使教育文化娱乐支出在消费结构中的比重呈现下降趋势。2010年与2005年比较，农村居民教育文化娱乐支出比重下降了3.23个百分点。这说明先前农村居民教育负担过重，教育支出占据其文化教育支出的大头，学杂费的免除使农村居民教育文化娱乐支出比重在消费结构中比重下降幅度较大。虽然农村居民文教娱乐支出比重下降，但支出金额在从2005年的295.5元增长到2010年的366.7元，年均增长4.4%。这表明农村居民在实现物质生活改善之后，改善精神文化生活、提高个人素质越来越受到重视。

7. 健康意识日益增强

党的十六大后，随着农村新型合作医疗广泛覆盖，农村居民对自身健康及保健的意识大大增强，医疗保健消费支出快速增长。2000年农村居民人均医疗保健类消费支出额仅为87.6元，2010年增加到326元，增加了238.4元，所占整个消费支出的比重由2000年的5.2%增加到2010年

第十七章　当代城乡关系演变与向耕者有其富目标迈进

的 7.4%，提高了 2.2 个百分点。这反映农村居民越来越重视医疗保健，逐渐改变了过去那种大病小治、小病不治的现象。

8. 消费结构进一步优化

这主要体现在农村居民恩格尔系数的持续下降和农民发展性和享受性消费的比重增加。农村居民的恩格尔系数，2002 年为 46.2%，到 2010 年下降至 41.09%，2011 年更下降至 40.4%。按联合国粮农组织划分的标准，中国农村居民生活已经接近富裕（30%~39%）阶段的门槛了。在农村居民生活消费支出中，交通通讯、文教娱乐、医疗保健等发展性和享受性消费的支出大幅度增加，在消费总支出的占比稳步提高。2010 年，农村居民用于交通通讯、文教娱乐、医疗保健三项消费的支出占比分别为 10.52%、8.37% 和 7.44%，三项支出比重合计比 2002 年提高了 2.13 个百分点。其中，交通通讯支出比重提高最快，比 2002 年高 1.50 倍，支出比重比 2002 年提高 3.52 个百分点。农村居民生活消费支出的结构序列，从 2002 年的食品、居住、文教娱乐、交通通讯、医疗保健、衣着、家庭设备用品及服务、其他商品及服务，转变为 2010 年的食品、居住、交通通讯、文教娱乐、医疗保健、衣着、家庭设备用品及服务、其他商品及服务。消费层次较高的交通通讯支出在消费支出结构序列中位置提前（见表 17-6）。这表明农村居民的消费结构正向享受型、发展型结构转变。

表 17-6　党的十六大以来全国农村居民生活消费支出结构变化　　单位：%

年份	生活消费	食品	衣着	居住	家庭设备用品及服务	交通通讯	文教娱乐	医疗保健	其他商品及服务
2002	100.0	46.2	5.7	16.4	4.4	7.0	11.5	5.7	3.1
2003	100.0	45.6	5.7	15.9	4.2	8.4	12.1	6.0	2.2
2004	100.0	47.2	5.5	14.8	4.1	8.8	11.3	6.0	2.2
2005	100.0	45.5	5.8	14.5	4.4	9.6	11.6	6.6	2.1
2006	100.0	43.0	5.9	16.6	4.5	10.2	10.8	6.8	2.2
2007	100.0	43.08	6.00	17.80	4.63	10.19	9.48	6.52	2.30
2008	100.0	43.67	5.79	18.54	4.75	9.84	8.59	6.72	2.09
2009	100.0	40.97	5.82	20.16	5.13	10.09	8.53	7.20	2.11
2010	100.0	41.09	6.03	19.06	5.34	10.52	8.37	7.44	2.15

资料来源：国家统计局：《中国统计年鉴 2003-2011》，中国统计出版社。

第五节

城乡一体化发展与向全面小康目标逼近

一、党的十八大城乡一体化发展方针与惠农富农政策

城乡发展一体化是"把工业和农业、城市和乡村作为一个整体统筹谋划,促进城乡在规划布局、要素配置、产业发展、公共服务、生态保护等方面相互融合和共同发展"[①]。它既是城乡关系发展到高级阶段的一种状态,也是指导城乡关系和城乡发展的战略方针和发展目标。城乡一体化作为中国共产党指导城乡发展的战略方针,是在2008年10月召开的党的十七届三中全会上提出的。全会报告指出:中国从总体上已进入着力破除城乡二元结构、形成城乡经济社会发展一体化新格局的重要时期,要建立促进城乡经济社会发展一体化制度。2012年11月召开的中共十八大,在党的十六大以来有关理论和方针的基础上,坚持把解决三农问题作为党"治国安邦重中之重"[②]的科学定位,并且把推动城乡发展一体化确立,为解决三农问题的根本途径。同时指出农业、农村是"四化同步"和全面建成小康社会的短板。党的十八大以来,党和国家在新方针指导下,以根据新情况、新问题,站在新高度,提出一系列新理念、新思想,实行了一系列新改革和一整套惠农富农新政策。

(一)确立"四化同步"的新思路

党的十八大在十七届五中全会提出的工业化、城镇化、农业现代化

---

① 《习近平在中共中央政治局第二十二次集体学习时强调,健全城乡发展一体化体制机制,让广大农民共享改革发展成果》,《人民日报》,2015年5月2日第1版。
② 《习近平在中美农业高层研讨会上所谓致辞》,新华网,http://news.xinhuanet.com/politics/2012-02/17/c_111538612.htm,2012年2月17日。

第十七章　当代城乡关系演变与向耕者有其富目标迈进

"三化同步"基础上,确立了"四化同步"的新思路,指出坚持走中国特色新型工业化、信息化、城镇化、农业现代化道路,推动信息化和工业化深度融合、工业化和城镇化良性互动、城镇化和农业现代化相互协调,促进工业化、信息化、城镇化、农业现代化同步发展。让广大农民平等参与现代化进程,共同分享现代化成果。这是对解决三农问题路径的顶层设计,也是我们党关于建立新型工农城乡关系的科学思考①。

(二) 提出中国特色新型农业现代化道路和新要求

2013年11月召开的党的十八届三中全会,提出走出一条生产技术先进、经营规模适度、市场竞争力强、生态环境可持续的中国特色新型农业现代化道路。同时,站在全面建成小康社会高度,对三农发展提出了5个方面的新要求,即在提高粮食生产能力上挖掘新潜力、在优化农业结构上开辟新途径、在转变农业发展方式上寻求新突破、在促进农民增收上获得新成效、在建设新农村上迈出新步伐②。

(三) 不断加大强农惠农富农政策力度

党的十八大后,中央继续实行工业反哺农业、城市支持农村和多予少取放活方针,不断加大惠农富农政策的力度。据统计,2015年国家继续执行和新出台的惠农政策达50项,如种粮直补、良种补贴、农产品目标价格、农村改革试验区建设支持政策、农村农垦危房改造等③。这些政策形成了三农支持政策新体系。为促进现代农业发展和农民增收,中央采取了一系列加强农业综合生产能力的新举措。如推动农产品加工业转型升级、加强农产品流通设施和市场建设、完善农业产业链与农民的利益联结机制,发展休闲农业和乡村旅游等④。为此,国家在财政不充裕的情况

---

① 韩长赋:《全力以赴把现代农业提高到新的水平为实现十八大提出目标任务作出贡献》,《农民日报》,2012年11月12日第1版。
② 中共中央、国务院:《关于全面深化农村改革加快推进农业现代化的若干意见》,2014年"中央一号文件"。
③ 农业部产业政策与法规司:《2015年国家深化农村改革、发展现代农业、促进农民增收政策措施》,《农村工作通讯》2015年第10期。
④ 杨尚勤、王宾:《农业农村发展优势》,《农村工作通讯》2016年第6期。

下，不断加大对三农的支持力度。"十二五"期间（2011~2015年）国家财政预算农林水事务支出规模屡创新高，5年累计达到6.67万亿元，是"十一五"时期（2006~2010年）的2.67倍，年均增长14.8%①。

（四）不断深化体制改革，适度调整和补充支农政策

这些改革是主动适应国家经济发展的新常态，顺应农业发展的新形势，围绕破除城乡二元结构体制机制障碍，激发农民创新创业活力，释放农业农村发展新动能等方面展开。一是启动了户籍制度和医疗保险改革。户籍制度改革取消了农业户口与非农业户口的性质区别，明确逐步建立城乡统一的户口登记制度。医疗保险改革是整合城镇居民基本医疗保险和新型农村合作医疗，旨在逐步建立统一、公平的城乡居民基本医疗保险制度。二是对建立农业可持续发展体系做出了可贵努力。如启动和实施了重金属污染耕地修复治理、地下水超采区综合治理，退耕还湿等试点，并探索农业休养生息、永续发展的有效路径和模式②。三是根据试点先行，逐步推广原则，启动和实施了农村土地产权制度、美丽乡村、农村综合改革示范、扶持村级集体经济发展等试点工作。四是对三农支持政策作了某些改革与调整。针对久已存在的一些农民不种粮也能照拿补贴问题，把种粮农民直接补贴、农作物良种补贴和农资综合补贴等"三项补贴"，合并为农业支持保护补贴，以支持耕地地力保护和粮食适度规模经营③。此外，开启了粮食等重要农产品价格形成机制和收储制度改革。这一改革，坚持市场化改革取向与保护农民利益并重原则，实行"分品种施策、渐进式推进"办法，规定继续执行并完善稻谷、小麦最低收购价政策。积极稳妥推进玉米收储制度改革，按照市场定价、价补分离的原则，建立玉米生产者补贴制度④。

---

① 财政部农业司：《"十二五"时期财政支农工作成效显著》，《中国财经报》，2016年5月19日第8版。
② 财政部农业司：《"十二五"时期财政支农工作成效显著》，《中国财经报》，2016年5月19日第8版。
③ 《财政部关于全面推开农业"三项补贴"改革工作的通知》，财农〔2016〕26号。
④ 《中共中央关于制定国民经济和社会发展第十三个五年规划的建议》，2016年"中央一号文件"。

第十七章　当代城乡关系演变与向耕者有其富目标迈进

（五）实行农村土地制度创新，促进现代农业发展，增加农民财产性收入

党的十八大后开展的农村土地所有权、承包权、经营权"三权分置"的土地承包经营权改革，赋予了农民对承包地的占有、使用、收益、流转及承包经营权抵押、担保权能，并允许承包土地的经营权向金融机构抵押融资，唤醒了农村产权这一长期被压抑的"沉睡资本"。与此同时，在全国33个地区开展试点，进行"三块地"改革探索，试点的主要内容是探索健全程序规范、补偿合理、保障多元的土地征收制度；探索同权同价、流转顺畅、收益共享的农村集体经营性建设用地入市制度；探索依法公平取得、节约集约使用、自愿有偿退出的宅基地制度[1]。"三块地"改革将最终建立兼顾国家、集体、个人的土地增值收益分配机制，合理提高农民在其中的分配比例；建立健全土地增值收益在国家、集体和农民个人之间合理分配的制度安排[2]。农村土地制度改革创新，不但有利于从根本上推进土地流转和农业规模经营，发展现代农业，提高农民的农业经营效益，而且有利于在城乡协调、共享的基础上，使农民获得丰厚而有保障的财产性收入收益。

党的十八大以来，中国共产党提出的一系列新理念、新思想和惠农富农政策与各项改革举措，促进了现代农业发展、农民增收致富的进程，也必将对未来三农发展产生深刻影响。

二、现代农业的巨大发展

党的十八大以来，党中央深刻把握城乡协调一体化发展方针，通过一系列强农惠农富农政策的实施，在改革中推动现代农业发展，取得了辉煌成就，为农民增收致富打下雄厚的物质基础。

---

[1] 姜大明等：《平稳推进农村土地制度改革》，《人民日报》，2015年1月11日。
[2] 孔祥智：《十八大以来的农村土地制度改革》，《中国延安干部学院学报》2016年第2期。

中国"三农"发展规律与战略目标研究

(一) 农业持续发展,农产品人均占有量超过世界平均水平

党的十八大后,粮食生产保持持续增长的势头,实现历史性的"十二连增",连续登上两个千亿斤新台阶。2011年以来粮食总产连续跨越5500亿公斤和6000亿公斤两个关口,这是新中国成立以来没有过的。2014年达到6071亿公斤,2015年达到6214.5亿公斤,连续5年超过5500亿公斤,连续3年超过6000亿公斤,第一产业增加值63671亿元,比上年增长3.3%。2016年,在自然灾害比较严重和农业结构调整情况下,全国粮食总产量达到6162亿公斤,虽比2015年减少52亿公斤,即0.8%,但仍站稳6000亿公斤台阶。粮食生产保持持续增长说明粮食综合生产能力实现质的飞跃,也使中国水稻、小麦、玉米三大谷物自给率保持在98%以上,粮食人均占有量达到450公斤,高于世界平均水平。在粮食连年增产的同时,"菜篮子"产品也丰产丰收、供应充足、价格稳定。2015年,中国产出561万吨棉花、3547万吨油料、12529万吨糖料,蔬菜、水果和茶叶产量分别达到78727万吨、27344万吨和224万吨,肉类总产量为8625万吨,禽蛋产量为2999万吨,牛奶产量为3755万吨,水产品产量为6690万吨,肉类、禽蛋、蔬菜和水产品等产量稳居世界第一。人均占有肉类65公斤、蔬菜550公斤、禽蛋20公斤、水产品47公斤,均超过世界平均水平。

(二) 传统农业加速向现代农业转变,农业现代化水平不断提高

党的十八大后,传统农业加速向现代农业转变。2015年,农业科技进步贡献率超过56%,标志着中国农业发展已从过去主要依靠增加资源要素投入状态,进入主要依靠科技进步的新时期;农作物耕种收综合机械化水平达到63%,标志着中国农业生产方式已由千百年来以人畜力为主转变为以机械作业为主的新阶段;农田有效灌溉面积占比超过52%,标着中国农业靠天吃饭的局面正在逐步改变[①]。农作物良种覆盖率已稳定在

[①] 叶乐峰、詹媛:《我国农业科技进步贡献率超过56%》,《光明日报》,2016年8月16日第6版。

第十七章 当代城乡关系演变与向耕者有其富目标迈进

96%以上,标志着中国农业生产用种已全部实现了更新换代。

(三) 农业经营方式发生重大变革,新型农业主体活力迸发

随着土地流转日益加速和现代农业水平快速提高,农业生产中的生产关系在不断变革,新型农业经营方式开始涌现。一是适度规模化经营稳步发展。截至2016年6月底,全国承包耕地流转面积达到了4.6亿亩,超过承包地的1/3。在一些沿海地区这一比例已经达到1/2。土地流转推动了农业规模化经营快速发展。目前,粮食蔬菜、花卉、瓜果种植、畜禽水产养殖和特色种养等产品的生产,逐渐向规模化、专业化农户聚集,生产规模化程度不断提高。二是新型农业生产经营主体快速涌现。党的十八大以来,着力培育种养大户、家庭农场、农民合作社、农业企业等新型经营主体,推进家庭经营、合作经营、企业经营、集体经营共同发展,各种类型的新型农业生产经营主体快速发展,逐步成为建设现代农业的重要力量。截至2016年6月底,家庭农场、农民合作社、农业产业化龙头企业等新型主体已经超过270万家,并逐步成为现代农业建设的生力军,给古老的农业产业注入了勃勃生机和活力。

三、农民生活水平的提升

党的十八大以来,以习近平同志为核心的党中央围绕实现全面建成小康社会的战略目标,提出了一系列新理念新思想新战略,着力加大惠民政策力度,增加社会公共服务投入,居民收入快速增长,消费结构不断优化,生活质量不断提升。

(一) 农村居民收入继续快速增长

党的十八大以来,农村居民收入增长速度一直保持高速增长,连续6年超过GDP增长率和城镇居民收入增长率(见表17-7)。农村居民人均收入一年一个台阶,从2012年的7916.6元,增长到2013年8895.9元、2014年的9892元,到2015年已经突破1万元大关,达到11422元,已经接近完成党的十八大提出的到2020年城乡居民收入翻一番的目标。同时,农村居民纯收入与城镇居民可支配收入相比,表现出差距缩小的趋势,由

中国"三农"发展规律与战略目标研究

2010 年的 3.33∶1、201 年 3.23∶1、2012 年 3.13∶1、2013 年 3.10∶1、2014 年的 3.03∶1，一路下降到 2015 年的 2.73∶1。

表 17-7　　　　　　　　2010~2015 年城乡居民收入增长比较

年份	城镇居民人均可支配收入增长率	农村居民人均纯收入增长率	GDP 增长率
2010	7.8	10.9	10.6
2011	8.4	11.4	9.5
2012	9.6	10.7	7.7
2013	7	9.3	7.7
2014	6.8	9.2	7.3
2015	6.6	7.5	6.9

资料来源：国家统计局：《中国统计年鉴 2011—2015》，2015 年数据来自国家统计局：《2015 年国民经济和社会发展统计公报》。

（二）农村居民中的高收入阶层已达富裕目标

据姜长云按五等份（各等份均占 20%）分组计算，2010 年、2013 年高收入户人均纯收入分别相当于低收入户的 7.51 倍和 8.24 倍。2014 年、2015 年高收入户人均可支配收入分别是低收入户的 8.65 倍和 8.43 倍[①]。特别是种植大户和农场等新型农业经营主体实现了富裕。据初步统计，到 2015 年，中国龙头企业、专业合作社家庭农场等新型农业经营主体达到近 250 万家[②]。其中家庭农场 87.7 万家、农村合作社 153 万个[③]。2015 年各类新型农业经营主体平均利润达到 68.76 万元。其中，农业产业化龙头企业盈利能力最强，2015 年平均获利 502.82 万元。农民专业合作社平均获利 51.42 万元；家庭农场盈利能力最弱，但其平均获利也达 21.38 万元[④]。

---

① 姜长云：《当前农民收入增长趋势的变化及启示》，《人民论坛·学术前沿》2016 年第 7 期下。
② 张红宇：《充分发挥新型经营主体和适度规模经营的引领作用》，《农村经营管理》2016 年第 1 期。
③ 张红宇：《发挥好新型经营主体和适度规模经营的引领作用》，中国农业新闻网，http://www.farmer.com.cn/wszb06/nzh/rrr/201602/t20160227_1184200.htm，2016 年 2 月 27 日。
④ 经济日报中国经济趋势研究院新型农业经营主体调研组：《新型农业经营主体发展指数调查报告》，《经济日报》，2016 年 8 月 22 日第 6 版。

第十七章 当代城乡关系演变与向耕者有其富目标迈进

（三）农村贫困人口大幅减少

按每人每年 2300 元（2010 年不变价）的农村贫困标准计算，2013～2016 年农村贫困人口每年减少都超过 1000 万人以上，累计脱贫达 5564 万人；贫困发生率从 2012 年年底的 10.2%，下降到 2016 年年底的 4.5%，下降了 5.7 个百分点。贫困地区农村居民收入增长快于全国农村居民。2013～2015 年贫困地区农村居民人均收入累计名义增长 46.8%，年均名义增长 13.6%，扣除价格因素，年均实际增长 11.5%，比全国农村平均水平高 2.8 个百分点。2016 年，贫困地区农村居民人均可支配收入达到 8452 元，增速比全部农村居民收入快 2.2 个百分点，贫困地区农村居民人均收入水平与全国农村平均水平的差距不断缩小。

（四）消费结构显著改善

与过去消费结构相比，农村居民消费结构正在由生存型消费向发展型消费升级、由物质型消费向服务型消费升级、由传统消费向新型消费升级，并且这一升级的趋势越来越明显，速度越来越快。特别是反映农民消费转型升级的家庭耐用消费品发生了新的变化。不仅原来的电冰箱、洗衣机等已普及，即使原先农民不敢奢望的一些家用消费品，如家用汽车、电脑等，也进入了寻常百姓家且越来越普及。从 2013 年到 2015 年，农村常住居民每百户拥有的家用汽车从 18.9 辆增加到 25.4 辆，摩托车从 31.2 辆增加到 31.3 辆，电冰箱（柜）从 85.0 台增加到 94.5，空调从 78.6 台增加到 100.2 台，彩色电视机从 150.5 增加到 161.3 台，计算机从 35.7 台增加到 45.5 台，移动电话从 188.8 部增加到 216.4 部。

（五）农村社会保障不断完善

党的十八大以来，新一届中央政府始终把保障和改善民生放在首位，补齐经济发展"短板"，在农村医疗、养老和最低生活保障等方面出台了一系列重大举措，解除农村居民后顾之忧。新型农村合作医疗覆盖率到 2015 年达到 98.8%，基本覆盖全体农村居民。2014 年 2 月，新型农村社会养老保险（简称新农保）和城镇居民社会养老保险（简称城居保）合二为一，建立全国统一的城乡居民基本养老保险制度。参加基本养老保险的人数从 2010 年的 3.6 亿人迅速增长到 2015 年的 8.58 亿人，基本养老保险覆盖率从 26.84% 提升到 62.44%，将近 2/3 的人口纳入基本养老保险范围。农村最低生活保障制度实现全覆盖，达到应保尽保目标。

四、农民生活向全面小康目标逼近

21 世纪中国的全面小康社会目标，是包括经济、政治、文化、社会、生态文明建设五位一体的整体目标，有一系列具体指标。这里仅从农民收入和生活质量方面，说明目前农民向全面小康目标进展的程度。

从党的十八大制定的目标看。党的十八大关于全面建成小康社会目标中，明确了城乡居民人均收入比 2010 年翻一番的指标性要求。按此要求，到 2020 年农村居民收入应达到人均纯收入 11838 元①（2010 年农民人均纯收入为 5919 元）。2015 年中国农村居民人均纯收入为 10772 元②。按 2016 年比 2015 年实际增长 6.2% 计算，2016 年农村居民可支配收入为 12363 元，农村居民人均纯收入为 11440 元，都已非常接近 2010 年"翻一番"目标了。

按农民生活质量标准看。魏后凯在《中国农村全面建成小康社会进程评估》研究中提出了体现人民生活质量的六项标准（恩格尔系数、农村人均住房面积、城乡居民收入水平比、脱贫率、农村卫生厕所普及率和农村自来水普及率）。该研究认为，2014 年全面小康社会在农村居民生活质量的实现程度为 91.78%③，已接近全面小康目标。如果按农村生活指标年均提高 3.66 个百分点计算④，到 2016 年年底已达 99.1%，也十分接近全面小康目标。

---

① 郭飞、王飞：《政策解读：如何看"城乡居民人均收入十年'翻一番'"》，《光明日报》，2012 年 12 月 28 日第 11 版。
② 《2015 年居民生活（居民收入）情况》，中央政府门户网站，http://www.gov.cn，2016 年 3 月 17 日。
③ 魏后凯：《中国农村全面建成小康社会进程评估》，《人民论坛·学术前沿》2016 年第 9 期下。
④ 魏后凯：《中国农村全面建成小康社会进程评估》，《人民论坛·学术前沿》2016 年第 9 期下。

第十七章　当代城乡关系演变与向耕者有其富目标迈进

按恩格尔系数划分标准看。国际上把恩格尔系数40%～50%界定为小康，30%～40%界定为富裕。据此，2009年国家统计局提出全面建设小康社会统计监测指标体系中恩格尔系数≤40%指标。这些年中国农村居民恩格尔系数持续下降，2016年已由2011年的40.4%，下降到32.2%。就是说从恩格尔系数衡量，目前中国农村居民已越过小康，总体跨入了富裕区间。

在上述不同角度材料中对目前农民收入和生活水平的估量虽存在某些差别，但农民生活水平在总体上向全面小康目标逼近是无可异议的，到2020年农民总体实现全面小康目标也是没有悬念的。下文就会看到，尽管当前农民在致富路上所达到的水平，与城市居民相比还有很大差距，农民内部富裕程度也很不平衡，距离耕者有其富目标更有不小距离，但经新中国成立后不到70年，特别是改革开放以来不到40年的卓越奋斗，中国数以亿计的农民，从普遍贫苦状态，到总体接近全面小康目标，这是旧中国农民所不可想象的，在世界上也是史无前例的。

第十八章
实现耕者有其富目标的基本路径

经过新中国成立以来，特别是改革开放以来的长期探索和卓越奋斗，当前中国农民的收入水平已接近全面小康目标，但距离实现耕者有其富目标还有不小距离，面临着一系列压力和挑战。如何解除压力，赢得挑战，实现耕者有其富的战略目标？其根本途径，在于实现城乡一体协调发展，实行由传统农业向现代农业的全面转变。

第一节
实现耕者有其富目标的差距与压力

一、实现耕者有其富目标差距评估

如前所述，耕者有其富目标，在广义上是指农民通过多元化尤其是非农收入实现富裕，在狭义上是指农民主要通过自己从事的种植业尤其粮食种植生产达到富裕目标。而且这一目标不是对农村居民的纵向比较，而是

第十八章　实现耕者有其富目标的基本路径

指农民达到城市居民的中等生活水平。依此要求看，目前农民虽在总体上已接近全面小康目标或者说刚刚步入富裕阶段的门槛，但就多数农民而言，还远未实现真正富裕目标，特别是与城市居民收入和生活水平相比仍有巨大距离，对从事粮食种植业农民来说这种距离更大。

（一）农民内部不同阶层的收入水平很不平衡

根据姜长云的研究，近年来不同收入等级的农民收入差距呈现扩大态势。按五等份分组，2010年高收入户（20%）农民人均纯收入相当于低收入户（20%）的7.51倍，2013年扩大到8.24倍，2014年扩大到8.65倍。2015年不同收入等级农民收入差距扩大态势有所改变，但高收入户农民人均可支配收入仍相当于低收入户的8.43倍[1]。这说明，农村居民人均收入的一般数据，不能真实反映多数农民收入的实际情况。2015年，全国农村居民人均可支配收入为11422元。但姜长云提供的调查数据表明，只有高收入和中等收入偏上户超过这一数字，跨入了宽裕甚至富足阶层，而其他的三类户即60%的户数均未达到。其中，低收入户人均可支配收只有3086元（见表18-1）。由此推算，即使到2020年，农村低收入户实现了比2010年"翻一番"目标，他们的收入、生活水平与农村富裕阶层和城市居民相比仍会有巨大距离，而与实现富裕仍有遥远的距离。

（二）占农户大多数的普通农户收入低

在姜长云研究的五等份分组中，高收入户和中等偏上户主要是种粮大户和家庭农场，中等收入以下农户基本是以农为主户和兼业户构成的普通农户。而这部分农户实际分别占总农户的39.6%和45.3%，两者合计占84.9%[2]，但其收入明显低于种粮大户和家庭农场，2015年平均年收入仅为5153.5元。即使到2020年实现翻番，达到10307.1元，但距离11838元仍有不小距离。种粮大户和家庭农场固然是农业新型主体，是发展现代

---

[1] 姜长云：《当前农民收入增长趋势的变化及启示》，《人民论坛·学术前沿》2016年第7期。

[2] 姜长云：《农户分化对粮食生产和种植行为选择的影响及政策思考》，《理论探讨》2015年第1期。

农业的生力军，但在目前乃至今后相当长时期内，以务农为主和兼业为主的普通农户，仍是中国农业经营主体的主要构成，是维护国家粮食安全的主力军①。如到2020年这些占农户大多数的普通农户，不能如期实现农村居民收入翻两番的总体目标，就很难说中国实现了全面小康。

表18-1　农民人均纯收入/可支配收入的数量及较上年增长　　　　　单位:%

按收入五等份分组（各占20%）	农民人均纯收入/可支配收入的数量							较上年增长（%）				
	2010年	2011年	2012年	2013年	2013年*	2014年*	2015年*	2011年	2012年	2013年	2014年*	2015年*
低收入户	1869.8	2000.5	2316.2	2583	2877.9	2768	3086	6.99	15.78	11.5	-3.82	11.5
中等偏下户	3621.2	4255.7	4807.5	5516	5965.6	6604	7221	17.5	12.97	14.8	10.71	9.3
中等收入户	5221.7	6207.7	7014	7942	8438.3	9504	10311	18.9	13.42	12.8	12.63	8.5
中等偏上户	7440.6	8893.6	10142	11373	11816	13449	14537	19.5	14.04	12.1	13.82	8.1
高收入户	14050	16783	19009	21273	21324	23947	26014	19.5	13.26	11.9	12.3	8.6

注：本表中带*者对应农民人均可支配收入，不带*者对应农民人均纯收入的相关内容。
资料来源：姜长云：《当前农民收入增长趋势的变化及启示》，《人民论坛·学术前沿》2016年第14期。

另外，值得注意的是，农村的普通农户特别是以农为主的农户，不但是目前中国农业的主要主体，而且未来的新型主体和新型农民将主要来自这个阶层。未来从这个目前尚未达到富裕的阶层中成长为新型主体的农民，绝非一个小数目，其过程也不是一个轻而易举可以实现的。按陈锡文测算，如按照家庭农场每户均经营100亩地，中国18亿亩耕地，需1800万户农民耕种②。按农业部公布的数据，到2016年年底，全国经营农地50亩以上规模的农户大概有350万户。在未来几十年，需要具有经营农业意愿与能力的1450万农户，加入新型农民和新型主体队伍中来。而这目前的这些新型主体，是经过改革开放30多年，至少是21世纪以来十几年的发展才实现转型的。因而，使这些巨量的目前并不富裕的普通农民富裕起来，为他们担负起新的角色提供基础，是现代农业发展的客观需要，也实现耕者有其富目标的关键，更是一个极其艰巨的任务。

---

① 姜长云：《农户分化对粮食生产和种植行为选择的影响及政策思考》，《理论探讨》2015年第1期。
② 陈锡文：《农业现代化要从实际情况出发》，《创新科技》2013年第5期。

第十八章　实现耕者有其富目标的基本路径

（三）城乡居民收入的绝对差距日趋严重

自 2009 年后，城乡居民收入的相对差距在逐步缩小。2009 年两者的倍差为 3.33∶1，至 2016 年缩小到 2.72∶1，这表明城乡相对差距拉大势头，得到了初步扭转。但两者收入的绝对差距却逐步增大。2009 年城镇居民家庭人均总收入为 18858 元，农村居民人均纯收入为 5153 元；2016 年，城镇居民人均可支配收入为 33616 元，农村居民人均可支配收入为 12363 元。这 7 年间城乡居民收入的绝对差由 13700 元，扩大到 21253 元，表明城乡居民收入差值不仅未缩小，反而拉大了。

由上可见，透过农民平均收入总体接近全面小康目标的表层现象，就会看到，目前多数农民特别是从事粮食种植业农民，距离实现全面小康的预定目标还有不小距离；他们要达到城市居民中等收入水平，全面实现耕者有其富目标，则有更长的路要走。

二、实现耕者有其富目标面临的压力

目前，中国农民不仅离全面耕者有其富目标有很大距离，而且因受国内经济发展速度放慢的新常态和世界经济低迷的影响，还使他们在走向这一目标的进程中，面临多方面压力和挑战。

第一，农民人均收入增幅趋缓。2011 年农民人均纯收入较 2010 年实际增长 11.4%，2012 年、2013 年、2014 年、2015 年分别较上年实际增长 10.7%、9.3%、9.2% 和 7.5%。2016 年农民人均可支配收入较 2015 年实际增长降至 6.2%。

第二，农民家庭经营性收入增幅下降。由于受农产品市场需求走弱和价格对农民收入拉动作用降低的影响，农业比较效益较低的问题更显突出，农民家庭经营性收入增速呈明显放缓趋势。2011 年，农民家庭经营性收增幅为 13.75%，到 2015 年下降到 6.29%。家庭经营性收入在农民家庭总收入占比由 2011 年的 47.86%，下降到 39.43%[①]。

---

① 姜长云：《当前农民收入增长趋势的变化及启示》，《人民论坛·学术前沿》2016 年第 14 期。

第三,转移性收入增长面临压力。2004年以来农村居民转移性收入一直呈现增长态势。其在农民收入中的占比,由3.7%上升到2015年18.1%①。这无疑对农民收入增长起了重要作用。然而,在新常态下受国民经济和国家财政收入增速放缓及受WTO"黄箱"支持上限的多重制约,如再像前几年那样不断增大农民转移性收入的支持力度,将面临较大压力。

第四,财产性收入增速较快,但对农民增收影响处在辅助地位。2013~2015年,农民人均财产净收入由194.7元增加到252.0元,占农民人均可支配收入总增量的2.9%②。目前逐步展开的增加农民财产性收入的各项改革,将释放对农民增收的制度创新红利,但要看到这一红利的释放,需要经历一个长期渐进的过程③。

第五,工资性收入增幅趋缓。2011年农民工总量较2010年增长4.4%,2012年、2013年、2014年、2015年农民工总量增速分别下降到3.9%、2.4%、1.9%和1.3%。2016年农民工增速有所回暖,但也只增长了1.5%。同时,农民工人均月收入水平的增长均呈现明显的放缓趋势④。

第六,扶贫攻坚难度加大。党的十六大特别是党的十八大以来,农村扶贫工作成就显著,每年减贫1000万人以上。到2016年年底,农村尚有贫困人口4335万人。这些剩余的贫困人口自身能力低、经济收入低,所处自然环境恶劣,扶贫难度大。如何啃下这块难啃的骨头,使之到2020年如期脱贫,并防止返贫,逐步赶上其他农民的生活水平,也是一个非常艰难的任务。

第七,农民增收的环境压力加大。有学者将农业新常态下农业环境压力概括为"两板挤压""双灯限行"。"两板挤压"是指"天花板"挤压

---

① 姜长云:《当前农民收入增长趋势的变化及启示》,《人民论坛·学术前沿》2016年第14期。
② 张红宇:《新常态下寻求农民增收新突破》,《人民日报》,2015年4月12日。
③ 姜长云:《当前农民收入增长趋势的变化及启示》,《人民论坛·学术前沿》2016年第14期。
④ 姜长云:《当前农民收入增长趋势的变化及启示》,《人民论坛·学术前沿》2016年第14期。

第十八章　实现耕者有其富目标的基本路径

和"地花板"挤压两板挤压。"天花板"挤压是指农产品价格高启;"地花板"挤压是指因劳动力和农资价格上涨等原因导致农产品不断"抬升"。"双灯限行"是指受到"黄箱"补贴和农业资源的限制。"黄灯限行"是指中国对"黄箱"补贴[①]用得已几无空间再用。"红灯限行"是指农业资源环境已因土地与水资源紧张、缺乏和环境污染严重而越过了资源红线。"两板挤压""双灯限行",使中国再试图依靠提高农产品价格和国家加大直接农业补贴力度,延续传统农业生产方式来发展生产,以增加农民收入,都失去了空间和可能[②]。这些使中国政府和农民在全面实现耕者有其富目标进程中,面临巨大压力和挑战。

三、农民收入增幅趋缓原因与未来走向

由上可见,自 2012 年以来,农民收入持续高速增长势头,已转变为明显放缓趋势,进入了中高速增长的通道。在城乡收入差距大、农民增收压力大和城市居民收入持续增长的环境下,农民收入增幅趋缓的态势不免引起人们的困惑和忧虑。因而,正确认识和评估这一新变化,对农民增收的未来走势,作出较为准确的判断,是摆脱目前在这个问题上的困惑心理和焦虑情绪,准确把握新形势,采取正确对策,保障实现农民增收致富目标的客观要求。而要做到这一点,需要把问题放在三农发展规律的视野下加以审视,才能得出科学结论。

目前农民收入增幅下行态势出现是不可避免的。从 2004 年到 2012 年,中国改变了此前一个阶段主要靠汲取农村资源,高速发展工业化的政策。在农村,采取"多予、少取、放活"政策,加大了对农业和农民的支持补贴力度。在城市,提高了农民工待遇,增强了城市对农民工的吸纳力度。应当说,在当时三农问题严重、工业高速发展和 WTO"黄箱"政策有较大利用空间条件下,这些政策适应了城乡协调发展规律,因而促进了粮食高速连年增产和农民高幅连年增收,并满足了高速发展的工业化和

[①] "黄箱政策"是指农业补贴进入成本,干扰市场价格。中国加入 WTO 允诺"黄箱"补贴上线不超过农业产值的 8.5%,如超过就违反世贸组织规定。

[②] 刘奇:《解读中国农业新常态:两板挤压双灯限行六产开拓》,《中国发展观察》2015 年第 3 期。

城市化对农产品量的需求。

然而，这种农业发展模式是不可持续的。因为它主要是在基本不改变传统分散的小规模家庭经营生产方式基础上，充分利用WTO"黄箱"和政府惠农政策支持基础上实现的，是一种外生性农业发展模式。这种模式，一方面极大促进了农业增长和农民增收，使小农经济功能得到了超水平发挥；另一方面也加大了三农对国家投入、自然资源以及对农民工收入的依赖，并严重损害了农业自然环境，抬高了农业生产成本。一旦"黄箱"政策受限、自然资源约束力显现、城市发展受阻，其发展速度下降是必然的。

到2013年，这一发展模式的多方面局限性便逐渐一一暴露出来。第一，对农业补贴的"黄箱"，已逼近中国加入世贸组织时承诺的不超过农业产值的8.5%的顶部①。同时，主要靠资源投入的粗放型增长模式，造成资源过度利用和生态环境造成的压力凸显，从而出现了人们所说的"天花板"和"地花板"的"双板挤压"。第二，随着国民经济由高速转变为中高速发展新常态和城乡居民消费升级，不但前一阶段城市对农产品的需求出现下降，传统小规模家庭经营生产的传统产品销路受阻，而且农民工收入增幅也开始趋缓，农民工资性收入缩水。第三，随着国际大宗农产品价格延续下跌态势和国内农产品价格上升，形成国内农产品价格全面倒挂，使国内农产品在国内外市场销售困难。第四，随着时间推移，原前的惠农政策的刺激效应不断弱化，传统经营方式的发展功能已发挥净尽，而新型农业主体实力尚弱。这些因素叠加在一起，不能不造成农业增产和农民增收幅度趋缓。此外，党的十八大以来，国家面对这种农业发展模式暴露出的问题和由此带来的城乡发展不协调、不适应的情况，为形成农业和农民内生发展能力和可持续发展模式，展开了一系列深层次改革，如调整农业补贴和支持形式、改革农产品国家仓储制度和农业供给侧改革。这些涉及内容广泛的改革，不能不在某些环节上暂时影响部分农民收入的增长。

---

① 张雯：《农产品价：改革补贴政策 用高效率提高竞争力》，《每日经济新闻》，2015年10月19日。

第十八章 实现耕者有其富目标的基本路径

可见，目前农民收入增速放缓，是前一阶段外生性农业发展模式和由此产生的各种深层次矛盾发展、演化的结果，反映了城乡发展由不协调到协调，再到不协调和复归协调的阶段性客观发展进程，因而它的出现是不可避免的。同时，由于消除旧的农业发展模式及其造成的多方面后果、建立新发展模式都需要一个过程。所以，农民收入增速的放缓态势不可能很快改变，而将继续成为今后几年农业新常态的一个明显特征。

但是否出现如目前一些人忧虑的农民增收速度持续性下跌，而形成严重的三农问题？回答是否定的。因为农民收入增速减缓，不意味着他们的收入在减少，相反是持续增加的。更重要的是，与目前农民收入增速下行态势同时并行的还有上升趋势，而且中国正打造保持农民收入中高速增长的基础，掌握着达到这一目的多种手段。

与目前农民收入增速下行态势同时存在的上升趋势主要表现如下：第一，农民总收入逐步增加。由 2013 年人均纯收入 8896 元，增长到 2016 年人均可支配收入 12363 元。第二，农民人均收入年均增速，不仅快于农业增速，还总体快于 GDP 增速。2012～2016 年的 5 年间，GDP 增速分别为 7.7、7.7、7.4、6.5、6.7，而同期农民人均纯收入年均递增分别为 10.7、9.3、9.2、7.5、6.2。其中，只有 2016 年农民收入低于 GDP 增速为 6.2%。第三，农村居民收入增速快于城市居民增速，城乡人均收入差距在逐渐缩小。在 2013 年、2014 年、2015 年、2016 年 4 年中，农村与城市居民收入增速比率，分别是 9.3%:7.0%、9.2%:6.6%、8.1%:6.8%、6.2%:5.6%。城镇居民人均可支配收入与农民人均收入比，由 2013 年的 3.03:1，下降到 2016 年的 2.72:1。这种与农民收入增速下行不同的上升趋势，表明党和国家大力支持农民增收，弥补农民收入短板的政策得到了落实，并收到了切实效果。

目前，农村土地制度改革、农业经营体制改革和农业供给侧改革等重大改革举措正扎实推进。这些改革的实施，将为形成农业内生性新型发展模式打下坚实基础，使三农发展获得新的更强大的发展活力。当然，目前的农村改革是改革开放以来最难啃的骨头，是打破阻碍三农发展的城乡二元经济社会结构的攻坚战，难以避免的要影响到农业发展的速度甚至给部分农民带来一些阵痛。但中国共产党是以改革促进发展的大师。历史证明，不论在新中国成立初期的土地改革，还是后来的农业社会主义改造，抑或改革开放以来的几十年改革，她都能处理好改革、发展、稳定的关系，在改革不断深入的同时，促进经济健康发展。这种领导艺术和丰富经验，为在当前农村改革中保持农业发展和农民增收的适当速度，避免大滑坡，尽量减少农民阵痛提供了可靠保证。

党的十九大又一次印证了这一点。这次大会报告重申把解决好"三农"问题作为全党工作的重中之重，并提出实施乡村振兴战略，第一次在党的正式文件上写入。大会还制定了一整套实施乡村振兴战略的政策措施。如第二轮土地承包到期后再延长30年、完善农业支持保护制度、发展多种形式适度规模经营、实现小农户和现代农业发展有机衔接、促进农村第一、第二、第三产业融合发展，拓宽增收渠道等等。这些新战略和新政策，意味着把三农放在党和国家工作的首要地位和优先发展位置，意味着将有更多资金、技术、人才等要素汇入振兴农村的伟大工程，昭示着农村改革既不断深化，攻坚克难，又行稳致远，最大限度减少改革所引发的阵痛，把农村改革、农业发展和农村稳定更加紧密地结合起来，为农民增收致富开辟更广阔的道路。

另外，党和政府掌握着保持农民增收的多种手段。目前以"黄箱"政策支持农业发展的空间虽已有限，但"绿箱"和"蓝箱"政策的空间还很大。"绿箱"政策，是指政府通过服务计划，提供没有或仅有最微小贸易扭曲作用的农业支持补贴，主要用于农田基本设施建设、病虫害防治技术推广等生产环节。这些补贴将降低农业投入成本，也就等于增加了农民收入。"蓝箱"政策是与限产计划相关的支付可免予减让承诺，如休耕地差额补等。这对实行休耕地区的农民增加转移性收入有重要意义。中国在继续使用"黄箱"政策同时，充分利用"绿箱"和"蓝箱"政策，将给农民增收增添新助力。

因此，目前农民收入增速下行态势，虽将持续一段时间，甚至还有可能出现小幅下降的情况，但农民收入的上升趋势和上面谈到的抗下行因素，特别是党和国家的正确领导和目前正推进的各项改革释放出来的活力，将支撑农民收入持续增长的态势，并在不长的时间内出现小幅上升，而后呈现平稳发展的新走向。

第十八章　实现耕者有其富目标的基本路径

第二节
实现耕者有其富目标的基本路径

面对农民尤其是粮食种植业农民走向富裕之路上的困境和挑战及其收入增幅下降的态势下，寻找怎样的路径，引导和帮助他们越过从初步小康到实现富裕的门槛，实现耕者有其富的千年梦想，是当前农民、国家和社会共同探索和回答的课题。

一、转变生产方式，走高效生态农业之路

实现农民增收和富裕，固然需要国家与社会的帮助，也有多种渠道和形式，但关键还在于发挥农民的主体性。农民只有以自己的辛勤、高效的劳动，创造出高产出、高质量、高收益的农产品，才能使自己实现富裕的努力建立在可靠的基础上。但如上所述，目前普通农民小规模的分散的传统生产和经营方式，是制约农民主体性发挥和增收致富的根本原因。正如习近平同志指出："我们穷在'农'上，也只能富在'农'上。小农经济是富不起来的，小农业也是没有多大前途的"。[①] 所以，要达到发展生产和实现富裕的目标，就必须转变传统生产和经营方式，走现代农业之路。而高效生态农业，正是适合中国国情的农业现代化道路[②]。

高效生态农业，是集约化经营与生态化生产有机耦合的现代农业。它有六个基本特征：一是经济高效，就是提升农业集约化经营水平，开拓农业多种功能，拉长农业产业链，提高农产品附加值，增强农业经济效益；二是产品安全，就是大力发展优质安全的农产品，提升农产品质量安全和

[①] 习近平：《摆脱贫困》，福建人民出版社1994年版，第4页。
[②] 习近平：《走高效生态的新型农业现代化道路》，《人民日报》，2007年3月21日第9版。

农产品市场竞争力;三是资源节约,就是注重农业资源的节约使用、循环利用、综合开发,积极推广资源节约型生产经营模式;四是环境友好,就是按照人与自然和谐发展的要求,推进农业标准化清洁生产,加强农业污染治理和生态环境建设,实现农业可持续发展;五是技术密集,就是使科技进步成为农业增长的主要动力,大幅度提高农业的科技含量和科技贡献率,充分运用生物技术、信息技术、新材料技术提升种子种苗、种植养殖和农产品精深加工水平;六是凸显人力资源优势,就是从人多地少的实际出发,充分发挥精耕细作的优良传统,着力提高农业劳动者的科技文化素质,大力发展劳动密集型与技术密集型相结合的特色优势产业,使农业发展真正走上依靠科技进步和提高劳动者素质的轨道[①]。

这种高效生态农业是实现狭义耕者有其富目标的必由之路。这是由中国国情决定的。中国农业人口多、耕地资源少、水资源紧缺、工业化城镇化水平不高。这种国情特点决定中国发展现代农业,既不能照搬美国、加拿大等大规模经营、大机械作业的模式,也不能采取日本、韩国等依靠高补贴来维持小规模农户高收入和农产品高价格的做法,中国实现农业现代化和农民富裕,只能走"集约化经营与生态化生产有机耦合"的高效生态农业之路[②]。具体来说,这条道路具有如下优势:

第一,它是一种现代农业生产方式,要求打破小生产和小农业的狭小生产规模,实行适度规模经营。目前家庭农场的经营规模平均为200亩[③]。比普通农户土地平均面积扩大36倍之多。这使普通农户彻底改变原来规模过小的局限,降低成本,从而获得显著规模经济效益。

第二,它有利于农民以优质高产获得更多收益。长期以来,由于农民过量使用化肥、农药、激素和抗生素等化学及生化产品,导致土地严重污染、农产品质量严重下降,这是导致农民增产不增收的重要原因。高效生态农业,则在尽量少用或基本不用化学投入物的前提下,保证作物产量基

---

① 习近平:《走高效生态的新型农业现代化道路》,《人民日报》,2007年3月21日第9版。
② 习近平:《走高效生态的新型农业现代化道路》,《人民日报》,2007年3月21日第9版。
③ 张红宇:《新型农业经营主体发展趋势研究》,《农业经济研究》2015年第1期。

第十八章　实现耕者有其富目标的基本路径

本不下降甚至高产。这不仅有利于恢复地力,增加产量,而且生产出高质量的绿色产品,使农民得到高回报。

第三,它有利于凸显中国传统优势。中国农村有两大传统优势,一是人力资源丰富;二是农业精耕细作技术。高效生态农业要求实行适度规模经营,这不仅有利于凸显中国农村人力资源丰富的优势,而且有利于把精耕细作传统与现代科学技术结合起来,提高单位面积产量,从而获得比大规模经营更显著的经济效益,在根本上克服传统农业比较效益过低问题,给农民致富提供物质基础。

第四,它要求实行产业化经营,不但使农民得到生产环节的收益,同时可以获得流通和加工环节的收益。目前正推进的第一、第二、第三产业融合发展新模式,把农业产业化提高到了一个新形态,实现了农业生产、农产品销售和加工、餐饮、休闲及其他服务业的有机整合,协同发展,使农业产业链得到了空前延伸与扩展。农民一旦分享产业"融合"带来的红利,其收入将大大增加。

第五,它可使农民能够得到国家更多的支持。多年来国家为引导高效生态农业发展,实行了包括生态补偿、绿色补贴政策、项目基金扶持、减税、免税、贴息、政府补助等多种经济支持政策。同时,发展高效生态农业要求调整农业结构,而这种调整正是 WTO "绿箱"政策支持的主要对象。农民将会在发展高效生态农业过程中获得国家多方面支持和补贴,增加转移性收入。

正因为高效生态农业为农民致富开辟了广阔道路,习近平同志指出:"现代高效农业是农民致富的好路子。要沿着这个路子走下去,让农业经营有效益,让农业成为有奔头的产业。"①

发展高效生态农业,也会为实现广义上的耕者有其富目标提供广阔舞台。高效生态农业不但比小农业,而且比机械化大农业有更长的产业链,因为高效生态农业是一种功能多元化的农业。它不但提供优质、鲜活、安全的农产品和工业原料,以满足城市消费和工业发展需求,同时还向休

---

① 霍小光、王骏勇:《习近平指出:没有农村繁荣富强国家现代化是不牢固的》,《农民日报》,2014 年 12 月 16 日第 1 版。

闲、观赏等方向延伸，具有生活休闲、旅游度假、生态保护、文明传承、科普教育等方面的功能[①]。因而，为农村居民多元化参与三农发展，并获得较高收益提供了更多机会。

目前，中国的高效生态农业在福建、浙江等一些沿海省份取得了长足发展，证明了它的优越性和生命力，但在全国尚处在初期发展阶段。然而，从以上分析可见，它不但符合这些地区的情况，也适合整个中国的国情，不但符合现代农业发展趋势，更有利于广大农民增收致富，是一条利国利民的好路子。因此，国家应明确把高效生态农业作为中国农业发展的方向，进一步加大对它高效生态农业的支持力度。

这里需要澄清的问题是，发展高效生态农业虽有利于实现了农产品的高效益，有利于农业生态价值、社会价值和文化价值的多元开发，但这并不能改变其受自然界和市场双重影响的格局，因而也就不能改变其农业弱质产业的性质。因为高效生态农业及其多方面价值，都是在自然和市场双重环境下发展、开发与实现的。而且不论其粮食生产功能，还是生态保护、文明传承、科普教育功能，都具有社会价值、生态价值和文化价值，都具有公共性。因而，在发展高效生态农业过程中，特别是在农业市场化改革过程中，对农业的补贴和保护只能强化，不能削弱。

二、实现主体转型，走多元致富之路

目前，普通农户收入较低的最主要的直接原因，是土地规模狭小、生产方式落后导致规模效益低下。近年出现的农业劳动力老龄化，更加剧了问题的严重性。解决这一问题的关键，在于减少农民数量特别是老龄农民数量，将剩余劳动力举家转移到城市和非农产业，为在村农民实现农业规模化经营提供条件。目前，中国从事粮食生产的劳动力在1.5亿人左右。如按北方单季地区家庭经营120亩左右、南方两季地区60亩左右为适度规模经营标准，中国粮食生产只需4300万个劳动力。这意味着有1亿左

---

① 魏宣利：《科学把握现代高效农业的内涵和特征》，《河北日报》，2015年10月16日第7版。

第十八章 实现耕者有其富目标的基本路径

右农业剩余劳动力[①]及其家庭需要转移到城市和非农产业。这种转移，不仅将为被转移农民实现从农民转变为市民和第二、第三产业就业人员主体转型，从而获得致富新岗位、新机会，也为在村传统农户转变为家庭农场新主体，通过适度规模经营致富提供条件。当然，不论是农民向市民转型，还是传统农户转变向家庭农场转型，都是需要各种条件的具备，都需要一个长期发展的过程。

三、发展中国式家庭农场，走自耕致富之路

几千年的中国历史证明，无论在哪种社会条件下，小规模家庭经营方式，最多使农民过上温饱有余的小康生活，而不能实现农民富裕的愿望。因此，改革开放以来尤其进入21世纪以来，适应中国现代农业发展和实现耕者有其富目标的必然要求，在中国诞生并蓬勃发展着专业大户、家庭农场、农民合作社和农业企业等新型农业经营方式和主体。当然，这些新型经营方式和主体，对推动现代农业发展，实现农民增收都有各自的作用，都需要进一步发展，但在四种方式中，家庭农场是实现农民特别是从事种植业生产的真正意义"耕者"的富裕目标的最佳方式和途径。

2014年2月农业部颁布的《关于促进家庭农场发展的指导意见》（2014年"中央一号文件"），提出现阶段中国家庭农场有如下特征：第一，家庭农场经营者主要是农民或其他长期从事农业生产的人员，主要依靠家庭成员而不是依靠雇工从事生产经营活动；第二，家庭农场专门从事农业，主要进行种养业专业化生产；第三，经营者大都接受过农业教育或技能培训，经营管理水平较高，示范带动能力较强，具有商品农产品生产能力，实现较高的土地产出率、劳动生产率和资源利用率；第四，家庭农场经营规模适度，种养规模与家庭成员的劳动生产能力和经营管理能力相适应，符合当地确定的规模经营标准；第五，收入水平能与当地城镇居民相当；第六，经过当地工商部门注册。

具有上述特征的家庭农场，既区别于原先的农户小规模经营，也不同

---

① 丁栋中：《财办副主任：农业适度规模经营要防止土地过度集中》，中国新闻网，http：//www.chinanews.com/cj/2014/10-21/6702424.shtml，2014年10月21日。

于耕地充足、大规模经营的美国式农场，不同于耕地缺乏、农户小规模经营的日本、韩国式农场，还不同于耕地规模介于美国、日韩之间的欧洲式农场，而是要求建立在农村土地集体所有制和土地家庭承包制基础上，符合中国耕地状况和当前农业现代化发展阶段的中国式的家庭农场。它为实现不同意义上的耕者有其富目标，尤其是狭义上的"耕者"通过自耕实现富裕的目标，开辟了广阔道路。

中国式的家庭农场，是实现广义上的耕者有其富目标，促进广大农民普遍富裕的推动器。家庭农场是在普通农户土地向家庭农场流转实现的。这不但使"带土地进城"的流转户得到承包地租金而增加收入，而且使在自愿基础上退出承包地的农民得到补偿，从而减轻他们向城市转移的土地牵扯和成本压力，有利于他们获得新就业机会和收入来源。

同时，它对在农民专业合作社和农业企业中工作的农民，实现增收致富提供了基础。从目前看，农民专业合作社和农业企业，都在不同程度上担负着农业产前、产中和产后各个环节的经营，但从发展趋势看，农民专业合作社将成为承担为生产经营主体提供产前、产中、产后各环节服务的组织[1]，龙头企业将成为农产品加工和流通领域的基本主体。而家庭农场和专业大户是未来中国农业生产的基本主体[2]。专业大户虽也是家庭经营，但其耕地面积过大，经营成本过高，不仅不符合中国国情，而且超过了家庭经营的管理能力，因而目前已出现向适度规模的家庭农场转化的趋势。所以，家庭农场将是未来中国农业生产的基本主体。而生产环节是农业的中心环节，在农业产业链中居于决定性地位，只有生产蓬勃发展，产前、产中和产后服务及农产品加工业才能兴旺。因此，处于农业中心环节的家庭农场的发展，将带动其他新型主体的发展，为其他新型主体工作的农民提供发展的条件，促进农民共同致富。

中国式家庭农场，是实现狭义上的耕者通过自耕走向富裕的基本途径。第一，家庭农场具有适度规模经营优势。这种优势会形成生产的规模

---

[1] 张红宇：《新型农业经营主体发展趋势研究》，《农业经济研究》2015年第1期。
[2] 孟丽等：《我国新型农业经营主体功能定位及结构演变研究》，《农业现代化研究》2015年第1期。

第十八章　实现耕者有其富目标的基本路径

效益，有利于科技应用和农业产业结构调整，降低生产成本投入，大幅提高农业生产能力，实现专业化生产和集约化经营，发展高效特色农业，从而在根本上克服了农业小生产的局限，大大提高农民收入。据农业部2016年对全国3000多户家庭农场生产经营情况的典型监测，家庭农场的年均纯收入达到25万元左右，劳均纯收入近8万元，高于普通农户收入①。

第二，家庭农场有利于提高农业竞争力和可持续发展能力。家庭农场不但实行适度经营规模，而且必须进行工商登记。这促使农民更加注重品牌意识和农产品安全，有利于保障农产品质量安全，从而提高农产品的竞争力和持续发展能力，为农民持续增收提供可靠保障。

第三，家庭农场是最合理、狭义耕者收入最多的经营形式。目前农业企业和农业大户，主要通过雇工生产。这些雇工是狭义上的农民，且其中大多数是把土地流转给这些企业和大户的农民。他们虽得到了土地租金和工资双重收入，在一定时期和一定程度上提高了农民收入，也不乏某些大户厚待农民的例子，但从理论和本质上看，大户获得的利润，完全来自于农民的剩余劳动，因而这些农民与大户是一种剥削与被剥削关系。由此，形成了大户利用所雇用农民的土地和劳动力取得剩余价值，而农民则在自己的承包地上付出辛勤劳动和汗水，但绝大部分收益被大户占有，而自身只获得有限收益的尴尬局面。因而，农民试图通过出卖劳动力实现富裕，是行不通的。

而家庭农场则不同。它以自家劳动力为主，而非以雇工为主。家庭农场成员既是真正的"耕者"，又是真正的经营者，其收益除给付租赁土地的租金外完全归己，因而不用任何监督而能以高度热情和负责精神进行生产。因而它在目前不同新型农业主体中，是亩产效益最高、狭义农民收入最多的经营形式。就是说，通过家庭农场的自耕经营，是农业劳动者走向富裕的最佳和基本的途径。

中国式的家庭农场，还是实现农民达到与城市市民同等收入水平的根本路径。从党和国家发展家庭农场的目的看，就是通过适度规模经营，发

---

① 余瑶：《我国新型农业经营主体数量达280万个》，《农民日报》，2017年3月8日。

展现代农业并使农民收入达到与当地城镇居民相当的水平。这不但在 2014 年"中央一号文件"《关于促进家庭农场发展的指导意见》中有明确说明,而且同年 11 月中共中央办公厅和国务院办公厅发布的《关于引导农村土地经营权有序流转发展农业适度规模经营的意见》(2014 年 61 号文件)在说明重点扶持对象时说:"家庭农场经营规模相当于当地户均承包地面积 10 倍至 15 倍,务农收入相当于当地二、三产业务工收入"。固然,目前由于大多数家庭农场刚刚起步,实力仍显不足,国家的相应扶持政策与管理服务制度也不够健全,因而在其发展中仍面临诸多困难与问题,它在农户中所占比重还不高。但从上书引证的农业部对 3000 多户家庭农场生产经营情况的典型监测结果看,它已初步展示了大幅度增加农民收入,接近城镇居民中等收入水平的趋势。可以相信,随着家庭农场的进一步发展完善和各方面条件进一步改善,家庭农场将推动更多农民收入和生活达到城市中等收入水平。

可见,家庭农场以农民所熟悉的形式和适应现代农业要求的新功能,不但会在比较完全意义上实现耕者有其富目标,而且把农民带入自主劳动、自耕致富的乐园,使农民达到孟德拉斯所说的"不必服从雇主""不必受人监视"的自豪[①],过上富裕、体面而自由的生活。家庭农场是实现绝大多数农民劳动致富的最佳形式,是中国农民真正向往的境界。

四、加强农业社会化服务,走产业融合致富之路

降低农业生产和交易成本,是农民增产、增收、致富的必然要求。而为农业生产主体提供社会化服务和农产品深加工,不但可以有效降低生产成本,提高农产品产量与销售价格,从而增加农民经营性收入。事实证明,进入 21 世纪以来,农民合作社和农业龙头企业等新型主体,为农业生产提供的社会化服务,对促进农民增收发挥了重要作用[②]。从国外经验看,覆盖产前、产中、产后全过程的综合配套、便捷高效的社会化服务体

---

① 孟德拉斯,李培林译:《农民的终结》,社会科学文献出版社 2010 年版,第 182 页。
② 穆娜娜、孔祥智:《农业社会化服务模式创新与农民增收的长效机制——基于多个案例的实证分析》,《江海学刊》2016 年第 1 期。

第十八章　实现耕者有其富目标的基本路径

系,是发达国家农业的共同特征。随着中国现代农业发展,家庭农场的农业专业化程度将不断提高,因而构建完善的农业社会化服务体系,是中国农业发展、农民致富的必然要求和重要途径。

同时,自2014年以来党中央提出的农村第一、第二、第三产业融合发展方针,对促进农民增收致富具有特殊作用。农村第一、第二、第三产业融合指的是以农业为基本依托,通过产业联动、产业集聚、技术渗透、体制创新等方式,将资本、技术以及资源要素进行跨界集约化配置,使农业生产、农产品加工和销售、餐饮、休闲以及其他服务业有机地整合在一起,使得农村第一、第二、第三产业之间紧密相连、协同发展,最终实现农业产业链延伸、产业范围扩展和农民收入增加[1]。这种产业融合,填平了横在城乡、工农之间的鸿沟,是实现城乡一体协调发展的新路径。它不仅有利于吸引现代要素,改造传统农业,实现农业现代化,拓展农业功能,拉长产业链,而且改变了过去第一产业只获得农业初级农产品收益的单一收入格局,不但使农民分享三次产业"融合"带来的红利,使农民获得多方面的收益[2],是促进生产环节的耕者致富的好路子。因此,党的十九大报告把健全农业社会化服务体系、促进农村第一、第二、第三产业融合发展,作为支持和鼓励农民就业创业,拓宽增收渠道的重要途径。

五、壮大集体经济,走共同富裕之路

实现农民增收和富裕的重要前提和基础,是巩固、壮大农村集体经济,走共同富裕之路。如果说在改革开放初期,为冲破人民公社体制下的平均主义束缚,实行让一部分人先富的动员策略,以便达到先富带后富的最终目的,在当时具有合理性,是一个正确决策,那么在当今坚冰早被打破,城乡差距和农村不同阶层差距悬殊的情况下,这种策略已经过时。因为,巨大的城乡收入差距,不但制约了农村的消费能力的增长,不利于调动大多数农民的生产积极性,威胁农村社会的稳定,更不符合社会主义共

---

[1] 马晓河:《推进农村一二三产业深度融合发展》,《中国合作经济》2015年第2期。
[2] 黄祖辉:《在促进一二三产业融合发展中增加农民收益》,《农民日报》,2015年8月4日第1版。

同富裕和实现全面小康社会目标的要求。目前的中国,已到实现邓小平在20世纪80年代规划的第二个飞跃,即实现农民共同富裕的时候了。

要实现农民共同富裕,必须坚持土地集体所有制。这一制度不但可以确保农民有一份赖以安身立命的承包地,而且是农民走向共同富裕的根基、纽带和根本制度保障。随着现阶段土地改革深入,中国农村土地制度实际已成为当代中国特色的相对土地产权制度。其突出特征是土地所有权、承包权和经营权"三权分置"。这种相对土地产权制度不同于中国古代社会的相对土地所有制。古代相对土地所有制的最高所有权属于国王(皇帝),它是古代统治集团残酷压榨农民血汗的工具,成为农民贫困的根源。农民低级层次的相对所有权,则是毫无保障的,随时都可能被皇家拿走或被兼并,而使农民陷于破产境地。而在当代中国农村的相对土地产权制度下,土地集体所有制成为连接承包者和经营者双方利益的纽带和分享收益的基础。

因为在这种土地产权制中,所有权属于农民集体而非国家。自2004年以来,国家不但对农民不收取任何土地税,而且实行只予不取政策。农民种田有补贴、有支持,这是千古未有之良政。正因为这种土地农民集体所有制,村民才无偿获得承包地,从而通过流转经营权获得一定租金收入。土地流入方也因此获得比较廉价的经营权,降低了生产成本,增加了收入。同时,不论承包户自营土地,还是经营户经营流转来的土地,都享有以承包经营权入股,发展生产的权利,从而给他们增收致富增添了新的资金渠道。当然,目前农村存在土地租金过高,造成土地流转困难问题,也存在租金过低,承包户利益受损问题,需要在实践中探索土地租金合理定价和两者利益的合理分享机制,但不能否定当代农村相对土地产权制度是农民增收致富基础这一结论。

要实现农民共同富裕,必须壮大农村集体经济。农村集体经济是社会主义公有制经济重要组成部分,也是实现农民共同富裕的重要保证。第一,壮大农村集体经济,有利于坚持农民集体土地所有制这一农民致富的根基。第二,壮大农村集体经济,有利于增加农民财产性收入。目前,多数农村集体经济不发达,因而农民财产性收入主要来自土地征收补偿、农民土地流转、房屋出租和入股投资分红等,在总收入中占比很小。而在集

第十八章　实现耕者有其富目标的基本路径

体经济发达的农村，集体分红却占相当重要部分。许多事实表明，农村集体经济发达的村庄，往往是农民最富裕的村庄。这说明发展集体经济，对农民致富十分重要。目前正进行的农村集体资产股份制改革试点，把农民变为集体资产的"股东"，参与集体资产的收益分红。这一试点如获成功并推广，将进一步激发农村集体资产的内在活力，即使那些目前集体经济欠发达农村的集体经济，也将安装上集体经济发展的推进器，每一集体组织成员都将从中获得更多收益。第三，壮大农村集体经济，有利于为农业生产提供良好条件。随着土地适度规模经营和现代农业发展，对农业基础设施的要求进一步提高，国家也逐年加大了这方面的支持力度，因而这些设施管理问题也越来越突出。但这些设施属于农村公共事业，是农民不愿管和管不了的，只能由集体组织来管理和经营，需要农村集体经济作支撑。如果说家庭承包制实行初期设计的集体与农户双层经营体制的长期未落实，而给农业生产造成极大不利影响，那么，随着农村改革深入和现代农业发展，这种双层经营体制有可能得到迟来的实现。这将为农业生产提供良好基础设施条件，为生产发展、农民增收和共同富裕打下坚实基础。

正因为壮大农村集体经济对农民增收致富的重要作用，党和国家多次强调发展集体经济，并采取了一系列政策措施。党的十九大同样把壮大集体经济，作为乡村振兴战略和农民增收致富的重要内容和途径。可以相信，经过国家和农民共同探索和努力，必将实现中国农村集体经济的第二次飞跃，给集体经济发展和农民共同致富插上腾飞的翅膀。

六、实施乡村振兴战略，走城乡融合致富之路

党的十六大、十八大和十九大分别制定了统筹城乡经济社会发展、城乡一体化发展方针和乡村振兴战略，作为解决三农问题、实现农民增收致富的根本途径和顶层战略方针。实际上，这些方针与战略都是以城乡协调发展规律为依据的，都是为解决长期存在的城乡二元经济社会体制所造成的中国发展不平衡、不充分，特别是城乡发展不均衡、农村发展不充分的突出矛盾。因而这些方针在根本依据、目的宗旨和政策措施等方面存在许多一致性，三者是一脉相承、不断发展的关系，而不能如有学者那样将三者对立起来。但不同的是，三者是在各自所处的历史条件下，针对当时具体情况提出和实行的,因而在解决问题思路、重点和具体路径上存在某些区别。

总体而言,党的十六大确定的统筹城乡经济社会发展方针,是在20世纪90年代到21世纪初城乡二元经济社会体制被强化、农村衰败、城乡差距悬殊的背景下,把城市与乡村看作各自相对独立的两个实体,由中央进行外生性协调,力图通过"以工补农""以城带乡"战略,实现城乡协调发展。一方面,在农村开展社会主义新农村建设。国家利用快速增长的财政实力和WTO"黄箱"政策,运用财政手段,不断加大对农业的补贴力度,调动农民生产积极性。另一方面,促进城市化发展、改善农民工状况,以增加农民收入并满足城市劳动力需求。这些政策措施,较快缓解了当时紧张的城乡关系和严重的三农问题,在促进农业增产、农民增收方面,取得了明显成效。然而,由于当时城乡粗放式发展方式、补贴政策刺激效应的衰减、WTO"黄箱"政策的限制,特别是其外生性协调的特点使之未能从根本上触动制约农村发展和农民增收的城乡二元结构体制,因而这些政策具有不可持续性。

为克服上述问题,党的十八大确定的城乡一体化发展方针,"把工业和农业、城市和乡村作为一个整体统筹谋划,促进城乡在规划布局、要素配置、产业发展、公共服务、生态保护等方面相互融合和共同发展。着力点是通过建立城乡融合的体制机制,形成以工促农、以城带乡、工农互惠、城乡一体的新型工农城乡关系,目标是逐步实现城乡居民基本权益平等化、城乡公共服务均等化、城乡居民收入均衡化、城乡要素配置合理化,以及城乡产业发展融合化。"① 这一方针,改变了过去对城乡发展主要进行外生性协调的思路,把城市和乡村作为不可分割、共同发展的一个有机体,实行内生性协调,是对城乡关系认识的重大突破,因而该方针及其实践,不仅在城乡二元体制改革方面取得了突破性,对促进农业现代化和农民增收致富起了重要作用,而且为今后改革和发展奠定了坚实基础。然而,城乡一体化发展方针也存在局限性。

---

① 习近平:《在中共中央政治局第二十二次集体学习时强调 健全城乡发展一体化体制机制 让广大农民共享改革发展成果》,《经济日报》,2015年5月2日第1版。

第十八章　实现耕者有其富目标的基本路径

一是城乡一体化提法的局限性。城市和乡村是社会有机体不可或缺的组成部分，因而中国的现代化既包括城市现代化，也包括农村现代化。这两种现代化，既有现代经济社会的统一性，又有形态、功能和作用上的差异性，而且农村现代化的这种重要性及其与城市现代化的差异性已被包含于城乡一体化方针的内涵当中。习近平一再强调：我们既要有工业化、信息化、城镇化，也要有农业现代化和新农村建设。推进城乡发展一体化，把广大农村建设成农民幸福生活的美好家园[1]。但城乡一体化提法本身，对两种现代化的差别化发展的表述不够明确，加之以新型城镇化引领城乡一体化舆论的误导，就容易形成农村发展方向是城镇化的误识。这种误识导致国家虽以金额资金支持三农，但难以激发农民立足农村、建设农村的内在积极性和主动性，也难以从根本克服在城乡一体化实践中的重城市、轻农村倾向。由此造成在农村繁荣发展的同时，一些方面出现了衰落现象。如农村大量人力、土地和资金等农业生产要素净流向城市。再如农村"空心化"、劳动力老龄化现象比较普遍存在。一些地方还搞"去农村"化，在乡村建设上片面追求所谓现代化城市生活，使大量原有的乡土气息和文化消失。

二是实现条件的局限性。城乡一体化方针的本意，是希望以城带乡，促进乡村发展、农民富裕，但由于历史造成的城乡发展差距巨大，城市的吸引力强大，而乡村的吸引力远远不够，使农村大量人、财、物被吸到城市，加上制度因素，造成了城乡发展的不平衡[2]，农村落后。这些局限性成为制约农业发展、农民增收致富的重要原因。

针对城乡一体化的上述局限性，党的十九大第一次提出实施乡村振兴战略。这一战略的总要求，是努力做到农村产业兴旺、生态宜居、乡风文明、治理有效、生活富裕；基本途径是坚持农业农村优先发展，建立健全城乡融合发展体制机制和政策体系，加快推进农业农村现代化。与此前思路不同的是，这一新战略如实把城市和乡村看作既紧密联系，又相互区别

---

[1] 习近平：《在湖北考察工作时的讲话》(2013年7月21日~23日)，《人民日报》，2013年7月24日。

[2] 郑风田：《如何落实十九大报告中的乡村振兴战略？》，http://sike.news.cn/statics/sike/posts/2017/11/219526346.html。

的两个实体。既明确乡村与城市的区别，把乡村视为相对独立、具有自身特点的整体，强调要站在乡村发展角度，更充分地立足于乡村产业、生态、文化等资源，更注重发挥乡村的主动性，激发乡村内在活力，建立更可持续的内生增长机制，又明确两者的相互联系，强调建立健全城乡融合发展体制机制和政策体系，并且这种融合发展不是把农村变为城市，而是在保持乡村独立性和差异化前提下的融合发展，以差异化发展路径，突出乡村的比较优势①。党的十九大确立的乡村振兴战略，为中国特色社会主义新时代的农民增收致富开辟了更为广阔的道路。

第一，新战略的根本目的是振兴乡村，实现农民富裕。该战略在强调三农问题是关系国计民生根本性问题重要性基础上，提出了乡村振兴的总要求，勾画了农村产业兴旺、生态宜居、乡风文明、治理有效、生活富裕的壮美蓝图。这五个方面虽各有特定内容，但中心围绕把乡村建设成农民生活富裕、安居乐业的沃土，使农民成为人们羡慕的职业。这是对乡村现代化发展方向的明确定位，澄清了过去对农村发展方向的误识及其在城乡关系中的不利地位，有利于增强农村的吸引力，激发农民立足乡村、建设幸福家园的内在动力。

第二，新战略提出了实现农民富裕的现实途径。该战略以坚持农业农村优先发展和建立完善城乡融合发展体制机制和政策体系为基本路径。坚持农业农村优先发展，意味着把三农工作放在全面建成小康社会和实现社会主义现代化的首要位置②，意味着政府掌握的公共资源，优先投向农业农村，促使政府公共资源人均投入增量向农村倾斜。这将改变农村要素单项向城市流动的状况，实现城乡要素的双向融合互动和资源优化配置③。建立完善城乡融合发展体制机制和政策体系，意味着把农村与城市放在同等重要地位，承认并充分发挥其各自功能和优势，改变城乡一体化语境下的农村不利地位，避免重城市、轻乡村倾向。值得注意的是，城乡融合是

---

① 参见范毅：《乡村振兴战略：从十九大报告看全新城乡关系》，http://study.ccln.gov.cn/fenke/shehuixue/shrdyj/shhjyxc/394078.shtml；《城乡发展的战略性转变》，《北京日报》，2017年11月13日。
② 刘璐：《中农办主任韩俊解读"实施乡村振兴战略"》，http://www.ndrc.gov.cn/fzgggz/ncjj/zhdt/201710/t20171025_864829.html。
③ 魏后凯：《把握四个关键点推动城乡融合发展》，《农民日报》，2017年11月17日。

第十八章　实现耕者有其富目标的基本路径

比城乡一体化更高的城乡关系发展阶段,因而包含着城乡一体化的基本内容。但与此前城乡一体化不同的是,城乡融合中的城乡一体化,不但建立在城乡平等基础上,而且是以农业优先发展为保障的,因而更具有落实的现实性。可见,乡村振兴战略不仅赋予三农的"优先"发展权利,而且赋予广大农民分享改革和城乡融合发展成果的权利与机会,这无疑将大大促进农村经济发展,加快农民增收致富的步伐。

第三,新战略提出的各项政策措施为农民增收致富提供了多方面有利条件。如深化农村土地制度改革,完善承包地"三权分置"制度,保持土地承包关系稳定并长久不变,第二轮土地承包到期后再延长30年的政策,既有利于务农农民长期投资,改善生产条件,以取得长期效益,也有利于土地流转户农民获得租金收入;深化农村集体产权制度改革,保障农民财产权益,壮大集体经济,有利于农民增加财产性收入;培育新型农业经营主体,健全农业社会化服务体系,培养造就新型三农工作队伍,有助于农民积极发展适度规模经营,发展现代农业,降低生产成本,提高技术素质,使农民取得更多、更好的经济效益;促进农村第一、第二、第三产业融合发展,有利于拉长农业产业链,使农民在获得经营性收入之外,分享这种产业链的增值收益,提高农业综合效益,并拓宽农民就业创业和增收的渠道。

总之,乡村振兴战略的实施,将在使农民在中国特色社会主义新时代,实现耕者有其田、耕者有其权、耕者有其富三个战略目标的共时性高度统一。这将给农民带来充分的发展条件和多方面巨大红利,既能够充分享有自己的劳动成果,又能够与其他群体一起分享城乡融合发展的成果。可以坚信,在党的十九大规划的道路上,随着乡村振兴战略目标的逐步实现和城乡融合发展质量的不断提升,当代中国农民全面实现耕者有其富的梦想,将成为现实;他们原不敢想象的享有与城市居民同等富裕程度的美景,将随之降临。

结论
遵循规律，让中国三农重登世界巅峰

对五帝时代城乡关系诞生至今 6000 多年漫长历史的整体性考察表明，城乡协调发展是中国三农发展的基本规律；城乡对立是造成三农问题并使之严重化的主要直接原因；耕者有其田、耕者有其权、耕者有其富三步走规律，是中国三农发展基本规律在中国近当代的实现规律。这一规律，不但体现在从近代到当代三者顺时性地成为不同阶段的战略目标，也表现在当前改革阶段和以后三个目标共时性的统一。在现阶段只有同时实现和保障了这三个目标，才能实现城乡协调发展，才能从根本上解决三农问题并避免发生新三农问题。这些结论，是从中国社会有机体多层次深层结构的相互作用的内在历史逻辑中抽象出来，并被古今中外的历史反复证明的。

当然，城乡关系和三农发展，作为社会有机体的内在关系和社会最主要构成部分，是一个变化的动态发展过程，尤其三农发展受着城市和其他产业、区域和群体复杂因素的影响，因而城乡协调总是相对的，三农发展的目标也是动态和相对的。正如习近平同志指出的："协调是发展平衡和不平衡的统一，由平衡到不平衡再到新的平衡是事物发展的基本规律。平

结论　遵循规律，让中国三农重登世界巅峰

衡是相对的，不平衡是绝对的。"[①] 因此，设想今后三农不出问题，只是一种奢望。但只要遵循城乡协调发展规律，制定并落实城乡政策，统筹城乡发展，并在动态上保持三个目标与城市协同发展，就可避免三农不出大问题，或者出现问题能够及时解决而使其不成为"问题"。

然而，仅使三农发展四平八稳，不出问题，是远远不够的。农业是国民经济的基础，不论一个国家发展到何种程度，农业的这一基础地位是不会改变的。所以，三农发展与国家发展应当是同步的。按照党的十九大关于从2020年到21世纪中叶中国现代化发展阶段的部署，从2020～2035年，在全面建成小康社会的基础上，基本实现社会主义现代化；从2035～21世纪中叶，即到新中国成立100年的时候，建成富强民主文明和谐美丽的社会主义现代化强国。如不出现大规模战争，以改革开放以来中国的发展速度，抑或按目前新常态下的中高速增长来看，届时达到这一目标是有把握的。那时，中国将跨入世界先进行列，甚至成为世界上最发达的国家，实现中华民族的伟大复兴。这一宏伟发展战略，在客观上要求加快三农发展步伐，不仅要改变目前的短板地位，而且要尽快赶上农业发达国家，登上世界农业发展的巅峰，才能为实现21世纪国家的战略目标提供有力支撑。

登上世界农业巅峰，对中国人来说并不陌生。在世界发展史上，中国传统农业曾长期领先于世界各国，只是到明朝中叶后开始衰落，到清朝中叶特别是近代才落后了。新中国成立后，经过60多年的曲折发展，尤其改革开放以来40年的巨大发展，中国三农已取得了辉煌成就。粮食、蔬菜、肉类、水果、水产品、禽蛋已连续多年居世界第一，人均主要农产品的占有量也远超世界平均水平[②]。但目前农业依然是中国现代化中的短板。如有人形容的那样，"如果说现在工业已经进入4.0时代，那么农业现代化还处于2.0到3.0阶段"[③]。如与农业发达国家比较，中国农业发展水平有更大距离。尽管那种中国落后100多年的说法并不符合实际，但

---

① 习近平：《关于〈中共中央关于制定国民经济和社会发展第十三个五年规划的建议〉的说明》，《人民日报》，2015年11月4日，第1版。
② 龚云：《新中国60年农业发展的成就与经验》，《高校理论战线》2009年第9期。
③ 韩长赋：《全面推进重点突破　加快实现农业现代化——农业部部长韩长赋就〈全国农业现代化规划（2016～2020年）〉发布答记者问》，《农村工作通讯》2016年第21期。

中国"三农"发展规律与战略目标研究

与欧美发达国家比至少"有大概20年的差距"①,则是难以否定的事实。

令人欣喜并抱有充分信心的是,党的十六大到十九大以来发展历史表明,中国不但已奠定了在2020年实现农村全面小康社会坚实基础,而且具备了再奋斗几十年,在21世纪中叶以前,实现农业现代化,并赶上甚至超越欧美发达国家,让中国农业重登世界巅峰,并葆永续发展的基本条件。这种信心,不仅来自于活生生存在的现实条件,而且根基于中国几千年历史和优秀农业传统的深厚底蕴。

第一,中国共产党对城乡协调发展规律有高度的理论自觉和准确的政策把握。党的十六大以来,党中央始终坚持把三农问题看作关系国计民生的根本性问题,始终坚持把解决好三农问题作为全党工作重中之重,并提出和实行了一系列城乡协调发展的理论、方针、政策。党的十九大总结历史经验,确定了实施乡村振兴战略,将农业农村优先发展和建立完善城乡融合发展体制机制和政策体系,作为实现这一战略的主要途径和保障,并按"四个全面"战略总布局和"创新、协调、绿色、开放、共享"的五大发展新理念要求,系统提出了一整套具体方针、政策。这些新理念、新方针、新战略和一系列惠农、富农、强农政策及其实践表明,中国共产党在深刻认识把握人类社会发展规律、社会主义建设规律和执政党建设规律基础上,对三农发展规律具有了深刻认识和把握。可以坚信,在这些科学理念、方针和政策指引、支持下,在中共继往开来的领导机制保障之下,中国必定能够克服三农目前存在的不足,赶上并超越当今农业发达国家,成为农业最先进的国度。

第二,中国共产党的性质和保持党的先进性的体制机制,为使中国农业重登世界巅峰提供了根本保证。能否做到并保持城乡协调发展的关键,在于国家统治者能否代表广大城乡居民的共同利益。在中国封建制社会,"家国同构"相对土地所有制,具有把王朝、地主和农民不同主体的利益与权利"同构"的功能。这在客观上起了促进城乡相对协调,促进三农发展的作用,从而使中国农业在周期性发展中长期走在世界农业最前列。但作为该制度核心的代表"王家"狭隘利益并不受约束的王权,必然导

---

① 张来武:《我国农业发展水平比发达国家落后20年》,《老区建设》2013年第17期。

结论　遵循规律，让中国三农重登世界巅峰

致王朝在中后期发生腐败，把"家国同构"变为"家国解构"，从而把城乡一次次推入危机和战争的血泊之中。没有一个王朝逃脱"其兴也勃焉，其亡也忽焉"的周期律。这也是中国农业从巅峰上跌落下来，坠入落后境地的根源所在。

而中国共产党是没有自己私利而代表中国最广大人民利益的政党。中共的这一性质，为她代表并协调城乡居民共同利益，实现城乡协调发展提供了根本保证。即使她曾在 20 世纪建立了城乡二元经济社会体制，说明其对城乡协调发展规律认识尚不够深刻、自觉，但不能否定她构建该体制是出于实现工业化的初衷，也是代表城乡居民长远的共同利益。改革开放以来特别是进入 21 世纪以来，中国共产党利用在那个时期建立的工业基础，实行惠农、强农、富农政策，充分反映了这一点。再就农村扶贫来说，综观中国几千年历史，遍顾世界各国，除了中国共产党领导的中国，哪有不惜大量人力和巨资投入，寻遍深山老林，把扶贫政策、钱物送到贫困农民手里，并以责任追究制度，保障农村贫困人口实现脱贫致富的先例呢？更为重要的是，中国共产党的这一性质和为人民服务的宗旨，使之能够形成自我净化、自我革新、自我完善的优秀品质与能力，建立并保持党的先进性和纯洁性的体制机制。党的十八大以来中国在各方面取得的标本兼治的成功策略和反腐败成就，特别是正在建立的反腐防腐制度、机制，使人们有充分理由相信，中共一定能够持续证明毛泽东同志在 1945 年宣布的共产党人一定能够跳出历史周期律的坚定自信。中国将在能够凝聚全国人民伟力、对未来发展具有卓越前瞻力和对现代化领导的高效率的中共领导下，把正在厚植发展的中国现代农业，推向世界农业巅峰并保持永续发展状态。

第三，社会主义市场经济为中国农业重登世界巅峰提供强大动力。关于农业市场化对农业发展的促进作用，许多论著已有深入论述，在此不再赘述。这里需要强调的是，能够给中国农业发展注入强大动力的，不是西方自由经济理论主张的自由放任的市场经济，而是社会主义市场经济机制。这种市场经济是建立在社会主义公有制主导地位基础上的，既发挥市场机制的竞争性机能，激发农业劳动者的生产经营热情，调整农业结构，注重农产品质量，促进农业转型升级和发展，又发挥"有为"政府的宏

观调控职能,规范农业资本的行为,避免资本的自由放任对农业的冲击,而且由于国家性质和公有制的主导地位,政府将比西方国家更充分地发挥农业支持与保护政策的效能。总之,社会主义市场经济把"看不见的手"和"看得见的手"两只手的优势结合在一起,将促进中国农业以传统自然经济和西方国家不可比拟的速度发展,尽快赶上并超过西方农业发达国家。

第四,中国农业现代化的后发优势,为中国农业实现跨越式发展,重登世界巅峰提供了多方面有利条件。一是借鉴不同农业发达国家的经验教训,探索和完善适合中国农业传统、当代国情和现代农业要求的农业现代化道路。现代高效农业就是这样的道路,它可使中国避免先期发展国家走过的弯路,跨上可持续发展的坦途。二是可利用经济全球化条件,利用国内和国外两个市场,采取引进来与走出去不同战略,获得农业发展的经验、资本和设备,增加自身发展与竞争力。三是最重要的,是可以利用国内外现代科学技术和经营经验,克服自然资源禀赋对中国农业发展的约束,发掘潜力,深度开发,拓展农业发展空间。突出的例证是以色列。这个土地极度匮乏,沙漠占国土面积2/3,且人均水资源为世界最贫乏的国家,靠先进农业技术和集约化经营,发展成为农业强国。其农产品不仅满足了国内需求,而且大量用于出口。更值得重视的是,21世纪以来以色列的农业效益增长速度相当快。1955年,一个以色列农夫可养活15个人;2000年,一个农夫可以养活90个人;到2015年,一个农夫能养活400人[①]。相比之下,中国的农业资源禀赋要比以色列好得多。这启示国人,目前中国农业落后的主要原因,不是资源的先天不足的约束,而是科技和经营方式的落后。只要发展和运用适合中国不同地域自然资源特点的科学技术与经营方式,具有悠久农艺传统、自然条件比以色列好得多的中国,更应创造出辉煌成就而引领世界农业发展。

第五,中国古代农业辉煌历史,为当代农业重登世界巅峰提供了强大精神动力。众所周知,在10000多年前农业诞生时最早的几个文明古国

---

① 李丽颖:《以色列现代农业见闻:沙漠中创造的农业奇迹》,《农民日报》,2015年4月20日。

结论　遵循规律，让中国三农重登世界巅峰

中，唯有中国文明生存下来并绵延至今，其他早已烟消云散。从本书对中国6000多年的历史考察中，可清晰看到，中国文明免遭其他文明的厄运而延续并发展起来，有三个关键的时间节点。同时，还令人惊奇地发现，这三个关键节点，都恰恰出现在以21为纪年的前后约100年左右：第一个节点在公元前21世纪的五帝晚期，即公元前2070年前的舜禹时代；第二节点是公元前221年前后，即秦代（公元前221~公元前207年）和汉代（公元前202~公元220年）初期；第三个节点，是进入公元21世纪的前后50年。这三个时间节点前后虽各长达百年，但对中国万年漫长岁月而言，只是弹指一挥，然而它们却是决定中国兴亡盛衰的伟大转折期。

在第一个关键节点，当国内外其他文明面对洪水灾难，倾力于"神灵"膜拜，而导致其纷纷陷落的时候，中原文明则力行"人之本在地"和"节民力"①理念，重视农业生产与洪水治理，而赢得挑战、蓦然崛起，昂首成为中华文明的中心，并实行生产关系的变革，使中华文明成为世界上唯一不曾中断过的伟大文明。

在第二个关键节点，秦汉适应新生产力要求，建立了当时世界上最先进的以小农经济为基础的"家国同构"土地所有制和中央集权的政治制度。此后各朝各代都沿袭了这一制度。该制度的正面功能，促进了农业和经济社会的巨大发展，使中国登上了与罗马帝国相并列的世界大国地位，也为后来在唐宋时代成为世界头号强国并长期独步于世界奠定了基础。

在第三个关键节点，即从1949年新中国成立，到2049年新中国成立100周年的1百年间。按党的十九大部署，到2035年中国基本实现社会主义现代化；到2049年建成现代化强国。与之相适应，中国的农业现代化将在2035年迈出坚实步伐，接近世界农业发达国家的水平，而后经过若干年的奋斗，将在2035~2049年之间的某个时间，将超越其他农业强国，跃升到世界第一农业强国。这意味着中国农业上承古代长期领先世界的辉煌，下洗雪近代的百年耻辱，实现伟大复兴，重新登上世界农业的巅峰。

---

① 《黄帝经·经法》。

中国"三农"发展规律与战略目标研究

在这个关键节点中国攀登世界农业巅峰的行程中,绝不像一些人认为的那样,中国古代虽然辉煌,但已成过眼烟云,而是如本书开头部分引用的英国作家马丁·雅克所说:"中国的未来将由历史和现代化共同决定"①;更决不像有人所说的那样,中国的悠久历史是一笔负资产,相反,它对实现中国现代化包括农业现代化并使之重登世界巅峰,提供了强大精神动力和可资升华的传统基础。中国这个世界上唯一绵延不断的文明历史,证明了中华文明的顽强而强大的生命力,激励当今的人们不畏艰险,创造美好现实和未来;中国曾长期居于世界前列,证明并赋予了炎黄子孙的聪明才智,也培养出了中国和中国人的大国意识与风范,铸就了当今的人们攀登世界高峰,并为世界作贡献的智力基础:坚定信念、宽阔胸怀和使命担当;中国传统农业特有的"天人合一"思想和精耕细作技术,为将其与现代科学技术相结合,形成适应正悄然而至的生物经济时代的中国新兴农业,引领世界未来农业潮流,提供了思想和技术基础。正如习近平同志所指出:"中国有坚定的道路自信、理论自信、制度自信,其本质是建立在5000多年文明传承基础上的文化自信。"② 同样,中国农业重登世界巅峰的自信,也是建立在5000多年农业文明传承基础上的。

而今,中国正站在第三个关键节点后50年决战全面小康目标,推进农业现代化的关键时期。在迈向未来目标的路上,既有坚实基础,良好机遇,也面临种种困难和严峻挑战。但由上可见,同时更存在古代中国和其他国家所没有的、足以克服这些困难和挑战的多方面条件。这些条件,既有深刻把握社会和三农发展规律,不忘初心,敢于和善于领导现代化建设的中国共产党的领导,又有基于中国辉煌历史所赋予中国人民的不畏艰险,光复旧物,创造未来,敢于压倒一切敌人和困难,而不被敌人和困难所压倒的决心和智慧,还有新时代所提供的发展动力和国内外多方面条件。

坚信在中国共产党的领导下,只要充分利用这些条件,把握发展机

---

① [英]马丁·雅克:《中国梦:从历史看未来》,《东方早报》,1913年12月9日。
② 杜尚泽:《阔步走在中华民族伟大复兴的历史征程上——记以习近平同志为总书记的党中央推进全方位外交的成功实践》,《人民日报》,2016年1月5日。

结论　遵循规律，让中国三农重登世界巅峰

遇，再经过二三十年的砥砺奋进，中国一定能攀上世界农业之巅。届时不仅在国内，农村成为引人入胜的天地，农业成为令人向往的产业，农民成为令人羡慕的职业①，而且在国际也独占鳌头，中国农业成为世界上最发达的农业，中国农村成为世界上最繁荣的农村，中国农民成为世界上最富裕、素质最高、最令人羡慕的农民，并葆永续发展，为实现富强中国、和谐中国和美丽中国的"中国梦"提供强大支撑，并引领世界三农发展的潮流。这是世界上唯一具有万年历史，并曾长期居于世界前列的中华民族，赋予生逢21世纪这个关键节点上的当代中国农民和全体中国人的神圣使命！

---

① 唐仁健：《八亿人有福了！农民将成为令人羡慕的职业》，《人民日报》，2017年2月6日。

主要参考文献

1. 《马克思恩格斯选集》，人民出版社1995年版。
2. 《列宁选集》，人民出版社1995年版。
3. 《毛泽东选集》，人民出版社1991年版。
4. 《毛泽东文集》，人民出版社1999年版。
5. 《毛泽东农村调查文集》，人民出版社1982年版。
6. 《邓小平文选》，人民出版社1994年版。
7. 习近平：《摆脱贫困》，福建人民出版社1994年版。
8. 中共中央党校党史教研室资料组编：《中国共产党历次重要会议集》（上），上海人民出版社1982年版。
9. 中共中央文献研究室、中央档案馆：《建党以来重要文献选编1921—1949》，中央文献出版社2011年版。
10. 中央档案馆：《中共中央文件选集》，中共中央党校出版社1989年版。
11. 中共中央文献研究室编辑：《十八大以来重要文献选编》（上），中央文献出版社2014年版。
12. 《孙中山全集》，中华书局1986年版。
13. 《孟子·滕文公上》。
14. 《韩非子·五蠹篇》。
15. 许慎：《说文解字》，中华书局1963年版。
16. 《诗经》。
17. 司马迁：《史记》。
18. 《汉书·食货志》。

19. 黄宗羲：《明夷待访录》，中国三环出版社 1992 年版。

20. 马端林：《文献通考》。

21. 《清实录》，中华书局 1985 年版。

22. 李堆订：《平书订》第 7 卷，中华书局 1985 年版。

23. 吴慧：《中国历代粮食亩产研究》，中国农业出版社 1985 年版。

24. 于建嵘：《中国农民问题研究资料汇编第一卷（1912—1949）》（下册），中国农业出版社 2007 年版。

25. 严中平等：《中国近代经济史统计资料选辑》，科学出版社 1955 年版。

26. 章有义：《中国近代农业史资料》第 3 辑，三联书店 1957 年版。

27. 卜凯：《中国农家经济》，商务印书馆 1936 年版。

28. 李景汉：《定县社会概况调查》，中华平民教育促进会 1933 年。

29. 史敬棠：《中国合作化运动史料》（上），生活·读书·新知三联书店 1962 年版。

30. 李成瑞：《中华人民共和国农业税史稿》，中国财政经济出版社 1962 年版。

31. 李文治：《中国近代农业史资料》第一辑，生活·读书·新知三联书店 1957 年版。

32. 国家统计局：《1954 年我国农家收支调查报告》，中国统计出版社 1957 年版。

33. 国家统计局：《中国统计年鉴》，中国统计年鉴信息网。

34. 中华人民共和国民政部：《中国民政统计年鉴》，中国统计出版社。

35. 国家统计局：《大发展 大跨越：从十六大到十七大》，中国统计出版社 2007 年版。

36. ［英］亚当·斯密：《国民财富的性质及其原因的研究（上）》，郭大力等译，上海三联书店 2009 年版。

37. ［法］H. 孟德拉斯：《农民的终结》，李培林译，社会科学文献出版社 2010 年版。

38. ［美］刘易斯·芒福德：《城市发展史：起源、演变与前景》，宋俊岭、倪文彦等译，中国建筑工业出版社 2005 年版。

39. ［英］阿瑟·刘易斯：《二元经济论》，施炜等译，北京经济学院出版社 1989 年版。

40. ［美］黄宗智：《中国农村的过密化与现代化：规范认识危机及出路》，上海社会科学出版社 1992 年版。

41. ［美］费正清：《剑桥中国晚清史 1800—1911 年》下卷，刘广京编，中国社会科学出版社 1985 年版。

42. ［美］彭慕兰：《大分岔：欧洲、中国及现代世界经济的发展》，江苏人民出版社 2003 年版。

43. ［美］约翰·罗尔斯：《正义论》，何怀宏等译，中国社会科学出版社 1988 年版。

44. 邓演达：《邓演达文集》，人民出版社 1981 年版。

45. 费孝通：《江村经济——中国农民的生活》，江苏人民出版社 1986 年版。

46. 秦辉、苏文：《田园诗与狂想曲》，中央编译出版社 1997 年版。

47. 李昌平：《我向总理说实话》，陕西人民出版社 2009 年版。

48. 梁慧星：《中国物权法研究》（上），法律出版社 1998 年版。

49. 李根蟠：《中国古代农业》，商务印书馆 1998 年版。

50. 陆学艺：《三农新论》，社会科学文献出版社 2005 年版。

51. 荣兆梓、吴春梅：《中国三农问题：历史·现状·未来》，社会科学文献出版社 2005 年版。

52. 徐勇：《中国农村与农民问题前沿研究》，经济科学出版社 2009 年版。

53. 贺雪峰：《小农立场》，中国政法大学出版社 1913 年版。

54. 罗汉平：《农村人民公社史》，福建人民出版社 2003 年版。

55. 曹贯以：《农业经济史》，中国社会科学出版社 1989 年版。

56. 陈诚：《台湾土地改革纪要》，（台湾）中华书局 1961 年版。

57. 武力、郑有贵主编：《解决"三农"问题之路》，中国经济出版社 2004 年版。

58. 郑庆平、岳琛：《中国近代农业经济史概论》，中国人民大学出版社 1987 年版。

59. 张英柱：《农民权利论》，中国经济出版社 2007 年版。

60. 宋士云：《新中国社会保障制度结构与变迁》，中国社会科学出版社 2011 年版。

61. 陆学艺：《中国"三农"问题的由来和发展》，《当代中国史研究》2004 年第 3 期。

62. 温铁军：《三农问题是怎样提出的》，《学理论》2004 年第 9 期。

63. 温铁军：《三农问题：非不能也，而不为也——温铁军博士答记者问》，《中国改革》2003 年第 6 期。

64. 秦晖：《并税式改革与"黄宗羲定律"》，《改革》1997 年第 2 期。

65. 邹兆辰：《深入研究中西转型期的社会变迁——访侯建新教授》，《历史教学问题》2012 年第 4 期。

66. 武力：《1949—2006 年城乡关系演变的历史分析》，《中国经济史研究》2007 年第 1 期。

67. 贺雪峰：《谁是农民：三农政策重点与中国现代农业发展道路选择》，《全国新书目》2016 年第 8 期。

68. 刘再聪：《村的起源及"村"概念的泛化——立足于唐以前的考察》，《史学月刊》2006 年第 12 期。

69. 姜长云：《当前农民收入增长趋势的变化及启示》，《人民论坛·学术前沿》2016 年第 7 期。

70. 黄祖辉、徐旭初：《中国"三农"问题：分析框架、现实研判和解决思路》，《中国农村经济》2009 年第 7 期。

71. 赵家祥：《分工的实质及其社会作用》，《思想理论教育导刊》2006 年第 3 期。

72. 赵家祥：《马克思历史进步评价尺度理论的历史考察》，《贵州师范大学学报（社会科学版）》2010 年第 6 期。

73. 季正矩：《国内外学者关于"亚细亚生产方式"理论研究观点综述（一）》，《当代世界与社会主义》2008 年第 1 期。

74. 易继明：《论日耳曼财产法团体主义特征》，《比较法研究》2001 年第 3 期。

75. 晁福林：《中国古代文明与国家起源》，《历史研究》2010 年第 6 期。

76. 王绍武、龚道溢：《全新世几个特征时期的中国气温》，《自然科学进展》2000 年第 4 期。

77. 童恩正：《中国北方与南方古代文明发展轨迹之异同》，《中国社会科学》1994 年第 5 期。

78. 李先登、杨英：《论五帝时代》，《天津师大学报（社会科学版）》1999 年第 6 期。

79. 索秀芬、李少兵：《红山文化研究》，《考古学报》2011 年第 3 期。

80. 苏秉琦：《中华文明的新曙光》，《东南文化》1988 年第 5 期。

81. 宋建：《长江下游的古代社会文明化进程》，《东方考古研究通讯》2003 年第 1 期。

82. 何驽：《长江中游文明进程的阶段与特点简论》，《江汉考古》2004 年第 1 期。

83. 张玉石：《史前城址与中原地区中国古代文明中心地位的形成》，《华夏考古》2001 年第 1 期。

84. 何驽：《可持续发展定乾坤——石家河酋邦崩溃与中原崛起的根本原因之对比分析》，《中原文物》1999 年第 4 期。

85. 王先胜：《炎黄年代及"三皇五帝"历史研究的新进展》，《重庆文理学院学报》（社会科学版）2012 年第 1 期。

86. 叶舒宪：《物的叙事中华文明探源的四重证据法》，《兰州大学学报》（社会科学版）2010 年第 6 期。

87. 李根蟠：《官田民田并立公权私权叠压——简论秦汉以后封建土地制度的形成及特点》，《中国经济史研究》2014 年第 2 期。

88. 李根蟠：《论明清时期农业经济的发展与制约——与战国秦汉和唐宋时期的比较》，《河北学刊》2003 年第 2 期。

89. 冯尔康：《清代的历史特点》，《历史教学》2010 年第 18 期。

90. 史志红：《清代农业生产指标的估计》，《中国经济史研究》2015 年第 5 期。

91. 刘克祥：《1927—1937年农业生产与收成、产量研究》，《近代史研究》2001年第5期。

92. 刘克祥：《20世纪30年代土地阶级分配状况的整体考察和数量估计——20世纪30年代土地问题研究之三》，《中国经济史研究》2002年第1期。

93. 方行：《清朝前期的封建地租率》，《中国经济史研究》1992年第2期。

94. 侯建新、邹兆辰：《深入研究中西转型期的社会变迁——访侯建新教授》，《历史教学问题》2012年第4期。

95. 毛佩琦：《明清易代与中国近代化的迟滞》，《河北学刊》2008年第1期。

96. 黄宗智：《发展还是内卷？十八世纪英国与中国——评彭慕兰〈大分岔：欧洲，中国及现代世界经济的发展〉》，《历史研究》2002年第4期。

97. 林毅夫：《李约瑟之谜、韦伯疑问和中国的奇迹——自宋以来的长期经济发展》，《北京大学学报》（哲学社会科学版），2007年第4期。

98. 仲伟民：《资本主义萌芽问题研究的学术史回顾与反思》，《学术界》2003年第4期。

99. 莫日达：《1840—1949年中国的农业增加值》，《财经问题研究》2000年第1期。

100. 徐祥临：《"耕者有其田"制度背后的隐性危机》，《学术前沿》2012年第10期。

101. 辛逸：《试论人民公社的历史地位》，《当代中国史研究》2001年第3期。

102. 方志权：《农村集体经济组织产权制度改革若干问题》，《中国农村经济》2016年第7期。

103. 张红宇：《新型农业经营主体发展趋势研究》，《农业经济研究》2015年第1期。

104. 朱启臻等：《论家庭农场优势、条件与规模》，《农业经济问题》2014年第7期。

105. 范进学：《权利概念论》，《中国法学》2003年第2期。

106. 韩松：《农民集体土地所有权的权能》，《法学研究》2014年第6期。

107. 中央文献研究室小康社会研究课题组：《小康目标的提出和小康社会理论的形成》，《党的文献》2010年第1期。

108. 赵洋：《近30年来国内关于马克思恩格斯城乡关系思想研究综述》，《理论与改革》2010年第4期。

109. 周志山：《从分离与对立到统筹与融合——马克思的城乡观及其现实意义》，《哲学研究》2007年第10期。

110. 徐浩：《地主与英国农村现代化的启动》，《历史研究》1999年第1期。

111. 胡英泽：《近代华北乡村地权分配再研究——基于晋冀鲁三省的分析》，《历史研究》2013年第4期。

112. 陈云朝：《论南京国民政府时期的土地所有权》，中北大学学报（社会科学版）2014年第4期。

113. 任晓伟：《1946—1947年中国共产党对和平土改政策的尝试及其放弃》，《陕西师范大学学报》（哲学社会科学版）2010年第4期。

114. 陈廷煊：《1953—1957年农村经济体制的变革和农业生产的发展》，《中国经济史研究》2001年第1期。

115. 苏少之：《论我国农村土地改革后的"两极分化"问题》，《中国经济史研究》1989年第3期。

116. 黄延信：《发展农村集体经济的几个问题》，《毛泽东邓小平理论研究》2015年第2期。

117. 姜长云：《当前农民收入增长趋势的变化及启示》，《人民论坛·学术前沿》2016年第7期。

118. 魏后凯：《中国农村全面建成小康社会进程评估》，《人民论坛·学术前沿》2016年第9期。

119. 孟丽等：《我国新型农业经营主体功能定位及结构演变研究》，《农业现代化研究》2015年第1期。

120. 罗必良：《家庭经营仍是新型农业经营体系基础》，《中国合作经济》2014 年第 3 期。

121. 薛翠翠等：《农村集体土地股份制改革的实践价值与路径选择——"农村集体土地股份制改革研讨会"综述》，《中国土地科学》2013 年第 9 期。

122. 陈光焱：《清代火耗归公和养廉银制度的启示》，《地方财政研究》2009 年第 3 期。

123. 农业部产业政策与法规司：《2015 年国家深化农村改革、发展现代农业、促进农民增收政策措施》，《农村工作通讯》2015 年第 10 期。

124. 易继明：《论日耳曼财产法团体主义特征》，《比较法研究》2001 年第 3 期。

125. 简新华：《中国土地私有化辨析》，《当代经济研究》2013 年第 3 期。

126. ［英］卢克·埃里克森：《土地私有化必然导致耕者无其田》，《中国房地产业》2014 年第 7 期。

127. 方志权：《农村集体经济组织产权制度改革若干问题》，《中国农村经济》2016 年第 7 期。

128. 朱启臻等：《论家庭农场优势、条件与规模》，《农业经济问题》2014 年第 7 期。

129. 张红宇：《新型农业经营主体发展趋势研究》，《农业经济研究》2015 年第 1 期。

130. 孟丽等：《我国新型农业经营主体功能定位及结构演变研究》，《农业现代化研究》2015 年第 1 期。

131. 赵万一：《中国农民权利的制度重构及其实现途径》，《中国法学》2012 年第 3 期。

132. 赵德起、姚明明：《农民权利配置与收入增长关系研究》，《经济理论与经济管理》2014 年第 11 期。

133. 韩松：《农民集体土地所有权的权能》，《法学研究》2014 年第 6 期。

134. 牛玉兵：《农民权利体系化的功能与进路——基于农民权利发展的法理思考》，《理论与改革》2016 年第 4 期。

135. 马国川：《杜润生访谈录：伟大的创造》，《经济观察报》，2008年12月1日第41版。

136. 陆学艺：《农村发展的三个"黄金时代"和粮食安全问题》，《中国社会科学报》，2010年11月2日。

137. 温铁军：《三农问题的三个维度考量》，《第一财经日报》，2008年12月22日。

138. 韩俊：《推进三农理论和制度创新，开创三农工作新局面》，《中国经济时报》，2012年11月7日。

139. 武力：《论中国共产党对"三农"问题的探索》，《光明日报》，2004年11月30日。

140. 温铁军：《三农问题的三个维度考量》，《第一财经日报》，2008年2月22日。

141. 冯海发：《为全面解决三农问题夯实基础》，《农民日报》，2013年11月18日。

142. 晁福林：《中国早期国家问题论纲》，《光明日报》，2000年12月1日。

143. 陆学艺：《农村发展的三个"黄金时代"和粮食安全问题》，《中国社会科学报》，2010年11月2日。

144. 魏宣利：《科学把握现代高效农业的内涵和特征》，《河北日报》，2015年10月16日。

145. 柏晶伟、周天勇：《变革土地双轨制 推行"国有民用"》，《中国经济时报》，2014年4月3日。

146. 黄祖辉：《在促进一二三产业融合发展中增加农民收益》，《农民日报》，2015年8月4日。

147. 李丽颖：《以色列现代农业见闻：沙漠中创造的农业奇迹》，《农民日报》，2015年4月20日。

148. 姚晓萍：《发达国家农业现代化的主要模式和共同规律》，《世界农业》2014年第1期。

149. 韩长赋：《"三权分置"改革是重大制度创新》，《人民日报》，2014年12月22日。

150. 杨华：《"中农"阶层：当前农村社会的中间阶层——"中国隐性农业革命"的社会学命题》，《开放时代》2012年第3期。

151. 孔祥智等：《家庭农场适度规模与收入均等化测算方法——来自三省一区的证据》，《现代管理科学》2017年第5期。

152. 张启良：《新起点上的全面建成小康社会进程监测》，《调研世界》2013年第4期。

后　记

经近七年的艰辛跋涉、砥砺耕耘，书稿终于完成了。当笔者从持续多年的灰色批判的和近乎恒定的冷思维中抽身出来，拙著也将付梓出版之际，顿然百感交集。其中，最炽热的莫过于感激。将奉献于读者面前的这部精神产品，虽存在诸多不足和瑕疵，但它作为探讨三农发展规律这样高难度课题的成果，需研究的内容、需回答的问题、需攻克的难题、需做的工作实在太多太多了。这些绝非笔者个人薄弱的心力、浅薄的学识和微薄的能力所能独自承担和完成的。因而，这部书稿凝结着太多太多人的心血、学识和汗水。这不能不使笔者从心底生发出对本课题研究和书稿出版，给予指导、资助、帮助、支持和倾注心血的人与单位的深深感激之情。

本课题研究和书稿写作，得益于中国经济史和三农研究学术界前辈和专家长期以来的教导、指导和帮助。这给我奠定了研究的基础。同时，在本课题研究和书稿写作过程中，参考和借鉴了国内外学术界大量研究成果，引用了有关机构、报刊、书籍的大量数据和资料。这些成果、数据和资料，给本研究提供了基础、启发和支撑。如果书稿中的一些看法，对读者有所裨益，那也是站在巨人的肩上，在汲取、借鉴学界成果基础上取得的小小进步。在这里，谨向这些前辈、专家和有关作者致以诚挚谢忱！

本书写作的完成，有赖于其他几位作者的鼎力相助。他们在百忙之中欣然接受邀请，以严谨的态度和深入细致的研究为本书撰写作出了贡献。在此向他们表示诚挚谢意！

本书作者及写作分工如下：

贾俊民：河北农业大学商学院教授

后　　记

前言、第一章、第二章、第三章、第四章、第五章、第六章、第七章、第八章、第十二章、第十四章、第十五章、第十八章、结论

康金莉：河北师范大学历史学院副教授、博士

第九章、第十三章

李进霞：河南工业大学经济贸易学院讲师、博士

第十六章

朱高林：扬州大学马克思主义学院教授、博士

第十七章

贾俊民、孟祥林：华北电力大学马克思主义学院教授、博士

第十章、第十一章

需要说明的是，贾俊民对全书作了统稿和修改，有些内容修改增删较多，不当之处的文责由修改者承担。

本课题研究和书稿出版离不开有关单位和领导提供的机遇、指导、鼓励、资助和支持。在此，谨向国家社科基金办、河北省社科基金办和河北农业大学科学技术学院、财务处；河北农业大学商学院领导、河北农业大学"农村民生研究"课题（课题号：1504025）；中国财政经济出版社领导和刘五书先生、责任编辑郭爱春女士以及为本书出版付出大量心血的其他老师，表示诚挚感谢！

在这里还要对原课题组成员表示诚挚的感谢！他们虽由于其他科研与教学任务繁重，且由于研究路径不同而未参与本书的撰写，但他们十分支持和关心本书的写作，并为本课题研究提出了宝贵意见，有的老师还参与了本课题有关论文的撰写。

在这里，还要对我的家人表达深沉的谢意！正是他们的理解、关心、支持和鼓励，并承担起所有家务乃部分书稿校对工作，才使我能够在长达7年的时间中，心无旁骛地致力于本课题研究，并完成这部不够成熟的书稿。

贾俊民

2017年5月15日于古城保定

2017年11月10日修订